Richard Schmidjell, Winfried Ginzinger

Salzburger Raumordnungsgesetz 2018

Gesetzestext/Kommentar/Information/Anmerkungen

LIT

Umschlagbild: © Fotolia

Bibliografische Information der Deutschen Nationalbibliothek
Die Deutsche Nationalbibliothek verzeichnet diese Publikation in der Deutschen Nationalbibliografie; detaillierte bibliografische Daten sind im Internet über http://dnb.d-nb.de abrufbar.

ISBN 978-3-643-50809-6 (br.)
ISBN 978-3-643-65809-8 (PDF)

Garnisongasse 1/19
A-1090 Wien
Tel. +43 (0) 1-409 56 61 Fax +43 (0) 1-409 56 97
E-Mail: wien@lit-verlag.at http://www.lit-verlag.at

Auslieferung:

Deutschland: LIT Verlag, Fresnostr. 2, D-48159 Münster
Tel. +49 (0) 2 51-620 32 22, E-Mail: vertrieb@lit-verlag.de

E-Books sind erhältlich unter www.litwebshop.de

Inhalt

Abkürzungsverzeichnis

AAV	Almgebäude Abwasser Verordnung
Abs	Absatz
AB	Ausschussbericht des Landtages (jeweils mit Angabe der Jahreszahl, zu der die diesbezügliche ROG-Novelle im Landesgesetzblatt verlautbart wurde)
ABGB	Allgemeines Bürgerliches Gesetzbuch
AN	Arbeitnehmer
Art	Artikel
AStEG	Salzburger Altstadterhaltungsgesetz
AVG	Allgemeines Verwaltungsverfahrensgesetz
BauPolG	Baupolizeigesetz
BauTG	Bautechnikgesetz
Bgm	Bürgermeister/Bürgermeisterin
Blg LT	Beilagen Landtag
BM	Bundesministerium
BMLFUW	Bundesministerium für Land- und Forstwirtschaft, Umwelt und Wasserwirtschaft
BPL	Bebauungsplan
B-VG	Bundesverfassungsgesetz
bzgl	Bezüglich
DFB	Druckfehlerberichtigung
dh	das heißt
EG	Europäische Gemeinschaft
EO	Exekutionsordnung
EU	Europäische Union
EWR	Europäischer Wirtschaftsraum
EW	Einwohner
FFH-RL	Fauna-Flora-Habitat-Richtlinie
ForstG	Forstgesetz
FWP	Flächenwidmungsplan
F-VG	Finanzverfassungsgesetz
gem	gemäß
GewO	Gewerbeordnung
GG	Grundgesetz für die Bundesrepublik Deutschland
GIS	Geografisches Informationssystem
GP	Gesetzgebungsperiode
idF	in der Fassung
idgF	in der geltenden Fassung
iVm	in Verbindung mit
JG	Jagdgesetz
LEP	Landesentwicklungsprogramm
LFG	Luftfahrtgesetz
LGBl	Landesgesetzblatt
LISA	Land Information System Austria (Landnutzungskartierung)
LStG	Landesstraßengesetz
HGB	Handelsgroßbetrieb
HWS	Hauptwohnsitz
NHWS	Nicht-Hauptwohnsitz
MinroG	Mineralrohstoffgesetz

MIV	Motorisierter Individualverkehr
Nr	Nummer
NSchG	Naturschutzgesetz
ÖGGR	Österreichische Gesellschaft für Raumforschung und Raumplanung
ÖKL	Österreichisches Kuratorium für Landtechnik und Landentwicklung
ÖPNV	Öffentlicher Personennahverkehr
ÖROK	Österreichische Raumordnungskonferenz
ÖV	Öffentlicher Verkehr
REK	Räumliches Entwicklungskonzept
RIS	Rechtsinformationssystem des Bundeskanzleramtes
RL	Richtlinie
ROG	Raumordnungsgesetz
RV	Regierungsvorlage ohne Jahreszahl: Regierungsvorlage zum ROG 2009; mit Jahreszahl: Regierungsvorlage zu den diesbezüglichen ROG Kundmachungen oder ROG Novellen, jeweils nach dem Jahr der Verlautbarung im Landesgesetzblatt
RVS	Richtlinien und Vorschriften für das Straßenwesen
S	Seite
SABE-V	Salzburg-bayerische Strukturuntersuchung des Einzelhandelsverflechtungsbereiches
SAGIS	Salzburger Geografisches Informationssystem
SLMK	Salzburger Landes-Mobilitäts-Konzept
StGG	Staatsgrundgesetz
stRsp	ständige Rechtssprechung
SUP	Strategische Umweltprüfung
TROG	Tiroler Raumordnungsgesetz
TSchG	Tierschutzgesetz
ua	unter anderem
udgl	und dergleichen
UEP	Umwelterheblichkeitsprüfung
UVP	Umweltverträglichkeitsprüfung
ÜN	Übernachtung
VfSlg	Erkenntnis des Verfassungsgerichtshofes aus der Sammlung
VwSlg	Erkenntnis des Verwaltungsgerichtshofes aus der Sammlung
WEG	Wohnungseigentumsgesetz
WGG	Wohnungsgemeinnützigkeitsgesetz
WKO	Wirtschaftskammer Österreich
Whg	Wohnungen
Whg.o.H.	Wohnungen, ohne Hauptwohnsitz zu sein
Z	Ziffer
zB	zum Beispiel

Vorwort zur Novelle 2017 des Raumordnungsgesetzes

Trotz der unterschiedlichen Beurteilungen, die mit Inhalt und Folgewirkungen der ROG-Novelle 2017 verbunden sind, eines kann man dem Salzburger Raumordnungsgesetz nicht vorwerfen – dass es sich dabei lediglich um eine oberflächliche Novelle handelt.

Keine Frage: Raumordnung bedeutet immer bis zu einem gewissen Grad Polarisierung. Sie ist die Verbindung von unterschiedlichen, teilweise widersprüchlichen Interessen, der Lösungsversuch wirtschafts-, sozial- und gesellschaftspolitischer Fragestellungen sowie manchmal der Sündenbock für Vieles, was in unserem Staat und unserer Gesellschaft wenig optimal läuft. Auch nach der – deutlich unterschätzten – ROG-Novelle 2009 sind die Erwartungshaltungen gegenüber dem, was das Raumordnungsrecht kann und was es nicht kann, nicht signifikant realistischer geworden – im Gegenteil: die umfangreiche Novelle des Salzburger Raumordnungsgesetzes war von Beginn an ein Projekt des Landes, dem nicht nur hohe politische Priorität, sondern auch eine sehr hohe Erwartungshaltung zuerkannt wurde. Die spürbaren Auswirkungen des Klimawandels, die angespannte Situation am Salzburger Boden- und Wohnungsmarkt, die prognostizierte Bevölkerungsentwicklung und der demografische Wandel sowie die Sicherstellung der Wettbewerbsfähigkeit der heimischen Wirtschaft und der Lebensfähigkeit der ansässigen Land- und Forstwirtschaft – für jeden einzelnen dieser Themenbereiche sollte die Novelle klare Antworten und neue, effiziente und konkrete Lösungsfortschritte bringen. Große Anforderungen für ein einfaches Landesgesetz, bei dem sich in der Theorie vieles einfacher liest, als es sich in der Praxis umsetzen lässt. Bei der Beschlussfassung der Novelle im Juni 2017 im Ausweichquartier des Salzburger Landtages im Rathaus der Stadt Salzburg war von großer Euphorie nicht viel zu spüren, vielmehr stand die Erleichterung über das vorläufige Ende des jahrelangen, zähen Ringens über die einzelnen Inhalte im Vordergrund. Dass es sich dabei um einen Kompromiss handelt, war und ist allen Beteiligten bewusst.

Auch der Salzburger Gemeindeverband hat die Diskussion über die Raumordnungsgesetz-Novelle 2017 mit großer Aufmerksamkeit verfolgt. Bestimmte Problemlagen wie die enorme Verteuerung der Grundpreise in mehreren Regionen unseres Bundeslandes, die Lösung der Verkehrsproblematik und die Sicherstellung von geeigneten Flächen für leistbaren Wohnbau und für unsere Wirtschaft erforderten eine Kurskorrektur in der Salzburger Raumordnung. Gleichzeitig waren und sind wir der Überzeugung, dass Raumplanung und Raumordnung nur dann nachhaltig Früchte tragen kann, wenn sie von den Menschen in unseren Gemeinden nicht nur verstanden, sondern auch mitverantwortet und mitentschieden wird. Von Beginn an haben wir daher versucht, einer weiteren Zentralisierung im Bereich der Raumordnung – sowohl im materiellrechtlichen Bereich als auch im verfahrensrechtlichen Teil – ein klares „Nein" entgegenzusetzen. Die örtliche Raumplanung ist eine der zentralen Aufgaben des eigenen Wirkungsbereiches der Gemeinden, die seit den 70er Jahren fortwährend stattfindende Erosion durch aufsichtsbehördliche Genehmigungsvorbehalte, übergeordnete Planungsgrundlagen, ausufernde Sachverständigengutachten etc., hat die Raumordnung in vielen Fällen nicht effizienter gemacht, dafür aber von den Gemeinden und damit von den Bürgerinnen und Bürgern unseres Bundeslandes immer weiter entfernt.

Festzuhalten ist jedenfalls, dass sich der Anfang September im Salzburger Landesgesetzblatt kundgemachte Gesetzestext von jenem des Begutachtungsentwurfs vom Dezember 2016 in vielen Punkten deutlich verändert und auch aus Gemeindesicht verbessert hat. Bei den Zielsetzungen ausdrücklich aufgenommen wurde die Bedachtnahme auf bestehende Dauersiedlungs- und Wirtschaftsräume ebenso wie die Stärkung des ländlichen Raumes durch aktive Maßnahmen. Die strengen Restriktionen betreffend Betriebe im Grünland wurden etwas gelockert und eine verpflichtende Finanzierung des Landes bei der Erstellung von Regionalprogrammen verankert. Im Bereich der touristischen Beherbergung, der Apartmenthäuser sowie der Zweitwohnungsnutzung wurde ein neuer Anlauf hinsichtlich einer praxisgerechteren Abgrenzung vorgenommen. Unter bestimmten Voraussetzungen wird es auch in Zukunft möglich sein, „alte" räumliche Entwicklungskonzepte, die noch nicht auf der Grundlage des Salzburger Raumordnungsgesetzes 2009 erstellt wurden, abzuändern bzw. anzupassen.

Das aufsichtsbehördliche Verfahren wurde in weiteren Punkten gestrafft und die Zuständigkeit der Bezirksverwaltungsbehörden konnte bei bestimmten Ausnahmebewilligungen erhalten bleiben. Schließlich wurde erreicht, dass die bisherige Methodik der Baulückenberechnung in der Baulandbilanz jedenfalls noch einige Jahre zulässig ist. Innerhalb eines Zeitraumes von vier Monaten konnte in dutzenden Verhandlungsstunden mit Regierungsmitgliedern sowie Mitarbeiterinnen und Mitarbeitern der Landesverwaltung in mehr als zwei Dutzend Punkten eine Veränderung des Gesetzestextes gegenüber dem Entwurf erreicht werden. Nicht alle unsere Forderungen konnten durchgesetzt werden und bei tragenden Änderungen des Gesetzes wird erst die Praxis zeigen, ob die hochgesteckten Ziele erreichbar sind.

Wir sollten dennoch der ROG-Novelle 2017 eine Chance geben. Fraglos sind wir durch das Legalitätsprinzip unmittelbar an den Gesetzestext gebunden und stellt sich die Frage des „Wollens" im Bereich der Vollziehung ohnehin nicht. Es geht aber auch darum, der Novelle dadurch eine politische Chance zu geben, dass die neuen Instrumente vorausschauend, aber auch initiativ von den Gemeinden eingesetzt werden. Dazu brauchen wir keine Bevormundung, aber Unterstützung und Begleitung in fachlicher Hinsicht und eine Aufsichtsbehörde, welche die Gemeinden als Partner mit dem Recht auf Selbstverwaltung achtet. Immer dann und dort, wenn und wo die Gemeinden mit komplexen Rechtsmaterien arbeiten müssen, tun Lichtblicke gut. Einen solchen Lichtblick liefert der beiliegende Kommentar von Dkfm. Dr. Dr. Richard Schmidjell und Ing. Dr. Winfried Ginzinger. Beide gehören nicht nur zu den führenden Experten des österreichischen Raumordnungsrechtes, sondern sind durch ihre berufliche Tätigkeit seit Jahrzehnten mit den Sorgen und Anliegen der Gemeinden vertraut. Raumplanung und Raumordnung wird auch in Zukunft für die Gemeinden und ihre Entscheidungsträger Navigieren auf schwierigstem Terrain bedeuten – wir sind davon überzeugt, dass der vorliegende Kommentar dabei eine wertvolle Hilfestellung leisten wird.

Bgm. Günther Mitterer
Präsident des Salzburger
Gemeindeverbandes

Dr. Martin Huber
Direktor des Salzburger
Gemeindeverbandes

A) Einführung und Hinweise

Die Darstellung des Salzburger Raumordnungsgesetzes 2009 LGBl 30/2009 in der zuletzt geltenden Fassung der Novellen LGBl 82/2017 und LGBl 96/2017 mit Gesetzestext und den jeweils den einzelnen Paragrafen zugehörigen Erläuterungen und Informationen ist der wesentliche Teil dieser Publikation. Der Gesetzestext ist fett gedruckt, der Kommentar erfolgt in der Regel nach dem einzelnen Paragraf. Bei Paragrafen mit umfassenden Texten (zB § 5 Begriffsbestimmungen und § 30 Bauland) erfolgt zur besseren Übersichtlichkeit die Erläuterung und Information auch nach den jeweiligen Abschnitten bzw. nach den jeweiligen Ziffern.

Die Erläuterungen beziehen sich dabei vorrangig auf die Regierungsvorlage zur Stammfassung des ROG 2009 LGBl 30/2009 (Abkürzung RV) und/oder auf die Novellen der Jahre 2013 LGBl 106/2013 (RV 2013), 2016 LGBl 60/2016 (RV 2016) und 2017 LGBl 82/2017 (RV 2017) und LGBl 96/2017 (RV 2017/2). Diese Erläuterungen sind direkt im Anschluss an den jeweiligen Gesetzestext originalgetreu wiedergegeben.

In den Anmerkungen, die auf die oben genannten Zitate der Regierungsvorlagen folgen, werden einerseits Erläuterungen zu früheren Kundmachungen (RV 1977, RV 1992, RV 1998) und Novellen des ROG, die verschiedene noch relevante Teilbereiche und Begriffe betreffen, dargestellt. Dies erfolgt jeweils mit Angabe des Jahres zu dem diese im Landesgesetzblatt veröffentlicht wurden. Weiters sind in den Anmerkungen auch relevante Aussagen im jeweiligen Ausschussbericht des Salzburger Landtages (AB) dargestellt, was ebenfalls direkt angeführt ist. Die Aussagen in den Anmerkungen zu früheren Regierungsvorlagen und den Ausschussberichten sind dabei Großteils wortgenau übernommen oder aber nur sprachlich zusammenhängend lesbarer gestaltet ohne den Inhalt zu verändern.

Die Anmerkungen enthalten darüber hinaus auch Hinweise und Stellungnahmen der Autoren sowie allenfalls notwendige Materialen zum jeweiligen Gesetzestext, die zu dessen Verständnis beitragen.

Ergänzt werden die Erläuterungen bei Bedarf mit Informationen zum jeweiligen Themenbereich aus anderen Rechtsbereichen. Diese Informationen sind – um sie beim Nachschlagen auf kurzem Weg zusammengefasst darzustellen – jeweils auf den jeweiligen Paragrafen und die darin behandelte Rechtsmaterie konzentriert.

Bereits vor der Novelle 2017 LGBl 82/2017 wurde das Salzburger Raumordnungsgesetz 2009 LGBl 30/2009 sieben Mal geändert, wobei fünf Änderungen entweder Druckfehlerberichtigungen oder Anpassungen an geänderte verfassungs- bzw. bundesrechtliche Vorgaben betrafen (zB Einführung der Eingetragenen Partnerschaften oder die Verwaltungsgerichtsbarkeit) und nur zwei inhaltliche Änderungen (Schaffung der Widmungskategorien Grünland/Solar und Grünland/Windkraftanlagen, Umsetzung der Seveso-III-RL) erfolgten.

Zum besseren Verständnis wurden die Anmerkungen bisweilen durch jeweils gesondert angeführte Informationen zu den einzelnen Verfahren und Richtlinien (Leitfaden) ergänzt, die vom Amt der Salzburger Landesregierung alleine oder gemeinsam mit dem jeweils für die Fragen der Raumordnung zuständigem Regierungsmitglied veröffentlicht wurden. So wurde im Zusammenhang mit der in § 39 Abs 1 geregelten Kennzeichnung von Orts- und Stadtkernbereichen nicht nur auf die Erläuterungen zur diesbezüglichen Regierungsvorlage 2004 Bezug genommen, sondern wurden auch die zentralen Aussagen des vom zuständigen Regierungsmitglied gemeinsam mit der zuständigen Amtsabteilung im Juni 2004 veröffentlichten „Leitfadens zur Orts- und Stadtkernabgrenzung“ in den Kommentar aufgenommen.

Werden im Text Paragrafen ohne Hinweis auf das jeweilige Gesetz oder die Verordnung angeführt, so beziehen sie sich immer auf den mit 1.1.2018 geltenden Gesetzesstand des Salzburger Raumordnungsgesetzes, so wie er auch im Inhaltsverzeichnis angeführt ist. Wird im Text nur der Absatz (Abs) oder eine Ziffer (Z) angeführt, so bezieht sich dies auf den jeweils besprochenen Paragrafen.

In Abschnitt C dieser Arbeit werden die Durchführungsverordnungen zum ROG angeführt.

Im Abschnitt D sind raumordnungsrelevante Rechtsmaterien angeführt:

Kapitel D Z 1 nimmt auf die für den Vollzug des ROG wichtige Verpflichtung zur Durchführung von Umweltprüfungen Bezug und stellt die Anhänge 1 und 2 des Umweltverträglichkeitsprüfungsgesetzes 2000 (BGBl 697/1993 idF BGBl I 111/2017) dar. Die Umweltprüfungen wurden mit der ROG-Novelle 2004 eingeführt, wobei einem entsprechenden Auftrag der Richtlinie 2001/42 EG des Europäischen Parlaments (SUP-Richtlinie) Rechnung getragen wurde. Sie bilden die Grundlage zur Ermittlung all jener Planungen, die geeignet sind Plangrundlage für Projekte zu sein, die einer Umweltverträglichkeitsprüfung bedürfen. Die wichtigsten Teilbereiche der beiden Anhänge sind im Kapitel D Z 1 direkt in jener Form angeführt, in der sie sich im Bundesgesetz befinden. Die nach § 3 dieses Gesetzes UVP-pflichtigen Vorhaben, die für den Vollzug der Raumordnung relevant sind, sind auch hier in drei Kategorien (Spalte 1 bis 3) unterteilt, wobei die in Spalte 3 genannten Vorhaben besonders schutzwürdige Gebiete betreffen, die wiederum selbst im Anhang 2 des Bundesgesetzes angeführt sind.

Kapitel D Z 2 enthält ausgewählte raumordnungsrelevante Teile der Alpenkonvention. Die Alpenkonvention ist ein im Alpenraum geltender völkerrechtlicher Vertrag, der für die Alpenregionen ab 2002 rechtswirksam geworden ist (in Österreich am 18.12.2002). Die Alpenkonvention besteht aus der Rahmenkonvention und aus den Durchführungsprotokollen. Der Vertrag stellt unmittelbar anwendbares Recht dar, das die österreichischen Raumordnungsbehörden in Land und Gemeinden bei der Ausarbeitung rechtswirksamer Instrumente (zB beim Landesentwicklungsprogramm oder bei der Ziel- und Maßnahmenformulierung im Räumlichen Entwicklungskonzept oder bei der Abänderung von Flächenwidmungsplänen) zu berücksichtigen haben. Dies wurde durch den Beschluss des Verfassungsgerichtshofes im Fall „Knorrenabfahrt“ (Tirol) vom 22.9.2003 klargestellt. Die Normen der Alpenkonvention gelten daher seit 18.12.2002 als überörtliche Vorgaben, die somit auch – gleich den im Salzburger ROG in § 2 Abs 1 angeführten Zielen – in der örtlichen, regionalen und landesweiten Raumplanung zu berücksichtigen sind.

Kapitel D Z 3 enthält nützliche Informationen zu den Gefahrenzonenplänen, die in Österreich entweder nach dem Wasserrechtsgesetz (Flüsse, Seen, Überschwemmungsbereiche) oder nach dem Forstgesetz (Wildbäche, Muren, Lawinen) erlassen werden können. Wie die Erstellung eines Gefahrenzonenplanes geregelt ist und welche Mitwirkungsmöglichkeiten für Gemeinde und Land bestehen wird an Hand des Forstgesetzes dargestellt.

Kapitel D Z 4 enthält allgemeine Ausführungen zum öffentlichen Interesse und seinen Durchsetzungsmöglichkeiten. Diese Informationen ergänzen die bereits dargestellten Erläuterungen zu § 3 (Abwägungsgebot) und § 26 (Änderung des REK). Dabei geht Kap. 4.1. näher auf das „öffentliche Interesse“ in der Raumordnung aber auch in anderen raumordnungsrelevanten Rechtsbereichen ein. Zusätzlich hat dankenswerterweise der langjährige Leiter der Naturschutzabteilung des Amtes der Salzburger Landesregierung Hofrat i.R. Dr. Kurt Trenka einen Gastbeitrag zum Thema „Vorgangsweise bei der Interessensabwägung“ (Kap .4.2.) verfasst.

Die Autoren haben den Salzburger Gemeindeverband, vertreten durch Präsident Bürgermeister Günther Mitterer und Landesgeschäftsführer Direktor Dr. Martin Huber gebeten, ein Vorwort zur Raumordnungsnovelle LGBl 82/2017 zu schreiben, diesem Ersuchen wurde auch erfreulicherweise Rechnung getragen.

Die vorliegende Arbeit wurde am 1.1.2018 abgeschlossen und berücksichtigt bis dahin den Rechtsbestand in jener Form, wie er am 1.1.2018 mit den ROG Novellen LGBl 82/2017 und 96/2017 in Kraft tritt. Für wichtige Bestimmungen über Zweitwohnungen (§§ 5 Z 17, 31, 31a, und 78 Abs 1 Z 3 und 5 der Novelle 2017 erfolgt – wie im Einzelnen noch ausgeführt – das Inkrafttreten der Bestimmungen der ROG Novellen 2017 zeitverzögert am 1.1.2019.

Dkfm. DDr. Richard Schmidjell Ing. Mag. Dr. Winfried Ginzinger

B) Salzburger Raumordnungsgesetz 2009 – ROG 2009

Gesetz vom 17. Dezember 2008 über die Raumordnung im Land Salzburg

LGBl 30/2009 (Blg LT 13. GP: RV 86, AB 185, jeweils 6. Sess) mit den Änderungen
LGBl 118/2009 (Blg LT 14. GP: RV 123, AB 192, jeweils 2. Sess)
LGBl 88/2010 (DFB)
LGBl 53/2011 (Blg LT 14. GP: RV 285, AB 393, jeweils 3. Sess)
LGBl 32/2013 (Blg LT 14. GP: RV 305, AB 331, jeweils 5. Sess)
LGBl 106/2013 (Blg LT 15. GP: RV 80, AB 142, jeweils 2. Sess)
LGBl 60/2015 (DFB)
LGBl 9/2016 (Blg LT 15. GP: RV 134, AB 181, jeweils 4. Sess)
LGBl 82 /2017 (Blg LT 15. GP: RV 307, AB 351, jeweils 5. Sess)
LGBl 96/2017 (Blg LT 15.GP: RV 36, AB 59 jeweils 6. Sess)

1. Abschnitt – Allgemeines

§ 1 Raumordnung

(1) Raumordnung im Sinn dieses Gesetzes ist die planmäßige Gestaltung eines Gebiets. Sie hat die bestmögliche Nutzung und Sicherung des Lebensraums im Interesse des Gemeinwohles zum Ziel und nimmt dabei Bedacht auf die natürlichen Gegebenheiten sowie – unter Respektierung der Grund- und Freiheitsrechte – auf die abschätzbaren wirtschaftlichen, sozialen, gesundheitlichen und kulturellen Bedürfnisse der Bevölkerung.

(2) Die Raumordnung wird besorgt:

1. als überörtliche Raumplanung vom Land oder in der Form der Regionalplanung von den Regionalverbänden zusammen mit dem Land, die über die örtliche Raumplanung hinausgeht;

2. als örtliche Raumplanung (Art 118 Abs 3 Z 9 B-VG) durch die Gemeinde im eigenen Wirkungsbereich.

(3) Die nach diesem Gesetz den Gemeinden bzw. ihren Organen zukommenden Aufgaben der Raumordnung sind solche des eigenen Wirkungsbereichs der Gemeinden.

(4) Die Zuständigkeiten des Bundes werden durch die Bestimmungen dieses Gesetzes nicht berührt.

RV

Der Abs 1 umschreibt die zentrale Aufgabenstellung der Planungsträger bei der Erfüllung der durch dieses Gesetz aufgetragenen Planungsarbeiten. Er wird im zweiten Satz sprachlich und logisch verbessert: Die Respektierung der Grund- und Freiheitsrechte – sie sind mit der bisherigen Formulierung „freie Entfaltung der Persönlichkeit in der Gemeinschaft" gemeint – kann sich nur auf die Bedachtnahme auf die abschätzbaren Bedürfnisse der Bevölkerung bei den Planungsarbeiten beziehen und wird daher damit in Verbindung gebracht. Die Fachplanungskompetenzen des Bundes bleiben verfassungskonform unberührt. (Abs 2 – Anmerkung: nunmehr Abs 4).

Die Raumordnungsaufgaben nach diesem Gesetz sind, soweit sie über die örtliche Raumplanung hinausgehen, vom Land, gegebenenfalls von den Planungsverbänden im Zusammenwirken mit dem Land, und ansonsten als örtliche Raumplanung im Sinn der Bundesverfassung von den Gemeinden zu besorgen (Abs 3 – Anmerkung: nunmehr Abs 2).

Durch den Abs 4 wird der Wirkungsbereich der Landesregierung im Sinn des Art 18 Abs 2 B-VG zur Definition der im Gesetz verwendeten Begriffe in Bezug auf die im eigenen Wirkungsbereich der Gemeinde zu vollziehenden Bestimmungen des Gesetzes begründet. Soweit das Gesetz die überörtliche Raumplanung zum Gegenstand hat, besteht ohnedies ein Wirkungsbereich der Landesregierung im Sinn der zitierten Verfassungsbestimmung. Daneben sind im Gesetz zahlreiche Verordnungen der Landesregierung zur näheren Regelung bestimmter Inhalte (zB § 5 Abs 1 letzter Satz, Abs 4 Z 3, § 25 Abs 5, § 27 Abs 7) oder als verbindliche Planungsakte (zB §§ 8 Abs 1, 11 Abs 1 und 4, 14 Abs 1) angesprochen, die sie erlassen kann oder auch muss.

RV 2017

Die Abs 1, 2 und 4 entsprechen inhaltlich dem geltenden Recht. Abs 1 umschreibt dabei die zentrale Aufgabenstellung der Planungsträger bei der Erfüllung der durch dieses Gesetz aufgetragenen Planungsarbeiten. Mit Abs 3 wird der Bezeichnungsverpflichtung gemäß Art 118 Abs 2 letzter Satz B-VG Rechnung getragen. Die bisherigen Abs 4 und 5 werden in den neuen § 5 überstellt und können sohin entfallen.

Anmerkungen

Zur Raumordnung als Rechtsbegriff: Mit Erkenntnis vom 23.6.1954 stellte der Verfassungsgerichtshof (VfSlg 2674/1954) fest:

„Die planmäßige und vorausschauende Gestaltung eines bestimmten Gebietes in Bezug auf seine Verbauung, (...) einerseits und für die Erhaltung von im wesentlichen unverbauten Flächen andererseits („Landesplanung" – „Raumordnung"), ist (...) in Gesetzgebung und Vollziehung insoweit Landessache, als nicht etwa einzelne dieser planenden Maßnahmen (...) der Gesetzgebung oder auch der Vollziehung des Bundes ausdrücklich vorbehalten sind."

Damit wurde die formale Grundlage für die Raumordnung, dh die planmäßig vorausschauende Planung eines Gebietes (Land, Region und Gemeinde) in Österreich geschaffen und die Kompetenzen wurden zwischen Bund und Ländern geregelt. Anlass für diese Kompetenzfeststellung war ein dem Verfassungsgerichtshof von der Salzburger Landesregierung mit Beschluss vom 14.1.1954 vorgelegter Entwurf eines Landesraumordnungsgesetzes, zu dem vom Verfassungsgerichtshof Einschränkungen formuliert wurden. Raumordnung ist somit in Gesetzgebung und Vollziehung Landessache, insoweit nicht die Sektoralplanungskompetenzen des Bundes zB im Bereich Bundesstraßen, Eisenbahnen, Bergwesen, Forst- und Wasserrecht berührt werden, die ausdrücklich in der Gesetzgebung oder auch der Vollziehung dem Bund vorbehalten sind.

Was die Begriffe „Raumordnung" und „Raumplanung" betrifft, ist festzustellen, dass man mit „Raumplanung" die Gesamtheit aller zur Erarbeitung, Aufstellung und Durchsetzung einer erstrebten strukturräumlichen Ordnung eingesetzten planerischen Mittel versteht. Raumplanung ist also als Tätigkeit in einem technisch vorbereitenden Sinn aufzufassen. Der in Abs 1 definierte Begriff „Raumordnung" ist eher als übergeordneter Begriff zu sehen, der alle raumbezogenen Maßnahmen der öffentlichen Hand umfasst.

Raumordnungsaufgaben nach diesem Gesetz sind deshalb – soweit sie über die örtliche Raumplanung hinausgehen – vom Land und von den Regionalverbänden, denen das Land diese Aufgabe durch das Raumordnungsgesetz übertrug, ansonsten als örtliche Raumplanung von den Gemeinden zu besorgen. Die Bundesverfassung (B-VG) gewährleistet den Gemeinden die Besorgung der „örtlichen Raumplanung" (Art 118 Abs 3 Z 9 B-VG) im eigenen Wirkungsbereich der

Gemeinde im Rahmen der Gesetze und Verordnungen des Bundes und des Landes in Eigenverantwortung, frei von Weisungen und unter Ausschluss eines Rechtsmittels an Verwaltungsorgane außerhalb der Gemeinde (Art 118 Abs 4).
Die „örtliche Raumplanung" umfasst die planmäßige, vorausschauende Gestaltung eines Gebietes, um die nachhaltige und bestmögliche Nutzung und Sicherung des Lebensraums im Interesse des Gemeinwesens innerhalb der Gemeinde zu sichern (VwSlg 9229 A/1977). Die Gemeinden bestimmen – unter Bindung an die überörtlichen Planungen des Bundes und des Landes – darüber, welche Grundstücke von einer Bebauung frei zu halten und welche Grundstücke wie zu bebauen sind. Diese Aufgabe ist den Gemeinden in eigener Verantwortung als Recht und Pflicht verfassungsrechtlich gewährleistet; die Gemeinden dürfen Maßnahmen der örtlichen Raumplanung, wie zB die Widmung von Grundstücken im Flächenwidmungsplan, zu einer bestimmten Verwendung nicht anderen überörtlichen Stellen (zB der Landesregierung als Aufsichtsbehörde) überlassen (VfSlg 12.169/1989).

§ 2 Raumordnungsziele und -grundsätze

Anmerkungen

Diese Bestimmung wurde mit der Novelle 2017 neu gefasst, eine Wiedergabe der RV erfolgt daher nicht. Aus der RV (2009) ist in den allgemeinen Erläuterungen die im Folgenden zitierte Feststellung maßgeblich: „Die einzelnen Ziele und Grundsätze stehen sich gleichwertig gegenüber; Prioritäten sind aus der Systematik nicht ableitbar."

RV 2017

Der Katalog der Ziele und Grundsätze wird gestrafft und den Anforderungen einer zeitgemäßen Raumordnung angepasst. Der Unterschied zwischen Zielen und Grundsätzen besteht verallgemeinert darin, dass durch die Ziele wesentliche Anliegen der Raumordnung angesprochen werden, die bei konkreten Planungsmaßnahmen gegeneinander abzuwägen sind, was zur Folge haben kann, dass einzelne Ziele stärker bzw. schwächer gewichtet werden. Planungsgrundsätze sind dagegen bei allen Planungsmaßnahmen zu beachten und anzuwenden; sie unterliegen keinem Abwägungsprozess. In den Grundsätzen wird festgelegt, welche Entscheidungskriterien jedenfalls bei der Abwägung und Gewichtung der Ziele zu beachten sind.

(1) Die Raumordnung hat folgende Ziele zu verfolgen:

1. Die räumlichen Existenzgrundlagen der Menschen für leistbares Wohnen, Arbeiten und Wirtschaften sowie eine intakte Umwelt sind nachhaltig zu sichern.

RV 2017

Außer den räumlichen Grundlagen für eine intakte Umwelt sowie für Arbeiten und Wirtschaften sind insbesondere auch die räumlichen Existenzgrundlagen der Menschen für leistbares Wohnen zu sichern. Auf Grund der aktuellen Preis- und Kostenentwicklung und dem zuletzt wieder erhöhten Bevölkerungswachstum kommt diesem Thema eine immer größer werdende gesamtgesellschaftliche Bedeutung zu. Auch wenn die Wohnungspreise durch eine Vielzahl von Instrumenten beeinflusst werden können, soll „leistbares Wohnen" in der Raumplanung eine wichtige

Zielgröße (von mehreren) sein. Wohnen ist ein Grundbedürfnis der Menschen. Grundsätzliches Ziel der Raumplanung muss es daher sein, die Versorgung der Bevölkerung mit „leistbaren" Wohnungen so gut wie möglich sicherzustellen. Der Raumplanung kommt dabei insbesondere die Aufgabe zu, geeignete Flächen für den förderbaren Wohnbau bedarfsgerecht zu sichern bzw. das Angebot an verfügbarem Bauland durch baulandmobilisierende Maßnahmen zu erhöhen. Geeignet für den förderbaren Wohnbau sind Flächen, die auf Grund ihrer guten Anbindung an Einrichtungen der sozialen Infrastruktur, Nahversorgung, öffentlichen Verkehr sowie ihrer Größe gute Voraussetzungen für den Bau leistbarer Wohnungen mit angemessenen Dichten mitbringen.

2. Die natürlichen Lebensgrundlagen sind zu schützen und pfleglich zu nutzen, um sie für die Zukunft in ausreichender Güte und Menge zu erhalten. Die Vielfalt von Natur und Landschaft ist zu erhalten. Gleichbedeutsam sind der Schutz und die Pflege erhaltenswerter Kulturgüter, Naturgegebenheiten und des Landschaftsbildes. Der freie Zugang zu Wäldern, Seen, öffentlichen Fließgewässern und sonstigen landschaftlichen Schönheiten ist zu sichern bzw. anzustreben.

RV 2017

Auf Grund der fortschreitenden Inanspruchnahme von Natur und Landschaft durch verschiedenste menschliche Nutzungen geraten unsere natürlichen Lebensgrundlagen (Boden, Wasser und Luft) immer mehr unter Druck. Damit diese für die nachfolgenden Generationen erhalten bleiben, ist es unsere Pflicht, mit den natürlichen Lebensgrundlagen sorgsam und pfleglich umzugehen. Ein solcher Umgang verpflichtet insbesondere a) zum Schutz des Bodens (einschließlich der Beseitigung von Altlasten) sowie der Pflanzen- und Tierwelt, b) zur Erhaltung und Wiederherstellung der Reinheit der Luft und der Gewässer sowie des natürlichen Klimas und c) zum Schutz und Pflege erhaltenswerter Naturgegebenheiten sowie des Landschaftsbildes. Gleichbedeutsam ist der Schutz erhaltenswerter Kulturgüter (Denkmäler, Bauwerke, erhaltenswürdige Stadt- bzw. Ortsgebiete udgl). Damit die Schönheit von Natur und Landschaft für die Menschen auch erlebbar bleibt und wird, ist der freie Zugang zu Wäldern, Seen, öffentlichen Fließgewässern und sonstigen landschaftlichen Schönheiten zu sichern bzw. anzustreben.

Anmerkungen

Gemäß den Erläuterungen zum ROG 1992 (damals § 2 Abs 1 Z 10) sind die Begriffe des Landschafts- und Naturschutzes allgemein zu verstehen und beziehen sich nicht bloß auf den gesetzlichen Schutz bzw. geschützte Gebiete. Dieses Verständnis wird wohl dieser Zielbestimmung auch heute noch beizumessen sein.

3. Die zum Schutz vor Naturgefahren notwendigen Freiräume sollen erhalten bleiben, wobei auf bestehende Dauersiedlungs- und Wirtschaftsräume Bedacht zu nehmen ist. Gebiete mit nutzbaren Wasser- und Rohstoffvorkommen sollen von Nutzungen freigehalten werden, welche diese Vorkommen beeinträchtigen und ihre Gewinnung verhindern können.

RV 2017

Hochwasser- und Vermurungsereignisse der letzten Jahre rücken die Bedeutung des präventiven Umgangs mit Naturgefahren immer mehr in den Fokus. Die Erfahrungen zeigen, dass es nicht ausreicht, ausschließlich menschliche Siedlungen und andere Nutzungen zu schützen, sondern dass die Natur mit ihren Gefährdungspotenzialen ebenso adäquaten Raum benötigt – sozusagen

„Raumanspruch erhebt". In diesem Sinn sollen die zum Schutz vor Naturgefahren notwendigen Freiräume als solche erhalten bleiben. Freilich handelt es sich hierbei um keinen absoluten Raumanspruch – auf bestehende Dauersiedlungs- und Wirtschaftsräume ist Bedacht zu nehmen. Zu bedenken ist im Zusammenhang nämlich, dass im Land Salzburg Flächen ohne naturräumliche Gefährdungen nur in sehr beschränktem Ausmaß zur Verfügung stehen.

Anmerkungen

Die Freihaltung von Gebieten mit nutzbaren Wasser- und Rohstoffvorkommen war bereits in den Vorgängerbestimmungen des ROG 1977, ROG 1992/98 und dem ROG 2009 enthalten. Damit werden auch Interessen für die Abwägung relevant, welche in die Zuständigkeit des Bundes fallen (zB Bergwesen – MinroG).

Die Aufnahme des Raumanspruchs für Naturgefahren war im Gesetzgebungsprozess nicht unumstritten. Daher wurde die Bestimmung um die Beachtung des bestehenden Dauersiedlungs- und Wirtschaftsraumes ergänzt. Dies hat die Folge, dass in Bereichen, wo ein siedlungsstrukturelles Interesse besteht, dieses nicht dem Anspruch betreffend Naturgefahren unterzuordnen ist, sondern diese Nutzung soweit als möglich mit Schutzmaßnahmen aufrecht zu erhalten ist.

4. Die Erhaltung einer lebensfähigen bäuerlichen Land- und Forstwirtschaft ist sicherzustellen.

RV 2017

Das Ziel dient neben der Erhaltung einer lebensfähigen bäuerlichen Land- und Forstwirtschaft auch der Sicherung der Versorgung der heimischen Bevölkerung mit (gesunden) Nahrungsmitteln und biogenen Brennstoffen. Ferner dient dieses Ziel der Erhaltung von Böden mit dem Potential für natürliche Pflanzengesellschaften sowie der Sicherung von Böden, welche nachhaltig zur Regulierung des Wasserhaushaltes (zB Hochwasserrückhalt, Grund- und Trinkwasser) beitragen. Bedenkt man, dass im Land Salzburg ca. 100 ha Boden (Anmerkung: gemeint wohl jährlich) zusätzlich für den Bau von Wohnhäusern, Industrie- und Gewerbebauten, für neue Infrastruktur sowie für verschiedene Freizeiteinrichtungen beansprucht werden und es sich dabei primär um (zuvor) landwirtschaftlich genutzte, weitgehend natürliche, intakte Böden handelt, ist auf dieses Ziel verstärkt Rücksicht zu nehmen.

5. Gewerbe, Industrie und Handel sind in ihrer wirtschaftlichen Leistungsfähigkeit zu sichern und zu verbessern, wobei einerseits auf die Standorterfordernisse, die verfügbaren Roh- und Grundstoffe, die Energie und Arbeitsmarktsituation und andererseits auf die Umweltbeeinträchtigung und die benachbarten Siedlungsgebiete Rücksicht zu nehmen ist.

RV 2017

Die Bestimmung verpflichtet – wie bisher (vgl. § 2 Abs 1 Z 9) – vor allem zu einer rechtzeitigen Standortvorsorge für bestehende wie auch für neue Gewerbe- und Industriebetriebe. Da die Neuausweisung von Standorten vor allem für Industriebetriebe auf Grund der begrenzten räumlichen Möglichkeiten des Landes Salzburgs zunehmend schwieriger wird, kommt auch dem Erhalt bereits ausgewiesener Gewerbe- und Industrieflächen und ihrer widmungsgemäßen Verwendung im Zusammenhang besondere Bedeutung zu.

Erstmals wird im Rahmen dieses Ziels explizit auch der Handel erwähnt, da auch dieser in Salzburg – neben Gewerbe und Industrie – von großer Bedeutung ist. Im Bereich des Handels liegt der Fokus jedoch nicht auf der Ausweisung zusätzlicher neuer Verkaufsflächen, sondern auf der qualitätsvollen Weiterentwicklung bereits bestehender geeigneter Standorte.

Anmerkungen

Die in der Vorgängerbestimmung (§ 2 Abs 1 Z 9) enthaltene besondere Hervorhebung von Betrieben im Anwendungsbereich der Seveso-Richtlinie (siehe § 16) ist in die neue Zielbestimmung nicht übernommen worden. Diese 2017 nicht in die Ziele übernommene Bestimmung lautete: „Weiters sind Wohngebiete, öffentlich genutzte Gebiete einschließlich solcher Bauten, wichtige Verkehrswege und unter dem Gesichtspunkt des Naturschutzes besonders wertvolle bzw. besonders empfindliche Gebiete vor den Gefahren schwerer Unfälle in Betrieben, die in den Anwendungsbereich der Seveso-Richtlinie fallen, zu schützen."

Dennoch wird im Rahmen der Raumverträglichkeitsprüfung – allein schon auf Grund der europarechtlichen Verpflichtung – seitens der Planungsträger auf die besonderen Planungsvorgaben für die Standortwahl und die Planungen in deren Umgebung ein besonderes Augenmerk gerichtet sein müssen. Als öffentlich genutzte Gebiete und Bauten gelten etwa öffentliche Freizeitanlagen, Vergnügungs- und Veranstaltungsstätten, Handelszentren etc.

6. Der Tourismus ist unter Berücksichtigung der ökologischen Belastbarkeit und der wirtschaftlichen Tragfähigkeit des Raums, der Erfordernisse des Landschafts- und Naturschutzes sowie der vorrangigen Beteiligung der einheimischen Bevölkerung an der Entwicklung und der Vielfalt der Freizeit- und Erholungsbedürfnisse der Gäste auch durch die Sicherung geeigneter Flächen zu entwickeln und konkurrenzfähig zu erhalten.

RV 2017

Die Bestimmung entspricht § 2 Abs 1 Z 10 des geltenden Rechts.

Die Raumplanung soll im Wege einer Gesamtbetrachtung (Landesentwicklungsprogramm) die Zukunftsfaktoren für die Sicherung der Wettbewerbsfähigkeit des heimischen Tourismus berücksichtigen. Salzburg verfügt über viele Räume/Regionen, die einer intensiven touristischen Nutzung unterliegen (Sommer wie Winter). Hier sollen die Rahmenbedingungen abgesichert und im Hinblick auf einen qualitativen Tourismus weiterentwickelt werden. Ein wesentliches Ziel ist aber auch der Schutz jener Räume, die derzeit noch keiner intensiven touristischen Nutzung unterliegen. Dies auch im Hinblick auf eine noch vorhandene kleinräumige Berglandwirtschaft und die daraus resultierenden landschaftlichen Qualitäten, die Salzburg (noch) zu bieten hat und die eine grundlegende Basis für die Tourismuswirtschaft insgesamt bilden.

Anmerkungen:

Diese Zielformulierung erfuhr durch die Novelle 2017 keine Änderung, obwohl ursprünglich beabsichtigt war die „vorrangige Beteiligung der einheimischen Bevölkerung" ebenso zu streichen, wie das Ziel den Salzburger Tourismus durch Berücksichtigung der vielfältigen Gästebedürfnisse konkurrenzfähig zu erhalten. Massiv haben sich die Gemeinden in die Diskussion eingebracht, dass die bisherige Zielformulierung erhalten bleibt: Die Tourismusentwicklung habe sich an den Gästewünschen zu orientieren um konkurrenzfähig zu sein und soll so erfolgen, dass vorrangig und zu einem möglichst großer Teil die einheimischen Bevökerung daran teilhat, wobei dies unter anderem durch bodenständige Tourismusunternehmen, die vom Inhaber und seiner Familie betrieben werden, durch Privatzimmervermietung und Urlaub am Bauernhof erfolgen soll.

7. Das Siedlungssystem soll derart entwickelt werden, dass
a) **die Bevölkerungsdichte eines Raumes mit seiner ökologischen und wirtschaftlichen Tragfähigkeit im Einklang steht,**
b) **die Versorgung der Bevölkerung in ihren Grundbedürfnissen in ausreichendem Umfang und angemessener Qualität sichergestellt und eine entsprechende Ausstattung mit Einrichtungen der Daseinsvorsorge vor allem durch Revitalisierung und Stärkung der Orts- und Stadtkerne in zumutbarer Entfernung gewährleistet ist,**
c) **räumliche Strukturen geschaffen werden, die eine nachhaltige und umwelt- sowie ressourcenschonende Mobilität ermöglichen,**
d) **zur Deckung eines ganzjährig gegebenen Wohnbedarfs benötigte Flächen nicht für eine bloß zeitweilige Wohnnutzung verwendet werden,**
e) **eine bestmögliche Abstimmung der Standorte für Wohnen, wirtschaftliche Unternehmen und öffentliche Dienstleistungseinrichtungen sowie für Erholungsgebiete erreicht wird und**
f) **die Bevölkerung vor Gefährdung durch Naturgewalten und Unglücksfälle außergewöhnlichen Umfangs sowie vor Umweltschäden, -gefährdungen und -belastungen durch richtige Standortwahl dauergenutzter Einrichtungen und durch Schutzmaßnahmen bestmöglich geschützt wird.**

RV 2017

Das Siedlungssystem soll derart entwickelt werden, dass die Bevölkerung auf kurzem Wege – möglichst unabhängig von Individualverkehr und Bring-Diensten – in der Lage ist, ihre Grundbedürfnisse (Nahrung/Wohnen/Arbeiten/Erholung/Bildung) zu befriedigen. Zusätzlicher Verkehr, ökologische Belastungen für die Umwelt, ökonomische Belastungen für öffentliche und private Haushalte, angespannte Zeitbudgets, die auch über die Teilnahme am Sozialleben sowie Erreichbarkeit von Arbeitsplätzen bei Teilzeitnotwendigkeit entscheiden, sind Folge disperser Siedlungsstrukturen, weshalb die Schaffung von kompakten Siedlungskörpern in Funktionsmischung zentrales Anliegen der Raumordnung sein muss.

Zu lit. b ist auszuführen, dass das Ziel „Revitalisierung und Stärkung der Orts- und Stadtkerne" mit der ROG Novelle 2004 eingeführt wurde. In den damaligen Erläuterungen dazu hieß es, dass der Wiedergewinnung der ursprünglichen Funktion von Stadt- und Ortskernen als Versorgungszentren für die zugehörigen Siedlungsbereiche diesem Anliegen künftig vermehrte Bedeutung bei der Siedlungsentwicklung beigemessen werden soll. Dies soll dazu führen, dass die Versorgungseinrichtungen hier auch ohne motorisierten Individualverkehr erreichbar bleiben. Zudem sollen durch Revitalisierung von bereits baulich genutzten Flächen weniger Bodenressourcen verbraucht werden.

Zu lit c ist auszuführen, dass für die Erreichung der Klima- und Energieziele des Landes eine nachhaltige Mobilität von besonderer Bedeutung ist. Ziel ist die Schaffung von Siedlungsstrukturen, die zu einer nachhaltigen und umwelt- sowie ressourcenschonenden Mobilität führen. Die Entwicklung kompakter Siedlungen fördert die Erreichung dieses Ziels ebenso wie kurze Wege zu den Versorgungseinrichtungen und die Verfügbarkeit eines leistungsfähigen ÖV Systems. Ein Siedlungssystem, das nicht nur auf den motorisierten Individualverkehr ausgerichtet ist, wird auch ganz wesentlich zur Entlastung der angespannten Verkehrssituation des Zentralraumes beitragen.

Die lit f entspricht dem bisherigen § 2 Abs 1 Z 4.

Anmerkungen

Der Begriff „dauergenutzte Einrichtungen“ umfasst nicht bloß Bauten bzw. Baulandwidmungen, sondern alle Flächen für Einrichtungen und Anlagen, welche zum Zweck einer regelmäßigen, wiederkehrenden Nutzung auf Dauer errichtet bzw. betrieben werden. Dieses Verständnis ist bereits der RV zum ROG 1992 zu entnehmen. Daher fallen auch Stellplätze, Campingplätze, Almhütten etc. darunter. Dieses umfassende Begriffsverständnis ist geboten, um einerseits den Schutzzweck zu erreichen und andererseits um unwirtschaftliche Investitionen für Schutzbauten zu vermeiden.

8. Die Erhaltung und Entwicklung einer möglichst eigenständigen und nachhaltigen Energieversorgung ist zu unterstützen.

RV 2017

Das Land Salzburg setzt sich in der Klima- und Energiestrategie das Ziel bis 2050 klimaneutral und energieautonom zu sein. Erklärtes Ziel des Landes ist die Förderung der Wind- und Solarenergie. Die dafür geeigneten Standorte sind in den überörtlichen und örtlichen Programmen zu sichern. Darüber hinaus ist auf die Bedeutung der Raumordnung zur Erreichung dieser Strategie hinzuweisen. Kompakte Siedlungsstrukturen an raumordnungsfachlich gut geeigneten Standorten und die Verhinderung von Zersiedelung tragen ganz wesentlich zur Zielerreichung bei (Kurze-Wege-Prinzip, Leitungseffizienz).

9. Die Grundlagen für die langfristige Entwicklung der Wirtschaft, der Infrastruktur und des Wohnungswesens sowie für die erforderlichen Strukturanpassungen sind zu sichern und zu verbessern.

RV 2017

Die Bestimmung entspricht dem § 2 Abs 1 Z 7 ROG 2009

Anmerkungen

Mit dieser Bestimmung wurde im ROG 2009 klargestellt, dass Wärmeversorgungsnetze als eine Infrastruktur aufzufassen sind, welche für die Siedlungsentwicklung (auch) maßgeblich ist.

10. Für die Bevölkerung in allen Teilen des Landes ist die Herstellung möglichst gleichwertiger Lebensbedingungen sowie deren Verbesserung durch die Schaffung einer ausgeglichenen Wirtschafts- und Sozialstruktur und aktiver Maßnahmen zur Stärkung des ländlichen Raums anzustreben.

RV 2017

Die Bestimmung entspricht § 2 Abs 1 Z 1 des ROG 2009, ergänzt jedoch um das Ziel der Stärkung des ländlichen Raums, und zwar durch aktive Maßnahmen. Als solche aktive Maßnahme kann zB das Programm zur Ortskernstärkung genannt werden. Die Zukunft ländlicher Räume, vor allem von schrumpfenden Regionen und Gemeinden mit Stabilisierungsbedarf, hängt nämlich wesentlich von der Entwicklung vitaler Ortskerne ab.

(2) Dabei sind folgende Grundsätze zu beachten:

1. haushälterische und nachhaltige Nutzung von Grund und Boden, insbesondere der sparsame Umgang mit Bauland;

RV 2017

Der Grundsatz entspricht dem geltenden Recht und ist bei allen planerischen Entscheidungen auf überörtlicher und örtlicher Ebene zu beachten. Er entspricht der grundsätzlichen ethischen Verpflichtung, nachfolgenden Generationen möglichst umfassend die natürlichen Lebensgrundlagen zu erhalten und ihnen die größtmöglichen Freiheitsgrade für ihre Entscheidungen zu sichern.

Bei der Beurteilung der sparsamen Abgrenzung von neuen Baulandflächen ist einerseits auf landesplanerische, regionale und örtliche Zielsetzungen und Vorgaben, anderseits aber auch auf die gegebenen Strukturverhältnisse Bedacht zu nehmen. Über die sparsame Abgrenzung von neuen Baulandflächen hinaus zählen zum Grundsatz im Rahmen der Flächenwidmungsplanung (als Vorfrage) auch die Mobilisierung bestehender Baulandreserven vor der Ausweisung von neuem Bauland und im Rahmen der Bebauungsplanung die Festlegung entsprechender Bebauungsbedingungen und -dichten.

Anmerkungen

Dieser Grundsatz war im Wesentlichen bereits im ROG 1992 enthalten. Durch das ROG 2009 wurde dieser Grundsatz um den Begriff der Nachhaltigkeit ergänzt, welcher im ROG 1992 nur in den Erläuterungen angeführt war. Der Begriff der Nachhaltigkeit wird in diesem Zusammenhang als eine wirtschaftlich und ökologisch auf Dauer aufrechtzuerhaltende Nutzung verstanden.

2. Vorrang der öffentlichen Interessen vor Einzelinteressen;

RV 2017

Der Vorrang der öffentlichen Interessen vor Einzelinteressen ist bereits im § 1 zu Grunde gelegt, wonach die Raumordnung die bestmögliche Nutzung und Sicherung des Lebensraumes im Interesse des Gemeinwohls zum Ziel hat (§ 1). Gleichzeitig verpflichtet § 1 jedoch zur Respektierung der Grund- und Freiheitsrechte und ist daher die Planung trotz Vorrangs der öffentlichen Interessen unter möglichster Schonung des Privateigentums durchzuführen. Wenn sich die privaten mit den öffentlichen Interessen decken oder den privaten Interessen keine öffentlichen Interessen entgegenstehen, können sohin auch private Interessen eine Planänderung rechtfertigen.

Anmerkungen

Dieser so selbstverständlich erscheinende Grundsatz hat in der Praxis hohe Relevanz und führt immer wieder zu Auseinandersetzungen. Im Wesentlichen geht es darum festzustellen, ob für eine Planung nur ein privates Interesse eines oder mehrerer Personen vorliegt oder ob ein darüber hinausgehendes „breiteres" lokales, regionales oder landesweites Interesse an der Umsetzung einer Planung gegeben ist.

Dabei genügt eine bloß „politische" Willenskundgebung des Bürgermeisters, der Gemeindevertretung, der Regierung oder des Landtages nicht. Warum ein öffentliches Interesse an einer Planung gegeben ist, muss ausgehend von einer Darstellung der jeweiligen Sachlage, schlüssig und nachvollziehbar argumentiert werden. Der VwGH (vom 21.5.2012, Zl 2010/10/0147) führt dazu aus, „dass ein Vorhaben nur dann im öffentlichen Interesse gelegen sein kann, wenn es nicht nur positive Auswirkungen auf eines oder mehrere beteiligte Wirtschaftssubjekte hat, sondern solche Effekte auch, bei makroökonomischer Betrachtungsweise, und zwar quantitativ und/oder qualitativ nachvollziehbar für eine Gesamtheit (Gemeinde, Region, Land) gegeben sind."

Es ist dabei auch zu beachten, dass durchaus auch eine Interessenkongruenz von öffentlichen und privaten Interessen gegeben sein kann und eigentlich den „Idealzustand" einer „win-win-Situation" darstellt. Die Tatsache, dass ein Vorhaben im privaten Interesse liegt, bedeutet nicht zwangsläufig, dass mit dem Vorhaben keine öffentlichen Interessen verfolgt werden können.

(Siehe dazu auch die Anmerkungen zu § 3 und Kap. D Z 4.)

3. Vorrang für die Siedlungsentwicklung nach innen und Vermeidung von Zersiedelung;

RV 2017

Die Zersiedelung des Raums zieht eine Vielzahl von negativen Folgeerscheinungen nach sich (ua verkehrsinduzierende Wirkung, Verlust an landwirtschaftlichen Produktionsflächen, deutlich höhere Infrastrukturbereitstellungskosten, negative Auswirkung auf das soziale Gefüge [da nicht mobile Bevölkerungsschichten weniger in der Lage sind, am Gemeinwesen partizipieren zu können]). Grundsatz moderner Raumordnung muss daher sein, Zersiedelung soweit wie möglich zu vermeiden. Dies gilt auch für die Fortsetzung einer bereits eingeleiteten Zersiedelung.

Nach der Rechtsprechung des Verwaltungsgerichtshofes ist unter dem Begriff „Zersiedelung" eine „ohne funktionales Erfordernis oder ohne ortsplanerische Konzeption vorgenommene Bebauung außerhalb geschlossener Siedlungen" zu verstehen (vgl. ua VwGH vom 21. März 2001, Zl 99/10/0177). Auch der Verfassungsgerichtshof versteht die Zersiedelung als konzeptlose Bebauung außerhalb von räumlich abgegrenzten Siedlungszonen (vgl. VfSlg 17.112/2004). Dementsprechend kann von einer Zersiedelung nicht schon dann gesprochen werden, wenn eine Siedlungstätigkeit außerhalb eines Siedlungsschwerpunktes erfolgt, sondern vielmehr nur dann, wenn diese Siedlungstätigkeit zu einem unkontrollierten flächenhaften Wachstum in Randlagen führen würde. Dies ist insbesondere bei Siedlungssplittern sowie Streusiedlungen im Grünland sowie punktuellen Baulandwidmungen in Außenbereichen der Fall. Bestehen bereits größere Siedlungen in Außenbereichen kommt es in erster Linie auf das ortsplanerische Konzept an. Siedlungen, die nach ortsplanerischem Konzept nicht mehr weiterentwickelt werden sollen, sollen keinesfalls neu als Bauland ausgewiesen werden. Bestehen für solche Siedlungsansätze bereits Baulandwidmungen, sollen zumindest die äußeren Siedlungsränder nicht weiter ausgedehnt werden. Ist für solche Siedlungen eine Weiterentwicklung nach ortsplanerischem Konzept vorgesehen, sind Baulandwidmungen sowohl für Abrundungen wie auch für Erweiterungen möglich.

Anmerkungen

Der Begriff einer Siedlungsentwicklung nach innen umfasst mehrere Bedeutungsinhalte. Einerseits sollen damit die bestehenden äußeren Siedlungsränder die Begrenzung der zukünftigen Siedlungsentwicklung darstellen, andererseits wird damit auch zum Ausdruck gebracht, dass vor einer Neuinanspruchnahme von unbebauten, im Grünland gelegenen Flächen, die Inanspruchnahme von bestehenden Baulandreserven, die Umwandlung von Brachflächen etc. erfolgen soll. Dieser Inhalt ist in Zusammenhang mit der Zersiedelung zu sehen.

Leider ist es auch im Rahmen der Novelle 2017 nicht gelungen, den Begriff der Zersiedelung einer Legaldefinition zuzuführen, sondern er wird in der RV 2017 ausschließlich durch Zitate aus der Rechtsprechung der Höchstgerichte umschrieben.

4. verstärkte Berücksichtigung der Umweltschutzbelange und entsprechende Wahrnehmung der Klimaschutzbelange bei der Abwägung ökologischer und ökonomischer Ansprüche an den Raum, Unterstützung des Natur- und Landschaftsschutzes;

RV 2017

Der Grundsatz entspricht weitgehend dem bisherigen, in § 2 Abs 2 Z 4 ROG 2009 festgelegten Grundsatz, unterstreicht jedoch die Bedeutung des Teilbereichs „Klimaschutz". Nach dem Salzburger Raumordnungsbericht 2011 – 2014 ist in Österreich die Temperatur seit 1880 um fast zwei Grad Celsius gestiegen, verglichen mit einer globalen Erhöhung um 0,85 Grad Celsius. Ein weiterer Temperaturanstieg ist zu erwarten. Auf Grund dieses Anstiegs ist mit einer Zunahme der Niederschläge im Winterhalbjahr und mit einer Abnahme im Sommerhalbjahr zu rechnen. Die Sonnenscheindauer wird in Berglagen zunehmen, die Dauer der Schneebedeckung unter einer Seehöhe von 1.000 m sowie die Gletscherflächen und -volumen werden deutlich abnehmen. In Gebirgsregionen werden Rutschungen, Muren, Steinschlag und andere gravitative Massenbewegungen sohin deutlich zunehmen, zurückzuführen auf höhere Niederschlagsmengen, auftauenden Permafrost und einer veränderten Landnutzung.

Klimaschutz ist daher eine der wichtigsten Aufgaben unserer Zeit. Eine Aufgabe zu der alle Planungsträger beizutragen haben. Im Aktivitätsfeld Raumordnung werden vor allem Maßnahmen zur Sicherung der Hochwasserabflussräume sowie der Frischluftschneisen und Freiflächen in Ballungsräumen und generell eine stärkere Berücksichtigung von Energieeffizienz sowie Klima- und Bodenschutz bei der Baulandentwicklung für erforderlich erachtet (vgl. auch Salzburger Raumordnungsbericht 2011 – 2014, S 250 f).

5. Orientierung der Siedlungsentwicklung an den Einrichtungen des öffentlichen Verkehrs und sonstigen Infrastruktureinrichtungen unter Beachtung größtmöglicher Wirtschaftlichkeit dieser Einrichtungen;

RV 2017

Die Z 5 übernimmt den gleichlautenden Grundsatz des ROG 2009 in § 2 Abs 2 Z 7. Begleitend ist zu bemerken, dass der Begriff „sonstige Infrastruktureinrichtungen" sowohl technische Infrastruktureinrichtungen als auch Einrichtungen der Grundversorgung umfasst.

Anmerkungen

Zu den Infrastruktureinrichtungen zählen gemäß der RV 2009 auch die Wärmeversorgungsnetze.

Entwicklung der Raumstruktur entsprechend dem Prinzip der gestreuten Schwerpunktbildung und Entwicklung und Erhaltung einer regionalen Identität;

RV 2017

Die Z 6 betrifft in erster Linie die Landes- und Regionalplanung und enthält einen Auftrag zur Entwicklung und Erhaltung einer regionalen Identität.

Anmerkungen

Der Begriff der „regionalen Identität" wurde in das Salzburger Raumordnungsrecht mit dem ROG 1992 eingeführt. In den Erläuterungen wird dazu ausgeführt, dass darunter die Entwicklung und Erhaltung eines Bewusstseins und Bewahrens von naturräumlicher und kultureller Eigenart in einem geeinten Europa zu verstehen ist. Der Gesetzgeber ging davon aus, dass diese regionale Identität einen wesentlichen Entwicklungsfaktor betrifft und die Förderung der regionalen Eigenständigkeit ein wirtschaftspolitisches Instrument darstellt. Mit dem Grundsatz der „Regionalisierung" wurde auch die Einführung der Regionalplanung als eine Form der überörtlichen Raumplanung verbunden.

6. aktive Bodenpolitik der Gemeinden für leistbares Wohn- und Betriebsbauland;

RV 2017

Mit der in Abs 2 Z 7 gegenüber der bisherigen Rechtslage (§ 2 Abs 2 Z 10 ROG 2009) vorgenommenen Ergänzung soll die Bedeutung aktiver Bodenpolitik für leistbares Wohn- und Betriebsbauland unterstrichen werden. In § 2 Abs 2 Z 10 ROG 2009 war bisher nur der Grundsatz „aktive Bodenpolitik der Gemeinden" (ohne Erläuterungen) angeführt. Unter dem Begriff „aktive Bodenpolitik" sind nach der Novelle 2017 Bauland ergänzende Maßnahmen zu verstehen, die zu einer raschen widmungskonformen Umsetzung planungsrechtlicher Vorgaben führen. Die Maßnahmen sind vielfältig und reichen von öffentlich-rechtlichen Maßnahmen und vertraglichen Vereinbarungen bis hin zu informellen Maßnahmen der Bewusstseinsbildung.

Anmerkungen

Der Grundsatz einer aktiven Bodenpolitik wurde in das Salzburger Raumordnungsrecht mit dem ROG 1992 eingeführt und stand im unmittelbaren Zusammenhang mit der damals eingeführten Vertragsraumordnung als dem zentralen Instrument zur Baulandmobilisierung. Die Bestimmungen über die Vertragsraumordnung wurden seitens des Verfassungsgerichtshofes durch seine Entscheidung vom 13.11.1999 VfSlg 15.625/1999 aufgehoben. Der Landesgesetzgeber hat dennoch diesen Grundsatz im ROG belassen; freilich ist seine Bedeutung durch die verfassungsrechtlich verpönte Verknüpfung zwischen Vertrag und Widmung reduziert worden. Heute ist es etwa der Aufsichtsbehörde nicht mehr gestattet, eine Genehmigung unter dem Gesichtspunkt einer mangelnden zivilrechtlichen Absicherung der Widmung zu versagen. Verträge und deren Abschluss bzw. Nichtabschluss verbleiben in der alleinigen Verantwortung des jeweiligen Planungsträgers. Diese Bestimmung bildet auch die „Basis" für die Aufgabenstellung der Baulandsicherungsgesellschaft (Land-Invest) gemäß § 77.

7. sparsame Verwendung von Energie und vorrangiger Einsatz heimischer erneuerbarer Energieträger;

RV 2017

Die Z 8 entspricht § 2 Abs 2 Z 5 im ROG 2009.

Anmerkungen

Mit dem ROG 2009 wurde die bereits im ROG 1992 vorgesehene sparsame Verwendung von Energie und der Zielsetzung eines vermehrten Einsatzes von heimischen erneuerbaren Energieträgern durch eine Bevorrangung dieser Energieträger verstärkt. Diesen kommt insofern eine klare Priorität gegenüber fossilen Energieträgern zu. Zu diesen Energieträgern zählen gleichrangig gemäß den Erläuterungen Wasserkraft und Biomasse, aber auch die Windkraft und die Sonnenenergie. Bei Entscheidungen, die für den Einsatz der verschiedenen Energieträger Relevanz haben, ist aber auch auf andere Gesichtspunkte, wie zB den Natur- oder Umweltschutz, Bedacht zu nehmen.

8. verstärkte Berücksichtigung unterschiedlicher Auswirkungen von Planungen auf Frauen und Männer, auf Kinder und Jugendliche, auf ältere Menschen sowie auf Menschen mit Behinderung.

RV 2017

Die Z 9 entspricht § 2 Abs 2 Z 12 im ROG 2009.

Anmerkungen

Mit dem ROG 2009 wurde das Gender Mainstreaming – im Sinne des Auftrags einer Betrachtung von unterschiedlichen Wirkungen der Planungen auf die unterschiedlichen Nutzergruppen – als Planungsgrundsatz aufgenommen. Diese Verpflichtung geht über die geschlechtsspezifische Betrachtung hinaus. Damit soll verbunden sein, dass auch die unterschiedlichen Auswirkungen auf Kinder und Jugendliche, ältere Menschen sowie Menschen mit Behinderungen Bedacht genommen wird und sie gegebenenfalls verstärkt Berücksichtigung finden.

§ 3 Abwägungsgebot

Bei Planungen auf Grund dieses Gesetzes sind Abwägungen vorzunehmen, in deren Rahmen die relevanten Raumordnungsgrundsätze zu beachten, die verfolgten Ziele darzustellen und die Wirkungen der Planungen auf den Raum mit ihren Vorteilen und allfälligen Nachteilen zu beurteilen sind.

RV

Das Abwägungsgebot verhält dazu, die Vor- und allfälligen Nachteile einer beabsichtigten Planung anhand ihrer voraussichtlichen Auswirkungen zu beurteilen. Dies setzt die Darlegung der damit verfolgten Ziele und der Vereinbarkeit mit den Raumordnungsgrundsätzen voraus. Auf diese Weise wird weiter abgesichert, dass Planungen begründet und nachvollziehbar erfolgen.

RV 2017

Das Abwägungsgebot entspricht weitgehend § 3 des geltenden Gesetzes, wird aber inhaltlich dahin präzisiert, dass bei der Abwägung der Raumordnungsziele die Raumordnungsgrundsätze zu beachten sind.

Wie bereits in den Gesetzesmaterialien zum ROG 2009 (RV 86 Blg LT 13. GP, 6. Sess) ausgeführt, verhält die Bestimmung dazu, die Vor- und allfälligen Nachteile einer beabsichtigten Planung anhand ihrer voraussichtlichen Auswirkungen zu beurteilen. Dies setzt die Darlegung der damit verfolgten Ziele und deren Vereinbarkeit mit den Raumordnungsgrundsätzen voraus. Auf diese Weise wird abgesichert, dass Planungen begründet und nachvollziehbar erfolgen und die Planungsgrundlagen sorgfältig erhoben werden. Nach der Rechtsprechung des VfGH belastet es den Plan mit Rechtswidrigkeit, wenn die Planungsträger die Planungsgrundlagen nicht sorgfältig erheben und etwa nur auf der Basis bloßer Mutmaßungen entscheiden (vgl. zB VfGH 13.6.2005, V 81/03).

Zur „Beachtung der Grundsätze" wird ausdrücklich klargestellt, dass sich dieses Gebot nur auf die für die Planung relevanten Grundsätze erstreckt. Auch wird es in Ansehung der vielen Grundsätze nicht immer möglich sein, diese allesamt mit gleicher Intensität zu beachten.

Zum Umfang des Darlegungsgebots ist auf das in der Verwaltung allgemein geltende Effizienzgebot hinzuweisen. Relevanz, Umfang und Bedeutung der Planungsmaßnahme sind entsprechend zu berücksichtigen.

Anmerkungen

Das Abwägungsgebot ist eine der zentralen Bestimmungen für die Raumordnung. Dies vor allem, weil bei Planungsmaßnahmen, kein vom Gesetz vorgegebenes Ergebnis im Einzelfall abgeleitet werden kann, sondern dem jeweiligen Planungsträger ein breiter Spielraum für die Entscheidung eröffnet wird (sogen. Planungsermessen). Dieses Charakteristikum zeigt sich im Bereich der Raumordnung besonders bei dem Zielkatalog des § 2 Abs 1. Die hier genannten Ziele können etwa von Haus aus nicht auf ein und derselben Fläche verfolgt werden, sondern es bedarf einer Entscheidung auf welcher Fläche welche Ziele verfolgt werden. Um die jeweilige Entscheidung – etwa Baulandausweisung oder Belassung im Grünland – nachvollziehbar und transparent zu machen ist es erforderlich, all jene Punkte darzustellen, welche im Einzelfall für oder gegen die jeweilige Planungsmaßnahme sprechen und sie in weiterer Folge zu gewichten (abzuwägen). Dadurch wird gewährleistet, dass das Planungsermessen in sachgerechter Weise geübt wird. Demgegenüber sind die Grundsätze (§ 2 Abs 2) keiner Abwägung zugänglich, sondern schlechterdings im Rahmen von Planungen zu beachten. Freilich ist diese Pflicht keine Absolute, sondern es zeigt sich auch bei den Grundsätzen, dass nicht jeder Grundsatz mit gleicher Intensität bei jeder beliebigen Planungsmaßnahme Beachtung finden kann. Daneben existieren in der Praxis auch Planungsmaßnahmen, welche nicht alle Grundsätze berühren, so wird etwa der Grundsatz einer aktiven Bodenpolitik nur im Fall einer Baulandausweisung von Bedeutung sein. Dieser Umstand wurde auch vom Landesgesetzgeber durch die Einfügung des Wortes „relevant" klar zum Ausdruck gebracht.

Zudem ist bei Planungen auch die Bedeutung bzw. Umfang der Planungsmaßnahme und deren Wirkung auf die gesetzlichen Ziele oder Umwelt eine maßgebliche Stellgröße. Dies vor allem, um dem Gebot der Sparsamkeit, Wirtschaftlichkeit und Zweckmäßigkeit (heute kurz als Effizienzgebot bezeichnet) der Verwaltungsführung zu entsprechen, welches auch im Bereich des Planungsrechtes gilt. Daher ist für Bagatellmaßnahmen – etwa die Ausweisung einer Baulücke im überwiegend bebauten Bereich – ein geringeres Maß an Abwägungsgrundlagen erforderlich als im Rahmen der Entwicklung eines größeren Baugebiets.

Die Abwägung ist eine Verpflichtung des jeweiligen Planungsträgers und gilt für alle Planungsebenen, also nicht bloß für Planungsakte der Örtlichen Raumplanung, sondern auch für die Landes- und Regionalplanung. Dem Land als Aufsichtsbehörde steht in diesem Zusammenhang nur eine Kontrolle der Einhaltung des Abwägungsgebotes zu, nicht aber das Recht an Stelle der Gemeinde eine Abwägungsentscheidung zu treffen oder zu ersetzten.

Eine Verletzung des Abwägungsgebotes führt zur Rechtswidrigkeit der Planung. Nach den Entscheidungen der Höchstgerichte (VwGH und VfGH) ist das Abwägungsgebot verletzt, wenn
- eine Abwägung zur Gänze unterbleibt (Abwägungsausfall)
- abwägungsrelevante Aspekte nicht erhoben bzw. berücksichtigt werden (Abwägungsdefizit)
- eine einseitige unsachliche Gewichtung erfolgt (Abwägungsexzess).

Gerade die letzten beiden Fälle sind in der Praxis von besonderer Relevanz. Zur Verdeutlichung sollen die nachfolgenden Beispiele dienen:

Abwägungsdefizit:

Es wird im Rahmen einer Teilabänderung von der Gemeinde XY beschlossen eine Fläche als Bauland auszuweisen. In der Strukturuntersuchung des Ortsplaners bleibt durch ein Versehen unerwähnt, dass sich die Fläche in einer Gefahrenzone befindet. In diesem Fall erweist sich der Beschluss der Gemeinde als rechtswidrig, weil die Gemeinde im Zuge ihrer Beschlussfassung von unrichtigen Tatsachen ausgegangen ist. Hätte die Gemeinde von der Lage der Fläche in der Gefährdungszone gewusst, hätte sie sich mit diesem Umstand auseinandergesetzt und entsprechende Festlegungen auf Ebene des Flächenwidmungs- oder Bebauungsplanes getroffen oder von dieser Baulandwidmung Abstand genommen. Es ist in diesem Zusammenhang irrelevant, ob es in weiterer Folge möglich ist diese Fläche überhaupt als Bauland allenfalls mit Schutzmaßnahmen auszuweisen, sondern allein das Fehlen der Kenntnis über diesen planungsrelevanten Aspekt führt zur Rechtswidrigkeit welchen die Aufsichtsbehörde in Anwendung des § 75 Abs 1 Z 3 aufgreifen muss.

Abwägungsexzess:

Der Grundeigentümer XY regt bei der Gemeinde die Baulandausweisung im Bereich einer Parzelle am Seeufer des N-Sees an. An diesem See existiert keine Bebauung, die nächste Bebauung findet sich in rund 500 m Entfernung vom See. Da er weiß, dass dieser „Wunsch" eigentlich nicht möglich ist, bietet er der Gemeinde gleichzeitig an, ihr eine Fläche für die Errichtung eines (dringend erforderlichen) Kindergartens im Ortskern der Gemeinde zu überlassen. Die Gemeinde beschließt daraufhin die Widmung des Seeufergrundstückes. In diesem Fall ist davon auszugehen, dass zwar die Errichtung eines Kindergartens durchwegs ein wichtiges öffentliches Interesse darstellt, aber der dafür erforderlichen Widmung des Seeufergrundstücks so gewichtige öffentliche Interessen entgegenstehen, dass die vorgenommene Interessenabwägung als unsachlich zu qualifizieren ist.

Die Bedeutung des Abwägungsgebotes zeigt sich vor allem bei den in § 75 Abs 1 angeführten Versagungsgründen der Aufsichtsbehörde. Die Aufsichtsbehörde hat
- die Aufstellung und Änderung eines Räumlichen Entwicklungskonzeptes (REK)
- die Neuaufstellung des Flächenwidmungsplanes
- die Änderung des Flächenwidmungsplanes betreffend die Festlegung von Nutzungsarten und Widmungen, die Kennzeichnung von Aufschließungsgebieten, -zonen und -kennzeichnungen sowie die
- Kennzeichnung von Stadt-und Ortskernbereichen,
- die Kennzeichnung von Lücken im Grünland und die
- Einzelbewilligungen

unter anderem dann zu untersagen, wenn eine ausreichende Interessensabwägung fehlt.

Welche Ziele mit einer Planungsmaßnahme erreicht werden sollen und welche Gewichtung den zu erreichenden Zielen im Einzelnen nachvollziehbar zukommt ist vom Planungsträger und nicht von der Aufsichtsbehörde zu bestimmen. Allerdings ist darauf Bedacht zu nehmen ist, dass kein Widerspruch zu den Entwicklungsprogrammen des Landes gegeben ist. Mögliche bei der Interessensabwägung zu verfolgende Ziele sind aus dem Zielekatalog des § 2 Abs 1 aber auch aus dem Zielkatalog der Alpenkonvention (Siehe Kap. D Z 2) zu entnehmen. Die Abwägung selbst muss konkret und nachvollziehbar sein.

(Hinzuweisen ist darauf, dass sich Kap.D Z 4 ausschießlich mit dem „öffentlichen Interesse" und seiner Durchsetzung befaßt.)

§ 4 Informationspflicht

(1) Die Landesregierung kann die Gemeinden sowie andere Planungsträger generell oder im Einzelfall verpflichten, ihre raumbedeutsamen Planungen und Maßnahmen mitzuteilen; auf Geschäfts- und Betriebsgeheimnisse ist dabei Rücksicht zu nehmen. Der Gemeinde steht ein gleiches Recht bei raumbedeutsamen Planungen und Maßnahmen anderer Planungsträger zu, wenn diese für die örtliche Raumplanung von Bedeutung sind. Anordnungen der Landesregierung im Einzelfall an andere Planungsträger als an die Gemeinde sowie die darauf erteilten Auskünfte haben über die Gemeinde zu erfolgen. Raumbedeutsam sind Planungen und Maßnahmen, für deren Verwirklichung Grund und Boden in größerem Umfang benötigt oder durch die die räumliche Entwicklung eines Gebiets und seiner Strukturen maßgeblich beeinflusst wird.

(2) Die Landesregierung kann die Gemeinden verpflichten, bestimmte Bescheide, die von ihnen auf Grund landesgesetzlicher Vorschriften erlassen werden und für die Landesplanung von Bedeutung sein können, der Landesregierung mitzuteilen.

(3) Raumbedeutsame Planungen und Maßnahmen des Landes, die für die örtliche Raumplanung von Bedeutung sind, sind den in Betracht kommenden Gemeinden im Weg der mit den Angelegenheiten der Raumordnung befassten Abteilung des Amtes der Landesregierung mitzuteilen.

(4) Die Landes- und Gemeindebehörden erteilen den zuständigen Bundesbehörden auf Grund vorhandener Unterlagen alle erforderlichen Auskünfte über die beabsichtigten oder bereits getroffenen raumbedeutsamen Planungen und Maßnahmen. Weitergehende Informationspflichten können zwischen dem Bund und dem Land im Vereinbarungsweg (Art 15a B-VG) festgelegt werden.

(5) Anderen Planungsträgern ist durch die Landes- und Gemeindebehörden die für deren raumbedeutsame Planungen und Maßnahmen erforderliche Auskunft über abgeschlossene Planungen und Maßnahmen dieser Art zu geben.

(6) Menschen mit Behinderungen, die bei den Ämtern der Landesregierung, den Bezirksverwaltungsbehörden oder den Gemeindeämtern in verordnete oder im Entwurf aufliegende Pläne oder Programme nach diesem Gesetz Einsicht nehmen, ist auf deren Ersuchen von den Mitarbeitern der Dienststellen entsprechende Hilfe bei der Einsichtnahme zu leisten.

RV

Die Bestimmung wird aus dem ROG 1998 (§ 3) unverändert übernommen.

RV 2017

Die Abs 1 bis 5 werden aus dem § 4 ROG 2009 unverändert übernommen.

Mit Abs 6 soll Menschen mit Behinderungen eine gleichberechtigte Teilhabe am Planungsprozess ermöglicht werden. Gedacht ist hier zB daran, dass Menschen mit schwerer Sehbehinderung auf Ersuchen zB der Erläuterungsbericht durch Mitarbeiterinnen bzw. Mitarbeiter der

Dienststellen vorgelesen bzw. erläutert wird. Keinen Anspruch begründet diese Bestimmung auf Assistenzleistungen durch Dritte oder bestimmte bauliche oder technische Maßnahmen.

Anmerkungen

Die Bestimmungen über die wechselseitige Informationspflicht von Planungsträgern dienen vor allem der Koordination der verschiedenen Ansprüche an den Raum. Der Begriff Planungsträger ist in dieser Bestimmung umfassend zu verstehen und erfasst auch private Planungsträger (zB Verbund AG, Eisenbahn Hochleistungsstrecken AG). Die Bestimmungen sind im Wesentlichen unverändert aus dem ROG 1977 übernommen worden. In den Erläuterungen zum ROG 1977 wird ausgeführt, dass nicht nur hoheitliche Planungsakte (Planungsakte im engeren Sinn) informationspflichtig sind, sondern auch Investitions- und Fördermaßnahmen, wenn sie geeignet sind, Wirkungen auf den Raum bzw. die Struktur zu entfalten.

§ 5 Begriffsbestimmungen

Im Sinn dieses Landesgesetzes bedeuten die Begriffe:

RV 2017

Durch die Novelle 2017 werden erstmals wichtige Begriffsbestimmungen in einem eigenen Paragraf zusammengefasst und auch näher erläutert.

1. Apartmenthaus: Bau mit mindestens einem Apartment zur Beherbergung von Gästen, in dem sich keine zur Erbringung hoteltypischer Dienstleitungen geeignete Räumlichkeiten befinden; dabei gilt als

a) Apartment: eine Nutzungseinheit innerhalb eines Baus, die zumindest über ein Wohnschlafzimmer oder getrennte Wohn- und Schlafzimmer, eine Küche oder Kochnische und einen Sanitärbereich verfügt und für den vorübergehenden Aufenthalt von Personen bestimmt ist;

b) geeignete Räumlichkeit zur Erbringung hoteltypischer Dienstleitungen: das Vorhandensein jedenfalls von Räumlichkeiten für den Empfang der Gäste in einem zentralen, gut zugänglichen Bereich des Baus im Ausmaß von mindestens 40 m^2 und für die Verabreichung von Speisen und Getränken in einem Ausmaß von mindestens:

- **4 m^2 je Gästezimmer bei Bauten mit bis zu 35 Gästezimmer,**
- **3 m^2 je Gästezimmer bei Bauten ab 35 bis 100 Gästezimmer,**
- **2 m^2 je Gästezimmer bei Bauten über 100 Gästezimmer;**

RV 2017

Der Begriff des Apartmenthauses im Sinn dieses Gesetzes beruht auf drei Tatbestandselementen: Erstens muss es sich um einen Bau handeln, in dem sich zumindest ein Apartment befindet. Nicht erfasst sind daher weiterhin zB Gasthöfe oder gewerbliche Pensionen, die im klassischen Sinn nur Gästezimmer vermieten.

Zweitens muss das Apartment nach seinem baurechtlichen Verwendungszweck der Beherbergung von Gästen dienen. Ob die Beherbergung dabei in Form einer gewerblichen oder nicht gewerblichen Vermietung erfolgt, ist nicht von Belang. Von Bedeutung ist aber, dass die Beherbergung von Gästen die hauptsächliche Verwendung der Nutzungseinheit darstellt. Dies unterscheidet das Apartment von Wohnungen und Verwendungen, bei denen die touristische Beherbergung nur eine (akzessorisch) zulässige Nebennutzung der Hauptverwendung darstellt, wie zB die Privatzimmervermietung oder die Vermietung von Ferienwohnungen im Rahmen bestehender land- und fortwirtschaftlicher Betriebe.

Und drittens muss es sich um eine Beherbergung handeln, bei dem die Erbringung hoteltypischer Dienst- und Serviceleistungen nur in sehr untergeordnetem Umfang erfolgt, was wiederum an den dafür vorgesehenen Räumlichkeiten zu sehen und messen ist.

Anmerkungen

Das Apartmenthaus ist anhand der Definition der touristischen Beherbergung (§5 Z15) als Beherbergungsbetrieb zu qualifizieren, welcher mangels entsprechender Ausstattung mit Räumlichkeiten für die Erbringung von hoteltypischen Dienstleistungen (siehe lit b) nicht als Hotel qualifiziert werden kann. Ein Apartmenthaus liegt entsprechend der Definition bereits vor, wenn auch nur eine Einheit gegeben ist welche entsprechend der lit a ausgestattet und für die Beherbergung von Gästen verwendet wird. Voraussetzung für eine darauf gerichtete Baubewilligung ist eine Kennzeichnung gemäß §39. Da Wohnungen üblicherweise auch die Ausstattung eines Apartments gemäß lit a aufweisen, stellt sich die Frage, ob eine Verwendung von Wohnungen als Apartments möglich ist. Dies ist auf Grund der Erfordernisse eines darauf gerichteten Baukonsenses zu verneinen.

2. Bauland-Eigenbedarf: Flächen,

a) die den Eigentümern oder ihren Kindern (oder eines Enkelkindes anstelle eines Kindes) zur Befriedigung ihrer Wohnbedürfnisse dienen, und zwar im Ausmaß von 700 m² Grundfläche je berechtigter Person,

b) die der Erweiterung oder Verlegung von Betrieben dienen;

RV 2017

Die Berücksichtigung eines Eigenbedarfs für das Wohnen (lit a) erfordert das Vorliegen eines entsprechenden Wohnbedürfnisses, wobei ein solches anzunehmen ist, wenn bisher zB eine Mietwohnung bewohnt wird und nunmehr ein Eigenheim errichtet werden soll oder wenn sonstige Gründe vorliegen, die eine den tatsächlichen Verhältnissen besser angepasste Befriedigung des Wohnbedürfnisses erwarten lassen (wie zB Größe und Ausstattung, geänderte Familienverhältnisse, berufsbedingter Ortswechsel, Anhebung der Ausstattungskategorie und gesundheitliche Gründe).

Zu lit b: Betriebe können Eigenbedarf für die Erweiterung oder Verlegung ihres Betriebsstandortes geltend machen. Der Begriff Erweiterung umfasst dabei auch den Fall eines gesetzlich aufgetragenen Mindestbestands an Grundstücksreserven zur Erfüllung des Unternehmungszweckes (wie zB gemäß §7 Abs 6 WGG für gemeinnützige Unternehmungen). Eine Limitierung der Eigenbedarfsfläche mit einer bestimmten Größe, so wie dies beim Eigenbedarf für Wohnbauland vorgesehen ist, ist im betrieblichen Bereich nicht seriös leistbar, hängt der Erweiterungsbedarf doch vom Betriebstyp und Unternehmenserfolg ab.

Anmerkungen

Der Eigenbedarf ist im Bereich der raumordnungsrechtlichen Bestimmungen für drei Bereiche von Belang:

1. Bei Infrastruktur-Bereitsstellungsbeiträgen gemäß §77b

2. Bei der Ausweisung von Vorbehaltsflächen gemäß § 42
3. Bei der Vertragsraumordnung gemäß § 18

Die in der RV 2017 dargelegte Einschränkung des Eigenbedarfs auf das Vorliegen eines konkreten Wohnbedürfnisses, ist in Hinblick auf Vorbehaltsflächen und Verträge gemäß § 18 kritisch zu sehen, weil diese Einschränkung in einem Spannungsverhältnis zu der durch die Verfassung gesicherten Eigentumsgarantie steht. Die Eigentumsgarantie gewährt eine prinzipielle Privatnützigkeit des Eigentums, ohne dass ein konkreter Bedarf bestehen muss.

Bei der Abgabe (Infrastruktur-Bereitsstellungsbeitrag) ist die gegebene Bevorzugung des Eigenbedarfs (Abgaben-Freistellung) in Bezug auf die Eigentumsgarantie allerdings unbedenklich.

3. Baulandneuwidmungen: die Änderung der Nutzungsart einer Fläche von Grünland oder Verkehrsfläche in Bauland;

Anmerkungen

Die Definition ist selbsterklärend, jedoch ist ihre Wirkung im Rahmen der Befristung von Bauland (siehe § 29) erheblich. Die Definition hat zur Konsequenz, dass auch im Rahmen von Revisionen von Flächenwidmungsplänen bisher als Bauland ausgewiesene Flächen nicht den Regelungen über die Befristung unterliegen.

4. bestehender land- und forstwirtschaftlicher Betrieb: ein solcher Betrieb ist nur gegeben, wenn eine Hofstelle (Wohn- und Wirtschaftsgebäude) vorhanden ist;

RV 2017

Die Definition entspricht dem geltenden Recht im ROG 2009 in § 48 Abs 1 vorletzter Satz.

Anmerkungen

Die Definition des bestehenden Betriebs im Sinne des Raumordnungsrechts ist durch die Novelle gegenüber der bisherigen Regelung nicht geändert worden, findet sich nunmehr aber in den Begriffsbestimmungen. Demnach ist ein bestehender Betrieb nur ein solcher, der über eine Hofstelle, das ist ein Wohn- und Wirtschaftsgebäude im unmittelbaren räumlichen Zusammenhang, verfügt. Das Kriterium einer Bewirtschaftung dieser Hofstelle wurde in diese Legaldefinition nicht aufgenommen.

Dem Anliegen, dass eine Legaldefinition dazu führt, dass Interpretationen im wesentlichen Bereich des Begriffsumfangs „bestehender Betrieb“ entbehrlich werden, wurde damit nicht Rechnung getragen. Die Herleitung des Erfordernisses der Bewirtschaftung dieser Hofstelle kann – nach der bisherigen Verwaltungspraxis des Amtes der Salzburger Landsregierung – nur dadurch erzielt werden, als auf dem Betriebsbegriff zurückgegriffen wird. Der land- und forstwirtschaftliche Betrieb wird definiert als „eine technisch-wirtschaftliche Einheit mit einer einheitlichen Betriebsführung, die land- und forstwirtschaftliche Produkte erzeugt und/oder Nutztierhaltung betreibt. Der Betrieb kann zusätzlich auch andere (nicht landwirtschaftliche) Erzeugnisse und Dienstleistungen hervorbringen. (Siehe dazu auch die Anmerkungen zu § 48 und die Information des BMLFUW, Begriffsbestimmungen der Land- und Forstwirtschaft, Umwelt und Wasserwirtschaft, 2017). Insofern ist aus diesem Begriffsverständnis ein über das Vorhandensein der Gebäude hinausgehendes Erfordernis der Bewirtschaftung abzuleiten. Ob diese der bisherigen

Verwaltungspraxis entsprechende und im Folgenden wiedergegebene Interpretation in Ansehung der Funktion einer Legaldefinition vor den Gerichten standhalten wird, bleibt abzuwarten.

Die Eigenschaft als bestehender Betrieb ist das zentrale Moment für die Zulässigkeit von land- und/oder forstwirtschaftlichen Bauführungen. Nur bestehenden Betrieben (siehe dazu § 36 iVm § 48) kommt prinzipiell die Möglichkeit zu in der Widmungskategorie Grünland/ländliche Gebiete Bauführungen zu tätigen. Wie bereits einleitend ausgeführt gehört zum Begriff „Betrieb" auch die Bewirtschaftung. Betriebsunterbrechungen, die länger als eine bäuerliche Jahresperiode dauern, sind als Betriebsstilllegungen anzusehen. Nur wenn nachweislich ein Betrieb seit mindestens einem Jahr von einem Bewirtschafter als eigene Einheit und auf eigene Rechnung und Gefahr bewirtschaftet wurde, kann von einem bestehenden Betrieb ausgegangen werden. Hinsichtlich der Wirkung von Betriebsunterbrechungen ist festzuhalten, dass mit der Einstellung der land- und/oder forstwirtschaftlichen Bewirtschaftung der Konsens für die bestehenden Bauten nicht untergeht. Vielmehr kann jederzeit, insbesondere ohne Baubewilligung udgl die Bewirtschaftung wiederaufgenommen werden. Allerdings geht bei einer mehr als einjährigen Betriebsunterbrechung die Möglichkeit Bauten – zB ein Austraghaus – neu errichten zu können verloren und steht dem Landwirt erst nach einer mehr als einjährigen Wiederaufnahme der Bewirtschaftung wieder zu.

5. Dauersiedlungsraum: jener Raum, der zum ständigen (ganzjährigen) Lebens- und Wirtschaftsraum des Menschen gehört;

RV 2017

Die Definition des Dauersiedlungsraums übernimmt die Begrifflichkeit des Landesentwicklungsprogramms (LEP). Im Wesentlichen umfasst er den für Landwirtschaft, Siedlung und Verkehrsanlagen verfügbaren Raum. Waldflächen sind davon nicht grundsätzlich ausgeschlossen.

Anmerkungen

Im geltenden LEP (Gesamtüberarbeitung 2003) ist der Begriff „Dauersiedlungsraum" im Anhang (Glossar) gleichlautend wie nunmehr im Gesetz definiert. Allerdings ist mit einer bloßen Definition nichts gewonnen, weil es immer darum geht, den Dauersiedlungsraum auch entsprechend zu verorten bzw. seine Grenzen feststellen zu können. Alle vorgenommenen Abgrenzungen, sei es auf Ebene der Landesplanung oder durch andere Planungsträger werden an dieser „neuen" Legaldefinition gemäß der ROG Novelle 2017 zu messen sein, die leider hinsichtlich der Fläche keine konkreten Vorgaben trifft und auch hinsichtlich der Aufnahme von Waldflächen unklar bleibt, weil die Erläuterungen hier in Widerspruch zu dem sonst fachlich in Verwendung stehenden Umfang stehen.

Im Salzburger Raumordnungsbericht 2011-2014 (7. Bericht über den Stand der Raumordnung im Land Salzburg, Dezember 2015 /Hrsg.: Amt der Salzburger Landesregierung Abt 10) wird auf S 81 (Karte 13) der Dauersiedlungsraum wie folgt definiert: „Der Dauersiedlungsraum umfasst den potentiell möglichen Lebensraum des Menschen. Im Dauersiedlungsraum dieser Darstellung nicht enthalten sind die Nutzungskategorien: Wald, Almen, Bergmahd, Gewässer, Sumpf, Hafenanlage, Ödland, Fels, Geröll, Gletscher, Waldflächen mit Schutz-, Erholungs-, und Wohlfahrtsfunktion; Gebiete oberhalb von 1.600 Höhenmeter und mit mehr als 20 Grad Hangneigung, Gebiete mit einer Einwohner-Beschäftigtendichte kleiner 6 je 250x250 m Zelle; bandartige Flächen (Straßen) und isolierte Flächen kleiner als 1.000m^2."

Auf S 245 des Salzburger Raumordnungsberichts 2011-2014 wird allerdings darauf hingewiesen, dass es unterschiedliche Erhebungsmethoden und Datengrundlagen zur Erhebung des Dauersiedlungsraumes etwa durch die STATISTIK AUSTRIA, die LISA-Landnutzungskartierung u.a. gibt (Fußnote 110), ohne eine bestimmte Methode der Berechnung des Dauersiedlungsraumes für Salzburg zu präferieren. Auf S 244 des Salzburger Raumordnungsbericht 2011-2014 muss in Abb. 44 jedoch auch eine Verortung dh eine flächenmäßige Festlegung des Dauersiedlungsraumes erfolgt sein, da die Entwicklung der Bau- und Verkehrsflächen in Prozent des Dauersiedlungsraumes angegeben ist.

6. Grundstücke und Baulandgrundstücke:

a) Grundstücke: Grundflächen, die im Grundsteuerkataster oder im Grenzkataster mit einer eigenen Nummer bezeichnet sind;

b) Baulandgrundstücke: Grundstücke oder Teile davon, die im Flächenwidmungsplan als Bauland ausgewiesen sind; dabei bilden in Bezug auf die Abgaben nach diesem Gesetz eine Einheit:

aa) die bebauten Teile eines Baulandgrundstücks sowie die zugehörigen Erschließungs-, Stellplatz- und Hausgartenflächen odgl, auch wenn diese Teil eines angrenzenden eigenen Baulandgrundstücks sind;

bb) räumlich zusammenhängende unverbaute Teile von Baulandgrundstücken, soweit sie zu einer wirtschaftlichen Einheit gehören und nicht unter die sublit aa fallen;

c) unverbaute/bebaute Grundflächen, Grundstücke und Baulandgrundstücke:

aa) aa) unverbaute: zur selbständigen Bebauung geeignete Grundflächen, Grundstücke oder Baulandgrundstücke, die mit keinem Bau oder nur mit Nebenanlagen bebaut sind;

bb) bebaute: Grundflächen, Grundstücke oder Baulandgrundstücke, auf denen ein Bau errichtet ist oder mit dessen Errichtung bereits begonnen wurde, soweit es sich dabei nicht um eine Nebenanlage handelt;

RV 2017

Die Grundstückdefinition in der lit a entspricht § 7a des Vermessungsgesetzes.

Die lit b enthält eine Legaldefinition für den Begriff „Baulandgrundstück". Das sind Grundstücke oder Grundstücksteile, die im Flächenwidmungsplan als Bauland ausgewiesen sind. Die sublit aa und bb enthalten dabei besondere Zusammenrechnungsregelungen in Bezug auf deren abgabenrechtliche Behandlung.

In der sublit aa wird festgelegt, dass bei einem bebauten Baulandgrundstück das Gebäude mit Grund und Boden ein einheitliches Wirtschaftsgut bildet. Dabei gehört zum Wirtschaftsgut nicht nur jener Boden, auf dem ein Gebäude steht, sondern auch die das Gebäude umgebende Bodenfläche, welche nach der Verkehrsauffassung zusammen mit dem Gebäude als Einheit „bebautes Baulandgrundstück" angesehen wird (also Grundflächen für die Erschließung, die Stellplätze, den Hausgarten usw. – sog „Zugehörflächen"). Und zwar auch dann, wenn die Zugehörflächen Teil eines eigenen Baulandgrundstücks sind, wobei in diesem Fall freilich nur dieser Teil (und nicht auch die restliche Fläche des unbebauten Grundstücks) als bebaut gilt.

Die Zusammenrechnung in der sublit bb ist § 2 des Grunderwerbsteuergesetzes nachgebildet, erfordert jedoch einen räumlichen Zusammenhang der unbebauten, nicht unter die sublit aa fallenden Baulandgrundstücke. Die Bedeutung dieser Bestimmung liegt vor allem bei der Abgabenbefreiung gemäß § 77b für unverbaute Baulandgrundstücke bis 500 m^2.

Die lit c enthält die entsprechenden Definitionen für die im Hinblick auf die Rechtsfolgen einer Baulandbefristung, die Berechnung des Bauland-Zehnjahresbedarfes und die Abgaben nach diesem Gesetz zentralen Begriffe „unverbaut" bzw. „bebaut". Eine Grundfläche bzw. ein Grundstück oder Baulandgrundstück gilt demnach als bebaut, wenn sich darauf ein (Haupt)Gebäude befindet oder bereits errichtet wird. Als unbebaut gilt dagegen ein Grundstück, das zwar für eine selbständige Bebauung geeignet ist, auf den sich aber kein Bau oder nur eine Nebenanlage befindet. Als Nicht-Bauten im rechtlichen Sinn gelten dabei auch Bauten, die über keinen baurechtlichen Konsens für ihre Errichtung verfügen.

Anmerkungen

Die hier zusammengefassten Definitionen sind in mehrfacher Hinsicht von wesentlichem Belang, so etwa hinsichtlich der Abgabe nach § 77b aber auch betreffend die Baulandbilanz oder das Erfordernis einer Befristung. Insofern ist eine vertiefte Auseinandersetzung mit den hier niedergelegten Definitionen geboten.

Die Grundstücksdefinition (lit a) ist in diesem System für die Vollziehung der weiteren Bestimmungen zwar eine Basis, bedarf aber zumindest was die Definition selbst betrifft keiner weiteren Erörterung. Die in den Erläuterungen angeführten Gesetzesstellen des § 7a Vermessungsgesetzes (BGBl 306/1968 idF BGBl I 51/2016) bzw. des § 2 des Grunderwerbssteuergesetzes (BGBl 309/1987 idF BGBl I 163/2015) lauten:

§ 7a Vermessungsgesetz

(1) Ein Grundstück ist jener Teil einer Katastralgemeinde, der im Grenzkataster oder im Grundsteuerkataster als solcher mit einer eigenen Nummer bezeichnet ist.
(2) Grundstücke werden durch Grundbuchsbeschluss oder im Zuge der Neuanlegung des Grundbuches neu gebildet oder gelöscht.

§ 2 Grunderwerbssteuergesetz

(1) Unter Grundstücken im Sinne dieses Gesetzes sind Grundstücke im Sinne des bürgerlichen Rechtes zu verstehen. Was als Zugehör des Grundstückes zu gelten hat, bestimmt sich nach den Vorschriften des bürgerlichen Rechtes. Zum Grundstück werden jedoch nicht gerechnet:

1. *Maschinen und sonstige Vorrichtungen aller Art, die zu einer Betriebsanlage gehören,*
2. *Gewinnungsbewilligungen nach dem Berggesetz 1975, BGBl. Nr. 259, in der jeweils geltenden Fassung sowie Apothekengerechtigkeiten.*

(2) Den Grundstücken stehen gleich:

1. *Baurechte,*
2. *Gebäude auf fremdem Boden (Superädifikate).*

(3) bezieht sich ein Rechtsvorgang auf mehrere Grundstücke, die zu einer wirtschaftlichen Einheit gehören, so werden diese Grundstücke als ein Grundstück behandelt. Bezieht sich ein Rechtsvorgang auf einen oder mehrere Teile eines Grundstückes, so werden diese Teile als ein Grundstück behandelt.

Als Baulandgrundstück (lit b) gelten alle Grundstücke oder Grundstücksteile, die als Bauland ausgewiesen sind. Anhand dieser Definition wird klar, dass das Baugrundstück selbst nicht in Abhängigkeit von der Zugehörigkeit zu einem Grundstück steht, weil auch Teile von Grundstücken gemäß dieser Definition als Baulandgrundstück gelten. Insofern ist die Legaldefinition des Grundstücks für die Vollziehung der damit im Zusammenhang stehenden Bestimmungen eigentlich entbehrlich.

Die Beurteilung der Eigenschaft als bebaut oder unbebaut findet sich in lit c. Als bebaut gelten Baulandgrundstücke bzw. Flächen, welche nicht bloß mit einem Nebengebäude (siehe

§ 5 Z 12) bebaut sind. Als bebaut in diesem Sinn gilt ein Baulandgrundstück bzw. Fläche erst, wenn mit der Bauausführung tatsächlich begonnen wurde. Das Abstellen auf den tatsächlichen Baubeginn im Sinne der Rechtsprechung des VwGH (diese ist in der RV 2017 wiedergegeben) und nicht auf die Baubeginnsanzeige ist für die Anwendung der Bestimmung mit zusätzlichem Aufwand verbunden.

Abgabenrechtliche Betrachtungsweise:

Gegenstand der Abgabe nach § 77b – Infrastrukturbereitstellungsbeitrag sind unverbaut gebliebene Baulandgrundstücke. Daher ist für die Beurteilung der Abgabenpflicht – und nur für diese – die in lit b getroffenen Zusammenrechnungsregelungen („gelten als Einheit") von Belang. Wobei die sublit aa für bebaute Grundstücke und die sublit bb für unbebaute Grundstücke diese Zusammenrechnungsregeln bilden. Die Zusammenrechnungsregel verlangt aber für die Einbeziehung anderer Baulandgrundstücke in diese steuerliche Einheit eine gemeinsame Grundstücksgrenze. So können Grundstücke, welche etwa durch eine Verkehrsfläche oder anderes Eigentum getrennt sind nicht zusammengerechnet werden.

Die in der Zusammenrechnungsregel für bebaute Grundstücke (sublit aa) einleitend getroffene Anordnung, dass Baulandgrundstücke hinsichtlich ihrer bebauten Teile Gegenstand der Regelung sind, ist hierbei besonders zu beachten, weil damit eine gesonderte Fragestellung aufgeworfen wird. So dürfen Baulandgrundstücke (Grundstücke und Grundstücksteile) nicht von Haus aus als bebaut angenommen werden, weil ein Hauptgebäude auf einem Grundstück gelegen ist. Bei entsprechend großen Grundstücken ist zu prüfen, ob in Abhängigkeit von Nebennutzungen, das sind die Erschließung, Hausgärten, Nebengebäude etc. (sogenannte bebauungsakzessorische Nutzungen) noch selbstständig bebaubare Grundstücksteile verbleiben. Ist dies der Fall wird hinsichtlich dieser nicht genutzten Flächen von einer prinzipiellen Abgabenpflicht auszugehen sein. Freilich ist dabei zu berücksichtigen, dass Grundeigentümer bebauungsakzessorische Nutzungen jederzeit und Großteils auch ohne behördliche Bewilligung etc. aufnehmen können. Als Beispiele wären hier etwa die Entfernung einer bisherigen Einfriedung, das Anpflanzen von Obstbäumen, die Errichtung eines Teichs oder Swimmingpools, die gartenmäßige Gestaltung, die Errichtung einer bewilligungsfreien Nebenanlage zu nennen.

Die Zusammenrechnungsregel für unverbaute Baulandgrundstücke (sublit bb) stellt ebenfalls darauf ab, dass zwischen den einzelnen Baulandgrundstücken eines Eigentümers eine gemeinsame Grenze existiert. Diese auf Grund der Konzeption der Abgabe mit Flächengrößenschwellen erforderliche Eigentümeridentität ist nicht unproblematisch, weil die Gemeinde keine Einflussmöglichkeit auf die Grundstückseinteilungen hat. So können etwa durch geschickt vorgenommene Grundstückseinteilungen verbunden mit Realteilungen etc. auch größere Flächen der Abgabenpflicht entzogen werden.

Raumordnungsrechtliche Betrachtung:

Die Beurteilung einer Fläche als bebaut oder unbebaut ist in Hinblick auf die Baulandflächenbilanz und den 10-Jahres-Baulandbedarf maßgeblich. Im Gegensatz zur Abgabe muss hier nicht auf das Baulandgrundstück abgestellt werden, sondern hier ist die Möglichkeit eröffnet auch auf die Baulandfläche (siehe lit c – „Flächen") selbst Bezug zu nehmen. Damit ist der Vorteil verbunden, dass zur Beurteilung der Eigenschaft als bebaut/unbebaut auch auf die Bauplatzerklärung zurückgegriffen werden kann.

Dadurch ist gewährleistet, dass die maßgebliche Bezugsfläche eindeutig bestimmt ist und ergänzende Beurteilungen in der Regel nicht erforderlich werden. Auch bei größeren, nur teilweise bebauten Bauplätzen kann ergänzend auch auf die festgelegten Bebauungsbedingen zur Beurteilung noch bestehender Bebauungspotentiale zurückgegriffen werden. So kann es etwa bei einem größeren Bau mit Freiflächen größer 2000 m^2 durchwegs der Fall sein, dass die bauliche Ausnutzbarkeit der Flächen sich auf diesen Bau konzentriert, sodass eine weitere Bebauung der Flächen gar nicht mehr möglich ist. Erst wenn zwischen den Bebauungsbedingungen und der Bauplatzfläche erhebliche Potentiale verbleiben ist allenfalls eine Beurteilung anhand der bebauungsakzessorischen Nutzungen erforderlich.

7. Handelsagglomeration: räumliche Konzentration von Einzelhandelsbetrieben unabhängig von der Art der angebotenen Waren;

RV 2017

Handelsagglomerationen sind gewachsene oder geplante räumliche Konzentrationen von branchengleichen sowie branchenübergreifenden Einzelhandelsbetrieben. Der Grund für ihre raumordnungsrechtliche Erfassung liegt grundsätzlich darin, dass Handelsagglomerationen eine Steigerung der Attraktivitätswirkung aller Betriebe bewirken und insoweit eine Sog- oder Magnetwirkung auf die Kunden in der Umgebung entfalten.

Anmerkungen

Diese Legaldefinition ist nur im Rahmen der Erlassung von Standortverordnungen (siehe § 14 Abs 2) von Belang und führt zu einer Beurteilung der kumulativen Auswirkung von Handelsgroßbetrieben im Rahmen dieser Prüfung.

8. Handelsgroßbetriebe mit zentrumsrelevantem Warensortiment: Handelsgroßbetriebe der Kategorien Verbrauchermärkte, Fachmärkte und Einkaufszentren;

Anmerkungen

Diese Unterscheidung spielt im Rahmen der Erlassung von Standortverordnungen auf Grund des § 14 eine wesentliche Rolle, weil die dort vorgesehenen Beschränkungen für die Zulässigkeit einer Standortverordnung (Bindung an die überörtliche Versorgungsaufgabe der Gemeinde, keine maßgeblichen nachteiligen Auswirkungen auf die Ortskernstärkung bzw. -revitalisierung) nur bei diesen Kategorien gelten.

9. Hauptwohnsitz: der Hauptwohnsitz einer Person ist dort begründet, wo sie sich in der erweislichen oder aus den Umständen hervorgehenden Absicht niedergelassen hat, hier den Mittelpunkt ihrer Lebensbeziehungen zu schaffen; trifft diese sachliche Voraussetzung bei einer Gesamtbetrachtung der beruflichen, wirtschaftlichen und gesellschaftlichen Lebensbeziehungen einer Person auf mehrere Wohnsitze zu, so hat sie jenen als Hauptwohnsitz zu bezeichnen, zu dem sie das überwiegende Naheverhältnis hat (Art 6 Abs 3 B-VG);

RV 2017

Der Hauptwohnsitzbegriff folgt Art 6 Abs 3 B-VG. Danach ist der Hauptwohnsitz einer Person dort begründet, wo sie sich in der erweislichen oder aus den Umständen hervorgehenden Absicht niedergelassen hat, hier den Mittelpunkt ihrer Lebensbeziehungen zu schaffen; trifft diese sachliche Voraussetzung bei einer Gesamtbetrachtung der beruflichen, wirtschaftlichen und gesellschaftlichen Lebensbeziehungen einer Person auf mehrere Wohnsitze zu, so hat sie jenen als Hauptwohnsitz zu bezeichnen, zu dem sie das überwiegende Naheverhältnis hat. Da es sich bei Wohnungen um Unterkünfte iS des Meldegesetzes handelt, deckt er sich auch mit dem Hauptwohnsitzbegriff des § 1 Abs 7 MeldeG 1991, was nicht nur zu einer leichteren administrativen Handhabbarkeit der gegenständlichen Regelungen führt, sondern auch Gesichtspunkten der Verwaltungsökonomie und der Einheitlichkeit der Rechtsordnung Rechnung trägt.

Bzgl. Auslandssachverhalten wird in den Gesetzesmaterialien zum Meldegesetz bereits ausgeführt (Nr. 1334 Blg NR GP XVIII, S 11): „Die Frage, ob sich ein Mensch im Bundesgebiet niedergelassen hat, soll im Rahmen der gesamten Lebensumstände dieses Menschen – also auch der auslandsbezogenen – beantwortet werden. Die österreichische Rechtsordnung nimmt damit keine Geltung für das Ausland in Anspruch, sondern sie berücksichtigt Lebenssachverhalte, die im Ausland verwirklicht werden, für die Geltung inländischer Rechtsverhältnisse. Demnach kommt für Ausländer ein zentraler örtlicher Anknüpfungspunkt im Inland nur dann in Betracht, wenn die Voraussetzungen hierfür auch unter Bedachtnahme auf im Ausland bestehende örtliche Anknüpfungspunkte dieses Menschen vorliegen.“

Soweit das Vorliegen eines Hauptwohnsitzes im Zusammenhang mit der Frage der Verwendung einer Wohnung als Zweitwohnung strittig ist, kann die zuständige Behörde nach § 38 AVG vorgehen und diese Frage als Vorfrage nach der über die maßgebenden Verhältnisse gewonnenen eigenen Anschauung beurteilen und diese Beurteilung ihrer eigenen Entscheidung zu Grunde legen. Sie kann aber auch das Verfahren bis zur rechtskräftigen Entscheidung der Vorfrage aussetzen, wenn die Vorfrage schon den Gegenstand eines anhängigen Reklamationsverfahrens gemäß § 17 MeldeG 1991 bildet oder ein solches Verfahren gleichzeitig anhängig gemacht wird. Nach der stRsp des VwGH darf in einem Reklamationsverfahren gemäß § 17 MeldG 1991 die bis dahin für den Hauptwohnsitz des Betroffenen ausschließlich maßgebliche „Erklärung des Meldepflichtigen“ dahingehend hinterfragt werden, ob der erklärte Hauptwohnsitz den in Art 6 Abs 3 B-VG bzw. § 1 Abs 7 MeldeG 1991 normierten objektiven Kriterien entspricht: „Die Lösung der im Reklamationsverfahren maßgeblichen Rechtsfrage des Hauptwohnsitzes des Betroffenen hängt an dem materiell-rechtlichen Kriterium ‚Mittelpunkt seiner Lebensbeziehungen‘. Bei der Beurteilung dieses Tatbestandsmerkmales kommt es auf eine Gesamtschau an, bei welcher vor allem folgende – nunmehr ausdrücklich in dem mit der Novelle vom 30. März 2001, BGBl I 28/2001, eingefügten Abs 8 des § 1 Meldegesetz festgeschriebenen – Bestimmungskriterien maßgeblich sind: Aufenthaltsdauer, Lage des Arbeitsplatzes und der Ausbildungsstätte, Wohnsitz der übrigen, insbesondere der minder-jährigen Familienangehörigen und der Ort, an dem sie ihrer Erwerbstätigkeit nachgehen, ausgebildet werden oder die Schule und den Kindergarten besuchen, Funktionen in öffentlichen und privaten Körperschaften. Um dem Ziel des Reklamationsverfahrens gemäß § 17 Abs 3 Meldegesetz entsprechen zu können, hat die Behörde (§ 17 Abs 1 Meldegesetz) in ihrer Entscheidung für die Beurteilung des Mittelpunktes der Lebensbeziehungen des Betroffenen als wesentliches Tatbestandsmerkmal eines Hauptwohnsitzes gemäß § 1 Abs 7 Meldegesetz eine Gesamtbetrachtung seiner beruflichen, wirtschaftlichen und gesellschaftlichen Lebensbeziehungen vorzunehmen.“ (VwGH Erk vom 16.9.2003, Zl 2002/05/0939) Die im § 17 Abs 3 MeldeG 1991 normierte besondere Mitwirkungspflicht der Parteien schließt deren Verpflichtung ein, zu strittigen Umständen in Form verbindlicher und nachvollziehbarer Erklärungen und Erläuterungen Stellung zu nehmen (VfSlg 16.285/2001).

Anmerkungen

Mit der Anknüpfung an den Hauptwohnsitz bei der Beurteilung der Zweitwohnnutzung (siehe §5 Z17) wird ab 01.01.2019 eine im Bau- und Raumordnungsrecht bisher nicht existierende Verknüpfung hergestellt. Diese Anknüpfung kann in verfassungsrechtlicher Hinsicht hinterfragt werden, weil die Regelung des Art6 Abs3 B-VG unzweifelhaft eine andere Zielrichtung, etwa in Hinblick auf das Wahlrecht hat. Tatsache ist, dass der Landesgesetzgeber für Zwecke der Raumordnung mit dieser Verknüpfung einen „eigenständigen Hauptwohnsitz" schafft, welcher auf Grund Art118 B-VG im eigenen Wirkungsbereich der Gemeinde zu vollziehen ist. Dabei wurde seitens des Landesgesetzgebers auch nicht an die Hauptwohnsitzmeldung gemäß des MeldeG selbst angeknüpft, weil damit eine Inländerdiskriminierung einhergehen könnte, weil die Regelung, wonach ein österreichischer Staatsbürger nur einen Hauptwohnsitz haben kann, für Ausländer wenig bzw. keine Bedeutung hat. Es geht im Bau- und Raumordnungsrecht vielmehr darum, den Hauptwohnsitz im Sinne der Definition des Art6 Abs3 B-VG als Maßstab der zulässigen Verwendung einer Wohnung zu erfassen. Da die melderechtlichen Bestimmungen für die Meldung als Hauptwohnsitz mit den Bestimmungen des Art6 Abs3 B-VG de facto deckungsgleich sind, wird eine melderechtliche Hauptwohnsitzmeldung auch ein Indiz dafür bieten, dass die Wohnung im Sinne der raumordnungsrechtlichen Bestimmungen als Hauptwohnsitz verwendet wird.

Die in der RV 2017 zitierten Gesetzesstellen im Meldegesetz lauten:

§ 1 Abs 7 und 8 Meldegesetz 1991 idF BGBl I 120/2016

(7) Der Hauptwohnsitz eines Menschen ist an jener Unterkunft begründet, an der er sich in der erweislichen oder aus den Umständen hervorgehenden Absicht niedergelassen hat, diese zum Mittelpunkt seiner Lebensbeziehungen zu machen; trifft diese sachliche Voraussetzung bei einer Gesamtbetrachtung der beruflichen, wirtschaftlichen und gesellschaftlichen Lebensbeziehungen eines Menschen auf mehrere Wohnsitze zu, so hat er jenen als Hauptwohnsitz zu bezeichnen, zu dem er das überwiegende Naheverhältnis hat.

(8) Für den Mittelpunkt der Lebensbeziehungen eines Menschen sind insbesondere folgende Kriterien maßgeblich: Aufenthaltsdauer, Lage des Arbeitsplatzes oder der Ausbildungsstätte, Ausgangspunkt des Weges zum Arbeitsplatz oder zur Ausbildungsstätte, Wohnsitz der übrigen, insbesondere der minderjährigen Familienangehörigen und der Ort, an dem sie ihrer Erwerbstätigkeit nachgehen, ausgebildet werden oder die Schule oder den Kindergarten besuchen, Funktionen in öffentlichen und privaten Körperschaften.

Bestehen Zweifel, ob ein gemäß MeldeG gemeldeter Hauptwohnsitz tatsächlich im Sinne der raumordnungsrechtlichen Bestimmungen als Hauptwohnsitz zu beurteilen ist, ergeben sich nach der Regierungsvorlage für die Behörde prinzipiell zwei mögliche Vorgangsweisen, weil hier gemäß den Erläuterungen eine Vorfrage im Sinne des § 38 AVG gegeben sein soll.

Die Gemeinde kann nunmehr diese Vorfrage – hier das Vorliegen einer im raumordnungsrechtlichen Sinn korrekten Meldung als Hauptwohnsitz – selbst beurteilen, oder im Fall, dass ein Verfahren zur Aberkennung eines Hauptwohnsitzes gemäß § 17 MeldeG (sogenanntes Reklamationsverfahren) von der Gemeinde beantragt worden ist – das Verfahren betreffend die Ermittlung der rechtskonformen Verwendung einer Wohnung aussetzen. Diese Aussetzung hat gemäß der Vorgaben des § 38 AVG mit Bescheid zu erfolgen.

Anzumerken ist, dass bei dieser Argumentation nicht berücksichtig wird, dass die Beurteilung im Rahmen eines Reklamationsverfahrens für die Behörde selbst keine Bindungswirkung entfalten kann, weil der Baubehörde die Pflicht zur Ermittlung des Hauptwohnsitzes im Sinne des Art6 Abs3 B-VG in die eigene Zuständigkeit übertragen worden ist. Daher ist eine Abhängigkeit vom Ergebnis des Reklamationsverfahrens nach den melderechtlichen Bestimmungen nicht gegeben und scheidet damit auch eine Aussetzung des Verfahrens aus. Das Ergebnis wäre nur anders zu beurteilen, wenn der melderechtliche Hauptwohnsitz tatbestandliche Wirkung auf das Vorliegen eines Hauptwohnsitzes im raumordnungsrechtlichen Sinne hätte.

Die in den Erläuterungen angeführten Bestimmungen des § 17 MeldeG lauten:

§ 17 Meldegesetz (Reklamationsverfahren)

(1) Der Landeshauptmann führt über Antrag (Abs. 2) ein Reklamationsverfahren durch und entscheidet darüber, ob ein Mensch, der in einer Gemeinde seines Landes mit Hauptwohnsitz angemeldet ist, dort weiterhin den Hauptwohnsitz hat. Über einen Antrag gemäß Abs. 2 Z 2 wird das Verfahren jedoch vom Bundesminister für Inneres geführt, wenn sich die beiden betroffenen Gemeinden in verschiedenen Bundesländern befinden.
(2) Das Reklamationsverfahren wird über Antrag des Bürgermeisters

1. *der Gemeinde, in der ein Mensch mit Hauptwohnsitz angemeldet ist, oder*
2. *einer Gemeinde, in der ein Mensch zwar nicht mit Hauptwohnsitz angemeldet ist, aber einen Mittelpunkt seiner Lebensbeziehungen hat, geführt. In diesem Verfahren sind der Betroffene, der Antragsteller und der Bürgermeister der Gemeinde, in der der Betroffene mit Hauptwohnsitz angemeldet ist, Partei.*

(3) Die Entscheidung wird auf Grund des Vorbringens der Parteien getroffen, die zur Mitwirkung in besonderem Maße verpflichtet sind; die Bürgermeister dürfen hiebei jedoch nur Tatsachen geltend machen, die sie in Vollziehung eines Bundes- oder Landesgesetzes ermittelt haben und die keinem Übermittlungsverbot unterliegen. Bestehen auf Grund dieser Vorbringen Zweifel darüber, ob der Betroffene in einer bestimmten Gemeinde (Abs. 2 Z 1 oder 2) einen Mittelpunkt seiner Lebensbeziehungen hat, so kann zum Ermittlungsergebnis eine Stellungnahme des Österreichischen Statistischen Zentralamtes eingeholt werden.
(3a) Anträge gemäß Abs. 2 Z 2 sind auch ohne Nachweis des Bestehens eines Mittelpunktes der Lebensbeziehungen in dieser Gemeinde zulässig, wenn der Betroffene keine vollständige oder eine in sich widersprüchliche Wohnsitzerklärung abgegeben hat, obwohl er unter Setzung einer Nachfrist auf diese Folge hingewiesen wurde. In Fällen, in denen der Bürgermeister ein Reklamationsverfahren beantragt, nachdem der Betroffene trotz Hinweises auf diese Folge seiner Verpflichtung zur Abgabe einer Wohnsitzerklärung innerhalb der Nachfrist nicht nachgekommen ist, haben die Bezirksverwaltungs-, Schul-, Kraftfahr- und Finanzbehörden sowie die Träger der Sozialversicherung dem Bürgermeister auf Anfrage alle Hinweise auf das Vorliegen eines Wohnsitzes des Betroffenen, dessen Ehegatten, Lebensgefährten oder eingetragenen Partner und dessen ledige minderjährige Kinder mitzuteilen; solche Auskünfte können auch von der zuständigen regionalen Geschäftsstelle des Arbeitsmarktservices eingeholt werden, die zur Auskunftserteilung verpflichtet ist. Dieses Auskunftsrecht kommt dem Bürgermeister auch zu, wenn sich ein Betroffener – trotz Hinweises auf diese Folge – weigert, im Reklamationsverfahren mitzuwirken.
(4) Wird der Hauptwohnsitz des Betroffenen aufgehoben, so ist diesem in dem Bescheid außerdem aufzutragen, binnen einem Monat bei der für seinen nunmehrigen Hauptwohnsitz zuständigen Meldebehörde die erforderliche Meldung vorzunehmen; dies gilt nicht, wenn Grund zur Annahme besteht, der Betroffene habe im Inland keinen Mittelpunkt seiner Lebensbeziehungen.
(5) Der Bescheid ist nach Eintritt der Rechtskraft den für die betroffenen Gemeinden zuständigen Meldebehörden mitzuteilen. Die für die Unterkunft gemäß Abs. 2 Z 1 zuständige Meldebehörde hat allenfalls auf Grund des Bescheides ihr Melderegister mit dem Datum der Rechtskraft des Bescheides zu berichtigen.
(6) Gegen den Bescheid können die Bürgermeister, die im Verfahren Parteienstellung hatten, Beschwerde wegen Rechtswidrigkeit an das Landesverwaltungsgericht und gegen dessen Erkenntnis Revision an den Verwaltungsgerichtshof erheben. Örtlich zuständig ist das Landesverwaltungsgericht jenes Landes in dem der Betroffene bei Einleitung des Reklamationsverfahrens mit Hauptwohnsitz angemeldet war.

10. Privatzimmervermietung: die Beherbergung von bis zu 10 Gästen in Gästezimmern oder höchstens drei Wohneinheiten im Hausverband der Vermieter, die in diesem ihren Hauptwohnsitz haben;

RV 2017

Gemäß Art III der B-VG-Novelle 1974, BGBl Nr. 444, ist die Privatzimmervermietung die durch die gewöhnlichen Mitglieder des eigenen Hausstandes als häusliche Nebenbeschäftigung ausgeübte Vermietung von nicht mehr als 10 Fremdenbetten. Sie gehört nicht zu den Angelegenheiten des Gewerbes im Sinn des Art 10 Abs 1 Z 8 B-VG.

Dem Erfordernis einer „häuslichen Tätigkeit" folgend muss der Privatzimmervermieter oder die Privatzimmervermieterin auch tatsächlich in diesem Hausstand wohnen und dort seinen bzw. ihren Hauptwohnsitz haben. Ob die Gäste in Gästezimmern oder in selbständigen Wohneinheiten – bis zu drei – beherbergt werden, soll dabei nicht entscheidend sein. Entscheidend ist nur, dass sich die Gästezimmer bzw. Wohneinheiten innerhalb des Hausverbandes des Vermieters oder der Vermieterin befinden, die Gäste also bis zu einem gewissen Teil dem Hausverband des Vermieters oder der Vermieterin angehören.

Anmerkungen

Die Privatzimmervermietung ist eine bereits in der GewO 1859 (Art 5 lit e Kundmachungspatent) von der Anwendung der Gewerbeordnung ausgenommene Form der Beherbergung von Gästen in Form des häuslichen Nebengewerbes. Diese Rechtslage ist auch heute noch gegeben und für Regelungen betreffend die Privatzimmervermietung ist nicht der Bundesgesetzgeber, sondern der Landesgesetzgeber zuständig. Durch die Novelle 2017 wurde der Anwendungsbereich der Privatzimmervermietung entsprechend den geänderten Nutzungsansprüchen der Vermieter und Gäste und den Anforderungen eines Tourismuslandes angepasst, indem die Zulässigkeit nun nicht mehr bloß die eigentliche Wohnung des Vermieters erfasst, sondern die Privatzimmervermietung nunmehr in bis zu drei weiteren Wohneinheiten für zulässig erklärt wurde, wenn der Vermieter hier einen Hauptwohnsitz hat. Die vom Gesetzgeber dazu gewählte Formulierung „im Hausverband der Vermieter" induziert, dass die Vermietung nur im selben Haus erfolgen kann. Das Wort Verband signalisiert zwar eine Mehrzahl von Einheiten, die in einem organisatorischen, sachlichen oder räumlichen Zusammenhang stehen, jedoch kann daraus nicht abgeleitet werden, dass sich ein Hausverband auch auf mehrere voneinander getrennte Häuser erstrecken kann.

Bei isolierter Betrachtung der Definition kann sich die Frage stellen, ob selbständige Wohnungen (iS Z 16) als Wohneinheiten (iS Z 10) aufzufassen sind. Letztlich ist dies auf Grund der sonstigen Regelungen im Zusammenhang mit der touristischen Nutzung von Wohnungen – insbesondere bei Berücksichtigung der Ausnahme des § 31b Abs 2 Z 4 zu bejahen. Insofern kann etwa auch in einem Geschoßwohnbau in mehreren Wohnungen die Privatzimmervermietung durchgeführt werden, wenn der Vermieter in diesem Gebäude auch seinen Hauptwohnsitz hat.

11. Mehr-Generationen-Wohnhaus: ein für ein altersgemischtes Wohnen geeigneter Wohnbau mit mindestens zwei Wohnungen, von denen eine barrierefrei zugänglich und ausgestaltet ist;

RV 2017

Die Eignung eines Wohnhauses für ein altersgemischtes Wohnen setzt in bautechnischer Hinsicht zwingend die barrierefreie Ausgestaltung zumindest einer Wohnung voraus. Hinsichtlich des baurechtlichen Verwendungszwecks ist im Allgemeinen davon auszugehen, dass nur Verwendungszwecke, die ein gelegentliches Wohnen vorsehen (Zweitwohnsitze, touristische Zwecke), einem Generationenwohnen entgegenstehen.

Anmerkungen

Das Mehr-Generationen-Wohnhaus hat seine Bedeutung für folgende Bereiche des ROG:

1. Bei Lücken im Grünland gemäß § 40
2. Bei Einzelbewilligungen gemäß § 46
3. Bei widmungswidrigen Bestandbauten gemäß § 47

In all diesen Fällen wird die zulässige Geschoßfläche, so ein Mehr-Generationen-Wohnhaus geschaffen werden soll, von 300 m^2 auf 375 m^2 angehoben. Diese Vergrößerungsmöglichkeit hat allerdings zur Voraussetzung, dass mindesten zwei Wohneinheiten entstehen bzw. gegeben sind und mindestens eine davon barrierefrei ausgestaltet wird. Die Anforderungen an die Barrierefreiheit sind Gegenstand der einschlägigen bautechnischen Bestimmungen des BauTG 2015 und beschränken sich im Wesentlichen auf die Zugangsmöglichkeit. Diese Interpretation ergibt sich aus Gründen der Einheit der Rechtsordnung im Salzburger Landesrecht.

§ 31 Bautechnikgesetz 2015 LGBl 1/2016 idF LGBl 96/2017

Allgemeine Anforderung an die Barrierefreiheit

(1) Bauliche Anlagen oder deren Teile,

1. *die öffentlichen Zwecken (Unterbringung von Behörden udgl) dienen,*
2. *die Bildungszwecken (Kindergärten, Schulen, Hochschulen, Erwachsenenbildungseinrichtungen udgl) dienen,*
3. *in denen Handelsbetriebe, Geldinstitute, Gesundheits- und Sozialeinrichtungen, Arztpraxen, Apotheken udgl untergebracht sind,*
4. *in denen öffentliche Toiletten untergebracht sind oder*
5. *die sonst allgemein zugänglich und für mindestens 50 Besucher oder Kunden ausgelegt sind, müssen derart barrierefrei geplant und ausgeführt sein, dass sie für Besucher oder Kunden gefahrlos und möglichst ohne fremde Hilfe zugänglich sind. Dabei ist entsprechend dem Verwendungszweck auch auf Anforderungen von Kindern, älteren Menschen und Menschen mit Behinderung Bedacht zu nehmen.*

(2) Zur Erfüllung der Anforderungen nach Abs 1 müssen:

1. *mindestens ein Eingang, und zwar der Haupteingang oder ein Eingang in dessen unmittelbarer Nähe, stufenlos erreichbar sein;*
2. *im Bereich von Verbindungswegen Stufen, Schwellen und ähnliche Hindernisse möglichst vermieden werden; unvermeidbare Niveauunterschiede sind durch Rampen, Aufzüge oder andere Aufstiegshilfen zu überwinden oder auszugleichen;*
3. *Türen und Gänge die notwendigen Mindestbreiten aufweisen; und*
4. *eine dem Verwendungszweck entsprechende Anzahl von behindertengerechten Sanitärräumen vorhanden sein.*

(3) Für bauliche Anlagen mit mehr als fünf Wohnungen gilt Abs 2 Z 1 bis 3. Darüber hinaus sind diese Wohnungen so zu planen und auszuführen, dass sie gegebenenfalls mit vertretbarem Aufwand barrierefrei ausgestaltet werden können. Die Verpflichtung zur Errichtung eines Aufzugs richtet sich nach § 28 Abs 3.

12. Nebenanlagen: Bauten, die auf Grund ihres Verwendungszwecks und Größe gegenüber einer auch bloß künftigen Hauptbebauung funktionell untergeordnet sind und nicht Wohnzwecken dienen (wie Garagen, Gartenhäuschen, Gerätehütten odgl); sie gelten als eingeschoßig, wenn der höchste Punkt der Nebenanlage 4 m nicht überschreitet;

RV 2017/2

Im Begutachtungsentwurf zum gegenständlichen Gesetzesvorhaben war ursprünglich vorgesehen, den zulässigen höchsten Punkt von Nebenanlagen einheitlich mit 3,5 m zu begrenzen (s Art II des Entwurfs zur Änderung des Bebauungsgrundlagengesetzes). Dementsprechend wurde diese Höchsthöhe auch in die Novelle LGBl Nr. 82/2017 des Salzburger Raumordnungsgesetzes übernommen (§ 5 Z 12 ROG). Auf Grund von Einwänden im Begutachtungsverfahren gegen die geplante Änderung im BGG (s Pkt. 6) wurde davon wieder Abstand genommen, sodass – um ein Auseinanderfallen der höchst zulässigen Höhe von eingeschoßigen Nebenanlagen im ROG und BGG zu vermeiden – die entsprechende Bestimmung im ROG anzupassen ist (Z 1).

13. Seveso-Betrieb: ein Betrieb, welcher unter die Anwendung der Seveso-Richtlinie (§ 80 Z 3) fällt;

RV 2016

Das Vorhaben verfolgt den Zweck, die Richtlinie 2012/18/EU des Europäischen Parlaments und des Rates zur Beherrschung der Gefahren schwerer Unfälle mit gefährlichen Stoffen, zur Änderung und anschließenden Aufhebung der Richtlinie 96/82/EG des Rates, ABl Nr. L 197 vom 24.7.2012 (im Folgenden kurz: Seveso-III-Richtlinie) in das Salzburger Landesrecht umzusetzen. Mit der Seveso-III-Richtlinie wird die Richtlinie 96/83/EG in der Fassung der Richtlinie 2003/105/EG (im Folgenden kurz: Seveso-II-Richtlinie) aufgehoben, wobei das Ziel der Seveso-III-Richtlinie die weitere Erhöhung des Schutzniveaus zur Verhütung schwerer Unfälle ist.

Die Änderungen der Seveso-II-Richtlinie betreffen das Katastrophenhilfegesetz und das Salzburger Raumordnungsgesetz 2009, sodass diese beiden Gesetze an die Bestimmungen der Seveso-III-Richtlinie anzupassen sind. Durch die Seveso-III-Richtlinie neu eingeführte Regelungen wie bspw. angemessene Sicherheitsabstände bei Hauptverkehrswegen zu Seveso-Betrieben oder die Überwachung von Entwicklungen der Verkehrswege, wenn die Entwicklungen Ursache von schweren Unfällen sind oder das Risiko eines schweren Unfalls vergrößern können, sind bereits nach der geltenden Rechtslage im Zuge der überörtlichen Raumplanung ausreichend berücksichtigt.

Im Hinblick auf mögliche weitere Änderungen dieser Seveso-III-Richtlinie und den damit zusammenhängenden umfassenden Novellierungsbedarf im Landesrecht wird in den beiden Gesetzen die Richtlinie zukünftig als Seveso-Richtlinie (ohne weitere Nummerierung) bezeichnet.

Es erfolgt eine Legaldefinition des Begriffs „Seveso-Betrieb". Unter dem Begriff eines Seveso-Betriebs im Sinn dieses Gesetzes sind all jene Seveso-Betriebe zu verstehen, die vom Anwendungsbereich der Seveso-III-Richtlinie erfasst sind.

14. Siedlungsschwerpunkte: Schwerpunktbereiche der Siedlungsentwicklung mit Potential zur Verdichtung und Erweiterung sowie bestehender oder geplanter Versorgung mit Einrichtungen des öffentlichen Personennahverkehrs und sozialer und technischer Infrastruktur;

RV 2017

Die Konzentration der Siedlungsentwicklung soll künftig vorrangig in den Siedlungsschwerpunkten erfolgen. Dies dient einerseits der Verhinderung weiterer Zersiedelung und andererseits der Schaffung kompakter Siedlungskörper. Siedlungsschwerpunkte bündeln somit die Siedlungsentwicklung einer Gemeinde vor allem im Hinblick auf den Raumplanungsgrundsatz einer „haushälterischen und nachhaltigen Nutzung von Grund und Boden, insbesondere des sparsamen Umgangs mit Bauland".

Die „Siedlungsschwerpunkte" sind von den Gemeinden im Räumlichen Entwicklungskonzept festzulegen und abzugrenzen. Sie sind Voraussetzung für die Ausweisung von Gebieten für den förderbaren Wohnbau (§ 30 Abs 1 Z 2a) und von Vorbehaltsflächen für den förderbaren Miet- und Eigentumswohnbau (§ 42) sowie für die Geltung des höheren Schwellenwertes für Betriebe des Einzelhandels mit Verkaufsflächen (Anlage 1).

Als Siedlungsschwerpunkte kommen jedenfalls die Hauptorte der Gemeinden in Betracht. Darüber hinaus aber Siedlungsgebiete, die folgenden Kriterien entsprechen:

a) bestehendes Siedlungsgebiet,
b) Potenzial zur Verdichtung und Erweiterung,
c) Vorhandensein von mehreren Einrichtungen der Daseinsvorsorge (in fußläufiger Entfernung) und
d) fußläufige Erreichbarkeit eines leistungsfähigen öffentlichen Verkehrsmittels.

Weitere Voraussetzung ist eine bereits bestehende oder geplante Versorgung mit Einrichtungen des öffentlichen Verkehrs und sozialer und technischer Infrastruktur. Damit soll langfristig der öffentliche Verkehr gestärkt (mehr Kunden bzw. Kundinnen) und ein Beitrag zur Reduzierung des motorisierten Individualverkehrs geleistet werden, was wiederum den Zielsetzungen des Mobilitätskonzeptes des Landes entspricht. Öffentliche und soziale Einrichtungen (Betreuungseinrichtungen, Schulen, etc.) sowie Geschäfte zur Nahversorgung im Nahbereich ermöglichen eine Mobilität der kurzen Wege und entsprechen insoweit den festgelegten Raumplanungszielen (§ 2 ROG 2009). In Sinn dieser Zielsetzungen müssen „geplante Versorgungen" nicht nur hinreichend konkret, sondern auch bereits soweit fortgeschritten sein, dass ihre Realisierung mit hoher Wahrscheinlichkeit angenommen werden kann.

Anmerkungen

Die Festlegung von Siedlungsschwerpunkten ist künftig zwingender Inhalt eines REK (siehe § 25) und damit ist ihre Festlegung eine Pflichtaufgabe der Gemeinde. Die Wirkungen, welche mit dieser Festlegung verbunden sind, betreffen die Zulässigkeit der Ausweisung der Widmungskategorie Gebiete für den förderbaren Wohnbau (§ 30 Abs 1 Z 2a), die Festlegung von Vorbehaltsflächen für den förderbaren Eigentums- und Mietwohnungsbau (§ 42) und schließlich gelten in Siedlungsschwerpunkten teilweise höhere Schwellenwerte betreffend das Erfordernis einer Widmung als Handelsgroßbetrieb bei Verbrauchermärkten (Anlage/1).

Das für die Gemeinden des Salzburger Zentralraums geltende Sachprogramm „Standortentwicklung für Wohnen und Arbeiten im Salzburger Zentralraum" LGBl 13/2009 verlangte bereits bisher in Kap.3.2.2. bei der Überarbeitung des REK die Abgrenzung von Siedlungsschwerpunkten, die wie folgt definiert sind:

„(2) Als Siedlungsschwerpunkte gelten jedenfalls die Hauptorte der Gemeinden.
(3) Darüber hinaus können Siedlungsschwerpunkte festgelegt werden, wenn sie folgenden Kriterien entsprechen:

- *Bestehendes Siedlungsgebiet;*
- *Potential zur Innenverdichtung oder zur Erweiterung;*
- *Vorhandensein von mehreren Einrichtungen der Daseinsvorsorge in fußläufiger Entfernung;*
- *Fußläufige Erreichbarkeit eines leistungsfähigen öffentlichen Verkehrsmittels (gem. Vorgaben im LEP)"*

Diese Definition des Sachprogramms entspricht aber in wesentlichen Bereichen nicht der nunmehrigen Legaldefinition im Gesetzestext. Im Gesetzestext ist die bestehende *oder geplante* Versorgung mit Einrichtungen des öffentlichen Personennahverkehrs und sozialer und technischer Infrastruktur angeführt, im Sachprogramm wird der „Bestand" vorausgesetzt. Im Sachprogramm gelten die Hauptorte der Gemeinden jedenfalls als Siedlungsschwerpunkte, was ab 1.1.2018 ebenfalls nicht der Legaldefinition des ROG entspricht. Die RV 2017 nimmt auch auf die Definition des Sachprogrammes Bezug, die aber mit dem Normtext selbst nicht kongruent ist. Ohne jeden Zweifel sind eine bestehende oder geplante Versorgung mit Einrichtungen des öffentlichen Personennahverkehrs und eine bestehende oder geplante Versorgung mit sozialer und technischer Infrastruktur nach dem Gesetz gleichwertig. Auch geplante Einrichtungen sind bei der Festlegung von Siedlungsschwerpunkten zu würdigen, wobei die RV 2017 verlangt, dass ihre Realisierung mit hoher Wahrscheinlichkeit angenommen werden kann. Ein „Vorhandensein" dieser Einrichtungen wie im Sachprogramm wird nicht verausgesetzt.

Jenen Gemeinden im Salzburger Zentralraum, welche Siedlungsschwerpunkte auf Grundlage des Sachprogramms abgegrenzt haben, bleibt deshalb eine erneute Abgrenzung bzw Überprüfung der Abgrenzung anhand der vorliegenden neuen Definition nicht erspart. Dies hat zur Konsequenz, dass erst nach einer (Neu)Festlegung der Siedlungsschwerpunkte deren Wirkungen eintreten können. Diese Abgrenzung kann in Anwendung des § 82 Abs 2 (besonders wichtiges öffentliches Interesse) auch auf Ebene eines REK auf Grundlage des ROG 1992/1998 erfolgen.

15. touristische Beherbergung: die Beherbergung von Gästen in Beherbergungsbetrieben oder Privatunterkünften (Privatzimmervermietung, tage- oder wochenweise Vermietung von Wohnungen), wobei Eigennutzungen oder Verfügungsrechte über Wohnungen oder Wohnräume, die über den typischen Beherbergungsvertrag hinausgehen, die Annahme einer touristischen Beherbergung ausschließen;

RV 2017

Für einen Beherbergungsbetrieb wesentlich ist einerseits, dass die Unterkunftsstätte unter der Leitung oder Aufsicht des Unterkunftsgebers oder eines von diesem Beauftragten steht (Anwesenheit oder leichte Erreichbarkeit dieser Person zum Zweck der Schlüsselübergabe, der Auskunftserteilung, der Kontrolle, eines allfälligen Services, der Beschwerdemöglichkeit und des Inkassos), und andererseits, dass die Unterkunftsstätte der entgeltlichen Unterbringung von „Gästen" (Urlaubern, Geschäftsreisenden, Kurgästen udgl) dient und zu deren vorübergehendem Aufenthalt bestimmt ist. Entscheidend für die Abgrenzung der gewerblichen Gästebeherbergung zur bloßen Wohnraumvermietung ist nach der Judikatur des VwGH, ob gleichzeitig mit der Zurverfügungstellung von Wohnraum damit üblicherweise im Zusammenhang stehende Dienstleistungen erbracht werden bzw. – wenn dies nicht der Fall ist – wie die sonstigen Merkmale der zu prüfenden

Tätigkeit zu beurteilen sind, insbesondere wie das äußere Erscheinungsbild des Betriebes aussieht (vgl. ua VwGH 2010/06/0082; 2005/04/0249). Es ist erforderlich, dass das sich aus dem Zusammenwirken aller Umstände ergebende Erscheinungsbild ein Verhalten des Vermieters der Räume erkennen lässt, dass eine laufende Obsorge hinsichtlich der vermieteten Räume im Sinn einer daraus resultierenden Betreuung des Gastes verrät (vgl. VwGH 2011/06/0059).

Zur Privatzimmervermietung siehe die Ausführungen zu Z 10.

Als touristische Beherbergung gilt auch die tage- oder wochenweise Vermietung von Wohnungen an Gäste, die in dieser gegen Bezahlung vorübergehend Aufenthalt nehmen. Ob die Vermietung über Onlineplattformen oder auf andere Weise zustande gekommen ist, spielt dabei keine Rolle. Entscheidend ist das Vorliegen eines Beherbergungsvertragsverhältnisses.

Als typische Beherbergungsverträge sind Verträge anzusehen, mit denen Reisenden gegen Entgelt vorübergehend Unterkunft gewährt wird. Sie beinhalten im Kern die Überlassung eines zum Bewohnen geeigneten möblierten Raumes einschließlich der Belieferung mit Wasser, Strom und Heizung. Regelmäßig ist die Überlassung der Unterkunft mit weiteren Serviceleistungen verbunden, wie zB Reinigung des Zimmers, Verwahrung von Wertsachen usw. Und häufig ist als weitere Leistung die Verköstigung des Gastes zu nennen. Gehen die Verfügungsrechte der Gäste für Wohnungen oder Wohnräume über einen typischen Beherbergungsvertrag hinaus, wie zB bei Einräumen von längerfristigen Mietrechten (vgl. VwGH 12.12.2013, Zl 2013/06/0078), ist die Annahme einer touristischen Beherbergung ausgeschlossen.

Ausdrücklich klargestellt wird, und zwar im Hinblick auf die Ausnahme gemäß § 5 Z 17 lit a sublitt bb betreffend Zweitwohnungen, dass Eigennutzungen der Wohnung keine Form einer touristischen Beherbergung darstellen. Damit wird sichergestellt, dass etwa der Aufenthalt einer Person in einer in ihrem Eigentum stehenden Wohnung (in der sie rechtlich und tatsächlich die Möglichkeit hat, nach ihrem Willen die Zeit der Eigennutzung zu bestimmen) nicht als touristische Beherbergung angesehen werden kann. Gleiches gilt für Miteigentümer, Anteilscheinbesitzers und dgl., die ein direktes Zugriffsrecht auf eine Wohneinheit haben.

Anmerkungen

Die Legaldefinition der touristischen Beherbergung beinhaltet zwei Definitionselemente: Einerseits das Quartier, welches entweder Bestandteil eines Beherbergungsbetriebs (Hotels, Apartmenthäuser) oder eine Privatunterkunft (Privatzimmervermietung Z 10, Wohnungen § 31b) sein kann und andererseits das Rechtsgeschäft (Beherbergungsvertrag), welches der Beherbergung zu Grunde liegt um als touristische Beherbergung zu gelten.

Das Beherbergungsquartier kann auch eine Wohnung sein. Dieser Regelungsinhalt, welcher im Klammerausdruck der Definition zum Ausdruck kommt, soll dazu beitragen, die derzeit in der Praxis vorkommenden Erscheinungsformen der touristischen Bestandgabe von Ferienwohnungen mittels Internetplattformen in den Regelungszusammenhang der touristischen Nutzung(en) zu bringen. Die touristische Nutzung von Wohnungen wurde vom Gesetzgeber als eines der Probleme erkannt, welche den angespannten Wohnungsmarkt, insbesondere in touristisch nachgefragten Bereichen, weiter anheizen. Daher ist die Beschränkung der Zulässigkeit der touristischen Nutzung von Wohnungen – gleich wie die Zweitwohnnutzung – eine jener Maßnahmen die im Zuge der Novelle 2017 ergriffen wurden, um Wohnungen von anderen Nutzungen freizuhalten (siehe dazu § 31b).

Die Abgrenzung einer – bisher zumindest teilweise zulässigen – touristischen Nutzung von einer unzulässigen Zweitwohnnutzung anhand der vertraglich eingeräumten Rechte (typischen

Beherbergungsvertrag) ist bereits seit der ROG-Novelle 2004 (Inkrafttreten mit 01.05.2004) vorgesehen.

Allerdings erlaubt diese gesetzliche Bestimmung noch keine unmittelbare Abgrenzung, weil es auf gesetzlicher Ebene keinen fixen zivilrechtlichen Vertragstypus gibt, welcher den konkreten Inhalt eines Beherbergungsvertrages regelt.

Als „Beherbergungsvertrag" wird die Vereinbarung zwischen einem Gast auf der einen Seite und dem Eigentümer bzw. Besitzer (Pächter) eines Beherbergungsunternehmens auf der anderen Seite betreffend die Überlassung einer Unterkunft bezeichnet. Im Kern hat der Beherbergungsvertrag zum Gegenstand, dass eine Beherbergung vereinbart wird, dh neben der Raumüberlassung werden üblicher Weise zusätzliche Dienstleistungen geschuldet, insbesondere Serviceleistungen (zB die Zimmerreinigung, die Verwendung der Infrastruktur des jeweiligen Betriebes). Er enthält demnach miet-, kauf-, werk- und dienstvertragliche Bestandteile. Man kann bei der Beurteilung von Beherbergungsverträgen im Wesentlichen davon ausgehen, dass die allgemeinen Hotelvertragsbedingungen (Allgemeinen Geschäftsbedingungen für die Hotellerie – AGBH 2006, welche von der Wirtschaftskammer Österreich herausgegeben werden) als standardisierter Inhalt jedem Beherbergungsvertrag zugrunde liegen. In diesem sind in Punkt 7.1 die Rechte des Gastes (Vertragspartner) wie folgt umschrieben:

„Durch den Abschluss eines Beherbergungsvertrages erwirbt der Vertragspartner das Recht auf den üblichen Gebrauch der gemieteten Räume, der Einrichtungen des Beherbergungsbetriebes, die üblicher Weise und ohne besondere Bedingungen den Gästen zur Benützung zugänglich sind, und auf die übliche Bedienung. Der Vertragspartner hat seine Rechte gemäß allfälligen Hotel- und/oder Gästerichtlinien (Hausordnung) auszuüben."

Die Gestaltungsrechte erfassen demnach neben der Nutzung des Gebrauchs der angemieteten Räume einschließlich der vorhandenen Infrastruktur keine weitergehenden Rechte. Weitere Gestaltungsrechte, wie etwa die Einrichtung des Zimmers, die Entscheidung, ob eine Wohnung/Wohnraum überhaupt der touristischen Vermietung zugeführt werden, sind jedenfalls Gestaltungsrechte, die über den Beherbergungsvertrag hinausgehen. Gleiches gilt, wenn die Wohnung/Wohnraum durch den darüber Verfügungsberechtigten selbst genutzt wird, weil damit nicht die Gestaltungsrechte des Gastes, sondern die des Unterkunftgebers ausgeübt werden.

Durch die nun getroffene Definition werden Eigennutzungen jedenfalls ausgeschlossen. Dieser Ausschluss ist im Prinzip eigentlich nur eine Klarstellung, denn einen Beherbergungsvertrag mit sich selbst abzuschließen ändert nichts daran, dass die Gestaltungsrechte bestehen bleiben. Allerdings ist mit dem dezidierten Ausschluss jeglicher Eigennutzung durch die Legaldefinition klargestellt, dass die bisherig häufig im Rahmen der sogenannten „buy to let"-Modelle (wo Investoren eine Immobilie [Apartment, Wohneinheit udgl] erwerben und einem Betreiber diese Immobilie zur Bewirtschaftung vermieten bzw mit der Bewirtschaftung beauftragen und der Erwerber diese auch selbst für Urlaubszwecke nutzt) vorgesehenen Eigennutzungen nunmehr zur Gänze unzulässig wird. Diese Nutzung war bisher insoweit zulässig, als dem Eigentümer im Rahmen der Vertragsgestaltung nicht mehr Rechte eingeräumt wurden wie sonstigen Gästen.

Ob dieses Verbot die Investitionsbereitschaft in solche Modelle dauerhaft beeinflusst, kann zum gegenständlichen Zeitpunkt nur vermutet werden. Eine Umgehung scheint allerdings mit geringem Aufwand möglich, etwa durch die Bestandgabe einer nicht im Eigentum des Nutzers stehenden benachbarten gleichwertigen Einheit.

16. Wohnung: Wohnung gemäß § 2 Z 4 BauTG;

RV 2017

Der Wohnungsbegriff deckt sich mit dem des Bautechnikgesetzes (§ 2 Z 4 BauTG 2015) dieser lautet: „Gesamtheit von einzelnen oder zusammen liegenden Räumen, die baulich in sich abgeschlossen und zu Wohnzwecken bestimmt sind und die Führung eines eigenen Haushalts ermöglichen. Nicht als eigene Wohnungen gelten Zimmer oder Wohneinheiten in Heimen (zB Jugend-, Studenten- oder Seniorenwohnheime) und Beherbergungsbetrieben."

17. Zweitwohnung und Verwendung als Zweitwohnung (tritt erst mit 01.01.2019 in Kraft)

a) Zweitwohnung: Wohnung, die nicht verwendet wird:
- **aa) als Hauptwohnsitz,**
- **bb) für die touristische Beherbergung von Gästen,**
- **cc) für land- oder forstwirtschaftliche Zwecke, wie etwa die Bewirtschaftung von Almen oder Forstkulturen,**
- **dd) für Zwecke der Ausbildung oder der Berufsausübung, soweit dafür ein dringendes Wohnbedürfnis besteht,**
- **ee) für Zwecke der notwendigen Pflege oder Betreuung von Menschen,**
- **ff) für sonstige Zwecke, die den Raumordnungszielen gemäß § 2 Abs 1 Z 1 und 7 lit b und d nicht entgegenstehen, wobei die Landesregierung diese durch Verordnung zu bezeichnen hat;**

b) Verwendung als Zweitwohnung: Innehabung unter Umständen, die darauf schließen lassen, dass die Wohnung beibehalten und zum Wohnen oder Schlafen (tatsächlich) benutzt wird

RV 2017

Als Zweitwohnung (lit a) gilt grundsätzlich jede Wohnung, die nicht zu Zwecken der sublit aa bis ff verwendet wird. Die sublit aa nimmt dabei von vornherein all jene Wohnsitze aus, die der eigentlichen raumplanerischen Problematik der Verwendung von Wohnungen als Zweitwohnungen – nämlich die nur zeitweilige Verwendung von Wohnungen – nicht entgegenstehen. Das sind die Wohnungen, die zumindest von einer Person als Hauptwohnsitz (Z 9) verwendet werden.

Die sublit bb bis ee enthalten bestimmte thematische Ausnahmen (touristische Beherbergung, vorübergehende ausbildungs- oder berufsbedingten Nutzungen, Wohnnutzungen für Zwecke der Pflege und Betreuung), wobei diese durch Verordnung der Landesregierung (sublit ff) ergänzt werden können. Betreffend die Ausnahme für den Tourismus (sublit bb) gilt es zu bedenken, dass die Eigennutzung von Wohnungen keine Form touristischer Beherbergung von „Gästen" darstellt (s dazu auch die Ausführungen zu Z 15).

Zur ausbildungs- oder berufsbedingten (erwerbsbedingten) Nutzung (sublit dd) ist auszuführen, dass ein dringendes Wohnbedürfnis dafür erforderlich sein muss. Ein solches ist jedenfalls bei betrieblich bedingtem Wohnnutzen anzunehmen. Ferner, wenn zur Ausübung der Erwerbstätigkeit oder der Absolvierung der Ausbildung die regelmäßige physische Präsenz des Nutzers bzw. der Nutzerin an dem Arbeits- bzw. Ausbildungsort erforderlich ist, der Arbeits- bzw. Ausbildungsort von der Wohnstätte aus mit den dem Nutzer bzw. der Nutzerin zur Verfügung stehenden Fortbewegungsmitteln innerhalb eines nicht unverhältnismäßig erscheinenden Zeitraums erreicht werden kann und dem Nutzer bzw. der Nutzerin keine andere Wohnstätte zur Verfügung steht, von der aus er bzw. sie den Arbeits- bzw. Ausbildungsort mit dem ihm bzw. ihr zur Verfügung stehenden Fortbewegungsmitteln innerhalb eines nicht unverhältnismäßig erscheinenden Zeitraums erreichen kann. Kein dringendes Wohnbedürfnis im Sinn der sublit dd liegt vor, wenn es sich um Berufsausübungen handelt, die nicht ortsgebunden sind, wie zum Beispiel das Erlernen von Sprech- oder Musikstücken durch Schauspieler, Sänger und Instrumentalmusiker sowie Dirigenten, Erschaffung von Werken der Malerei, der Plastik, der Tonkunst oder der Literatur, sowie berufliche Tätigkeiten, die mithilfe der modernen Kommunikationsmittel wie Internet, E-Mail, etc. von jedem Ort mit Anschluss an diese Kommunikationsmittel ausgeübt werden können.

Verwendung als Zweitwohnung:

Der Verwendungsbegriff (lit b) lehnt sich an § 26 Abs 1 der Bundesabgabenordnung an. Zentrale Tatbestandsvoraussetzung für die Annahme der Verwendung einer Wohnung als Zweitwohnung ist die Innehabung der Wohnung unter Umständen, die darauf schließen lassen, dass diese beibehalten und zum Wohnen oder Schlafen (tatsächlich) benutzt wird.

Maßgebend soll wie beim sog „Steuerwohnsitz" die tatsächliche Gestaltung der Dinge sein. Auf die subjektive Absicht und Einstellung kommt es nicht an. Entscheidend ist das objektive Moment der Innehabung unter den genannten Umständen „beibehalten und benützen" (vgl. zum Steuerwohnsitz ua VwGH 21.5.1990, Zl 89/15/0115; 20.6.1990, Zl 89/16/0020; 24.1.1996, Zl 95/13/0150; 19.12.2006, Zl 2005/15/0127).

Innehaben bedeutet, über eine Wohnung tatsächlich oder rechtlich verfügen zu können, sie also jederzeit für den eigenen Wohnbedarf benützen zu können (vgl. ua VwGH 23.2.2010, 2007/15/0292). Als Rechtsgründe für die Innehabung kommen vor allem Eigentum (zB am Ein- oder Zweifamilienhaus), Wohnungseigentum, Miete, Untermiete, Wohnungsrecht (§ 521 ABGB), aber auch familienrechtliche Ansprüche (zB des Ehegatten, vgl. auch § 97 ABGB) in Betracht.

Zum Tatbestandsmerkmal „beibehalten" ist auszuführen, dass die polizeiliche Ab- bzw. Anmeldung nach dem Meldegesetz (wie beim Steuerwohnsitz) nicht entscheidend sein soll (vgl. zum Steuerwohnsitz VwGH 26.11.1991, Zl 91/14/0041; 24.1.1996, 95/13/0150; 3.7.2003, 99/15/0104), in Zweifelsfällen aber einen Begründungsanhalt bieten kann (vgl. wiederum zum Steuerwohnsitz VwGH 20.06.1990, 89/16/0020; 7.9.2006, 2004/16/0001).

Das Tatbestandsmerkmal „benutzen" setzt die grundsätzliche Benutzbarkeit der Wohnung für das Wohnen oder Schlafen voraus. Umgekehrt lässt ein tatsächliches Benützen der Wohnung auf die Benutzbarkeit schließen. Auf eine standesgemäße Ausstattung kommt es nicht an. Es reicht, wenn es sich um eingerichtete, also für Wohnzwecke entsprechend ausgestattete Räumlichkeiten handelt, die vom Inhaber ohne wesentliche Veränderung zur Deckung eines, wenn auch nur zeitweiligen Wohnbedarfes verwendet werden können. Weist der Eigentümer oder die Eigentümerin der Wohnung nach, dass die Wohnung leer ist, kann von einer Benutzbarkeit der Wohnung nicht ausgegangen werden.

Entscheidend ist (wie bereits ausgeführt), dass objektiv erkennbare Umstände dafürsprechen, dass die Wohnung für Zwecke des Wohnens oder Schlafens tatsächlich benutzt wird, wobei eine ununterbrochene Benützung nicht gefordert ist. Ebenso wenig ist es erforderlich, dass sich die innehabende Person während einer Mindestzahl von Tagen oder Wochen im Jahr in der Wohnung aufhält. Es reicht, wenn die innehabende Person die Zweitwohnung nur gelegentlich zum Wohnen oder Schlafen benützt.

Der bloße Umstand des Eigentums an einer Wohnung (als Kapitalanlage) oder des Besitzes reicht als Begründung für die Annahme der Verwendung einer Wohnung als Zweitwohnung nicht aus.

Anmerkungen

Die Definition der Zweitwohnbestimmung, welche im Rahmen der Novelle 2017 geschaffen wurde, stellt darauf ab, dass alle Verwendungen von Wohnungen, welche nicht in sublit aa bis ff aufgeführt sind als Zweitwohnen zu qualifizieren sind. Dies ist insofern nicht unproblematisch, weil durch diese Annahme des Gesetzgebers auch die Nichtverwendung einer Wohnung (Leerstand) oder andere nicht angeführte Nutzungen, etwa die Verwendung als Archiv, Lagerraum etc., als Zweitwohnen gelten. Ob es in Anwendung der sublit ff (Ausnahmen durch Verordnung der Landesregierung) gelingen wird, alle sonstigen Nutzungen ausreichend zu bestimmen, wird abzuwarten sein. Ausdrücklich festzuhalten ist, dass sich der Anwendungsbereich nur auf Wohnungen im bautechnischen Sinne erstreckt (siehe § 5 Z 16) und nicht etwa Nutzungseinheiten in Betrieben zur gewerblichen Beherbergung erfasst, sodass diese nicht unter die Beschränkung des § 31 bzw. § 31a fallen.

Diesem Definitionsansatz steht das eigentliche Verbot der Zweitwohn-Nutzung gegenüber, welches sich in lit b findet. Der Begriff einer Innehabung einer Wohnung, bedeutet, die faktische Herrschaft über die Wohnung. Er ist eigentümerunabhängig und verlangt auch nicht, dass der Nutzer zwingend mittels Rechtsgeschäft (zB Mietvertrag) zur Nutzung berechtigt ist, sondern es kann sich dieser Umstand bereits daraus ergeben, dass die Wohnung einem Dritten, etwa kraft familienrechtlicher Ansprüche (zB Wohnung des Ehegatten), zur Nutzung überlassen wird. Die verbotene Zweitwohnungsnutzung erfolgt, wenn nunmehr diese Wohnung tatsächlich – wie der Gesetzgeber ausführt – zum „Wohnen und Schlafen" verwendet wird. Insofern ist die tatsächliche Nutzung von der Behörde zu ermitteln, wenn etwa eine Verwaltungsstrafe verhängt werden soll.

Der in der Regierungsvorlage genannte § 26 BAO (BGBl 194/1961 idF BGBl I 136/2017) lautet:

§ 26 Bundesabgabenordnung

(1) Einen Wohnsitz im Sinn der Abgabenvorschriften hat jemand dort, wo er eine Wohnung innehat unter Umständen, die darauf schließen lassen, dass er die Wohnung beibehalten und benutzen wird.
(2) Den gewöhnlichen Aufenthalt im Sinn der Abgabenvorschriften hat jemand dort, wo er sich unter Umständen aufhält, die erkennen lassen, dass er an diesem Ort oder in diesem Land nicht nur vorübergehend verweilt. Wenn Abgabenvorschriften die unbeschränkte Abgabepflicht an den gewöhnlichen Aufenthalt knüpfen, tritt diese jedoch stets dann ein, wenn der Aufenthalt im Inland länger als sechs Monate dauert. In diesem Fall erstreckt sich die Abgabepflicht auch auf die ersten sechs Monate. Das Bundesministerium für Finanzen ist ermächtigt, von der Anwendung dieser Bestimmung bei Personen abzusehen, deren Aufenthalt im Inland nicht mehr als ein Jahr beträgt, wenn diese im Inland weder ein Gewerbe betreiben noch einen anderen Beruf ausüben.
(3) In einem Dienstverhältnis zu einer Körperschaft des öffentlichen Rechtes stehende österreichische Staatsbürger, die ihren Dienstort im Ausland haben (Auslandsbeamte), werden wie Personen behandelt, die ihren gewöhnlichen Aufenthalt am Ort der die Dienstbezüge anweisenden Stelle haben. Das gleiche gilt für deren Ehegatten, sofern die Eheleute in dauernder Haushaltsgemeinschaft leben, und für deren minderjährige Kinder, die zu ihrem Haushalt gehören.

§ 5a Umweltprüfung

(1) Planungen (Entwicklungsprogramme, Standortverordnungen, Räumliche Entwicklungskonzepte und Flächenwidmungspläne) sind einer Umweltprüfung zu unterziehen, wenn sie geeignet sind,

1. Grundlage für ein Projekt zu sein, das gemäß dem Anhang 1 UVP-G 2000 einer Umweltverträglichkeitsprüfung unterliegt, oder

2. Europaschutzgebiete (§ 5 Z 10 des Salzburger Naturschutzgesetzes 1999 – NSchG i.g.F.) oder Wild-Europaschutzgebiete (§ 108 a des Salzburger Jagdgesetzes 1993 – JGi.g.F.) erheblich zu beeinträchtigen.
   Eine Umweltprüfung ist danach jedoch nicht erforderlich, wenn es sich um geringfügige Änderungen von Planungen oder zusätzlich bei Räumlichen Entwicklungskonzepten und Flächenwidmungsplänen um die Nutzung kleiner Gebiete auf lokaler Ebene handelt.

(2) Planungen, für die nicht bereits eine Pflicht zur Umweltprüfung nach Abs 1 besteht, sind nur dann einer Umweltprüfung zu unterziehen, wenn sie voraussichtlich erhebliche Umweltauswirkungen haben. Zum Zweck dieser Beurteilung ist eine Umwelterheblichkeitsprüfung auf Grundlage von einheitlichen Prüfkriterien (Abs 4 Z 2) durchzuführen. Bei Räumlichen Entwicklungskonzepten und Flächenwidmungsplänen ist zur Frage der Umwelterheblichkeit eine Stellungnahme der Landesregierung einzuholen. Das Ergebnis der Umwelterheblichkeitsprüfung ist in den jeweiligen Erläuterungs- und Planungsberichten zu dokumentieren.

(3) Eine Umwelterheblichkeitsprüfung nach Abs 2 ist für Planungen jedenfalls nicht erforderlich, wenn

1. eine Umweltprüfung für einen anderen Plan höherer Stufe bereits vorliegt und aus einer weiteren Prüfung keine zusätzlichen Erkenntnisse in Bezug auf die Umweltauswirkungen zu erwarten sind; oder
2. die Eigenart und der Charakter des Gebiets nicht geändert wird oder erhebliche Umweltauswirkungen bei Verwirklichung der Planung offensichtlich ausgeschlossen werden können.

(4) Durch Verordnung der Landesregierung sind festzulegen:

1. Kriterien sowie Schwellen- und Grenzwerte für die Annahme einer geringfügigen Änderung von Plänen und die Nutzung eines kleinen Gebietes;
2. einheitliche Prüfkriterien auf Grundlage des Anhangs II der Richtlinie 2001/42/EG sowie Schwellen- und Grenzwerte zur Beurteilung der Umwelterheblichkeit; dabei sind zu berücksichtigen:
   a) das Ausmaß, in dem die Planung für andere Programme oder Pläne oder für Projekte und andere Tätigkeiten in Bezug auf den Standort, die Art, Größe und Betriebsbedingungen oder durch die Inanspruchnahme von Ressourcen einen Rahmen setzt;
   b) die Bedeutung der Planung für die Einbeziehung der Umwelterwägungen, insbesondere im Hinblick auf die Förderung der nachhaltigen Entwicklung, sowie die für die Planung relevanten Umweltprobleme;
   c) die Wahrscheinlichkeit, Dauer, Häufigkeit und Umkehrbarkeit der Auswirkungen;
   d) der kumulative und grenzüberschreitende Charakter der Auswirkungen, der Umfang und die räumliche Ausdehnung der Auswirkungen sowie die Auswirkungen auf die unter dem Gesichtspunkt des Naturschutzes besonders geschützten Gebiete;
   e) die Risiken für die menschliche Gesundheit oder die Umwelt;
   f) die Bedeutung und die Sensibilität des voraussichtlich betroffenen Gebiets;
3. Planungen, für die unter Berücksichtigung der Vorgaben der Richtlinie 2001/42/EG keine Umwelterheblichkeitsprüfung durchzuführen ist.

(5) Im Fall des Erfordernisses einer Umweltprüfung gelten zusätzlich zu den sonstigen Verfahrensschritten zur Aufstellung oder Änderung von Planungen folgende verfahrensrechtliche Besonderheiten:

1. Zum Zweck der Erstellung des Umweltberichts ist bei Regionalprogrammen, Räumlichen Entwicklungskonzepten und Flächenwidmungsplänen die Landesregierung zur Bekanntgabe der zur Beurteilung der Umweltauswirkungen unerlässlichen Untersuchungen aufzufordern.
2. Gleichzeitig mit dem Flächenwidmungsplan ist der Bebauungsplan zu erstellen und in die Umweltprüfung einzubeziehen.
3. Spätestens bei Beginn der Auflage der Planung hat ein Umweltbericht mit Informationen gemäß Anhang I der Richtlinie 2001/42/EG vorzuliegen. Darin sind die voraussichtlichen erheblichen

Umweltauswirkungen, die die Verwirklichung der Planung auf die Umgebung hat, einschließlich der Ergebnisse der Prüfung von möglichen, vernünftigen Alternativen darzustellen und zu bewerten. Nähere Bestimmungen über Form und Inhalt des Umweltberichts können durch Verordnung der Landesregierung festgelegt werden. Der Umweltbericht ist wie der Entwurf der Planung allgemein zur Einsichtnahme und Stellungnahme zugänglich zu machen; in der Kundmachung der Auflage des Entwurfs ist darauf hinzuweisen.

4. **Vor der Beschlussfassung durch die Gemeindevertretung ist der Entwurf des Räumlichen Entwicklungskonzeptes und des Flächenwidmungsplans samt Umweltbericht der Landesregierung zur Stellungnahme längstens innerhalb von acht Wochen zu übermitteln.**
5. **Bei zu erwartenden erheblichen Umweltauswirkungen auch außerhalb des Landesgebiets sind die davon betroffenen Nachbarländer vor Auflage der Planung und vor Beschlussfassung gesondert zur Abgabe einer Stellungnahme unter Gewährung einer angemessenen Frist von mindestens vier Wochen einzuladen.**
6. **Der Planungsbericht hat eine zusammenfassende Erklärung zu enthalten, wie Umwelterwägungen in den Planungen einbezogen worden sind, wie der Umweltbericht und die Stellungnahmen zu Umweltauswirkungen bei der Entscheidungsfindung Berücksichtigung gefunden hat und aus welchen Gründen der Plan nach Abwägung mit den möglichen vernünftigen Alternativen gewählt wurde.**
7. **Bei der Beschlussfassung der Planung ist auf die Stellungnahmen zu den Umweltauswirkungen sowie auf die Ergebnisse der Umweltprüfung im Umweltbericht Rücksicht zu nehmen.**
8. **Der Umweltbericht ist als Bestandteil des jeweiligen Planungsberichts gemeinsam mit der Planung zur allgemeinen Einsicht aufzulegen.**
9. **Auf Verlangen ist den von erheblichen Umweltauswirkungen betroffenen Nachbarländern eine Ausfertigung des Planungsberichts und der erforderlichen Planunterlagen zu übermitteln.**

(6) Die Landesregierung, die Regionalverbände und die Gemeinden haben die Ausführung von Planungen, für die eine Umweltprüfung durchgeführt worden ist, zu überwachen und im Rahmen der gesetzlichen Möglichkeiten Maßnahmen zu ergreifen, wenn auf Grund der Verwirklichung der Planungen unvorhergesehene nachteilige Auswirkungen auf die Umwelt drohen oder bereits eingetreten sind. Die Ergebnisse der Überwachung durch die Regionalverbände und Gemeinden sind der Landesregierung mitzuteilen.

RV

Nach Abs 1 soll auch das Räumliche Entwicklungskonzept einer Umweltprüfung zu unterziehen sein. Damit soll erreicht werden, dass künftig die Umweltprüfung so weit als möglich auf dieser Planungsstufe konzentriert wird (siehe dazu auch die Erläuterungen zum 1. Teil des 3. Abschnittes). Festgehalten wird allgemein, dass von der Verpflichtung zur Umweltprüfung bei Vorliegen der Voraussetzungen gemäß Abs 1 oder 2 auch Änderungen der genannten Planungen erfasst werden.

Die im Abs 4 vorgenommene Umreihung der verfahrensmäßigen Sonderbestimmungen dient der besseren Einordnung und Zuordnung zu den jeweiligen Planungsabläufen. Umweltbericht (Z 3) und Planungsbericht (Z 6) sind zunächst zu unterscheiden. Erstgenannter hat bei Beginn der Auflage der Planung vorzuliegen und ist der Allgemeinheit zur Einsicht- und zur Stellungnahme zugänglich zu machen. Im Planungsbericht ist zusammenfassend zu erläutern, wie Umweltgesichtspunkte, besonders auf der Basis des Umweltberichtes und der dazu abgegebenen Stellungnahmen, in die Planungen Eingang und dabei Berücksichtigung gefunden haben. Abschließend ist der Planungsbericht mit dem Umweltbericht als dessen Bestandteil zur allgemeinen Einsicht aufzulegen (Z 8).

RV 2017

Die Bestimmung zur Umweltprüfung entspricht weitgehend dem geltenden Recht (§ 5). Ergänzt wird, dass in der Kundmachung über die Auflage des Planentwurfs – soweit eine Pflicht zur Durchführung einer Umweltprüfung besteht – auf die Möglichkeit der Einsichtnahme in bzw. Stellungnahme zum Umweltbericht hingewiesen werden muss. Des Weiteren kann die Landesregierung künftig auch bestimmte Pläne oder Programme von der Pflicht zur Umwelterheblichkeitsprüfung ausnehmen. Eine solche Festlegung kann nur getroffen werden, wenn die davon betroffenen Pläne unter Berücksichtigung des Anhangs II der Richtlinie 2001/42/EG voraussichtlich keine erheblichen Umweltauswirkungen haben; die Entscheidung ist zu begründen und der Öffentlichkeit zugänglich zu machen. Darüber hinaus trägt der Vorschlag auch ergänzenden Anpassungserfordernissen auf Grund der SUP-Richtlinie 2001/42/EG (betreffend die Inhalte des Umweltberichts und die zusammenfassende Erklärung) und der jüngeren Judikatur des EuGH (Rs-C 444/15) zum Begriff „kleiner Gebiete auf lokaler Ebene" Rechnung.

Anmerkungen

Mit der ROG-Novelle 2004 wurde die Verpflichtung zu „Umweltprüfungen" in das Salzburger Raumordnungsrecht eingeführt. Durch die am 21. 7. 2001 in Kraft getretene Richtlinie 2001/42 EG des Europäischen Parlaments (SUP-Richtlinie) wurde im Sinne des „Vorsorgeprinzips" in der Umweltpolitik auch die Prüfung der Umweltauswirkungen bestimmter Pläne und Programme verankert. Damit sucht die EU der Tatsache Rechnung zu tragen, dass maßgebliche Entscheidungen über den Standort eines Projektes und seine allfällige Alternative vielfach bereits im Rahmen von raumbezogenen oder sektoralen Planungen vor seiner baulichen Konkretisierung fallen. Die Vorgaben der Richtlinie bewirken, dass Planungen mit erwartbarem erheblichen Einfluss auf die Umwelt einer vertieften Analyse und Bewertung der Auswirkungen der Planungsmaßnahme zu unterziehen sind.

Die Umsetzung für das Bundesland Salzburg sieht im ROG in § 5a Abs 1 vor, dass Planungen einer Umweltprüfung zu unterziehen sind, wenn sie entweder geeignet sind Grundlage für ein Projekt zu sein, das einer Umweltverträglichkeitsprüfung (UVP) unterliegt, oder Europaschutzgebiete oder Wild-Europaschutzgebiete erheblich zu beeinträchtigen geeignet sind. Die UVP ist österreichweit durch das Bundesgesetz über die Prüfung der Umweltverträglichkeit (UVP-G 2000) geregelt, der Vollzug ist Angelegenheit des Landes.

Um jene Planungen zu ermitteln, die geeignet sind bereits als Plan Grundlage für derartige Projekte zu sein, die bei ihrer Ausführung einer UVP bedürfen, ist es notwendig, den Umfang notwendiger UVP-Verfahren zu kennen. Diese sind selbst im Anhang 1 des Umweltverträglichkeitsprüfungsgesetzes (UVP-G 2000) angeführt. Alle in diesem Anhang angeführten Vorhaben sind gemäß § 3 UVP-pflichtige Vorhaben, wobei dies sowohl Vorhaben betrifft, die einer ordentlichen UVP unterzogen werden müssen (Spalte 1 des Anhanges 1), wie auch solche mit vereinfachtem Verfahren (Spalten 2 und 3). Der Anhang 1 listet insgesamt 88 Vorhabenstypen auf, meist mit Angabe bestimmter Schwellenwerte.

Die Vorhabensliste ist im Kap. D Z 1 im Einzelnen angeführt. Ebenso gilt die Prüfungspflicht bei Planungen, bei denen aufgrund ihrer Folgen eine Auswirkung auf Europaschutzgebiete gemäß § 5 Z 10 Naturschutzgesetz 1999 idgF und Wild-Europaschutzgebiete nach § 108 des Salzburger Jagdgesetzes 1993 idgF möglich ist. Mit der Ausweisung dieser Schutzgebiete ist das Land Salzburg den diesbezüglichen Verpflichtungen der Richtlinie 92/43/EWG des Rates vom 21. 5. 1992 zur Erhaltung wildlebender Tiere und Pflanzen (Fauna-Flora-Habitat-Richtlinie/FFH-RL) nachgekommen, die eine Verträglichkeitsprüfung gemäß Artikel 6 oder 7 der Richtlinie erforderlich macht.

Bezog sich die Novelle 2004 ausdrücklich auf Planungen durch Entwicklungsprogramme, Standortverordnungen und Flächenwidmungspläne, so wurden mit dem ROG 2009 auch Räumliche Entwicklungskonzepte als Pläne ausdrücklich der Umweltprüfung zugeführt. Die dahinterstehende Zielsetzung war, dass die Umweltprüfung soweit als möglich auf die Planungsstufe des Räumlichen Entwicklungskonzeptes konzentriert wird (siehe § 23). Eine Umweltprüfung ist für Planungen nicht erforderlich, wenn eine Umweltprüfung für einen anderen Plan höherer Stufe bereits vorliegt und keine zusätzlichen Erkenntnisse aus einer neuerlichen Umweltprüfung zu erwarten sind. Das Räumliche Entwicklungskonzept ist nach dem Konzept des ROG 2009 gegenüber dem Flächenwidmungsplan als Plan höherer Stufe zu qualifizieren, weil Festlegungen des Flächenwidmungsplanes in Abhängigkeit von den Vorgaben des REK stehen.

Das Konzept zur Prüfung des Erfordernisses einer Umweltprüfung lässt sich in drei Teilbereiche aufgliedern, diese sind in der Umweltprüfungsverordnung für Raumordnungspläne und -programme (LGBl 59/2007 idF 39/2010), welche in Kap. C Z 1 wiedergegeben ist, geregelt. Die einzelnen Prüfschritte sind:

1. Schwellenwertprüfung
2. Prüfung nach Ausschlusskriterien
3. Beurteilung der Umweltauswirkungen (Umwelterheblichkeitsprüfung)

Schwellenwertprüfung:

Ab einer gewissen Größe eines Planungsvorhabens ist jedenfalls die Verpflichtung zur Umweltprüfung gegeben. Dieser Abgrenzung dienen die Schwellenwerte gemäß § 2 Abs 1 Umweltprüfungsverordnung. Bei dieser Schwellenwertprüfung ist nicht nur die Änderungsfläche selbst beachtlich, sondern sind auch die bereits gewidmeten, aber noch nicht widmungsgemäß genutzten Flächen gleicher Beurteilungskategorie gemäß der Verordnung einzubeziehen. Beispielsweise wenn etwa ein gewidmetes, aber nicht genutztes Gewerbegebiet von 3 ha um 1 ha erweitert werden soll, ist bei der Schwellenwertprüfung nicht von 1 ha auszugehen, sondern von 4 ha Fläche (siehe § 2 Abs 1 Umweltprüfungsverordnung). Diese Einbeziehung garantiert die europarechtlich gebotene Berücksichtigung von kumulativen Wirkungen. Die konkreten Schwellenwerte sind in der in Kap. C Z 1 wiedergegebenen Verordnung des Landes geregelt.

Prüfung nach Ausschlusskriterien:

Damit sollen Planungen von der Verpflichtung zur Umweltprüfung ausgenommen werden, die offenkundig ohne (negative) Auswirkungen auf die Umwelt sind, bzw. deren Auswirkungen so unbedeutend sind, dass eine detailliertere Untersuchung entbehrlich ist. Liegen derartige Gründe vor, ist keine Verpflichtung zur Umweltprüfung bzw. Umwelterheblichkeitsprüfung gegeben. Dies ist Gegenstand der Regelung des § 1 und Anlage/1 der Umweltprüfungsverordnung, die in Kap. C Z 1 dargestellt ist.

Ausgenommen sind danach folgende Planungen:

1. Die Planung stellt ausschließlich eine Anpassung an die gegebenen Struktur- und Nutzungsverhältnisse dar.

   Dies ist etwa der Fall, wenn Bestandausweisungen erfolgen, etwa die Ausweisung von bereits bebauten Bereichen, welche bisher auf Grund der Lage in einer Gefahrenzone nicht ausgewiesen wurden, wenn die Gefahrenzone wegfällt.

2. Die Planung stellt eine kleinräumige Erweiterung, Arrondierung oder Fortschreibung eines Plans dar, durch die Art und Ausmaß der Umweltauswirkungen offensichtlich nur unwesentlich beeinflusst werden.
   Dies ist etwa der Fall, wenn eine Baulücke oder eine sonstige kleinere Fläche als Bauland gewidmet wird und auf Grund der Strukturen keine besonderen Wirkungen auf die Umwelt zu erwarten sind. Eine ausschließliche Abhängigkeit von dem Unterschreiten einer bestimmten Flächengröße kann in diesem Zusammenhang nicht argumentiert werden, weil bei dieser Entscheidung auch die konkreten gegebenen Strukturen maßgeblich sind. So wird die Ausweisung einer 3.000 m^2 großen Fläche in einem Naturschutzgebiet anders zu beurteilen sein als die Widmung von 3000 m^2 innerhalb eines bestehenden Siedlungsgebietes.
3. Mit der Planung offensichtlich keine nachteiligen Umweltauswirkungen verbunden sind.
   Dies ist der Fall, wenn die mit der jeweiligen Widmung verbundenen Nutzungspotentiale reduziert werden, wie etwa bei der Umwandlung eines Gewerbegebiets in ein Betriebsgebiet, oder die Ausweisung einer bisher als Grünland/ländlichen Gebiete gewidmeten Fläche als Grünland/Erholungsfläche.
4. Wenn für das Planungsgebiet bereits auf höherer Stufe eine Umweltprüfung durchgeführt wurde und aus einer weiteren Prüfung keine zusätzlichen Erkenntnisse in Bezug auf die Umweltauswirkungen zu erwarten sind.

Dies ist etwa der Fall, wenn auf Ebene der Erlassung einer Standortverordnung bereits eine Umweltprüfung erfolgt ist, oder eine Umweltprüfung bereits auf Ebene des REK durchgeführt wurde. Diese Abschichtungsmöglichkeit dient vor allem der Verwaltungseffizienz und soll Doppelprüfungen vermeiden.

Umwelterheblichkeitsprüfung:

Bei Planungsmaßnahmen, die zwar unter dem Schwellenwert liegen, ist, wenn keine Ausschlussgründe vorliegen, eine Umwelterheblichkeitsprüfung gemäß § 3 und Anlage/2 der Umweltprüfungsverordnung vorzunehmen. Gegenstand dieser Prüfung ist die Beurteilung der bei Umsetzung der Planung zu erwartenden Umweltauswirkungen. Dazu ist in einem ersten Schritt eine Strukturuntersuchung erforderlich, anhand derer die gegebene Situation des Teilraumes erfasst wird. In einem zweiten Schritt werden die mit der Umsetzung der Planung zu erwartenden Veränderungen erfasst und bewertet. Diese Bewertung ist anhand von einheitlichen Kriterien vorzunehmen, wozu eine 4 stufige Bewertungsskala (nicht gegeben – 0 Punkte, gering gegeben = 1, gegeben = 8 und erheblich gegeben = 32) eingeführt wurde, die mit einem Punktesystem für jeden umweltrelevanten Parameter verknüpft ist. Ab dem Überschreiten einer gewissen Punkteanzahl (32 Punkte) ist eine Verpflichtung zur Umweltprüfung gegeben.

In der Praxis hat es sich erwiesen, dass Umweltprüfungen für Flächenwidmungsplanänderungen eher selten vorkommen, während die Umwelterheblichkeitsprüfung als Diagnoseinstrument der zu erwartenden Umweltauswirkungen relativ häufig zur Anwendung gelangt. Da diese Prüfung ausschließlich anhand der von Haus aus erforderlichen Strukturuntersuchung erfolgt, ist die Durchführung der Umwelterheblichkeitsprüfung eine relativ einfache Routineuntersuchung. Zudem ist durch Etablierung der Umweltprüfung auf Ebene des REK davon auszugehen, dass die Umwelterheblichkeit- bzw. Umweltprüfung auf Ebene des Flächenwidmungsplanes fast zur Gänze entfallen wird.

Ist auf Grund der Schwellenwerte und Ausschlusskriterien oder Umwelterheblichkeitsprüfung eine Umweltprüfung vorzunehmen, gehen damit mehrere Rechtspflichten einher. Es ist für die entsprechende Planung ein Umweltbericht zu erstellen und es gelten geänderte Verfahrensbestimmungen für diese Planung. Die Folgen einer Fehleinschätzung des Erfordernisses einer Umweltprüfung sind weitreichend, weil damit auch die Rechtmäßigkeit der Planung (§ 75 Abs 1 Z 6 – Verletzung von Verfahrensbestimmungen) berührt ist.

Umweltprüfung:

In der RV 2004 wird zur Einführung der Umweltprüfung grundsätzlich dargestellt, was sie im Wesentlichen verlangt: Notwendig sind die Ausarbeitung eines Umweltberichtes, die Durchführung von Konsultationen, die Berücksichtigung des Umweltberichtes, der Stellungnahmen und der Ergebnisse der Konsultationen bei der Entscheidungsfindung sowie letztlich die Entscheidungsgründe und ihre Zugänglichmachung. Die dazu einzuhaltenden Verfahrensschritte sind in Abs 5 dargestellt. Sie sind neben den zur Aufstellung oder Änderung von Entwicklungsprogrammen, Standortverordnungen, REK und Flächenwidmungsplänen vorgesehenen Verfahrensschritten durchzuführen.

Zu den nach Abs 5 Z 1 und den in diesem Zusammenhang verlangten „unerlässlichen Untersuchungen" stellen die Erläuterungen (RV 2004) unter Bezug auf Art 5 Abs 2 der SUP-Richtlinie fest, dass nur jene Untersuchungen erforderlich sind, die „vernünftigerweise" verlangt werden können. Aufgrund dieser Vorgaben und in Ansehung der Zielsetzung einer effizienten wirtschaftlichen Verwaltungsführung sollen nur jene Untersuchungen gefordert werden, die zur Beurteilung der Umweltauswirkungen unerlässlich sind. Dabei wird auch zu berücksichtigen sein, dass die Abstraktheit von Planungen teilweise detaillierte Aussagen nicht ermöglichen wird.

Was Gegenstand und Umfang des Umweltberichts betrifft finden sich in der RV 2004 folgende Aussagen: „Der Umweltbericht hat unter Bedachtnahme auf die umweltrelevanten Planungen jene Angaben zu enthalten, die vernünftigerweise verlangt werden können und berücksichtigt dabei den gegenwärtigen Wissensstand und aktuelle Prüfmethoden, Inhalte und Detaillierungsgrad des Planes, dessen Stellung im Entscheidungsprozess sowie das Ausmaß, in dem bestimmte Aspekte zur Vermeidung von Mehrfachprüfungen auf den unterschiedlichen Ebenen dieses Prozesses am besten geprüft werden können. Dazu können alle verfügbaren relevanten Informationen über die Umweltauswirkungen der Entwicklungsprogramme usw. herangezogen werden, die auf anderen Ebenen gesammelt worden sind. Alternativen sind nur dann zu prüfen, wenn diese möglich, sinnvoll und vertretbar (wirtschaftlich vertretbar) sind. Dabei sind die Ziele und der geografische Anwendungsbereich der Planung zu berücksichtigen. Bezieht sich die Planung zB wie bei Standortverordnungen auf ein genau bezeichnetes Vorhaben, so besteht in der Regel keine Möglichkeit zur Prüfung von Alternativen."

Die Erläuterungen (RV 2004) weisen dabei darauf hin, dass zwischen dem Umweltbericht (Abs 5 Z 3) und dem Planungsbericht (Abs 5 Z 6) zu unterscheiden ist. Erstgenannter hat bei Beginn der Auflage der Planung vorzuliegen und ist der Allgemeinheit zur Einsicht und Stellungnahme zugänglich zu machen. Im Planungsbericht ist zusammenfassend zu erläutern, wie die Umweltgesichtspunkte besonders auf der Basis des Umweltberichtes und der dazu abgegebenen Stellungnahmen in die Planung Eingang und dabei Berücksichtigung gefunden haben.

Die Wirkung der Richtlinie umfasst nicht nur die Durchführung der Planung selbst, sondern es ist bei Planungen die der Umweltprüfung unterliegen erforderlich, auch eine Überwachung der konkreten Auswirkungen, die bei Umsetzung der Planung auftreten, einzuführen. Die entsprechenden Regelungen sind in Abs 6 enthalten. Damit ist für die Planungsträger eine Evaluierungspflicht von Planungsmaßnahmen erforderlich. Ausgehend vom Umweltbericht und den darin angenommenen Auswirkungen auf die Umwelt sind die tatsächlich auftretenden Auswirkungen zu erfassen und die Ergebnisse dem Land mitzuteilen. Weichen die angenommenen von den tatsächlichen Auswirkungen erheblich ab, kann dies eine Anpassungspflicht der Planung bedingen.

§ 5b Verträglichkeitsprüfung bei Europaschutzgebieten

(1) Planungen (Entwicklungsprogramme, Standortverordnungen, Räumliche Entwicklungskonzepte sowie Flächenwidmungs- und Bebauungspläne), die geeignet sind, Europaschutzgebiete (§ 5 Z 10 NSchG) oder Wild-Europaschutzgebiete (§ 108a JG) erheblich zu beeinträchtigen, sind vor Beschlussfassung einer Prüfung auf Verträglichkeit mit den für dieses Gebiet festgelegten Erhaltungszielen (§ 5 Z 9 NSchG bzw. § 100a Z 1 JG) zu unterziehen. Sie sind nur zulässig, wenn die Verträglichkeit gegeben ist.

(2) Planungen (Abs 1) sind unter weitgehender Wahrung der Erhaltungsziele des Europaschutzgebiets auch zulässig, wenn sie nachweislich unmittelbar besonders wichtigen öffentlichen Interessen dienen, welchen im Einzelfall der Vorrang gegenüber den Interessen des Naturschutzes zukommt, und nachweislich keine geeignete, die Erhaltungsziele des Europaschutzgebiets weniger beeinträchtigende Alternativlösung besteht. Bei Planungen, die eine erhebliche Beeinträchtigung prioritärer natürlicher Lebensraumtypen (§ 5 Z 25 NSchG) oder prioritärer Arten (§ 5 Z 24 NSchG bzw. § 100a Z 5 JG) erwarten lassen, können in die Entscheidung nur öffentliche Interessen einbezogen werden, die betreffen:

1. das Leben und die Gesundheit von Menschen,
2. die öffentliche Sicherheit,
3. Interessen, die sich maßgeblich günstig auf die Umwelt auswirken.

Sonstige öffentliche Interessen können in die Interessensabwägung nach dem zweiten Satz nur einbezogen werden, wenn zuvor eine Stellungnahme der Europäischen Kommission eingeholt worden ist. Die Stellungnahme ist bei der Beschlussfassung der Planung zu berücksichtigen.

RV

Aus dem gleichen Grund wie bei der Umweltprüfung wird angeordnet, dass auch das Räumliche Entwicklungskonzept einer Verträglichkeitsprüfung in Bezug auf (Wild-) Europaschutzgebiete zu unterziehen ist. Siehe auch die Erläuterungen zu § 5.

RV 2017

Die Bestimmung zur Verträglichkeitsprüfung entspricht dem geltenden Recht im ROG 2009 (§ 6).

Anmerkungen

Diese Regelung erfolgt in Umsetzung der gemeinschaftsrechtlichen Vorgaben der FFH-Richtlinie und wurde im Rahmen der ROG-Novelle 2004 umgesetzt. Aufgrund der Vorgaben dieser Richtlinie sind Planungen hinsichtlich ihrer Auswirkungen auf Europaschutzgebiete zu untersuchen. Diese Verpflichtung betrifft prinzipiell jede Planung und zwar auch für Flächen außerhalb des Schutzgebietes, wenn nicht von Haus aus ausgeschlossen werden kann, dass die Umsetzung der Planungsmaßnahme zu negativen Einflüssen auf das Schutzgebiet führt (Abschätzung der Verträglichkeit).

Kann eine derartige Annahme nicht erfolgen, ist jedenfalls eine Verträglichkeitsprüfung erforderlich. Im Rahmen dieser Verträglichkeitsprüfung ist seitens des Planungsträgers zu untersuchen, ob die Umsetzung der Planung zu erheblichen Beeinträchtigungen des Europaschutzgebietes führt. Ist dies der Fall, sind anderslautende Beschlüsse jedenfalls rechtswidrig, es sei denn es liegt ein Ausnahmegrund im Sinne des § 5b Abs 2 vor (Ausnahmenprüfung).

Zu beachten ist hier im Besonderen, dass die Verpflichtung zur Verträglichkeitsprüfung im Gegensatz zur Umweltprüfung gemäß § 5a auch Bebauungspläne erfasst.

Die Beurteilung der Verträglichkeit einer Planungsmaßnahme zerfällt somit in drei Abschnitte:

- Abschätzung der Verträglichkeit
- Verträglichkeitsprüfung
- Prüfung hinsichtlich des Vorliegens von Ausnahmegründen

Abschätzung der Verträglichkeit:

Die Abschätzung der Verträglichkeit ist mit der Fragestellung verbunden, ob es ausgeschlossen werden kann, dass mit Umsetzung der Planungsmaßnahme eine erhebliche Beeinträchtigung des Europaschutzgebietes in den Erhaltungszielen einhergeht.

Zur Beantwortung dieser Fragestellung ist es erforderlich, die Erhaltungsziele des Europaschutzgebietes in Erfahrung zu bringen. Die Erhaltungsziele dienen gemäß der Definition des § 5 Z 9 NSchG 1999 idgF der Erhaltung oder Widerherstellung eines günstigen Erhaltungszustandes der jeweilig geschützten Lebensräume, Tier- oder Pflanzenarten, einschließlich von Maßnahmen, die zur Erreichung dieses Zieles erforderlich sind. Ein günstiger Erhaltungszustand ist je nachdem, ob ein Lebensraumschutz oder ein Schutz von Arten maßgeblich für die Festlegung des Europaschutzgebietes war, unterschiedlich. Bei Lebensräumen wird etwa ein Erhaltungszustand als günstig bezeichnet, wenn das natürliche Verbreitungsgebiet sowie die Flächenanteile innerhalb eines Gebietes zumindest beständig sind und die notwendige Struktur und spezifische Funktion für den Fortbestand vorhanden sind und bestehen bleiben. Bei Arten ist ein günstiger Erhaltungszustand gegeben, wenn aufgrund der Populationsdynamik der Art anzunehmen ist, dass diese ein lebensfähiges Element innerhalb des natürlichen Lebensraumes bildet und ein genügend großer Lebensraum als natürliches Verbreitungsgebiet gesichert ist.

Da die Ansprüche zur Erreichung dieses Zustands aufgrund der jeweiligen Ausgangssituation natürlich unterschiedlich sind, ebenso wie die Rechtsgrundlage der Festlegung des Schutzgebietes (FFH-RL, Vogelschutz-RL), können konkrete Aussagen zu den Erhaltungszielen und damit auch zur Abschätzung der Verträglichkeit nur im Einzelfall unter Beachtung der jeweils formulierten Erhaltungsziele erfolgen. Zweckmäßiger Weise sollte die Amtsabteilung 5 (Natur- und Umweltschutz, Gewerbe) um die Bekanntgabe der Erhaltungsziele des jeweiligen Europaschutzgebietes ersucht werden.

Nicht jede Einwirkung auf ein Europaschutzgebiet löst die Verpflichtung zur Verträglichkeitsprüfung aus, sondern diese Beeinträchtigung muss erheblich sein. Erheblich ist eine Beeinträchtigung, wenn die Veränderung oder Störung in ihrem Ausmaß oder ihrer Dauer dazu führen, dass ein Gebiet seine Funktion hinsichtlich des günstigen Erhaltungszustandes nicht bzw. nur mehr in eingeschränktem Umfang erfüllen kann. Im Bereich der Verträglichkeitsabschätzung ist die abstrakte Möglichkeit (kann nicht ausgeschlossen werden) ausreichend, um eine Verpflichtung zur Verträglichkeitsprüfung auszulösen.

Im Bereich der Flächenwidmung bedeutet dies, dass die mit der Widmung jeweils verbundenen zusätzlichen Nutzungsmöglichkeiten (Verkehr, Lärm, sonstige Emissionen, Flächenversiegelungen etc) bis zu den Schranken der jeweiligen Widmungskategorie in die Beurteilung der Auswirkungen auf die Erhaltungsziele einbezogen werden müssen. Die Möglichkeit einer erheblichen Beeinträchtigung wird aber auch regelmäßig zu bejahen sein, wenn ohne nähere Prüfung das Ausmaß der Beeinträchtigung nicht beurteilt werden kann. Eine Verträglichkeitsabschätzung ist jedenfalls zu begründen und in dem jeweiligen Planungsbericht zu dokumentieren.

Verträglichkeitsprüfung:

Gegenstand der Verträglichkeitsprüfung ist die Beurteilung der Auswirkungen des Planungsaktes auf die Erhaltungsziele. Eine Planung ist unverträglich, wenn die ermittelten Beeinträchtigungen erheblich sind und es wahrscheinlich ist, dass diese auch tatsächlich eintreten.

Dazu sind folgende Schritte erforderlich:

- Beschreibung der Planung
- Beschreibung des Europaschutzgebietes und der Erhaltungsziele
- Beschreibung des derzeitigen Zustandes des Schutzgebietes
- Darstellung der Auswirkungen auf das Europaschutzgebiet
- Zusammenfassende Bewertung der Auswirkungen

Für die Durchführung einer Verträglichkeitsprüfung ist ein hohes Maß an naturschutzfachlichem Detailwissen erforderlich, sodass diese Prüfung einerseits nur durch entsprechende Fachexperten durchgeführt werden kann und andererseits mit dem amtlichen Naturschutz abgestimmt werden sollte. Zweiteres vor allem, um eine Bekanntgabe der erforderlichen Untersuchungen und Methoden etc. zu erreichen.

Die folgenden Aspekte dienen der Einschätzung des zu erwartenden Ergebnisses einer Verträglichkeitsprüfung:

- Planungen innerhalb eines Schutzgebietes, die zu einer dauerhaften Flächeninanspruchnahme von relevanten Lebensraumtypen und damit zu einer Gebietsverkleinerung führen, werden häufig (allerdings in Abhängigkeit von der jeweiligen Gebietsgröße) eine erhebliche Beeinträchtigung darstellen.
- Je ungünstiger der Erhaltungszustand von Lebensraumtypen oder Arten ist, desto geringer ist die Erheblichkeitsschwelle. Insofern kann jede Verschlechterung des Erhaltungszustandes bzw. Gefährdung der Wiederherstellung eines günstigen Erhaltungszustandes eine erhebliche Beeinträchtigung darstellen.
- Bei prioritären Arten oder Lebensraumtypen (vgl. dazu § 5 Z 24 NschG 1999 idgF) wird in der Regel davon auszugehen sein, dass jede Störung oder jeder Flächenverlust erheblich ist.
- Aspekte, die neben den Erhaltungszielen in den jeweiligen Schutzgebieten festgelegt sind (zB Landschaftsbild), stellen keinen Maßstab für die Verträglichkeitsprüfung dar.

Es darf bei Planungen mit Auswirkungen auf Europaschutzgebiete nicht übersehen werden, dass eine strittige Verträglichkeitsprüfung wesentliche Auswirkungen auf die Rechtmäßigkeit der Planung hat. Eine Fehlbeurteilung der Verträglichkeit zieht jedenfalls die Konsequenz mit sich, dass eine aufsichtsbehördliche Genehmigung nicht möglich ist.

Ausnahmegründe:

Ist die Unverträglichkeit der Planung als Ergebnis der Verträglichkeitsprüfung festgestellt, so verbleibt als einzig zulässige Möglichkeit zur Weiterführung der Planung die Prüfung, ob ein Ausnahmegrund im Sinne des 5b Abs 2 gegeben ist.

Voraussetzung dafür ist zum einen, dass keine (zumutbare) Alternative besteht und zum anderen, dass ein qualifiziertes öffentliches Interesse an der Verwirklichung der Planung besteht. Bei prioritären Arten oder Lebensräumen sind die zulässigen öffentlichen Interessen weiter eingeschränkt bzw. ist eine Stellungnahme der Kommission einzuholen.

2. Abschnitt – Überörtliche Raumplanung

§ 6 Aufgaben der überörtlichen Raumplanung

(1) Aufgaben der Landesplanung sind:
1. die Erstellung eines Landesentwicklungsprogramms,
2. die Verbindlicherklärung von Entwicklungsprogrammen,
3. die Erlassung von Standortverordnungen und die Durchführung von Raum-verträglichkeitsprüfungen,
4. die Koordination und Abstimmung von Planungen mit überörtlicher Bedeutung,
5. die Erfassung der Planungsgrundlagen in einem geographischen Informationssystem,
6. die Unterstützung anderer Planungsträger (Bund, benachbarte Länder, Regionalverbände, Gemeinden) und
7. die Wahrung der Planungsinteressen des Landes Salzburg.
(2) Aufgaben der Regionalplanung sind
1. die Erstellung eines Regionalprogramms,
2. die allfällige Erstellung eines Regionalen Entwicklungskonzeptes und
3. die Koordination und Abstimmung von Planungen mit überwiegend regionaler Bedeutung innerhalb der Region.

RV 2017

Durch die mit der Novelle 2017 neu eingeführte Bestimmung (§ 6) wird – gleich wie für die örtliche Raumplanung – die Aufgabenstellung der überörtlichen Raumplanung festgelegt. Die überörtliche Raumplanung erfolgt entweder in Form der Landesplanung oder der Regionalplanung (vgl. § 1), sodass eine klare Trennung hinsichtlich der jeweiligen Aufgabenstellungen geboten ist.

Zu den Aufgaben der Landesplanung zählen nicht nur planende, koordinierende und unterstützende Angelegenheiten, sondern ua auch solche zur Wahrung der Planungsinteressen des Landes im Rahmen von Partei- oder Anhörungsrechten nach anderen Rechtsvorschriften (zB nach dem Mineralrohstoffgesetz).

Anmerkungen

Durch diese Bestimmung wird die Aufgabenstellung und Zuständigkeit der Träger der überörtlichen Raumplanung festgelegt. Dies ist insofern erforderlich, um zwischen der Regionalplanung und der Landesplanung bei der Erlassung von Entwicklungsprogrammen (Landesplanung – Landesentwicklungsprogramm, Regionalplanung – Regionalprogramm) eine klare Aufgabenteilung zu bewirken.

Daraus ergibt sich, dass auf Stufe des Landesentwicklungsprogramms keine Regelungen erfolgen dürfen, welche dem Regionalprogramm vorbehalten sind. Als Beispiel kann hier etwa die Bevölkerungs- und Wirtschaftsentwicklung genannt werden. Gemäß § 9 Abs 1 Z 3 lit a ist diese für das ganze Land Regelungsgegenstand des Landesentwicklungsprogramms, gemäß § 10 Abs 2 Z 1 für die Region Gegenstand des jeweiligen Regionalprogramms. Daher können auf Ebene des Landesentwicklungsprogramms prinzipiell keine über die jeweilige Region hinausgehenden Vorgaben hinsichtlich der Bevölkerungs- und Wirtschaftsentwicklung – etwa den Bedarf an Betriebsflächen – rechtskonform getroffen werden. Im LEP kann zwar der Bedarf für die jeweilige Planungsregion vorgesehen werden, nicht aber die Lage und Verteilung innerhalb der Region, dies ist Aufgabe der Regionalplanung.

Zur Wahrung der Planungsinteressen des Landes im Rahmen von Partei- oder Anhörungsrechten nach anderen Rechtsvorschriften zählen, neben dem in der RV 2017 angeführten MinroG, zahlreiche andere Bereiche: Von entsprechender Bedeutung sind zB auch die Mitwirkungsrechte des Landes bei der Erstellung von Gefahrenzonenplänen in der jeweiligen Kommission, die nach dem Forstgesetz idgF in § 11 Abs 6 gebildet wird. (vgl. dazu auch Kap. D Z 3.3/ Informationen zur Erstellung von Gefahrenzonenplänen nach § 11 Forstgesetz BGBl 440/1975 idgF).

§ 7 Raumforschung, Planungsgrundlagen und Raumordnungsbericht

(1) Die Landesregierung hat als Grundlage für die Raumordnung den Zustand des Raums und seine Entwicklung durch geeignete Indikatoren zu erheben und zu untersuchen (Raumforschung).

(2) Zur systematischen Erfassung der Planungsgrundlagen hat die Landesregierung ein geographisches Informationssystem zu führen (SAGIS). Eine Einsichtnahme in diese Planungsgrundlagen ist in der mit den Angelegenheiten der Raumordnung befassten Abteilung des Amtes der Landesregierung während der für den Parteienverkehr bestimmten Amtsstunden (§ 13 Abs 5 AVG) zu ermöglichen. Nach Maßgabe der technischen Möglichkeiten ist eine Einsichtnahme auch im Internet zu gewähren.

(3) Die Landesregierung hat dem Landtag spätestens nach zwei Jahren ab Beginn einer Gesetzgebungsperiode einen Raumordnungsbericht vorzulegen. Gegenstände des Raumordnungsberichts sind:

1. **der grundsätzliche Stand der Raumordnung im Land Salzburg auf Basis der von den Gebietskörperschaften und den Regionalverbänden erstellten Programme und Pläne,**
2. **die Darstellung der Entwicklung des Landes anhand geeigneter Indikatoren,**
3. **die Ergebnisse der Überwachung von Planungen mit erheblichen Umweltauswirkungen und**
4. **die Zusammenarbeit mit dem Bund und den benachbarten Ländern auf dem Gebiet der Raumordnung.**

RV

Das geographische Informationssystem (Salzburger Geographisches Informationssystem – SAGIS) als systematische Erfassung aller Planungsgrundlagen tritt an die Stelle des bisherigen Raumordnungskatasters. Darin soll, abhängig von den technischen Möglichkeiten, auch über Internet Einsicht genommen werden können, was in der Praxis durch die Schaffung von GIS-Online bereits möglich ist.

RV 2017

Die Bestimmung entspricht im Wesentlichen dem geltenden Recht (ROG 2009 § 7). Die Raumforschung soll jedoch durch die Schaffung geeigneter Indikatoren effektiver und transparenter ausgestaltet werden (Abs 1), was langfristig auch zu einer Kostenersparnis führt. Die laufende Beobachtung von räumlichen Entwicklungen und deren Verständnis bilden die Basis jeder fundierten (raum)planerischen Zielsetzung und Maßnahme, sei es auf Landes-, Regions- oder Gemeindeebene. Einige einfache Kennzahlen, sogenannte „Kernindikatoren", sollen die räumliche und raumplanerische Entwicklung der Regionen und Gemeinden zukünftig noch greifbarer machen. Die Umsetzung neuer Regelungen erfolgt oft über einen langen Zeitraum, sodass Erfolge oder auch Fehlentwicklungen nicht sofort erkannt werden. Die Indikatoren bilden im Zuge der Raumforschung sowie der Evaluierung der Zielsetzungen in der Raumplanung (§ 2 ROG) eine wertvolle Unterstützung und sollen zukünftig in genau definierten Abständen aktualisiert und der Öffentlichkeit zur Verfügung gestellt werden. Das Thema „Indikatoren" wurde bisher im Rahmen der Erstellung des Raumordnungsberichtes bearbeitet (rund alle fünf Jahre).

Bei den sogenannten Kernindikatoren handelt es sich um eine Liste von Indikatoren, die die Entwicklung der Raumplanung in einigen ausgewählten Bereichen zeigen. Entscheidend für diese Liste ist dabei vor allem, dass entsprechend aktuelle Daten (Daten der Statistik Austria sowie Daten aus dem SAGIS) zur Verfügung stehen, die diesen Indikatoren zugrunde liegen.

Beispiele für Kernindikatoren sind:

- Bauland je Einwohner bzw. Einwohnerin
- Wohnbauland je Einwohner bzw. Einwohnerin
- Betriebsbauland je Einwohner bzw. Einwohnerin und Beschäftigten
- Anteil der Nicht-Hauptwohnsitzwohnungen an den Wohnungen insgesamt
- Verbauung / Versiegelung je Einwohner bzw. Einwohnerin und Beschäftigten
- Anteil der Einwohner bzw. Einwohnerinnen in guter Versorgungsqualität
- Anteil der Einwohner bzw. Einwohnerinnen sowie der Tagesbevölkerung in Entfernungsklassen zum öffentlichen Verkehr
- Anteil der Einwohner bzw. Einwohnerinnen im Einzugsbereich der Grundversorgung im Lebensmittel-Einzelhandel
- Mobilisierungsindikator für Bauland (wieviel bereits bestehendes/nicht befristetes Bauland konnte mobilisiert/bebaut werden)

Der Raumordnungsbericht (Abs 3) soll künftig nur noch die wesentlichsten Entwicklungen der Raumordnung in Salzburg darstellen. Weiterführende Informationen können der interessierten Öffentlichkeit in anderer Form (zB Veröffentlichungen im Internet) zur Verfügung gestellt werden.

Anmerkungen

Mit dem ROG 2009 wurde für das geographische Informationssystem des Landes Salzburg (SAGIS) eine Rechtsgrundlage geschaffen. Dieses ersetzte den Raumordnungskataster. Mit der Novelle 2017 sind zwei Zielsetzungen verbunden und zwar einerseits die Raumforschung auf wesentliche Entwicklungsparameter zu zentrieren und andererseits den Raumordnungsbericht zu straffen und damit „lesbarer" zu gestalten. Insbesondere für den Raumordnungsbericht erscheint diese „Straffung" auch nötig: Der zuletzt im Dezember 2015 nach dem ROG 2009 veröffentlichte „7. Bericht über den Stand der Raumordnung im Lande Salzburg" hatte einen Umfang von 460 Seiten.

1. Teil – Landes- und Regionalpläne

§ 8 Entwicklungsprogramme

(1) Die Landesregierung hat durch Verordnung Entwicklungsprogramme für verbindlich zu erklären, die für das gesamte Land oder Landesteile als Landesentwicklungsprogramm oder für einzelne Planungsregionen als Regionalprogramme Geltung haben. Die Entwicklungsprogramme bestehen aus dem Wortlaut und der allenfalls erforderlichen planlichen Darstellung.

(2) Die Festlegungen in den Entwicklungsprogrammen sind in Übereinstimmung mit den Raumordnungszielen und -grundsätzen zu treffen. Sie haben die für die örtliche Raumplanung grundlegenden Aussagen zu enthalten, ohne diese Planung selbst im Einzelnen vorwegzunehmen. Aussagen, denen keine verbindliche Wirkung zukommen soll, sind als solche erkennbar zu machen.

(3) Bei der Ausarbeitung eines Entwicklungsprogramms sind die Ergebnisse der Strukturuntersuchungen und die beabsichtigten Festlegungen in einem Vorhabensbericht darzustellen. Die Planungen des Bundes, der benachbarten Bundesländer und des benachbarten Auslandes sind zu berücksichtigen, soweit darüber Vereinbarungen gemäß Art 15a B-VG oder Staatsverträge bestehen oder dies ohne Beeinträchtigung der Interessen des Planungsträgers möglich ist.

(4) Der Entwurf eines Entwicklungsprogramms ist der Öffentlichkeit wie folgt zugänglich zu machen:

1. Der Entwurf ist unter Anschluss des Vorhabensberichts und eines allgemein verständlichen Erläuterungsberichts in der mit den Angelegenheiten der Raumordnung befassten Abteilung des Amtes der Landesregierung sowie den in Betracht kommenden Bezirksverwaltungsbehörden und Gemeinden für mindestens vier Wochen zur Einsicht aufzulegen. Nach Maßgabe der technischen Möglichkeiten sind der Entwurf und die vorgenannten Berichte auch im Internet auf der Homepage des Landes Salzburg zu veröffentlichen.
2. Die Auflage des Entwurfs ist kundzumachen:
   (a) in der Salzburger Landes-Zeitung,
   (b) durch Anschlag an den Amtstafeln der in Betracht kommenden Bezirksverwaltungsbehörden und Gemeinden.
3. Der Entwurf samt Vorhabens- und Erläuterungsbericht – bei Möglichkeit der Einsichtnahme im Internet nur die Kundmachung der Auflage – ist schriftlich bekanntzugeben:
   (a) dem Bund,
   (b) der Landesgruppe Salzburg des Österreichischen Städtebundes,
   (c) dem Salzburger Gemeindeverband,
   (d) den Regionalverbänden beim Landesentwicklungsprogramm und den benachbarten Regionalverbänden bei Regionalprogrammen,
   (e) der Wirtschaftskammer Salzburg,
   (f) der Kammer für Arbeiter und Angestellte für Salzburg,
   (g) der Kammer für Land- und Forstwirtschaft und der Landarbeiterkammer,
   (h) der Kammer der Architekten und Ingenieurkonsulenten für Oberösterreich und Salzburg.

In der Kundmachung und den Mitteilungen nach der Z 3 ist auf die Möglichkeiten der Einsichtnahme und der schriftlichen Äußerung innerhalb der Auflagefrist, welche mit Kundmachung in der Salzburger Landes-Zeitung beginnt, hinzuweisen. Der Planungsträger hat sich mit den vorgebrachten Einwendungen auseinander zu setzen und dies im Planungsbericht darzustellen.

(5) Die Entwicklungsprogramme sind durch Auflage in der mit den Angelegenheiten der Raumordnung befassten Abteilung des Amtes der Landesregierung und die für das Wirksamwerden maßgebende Verlautbarung im Landesgesetzblatt kundzumachen. Die Verlautbarung hat die Bezeichnung, den Gegenstand und den Geltungsbereich des Entwicklungsprogramms und einen Hinweis auf die Möglichkeiten zur Einsichtnahme gemäß Abs 6 zu enthalten.

(6) Verbindlich erklärte Entwicklungsprogramme sind in der mit den Angelegenheiten der Raumordnung befassten Abteilung des Amtes der Landesregierung sowie den in Betracht kommenden Bezirkshauptmannschaften und Gemeinden während der für den Parteienverkehr bestimmten Amtsstunden zur allgemeinen Einsichtnahme bereitzuhalten. Nach Maßgabe der technischen Möglichkeiten ist eine Einsichtnahme auch über das Internet zu ermöglichen.

RV

Im Abs 6 ist die Einsichtnahme über Internet (nach Maßgabe der technischen Möglichkeiten) ergänzt. Ansonsten erfolgt eine nahezu wörtliche Übernahme aus § 6 ROG 1998. Ohne inhaltliche Änderung ist im Abs 2 von „keine verbindliche Wirkung" an Stelle „keine bindende Wirkung" die Rede, im Abs 3 von „zur allgemeinen Einsicht" an Stelle „zur Einsicht".

RV 2017

Entwicklungsprogramme sind Festlegungen zur Raumordnung auf überörtlicher Ebene. Als solche kommen künftig nur noch das Landesentwicklungsprogramm und die Regionalprogramme in Betracht (Abs 1). Auf die Erlassung von Sachprogrammen in Ergänzung des Landesentwicklungsprogramms wird aus Gründen der Vermeidung von Rechtszersplitterung (dzt bestehen drei Sachprogramme, nämlich das Sachprogramm „Standortentwicklung für Wohnen und Arbeiten", das Sachprogramm „Golfplätze und -anlagen" sowie das Sachprogramm „Schianlagen") verzichtet. Alle verbindlichen Vorgaben der Landesplanung sollen sich künftig aus einem Programm, nämlich dem Landesentwicklungsprogramm ergeben, wobei dieses Festlegungen für das ganze Land oder auch nur für bestimmte Landesteile enthalten kann.

Abs 2 entspricht der geltenden Bestimmung. Darin wird klargestellt, dass sich die Festlegungen in den Entwicklungsprogrammen auf die für die örtliche Raumplanung grundlegenden Aussagen zu beschränken haben und sohin diese Planung im Einzelnen nicht vorwegnehmen dürfen. Aus verfassungsrechtlicher Sicht ist ergänzend darauf hinzuweisen, dass in Entwicklungsprogrammen planerische Festlegungen nur unter der Voraussetzung aufgenommen werden dürfen, dass das überörtliche Interesse an den Planungen überwiegt. Der Ausdruck „überörtlich" ist dabei nicht in einem territorialen Sinn zu verstehen – es können zB auch an der Pflege des Ortsbilds überwiegende überörtliche Interessen bestehen (vgl. zB VfSlg 12.918/1991).

Abs 3 und 4: Entsprechend dem grundsätzlichen Ziel „Straffung und Vereinfachung der Verfahren" soll das sogenannte erste Hörungsverfahren ersatzlos entfallen. Das bedeutet nicht, dass die Durchführung eines solchen (zB bei besonders sensiblen Vorhaben) unzulässig wäre – es besteht nur mehr keine Verpflichtung dazu. Im Übrigen entspricht der Vorschlag im Wesentlichen den geltenden Verfahrensbestimmungen. Die Berücksichtigung der Planungen des Bundes, der benachbarten Bundesländer und des benachbarten Auslandes wird jedoch vorangestellt und verpflichtet somit bereits bei der Ausarbeitung des Entwurfs.

Die Abs 5 und 6 werden unverändert aus dem geltenden Recht übernommen.

Anmerkungen

Entwicklungsprogramme sind Festlegungen zur Raumordnung auf überörtlicher Ebene. Als solche kommen nach der Novelle 2017 nur noch das Landesentwicklungsprogramm und die Regionalprogramme in Betracht. Auf die Erlassung von Sachprogrammen in Ergänzung des Landesentwicklungsprogramms wurde aus Gründen der „Übersichtlichkeit" verzichtet. Alle verbindlichen

Vorgaben der Landesplanung werden künftig nur noch auf Ebene des Landesentwicklungsprogramms erfolgen können.

Nach dem ROG 2009 gelten derzeit (Stand 1.1.2018) folgende Entwicklungsprogramme des Landes:

1. Verordnung der Salzburger Landesregierung vom 30. September 2003 zur Verbindlicherklärung des Landesentwicklungsprogramms LGBl 94/2003
2. Verordnung der Salzburger Landesregierung vom 21. Juli 1998, mit der das Sachprogramm für die Errichtung von Golfanlagen im Bundesland Salzburg verbindlich erklärt wird LGBl 90/1998
3. Verordnung der Salzburger Landesregierung vom 3. Juni 2008, mit der das Sachprogramm für die Errichtung oder Änderung von Schianlagen im Land Salzburg für verbindlich erklärt wird LGBl 49/2008
4. Verordnung der Salzburger Landesregierung vom 26. Jänner 2009, mit der das Sachprogramm „Standortentwicklung für Wohnen und Arbeiten im Salzburger Zentralraum" für verbindlich erklärt wird LGBl 13/2009

§ 9 Landesentwicklungsprogramm

(1) Die Landesregierung hat ein Landesentwicklungsprogramm zu erstellen, in dem die Grundsätze und Leitlinien der Landesentwicklung festzulegen sind. Das Landesentwicklungsprogramm hat jedenfalls zu enthalten:

1. eine Gliederung des Landes in Planungsregionen;
2. ein Strukturmodell;
3. grundsätzliche Aussagen für das gesamte Land oder Landesteile:
(a) zur angestrebten Bevölkerungs- und Wirtschaftsentwicklung,
(b) zur angestrebten Verkehrs- und Mobilitätsentwicklung sowie zur angestrebten Energieversorgung,
(c) zur angestrebten Freiraumentwicklung,
(d) zur angestrebten Siedlungsentwicklung,
(e) zur angestrebten Stadt- und Ortskernentwicklung und
(f) zum voraussichtlichen Bedarf an Wohnungen und seiner räumlichen Verteilung;
4. Planungsdeterminanten, -kriterien und -methoden zur Gewährleistung landesweit einheitlicher und abgestimmter Planungen;
5. Qualitätsziele und Indikatoren zur Feststellung der Entwicklung des Landes. Darüber hinaus können dem Landesentwicklungsprogramm Anhänge mit Vorgaben zu bestimmten raumbezogenen Sachbereichen angeschlossen werden.

(2) Bei der Ausarbeitung des Landesentwicklungsprogramms ist auf die Planungsinteressen der Regionalverbände und der Gemeinden Rücksicht zu nehmen. Die Landesgruppe Salzburg des Österreichischen Städtebundes, der Salzburger Gemeindeverband und die Regionalverbände können im Rahmen des öffentlichen Hörungsverfahrens (§ 8 Abs 4) verlangen, dass vor Beschlussfassung des Landesentwicklungsprogramms Konsultationsverhandlungen durchzuführen sind. Im Rahmen dieser Verhandlungen haben sich die Landesregierung und die Antragsteller um die Herstellung möglichst einvernehmlicher Lösungen zu bemühen.

RV 2017

Im Landesentwicklungsprogramm sind die Grundsätze und Leitlinien der Landesplanung festzulegen (Abs 1). Die Ausarbeitung obliegt der Landesregierung unter Einhaltung des dafür vorgesehenen Verfahrens. Erstmalig werden dabei für das Landesentwicklungsprogramm konkrete Mindestinhalte definiert.

Das Landesentwicklungsprogramm hat vor allem grundsätzliche Aussagen zur angestrebten Bevölkerungs- und Wirtschaftsentwicklung, Verkehrs- und Mobilitätsentwicklung sowie zur Energieversorgung (Energieraumplanung), Freiraumentwicklung, Siedlungsentwicklung, Stadt- und Ortskernentwicklung und zum voraussichtlichen Bedarf an Wohnungen und seiner räumlichen Verteilung zu treffen. Die Aussagen können dabei für das gesamte Land oder auch nur für bestimmte Landesteile oder Sachgebiete getroffen werden.

Im Einzelnen:

a) Bevölkerungs- und Wirtschaftsentwicklung:
Seitens der Statistik Austria liegen Prognosen bzw. Daten zur voraussichtlichen Bevölkerungsentwicklung im Bundesland Salzburg vor (2010 – 2030/2050). Diese ÖROK-Regionalprognosen beziehen sich auf die Maßstabsebene der Bezirke und sollen mit Unterstützung der Landesstatistik auch für die Planungsregionen nutzbar gemacht werden. Damit stehen zukünftig auch den Gemeinden bessere Datengrundlagen für ihre weitere Bevölkerungs- und Siedlungsentwicklung zur Verfügung.

Für die weitere Wirtschaftsentwicklung des Landes ist von zentraler Bedeutung, dass an geeigneten Standorten Flächen für die gewerbliche Entwicklung zur Verfügung stehen. Überregionale Gewerbezonen sowie (klein)regionale Gewerbestandorte sind unter Berücksichtigung des regionalen Bedarfes zu entwickeln bzw. zu stärken, damit die angestrebten wirtschafts- und raumstrukturellen Ziele des Landes erreicht werden können.

b) Verkehrs- und Mobilitätsentwicklung sowie Energieversorgung:
Eine integrierte Siedlungs- und Verkehrsplanung muss die Grundlage für die weitere Entwicklung im Land sein. Die Mobilität in ihrer vielfältigen Ausprägung ist jedenfalls eine überörtliche Aufgabe, die seitens des Landes mit den Regionen und Gemeinden abgestimmt werden muss. Die sparsame Verwendung von Energie und der vorrangige Einsatz heimischer erneuerbarer Energieträger sind zentrale Raumordnungsgrundsätze. Alternative Formen der Energieerzeugung benötigen Flächen mit spezifischen Standortqualitäten, die vorausschauend zu prüfen und zu sichern sind. Der überörtlichen Ebene kommt dabei die Rolle zu, entsprechende Kriterien festzulegen und allenfalls auch geeignete Standorträume zu benennen und zu sichern.

c) Freiraumentwicklung:
Die vielfältigen Nutzungen und Nutzungsansprüche auf den Freiraum sind unter den Planungsbeteiligten abzustimmen. Dabei sind die Aspekte der Landwirtschaft, des Tourismus, des Natur- und Landschaftsschutzes, der Minimierung der Naturgefahren sowie sonstiger Ansprüche zu prüfen und abzustimmen.

d) Siedlungsentwicklung:
Die Siedlungsentwicklung ist eng gekoppelt mit der Bevölkerungs- und Wirtschaftsentwicklung. Hier sollen Ziele und Maßnahmen formuliert werden, die gewährleisten, dass eine möglichst nachhaltige Siedlungsentwicklung – unter der Prämisse eines sparsamen Umgangs mit Grund und Boden – erfolgt.

e) Stadt- und Ortskernentwicklung:
Die Funktionsvielfalt soll in den Stadt- und Ortskernen sowie in den Siedlungsschwerpunkten weiter erhöht werden. Erhaltenswerte historische Stadt- und Ortskerne sollen in ihrem Bestand

geschützt und maßvoll weiterentwickelt werden. Integrierte Stadt- und Ortsentwicklungskonzepte (Masterpläne) können dazu wertvolle Beiträge liefern, da solchen Prozessen eine umfassende Betrachtung zugrunde liegt. Solche Konzepte wurden bereits in mehreren Gemeinden pilothaft mit Unterstützung des Landes erarbeitet.

f) Voraussichtlicher Bedarf an Wohnungen und seiner räumlichen Verteilung:
Auf Basis der angenommenen Bevölkerungsentwicklung ist der voraussichtliche Bedarf an Wohnungen zu definieren. Auf Grund der unterschiedlichen strukturellen Voraussetzungen soll der Betrachtungsmaß-stab auf der (klein)regionalen Ebene (Planungsregionen) liegen. In Abstimmung mit den jeweiligen Zielsetzungen der Gemeinden kann damit auch die räumliche Verteilung zukünftig besser gestaltet werden. Dabei sollen auch die Regionen bzw. Gemeinden mit Stabilisierungsbedarf (stagnierende bzw. abnehmende Bevölkerung) in ihrer Entwicklung – soweit mit dem Instrumentarium der Raumplanung möglich -unterstützt werden.

Darüber hinaus hat das Landesentwicklungsprogramm eine Gliederung des Landes in Planungsregionen vorzunehmen (Z 1), ein Strukturmodell (Z 2) sowie Planungsdeterminaten, -kriterien und -methoden (zB zu den Bedarfsberechnungen) zur Gewährleistung landesweit einheitlicher und abgestimmter Entwicklungsplanungen (Z 4), Qualitätsziele und geeignete Indikatoren (zB Zustands- und Entwicklungsindikatoren) zur Bestimmung der Entwicklung des Landes (Z 5) festzulegen. Darüber hinaus können dem Landesentwicklungsprogramm, soweit das überörtliche Interesse an solchen Festlegungen überwiegt, auch Anhänge mit Vorgaben zu bestimmten raumbezogenen Sachbereichen angeschlossen werden (Z 6).

Ein Strukturmodell (Z 2) ist eine schemenhafte Darstellung eines Gebietes, in dem die wesentlichen bestehenden Funktionen abgebildet werden. Es handelt sich daher um eine „Funktionszonierung", die den Betrachtern einen schnellen Überblick über die räumliche Verteilung der wichtigsten Parameter (Siedlungs- und Verkehrsstruktur, Wirtschaftsstruktur, naturräumliche Struktur) sowie räumliche Interaktionen (Verflechtungsbereiche, Kooperationen) verschafft. Ein Strukturmodell kann neben einer Darstellung des gegenwärtigen Zustandes auch Planungsüberlegungen im Hinblick auf die zukünftig angestrebte Raumstruktur beinhalten; dies kann auch in Form von Szenarien erfolgen.

Abs 2 dient der Berücksichtigung der Interessen der Regionalverbände und der Gemeinden bei der Ausarbeitung des Landesentwicklungsprogramms. Sowohl die Interessensvertretungen der Gemeinden – und zwar unbeschadet ihrer Rechte nach der Vereinbarung zwischen dem Bund, den Ländern und den Gemeinden über einen Konsultationsmechanismus und einen künftigen Stabilitätspakt der Gebietskörperschaften – wie auch die Regionalverbände selbst können künftig verlangen, dass vor Beschlussfassung des Landesentwicklungsprogramms Konsultationen zwischen der Landesregierung und den Antragstellern durchgeführt werden müssen. Für ein solches Verlangen genügt ein formloses Schreiben. Im Rahmen der Konsultationen haben sich beide Seiten um die Herstellung möglichst einvernehmlicher Lösungen zu bemühen.

Anmerkungen

Das derzeit rechtswirksame Landesentwicklungsprogramm (LEP) ist mit LGBl 94/2003 kundgemacht worden. Nach den Zielsetzungen der ROG Novelle 2017 werden die folgenden drei rechtswirksamen Sachprogramme in das LEP (neu) wohl einzuarbeiten sein.

- Sachprogramm „Standortentwicklung für Wohnen und Arbeiten im Salzburger Zentralraum" (LGBl 13/2009).

- Sachprogramm für die Errichtung von Golfanlagen im Bundesland Salzburg (LGBl 90/1998).
- Sachprogramm für die Errichtung und Änderung von Schianlagen im Land Salzburg (LGBl 49/2008).

Auf Grund der Übergangsbestimmung des § 86 Abs 2 bleiben diese Sachprogramme unverändert aufrecht, eine Aufhebung wäre nur erforderlich, wenn eine Änderung beabsichtigt/erforderlich wäre. Hinsichtlich des erstgenannten Sachprogrammes ist allerdings davon auszugehen, dass dieses in ein neues LEP zwingend zu integrieren sein wird.

Die beiden letztgenannten Sachprogramme beruhen allerdings nicht auf Plänen und geben Maßnahmen vor, sondern bestimmen die Vorgangsweise zur Vorhabensbeurteilung durch festgelegte Arbeitsgruppen.

In Abs 1 Z 5 letzter Satz wird angeführt, dass dem LEP „Anhänge" mit Vorgaben zu bestimmten raumbezogenen Sachbereichen angeschlossen werden können: Beispielsweise könnten die bisherigen Sachprogramme für die Errichtung von Golfanlagen und für die Errichtung und Änderung von Schianlagen auch solche „Anhänge" sein.

§ 10 Regionalverbände, Regionalprogramme und regionale Entwicklungskonzepte

(1) Die Landesregierung hat entsprechend dem Landesentwicklungsprogramm durch Verordnung Gemeindeverbände zu bilden, für die die Bestimmungen des Salzburger Gemeindeverbändegesetzes mit der Maßgabe Anwendung finden, dass die Verbände als Regionalverbände unter Beifügung einer örtlichen Benennung zu bezeichnen sind. Die Verordnung ist im Landesgesetzblatt kundzumachen.

(2) Der Regionalverband hat ein Regionalprogramm auszuarbeiten, in dem die für die regionale Entwicklung erforderlichen Ziele und Maßnahmen festzulegen sind. Zur Erreichung der Entwicklungsziele können auch Richt- und Grenzwerte festgelegt werden. Das Regionalprogramm hat grundsätzliche Aussagen zu enthalten:

1. zur Gliederung der regionalen Raum- und Siedlungsstruktur,
2. zur angestrebten regionalen Bevölkerungs- und Wirtschaftsentwicklung,
3. zur angestrebten regionalen Verkehrs- und Mobilitätsentwicklung und zur angestrebten Energieversorgung sowie
4. zur angestrebten regionalen Freiraumentwicklung.

Darüber hinaus sollen im Regionalprogramm auch konkrete Festlegungen zu verfügbaren raumverträglichen Standorten für regionale Betriebs-, Gewerbe- und Industriegebiete sowie Aussagen zur Frage eines interkommunalen Finanzausgleichs, soweit ein solcher in Erwägung gezogen wird, getroffen werden.

(3) Für die Erstellung von Regionalprogrammen sind die Bestimmungen des § 8 Abs 3 und 4 vom Regionalverband sinngemäß anzuwenden.

(4) Die Landesregierung hat das vorgelegte Regionalprogramm durch Verordnung für verbindlich zu erklären, wenn es den Raumordnungszielen und -grundsätzen und dem Landesentwicklungsprogramm nicht widerspricht und mit den Planungen der angrenzenden Regionalverbände vereinbar ist. Gründe, die einer Verbindlicherklärung entgegenstehen, sind dem Regionalverband zum Zweck der Überarbeitung mitzuteilen.

(5) Der Regionalverband kann zur Verbesserung der Koordination der Mitgliedsgemeinden regionale Entwicklungskonzepte ausarbeiten. Diese haben Ziele und Maßnahmen zur regionalen Entwicklung zu enthalten. Regionale Entwicklungskonzepte sind nicht verbindlich. Sie können auch von mehreren Regionalverbänden und gemeinsam mit Planungsträgern außerhalb des Landes ausgearbeitet werden, wenn dies unter den beteiligten Planungsträgern vereinbart wird und die

Planungsgebiete der Planungsträger eine raumstrukturelle Einheit bilden. Regionale Entwicklungskonzepte sind der Landesregierung zur Kenntnis zu bringen.

(6) Die Landesregierung und die Baulandsicherungsgesellschaft mbH (Land-Invest) haben den Regionalverband auf dessen Ersuchen in grundsätzlichen Angelegenheiten der Regionalplanung und Standortfindung zu beraten, und zwar:

1. die Landesregierung in grundsätzlichen Angelegenheiten der Regionalplanung und

2. die Baulandsicherungsgesellschaft mbH in grundsätzlichen Angelegenheiten der Standortfindung.

Zur Erstellung und Änderung von Regionalprogrammen hat das Land einen Zuschuss zur teilweisen Abdeckung des damit verbundenen zweckmäßigen Aufwandes in Höhe von mindestens 50 % zu gewähren. Zur Ausarbeitung und Änderung von regionalen Entwicklungskonzepten, an welchen ein besonderes landesplanerisches Interesse besteht, hat das Land nach Maßgabe seiner finanziellen Mittel sowie der Finanzkraft der verbandsangehörigen Gemeinden einen Zuschuss zur teilweisen Abdeckung des damit verbundenen zweckmäßigen Aufwandes zu gewähren.

(7) Kommt der Regionalverband seiner Verpflichtung zur Erstellung des Regionalprogramms nicht nach, kann die Landesregierung dem Regionalverband nach dessen Anhörung eine angemessene Frist setzen, in der dieser das Regionalprogramm zu erstellen hat. Nach ergebnislosem Verstreichen der Frist kann die Landesregierung das Regionalprogramm erstellen oder auf Kosten des Regionalverbandes von geeigneten Personen oder Einrichtungen erstellen lassen.

(8) Durch Vereinbarung der verbandsangehörigen Gemeinden können dem Regionalverband auch Aufgaben des eigenen Wirkungsbereichs im Bereich der örtlichen Raumordnung übertragen werden.

RV 2017

Die Grenzen der Funktionsräume und die formellen Grenzen administrativer Einheiten (insbesondere die der Gemeinden) weichen immer stärker voneinander ab. Das Handeln der Bevölkerung und der Unternehmen sorgt dafür, dass diese über die jeweiligen Grenzen hinaus mannigfach miteinander verschränkt sind. Die Regionalplanung bedarf daher einer Aufwertung und Neuausrichtung.

Der Vorschlag sieht dazu eine Verpflichtung zur Aufstellung eines Regionalprogramms mit Konzentration auf das für die Region Wesentliche vor. Dabei geht es zum einen darum, den bisher in der Landesplanung angelegten Zentralisierungstrend dadurch rückgängig zu machen, dass den regionalen Planungsträgern wieder mehr Verantwortung eingeräumt wird. Zum anderen geht es aber auch um eine konstruktive Verknüpfung von ökologischen Anforderungen und ökonomischen Entwicklungsprozessen über die Regionalebene. Denn sowohl die Lösung von Problemen, wie etwa im Bereich der Wirtschafts- und Verkehrsentwicklung, der Siedlungs- und Freiraumentwicklung und des Infrastrukturausbaus, als auch die optimale Entwicklung der Potenziale des Raums kann effektiv und effizient vielfach nur durch regionale Standortentwicklung erfolgen.

Abs 2 enthält Anforderungen an die Regionalplanung. Inhaltlich geht es dabei im Wesentlichen um folgende Angelegenheiten:

a) Gliederung der Raum- und Siedlungsstruktur: Raum- bzw. Gebietskategorien, zentralörtliche Funktionen und nichtzentrale Gemeindefunktionen, Entwicklungsachsen mit punktueller und konzentrierter Schwerpunktbildung sowie Verflechtungsbereiche und Kooperationsräume;

b) Bevölkerungs- und Wirtschaftsentwicklung: Verteilung des Bevölkerungswachstums, Stärkung der Nahversorgung (Kurzfristbedarf) sowie der regionalen Versorgung (Mittel- und Langfristbedarf) und touristische Entwicklung;
c) Verkehrsentwicklung/Mobilität/Energieversorgung: Darstellung der regionalen Verkehrsstrukturen (ÖV, MIV, Fahrrad), Korridorfreihaltung für hochrangige Verkehrswege, regionale Mobilitätskonzepte, Festlegung geeigneter Standorträume für alternative Formen der Energieerzeugung;
d) Freiraumentwicklung: Ausarbeitung von Landschaftsqualitätszielen für die gesamte Region, Reduzierung des regionalen Flächenverbrauchs, Konkretisierung der unterschiedlichen Freiraumqualitäten im regionalen Kontext (landwirtschaftliche Flächen, ökologische Flächen inkl. Renaturierungs- und Ausgleichsflächen, Flächenbedarf auf Grund Naturgefahren, touristisch bedeutsame Flächen, Flächen für Energieerzeugungsanlagen udgl).

Darüber hinaus sollte die Regionalplanung auch konkrete Standorte für regionale Betriebs-, Gewerbe- und Industriegebiete festlegen, wobei eine solche Ausweisung nur erfolgen darf, wenn die Verfügbarkeit der Flächen entsprechend gesichert ist (zB im Wege der Land-Invest oder durch Zurverfügungstellung an die Gemeinde). Ferner sollte sich der Regionalverband auch mit dem Thema eines allfälligen interkommunalen Finanzausgleichs verpflichtend auseinandersetzen setzen müssen. Nach der Finanzverfassung ist es den Gemeinden zwar verwehrt, ihre Hoheitsrechte auf Erhebung von Abgaben abzutreten oder zu verpfänden (§ 16 Abs 2 F-VG). Es bleibt ihnen aber unbenommen, über das Aufkommen, also die tatsächlichen Einnahmen aus dieser Besteuerung frei zu verfügen und daher etwa auch andere Gemeinden an den tatsächlichen Einnahmen aus diesen Abgaben nach einem bestimmten Verteilungsschlüssel zu beteiligen. Dies bietet sich insbesondere dort an, wo zur Gewährleistung der oben beschriebenen Entwicklungsvorteile die Zusammenarbeit mehrerer Gemeinden indiziert ist. Ob ein solcher ins Auge gefasst wird, liegt aber weiterhin im ausschließlichen Ermessen der Verbandsgemeinden. Aus der Bestimmung ist jedenfalls keine Verpflichtung zu einem interkommunalen Finanzausgleich abzuleiten. Auch brauchen dazu im Regionalprogramm keine verbindlichen Festlegungen getroffen werden. Hier geht es ausschließlich darum, sicherzustellen, dass das Thema „interkommunaler Finanzausgleich“ in den Beratungen über die Festlegung von regionalen Standorten für Betriebs-, Gewerbe- und Industriegebieten (Ergebnis offen) Berücksichtigung findet.

Die Abs 3 bis 5 und 8 entsprechen den geltenden Bestimmungen.

Auch Abs 6 übernimmt weitgehend geltendes Recht. Die Bestimmung wird jedoch einerseits dahin ergänzt, dass die Land-Invest den Regionalverband in grundsätzlichen Angelegenheiten der Standortfindung auf Ersuchen zu beraten hat. Andererseits wird eine Verpflichtung des Landes zur finanziellen Unterstützung des Regionalverbandes betreffend die Erstellung und Änderung von Regionalprogrammen und unter bestimmten Voraussetzungen auch von regionalen Entwicklungskonzepten normiert.

Zu Abs 7 ist auszuführen, dass die Regionalplanung grundsätzlich dem Regionalverband bzw. dem nach dessen Satzungen und dem Gemeindeverbändegesetz zuständigen Organen obliegt. Ersatzweise, und zwar unter den Voraussetzungen des Abs 7, kann das Regionalprogramm von der Landesregierung oder im Auftrag der Landesregierung und auf Kosten des Regionalverbandes von geeigneten Personen oder Einrichtungen erstellt werden. Als erstellt gilt ein Regionalprogramm, wenn es den Mindestanforderungen gemäß Abs 2 entspricht und der Landesregierung zur Verbindlicherklärung vorgelegt wird.

In verfassungsrechtlicher Hinsicht ist zum Themenbereich Regionalplanung grundsätzlich auszuführen, dass die Erstellung von Regionalprogrammen angesichts der Überörtlichkeit nicht in den eigenen, sondern in den übertragenen Wirkungsbereich der Gemeinden fällt. Auf Grund Art 116a B-VG kann die Besorgung solcher Aufgaben Gemeindeverbänden übertragen werden.

Anmerkungen

Die Gliederung des Landes in Regionalverbände legt die Regionalverbandsverordnung nach § 10 Abs 1 ROG 2009 fest die in Abschnitt C Z 2 dargestellt ist.

Nach dem ROG 2009 gelten derzeit (1.1.2018) folgende rechtswirksame Regionalprogramme der Regionalverbände:

- Regionalprogramm Flachgau-Nord, LGBl 61/2009
- Regionalprogramm Salzburg Stadt und Umgebungsgemeinden, LGBl 94/2013
- Regionalprogramm Tennengau, LGBl 60/2002
- Regionalprogramm Salzburger Seenland, LGBl 76/2004
- Regionalprogramm Lungau, LGBl 84/2015
- Regionalprogramm Pinzgau, LGBl 18/2014
- Regionalprogramm Oberpinzgau, LGBl 19/2014

Diese Regionalprogramme bleiben gemäß § 86 Abs 2 unverändert aufrecht. Erst bei einer Änderung sind sie an die neuen Bestimmungen anzupassen. Die Fünfzehnjahresfrist für die Evaluierungsverpflichtung gemäß § 12 beginnt ab dem 1.1.2018 (Beginn der Evaluierungspflicht: 1.1.2033).

Die Regionalverbände Pongau und Osterhorngruppe verfügen über kein verbindliches Regionalprogramm. Sie haben nach § 86 Abs 2 ein solches bis 1.1.2033 zu erstellen.

Für drei Regionen wurden – nicht verbindliche – Entwicklungskonzepte nach § 11 Abs 5 ROG 2009 erstellt:

- Regionales Entwicklungskonzept Pongau (2010)
- Regionales Entwicklungskonzept S-Bahn Pinzgau (2009)
- Entwicklungsleitbild für die touristische Kleinregion Katschberghöhe (2011)

Die Aufgaben und Mitwirkungsmöglichkeiten der Regionalverbände wurde durch die Novelle 2017 wesentlich eingeschränkt: Nach § 65 Abs 3 Z 1 lit a ist der Regionalverband nur noch bei der Neuaufstellung von REKs und Flachenwidmungsplanen zu hören und nicht mehr – wie bisher – auch bei ihren Änderungen. Ob eine Änderung dem jeweils geltendem, vom Regionalverband beschlossenem Regionalprogramm entspricht und ob sie auf die Planungen der Nachbargemeinden Rücksicht nimmt, prüft sowohl bei einer Änderung des REK wie des Flächenwidmungsplanes nach § 75 Abs 1 Z 1 und 2 ausschließlich das Land. (Relevant kann diese neue, ausschließliche „Auslegungshoheit" des Landes bei Verfahren des LVwG nach Beschwerden der Gemeinden gegen aufsichtsbehördliche Bescheide des Landes werden.)

§ 11 Wirkung von Entwicklungsprogrammen und regionalen Entwicklungskonzepten

(1) Raumbedeutsame Planungen und Maßnahmen des Landes, insbesondere Investitionen und Förderungsmaßnahmen, sowie raumbedeutsame Planungen und Maßnahmen der Gemeinden dürfen unbeschadet weitergehender gesetzlicher Bestimmungen nur im Einklang mit den Entwicklungsprogrammen gesetzt werden.

(2) Regionale Entwicklungskonzepte, an deren Verwirklichung ein besonderes landesplanerisches Interesse besteht, sollen bei Investitionen und Förderungsmaßnahmen des Landes berücksichtigt werden.

RV

Die Bestimmungen werden aus dem ROG 1998 (§§ 7 bis 11) wörtlich übernommen. (Ausnahme im § 11 Abs 4: „Raumordnungszielen und -grundsätzen" an Stelle „Zielen und Grundsätzen des Gesetzes".)

RV 2017

Die Bestimmung wird aus dem geltenden Gesetz (§ 12) unverändert übernommen.

Anmerkungen

Ausdrücklich wird zu den regionalen Entwicklungskonzepten festgestellt (RV 2004), dass diese nicht verbindlich sind und keine Bindungswirkung für die jeweils einbezogenen Gemeinden bedeuten. Eine Berücksichtigung der regionalen Entwicklungskonzepte soll aber bei Fördermaßnahmen und Investitionen des Landes erfolgen, ist allerdings nicht verbindlich.

§ 12 Änderung von Entwicklungsprogrammen

(1) Entwicklungsprogramme sind längstens alle 15 Jahre hinsichtlich der Umsetzung und Wirkung der darin getroffenen Festlegungen zu überprüfen.

(2) Entwicklungsprogramme sind zu ändern:

1. bei Feststellung einer Fehlentwicklung im Rahmen der Überprüfung gemäß Abs 1;

2. bei wesentlicher Änderung der Planungsgrundlagen.

Sie können außerdem aus anderen wichtigen öffentlichen Interessen geändert werden, wobei auf die Festlegungen der örtlichen Raumplanung möglichst Bedacht zu nehmen ist.

(3) Für das Verfahren zur Änderung von Entwicklungsprogrammen finden die §§ 8 Abs 4 bis 6 sowie 10 Abs 3, 4, 6 erster Satz und 7 Anwendung.

RV

Die Bestimmungen werden aus dem ROG 1998 (§§ 7 bis 11) wörtlich übernommen. (Ausnahme im § 11 Abs 4: „Raumordnungszielen und -grundsätzen" an Stelle „Zielen und Grundsätzen des Gesetzes".)

RV 2017

Wie im Bereich der örtlichen Raumplanung für das REK und den Flächenwidmungsplan sollen künftig auch Entwicklungsprogramme einer regelmäßigen Evaluierung unterzogen werden (Abs 1). Stellt der Planungsträger im Zuge der Überprüfung Fehlentwicklungen fest, ist das Entwicklungsprogramm anzupassen (Abs 2 Z 1).

Abs 2 Z 2, Abs 2 letzter Satz und Abs 3 entsprechen dem geltenden Recht. Abs 3 berücksichtigt jedoch den neuen Abs 7 des § 10.

Anmerkungen

Abs 2 Z 2 und Abs 2 letzter Satz entsprechen den bisherigen Festlegungen zur Änderbarkeit von generellen Planungsfestlegungen in jener Form, in der sie mit den ROG Novellen LGBl 10/1999 und 13/2004 eingeführt wurden. In der RV 1999 wird dazu festgestellt, dass die Änderbarkeit von generellen Planungsfestlegungen bzw. Aussagen im ROG 1998 derzeit unterschiedlich geregelt ist. Während das ROG für Räumliche Entwicklungskonzepte, die Flächenwidmungs- und die Bebauungspläne der Gemeinden neben der Verpflichtung zu aus bestimmten Gründen notwendigen Änderungen auch die Änderung aufgrund des Planungsermessens zulässt, schränkt die Regelung für Entwicklungsprogramme den Änderungsspielraum auf die ausdrücklich im Gesetz genannten Fälle ein. Eine sonstige im Planungsermessen gelegene Änderung wird im Gesetz nicht ausdrücklich angesprochen. Zweifellos muss es aber möglich sein, auch Entwicklungsprogramme aus anderen wichtigen öffentlichen Interessen, die die Planungsabsicht berühren, zu ändern. Raumordnung und Raumplanung ist – auf welcher Ebene immer – ein dynamischer Prozess. Wenn aber schon solche Änderungen reichen, um Entwicklungsprogramme des Landes als übergeordnete Planung zu ändern, so muss dabei zweierlei vorausgesetzt werden:

Die Änderung der Planungsabsicht muss einen wichtigen, im öffentlichen Interesse gelegenen Grund haben. Behördliche Planungen müssen immer einen hohen Grad an Kontinuität aufweisen. Ein Abgehen davon muss besonders begründet aus öffentlichem Interesse gewissermaßen geboten sein. Weiters bedeutet die Kontinuität der Planung, dass Planungen der Gemeinden dadurch nicht zunichtegemacht werden dürfen. Dass das Räumliche Entwicklungskonzept und der Flächenwidmungsplan nachfolgend allenfalls geändert werden müssen, schließt für sich die Änderung eines Entwicklungsprogramms noch nicht aus. Auf die Festlegung der örtlichen Raumplanung ist aber Bedacht zu nehmen, was jedenfalls ein besonderes gegenseitiges Abwägen der verschiedenen Interessen und die Einbeziehung von denkbaren Alternativen in den Beratungs- und Entscheidungsprozess bedeutet.

Zum letzten Satz wird in der Regierungsvorlage der Novelle 2004 festgestellt, dass verfahrensmäßig eine Entwicklungsprogramm-Änderung rascher abgewickelt werden soll als eine Entwicklungsprogramm-Erstellung. Bei punktueller Änderung kann von einer Strukturuntersuchung und Problemanalyse abgesehen werden, wenn diese von früher her noch Aktualität besitzt. Bei Regionalprogrammen obliegen das Herbeiführen der Änderung sowie die Erstellung des Regionalprogramms dem Regionalverband.

§ 13 Überörtliche Bausperre

(1) Die Landesregierung kann durch Verordnung für genau zu bestimmende Gebiete des Landes eine Bausperre erlassen, soweit dies erforderlich ist, um die Durchführung von überörtlichen Planungen für linienhafte Infrastrukturprojekte nicht zu erschweren oder unmöglich zu machen. Vor Erlassung einer solchen Verordnung sind die von der Bausperre betroffenen Gemeinden zu hören.

(2) Während aufrechter Bausperre gilt Folgendes:

1. Rechtserhebliche Änderungen von Plänen der Örtlichen Raumplanung bedürfen der aufsichtsbehördlichen Genehmigung der Landesregierung.

2. Bewilligungen nach bau-, straßen- und naturschutzrechtlichen Vorschriften des Landes dürfen nur erteilt werden, wenn das geplante Vorhaben den Zweck der Bausperre nicht beeinträchtigt. Die für das Verfahren zuständige Behörde hat dazu eine Stellungnahme der Landesregierung einzuholen. Entgegen dem Zweck der Bausperre erlassene Bescheide sind mit Nichtigkeit bedroht.

(3) Eine Bausperre ist aufzuheben, sobald der Grund für ihre Erlassung weggefallen ist. Sie tritt spätestens drei Jahre nach ihrer Erlassung außer Kraft. Die Bausperre kann vor Ablauf dieser Frist einmal auf die Höchstdauer eines Jahres verlängert werden, wenn der Grund für ihre Erlassung weiterhin besteht.

RV 2017

Im Gegensatz zu anderen Bundesländern (wie zB Vorarlberg) ist es in Salzburg derzeit nicht möglich, überörtliche Planungsvorhaben durch die Verhängung einer Bausperre abzusichern. Da dies insbesondere bei linienhaften Infrastrukturprojekten (zB Trassen für Straßen, Regionalbahnen, Gas- oder Stromleitungen) geboten sein kann, sollen die gesetzlichen Grundlagen dafür geschaffen werden.

Zur Sicherung der Effektivität der Bausperre sollen sämtliche rechtsrelevante Planungen der örtlichen Raumplanung (also Kennzeichnungen, Erstellung und Änderungen von Bebauungsplänen udgl) einer Genehmigungspflicht durch die Landesregierung unterliegen. Außerdem bedürfen Bewilligungen nach bau-, straßen- und naturschutzrechtlichen Vorschriften des Landes einer Prüfung der Vereinbarkeit mit der überörtlichen Bausperren-Verordnung.

Die Genehmigung kann nur versagt bzw. eine Bewilligung nur erteilt werden, wenn das jeweilige Vorhaben den Zweck der Bausperre nicht beeinträchtigt. Um dies beurteilen zu können, müssen bereits anlässlich der Verhängung der Bausperre hinreichend konkrete Änderungsabsichten bestehen und der interessierten Öffentlichkeit auch zugänglich sein (vgl. ua VfGH vom 23.02.2017, V 73/2016-11). Ein bloßes Erwägen einer künftigen Planänderung reicht nicht.

Haftender Rechtsträger für die Erlassung überörtlicher Bausperren ist das Land.

Anmerkung;

Für linienhafte Infrastrukturprojekte wie überörtlich bedeutende Straßen, Leitungstrassen u.a. kann die Landregierung nunmehr einen „vorläufigen" Schutz von Korridoren festlegen. Dieser ist aber auf drei plus ein Jahr beschränkt.

2. Teil – Raumverträglichkeitsprüfungen

§ 14 Standortverordnungen für Handelsgroßbetriebe

(1) Standortverordnungen für Handelsgroßbetriebe werden von der Landesregierung erlassen und legen fest, dass die Verwendung von Flächen in einer Gemeinde für Handelsgroßbetriebe vom Standpunkt der überörtlichen Raumplanung des Landes zulässig ist. Solche Standortverordnungen haben sich auf bestimmte Grundflächen zu beziehen und das Höchstausmaß der Gesamtverkaufsflächen und die zulässigen Kategorien der Handelsgroßbetriebe festzulegen. Zur Verwirklichung überörtlicher Entwicklungsziele kann in solchen Standortverordnungen unter Beachtung der für die Raumordnung maßgeblichen Verhältnisse auch ein raumverträgliches Mindestmaß an baulicher Ausnutzbarkeit der Grundflächen festgelegt werden.

(2) Standortverordnungen für Handelsgroßbetriebe dürfen nur in Übereinstimmung mit den Raumordnungszielen und -grundsätzen erlassen werden. Darüber hinaus kommt bei Handelsgroßbetrieben mit zentrumsrelevantem Warensortiment die Erlassung einer Standortverordnung nur in Betracht, wenn

1. das Vorhaben mit der überörtlichen Funktion der Gemeinde im Hinblick auf die Versorgung mit Gütern in Einklang steht und

2. auf Grund des Vorhabens keine maßgeblich nachteiligen Auswirkungen auf die Verwirklichung des Raumordnungsziels der Revitalisierung und Stärkung der Orts- und Stadtkerne zu erwarten sind.

(3) Die Entscheidungen über die Erlassung von Standortverordnungen sind im Hinblick auf die Auswirkungen der angestrebten höchstzulässigen Gesamtverkaufsflächen auf die Verkehrsstrukturen,

die Versorgung der Bevölkerung mit Gütern und Dienstleistungen sowie Erwerbsmöglichkeit, den sparsamen Umgang mit Grund und Boden, die weitere Entwicklung der gewachsenen Lebensräume unter besonderer Berücksichtigung des Prinzips der gestreuten Schwerpunktbildung zu treffen. Im Fall von Handelsagglomerationen ist dabei jeweils von den Gesamtauswirkungen auszugehen.

(4) Für das Verfahren zur Erlassung einer Standortverordnung ist § 8 Abs 4 sinngemäß anzuwenden.

(5) Eine Standortverordnung, die nach Inkrafttreten dieses Gesetzes (§ 81 Abs 1) erlassen wird, tritt außer Kraft, wenn innerhalb von fünf Jahren ab ihrem Inkrafttreten keine ihr entsprechende Bebauung begonnen wird. Die Landesregierung kann die Geltungsdauer einer Standortverordnung auf Anregung der Gemeinde durch Verordnung um drei Jahre verlängern.

RV

Neu ist die Bestimmung des Abs 4. (Anmerkung: Abs. 4 ROG 2009 wurde durch die Novelle 2017 zu Abs. 5)

Nach der bisherigen Rechtslage stehen Standortverordnungen unbefristet in Geltung, sodass sowohl die entsprechende Flächenwidmung als auch die Bebauung unabhängig vom Zeitpunkt der Erlassung der Standortverordnung zulässig sind. Dies kann zu Entwicklungen führen, die zwar ihre Grundlage in einer geltenden „alten" Standortverordnung haben, trotzdem aber in Bezug auf die zwischenzeitig geänderten Strukturen nicht mehr sachgerecht erscheinen. Um solchen Fehlentwicklungen vorzubeugen, sollen nach dem Inkrafttreten des Gesetzes neu erlassene Standortverordnungen künftig nur mehr befristet gelten (Abs 5).

Sie treten bei mangelnder Konsumation innerhalb der Fünf-Jahres-Frist außer Kraft. Da Normadressat der Standortverordnung nur die Gemeinde ist, die im Flächenwidmungsplan eine Handelsgroßbetriebswidmung vornehmen darf, erübrigt sich eine Kundmachung des Außerkrafttretens der Verordnung im Landesgesetzblatt.

Das (ex-lege-) Außerkrafttreten bedeutet zunächst, dass auf Grundlage einer solchen Standortverordnung keine an sich ihr entsprechende Flächenwidmung mehr erfolgen darf (vgl. § 32 Abs 5 Z 1). Zur weiteren baurechtlichen Konsequenz der Befristung siehe § 32 Abs 6 und die Erläuterungen dazu. Um bei größeren Projekten (zB UVP-pflichtigen Vorhaben) ausreichend Zeit zu gewähren, ist eine Verlängerungsmöglichkeit für die Befristung aufgenommen. Zur Voraussetzung des Bestehens einer Standortverordnung für eine Ausweisung von Gebieten für Handelsgroßbetriebe in den Flächenwidmungsplänen und Ausnahmen davon siehe § 32 Abs 5.

RV 2017

Am Konzept der überörtlichen Standortverordnung wird grundsätzlich festgehalten. Künftig sollen jedoch nicht nur Kategorie und Höchstausmaß der Gesamtverkaufsfläche festgelegt werden können, sondern – soweit dies zur Verwirklichung überörtlicher Entwicklungsziele erforderlich ist – auch ein Mindestmaß an raumverträglicher baulicher Ausnutzbarkeit. Nicht selten kommt es in der Praxis nämlich vor, dass Handelsgroßbetriebe nur unter bescheidener baulicher Ausnutzung der Grundflächen (eingeschoßig mit einem großen Stellplatzanteil im Freien) errichtet werden. Bedenkt man, dass für den Betrieb von Handelsgroßbetrieben zum Teil erhebliche infrastrukturelle Maßnahmen erforderlich sind (Bau von Kreisverkehren, Linksabbieger usw.), erscheint es verhältnismäßig und im Sinn des Ziels eines sparsamen Umgangs mit Grund und Boden geradezu erforderlich, eine gewisse bauliche Nutzung zu verlangen. Die Landesregierung kann eine solche Festlegung – wie bei allen Planungsentscheidungen – freilich nur unter Beachtung der für die Raumordnung maßgebenden Verhältnisse vornehmen. Dazu zählen insbesondere auch die entsprechenden Planungen der Gemeinde und der im betreffenden Bereich gegebene Bestand. Die Festlegung gilt dabei nur für den Fall der Verwendung der Fläche für Handelsgroßbetriebe. Die Standortverordnung stellt ja für die Gemeinde nur eine Berechtigung zur Festlegung der besonderen Widmung für Handelsgroßbetriebe außerhalb von Stadt- und Ortskernen dar, aber keine Verpflichtung.

Ferner sollen künftig bei Handelsgroßbetrieben mit zentrenrelevantem Warensortiment (ds Verbrauchermärkte, Fachmärkte und Einkaufszentren) bestimmte Raumordnungsziele und -grundsätze verstärkte Berücksichtigung finden. Dazu wird Abs 2 neu gefasst.

Mit der Z 1 soll ausgeschlossen werden, dass Handelsgroßbetriebe mit zentrenrelevantem Warensortiment in Gemeinden errichtet werden, denen eine solche Versorgungsfunktion nach dem Konzept der gestreuten Schwerpunktbildung gar nicht zukommt. Die Standorte von Handelsgroßbetrieben sollen ja in ihrer Funktion und Größe mit der überörtlichen Funktion der Standortgemeinde übereinstimmen.

Und mit der Z 2 soll sichergestellt werden, dass auf Grund des Vorhabens keine maßgebliche Beeinträchtigung des innerstädtischen Zentrengefüges in seinen wesentlichen Funktionen einhergeht. Maßgeblich nachteilige Auswirkungen werden in aller Regel anzunehmen sein, wenn das Vorhaben einem von oder für die Gemeinde ausgearbeiteten Konzept für eine Orts- oder Stadtkernstärkung (integriertes Ortsentwicklungskonzept) widerspricht.

Die Abs 1, 3, 4 und 5 entsprechen im Übrigen im Wesentlichen dem geltenden Recht. Im Abs 3 wird jedoch klargestellt, dass die Standortprüfung kein Projektgenehmigungsverfahren darstellt, sondern bei Handelsagglomerationen der kumulative Charakter der Auswirkungen auf den Raum abzuschätzen ist. In die Beurteilung sind daher nicht nur die raumrelevanten Auswirkungen des eigentlichen Vorhabens, sondern auch die des in räumlicher Nähe befindlichen Bestandes einzubeziehen, wobei dazu auch raumordnungsrechtlich zulässige, aber noch nicht errichtete Handelsgroßbetriebe zählen.

Anmerkungen

Durch die Novelle 2017 wird die Erlassung von Standortverordnungen für Handelsgroßbetriebe mit zentumsrelevantem Warensortiment (das sind Verbrauchermärkte, Fachmärkte und Einkaufszentren) wesentlich eingeschränkt. Für alle durch Standortverordnung möglichen Handelsgroßbetriebe dh auch für Bau-, Möbel- und Gartenmärkte sowie C&C Märkte gilt dabei, dass auch auf die bauliche Ausnutzung der Flächen (Mindestmaß für die bauliche Ausnutzbarkeit) Einfluss genommen werden kann.

Der bisherige Abs 1 wird durch folgenden Satz ergänzt: „Zur Verwirklichung überörtlicher Entwicklungsziele kann in solchen Standortverordnungen unter Beachtung der für die Raumordnung maßgeblichen Verhältnisse auch ein raumverträgliches Mindestmaß an baulicher Ausnutzbarkeit der Grundflächen festgelegt werden.“ Damit kann eine entsprechende bauliche Ausnutzung der Flächen sichergestellt werden, so es zur Errichtung des jeweiligen Handelsgroßbetriebes kommt.

Für Abs 2 ist maßgeblich, dass Standortverordnungen – wie bisher – für Handelsgroßbetriebe nur in Übereinstimmung mit den Raumordnungszielen und -grundsätzen erlassen werden dürfen. Darüber hinaus kommt bei Handelsgroßbetrieben mit zentrumsrelevantem Warensortiment die Erlassung einer Standortverordnung allerdings nur in Betracht, wenn das Vorhaben mit der überörtlichen Funktion der Gemeinde im Hinblick auf die Versorgung mit Gütern in Einklang steht und auf Grund des Vorhabens keine maßgeblich nachteiligen Auswirkungen auf die Verwirklichung des Raumordnungsziels der Revitalisierung und Stärkung der Orts- und Stadtkerne zu erwarten sind.

Während eine Überprüfung eines Vorhabens zur Erlassung einer Standortverordnung aus Sicht der überörtlichen Funktion der Gemeinde aus den Festlegungen des Landesentwicklungsplanes (LEP) Kap. 2.3. (Zentralörtliche Struktur) nachvollziehbar und überprüfbar ist, fehlen konkrete Vorgaben wie im Rahmen der Prüfung vorzugehen ist, dass das Vorhaben „keine maßgebliche Beeinträchtigung des innerstädtischen Zentrengefüges in seinen wesentlichen Funktionen" bewirkt. Zwar führt die RV 2017 aus, dass maßgeblich nachteilige Auswirkungen in aller Regel anzunehmen sein werden, wenn das Vorhaben einem von oder für die Gemeinde ausgearbeiteten Konzept für eine Orts- oder Stadtkernstärkung (integriertes Ortsentwicklungskonzept) widerspricht. Allerdings ist die Erstellung eines solchen Konzepts gesetzlich nicht vorgesehen, allenfalls könnte es – wenn es der Planungsabsicht der Gemeinde entspricht – als Planungsgrundlage für das REK Verwendung finden. Zudem ist nicht sichergestellt, dass sich diese Konzepte überhaupt mit den Handelsbetrieben außerhalb des Ortskerns auseinandersetzen.

In der RV 2017 zum LEP (§ 5 Z 3 lit e) wird dazu angeführt, dass das (neue) LEP grundsätzliche Aussagen zur Stadt- und Ortskernentwicklung enthalten soll. Dabei wird darauf hingewiesen, dass „integrierte Stadt- und Ortsentwicklungskonzepte (Masterpläne)" wertvolle Beiträge liefern können, wie historische Stadt- und Ortskerne in ihrem Bestand geschützt und maßvoll weiterentwickelt werden können. Hingewiesen wird in der RV darauf, dass solche Konzepte bereits in mehreren Gemeinden pilothaft mit Unterstützung des Landes erarbeitet wurden. Derartige Konzepte sind spezifisch auf die jeweilige Gemeinde zugeschnittene Maßnahmenpakete, die jeweils nach Gemeinde sehr unterschiedlich Raumplanung, Wohnungswesen, Wirtschaftsentwicklung und Verkehr betreffen. (Zitat der Presseaussendung des Landes Salzburg vom 28.4.2016 zu Vorstellung des Projektes der integrierten Stadtentwicklungskonzepte [ISEK] für die drei Pilotgemeinden Köstendorf, Neumarkt und Radstadt) Vorgaben unter welchen Voraussetzungen ein mit Standortverordnung zu realisierendes Handelsgroßbetriebsvorhaben einem „integriertes Ortsentwicklungskonzept" nicht widerspricht lassen sich aus diesen in den Pilotgemeinden angestrebten „Maßnahmenpaketen" nicht ableiten.

In Abs 3, der unter anderem Vorgaben zum möglichen Höchstmaß der Verkaufsflächen festlegt, werden die im bisher in Abs 2 ROG 2009 getroffenen Vorgaben um einen neu angefügten Satz ergänzt: „Im Fall von Handelsagglomerationen ist dabei jeweils von den Gesamtauswirkungen auszugehen." Handelsagglomerationen sind in § 5 Z 7 definiert und sind gewachsene oder geplante räumliche Konzentrationen von branchengleichen sowie branchenübergreifenden Einzelhandelsbetrieben. Der Grund für ihre raumordnungsrechtliche Erfassung liegt grundsätzlich darin, dass Handelsagglomerationen eine Steigerung der Attraktivitätswirkung aller Betriebe bewirken und insoweit eine Sog- oder Magnetwirkung auf die Kunden in der Umgebung entfalten. Die kumulative Auswirkung der Handelsagglomeration durch die Ansiedlung/Erweiterung eines HGB ist vor Erlassung einer Standortverordnung zu würdigen und zu berücksichtigen. Die Auswirkungen eines mit Standortverordnung zu realisierendes Handelsgroßbetriebsvorhabens sind deshalb nicht nur – wie vor der Novelle 2017 und auch in den folgenden Beurteilungskriterien aus dem „Handbuch" dargestellt – hinsichtlich der jeweiligen Branche zu berücksichtigen, sondern auch hinsichtlich der kumulativen Auswirkungen auf alle in einer Handelsagglomeration (wie zB einem Stadt- und Ortskernbereich) bestehenden Betriebe.

„Beurteilungskriterien" nach § 14 Abs 1 (erster und zweiter Satz):

Im Folgenden werden die „Beurteilungskriterien" des Amtes der Salzburger Landesregierung Abt. 7 (jetzt Abt. 10) für Standortverordnungen dargestellt, die 2010 im damaligen „Handbuch Raumordnung Salzburg" 12. Auflage 2012 festgelegt wurden. Diese Beurteilungskriterien nach § 14 Abs 1 ROG 2009 erster und zweiter Satz wurden durch die Novelle 2017 nicht geändert, sondern nur hinsichtlich einer baulichen Mindest-Ausnutzung ergänzt. Die „Beurteilungskriterien" nennen ua 17 zentrenrelevante Warengruppen, die zu beachten sind. Anzunehmen ist allerdings, dass durch die mit der Novelle 2017 in Abs 3 neu festgelegten nötiger Berücksichtigung der Gesamtauswirkung eines Vorhabens bei Handelsagglomerationen (nach § 5 Z 7: „räumliche Konzentration von Einzelhandelsbetrieben unabhängig von der Art der angebotenen Waren") eine grundlegende Überarbeitung/Ergänzung der „Beurteilungskriterien" nötig ist.

Nach dem „Handbuch" sind folgende Beurteilungskriterien bei Standortverordnungen für Handelsgroßbetriebe nach § 14 Abs 1 zu beachten:

a) Raumordnungsziele und -grundsätze allgemein.(Durch die Novelle 2017 direkt im Gesetzestext in § 2 erster Satz übernommen)

b) Auswirkungen eines Vorhabens auf die Verkehrsstrukturen (überörtliche Verkehrsanbindung, örtliche Verkehrsanbindung, Leistungsfähigkeit des Straßennetzes, öffentliche Verkehrsanbindung je nach Kategorie, Stellplatzanzahl und -unterbringung).

c) Auswirkungen eines Vorhabens auf die Versorgung der Bevölkerung mit Gütern und Dienstleistungen hinsichtlich des Einzugsbereiches des Vorhabens und seines Einflusses auf die Handelsstruktur im jeweiligen Bezugsbereich. Um eine landesweit einheitliche Vorgangsweise bei der Beurteilung der verschiedenen Projekte zu gewährleisten, wird empfohlen, eine Gliederung der Angebote im Handel auf die folgenden 17 Branchengruppen vorzunehmen, nach denen jeweils die Beurteilung des Einflusses auf die Handelsstruktur erfolgt und für die auch jeweils eine Zuordnung gegeben ist, ob sie überwiegend der Abdeckung eines kurz-mittel- oder längerfristigen Bedarfes dienen bzw. Waren anbieten, die zentrenrelevant oder nicht zentrenrelevant sind. Die Branchen sind im Einzelnen:

   1. Nahrungs- und Genussmittel (kurzfristiger Bedarf/zentrenrelevant)
   2. Drogeriewaren und Reinigungsmittel, Parfümerie, Apotheke (kurzfristiger Bedarf/zentrenrelevant)
   3. Blumen, Pflanzen, Tiernahrung und zoologische Artikel (kurzfristiger Bedarf/zentrenrelevant)
   4. Bücher, Zeitschriften, Papier- und Schreibwaren, Postshops, Büromaschinen (mittelfristiger Bedarf/zentrenrelevant)
   5. Spielwaren, Geschenke, Hobbyartikel (mittelfristiger Bedarf/zentrenrelevant)
   6. Sportartikel, Sportbekleidung (mittelfristiger Bedarf/zentrenrelevant)
   7. Schuhe, Lederwaren (mittelfristiger Bedarf/zentrenrelevant)
   8. Bekleidung einschließlich Kurzwaren (mittelfristiger Bedarf/zentrenrelevant)
   9. Haushaltsartikel, Geschirr, Porzellan, Glas, Hausrat (langfristiger Bedarf/zentrenrelevant)
   10. Bau- und Heimwerkerartikel, Gartenbedarf (langfristiger Bedarf/nicht zentrenrelevant)
   11. Foto, Optik, Hörgeräte (langfristiger Bedarf/zentrenrelevant)
   12. Möbel, Wohnungseinrichtung und Heimtextilien (langfristiger Bedarf/nicht zentrenrelevant)
   13. Elektrowaren, Multimedia, Telekommunikation (langfristiger Bedarf/zentrenrelevant)
   14. Uhren und Schmuck (langfristiger Bedarf/zentrenrelevant)

15. Tabak-Trafik (kurzfristiger Bedarf/zentrenrelevant)
16. Tankstelle mit Shop (kurzfristiger Bedarf/nicht zentrenrelevant)
17. Sonstige Waren wie Frisörbedarf, Autobedarf, Videoverleih, Galerie, Antiquitäten, Münzen, Briefmarken, Kopieranstalt, Erotik.

a) Auswirkungen des Vorhabens auf die Erwerbsmöglichkeiten im Einzelhandel des Einzugsbereiches und in den sonstigen Branchen des Einzugsbereiches.
b) Auswirkungen des Vorhabens auf die weitere Entwicklung der gewachsenen Lebensräume unter besonderer Berücksichtigung des Prinzips der gestreuten Schwerpunktbildung (Einbindung in die bestehende Siedlungs- und Ortszentrenstruktur, Auswirkungen auf die zentralörtliche Struktur bzw. auf den Verflechtungsbereich der Standortgemeinde).
c) Auswirkung auf den sparsamen Umgang mit Grund und Boden (seit der Novelle 2017 durch Abs 1 letzter Satz neu geregelt!)

Umweltprüfung für Handelsgroßbetriebe:

Gemäß § 5a sind Planungen – und dazu zählt eine Standortverordnung für Handelsgroßbetriebe – einer Umweltprüfung zu unterziehen, wenn sie geeignet sind, Grundlage für ein Projekt zu sein, das gemäß dem Anhang 1 (siehe Kap. D Z 1) des Umweltverträglichkeitsprüfungsgesetzes 2000 (UVP-G 2000) BGBl 89/2000 idF einer Umweltverträglichkeitsprüfung unterliegt. Diese Regelung bezieht sich auf Art 3 Abs 2 der Richtlinie 2001/42/EG vom 27.6.2001 über die Prüfung der Umweltauswirkungen bestimmter Pläne und Programme (SUP- Richtlinie), wonach eine Umweltprüfung ua bei Plänen und Programmen der Raumordnung vorzunehmen ist, durch die der Rahmen für die künftige Genehmigung der in den Anhängen I und II der Richtlinie 85/337/EWG aufgeführten Projekte gesetzt wird.
Eine Umweltprüfung ist allerdings gemäß § 5a ROG nicht erforderlich, wenn es sich um geringfügige Änderungen von Plänen oder zusätzlich bei Standortverordnungen, Flächenwidmungsplänen und Räumlichen Entwicklungskonzepten um die Nutzung kleiner Gebiete handelt (siehe Kap. C Z 1).

§ 15 Raumverträglichkeitsprüfung für Abfallbehandlungsanlagen

(1) Die Verwendung von Flächen für genehmigungspflichtige ortsfeste Anlagen zur Behandlung von gefährlichen oder überwiegend nicht gefährlichen Abfällen gemäß dem Abfallwirtschaftsgesetz 2002 ist vom Standpunkt der überörtlichen Raumplanung des Landes nur zulässig, wenn die Landesregierung die Raumverträglichkeit des Vorhabens mit Bescheid festgestellt hat.

(2) Eine Feststellung gemäß Abs 1 ist nicht erforderlich für:

1. Flächen, die im Flächenwidmungsplan als Gewerbegebiete, Industriegebiete oder als entsprechende Sonderfläche ausgewiesen sind;
2. gemäß § 16 Abs 1 des Salzburger Abfallwirtschaftsgesetzes 1998 festgesetzte Standorträume;
3. öffentlich zugängliche Altstoffsammelzentren für Siedlungsabfälle;
4. öffentlich zugängliche Sammelstellen für Problemstoffe;
5. Deponien;
6. Anlagen zur biologischen Verwertung biogener Abfälle.

(3) Der Projektwerber hat seinem Antrag alle zur Beurteilung der Raumverträglichkeit des Projekts erforderlichen Unterlagen beizufügen.

(4) Die Raumverträglichkeit der Anlage ist nicht gegeben, wenn das Vorhaben zu Entwicklungsprogrammen oder, ohne dass überörtliche Interessen an der Errichtung der Anlage überwiegen, zu Festlegungen in den Räumlichen Entwicklungskonzepten im Widerspruch steht.

RV

Eine entsprechende Bestimmung wurde bereits mehrfach angeregt und im Zuge der Diskussion über die Errichtung einer Müllverbrennungsanlage in der Gemeinde Scheffau grundlegend konzipiert. Sie ist § 15 nachgebildet. Einbezogen sind auch die Anlagen für die Behandlung gefährlicher Abfälle. (Siehe dazu die kompetenzrechtlichen Ausführungen unter Pkt. 2.) Keine Raumverträglichkeitsprüfung nach dieser Bestimmung soll aber für öffentlich zugängliche Problemstoff-Lagerstellen (§ 54 Abs 1 Z 2 AWG 2002) und Deponien (§ 2 Abs 7 Z 4 AWG 2002) erforderlich sein. Ebenso für Anlagen zur biologischen Verwertung (iSd unter R 3 lit b bis f des Anhangs 1 zur Abfallnachweisverordnung, BGBl II Nr. 618/2003, angeführten Verfahren [-Kompostierung und anaerobe Verwertung] biogener Abfälle (iSd § 1 der Salzburger Bioabfallverordnung, LGBl Nr. 37/1992). Klärschlamm-Kompostierung und Biogasanlagen unter Mitverarbeitung von Klärschlamm fallen nicht darunter, ebenso nicht Restmüllkompostierungsanlagen.

Ein ausschließliches Abstellen der Raumverträglichkeit auf die Entwicklungsprogramme des Landes und die Ziele und Grundsätze der Raumordnung ist nicht ausreichend und würde nicht der Bedeutung der örtlichen Raumplanung entsprechen. Die Festlegungen der örtlichen Raumplanung sind daher für die Raumverträglichkeit ebenso von Bedeutung, allerdings unter dem Vorbehalt des Vorliegens überwiegender überörtlicher Interessen an einer solchen Anlage (Abs 4).

RV 2017

Die Bestimmungen werden aus dem geltenden Gesetz (§§ 15 und 16) unverändert übernommen.

Anmerkungen

Eine Raumverträglichkeitsprüfung für Abfallbehandlungsanlagen wurde mit dem ROG 2009 eingeführt. Sie ist der damaligen Raumverträglichkeitsprüfung für Seveso-Betriebe (siehe § 16) nachgebildet. Einbezogen sind auch die Anlagen für die Behandlung gefährlicher Abfälle, wobei dazu die Diskussionen im Zusammenhang mit dem Projekt der Errichtung einer Müllverbrennungsanlage in der Gemeinde Scheffau maßgeblich waren (RV 2009).

Keine Raumverträglichkeitsprüfung soll nach dieser Bestimmung für öffentlich zugängliche Problemstoff-Lagerstellen (§ 49 Abs 1 Z 2 Abfallwirtschaftsgesetz 2002) und Deponien (§ 2 Abs 7 Z 4 Abfallwirtschaftsgesetz 2002) erforderlich sein. Ebenso soll keine Raumverträglichkeitspflicht für Anlagen zur biologischen Verwertung biogener Abfälle im Sinne des § 1 der Salzburger Bio Abfallverordnung (LGBl Nr. 73/1992) notwendig sein. Klärschlamm-Kompostierung und Biogas-Anlagen unter Mitverarbeitung von Klärschlamm fallen ebenfalls nicht unter die Pflicht der Raumverträglichkeitsprüfung, wie auch die Restmüll-Kompostieranlagen.

§ 16 Raumverträglichkeitsprüfung für Seveso-Betriebe

(1) Die Verwendung von Flächen für Betriebe, die in den Anwendungsbereich der Seveso-Richtlinie fallen, ist vom Standpunkt der überörtlichen Raumplanung des Landes nur zulässig, wenn die Landesregierung auf Antrag die Raumverträglichkeit des Vorhabens durch Bescheid festgestellt hat.

(2) Der Projektwerber hat seinem Antrag alle zur Beurteilung des Gefahrenpotentials und des damit verbundenen Auswirkungsbereichs erforderlichen Unterlagen beizufügen. Der Antrag und die zur Beurteilung der Auswirkungen eines schweren Unfalls erforderlichen Unterlagen sind in der mit den Angelegenheiten der Raumordnung befassten Abteilung des Amtes der Landesregie-

rung acht Wochen zur allgemeinen Einsicht während der für den Parteienverkehr bestimmten Amtsstunden sowie im Internet aufzulegen. Die Auflage ist kundzumachen:

1. in der Salzburger Landes-Zeitung;
2. durch Anschlag an den Amtstafeln der Bezirksverwaltungsbehörden und Gemeinden, die vom Auswirkungsbereich der Anlage betroffen sind.

Die Auflage- und Kundmachungsfrist läuft ab Verlautbarung in der Salzburger Landes-Zeitung. Innerhalb der Auflagefrist können von Personen, die ein berechtigtes Interesse glaubhaft machen, schriftliche Äußerungen zur Raumverträglichkeit eingebracht werden. Die Kundmachung hat auf die Möglichkeit zur Einbringung solcher Äußerungen hinzuweisen. Bei der Entscheidung über die Raumverträglichkeit ist auf diese Äußerungen Bedacht zu nehmen. Parteistellung haben der Projektwerber, die Gemeinden, die vom Auswirkungsbereich des Betriebs betroffen sind, die Landesumweltanwaltschaft sowie alle Personen mit berechtigtem Interesse, die innerhalb der Kundmachungsfrist eine Äußerung abgegeben haben. Die vom Auswirkungsbereich des Betriebs betroffenen Gemeinden, die Landesumweltanwaltschaft und die Personen mit berechtigtem Interesse, die innerhalb der Kundmachungsfrist eine Äußerung abgegeben haben, sind berechtigt, gegen den in diesem Verfahren ergangenen Bescheid Beschwerde an das Landesverwaltungsgericht und gegen die Entscheidung des Landesverwaltungsgerichts Revision an den Verwaltungsgerichtshof zu erheben.

(3) Die Raumverträglichkeit eines Seveso-Betriebs ist nicht gegeben, wenn

1. im Auswirkungsbereich kein angemessener Abstand zu Wohngebieten, öffentlich genutzten Gebieten einschließlich solcher Bauten, wichtigen Verkehrswegen oder zu unter dem Gesichtspunkt des Naturschutzes besonders wertvollen oder empfindlichen Gebieten vorhanden ist; oder
2. das Vorhaben im Widerspruch zu Zielen und Maßnahmen von Entwicklungsprogrammen oder Festlegungen in Räumlichen Entwicklungskonzepten steht.

Als Auswirkungsbereich gilt der Umgebungsbereich eines Betriebs, in dem bei einem schweren Unfall erhebliche Gefährdungen der Sicherheit und Gesundheit von Menschen und der Umwelt nicht ausgeschlossen werden können.

(4) Im Bescheid über die Raumverträglichkeit ist der Auswirkungsbereich des Betriebs festzulegen. Die Gemeinde hat den festgelegten Auswirkungsbereich im Flächenwidmungsplan zu kennzeichnen. Innerhalb des so gekennzeichneten Auswirkungsbereichs dürfen keine Widmungen erfolgen sowie auf Grund landesgesetzlicher Vorschriften keine Bewilligungen, Genehmigungen udgl erteilt werden, wenn deren Verwirklichung zu einer erheblichen Vermehrung des Risikos oder der Folgen eines schweren Unfalls, insbesondere hinsichtlich der Anzahl der betroffenen Personen, führen kann. In Bauplatzerklärungen für Grundflächen, die im Auswirkungsbereich liegen, ist darauf hinzuweisen, dass eine Bebauung keine derartige Folgewirkung nach sich ziehen darf.

(5) Eine nach baurechtlichen Vorschriften des Landes erforderliche Bewilligung für Seveso-Betriebe ist unbeschadet der Erfüllung der sonstigen bau- und raumordnungsrechtlichen Voraussetzungen nur zulässig, wenn der im Flächenwidmungsplan festgelegte Auswirkungsbereich eingehalten wird. Der Nachweis obliegt dem Projektwerber im Bauverfahren und ist der Landesregierung bekannt zu geben.

(6) Für Verfahren zur Erteilung von Baubewilligungen für Seveso-Betriebe und betreffend die Errichtung von Neubauten im Auswirkungsbereich von Seveso-Betrieben gelten folgende Bestimmungen:

1. Die Vorhaben sind bei der jeweiligen Standortgemeinde zur allgemeinen Einsicht während der Amtsstunden durch sechs Wochen aufzulegen und nach Maßgabe der technischen Möglichkeiten durch die Standortgemeinde im Internet zugänglich zu machen.
2. Die Auflage ist durch Anschlag an der Amtstafel und in der Salzburger Landes-Zeitung kundzumachen.

3. In den Kundmachungen nach Z 2 ist auf die Möglichkeit zur Äußerung durch Personen, die ein berechtigtes Interesse glaubhaft machen, und auf die Rechtsfolgen des Unterlassens einer Äußerung hinzuweisen.

4. Jenen Personen, die sich zum Vorhaben innerhalb der Auflagefrist schriftlich geäußert haben, kommt Parteistellung im durchzuführenden Baubewilligungsverfahren zu. Sie können die Voraussetzungen des Abs 4 und 5 als subjektiv-öffentliches Recht im Verfahren geltend machen.

RV

Die Bestimmungen sind teilweise neu gereiht; ihr Wortlaut ist aus § 11b ROG 1998 wörtlich übernommen (ausgenommen im Abs 2 sechster Satz „Einbringung" an Stelle von „Erhebung").

RV 2016

Das Vorhaben verfolgt den Zweck, die Richtlinie 2012/18/EU des Europäischen Parlaments und des Rates zur Beherrschung der Gefahren schwerer Unfälle mit gefährlichen Stoffen, zur Änderung und anschließenden Aufhebung der Richtlinie 96/82/EG des Rates, ABl Nr. L 197 vom 24.7.2012 (im Folgenden kurz: Seveso-III-Richtlinie) in das Salzburger Landesrecht umzusetzen. Mit der Seveso-III-Richtlinie wird die Richtlinie 96/83/EG in der Fassung der Richtlinie 2003/105/EG (im Folgenden kurz: Seveso-II-Richtlinie) aufgehoben, wobei das Ziel der Seveso-III-Richtlinie die weitere Erhöhung des Schutzniveaus zur Verhütung schwerer Unfälle ist.
Die Änderungen der Seveso-II-Richtlinie betreffen das Katastrophenhilfegesetz und das Salzburger Raumordnungsgesetz 2009, sodass diese beiden Gesetze an die Bestimmungen der Seveso-III-Richtlinie anzupassen sind. Durch die Seveso-III-Richtlinie neu eingeführte Regelungen wie beispielsweise angemessene Sicherheitsabstände bei Hauptverkehrswegen zu Seveso-Betrieben oder die Überwachung von Entwicklungen der Verkehrswege, wenn die Entwicklungen Ursache von schweren Unfällen sind oder das Risiko eines schweren Unfalls vergrößern können, sind bereits nach der geltenden Rechtslage im Zuge der überörtlichen Raumplanung ausreichend berücksichtigt.
Im Hinblick auf mögliche weitere Änderungen dieser Seveso-III-Richtlinie und den damit zusammenhängenden umfassenden Novellierungsbedarf im Landesrecht wird in den beiden Gesetzen die Richtlinie zukünftig als Seveso-Richtlinie (ohne weitere Nummerierung) bezeichnet.
Die Raumverträglichkeitsprüfung für Seveso-Betriebe wird an die neuen Anforderungen der Seveso-III-Richtlinie angepasst. Dabei werden die Vorgaben der Art 13, 15 und 23 der Seveso-III-Richtlinie (Überwachung der Ansiedlung, Öffentliche Konsultationen und Öffentlichkeitsbeteiligung am Entscheidungsverfahren) umgesetzt, sodass bei der Raumverträglichkeitsprüfung dieser Betriebe zukünftig eine verbesserte Öffentlichkeitsbeteiligung und erhöhte Rechtsschutzmöglichkeiten bei der Ansiedlung neuer Betriebe und der Festlegung ihres Auswirkungsbereichs, bei der Bauführung dieser Betriebe und in deren Umgebung bei der Überwachung neuer Entwicklungen in der Nachbarschaft ermöglicht werden.

Wie bereits bisher hat jeder Interessierte die Möglichkeit, bei der Raumverträglichkeitsprüfung eine schriftliche Äußerung abzugeben, wenn er ein berechtigtes Interesse glaubhaft macht. Ein berechtigtes Interesse am Verfahren im Sinn des § 15 Abs 2 stellen jedenfalls die im Abs 3 genannten Gründe (wenn im Auswirkungsbereich bspw. kein angemessener Abstand zu Wohngebieten oder zu unter dem Gesichtspunkt des Naturschutzes besonders wertvollen oder empfindlichen Gebieten vorliegt) oder eine Betroffenheit bzw. wahrscheinliche Betroffenheit dar. Eine Betroffenheit besteht bspw. bei Gefährdung des Lebens, der Gesundheit oder des Vermögens. Zukünftig erhält jeder, der eine schriftliche Äußerung einbringt, aber auch eine Parteistellung in diesem Verfahren (Abs 2 vorletzter Satz). Der im Art 23 lit b der Seveso-III-Richtlinie vorgeschriebene Zugang zu Überprüfungsverfahren wird aber alleine durch die Einräumung der Parteistellung noch nicht gewährt, da Art 132 Abs 5 B-VG und Art 133 Abs 8 B-VG vorsehen, dass durch Bundes- oder Landesgesetze zu bestimmen ist, wer in anderen als den verfassungs-gesetzlich vorgesehenen Fällen Beschwerde an das Landesverwaltungsgericht bzw. Revision an den Verwaltungsgerichtshof erheben kann. Bei den am Verfahren interessierten Personen handelt es sich ebenso wie bei den betroffenen Gemeinden sowie der Landesumweltanwaltschaft um reine Formalparteien, da in diesem Bescheiderlassungsverfahren die Raumverträglichkeit vom Standpunkt der überörtlichen Raumplanung des Landes überprüft wird und dies die Grundlage für die Kennzeichnung des festgelegten Aus-wirkungsbereichs im Flächenwidmungsplan durch die Gemeinden darstellt. Da diese interessierten Personen als Formalparteien nicht in ihren subjektiv-öffentlichen Rechten verletzt sein können, wird ihnen – ebenso wie den vom Auswirkungsbereich des Betriebs betroffenen Gemeinden und der Landesumweltanwaltschaft – landesgesetzlich ausdrücklich die Beschwerde- bzw. Revisionsmöglichkeit eingeräumt, um eine korrekte Umsetzung von Art 23 lit b Seveso-III-Richtlinie zu gewährleisten (Abs 2 letzter Satz).

Um die Mitwirkungsrechte ausreichend effektiv zu gestalten, wird einerseits die Frist zur Äußerung auf acht Wochen ausgedehnt und eine Einsichtnahme im Internet nach Maßgabe der technischen Möglichkeiten eingeräumt (Abs 2 zweiter Satz). Hinsichtlich der baurechtlichen Aspekte (Bauführungen des Betriebs) wird dem eigentlichen Bauverfahren ein Vorverfahren vorgeschaltet (Abs 6), um nicht das Hauptverfahren unnötig zu belasten. Dieses Vorverfahren dient der Feststellung der als Parteien dem eigentlichen Bewilligungsverfahren Beizuziehenden. Zu diesem Zweck ist die beabsichtigte Bauführung – im Auswirkungsbereich des Betriebes beschränkt auf Neubauten – durch sechs Wochen in der Standortgemeinde und nach Maßgabe der technischen Möglichkeiten im Internet zur allgemeinen Einsicht aufzulegen. Innerhalb dieser Frist können alle Personen, die sich zum Vorhaben innerhalb der Auflagefrist schriftlich geäußert haben, zur beabsichtigten Bauführung Stellung nehmen. Erfolgt keine Stellungnahme innerhalb der Kundmachungsfrist, geht die potentiell eingeräumte Parteistellung verloren. Äußern können sich Personen, die ein berechtigtes Interesse glaubhaft machen. Da sie die Voraussetzungen des Abs 4 und 5 als subjektiv-öffentliche Rechte im Verfahren geltend machen können, gilt die Einhaltung dieser Rechte als berechtigtes Interesse. Hinsichtlich Personen, die eine Stellungnahme abgeben, wird, sofern sie nicht bereits auf Grund des Baupolizeigesetzes 1997 ohnehin bereits Parteistellung genießen, das Mitwirkungsrecht im Bauverfahren auf die Einhaltung des Abs 4 (keine erhebliche Vermehrung des Risikos oder der Folgen eines schweren Unfalls) und des Abs 5 (Einhaltung der des im Flächenwidmungsplan festgelegten Auswirkungsbereich) beschränkt. Da ihnen diese Rechte als subjektiv-öffentliche Rechte zustehen, steht ihnen bereits gemäß Art 132 Abs 1 Z 1 B-VG und Art 133 Abs 6 Z 1 B-VG betreffend dieser Rechte die Beschwerde an das Landesverwaltungsgericht bzw. die Revision an den Verwaltungsgerichtshof offen.

3. Abschnitt – Örtliche Raumplanung

1. Teil – Allgemeines

§ 17 Aufgabe der örtlichen Raumplanung

(1) Der örtlichen Raumplanung obliegt unter Beachtung der überörtlichen Planung die räumliche Ordnung und Planung des Gemeindegebiets nach den Raumordnungszielen und -grundsätzen.

(2) Die Planungsinstrumente der örtlichen Raumordnung sind:

1. das Räumliche Entwicklungskonzept (REK),

2. der Flächenwidmungsplan und

3. die Bebauungspläne.

(3) Die Landesregierung hat die Gemeinden auf deren Ersuchen in grundsätzlichen Fragen bei Handhabung der Planungsinstrumente zu beraten.

(4) Die Planungen gemäß Abs. 2 sind im Gemeindeamt während der für den Parteienverkehr bestimmten Amtsstunden zur allgemeinen Einsicht aufzulegen. Nach Maßgabe der technischen Möglichkeiten ist eine Einsichtnahme auch über das Internet zu ermöglichen.

(5) Aufgaben, die nach diesem Abschnitt der Gemeindevertretung zukommen, sind in der Stadt Salzburg vom Gemeinderat wahrzunehmen. An die Stelle des Gemeindeamtes tritt in der Stadt der Magistrat Salzburg.

RV

Die Abs 2 bis 4 sind gegenüber dem § 12 ROG 1998 neu aufgenommen. Im Abs 2 werden die Planungsinstrumente der örtlichen Raumordnung übersichtsweise aufgezählt. Abs 3 (Beratungsverpflichtung der Landesregierung auf Ersuchen der Gemeinde) tritt zusammenfassend an die Bestimmungen der bisherigen §§ 13 Abs 4 erster Satz, 21 Abs 8 und 38 Abs 3 erster Satz ROG 1998. Schließlich enthält Abs 4 eine allgemeine Anordnung, das Räumliche Entwicklungskonzept, den Flächenwidmungsplan und die Bebauungspläne zur allgemeinen Einsicht aufzulegen. Ergänzt wird die Einsichtnahme über das Internet, die nach Maßgabe der technischen Möglichkeiten zu ermöglichen ist. Teilweise ist dies bereits durch das GIS-Online möglich. Ein weiterer Entwicklungsschub ist mit ROG-Serve zu erwarten, weil dieses Instrument künftig nicht nur der Abwicklung der Verfahren zwischen Gemeinde und Aufsichtsbehörde dienen soll. In einer weiteren Ausbaustufe soll es auch für die planinteressierte Öffentlichkeit zu Zwecken der Bürgerbeteiligung geöffnet werden (siehe dazu in Deutschland die im Rahmen der Technologieoffensive geschaffenen Möglichkeiten des Projektes „Vernetzter Bebauungsplan").

Anmerkungen

Die örtliche Raumplanung und die damit verbundenen Aufgaben sind der Gemeinde gemäß Art 118 Abs 3 Z 9 B-VG in den eigenen Wirkungsbereich übertragen (siehe auch § 1). Nur die Gemeinde ist zur Ordnung des Gemeindegebietes berufen, was auch durch die Bestimmungen des § 8 Abs 2, wonach durch Entwicklungsprogramme diese Planungen nicht vorweggenommen werden dürfen, vom Gesetzgeber klar zum Ausdruck gebracht wird. Freilich hat die Gemeinde bei ihren Planungen die überörtlichen Vorgaben zu beachten und kann daher beispielsweise nicht im Rahmen ihrer Planungen eine überörtlich festgelegte Gewerbezone für eine Wohngebietsentwicklung vorsehen. Allerdings ist die Gemeinde auch nicht unmittelbar verpflichtet, diese überörtliche Gewerbezone im Flächenwidmungsplan als Gewerbegebiet auszuweisen.

Die Aufzählung der Planungsinstrumente der örtlichen Raumplanung ist abschließend. Dies bedeutet, dass andere Planungen (zB Ortsentwicklungskonzepte – siehe dazu auch die RV 2017 zu § 14 Abs 2 Z 2, Tourismuskonzepte, etc) für Zwecke der Raumordnung prinipiell unbeachtlich sind. Diesen Planungen kann allerdings die Funktion von Planungsgrundlagen zukommen. Ein Tourismuskonzept ist zwar prinzipiell für die Beurteilung der Rechtmäßigkeit einer Ausweisung einer Fläche für einen Beherbergungsgroßbetrieb nicht relevant, kann aber als Planungsgrundlage für eine entsprechende Aussage im REK Bedeutung besitzen.

§ 18 Ermächtigung zu privatwirtschaftlichen Maßnahmen

(1) Die Gemeinde kann zur Sicherung der Entwicklungsziele Vereinbarungen mit den Grundeigentümern insbesondere betreffend die Verwendung von Grundstücken, die Überlassung von Grundstücken an Dritte und die Tragung von Infrastrukturkosten schließen. In solchen Vereinbarungen können für deren Einhaltung auch Sicherungsmittel wie Konventionalstrafen, Vorkaufsrechte udgl vorgesehen werden. In allfälligen Preisvereinbarungen ist auf die Interessen der Grundeigentümer und der Gemeinde und bei Flächen für den förderbaren Wohnbau auch auf die Wohnbauförderungsbestimmungen Bedacht zu nehmen.

(2) Festlegungen des Flächenwidmungs- oder Bebauungsplans dürfen nicht ausschließlich vom Abschluss einer Vereinbarung gemäß Abs 1 abhängig gemacht werden. Sie können jedoch mit ihrem Abschluss verknüpft werden, wenn

1. **die Festlegungen nach Maßgabe der (sonstigen) raumordnungsrechtlichen Vorschriften grundsätzlich zulässig sind,**
2. **von den betroffenen Grundeigentümern eine Änderung der bestehenden Festlegungen angestrebt wird und es sich um Flächen handelt, die über deren Bauland-Eigenbedarf hinausgehen, und**
3. **die von der Gemeinde mit den Festlegungen angestrebten Entwicklungsziele alleine durch hoheitliche Maßnahmen nicht erreicht werden können.**

Besteht zwischen der Gemeinde und den betroffenen Grundeigentümern Einvernehmen über die im Hinblick auf den Vereinbarungszweck notwendigen und angemessenen Inhalte einer solchen Vereinbarung, so ist die Gemeinde zum Vertragsabschluss verpflichtet.

RV

Der Regelungszweck bleibt unverändert, nämlich dem Handeln der Gemeinde, Raumordnung nicht nur hoheitlich zu betreiben, sondern unterstützend auch durch privatrechtlich getroffene Vereinbarungen, eine einwandfreie rechtliche Basis zu geben. Eine Verpflichtung, so vorzugehen, ergibt sich daraus und aus anderen Bestimmungen dieses Gesetzes oder auch anderer Gesetze (zB des Anliegerleistungsgesetzes) nicht. Die Formulierung aus dem bisherigen § 14 ROG 1998 ist im Bestreben ergänzt, die Anwendung der Bestimmung den Gemeinden näher zu bringen, sie dazu anzuregen, indem einige potentielle Vertragsinhalte beispielhaft angeführt werden; eine Beschränkung auf die angeführten Vertragsinhalte ist damit nicht verbunden. Selbstredend können die Gemeinden selbst als Grunderwerber auftreten, um ihre Entwicklungsziele zusichern. Im anregenden Sinn finden auch einige Sicherungsmittel ausdrücklich Erwähnung.

RV 2017

Durch die vorgeschlagenen Änderungen, die entsprechenden Regelungen im Tiroler Raumordnungsgesetz nachgebildet sind (überwiegend kann daher auf die dortigen Erwägungen zurückgegriffen werden), soll die sogenannte Vertragsraumordnung durch die Gemeinde innerhalb der in der Rechtsprechung des Verfassungsgerichtshofes gezogenen Grenzen weiterentwickelt und damit die Effektivität dieses Instruments gesteigert werden. Gerade im Hinblick auf das für das Land Salzburg prognostizierte Bevölkerungswachstum, dem Raumordnungsziel „leistbares" Wohnen und dem Umstand, dass etwa 40 % des Bundeslandes von Wald bedeckt sind, 16 % für die Landwirtschaft benötigt werden, ca. 25 % den alpinen Flächen zuzurechnen sind und damit als Dauersiedlungsraum nur ein Fünftel der Gesamtfläche, sohin etwa 1.500 km2, zur Verfügung stehen, kommt diesem Instrument der Baulandmobilisierung besondere Bedeutung zu.

Dabei ist eingangs grundsätzlich darauf hinzuweisen, dass die vorgeschlagenen Änderungen die bisherigen Gestaltungsmöglichkeiten der Gemeinden gemäß Abs 1 keineswegs einschränken. Den Gemeinden ist es auf Basis des Abs 1 – wie bisher – möglich, zur Sicherung der Entwicklungsziele Vereinbarungen mit den Grundeigentümern insbesondere betreffend die Verwendung von Grundstücken, die Überlassung von Grundstücken an Dritte und die Tragung von Infrastrukturkosten zu schließen, und zwar nicht nur im Rahmen der Flächenwidmungs- und Bebauungsplanung, sondern auch im Rahmen der Erstellung oder Änderung von Räumlichen Entwicklungskonzepten. Klargestellt wird im Zusammenhang jedoch, dass diese privatwirtschaftlichen Maßnahmen gemäß Abs 1 nur als unterstützende Mittel zur Erreichung der von der Gemeinde angestrebten Entwicklungsziele eingesetzt werden können und sohin keine zwingende Voraussetzung für eine hoheitliche Planungsmaße sind. Deshalb wird im neuen Abs 2 erster Satz zunächst auch explizit angeordnet werden, dass die (hoheitlichen) Festlegungen des Flächenwidmungs- bzw. Baubauungsplans nicht ausschließlich vom Abschluss von Vereinbarungen mit den betroffenen Grundeigentümern abhängig gemacht werden dürfen. Damit soll für den Regelfall gesetzlich klar zum Ausdruck gebracht werden, dass Grundeigentümer, die zum Abschluss entsprechender Vereinbarungen nicht bereit sind, nicht allein aus diesem Grund und damit im Ergebnis willkürlich von entsprechenden raumplanerischen Festlegungen ausgeschlossen werden dürfen, obwohl die raumordnungsfachlichen Voraussetzungen für entsprechende planerische Festlegungen an sich gegeben wären.

Gleichzeitig soll jedoch in jenen spezifischen Fällen, in denen im Planungsermessen der Gemeinde liegende Planungsentscheidungen trotz Erfüllung der sonstigen gesetzlichen Voraussetzungen für die angedachten Festlegungen nur dann die Entwicklungsziele der Gemeinde (zB für förderbaren Wohnbau) erreicht werden können, wenn ergänzend Vereinbarungen mit den betroffenen Grundeigentümern abgeschlossen werden, gesetzlich eine sachgerechte Verknüpfung dieser Planungsentscheidungen mit solchen Vereinbarungen ermöglicht werden (Abs 2 zweiter Satz). Das Zustandekommen einer derartigen Vereinbarung tritt dadurch als eine weitere Bedingung zu den sonstigen gesetzlichen Determinanten des jeweiligen hoheitlichen Planungsaktes hinzu, und zwar insbesondere im Interesse einer effektiven Verwirklichung der Ziele der Raumordnung, vor allem des Ziels „leistbares Wohnen". Die Gemeinde soll deshalb auch bei Vorliegen des Einvernehmens über die im Hinblick auf den Vereinbarungszweck notwendigen und angemessenen Vertragsinhalte einem gesetzlichen Kontrahierungszwang unterliegen, dh sie soll sich dem Vertragsabschluss dann nicht mehr einseitig entziehen können, wenn die Grundeigentümer in die zur Herstellung der gesetzlichen Voraussetzungen für die betreffende Planungsentscheidung notwendigen vertraglichen Verpflichtungen einzuwilligen bereit sind (Abs 2 letzter Satz).

Unter grundrechtlichen Gesichtspunkten wesentlich erscheint dabei, dass von den betroffenen Grundeigentümern eine Änderung der bisherigen Festlegung, also eine Neufestlegung (Abs 2 Z 2) zB auf Baulandneuausweisung oder eine andere Baulandkategorie, angestrebt wird (wobei es unerheblich ist, ob die Initiative dafür von den Grundeigentümern oder den Organen der Gemeinde ausgeht) und der Abschluss der betreffenden Vereinbarung in der genannten spezifischen Konstellation sohin nicht nur im Interesse der Gemeinde (weil sie damit ihren Entwicklungsziele erreichen kann), sondern vor allem (auch) im Interesse der betroffenen Grundeigentümer liegt. Dies dient nicht nur der Gewährleistung eines angemessenen Interessensausgleichs, sondern verhindert auch eine einseitige Übermachtstellung des Vertragspartners Gemeinde. Die Ausnahme der Eigenbedarfsflächen dient im Lichte des Verhältnismäßigkeitsprinzips dem Schutz der Grundeigentümerinteressen gerade in jenen Bereichen, die für die betroffenen Grundeigentümer in aller Regel von besonders hoher Bedeutung sind (Deckung des familiären Wohnbedarfs, Sicherung der betrieblichen Entwicklungsmöglichkeiten). Des Weiteren ist im Gegenstand wesentlich, dass die Gemeinde bereits von Verfassungs-wegen (Fiskalgeltung der Grundrechte) dem Gebot der Gleichbehandlung aller Eigentümer unterliegt und die Gemeinde sohin bei Anwendung dieser Bestimmung sämtliche Grundeigentümer, soweit diese sich in einer vergleichbaren Lage befinden, gleich zu behandeln hat.

Die folgenden letzten vier Absätze der Salzburger RV 2017 übernehmen zur verfassungsrechtlichen Absicherung der Novelle wortwörtlich den Text der Erläuterungen der RV der Tiroler Landesregierung vom 31.5.2016 zur Novelle von § 33 (Vertragsraumordnung) des Tiroler Raumordnungsgesetzes LGBl 93/2016, wiederverlautbart als TROG 2016 LGBl 101/2016.
Die Textübernahme beginnt mit: „Dass unter der Voraussetzung der Einbindung des Instruments der privatrechtlichen Vereinbarung … … … “ und endet mit … … . Insofern wird davon ausgegangen, dass die betreffenden Vereinbarungen zivilrechtlich wirksam sind.“
Da in den folgenden Anmerkungen der Text der Tiroler Vertrags-Raumordnungsregelung in § 33 samt Erläuterungen zitiert wird, ist der Text nicht hier sondern im Orginal wiedergegeben. Bei den Erläuterungen zu § 33 TROG wird aber angemerkt ab wo die Salzburger „Textübernahme“ erfolgt.

Anmerkungen

Die sogenannte „Vertragsraumordnung“ hat in Salzburg eine lange und wechselvolle Geschichte. Erstmals wurde eine gesetzliche Ermächtigung zum Abschluss von Raumordnungsverträgen mit der ROG-Novelle 57/1987 in das ROG 1977 (§ 10 Abs 1 – letzter Satz) eingefügt. Damit wurde die gesetzliche Grundlage für Verträge im Bereich der Raumordnung geschaffen. Zwar ist die Gemeinde als Gebietskörperschaft auf Grund Art 17 B-VG (Privatwirtschaftsverwaltung) von Haus aus zum Abschluss von Verträgen berechtigt, nur wurde durch die Rechtsprechung klargestellt, dass für die im Zusammenhang mit der Erlassung von Raumordnungsplänen abgeschlossenen Verträge einer besonderen gesetzlichen Grundlage dazu bedürfen (vgl. dazu grundsätzlich das sogen. „Tumeltsham-Erkenntnis“ des VwGH – VwSlg 13.625 A/1992).
Der im RIS dazu wiedergegebene, das OÖ ROG betreffende Rechtsatz lautet:

„Ist eine zwischen dem Grundeigentümer und der Gemeinde geschlossene Vereinbarung eine Voraussetzung für die Abänderung des Flächenwidmungsplanes der Gemeinde, die (auch) dem Zweck dient, sicherzustellen, dass die festgesetzte Baulandwidmung in absehbarer Zeit zu einer Bebauung führt, sind Gegenstand der Vereinbarung und sohin des diese Vereinbarung genehmigenden Beschlusses des Gemeinderates eindeutig Maßnahmen, die in den Vollziehungsbereich des OÖ ROG fallen. Die Gemeindeaufsicht steht daher dem Land zu. Beschränkungen des Grundverkehrs, welche ohne gesetzliche Festlegung vereinbart werden, sind nicht zulässig. Keinesfalls kann eine in der Vereinbarung festgelegte privatrechtliche Bauverpflichtung als gesetzeskonformes Instrument zur Verhinderung von Bodenspekulation zur Sicherung einer geordneten Bebauung und Aufschließung von Bauland angesehen werden. Es ist Aufgabe des Gesetzgebers, die gesetzlichen Bestimmungen gegen Bodenspekulation und

zur Sicherung einer raschen Verwirklichung von Baulandwidmungen unter Beachtung der Kompetenzverteilung und der verfassungsgesetzlich gewährleisteten Grundrechte und Freiheitsrechte zu schaffen. Die Gemeinde darf Vollzugsaufgaben auf dem Gebiet der Raumordnung nicht zum Gegenstand einer Vereinbarung machen."

Mit dem ROG 1992 wurde die Vertragsraumordnung zum zentralen Instrument der Sicherstellung einer fristgerechten Bebauung der durch dieses Gesetz beabsichtigten Reduzierung der Baulandmenge im Rahmen der bedarfsorientierten Raumplanung. Diese Beschränkung der Baulandmenge auf den 10-Jahres-Baulandbedarf sollte dazu führen, dass nur mehr jene Flächen als Bauland ausgewiesen werden, welche im Planungszeitraum einer Bebauung zugeführt werden. Zur Sicherstellung der Effektivität der Baulandausweisung sah es der Landesgesetzgeber als unerlässlich an, den hoheitlichen Planungsinstrumenten zivilrechtliche Regelungen zur Seite zu stellen, welche im Wesentlichen die fristgerechte Verbauung der so ausgewiesenen Flächen sicherstellen sollte. Diese Verknüpfung zwischen Vertrag und Raumordnungsentscheidung wurde in weiterer Folge von den Gemeinden und auch der Aufsichtsbehörde dahingehend verstanden, dass im Rahmen der Anpassung der Flächenwidmungspläne an das ROG 1992 keine Wiederausweisung als Bauland – ausgenommen betreffend Baulücken und Abrundungsflächen – ohne Vertrag erfolgen (durfte) sollte.

Diese Grundeinstellung führte dazu, dass die Vertragsraumordnung vom VfGH geprüft und letztlich die bezugnehmenden Bestimmungen des ROG 1998 mit Erkenntnis vom 13.11.1999 als verfassungswidrig aufgehoben wurden (siehe VfSlg 15.625/1999). Die tragenden Gründe für die Aufhebung waren:

- Zwingende Verknüpfung von privatwirtschaftlichen Maßnahmen der Gemeinde zur Verwirklichung der in der Gemeinde angestrebten Entwicklungsziele mit hoheitlichen Maßnahmen der Gemeinde, nämlich der Erlassung von Raumordnungsplänen in Verordnungsform, die so im System der Bundesverfassung nicht vorgesehen sind; Verstoß gegen das Legalitätsprinzip angesichts der zwingenden Voraussetzung einer privatwirtschaftlichen Vereinbarung mit dem Grundeigentümer für eine zukünftige Flächenwidmung.
- Verstoß gegen das Rechtsstaatsgebot mangels eines ausreichenden Rechtsschutzes des Grundeigentümers.
- Unverhältnismäßiger Eigentumseingriff angesichts einer möglichen Rückwidmung des Grundstückes in Grünland bei Weigerung des Grundeigentümers zum Abschluss einer Übertragungsvereinbarung bzw. im Hinblick auf fehlende effektive Rechtsschutzmöglichkeiten gegen die unter dem Druck der drohenden Rückwidmung zustande gekommene Vereinbarung.
- Verletzung des Gleichheitsgrundsatzes durch das Verbot der Ausweisung einer Grundfläche als Bauland im Fall der Weigerung des Grundeigentümers zum Abschluss einer Vereinbarung auch bei Bestehen eines raumordnungsfachlichen Interesses an der Verbauung.

Der Verfassungsgerichtshof nahm im Rahmen seines Prüfbeschlusses auch an, dass durch die Verquickung privatwirtschaftlicher mit hoheitlichen Mittel Zwangsmaßnahmen im Sinne einer Bodenbewirtschaftung und Positivplanung realisiert werden, die betreffend die Vorsorge für die Bereitstellung von Klein- und Mittelwohnungen in die Kompetenz des Bundes – Volkswohnungswesen (11 Abs 1 Z 3 B-VG) fallen. Der VfGH ist allerdings im Rahmen seiner Entscheidung auf die Seitens der Landesregierung ins Treffen geführten Argumente zur Kompetenzverteilung unter Hinweis auf die bereits zuvor festgestellte Verfassungswidrigkeit der Bestimmungen nicht mehr eingegangen, so dass die Kompetenzfrage letztlich unbeantwortet geblieben ist.

Diese Entscheidung des VfGH hatte die Folge, dass die Vertragsraumordnung in Salzburg als verfassungsrechtlich verpöntes Instrument aufgefasst wurde und nur noch vereinzelt zur Anwendung gelangte. Dies trotz der vom Landesgesetzgeber mit Einführung der Nutzungserklärung vorgenommenen „Immunisierung" der Vertragsraumordnung, indem keine wie auch immer geartete Verknüpfung zwischen Raumordnungsvertrag und der Flächenwidmung mehr vorgesehen wurde, sondern die Flächenwidmung ausdrücklich von der Nutzungserklärung als allgemeine Voraussetzung für die Baulandausweisung abhängig gemacht wurde.

Mit dem ROG 2009 wurden die sehr allgemein gehaltenen Bestimmungen erweitert, um den Gemeinden eine Orientierung über die möglichen Vertragsinhalte zu bieten. Diese Maßnahme, aber vor allem die prekäre Situation auf dem Bodenmarkt im Zuge der Finanzkrise, führte letztlich dazu, dass das Instrument der Vertragsraumordnung wieder vermehrt zum Einsatz gelangt.

Im Zuge einer Auseinandersetzung über einen Raumordnungsvertrag im Bundesland Tirol hat der OGH in seiner Entscheidung vom 23.01.2013, 3Ob 181/12g folgende Feststellungen getroffen:

„Die primäre (und selbständige) Begründung für die Rechtsunwirksamkeit (Nichtigkeit) der Verzichtsvereinbarung iSd § 879 Abs 1 ABGB sah das Berufungsgericht darin, die Beklagte hätte ihr hoheitliches Handeln im öffentlichen Interesse bei der Umwidmung nicht vom Abschluss des nach dem Tiroler Raumordnungsgesetz (TROG) 2006 nicht vorgesehenen Verzichtsvertrags abhängig machen dürfen.
In der Entscheidung AZ 2 Ob 511/95 hat der Oberste Gerichtshof folgenden Rechtssatz gebildet: Wenn die Privatwirtschaftsverwaltung gewählt wird, um der materiell gegebenen öffentlich-rechtlichen Bindung zu entgehen, so liegt Missbrauch der Form und daher ein essentieller Verstoß gegen die Grundsätze des Rechtsstaats vor, der gemäß § 879 Abs 1 ABGB zur Nichtigkeit der privatrechtlich getroffenen Vereinbarungen führt (ebenso die später ergangene Entscheidung zu AZ 10 Ob 519/94 = RIS-Justiz RS0034713 [T1]). Weiters wurde schon ausgesprochen, dass ein Vertrag, der gegen das Gebot hoheitlichen Handelns verstößt, nach § 879 ABGB als nichtig zu beurteilen ist (RIS-Justiz RS0014752), dass eine Gemeinde Vollzugsaufgaben (nach dem OöROG) keinesfalls zum Gegenstand privatrechtlicher Vereinbarungen machen darf (so auch VwGH vom 28. April 1992 Zl 91/05/0204) und dass das Legalitätsprinzip des Art 18 B-VG nicht unter dem Gesichtspunkt des Vor- oder Nachteils Einzelner gesehen werden kann (2 Ob 511/95); ebenso, dass es keinen Unterschied macht, von wem die Initiative zur privatrechtlichen Vereinbarung ausgegangen ist (10 Ob 519/94). Diese Judikatur des Obersten Gerichtshofs blieb – soweit überblickbar – in der Lehre unbeanstandet (vgl. die kritiklosen Zitate von Krejci in Rummel[3] § 879 ABGB Rz 146; Apathy/Riedler in Schwimann[3] § 879 ABGB Rz 4; Graf in Kletečka/Schauer, ABGB-ON 1.00 § 879 Rz 206). Es entspricht schließlich ständiger Judikatur, dass keine generelle Wahlfreiheit zwischen öffentlich-rechtlichen und privatrechtlichen Handlungsformen besteht, jedenfalls dort nicht, wo der Gesetzgeber zu erkennen gibt, dass die hoheitliche Gestaltung zwingend ist (RIS-Justiz RS0038475 [T1]).“

Dieses Urteil hat – neben der Situation auf dem Wohnungsmarkt – dazu geführt, dass seitens der Länder neuerlich ein Anlauf zur verfassungsrechtlichen Absicherung der Vertragsraumordnung beim Bund gestartet wurde. Dazu wurde im Rahmen einer ÖROK-Partnerschaft (Leistbares Wohnen) ein Gutachten beauftragt, welches die verfassungs- und zivilrechtlichen Grenzen der Vertragsraumordnung darzustellen versuchte. Auf Grundlage dieses Gutachtens erfolgte die Änderung der Bestimmungen über die Vertragsraumordnung in Tirol, welche in der RV 2017 auch ausdrücklich als Vorbild der geänderten Salzburger Regelung bezeichnet werden.

Auf Grund dieses Zusammenhangs sollen auch an dieser Stelle die Tiroler Regelungen wiedergegeben werden:

§ 33 des Tiroler Raumordnungsgesetz 2016 – TROG 2016 LGBl. 101/2016

(1) Die Gemeinden haben als Träger von Privatrechten die Verwirklichung der Ziele der örtlichen Raumordnung und der Festlegungen des örtlichen Raumordnungskonzeptes, insbesondere die Sicherung ausreichender Grundflächen für den Wohnbau und für gewerbliche und industrielle Zwecke, anzustreben. Insbesondere dürfen Investitionen und Förderungsmaßnahmen der Gemeinden nur im Einklang mit den Zielen der örtlichen Raumordnung

und dem örtlichen Raumordnungskonzept erfolgen.
2) Die Gemeinde kann zum Zweck der Verwirklichung der Ziele der örtlichen Raumordnung, insbesondere jenes nach § 27 Abs. 2 lit. d, und gegebenenfalls auch der Festlegungen übergeordneter Planungsinstrumente Verträge mit Grundeigentümern abschließen. Die Gemeinde hat beim Abschluss von Verträgen sämtliche Grundeigentümer, soweit diese sich in einer vergleichbaren räumlichen Lage befinden, gleich zu behandeln.
(3) Verträge nach Abs. 2 können die Verpflichtung des Grundeigentümers vorsehen, die jeweiligen Grundflächen innerhalb einer angemessenen Frist einer bestimmten Verwendung zuzuführen, insbesondere zu bebauen. Weiters kann die Verpflichtung vorgesehen werden, Grundflächen der Gemeinde oder dem Tiroler Bodenfonds (§ 98) für bestimmte Zwecke, insbesondere für den geförderten Wohnbau, für die verkehrsmäßige Erschließung des Baulandes oder für die Schaffung von infrastrukturellen Einrichtungen, oder als gemeinnützig anerkannten Bauvereinigungen ausschließlich für Zwecke des geförderten Wohnbaus zu überlassen. Die Überlassung der Grundflächen hat zum Verkehrswert zu erfolgen. Bei Grundflächen, die dem geförderten Wohnbau dienen sollen, ist auch auf § 14 Abs. 1 und 2 des Tiroler Wohnbauförderungsgesetzes 1991, LGBl. Nr. 55, in der jeweils geltenden Fassung Bedacht zu nehmen. In solchen Verträgen ist weiters vorzusehen, dass die Weiterveräußerung durch die Gemeinde, den Tiroler Bodenfonds bzw. die als gemeinnützig anerkannte Bauvereinigung jedenfalls innerhalb von zehn Jahren höchstens zu jenem Preis erfolgen darf, der dem seinerzeitigen Grundpreis zuzüglich einer allfälligen indexmäßigen Aufwertung und allfälliger Aufwendungen, insbesondere für die Erschließung, entspricht. Dies ist auch für den Fall weiterer Erwerbsvorgänge während dieses Zeitraumes sicherzustellen.
(4) Die Einhaltung der Verträge nach Abs. 2 ist auf geeignete Weise sicherzustellen. Zu diesem Zweck können, soweit dies zivilrechtlich zulässig ist, insbesondere Vorschlags- und Zustimmungsrechte, Vorkaufsrechte und Optionen einschließlich der dinglichen Absicherung dieser Rechte sowie Vertragsstrafen vereinbart werden. Vorkaufsrechte und Optionen dürfen nur zu Gunsten der Gemeinde und des Tiroler Bodenfonds für bestimmte Zwecke, insbesondere für den geförderten Wohnbau, und weiters zu Gunsten von als gemeinnützig anerkannten Bauvereinigungen ausschließlich für Zwecke des geförderten Wohnbaus vereinbart werden.
(5) Festlegungen des örtlichen Raumordnungskonzeptes, des Flächenwidmungsplanes oder eines Bebauungsplanes dürfen nicht ausschließlich vom Abschluss von Verträgen nach Abs. 2 abhängig gemacht und nur nach Maßgabe des Abs. 6 mit ihrem Abschluss verknüpft werden.
(6) Können von der Gemeinde im Rahmen ihres Planungsermessens erwogene, insbesondere von den betroffenen Grundeigentümern vorgeschlagene Festlegungen des örtlichen Raumordnungskonzeptes, des Flächenwidmungsplanes oder eines Bebauungsplanes trotz Erfüllung der sonstigen gesetzlichen Voraussetzungen nur dann in Übereinstimmung mit sämtlichen maßgebenden Zielen der örtlichen Raumordnung bzw. Festlegungen übergeordneter Planungsinstrumente der Gemeinde gebracht werden, wenn ergänzend Verträge nach Abs. 2 mit den betroffenen Grundeigentümern abgeschlossen werden, so dürfen diese Festlegungen nur unter der Voraussetzung erfolgen, dass vor der Beschlussfassung darüber entsprechende Verträge zustande gekommen sind. Besteht zwischen der Gemeinde und den betroffenen Grundeigentümern Einvernehmen über die im Hinblick auf den Vertragszweck notwendigen und angemessenen Inhalte eines solchen Vertrages, so ist die Gemeinde zum Vertragsabschluss verpflichtet.

Erläuterungen der Tiroler Regierungsvorlage zu § 33 TROG

Durch die vorgeschlagenen Änderungen soll die Handhabung der Instrumente der sog. Vertragsraumordnung durch die Gemeinde präzisiert und innerhalb der in der Rechtsprechung des Verfassungsgerichtshofes gezogenen Grenzen weiterentwickelt werden. Damit einher geht auch eine systematische Neuordnung und Untergliederung der betreffenden Bestimmungen in mehrere Absätze.
Der Abs. 2 enthält die grundsätzlichen Bestimmungen und entspricht dem ersten und dritten Satz des bisherigen Abs. 2. Neu ist, dass von den Zielen der örtlichen Raumordnung jenes nach § 27 Abs. 2 lit. d (Vorsorge für die bestimmungsgemäße Verwendung des Baulandes und der bestehenden Bausubstanz insbesondere zur Deckung des Grundbedarfes an Wohnraum und an Flächen für Zwecke der Wirtschaft zu angemessenen Preisen) besonders hervorgehoben wird, zumal die Maßnahmen der Vertragsraumordnung bereits jetzt maßgeblich die Verwirklichung dieses Zieles bezwecken, was nicht nur im geltenden § 33 Abs. 2, sondern auch durch eine entsprechende Bezugnahme auf § 33 im Wortlaut des § 27 Abs. 2 lit. d zum Ausdruck kommt. Darüber hinaus soll dadurch

auch das – in Tirol aufgrund der außerordentlichen Begrenztheit des Dauersiedungsraumes auf knapp unter 12% der Landesfläche besondere – Gewicht des öffentlichen Interesses der Baulandmobilisierung unterstrichen werden. Neu ist weiters, dass die Gleichbehandlungspflicht der Gemeinde präzisiert wird.

Im Abs. 3 werden die inhaltlichen Vorgaben für Verträge zwischen der Gemeinde und Grundeigentümern zusammengefasst. Eine inhaltliche Änderung erfolgt dabei insofern, als sog. „Überlassungsverträge" künftig nicht mehr nur mit der Gemeinde und dem Tiroler Bodenfonds bzw. zu deren Gunsten, sondern auch mit bzw. zu Gunsten von als gemeinnützig anerkannten Bauvereinigungen abgeschlossen werden können, mit diesen allerdings ausschließlich für Zwecke des geförderten Wohnbaus. Über diese gemeinnützigen Bauträger wird der Großteil des geförderten Wohnbaus abgewickelt. Mit der Neuregelung wird die Mobilisierung von Grundflächen für diesen Zweck nunmehr erleichtert, indem die gemeinnützigen Bauträger im Weg der Vertragsraumordnung nunmehr unmittelbar Grundflächen erwerben können, ohne dass es hierzu einer Zwischenschaltung der Gemeinde bzw. des Tiroler Bodenfonds bedarf; auf diese Weise kann verschiedentlich ein Erwerbsvorgang eingespart werden, was nicht nur Kosten spart, sondern auch eine beschleunigte Abwicklung ermöglicht. Gemeinnützige Bauträger unterliegen nicht nur der Gemeinwohlverpflichtung nach § 1 Abs. 2 des Wohnungsgemeinnützigkeitsgesetzes, sondern auch einem Spekulationsverbot nach § 13 leg.cit.; darüber hinaus unterliegt ihre Geschäftstätigkeit der speziellen Überwachung durch den Revisionsverband nach § 28 leg.cit. sowie der Aufsicht der Landesregierung nach § 29 leg.cit. Den gemeinnützigen Bauträgern kommt aufgrund dieser speziellen gesetzlichen Bindungen in Verbindung mit ihrer bereits erwähnten wesentlichen Rolle, die sie auf dem Gebiet des geförderten Wohnbaus spielen, eine Sonderstellung zu, welche ihre unmittelbare Einbindung in die Vertragsraumordnung rechtfertigt.

Hinzuweisen ist darauf, dass die in dieser Bestimmung grundgelegten inhaltlichen Determinanten auch die zulässigen Vertragsinhalte abgrenzen und deren Überschreitung nach der stRsp des OGH die Nichtigkeit der betreffenden Vereinbarungen zur Folge hat (vgl. zB zur unzulässigen vertraglichen Überwälzung von Erschließungskosten OGH 23.2.1995, 2 Ob 511/95; weiters zu einem unzulässigen Verzichtsvertrag im Zusammenhang mit einer Umwidmung OGH 23.1.2013, 3 Ob 181/12g).

Dies gilt auch für den nunmehrigen Abs. 4. Dessen erster Satz, wonach die Einhaltung der Verträge auf geeignete Weise sicherzustellen ist, entspricht dem bisherigen Abs. 2 zweiter Satz. Neu ist die folgende demonstrative Aufzählung von zu diesem Zweck jedenfalls erlaubten Vertragsinhalten, womit für alle Vertragsteile ein höheres Maß an Rechtssicherheit geschaffen werden soll. Die erwähnten Vertragsinhalte orientieren sich an der bisherigen Vertragspraxis. Anders als nach dem bisherigen Abs. 2 soll die Einräumung von Vorkaufsrechten (nunmehr auch zugunsten der gemeinnützigen Bauträger) im Rahmen der Vertragsraumordnung künftig jedenfalls allgemein zulässig sein, die im bisherigen Abs. 2 noch vorgesehene Verknüpfung mit sog. Überlassungsverträgen entfällt. Vorkaufsrechte werden nämlich etwa auch in kombinierten Verträgen vorgesehen, so etwa zur Absicherung von Überlassungsverpflichtungen, die im Fall der negativen Bedingung, dass der Verpflichtung zur Verwendung eines Grundstückes zu einem bestimmten Zweck nicht entsprochen wird, zum Tragen kommen sollen.

Die Abs. 5 und 6 sollen den aus verfassungsrechtlicher Sicht neuralgischen Bereich der Verknüpfung von Maßnahmen der Vertragsraumordnung mit hoheitlichen Planungsakten der Gemeinde – auch im Interesse der betroffenen Grundeigentümer – künftig einem klaren gesetzlichen Regulativ unterwerfen.

Dabei soll nicht übersehen werden, dass der Landesgesetzgeber die sog. Vertragsraumordnung als eine von Planungsentscheidungen losgelöste Befugnis der Gemeinde zum Abschluss von Verträgen mit Grundeigentümern konzipiert und dies im Gefolge des Erkanntnisses VfSlg. 15.625/1999 zur Salzburger Vertragsraumordnung (in diesem Erkenntnis hat der Verfassungsgerichtshof bekanntlich ausgesprochen, dass eine zwingende Verbindung von privatwirtschaftlichen Maßnahmen der Gemeinde zur Verwirklichung der in der Gemeinde angestrebten Entwicklungsziele mit hoheitlichen Maßnahmen, nämlich der Erlassung von Raumordnungsplänen in Verordnungsform, vom System der Bundesverfassung nicht vorgesehen ist) auch im Gesetzeswortlaut nochmals verdeutlicht hat (vgl. die Änderungen des § 33 des seinerzeitigen Tiroler Raumordnungsgesetzes 1997 durch die 5. Raumordnungsgesetz-Novelle LGBl. Nr. 73/2001, und die Erläuternden Bemerkungen hierzu, Tiroler Landtag, RV EZ 224/2001, 71f).

Deshalb soll im neuen Abs. 5 zunächst explizit angeordnet werden, dass Festlegungen des örtlichen Raumordnungskonzeptes, des Flächenwidmungsplanes oder eines Bebauungsplanes nicht ausschließlich vom Abschluss von Verträgen mit den betroffenen Grundeigentümern abhängig gemacht werden dürfen. Damit soll für den Regel-

fall auch gesetzlich nochmals besser zum Ausdruck gebracht werden, dass Grundeigentümer, die zum Abschluss entsprechender Verträge nicht bereit sind, nicht allein aus diesem Grund und damit im Ergebnis willkürlich von entsprechenden Festlegungen im örtlichen Raumordnungskonzept bzw. konkret von der Flächenwidmungs- und Bebauungsplanung ausgeschlossen werden dürfen, obwohl die raumordnungsfachlichen Voraussetzungen für entsprechende planerische Festlegungen an sich gegeben wären.
Gleichzeitig soll in einem neuen Abs. 6 in jenen spezifischen Fällen, in denen von der Gemeinde im Rahmen ihres Planungsermessens erwogene Planungsentscheidungen trotz Erfüllung der sonstigen gesetzlichen Voraussetzungen nur dann in Übereinstimmung mit sämtlichen maßgebenden Zielen der örtlichen Raumordnung bzw. Festlegungen übergeordneter Planungsinstrumente der Gemeinde gebracht werden können, wenn ergänzend Verträge nach Abs. 2 mit den betroffenen Grundeigentümern abgeschlossen werden, gesetzlich eine sachgerechte Verknüpfung dieser Planungsentscheidungen mit solchen Verträgen ermöglicht werden. Das Zustandekommen eines derartigen Vertrages tritt dadurch als eine weitere Voraussetzung zu den sonstigen gesetzlichen Determinanten des jeweiligen hoheitlichen Planungsaktes hinzu; er soll so in das raumordnungsrechtliche Planungssystem – insbesondere im Interesse der effektiven Verwirklichung der Ziele der örtlichen Raumordnung, vor allem des Zieles nach § 27 Abs. 2 lit. d – eingebunden werden. Die Gemeinde soll deshalb auch bei Vorliegen des Einvernehmens über die im Hinblick auf den Vertragszweck notwendigen und angemessenen Vertragsinhalte einem gesetzlichen Kontrahierungszwang unterliegen, dh sie soll sich dem Vertragsabschluss dann nicht mehr einseitig entziehen können, wenn der Grundeigentümer in die zur Herstellung der gesetzlichen Voraussetzungen für die betreffende Planungsentscheidungen notwendigen vertraglichen Verpflichtungen einzuwilligen bereit ist.
Unter verfassungsrechtlichen Gesichtspunkten wesentlich scheint dabei auch, dass der Abschluss der betreffenden Verträge in den genannten spezifischen Konstellationen nicht nur im Interesse der Gemeinde, sondern regelmäßig auch im Interesse der betroffenen Grundeigentümer liegt, vor allem (aber nicht nur) dann, wenn die in Rede stehende Festlegung vom Grundeigentümer selbst angeregt worden sein sollte. Soweit es sich dabei um eine vom Grundeigentümer vorgeschlagene Änderung des Flächenwidmungsplanes handelt, ist hier auch auf das neue Instrument des Planungsgespräches hinzuweisen (siehe den neuen § 71a, Z 109), in dessen Rahmen gegebenenfalls auch der allfällige ergänzende Abschluss eines Vertrages nach Abs. 2 mit dem Widmungswerber erörtert werden kann.

(Ab hier bis zum Zitatende wortwörtliche Übernahme des Tiroler Textes in die Salzburger RV 2017!)

Dass unter der Voraussetzung der Einbindung des Instruments der privatrechtlichen Vereinbarung in ein sachlich tragfähiges Konzept der örtlichen Raumplanung keine durchgreifenden verfassungsrechtlichen Bedenken dagegen bestehen, wenn der Gesetzgeber zur Erhöhung der Effektivität der Vertragsraumordnung, insbesondere im Hinblick auf das Anliegen der Mobilisierung von Bauland, auch Verpflichtungen zum Abschluss von Raumordnungsverträgen schafft (weil es sich dann eben nicht um eine „obligatorische Vertragsraumordnung" im Sinn einer allein vom Vertragsabschluss abhängigen zwingenden Verknüpfung des Planungsaktes mit dem Vertrag handelt, wie sie vom Verfassungsgerichtshof in VfSlg 15.625/1999 als verfassungswidrig verworfen wurde), ergibt sich aus einem im Auftrag der Österreichischen Raumordnungskonferenz (ÖROK) von Univ. Prof. Dr. Walter Berka und Univ. Prof. Dr. Andreas Kletecka im Jahr 2014 erstatteten Rechtsgutachten zu „Rechtsfragen der Vertragsraumordnung in Österreich" (veröffentlicht in: ÖROK [Hrsg.], Beiträge der Raumordnung zur Unterstützung „leistbaren Wohnens", Schriftenreihe Nr. 191 [2014]; S 78 [92]):
Dieses Rechtsgutachten spricht sich – auch im Licht seiner Rezeption im Schrifttum und unter Berücksichtigung anderer Entscheidungen des VfGH – für eine differenzierte Deutung des Erkenntnisses VfSlg 15.625/1999 aus: Demnach „liegt eine im Sinn des Erkenntnisses verfassungsrechtlich unzulässige ‚obligatorische Vertragsraumordnung' dann und nur dann vor, wenn der Vertrag nicht nur eine notwendige Voraussetzung für eine Widmungsentscheidung ist, sondern dieser auch den Inhalt des Widmungsakts in einer Weise determiniert, die andere gesetzliche Voraussetzungen und Bedingungen für Widmungen ganz oder jedenfalls weitgehend verdrängt. In diese Richtung deuten zumindest die bereits erwähnten weiteren Erkenntnisse des VfGH, in denen der Gerichtshof Planungsakte deshalb als gesetzwidrig aufgehoben hat, weil sie unabhängig vom Vertrag im Gesetz keine Deckung

fanden (VfSlg 15.272/1998) oder eine Rückwidmung, die tatsächlich wegen des vom Eigentümer verweigerten Vertragsabschlusses erfolgte, deshalb für gesetzmäßig hielt, weil sie jedenfalls auch im Gesetz eine Deckung fand (VfSlg 18.413/2008).“ Sohin „darf der Gesetzgeber das Zustandekommen einer vertraglichen Vereinbarung zu einer Voraussetzung einer bestimmten raumplanerischen Widmungsentscheidung machen, wenn diese nur eine Voraussetzung für eine hoheitliche Planungsentscheidung ist und diese hoheitliche Entscheidung davon abgesehen gesetzlich in einer Weise ausgestaltet ist, die das Planungsermessen der Gemeinde sachgerecht, das heißt durch tragfähige fachliche Gesichtspunkte, determiniert. Dass ein Raumordnungsvertrag eine Planungsgrundlage für eine Widmungsentscheidung sein kann, durch die das öffentliche Interesse an einer bestimmten Widmung belegt wird, folgt aus VfSlg 16.199/2001; damit steht aber auch fest, dass der Vertrag als weiterer bestimmender Gesichtspunkt zu den die Planungsentscheidung determinierenden gesetzlichen Anordnungen hinzutreten und in die final determinierende Abwägungsentscheidung einbezogen werden darf“ (aaO, 92; Hervorhebungen im Original).

„Das bedeutet“, so das Rechtsgutachten weiter, „im Ergebnis: Der Raumordnungsgesetzgeber hat das Instrument der Raumordnungsverträge in einen gesetzlichen Rahmen einzubauen, durch den sichergestellt wird, dass das Planungsermessen in einer Weise ausgeübt werden kann, welche die Erfüllung der öffentlichen Interessen an einer geordneten räumlichen Entwicklung unter Berücksichtigung der angestrebten Entwicklungsziele ausreichend gewährleistet. Das Scheitern von Vertragsverhandlungen darf nicht zu sachwidrigen Widmungsentscheidungen führen (wie zu dem vom VfGH hervorgehobenen Fall der Rückwidmung von aus fachlicher Sicht für die Bebauung geeignetem Bauland), ebenso wenig wie das Zustandekommen eines Vertrages der einzige Grund für die Baulandausweisung sein darf (etwa im Sinne der tatsächlich untragbaren und sachlich nicht zu rechtfertigenden Konsequenz, dass Baulandwidmungen ‚erkauft‘ werden könnten). Sind diese Voraussetzungen erfüllt, liegt nach der hier vertretenen Auffassung keine im Sinne von VfSlg 15.625/1999 unzulässige ‚obligatorische Vertragsraumordnung‘ vor, und zwar auch dann nicht, wenn der Abschluss eines privatrechtlichen Vertrages ein gesetzlich vorgesehenes Tatbestandsmerkmal einer hoheitlichen Widmungsentscheidung ist.“ (aaO, 92f; Hervorhebungen im Original).

Unter diesen Voraussetzungen ist ferner davon auszugehen, dass bei Inanspruchnahme der privatrechtlichen Handlungsform des Abschlusses einer Vereinbarung kraft ausdrücklicher gesetzlicher Ermächtigung, wie dies nunmehr in der vorgesehenen Konstellationen als eine von mehreren Voraussetzungen für eine Planungsentscheidung der Gemeinde vorgesehenen ist, kein Missbrauch der Rechtsform im Sinn der einschlägigen ständigen Rechtsprechung des OGH vorliegt (vgl. etwa OGH 23.1.2013, 3 Ob 181/12g, wonach ohne gesetzliche Grundlage eine Verwaltungsbehörde Entscheidungen im Rahmen der Hoheitsverwaltung [hier: eine Umwidmung] nicht vom Zustandekommen einer privatrechtlichen Vereinbarung abhängig machen darf, sodass eine dennoch abgeschlossene Vereinbarung gemäß § 879 Abs 1 ABGB wegen Verstoßes gegen das Legalitätsprinzip nichtig ist). Insofern wird davon ausgegangen, dass die betreffenden Vereinbarungen zivilrechtlich wirksam sind.

Beurteilung der Salzburger „Nachbildung“ von § 33 TROG 2016:

Im ersten Satz der RV 2017 wird ausgeführt, dass die vorgeschlagenen Änderungen den entsprechenden Regelungen im Tiroler Raumordnungsgesetz nachgebildet sind und überwiegend daher auf die dortigen Erwägungen zurückgegriffen werden kann. Tatsächlich blieben (leider) bei der Salzburger „Umsetzung“ wesentliche Unterschiede zwischen den Raumordnungsvorschriften Tirols und Salzburg unberücksichtigt und wesentliche Aspekte der Tiroler Regelung wurden nicht berücksichtigt. Insofern sind – im Gegensatz zu den Ausführungen der RV 2017 – in der Vertragsraumordnung mit der Novelle 2017 erhebliche Änderungen eingetreten, welche sowohl die Möglichkeit des Abschlusses von Verträgen als auch den Gegenstand von Verträgen umfassen.

Zur Frage der rechtlichen Absicherung der Verträge:

Die für die Vertragsraumordnung notwendige Nutzungserklärung nach § 29 Abs 1 ROG 2009 wurde mit der Novelle 2017 abgeschafft. Diese Nutzungserklärung wurde allerdings seinerzeit auch deshalb eingeführt, um weiterhin die Möglichkeit von Raumordnungsverträgen unter Respektierung des verfassungsrechtlichen Verknüpfungsverbotes zu eröffnen. Dies war dadurch gewährleistet, dass als einzige Voraussetzung für Baulandausweisung einer unverbauten Fläche die Erklärung an Stelle des Vertrages trat. Nunmehr findet sich in § 18 Abs 2 eine verfassungsrechtlich gebotene Einschränkung, dass Planungsakte nicht (nur) vom Abschluss eines Vertrages abhängig gemacht werden dürfen, aber die bisherige Lösung dieser Vorgabe durch die frühere Nutzungserklärung wurde beseitigt. Damit wird aber wieder die Fragestellung des Motives des Grundeigentümers zum Vertragsabschluss in den Vordergrund gerückt. Gelingt dem Grundeigentümer der Nachweis, dass die Widmungsentscheidung der Gemeinde nur zu Stande gekommen ist, weil ein Vertrag angeboten wurde – etwa durch Grundsatzbeschlüsse der Gemeindevertretungen, dass Baulandneuausweisungen ohne entsprechenden Vertrag nicht mehr vorgenommen würden – so stellt sich auch die Frage einer Nichtigkeit des Vertrages gemäß § 879 ABGB. Wie die Zivilgerichte letztlich entscheiden werden bleibt abzuwarten.

Verträge im Zusammenhang mit dem REK:

Entgegen den Bestimmungen Tirols sind die Räumlichen Entwicklungskonzepte im Gesetz nicht als möglicher Planungsakt im Zusammenhang mit Verträgen angeführt. Dies hat zur Folge, dass auf Ebene des REK de facto kein Vertrag für die nachfolgenden Planungsebenen mehr abgeschlossen werden kann. Wenn die Berücksichtigung von Flächen im REK nur unter der Maßgabe erfolgt, dass entsprechende Verträge die Nutzung der Flächen sicherstellen, so ist evidenter Maßen die Baulandausweisung einzig vom Vertrag abhängig. Eine Baulandausweisung, welche im REK nicht vorgesehen ist, wäre mit den Vorgaben des ROG nicht in Einklang zu bringen und würde wohl auch an der Vorgabe des Abs 2 Z 1 scheitern. Diese Bestimmung stellt ja auf die prinzipielle Zulässigkeit der Festlegung im Flächenwidmungs- und Bebauungsplan als Voraussetzung einer Verknüpfung von Vertrag und Planungsakt ab. Raumordnungsrechtlich unzulässige Festlegungen werden durch Verträge weder legitimer noch illegitimer, vor allen Dingen darf aber die Rechtmäßigkeit einer Planungsentscheidung wohl nie von einem Vertrag abhängig gemacht werden, weil sonst jedenfalls von einer verfassungsrechtlich verpönten unzulässigen Verknüpfung auszugehen wäre. Insofern ist für Verträge auf Ebene des REK kein Raum mehr.

Zur Berücksichtigung der Eigenbedarfsflächen:

Auch die Bestimmung des Abs 2 Z 2, wonach nur hinsichtlich jener Flächen, die über den Eigenbedarf hinausgehen, Verträge abgeschlossen werden dürfen – diese Einschränkung ist dem Tiroler Vorbild fremd – führt in der praktischen Umsetzung zu Problemen. Ob ein Eigentümer den Eigenbedarf geltend macht oder nicht ist Sache des jeweiligen Grundeigentümers und wird die Berücksichtigung dieser Vorgabe nicht allein davon abhängig gemacht werden können, ob der Grundeigentümer einen solchen tatsächlich geltend macht. Insofern Eigenbedarfsflächen nicht mehr Gegenstand eines Vertrages sein dürfen ergeben sich bei Baulandsicherungsmodellen Anwendungsprobleme, weil viele dieser Modelle dadurch zustande kommen, dass Grundeigentümern die Bedeckung ihres Eigenbedarfs unter der Voraussetzung zugestanden wird, dass weitere Flächen für andere Bauwerber mobilisiert werden. Wenn nunmehr die Eigenbedarfsbedeckung außerhalb des Vertrages zu bleiben hat, ergeben sich in der Anwendung unnötige Restriktionen. Es steht zu befürchten, dass die erforderlichen Umwege die Schaffung von Baulandsicherungsmodellen erheblich erschweren.

Zur Verknüpfung mit den Entwicklungszielen:

Die Voraussetzung des Abs 2 Z 3 – wonach eine Verknüpfung von Planungsakt und Vertrag nur dann zulässig ist, wenn die mit den Planungsakten angestrebten gemeindlichen Entwicklungsziele allein mit hoheitlichen Mitteln nicht erreicht werden können, erweist sich bei näherer Betrachtung als schwieriges Terrain für die Gemeinden und sonstigen Rechtsanwender. Auch hier wurde im Gegensatz zum Tiroler Vorbild ein anderer Inhalt festgelegt. Setzt die Regelung Tirols hinsichtlich der Verknüpfung voraus, dass dies nur zulässig ist, wenn nur mittels Vertrag eine Übereinstimmung mit den Entwicklungszielen herstellbar ist, so wird in der Salzburger Regelung darf abgestellt, dass die Entwicklungsziele allein mit hoheitlichen Maßnahmen nicht erreicht werden können. Wenn man diese Bestimmung von der Gewährleistung der Planumsetzung her betrachtet, wird bei Respektierung der Grund- und Freiheitsrechte (siehe dazu auch § 1 ROG 2009) keine Beschränkung der Zulässigkeit von Verträgen abzuleiten sein. Die Planumsetzung steht in Abhängigkeit der privaten Entscheidung des jeweiligen Grundeigentümers seine Flächen einer Verbauung/Nutzung zuzuführen oder davon Abstand zu nehmen. Diese Dispositionsmöglichkeit stellt einen wesentlichen Aspekt der Eigentumsgarantie dar (Privatnützigkeit). Insofern würde sich diese Voraussetzung als „leere Hülse“ erweisen, weil eben die Planumsetzung immer in der privaten Disposition verbleibt und nur mittels Vertrag diese in gewisser Weise vorweggenommen werden kann.

Wird allerdings diese grundrechtliche Beschränkung als systemimmanente Schranke, welche dem Gesetzgeber ja nicht unbekannt ist, bei der Auslegung dieser Bestimmung als gegeben mitberücksichtigt und dazu noch den Auslegungsgrundsatz, dass dem Gesetzgeber nicht unterstellt werden darf sinnlose, inhaltsleere Regelungen zu treffen, mit in die Beurteilung einstellt, so ändert sich freilich die rechtliche Situation erheblich und mutiert diese Regelung zu einer erheblichen Schranke betreffend die Möglichkeiten der Vertragsraumordnung, weil dann nicht die Gewährleistung der Planumsetzung sondern andere Aspekte relevant sind. So wäre etwa die Absicherung des geförderten Mietwohnbaues mittels Vertrag an den Bestimmungen über die Vorbehaltsflächen gemäß § 42 ROG 2009 zu messen und würde auf Grund der damit verbundenen Möglichkeiten sich eine vertragliche Regelung als unzulässig erweisen. Auch andere Konstellationen sind denkbar, wo erst anhand eines detaillierten Vergleichs der Möglichkeiten und Grenzen der Planungsinstrumente eine Beurteilung der Zulässigkeit von Raumordnungsverträgen erfolgen kann.

Zum Kontrahierungszwang (Zwang zum Vertragsabschluss):

Der in der Salzburger Regelung festgelegte Kontrahierungszwang nimmt – im Gegensatz zum Tiroler Vorbild in § 33 Abs 6 TROG – nicht auf die im Planungsermessen bereits getroffenen Festlegungen der Gemeinde Bezug. Für sich allein ist allerdings der Kontrahierungszwang der Gemeinde zu hinterfragen. Dies vor allem, weil dieser mangels tatsächlicher Abhängigkeit der Planung vom Vorliegen eines Vertrags eigentlich nur eine entbehrliche Regelung darstellt. Er steht unter der Voraussetzung, dass sich die Vertragsparteien über die Inhalte des Vertrages einig sind. Sind aber die Inhalte zwischen Gemeinde und Grundeigentümer geklärt, wird wohl eine mangelnde Bereitschaft zum Vertragsabschluss nicht anzunehmen sein. Allerdings, und hier liegt ein Problem, kann auch die Frage aufgeworfen werden, warum der Gesetzgeber einen Kontrahierungszwang für erforderlich erachtet hat. Unstrittig ist, dass der Gemeinde betreffend den Abschluss von Raumordnungsverträgen eine Monopolstellung zukommt, weil nur diese solche Verträge abschließen kann. Nur sind diese Verträge ja freiwillig und nicht für die Planungsentscheidung oder die Rechtmäßigkeit/Zulässigkeit derselben eine Voraussetzung, sodass dem Grundeigentümer auch ohne mit der Gemeinde einen Vertrag abzuschließen prinzipiell die gleiche Planungsentscheidung zukommen müsste. Wird nunmehr ein Kontrahierungszwang festgelegt, so erweckt dies den Eindruck als wäre der Vertrag für die Planungsentscheidung eine unabdingbare Voraussetzung. Dieses Signal geht aber mangels ausreichender gesetzlicher Deckung der Verknüpfung in eine nicht ungefährliche Richtung.

Insgesamt bleibt daher abzuwarten, ob die Neuregelung die beabsichtigten Wirkungen entfalten kann oder ob die Befürchtungen jener Praktiker, welche im Begutachtungsverfahren gegen diese Regelung waren, eintreten und es zu Funktionsstörungen dieses für die Effektivität der Planungsentscheidungen so wichtigen Instruments kommt.

§ 19 Umlegungsvereinbarungen

(1) Zur Verbesserung oder Herstellung der Bebaubarkeit von Flächen können zwischen der Gemeinde und Grundeigentümern Umlegungsvereinbarungen geschlossen werden. Solche Vereinbarungen haben zu enthalten:

1. die Darstellung der davon erfassten Flächen,

2. die Neueinteilung der Grundstücke (Umlegungsplan),

3. die Zuweisung der neuen Grundstücke und

4. Regelungen betreffend die Kostentragung der Umlegung.

(2) Umlegungsvereinbarungen sind der Landesregierung zur Kenntnis zu bringen. Die Landesregierung hat auf Antrag zu bescheinigen, dass die Umlegung der besseren Gestaltung von Bauland mit dem Ziel einer geordneten flächensparenden Bebauung und Erschließung dient.

RV

Die Umlegung von Flächen zur Verbesserung der Bebaubarkeit oder Ermöglichung einer Verbauung überhaupt bleibt weiterhin der privatautonomen Rechtsgestaltung überlassen. An sich sind solche Vereinbarungen unter Einschluss der Gemeinden schon von der Ermächtigung des § 18 erfasst, sie sollen aber als wichtiges Instrument in einer eigenen Bestimmung hervorgehoben werden. In diesem Sinn werden auch nähere Aussagen zu den Inhalten und zur weiteren verwaltungsbehördlichen Behandlung getroffen. Kann schon die Gemeinde an solchen Vereinbarungen nur teilnehmen, wenn damit das Ziel des Abs 1 erreicht wird, so soll mit der Bestätigung der Landesregierung gemäß Abs 2 darüberhinausgehend die Basis dafür geschaffen werden, dass solche Vereinbarungen als behördliche Maßnahme im Sinn des § 3 Abs 1 Z 5 des Grunderwerbssteuergesetzes 1987 gelten. Darin wird dazu auf die für eine bessere Gestaltung von Bauland geltenden Vorschriften verwiesen. Auf diese Weise soll für die in der Vereinbarung enthaltenen Grundstückstransaktionen die Grunderwerbssteuerbefreiung in Anspruch genommen werden können.

Anmerkungen

Diese Bestimmung soll im Wesentlichen zu einer steuerlichen Erleichterung bei Grundstückstäuschen führen. Dazu ist es erforderlich, dass die Landesregierung die Umlegung bestätigt. Eine solche Bestätigung kann freilich nicht für jedweden Tausch etc. ausgestellt werden, sondern nur für solche, die auch tatsächlich zu einer Verbesserung der Bebaubarkeit der davon erfassten Flächen führen.

§ 20 Überprüfung von Planungen

(1) Das Räumliche Entwicklungskonzept und der Flächenwidmungsplan sind im Abstand von jeweils zehn Jahren, ausgehend vom Inkrafttreten des Flächenwidmungsplans, zu überprüfen. Dabei sind die Erreichung der Entwicklungsziele des Räumlichen Entwicklungskonzepts, die Ausweisungen im Flächenwidmungsplan und die Umweltauswirkungen, die im Rahmen der Umweltprüfung prognostiziert worden sind, einer Bewertung zu unterziehen. Mit den Ergebnissen der Überprüfung hat sich die Gemeindevertretung auseinander zu setzen.

(2) Stellt die Gemeindevertretung auf Grund der Überprüfung gemäß Abs 1 Fehlentwicklungen oder Entwicklungsdefizite fest, ist ein Revisions- oder Änderungsverfahren einzuleiten. Revisionsverfahren haben sich auf das gesamte Gemeindegebiet zu erstrecken.

(3) Der Überprüfungsbericht und die Niederschrift über die Auseinandersetzung damit sind der Landesregierung mitzuteilen.

RV

Bisher wurde in Salzburg immer wieder davon Abstand genommen, eine Verpflichtung der Gemeinden einzuführen, ihre Raumordnungspläne einer periodischen Überprüfung zu unterziehen. Solche allgemeinen Überprüfungen stellen ein Instrument der Kontrolle der Zielerreichung und der Bewertung der Tauglichkeit der eingesetzten Mittel dar. Sie bringen für den Planungsträger Gemeinde verwertbarere Ergebnisse als eine bloß auf einzelne Flächenwidmungen abstellende Betrachtungsweise. Revisionsverpflichtungen finden sich daher in den Raumordnungsgesetzen vieler Bundesländer (zB Oberösterreich, Steiermark).

Zwar wird im Abs 1 eine Verpflichtung zur periodischen Überprüfung des Räumlichen Entwicklungskonzepts und des Flächenwidmungsplans getroffen. Eine Revisionspflicht besteht aber erst dann, wenn die Gemeindevertretung selbst einen entsprechenden Änderungsbedarf feststellt (Abs 2). Die Vorlage des Überprüfungsberichtes und die inhaltliche Auseinandersetzung der Gemeindevertretung damit liefern die Grundlagen für die Entscheidung darüber. Die Ergebnisse der Überprüfung sollen auch in den Raumordnungsbericht der Landesregierung (§ 7 Abs 3) Eingang finden.

RV 2017

Bisher war eine Revision des Räumlichen Entwicklungskonzeptes und Flächenwidmungsplanes ausschließlich davon abhängig, ob die Gemeindevertretung einen Grund zur Änderung feststellte. Damit konnten auch planwidrige Entwicklungen (trotz Feststellung durch die Gemeindevertretung) ohne Änderung der Planung zur Kenntnis genommen werden. Diesem Umstand soll durch die vorliegende Bestimmung beigekommen werden, indem nunmehr von der Gemeindevertretung (von sich aus) festgestellte Fehlentwicklungen oder Entwicklungsdefizite eine Pflicht zur Durchführung eines entsprechenden Änderungs- oder Revisionsverfahrens auslösen.

Ob Änderungs- oder Revisionsverfahren wird von der Tragweite der Fehlentwicklung bzw. der Entwicklungsdefizite abhängen. Fehlentwicklungen bzw. Entwicklungsdefizite, die den Kern der gemeindlichen Entwicklungsziele berühren und auf das ganze Gemeindegebiet ausstrahlen, werden in aller Regel die Durchführung eines Revisionsverfahrens erfordern.

Anmerkungen

Die Überprüfungspflicht umfasst sowohl das REK als auch den Flächenwidmungsplan. Die Bestimmung der Frist für die Überprüfung, und zwar ausgehend vom Inkrafttreten des Flächenwidmungsplans, steht in Zusammenhang mit der auf Grundlage des ROG 1992/98 erfolgten Anpassung des Flächenwidmungsplanes an dessen Vorgaben (Generelle Überarbeitung – siehe § 45 Abs 12 ROG 1998). Die damit verbundene 10-jährige Betrachtungsweise in Bezug auf den Baulandbedarf und die Baulandausweisung sind maßgeblich für diesen Anknüpfungspunkt. Im Übergangsrecht wurde für Gemeinden, deren Flächenwidmungspläne bereits vor dem Jahr 1.4.1999 angepasst wurden, eine Überprüfung bis zum 31.12.2010 vorgeschrieben (siehe § 82 Abs 4).

Allerdings ist durch die mit der Novelle 2017 eingeführten generellen Befristung von Baulandneuausweisungen (siehe § 29) eine andere Ausgangslage gegeben und es wurden alle Verpflichtungen, welche bisher bei Überschreitung der 10-Jahres-Frist einer Baulandausweisung vorgesehen waren („soll rückgewidmet werden") vom Gesetzgeber zurückgenommen. Daher hätte konsequenter Weise sich auch die Überprüfung auf das REK beschränkt werden können. Dies wäre insbesondere deshalb geboten, da die Gemeinde im Fall eines entsprechenden Überprüfungsergebnisses auch zur Änderung/Revision des Flächenwidmungsplanes verpflichtet ist und somit diese Verpflichtung zu den obligatorischen Änderungsgründen des § 44 Abs 1 hinzutritt.

Gegenstand der Überprüfung ist primär die Entwicklung der Gemeinde in Vergleich mit den Entwicklungszielen aber auch die verbundenen Umweltauswirkungen in Hinblick auf durchgeführten Umweltprüfungen und der dabei erfolgten Prognose der mit der Planumsetzung verbundenen Auswirkungen auf die Umwelt (sogen. Monitoring gemäß der SUP-Richtlinie – siehe § 5a Abs 6). Weichen die tatsächlichen Umweltauswirkungen von der prognostizierten erheblich ab, so kann dies die Gemeinde zu einer Planänderung verpflichten.

§ 21 Behördliche Bausperre

(1) Die Gemeindevertretung kann durch Verordnung für genau zu bestimmende Gebiete eine Bausperre erlassen, wenn

1. die Änderung des Räumlichen Entwicklungskonzepts, des Flächenwidmungsplans oder eines Bebauungsplans beabsichtigt ist und

2. eine Bausperre notwendig ist, um die Durchführung der Planung nicht erheblich zu erschweren oder unmöglich zu machen.

(2) Während der Geltung einer Bausperre ist die Erteilung von Bauplatzerklärungen und nach baurechtlichen Vorschriften des Landes erforderlichen Bewilligungen nur zulässig, wenn das Vorhaben der erkennbaren grundsätzlichen Planungsabsicht nicht entgegensteht. Bauliche Maßnahmen, für die zwar eine rechtskräftige Baubewilligung vorliegt, mit deren rechtmäßiger Ausführung aber im Zeitpunkt des Inkrafttretens der Bausperre noch nicht begonnen worden ist, bedürfen zu ihrer Ausführung einer besonderen Bewilligung der Baubehörde, die unter derselben Voraussetzung zu erteilen ist.

(3) Eine Bausperre tritt außer Kraft:

1. mit Wirksamkeit der geänderten Planung für die davon erfassten Gebiete,

2. spätestens aber drei Jahre nach ihrem Inkrafttreten.

Eine Bausperre ist jedenfalls außer Kraft zu setzen, wenn die Voraussetzungen für ihre Erlassung weggefallen sind.

RV

Wiederum werden Bestimmungen des ROG 1998 (§§ 26 und 42) zusammengefasst. Gleichzeitig ist eine Erweiterung auf die Änderung des Räumlichen Entwicklungskonzeptes vorgesehen. Die Bindung an einen bestimmten Verfahrensschritt (Auflage eines Entwurfs) wird aufgegeben.

Wesentlich ist aber, dass die beabsichtigten Änderungen dargelegt werden und das Erfordernis der Bausperre ausreichend begründet wird.

Das besondere Bewilligungserfordernis für zwar bewilligte Vorhaben, mit deren Ausführung aber noch nicht begonnen worden ist, soll zur Absicherung der Verwirklichbarkeit neuer Planungen allgemein gelten, ohne Beschränkung wie bisher auf mehr als drei Jahre alte Baubewilligungen (Abs 2). Eine Verlängerung der Bausperre ist nicht mehr vorgesehen (Abs 3); die neuen Planungen werden dem entsprechend zügig vorzunehmen sein.

Anmerkungen

Bausperren sollen die Planungsmöglichkeiten der Gemeinde bei bereits bestehenden und nicht mehr entsprechenden Planungen sichern. Sie bewirken eine baurechtliche „Veränderungssperre" in den davon erfassten Gebieten. Diese Sperre erfasst sowohl Ansuchen um Bauplatzerklärungen und Baubewilligungen als auch erteilte Baubewilligungen soweit die Bauausführung noch nicht begonnen wurde. Der VfGH verlangt, dass die beabsichtigten Änderungen des jeweiligen Planes ausdrücklich in der Bausperren-Verordnung selbst aufgenommen werden. Dies ist erforderlich, um für die Baubehörden einen Maßstab für die baubehördliche Entscheidung im Einzelfall und die nachprüfende Kontrolle dieser Entscheidung zu ermöglichen (siehe VfGH 23.02.2017, V 73/2016).

Daraus ergibt sich, dass bei einer beabsichtigten Rückführung ins Grünland – wie im VfGH-Erkenntnis oben angeführt – diese Absicht in die Bausperren-Verordnung selbst aufzunehmen ist (siehe etwa die der Entscheidung VfSlg 11.743/1988 zugrunde liegende Bausperren-Verordnung: „Ziel der Bausperre ist es, eine Änderung des ... ... vorzubereiten bzw. zu sichern, welches für das Grundstück .... nur mehr Grünlandnutzungen vorsieht"). In Hinblick auf Bausperren im Zusammenhang mit einem Bebauungsplan führt dies dazu, dass die beabsichtigten Änderungen der Bebauungsbedingungen in der Bausperren-Verordnung darzustellen sind.

Diese Begründungspflicht der Bausperren-Verordnung ist in Hinblick auf die Einzelfallentscheidungen gemäß des Abs 2 verständlich, weil erst dadurch ein Bewilligungswerber in die Lage versetzt wird – zumindest bei beabsichtigten Änderungen eines Bebauungsplanes – sein Projekt an den geänderten Planungsabsichten der Gemeinde auszurichten.

Mittels Bausperren-Verordnung können nur beabsichtigte Planänderungen abgesichert werden nicht aber die Neuerlassung eines Planes. Daraus ergibt sich für das REK und den Flächenwidmungsplan keine Einschränkung, erfassen diese Pläne doch das ganze Gemeindegebiet. Dies gilt allerdings nicht bei der Bebauungsplanung, auch wenn bisher für den Bereich kein Bebauungsplan besteht (etwa in bebauten Gebieten oder betreffend Baulücken). Eine mögliche Verlängerung der Bausperre über die drei Jahre hinaus ist seit 2009 nicht mehr vorgesehen; neue Planungen sollen entsprechend zügig erfolgen.

§ 22 Bausperre bei Aufhebung des Flächenwidmungsplans oder des Bebauungsplans

(1) Im Fall der auch nur teilweisen Aufhebung des Flächenwidmungsplans oder des Bebauungsplans durch den Verfassungsgerichtshof oder die Landesregierung als Aufsichtsbehörde gilt ab dem Wirksamwerden der Aufhebung bis zum Inkrafttreten eines neuen Flächenwidmungs- oder Bebauungsplans oder einer Ergänzung an Stelle der aufgehobenen Teile ein Bauverbot mit den Wirkungen des § 21 Abs. 2. Bauplatzerklärungen, Baubewilligungen und besondere Bewilligungen dürfen jedoch nicht erteilt werden, wenn die erkennbare grundsätzliche Planungsabsicht selbst der Grund für die Aufhebung gewesen ist.

(2) **Bauplatzerklärungen, Baubewilligungen und besondere Bewilligungen betreffend die Errichtung oder Erweiterung von Zweitwohnungen, Beherbergungsgroßbetrieben oder Handelsgroßbetrieben, die während eines Bauverbots gemäß Abs. 1 in Anwendung des § 21 Abs. 2 erteilt werden, bedürfen zu ihrer Wirksamkeit einer aufsichtsbehördlichen Genehmigung durch die Landesregierung. Die Genehmigung ist zu erteilen, wenn die Ausweisung einer entsprechenden Baulandwidmung nach den dafür geltenden Bestimmungen zulässig wäre.**

RV

Die Aufhebung von Planungen durch den Verfassungsgerichtshof oder durch die Landesregierung in Ausübung des Aufsichtsrechts führen dazu, dass für die betroffenen Flächen im Fall der Flächenwidmung ein sogenannter „weißer Fleck" entsteht oder im Fall des Bebauungsplans keine Bebauungsbedingungen mehr vorgegeben sind. Betreffend die Flächenwidmung führt dies für sich nicht zur Unverbaubarkeit der Fläche:

es gilt keine Nutzungsbeschränkung, sodass Bauführungen prinzipiell zulässig wären. Wie schon bisher (§ 26a Abs 2 ROG 1998) soll im Fall der Aufhebung von Nutzungsarten nur für Teile des Gemeindegebietes ex lege eine Bausperre mit den Wirkungen des § 21 Abs 2 gelten. Die Regelung soll auch auf den Fall der (teilweisen) Aufhebung des Bebauungsplans ausgedehnt werden. Bauliche Maßnahmen sind demnach unter den gleichen Bedingungen zulässig wie im Fall einer von der Gemeinde verfügten Bausperre. Abweichend davon ist allerdings vorgesehen, dass die Planungsabsicht der Gemeinde dann keine Gestattung der baulichen Maßnahme rechtfertigt, wenn gerade diese der Grund für die Aufhebung der Planung gewesen ist.

Die bisher (§ 26a Abs 1 ROG 1998) im Fall der gänzlichen Aufhebung eines Flächenwidmungsplans erforderliche Verordnung der Landesregierung für die Errichtung oder Erweiterung von Zweitwohnungen, Beherbergungsgroßbetrieben oder Handelsgroßbetrieben wird aufgegeben. An ihrer Stelle wird ein aufsichtsbehördlicher Bewilligungsvorbehalt für diesbezügliche Bauplatzerklärungen und Baubewilligungen eingeführt (Abs 2).

Anmerkungen

Die Bestimmung wurde in Reaktion auf die Entscheidung des Verfassungsgerichtshof VfSlg V 16/91 vom 2.12.1991 eingefügt, da mit der Aufhebung des Flächenwidmungsplanes der Gemeinde Kuchl im Bereich des Brennhoflehens (Aufhebung der Gewerbegebietswidmung wegen Unterbleibens der gebotenen Grundlagenforschung als Voraussetzung für die Änderung des REK) keine Nutzungsbeschränkungen mehr gegeben war („weißer Fleck") und damit auch entsprechende Bauführungen zulässig gewesen wären.

2. Teil – Räumliches Entwicklungskonzept

§ 23 Aufgabe und Wirkung des Räumlichen Entwicklungskonzepts

(1) **Als Grundlage für die Entwicklung der Gemeinde, im Besonderen für die Flächenwidmungsplanung und Bebauungsplanung, hat die Gemeinde ein Räumliches Entwicklungskonzept (REK) zu erstellen.**

(2) **Das Räumliche Entwicklungskonzept besteht aus einem Textteil (räumliche Entwicklungsziele und -maßnahmen) und einer planlichen Darstellung (Entwicklungsplan) mit dem erforderlichen Wortlaut.**

(3) Das Räumliche Entwicklungskonzept bindet die Gemeinde im Rahmen ihrer Planungen, begründet aber keine Rechte Dritter.

RV

Abs 1

Entspricht im Wesentlichen dem ersten und zweiten Satz des bisherigen § 13 ROG 1998. Textteil und Plan stehen aber gleichwertig nebeneinander.

Abs 2

Im Textteil sind die grundlegenden Entwicklungsabsichten der Gemeinde, ihre raumordnungspolitischen Zielsetzungen und Entwicklungsmaßnahmen zu formulieren. Welche Flächen in weiterer Folge für deren Umsetzung in Anspruch genommen werden, ist nicht Gegenstand des Textteils.

Die Aufwertung des Planteils ist aus mehreren Gründen geboten:

1. Praktische Erfahrungen: Bei der Planungsarbeit wird zur täglichen Arbeit zuerst der Plan in die Hand genommen.
2. Formulierte Ziele und Maßnahmen haben ihre Bedeutung, sie geben aber keine oder nur geringe Anhaltspunkte, welche Ziele auf welchen Flächen verfolgt werden sollen. (ZB Ziel: Bevölkerungswachstum von 15 %; Maßnahme: Ausweisung von ausreichendem Bauland; welche Flächen sollen ausgewiesen werden?)
3. Transparenz: In einem Plan kann durch Einsatz von Begrenzungslinien der Siedlungsentwicklung eine auch für den Normadressaten erkennbare Aussage getroffen werden, ob seine Flächen prinzipiell für die Siedlungsentwicklung vorgesehen sind.
4. GIS: Mit der Gleichwertigkeit von Textteil und Plan und einer geänderten Art der Darstellung ist auch die Möglichkeit verbunden, das REK selbst in einem geographischen Informationssystem darzustellen. Damit ist auch die Möglichkeit der Einsichtnahme über das Internet verbunden.

Da nicht alle planungsrelevanten Umstände graphisch dargestellt werden können, ohne den Plan zu überlasten, ist für den Entwicklungsplan gleich wie bei Flächenwidmungs- und Bebauungsplänen noch ein Textteil vorgesehen.

In der Stadt Salzburg ist die im § 3a des Salzburger Stadtrechtes 1966 idF des Landesverfassungsgesetzes LGBl 72/2008 enthaltene Zielsetzung des Schutzes des Weltkulturerbes der Stadt bei der Erstellung der REK zu beachten.

Zu Abs 2 (Anmerkungen: gemeint Abs 3)

Das REK soll auch weiterhin nur einen Selbstbindungsbeschluss der Gemeinde darstellen, dem für sich gegenüber Dritten keine normative Wirkung zukommt. Die Selbstbindung bedeutet, dass das Planungsermessen nur in Übereinstimmung mit dem REK ausgeübt werden kann.

Anmerkungen

Bereits in den einleitenden Bemerkungen der Regierungsvorlage zum ROG 2009 wird festgehalten, dass es eine maßgebliche Zielsetzung des neuen Gesetzes ist, eine Konzentration der Planung der verschiedenen Nutzungen im Gemeindegebiet, weg von der Flächenwidmungsplanung hin zum Räumlichen Entwicklungskonzept (REK) zu bewirken. Um dieses zu erreichen, wurde das REK wesentlich aufgewertet und in einem eigenen Abschnitt zusammengefasst.

Nach dem ROG 1998 war das REK (§ 13 ROG 1998) nur die (Planungs-)Grundlage für die Aufstellung des letztlich maßgeblichen Flächenwidmungsplanes. Dies wurde mit dem ROG

2009 insofern geändert, als die Planungsaufgabe prinzipiell zur Gänze auf die Ebene des REK verlagert wurde und der Flächenwidmungs- und Bebauungsplan in diesem neuen System nur mehr ein Umsetzungsinstrument des REK darstellt. Auf Ebene des REK wird die Grundsatzentscheidung getroffen, welche Flächen für welche Zwecke der Siedlungsentwicklung in Anspruch genommen werden, während auf Ebene des Flächenwidmungsplanes nur Bestandsfestlegungen bzw. die Ausweisung neuer Baulandflächen erfolgt, die nach Maßgabe der Verwertungsabsichten der Grundeigentümer einer Bebauung zugeführt werden sollen. Einer der tragenden Gründe für diese Systemumstellung ist mit der Bedarfsorientierung der Baulandausweisung verknüpft, weil nur jene Flächen im Flächenwidmungsplan als Bauland ausgewiesen werden sollen die tatsächlich für die Siedlungsentwicklung zur Verfügung stehen.

Damit verbunden ist einerseits die Konzentration des mit der Planung verbundenen Aufwandes auf das REK andererseits auch eine Konzentration der Inhalte des REK auf jene Umstände, welche für eine Baulandausweisung und die Bebauungsplanung wesentlich sind. Als Konsequenz dieser Umverlagerung des Planungsprozesses auf die Ebene des REK konnte auch die bisher nur für die Flächenwidmungsplanung vorgesehene Umweltprüfung gemäß der SUP-Richtlinie auf das REK verlagert werden (siehe dazu § 5a). In § 4 Abs 1 ROG 1998 war keine Verpflichtung zu Umweltprüfungen für REKs festgelegt, wohl aber eine solche für Entwicklungsprogramme, Standortverordnungen sowie Flächenwidmungspläne. Diese Verlagerung ist mit zwei wesentlichen Vorteilen verbunden, und zwar, dass eine Prüfung auf Ebene des Flächenwidmungsplans im Regelfall entfällt, was die Flächenwidmungsplanung entlastet und zum anderen, dass eine verbesserte Berücksichtigung der Umweltbelange im Rahmen einer gesamthaften Planung erfolgen kann. Die Sinnhaftigkeit der Umweltprüfung für Einzelflächen ist in Ansehung der Aufgabenstellung gemäß der SUP-Richtlinie einer verbesserten Berücksichtigung von Umweltbelangen in Planungsprozessen mehrfach und berechtigt angezweifelt worden, weil auf dieser Planungsebene zumeist keine ausreichende Berücksichtigung von Standortalternativen mehr erfolgen konnte.

Da das REK gemäß dem ROG 2009 einem aufsichtsbehördlichen Genehmigungsvorbehalt unterliegt, konnte der aufsichtsbehördliche Genehmigungsvorbehalt auf Ebene der Flächenwidmung entsprechend zurückgenommen werden (siehe § 76). Dies ist auch für die planende Gemeinde von Vorteil, weil mit der Genehmigung des REK die darin enthaltenen Inhalte einer neuerlichen Prüfung de facto entzogen sind und somit auch für den Planungsträger im Rahmen der Planumsetzung Rechtssicherheit herrscht.

§ 24 Bestandsaufnahme

(1) In einer Bestandsaufnahme sind die für die örtliche Raumordnung maßgeblichen Gegebenheiten zu erheben, und zwar jedenfalls:

1. die naturräumlichen Gegebenheiten und Umweltbedingungen,
2. die infrastrukturellen und energierelevanten Gegebenheiten,
3. die siedlungsstrukturellen Gegebenheiten und
4. die bevölkerungs- und wirtschaftsstrukturellen Gegebenheiten.

(2) Die Ergebnisse der Bestandsaufnahmen sind zusammen mit den wesentlichen daraus sich ergebenden Aussagen darzustellen.

RV

Für die Bestandsaufnahmen (ieS, bisher Strukturuntersuchung) werden Mindestinhalte gesetzlich vorgegeben. Unter die naturräumlichen Gegebenheiten und Umweltbedingungen fallen neben den das Landschaftsbild prägenden Erscheinungen wie Waldflächen, stehende und fließende Gewässer udgl zB auch Gefährdungsbereiche und die diversen Schutzgebiete. Zur Darstellung der Umweltparameter bietet sich vor allem die Systematik der Umwelterheblichkeitsprüfung an.

Die erhobenen Fakten sind entsprechend darzustellen und dabei auch in wesentlichen Aussagen über den Ist-Zustand zusammenzufassen.

Anmerkungen

Durch die Novelle wird in Abs 1 Z 2 der Umfang der jedenfalls notwendigen Bestandsaufnahme erweitert: Zusätzlich zu den infrastrukturellen Gegebenheiten sind nunmehr auch die energierelevanten Gegebenheiten zu erheben. Was darunter zu verstehen sein soll, wird allerdings in der RV 2017 nicht näher ausgeführt. Im Ausschussbericht findet sich nur die Anmerkung wonach sich die Bestandaufnahme dafür auf die grundlegenden Versorgungsstrukturen beschränken und hypertrophe Erhebungen vermieden werden sollen. In Hinblick auf den Umfang dieser Erhebungen ist festzuhalten, dass unter dem Begriff „energierelevanten" Gegebenheiten wohl nicht die Leitungen, Kapazitäten etc des Strom- oder Gasnetzes gemeint sein können. Vielmehr geht es darum, ob in Ansehung der Zielsetzung der CO_2-Reduktion Potentiale vorhanden sind, welche zur Umsetzung einen Beitrag leisten können. Daher werden also vorhandene Biomasse-Nah- und Fernwärmenetze und bereits bestehende Windkraft- und Freiflächen-Photovoltaikanlagen darzustellen sein. Daneben können aber auch im Falle von Planungsabsichten der Gemeinde die Potentiale für Windkraft und Freiflächen-Photovoltaikanlagen und vorhandene Wärmequellen von Prozessabwärme (zB Kläranlagen, Industriebetrieben) oder Geothermie im Zuge der Bestandserhebung erhoben werden. Dieser Begriffsumfang ist insofern geboten, weil die Zielrichtung von Festlegungen (siehe dazu § 25 Abs 2 Z 5) in diese Richtung weisen.

§ 25 Inhalte des Räumlichen Entwicklungskonzepts

(1) Auf Grund der Bestandsaufnahme sind die Aussagen und Festlegungen des Räumlichen Entwicklungskonzepts für einen Planungszeitraum von rund 25 Jahren zu entwickeln. Dabei sind die Entwicklungsprogramme des Landes, die Planungen der Nachbargemeinden und sonstiger behördlicher Planungsträger zu beachten.

(2) In den räumlichen Entwicklungszielen und -maßnahmen der Gemeinde sind jedenfalls grundsätzliche Aussagen zu treffen:

1. zur angestrebten Bevölkerungs- und Wirtschaftsentwicklung,

2. zur angestrebten Siedlungs- und Verkehrsentwicklung,

3. zum voraussichtlichen Baulandbedarf,

4. zur angestrebten Entwicklung des Freiraums und

5. zur angestrebten Energieversorgung.

(3) Im Entwicklungsplan sind folgende Flächen festzulegen und darzustellen:

1. Flächen, die für eine Baulandausweisung in Betracht kommen;

2. Flächen, die für grünlandgebundene Einrichtungen in Betracht kommen;

3. Flächen, die für die Freiraumentwicklung von Bedeutung sind;

4. Siedlungsschwerpunkte.

(4) Für die jeweiligen gemäß Abs. 3 Z 1 und 2 dargestellten Flächen sind Festlegungen zu treffen:

1. betreffend die Nutzung: dabei ist ihre hauptsächliche Verwendung (für den förderbaren Wohnbau bzw. allgemein für Wohnzwecke, betriebliche Zwecke udgl) festzulegen;

2. betreffend die Erschließung: dabei sind die grundsätzlichen Anforderungen an die technische und soziale Infrastruktur zu bestimmen;

3. betreffend die bauliche Entwicklung: dabei sind die grundlegenden Vorgaben für die Bebauungsplanung (bauliche Ausnutzbarkeit, Höhenentwicklung, Bauweise, Freiflächengestaltung udgl) zu treffen;

4. betreffend die sonstigen Rahmenbedingungen für ihre Nutzung:
dabei sind die planungsrelevanten Vorgaben (Lärmschutz, Naturschutz udgl) einschließlich solche über allfällige Voraussetzungen (zeitliche Abfolge, Alternativstandorte, Vorbehalte udgl) zu treffen.

Diese Festlegungen können auch durch die Bestimmung von Qualitätszielen und Standards erfolgen. Abweichungen von Festlegungen gemäß Z 2 und 3 sind im Rahmen der Umsetzung des Räumlichen Entwicklungskonzepts zulässig, soweit damit nicht Auswirkungen auf die raumordnungspolitischen Entwicklungsziele oder erhebliche Umweltauswirkungen verbunden sind.

(4a) Zur Sicherstellung einer städtebaulichen Ordnung können in den Siedlungsschwerpunkten (Abs.3 Z 4) Raumeinheiten festgelegt werden, für die ein gesamthafter Bebauungsplan der Grundstufe aufzustellen ist (städtebauliche Planungsgebiete)

(5) Die Landesregierung kann zur einheitlichen Gestaltung des Räumlichen Entwicklungskonzepts sowie zur einheitlichen Berechnung des voraussichtlichen Baulandbedarfs durch Verordnung Richtlinien erlassen.

RV

Mit der gleichrangigen Zweiteilung des REK in Textteil und Entwicklungsplan werden gegenüber dem § 13 ROG 1998 grundlegende Änderungen vorgenommen.

1. Die bisherigen einzelnen Konzepte (Freiraumkonzept, Siedlungs- und Ortsbildkonzept, Verkehrskonzept und Konzept betreffend die technische und soziale Infrastruktur) werden aufgegeben. Die Erstellung dieser Konzepte ist mit einem Aufwand verbunden, der nur bedingt gerechtfertigt ist. Zudem kommt es teilweise zu Widersprüchlichkeiten der einzelnen Konzepte zueinander.
2. Der allgemeine Auftrag der Raumordnung, eine Ordnung des gesamten Raumes vorzunehmen, konzentriert sich vorrangig auf die Festlegung der für die Siedlungsentwicklung geeigneten Flächen. Daher kommt diesem Bereich bei den Festlegungen des REK wesentliche Bedeutung zu, er soll daher im Zentrum der planerischen Festlegungen stehen. Sonstige Flächenzuweisungen auf Ebene des REK sollen nur dann vorgenommen werden, wenn klare Zielsetzungen dies gebieten. Die davon nicht erfassten Flächen werden damit nicht jeglicher Funktion entkleidet; in der Nichterfassung kommt eine nicht determinierte Freihaltefunktion zum Ausdruck.
3. Aussagekraft versus Flexibilität: Die mit dem Entwicklungsplan einhergehende Zuordnung der Flächen verlangt deren präzise Begrenzung. Dabei sind zwei Gesichtspunkte unbedingt zu beachten:
   - Zu präzise Festlegungen lassen keinen Spielraum.
   - Zu allgemeine Festlegungen lassen die Konturen nicht erkennen.

   Der richtige Weg ist im Einzelfall zu finden und hängt von den gegebenen Strukturen ab: Siedlungsbegrenzungen, die sich an Strukturgrenzen (Straßen, Geländekanten udgl) orientieren, werden als parzellenscharf aufzufassen sein, während sonstige Siedlungsbegrenzungen wohl mit dem Interpretationsspielraum von einer Parzellentiefe (allein schon aus Gründen der Maßstäblichkeit) zu betrachten sein werden. Diese Kompromissformel sichert eine ausreichende Flexibilität bei Bewahrung der Aussagekraft. Eine über dieses Maß hinausgehende Flexibilisierung der Festlegung ist mit dem neuen Konzept des REK nicht vereinbar.

Im Abs 1 wird vorangestellt, dass das Räumliche Entwicklungskonzept die Bestandsaufnahme (iwS) zur Grundlage hat und auf einen Zeitraum von 20 Jahren zu entwickeln ist. Für die Gemeinden soll einerseits ein ausreichender Spielraum für die REK-Umsetzung auf Ebene des Flächenwidmungsplans bestehen, andererseits muss es einen überschaubaren begrenzten Planungszeitraum geben. Nicht alles für eine ferne Zukunft Denkbare kann Gegenstand heutiger Planungen sein.

Aus der Funktion des Entwicklungsplans folgt, dass als erster Schritt die raumordnungspolitischen Entwicklungsziele und -maßnahmen zu formulieren sind und der Entwicklungsplan darauf aufbaut, indem darin unter Berücksichtigung planungsfachlicher Regeln die zur Zielverfolgung in Betracht kommenden Flächen festgelegt und dargestellt werden. Bei Ausübung des Planungsermessens hat die Gemeinde die Entwicklungsprogramme des Landes und die Planungen der Nachbargemeinden und sonstiger behördlicher Planungsträger (zB der Landesregierung für die Landesstraßen) zu beachten.

Abs 2 legt fest, zu welchen Themenbereichen in den raumordnungspolitischen Entwicklungszielen und -maßnahmen grundsätzlich Aussagen zu treffen sind. Den Gemeinden bleibt es überlassen, zusätzliche Themenbereiche aufzunehmen und ihre Zielsetzungen und Umsetzungsmittel dazu zu formulieren.

Dem neuen Konzept folgend, sind die zur Umsetzung in Betracht kommenden Flächen planlich darzustellen (Abs 3). Als Grundlage dafür soll nicht der Kataster herangezogen werden, weil dadurch in allen Bereichen der Eindruck einer „Parzellenschärfe“ erweckt wird; besonders geeignet erscheinen dagegen Orthofotos.

Im Entwicklungsplan gibt es drei unterschiedliche Flächenzuordnungen (Z 1 bis 3). Unter die grünraumgebundenen Einrichtungen fallen zB Sport- und Erholungsflächen, Friedhöfe. Für die Freiraumentwicklung sind zB Grünkeile besonders wertvoll. Zur Klarstellung wird festgehalten, dass nicht jeder Fläche innerhalb des Gemeindegebietes eine spezifische Funktion zugeordnet werden muss.

Zu Abs 4:

Für jene Bereiche, die für eine Siedlungsentwicklung in Betracht kommen, sind auch die wesentlichen Vorgaben für die nachfolgende Flächenwidmung und Bebauungsplanung festzulegen, und zwar für jeden dieser Bereiche gesondert.

Diese Festlegungen haben zu betreffen:

1. Die Nutzung: Bei einer in Betracht kommenden Baulandwidmung soll die künftige Kategorie nicht vorweggenommen werden. Sinngemäßes gilt in Bezug auf die Grünlandkategorien. Eine Festlegung, ob die Fläche zur Wohnnutzung, zur betrieblichen Nutzung oder für eine Festlegung Zentrumsfunktion (Durchmischung) bestimmt ist, ist sicherlich ausreichend.

2. Die Erschließung: Gerade in diesem Bereich sind derzeit erhebliche Defizite feststellbar, weil weder im Rahmen der Flächenwidmung noch im Rahmen der Bebauungsplanung diesem Umstand ausreichend Rechnung getragen wird. Vor allem die technische Infrastruktur einschließlich Verkehrsinfrastruktur und die soziale Infrastruktur jeweils mit der erforderlichen Leistungsfähigkeit sind aber bestimmende Kostenfaktoren bei der Siedlungsentwicklung. Daher soll bereits im Rahmen des REK das Anforderungsprofil der künftigen Erschließung der Flächen mit ins Kalkül einzubeziehen sein. Praktische Beispiele und Fragestellungen dazu sind etwa die erforderlichen Straßenbreiten (mit Geh- und Radweg) und deren Anlageverhältnisse (Stichstraße oder Ringerschließung?) bis hin zur Leistungsfähigkeit bestehender oder neuer Ver- und Entsorgungseinrichtungen.

3. Die bauliche Entwicklung: Dazu sind jene grundlegenden Festlegungen zu treffen, die nachfolgend in einem Bebauungsplan umgesetzt werden, insbesondere die Verbauung der Flächen, die Höhenentwicklung und die Anforderungen an die Durchgrünung. Dies ist vor allem aus den Gesichtspunkten der Umwelterheblichkeit und der erforderlichen Erschließung mit technischer und sozialer Infrastruktur wichtig, ebenso für die Beurteilung der Planfolgewirkungen. Die nachfolgende Bebauungsplanung ist an diese Festlegungen gebunden. Sind dagegen im REK keine solchen getroffen, bedeutet dies prinzipiell eine Bindung an die gegebenen Strukturverhältnisse.

4. Die sonstigen Rahmenbedingungen für die Nutzung: Darunter sind jene Faktoren zu verstehen, die im Rahmen der Abwicklung nachfolgender Verfahren von besonderer Bedeutung sind. Die Spannweite der möglichen Festlegungen reicht von einer Berücksichtigung der in einem Siedlungsbereich gelegenen Biotopflächen oder sonstiger Nutzungseinschränkungen über Lärmschutz bis hin zur der Festlegung von Vorbehaltsflächen oder Baulandsicherungsmaßnahmen.

Durch die Festlegungen im REK dürfen Präzisierungen, die in nachgeordneten Verfahren vorzunehmen sind, nicht vorweggenommen werden. Auch sollen keine Inhalte aufgenommen werden, deren Umsetzung mit planerischen Mitteln gar nicht möglich oder begründbar ist. Auch in diesem Zusammenhang gilt, dass nur das für eine geordnete Siedlungsentwicklung Erforderliche festgelegt werden soll.

Für diese Festlegungen können auch Qualitätsziele und Standards definiert werden. So wird es zB ermöglicht, betreffend die Mindestbreite einer Straße die Vorgaben der Richtlinien und Vorschriften für den Straßenbau (RVS) zu übernehmen oder betreffend den Lärmschutz allgemeine Grenzwerte festzulegen. Die sich damit ergebenden Möglichkeiten sollen vor allem der Vereinfachung dienen.

Durch die Bestimmung des letzten Satzes wird erreicht, dass nicht jede Abweichung von den Vorgaben an die Erschließung oder für die Bebauungsplanung im Rahmen der Planumsetzung dazu führt, dass ein Widerspruch zu den Festlegungen des REK vorliegt. Vielmehr soll dies erst der Fall sein, wenn Auswirkungen auf die raumordnungsmäßigen Entwicklungsziele oder erhebliche Umweltauswirkungen damit verbunden sind. Diese Flexibilität lässt kein allzu starres Korsett durch solche Vorgaben entstehen, es muss aber die „große Linie“ gewahrt bleiben. So wird zB kein Widerspruch darin zu sehen sein, wenn im Zuge der Bebauungsplanung für eine Teilfläche die im REK vorgegebene Ringerschließung noch nicht vorgesehen wird, sondern vorerst nur eine Stichstraße mit Wendehammer. Wesentlich ist aber, dass die erforderlichen Flächen für die künftige Ringerschließung erhalten bleiben. Oder wenn für ein Gebiet, für das eine geringe Bebauungsdichte vorgegeben ist, nachfolgend eine geringfügig höhere Dichte geplant wird. Erst dann, wenn dadurch entweder eine Planänderung in einem anderen Bereich des Gemeindegebietes verbunden werden muss, um einen Ausgleich zu schaffen, oder wenn dadurch die etwa im Rahmen der Umweltprüfung erfolgte Beurteilung der Umweltauswirkungen eine erhebliche Änderung erfährt, indem die Verkehrsbelastung für Anrainer unzumutbar wird, wird der eingeräumte Spielraum überschritten.

Die auf Grund des Abs 5 erlassene Verordnung soll eine formale Einheitlichkeit der REK's der Gemeinden herbeiführen. Dies hat auch deren Vergleichbarkeit zum Hintergrund, insbesondere wenn sich die Bürgerinnen und Bürger im Internet darüber informieren können.

RV 2017

Abs 1: Die derzeitige starre Obergrenze des Planungszeitraums von 20 Jahren steht in der Praxis zum Teil in Konflikt mit planungsfachlichen Erwägungen. Um raumordnungsfachlich stimmige Planungen zu ermöglichen, soll die Obergrenze durch einen Richtwert (rund 25 Jahre) ersetzt werden, der in begründeten Fällen sowohl über- als auch unterschritten werden kann.

Abs 2: Die Aufzählung wird um den Sachbereich „angestrebte Energieversorgung" ergänzt. Gedacht ist hier insbesondere an eine Auseinandersetzung mit der Flächenvorsorge für alternative Energieerzeugungsanlagen.

Abs 3: Aus dem Entwicklungsplan soll sich insbesondere auch ergeben, welche Gebiete der Gemeinde für eine Siedlungsentwicklung besonders geeignet sind (Siedlungsschwerpunkte).

Abs 4: Dem Ziel der Schaffung von leistbarem Wohnraum geschuldet ist die gesonderte Darstellung von geeigneten Flächen für den förderbaren Wohnbau.

Abs 4a:

Die Gemeinde kann im Rahmen der Erstellung des Räumlichen Entwicklungskonzeptes städtebauliche Planungsgebiete in den Siedlungsschwerpunkt(en) festlegen. Diese Gebiete können sowohl bebaute als auch unbebaute Bereiche in einem Siedlungsschwerpunkt umfassen. Damit soll erreicht werden, dass Gebiete mit einer ähnlichen Struktur gesamthaft beplant werden. Bis dato werden Bebauungspläne oft nur für das neu zu errichtende Objekt erstellt und wird die vorhandene Struktur im nahen Umfeld in die Planung nicht miteinbezogen. Diese Planungsgebiete sind auf Basis der bestehenden Siedlungs- und Verkehrsstruktur, der topographischen Gegebenheiten sowie der funktionellen Verflechtungen und Nutzungen abzugrenzen (zusammengehörige Orts- bzw. Siedlungsteile). Die Festlegung eines städtebaulichen Planungsgebiets steht im Planungsermessen der Gemeinde.

Abs 5: Nicht nur zur einheitlichen Gestaltung des Räumlichen Entwicklungskonzeptes, sondern auch zur einheitlichen Berechnung des voraussichtlichen Baulandbedarfs sollen Richtlinien erlassen werden können.

Anmerkungen

Die Änderungen durch die Novelle 2017 führen zu einer Flexibilisierung des Planungshorizonts, welcher nunmehr als Richtwert in Abs 1 (rund 25 Jahre) festgelegt ist. Dieser Richtwert kann von der Gemeinde im Fall einer entsprechenden Begründung unter- bzw. überschritten werden. Aus praktischen Erwägungen sollte dieses Maß allerdings nicht unter einem 20-jährigen und nicht über einem 30-jährigen Planungshorizont gewählt werden. Würde er unter 20 Jahre angenommen, ginge für die Planumsetzung auf Ebene des Flächenwidmungsplanes jede Flexibilität verloren, wird er über 30 Jahre angenommen, werden die Annahmen zu spekulativ und zudem ist zu vermuten, dass die Aufwände im Zusammenhang mit der erforderlichen Umweltprüfung steigen.

Die Festlegung der „angestrebten Energieversorgung" im Bereich der raumordnungspolitischen Ziele (siehe dazu die Ausführungen der RV) wird für die Gemeinden keinen großen Aufwand nach sich ziehen. Hier geht es letztlich nur darum auf Ebene der Gemeindevertretung zu bestimmen, wie sich die Gemeinde in Hinblick auf die Errichtung von Windkraftanlagen, PV-Anlagen, Geothermie udgl positionieren will. Diese Festlegung ist die Basis für im Entwicklungsplan nötige Flächenzuordnungen gemäß Abs 4 für solche Anlagen.

Die in Abs 3 durch die Novelle 2017 hinzugetretene Verpflichtung Siedlungsschwerpunkte gemäß § 5 Z 14 im REK abzugrenzen ist neu. Siedlungsschwerpunkte waren bisher nur im Geltungsbereich des Sachprogramms „Standortentwicklung für Wohnen und Arbeiten im Salzburger Zentralraum" LGBl 13/2009 im REK festzulegen. Ihr Regelungsinhalt ist allerdings unterschiedlich von den jenen der ROG Novelle 2017 (siehe § 5 Z 14). Die Verpflichtung zur Festlegung von Siedlungsschwerpunkten ist Voraussetzung für die Zulässigkeit gewisser Festlegungen des Flächenwidmungsplanes (Widmungskategorie förderbarer Wohnbau, Vorbehaltsflächen für den Wohnbau) in Abhängigkeit zur der Lage der Flächen im Siedlungsschwerpunkt. Daneben wird auch im Rahmen von baurechtlichen Beurteilungen (siehe dazu die Regelung betreffend Verbrauchermärkte gemäß der Anlage/1) auf eine allfällige Lage im Siedlungsschwerpunkt Bezug genommen.

Im Hinblick auf die oben dargestellten Rechtswirkungen der Abgrenzung ist davon auszugehen, dass eine Abgrenzung der Siedlungsschwerpunkte auch für Gemeinden mit einem REK gemäß ROG 1992/1998 in Anwendung des § 82 Abs 2 („besonders wichtiges öffentliches Interesse") möglich ist.

Die neu in Abs 4 aufgenommene Differenzierung zwischen Flächen für den „förderbaren Wohnbau" und sonstigen Wohnbauflächen wird insbesondere für die Möglichkeit der Festlegung der neuen Widmungskategorie Förderbarer Wohnbau (§ 30 Abs 1 Z 2a) und für die Zulässigkeit der Festlegung von Vorbehaltsflächen gemäß § 42 maßgeblich sein. Diese Vorgabe steht auch in Zusammenhang mit § 4 Wohnbauförderungsgesetz 2015 (LGBl 23/2015 idF LGBl 120/2017) dieser lautet:

§ 4 Salzburger Wohnbauförderungsgesetz

§ 4 Leistungen der Gemeinden:
(1) Die Gemeinden sollen die Errichtung förderbarer Wohnbauten im Rahmen ihrer Möglichkeiten insbesondere dahingehend unterstützen, dass dafür geeignete Baugrundstücke preisgünstig bereitgestellt werden. Zu diesem Zweck sind die Möglichkeiten des Salzburger Raumordnungsgesetzes 2009 (Ausweisung von Vorbehaltsflächen, Abschluss von Raumordnungsverträgen udgl) zu nutzen.
(2) Die Aufgaben nach Abs 1 sind solche des eigenen Wirkungsbereiches der Gemeinde."

Unter Berücksichtigung dieser Verpflichtung wird eine Flächenzuordnung für den förderbaren Wohnbau auf Ebene des REK der Gemeinde geboten sein. Ein gänzliches Unterlassen solcher Zuordnungen wird wohl nur in begründeten Ausnahmefällen erfolgen können. Welche Flächen dafür in Betracht kommen, ist wiederum von der konkreten Festlegung von Siedlungsschwerpunkten abhängig, weil nur diese für eine solche Verwendung in Betracht kommen.

Die in Abs 4a neu eingeführten „städtebaulichen Planungsgebiete" sind ebenfalls mit den Siedlungsschwerpunkten verknüpft, weil städtebauliche Planungsgebiete nur innerhalb von Siedlungsschwerpunkten in Betracht kommen. Mit der Festlegung als städtebauliches Planungsgebiet ist verbunden, dass keine Planfreistellung gemäß § 50 Abs 3a möglich ist, da für diese Flächen jedenfalls ein gesamthafter Bebauungsplan der Grundstufe zu erstellen ist. Es ist allein aufgrund dieser Wirkung anzunehmen, dass nur teilweise von diesem neuen Instrument Gebrauch gemacht wird, weil die Gemeinden – auch ohne diese Festlegung auf Ebene des REK – bei Bedarf großflächige Bebauungsplanungen vorsehen können.

Die in Abs 5 neu vorgesehene Möglichkeit mittels Verordnung neben der einheitlichen Darstellung auch eine einheitliche Berechnung für den Baulandbedarf festzulegen ist nicht unproblematisch. Die Ausgangslagen in den Gemeinden sind hinsichtlich des Bedarfes an Wohnungen und Betriebesflächen durchwegs unterschiedlich. Viele Nutzungen auf Ebene des Flächenwidmungsplans bedürfen der gleichen Widmungskategorie. So sind etwa touristische Nutzungen,

Dienstleistungs- und Handelsnutzungen in nahezu allen Wohnbaulandkategorien ebenso zulässig wie die Wohnnutzung selbst.

Eine konkrete Baulandbedarfsberechnung kann eigentlich nur für Wohnnutzungen und deren Verteilung (Einfamilienhäuser, verdichtete Flachbauten, Geschoßwohnbau) sowie im Bereich der touristischen Nutzung (angestrebte Zahl der Hotelbetten ua) und der Berechnung angestrebter Verkaufsflächen in Handelsgroßbetrieben sinnvoll erfolgen, wobei alle drei „berechenbaren" Bereiche im Regelfall nach Ausweisung derselben Widmungskategorie (vor allem „Erweitertes Wohngebiet") verlangen. (Ausnahme: Handels- und Beherbergungsgroßbetriebe.) Wenn man die gleiche Flächenwidmung mit unterschiedlichen wirtschaftlichen Nutzungen zu kombinieren hat, kann aber zB mit einer noch so präzisen Berechnung auf Ebene der Wohnnutzung nichts gewonnen werden.

Noch „hoffnungsloser" ist es vorausschauend auf einheitlicher Basis einen zukünftigen betrieblichen Flächenbedarf zu ermitteln. Dies ist zwar durchaus auf örtlicher Ebene für bestehende Betriebe in Betriebs-, Gewerbe- und Industriegebieten möglich und sinnvoll um Betriebserweiterungen zu ermöglichen und den Bestand eines Unternehmens zu sichern. Die Bedarfserhebung der Gemeinde wird dabei auf das jeweilige Unternehmen und seine Wachstumschancen Bezug nehmen. Eine landesweite „Einheitlichkeit" für eine Betriebsbaulandflächen-Bedarfsrechnung etwa nach Branchen für alle Betriebsstätten im Land durch eine Richtlinie ist allerdings wenig realistisch und schwer umsetzbar. Zu unterschiedlich ist die Dynamik der einzelnen Unternehmen in einer Marktwirtschaft. Gänzlich unkalkulierbar ist jedoch der Flächenbedarf für beabsichtigte, im einzelnen wohl noch nicht bekannte Betriebsansiedlungen (Planungshorizont des REK rund 25 Jahre !!) – hinter diesem Bedarf stehen auch anderslautende Interessen der Gemeinde wie etwa die Schaffung von Arbeitsplätzen.

§ 26 Änderung des Räumlichen Entwicklungskonzepts

Das Räumliche Entwicklungskonzept ist zu ändern:

1. **soweit dies durch die Erlassung oder Änderung von Entwicklungsprogrammen des Landes erforderlich ist;**
2. **bei Feststellung von Fehlentwicklungen oder Entwicklungsdefiziten auf Grund einer Überprüfung gemäß § 20;**
3. **bei wesentlicher Änderung der Planungsgrundlagen.**

Das räumliche Entwicklungskonzept kann außerdem aus anderen wichtigen öffentlichen Interessen geändert werden.

RV

Wie bisher (§ 13 Abs 6 ROG 1998) kann der Änderungsgrund in einer Änderung der Planungsvoraussetzungen, zB durch Erlassung eines Entwicklungsprogramms des Landes, liegen, weiters aber auch in geänderten Planungen einer Nachbargemeinde oder in geänderten Planungsvorstellungen der Gemeinde selbst.

RV 2017

Die Novelle berücksichtigt überdies die Änderungsverpflichtung nach § 20, wonach bei Feststellung einer Fehlentwicklung oder von Entwicklungsdefiziten zumindest ein Verfahren zur Änderung des Räumlichen Entwicklungskonzeptes durchzuführen ist.

Darüber hinaus soll es zu einer Angleichung der Änderungsgründe auf örtlicher und überörtlicher Ebene kommen. Wie bei den Entwicklungsprogrammen (vgl. § 12) soll auch das räumliche Entwicklungskonzept bei „wesentlicher Änderung der Planungsgrundlagen“ geändert werden müssen und bei Vorliegen „anderer wichtiger öffentlicher Interessen“ geändert werden können. Damit wird jenes Maß an Rechtssicherheit erreicht, dass es dem Rechtsunterworfenen ermöglicht, im Vertrauen auf die Rechtslage seine individuellen Planungsabsichten zu gestalten.

Als wichtige öffentliche Interessen sind insbesondere solche anzusehen, die aufgrund der aktuellen Herausforderungen an den Raum (Klimawandel und Umstieg auf alternative Energieformen, Entzug wertvoller Böden für die Landwirtschaft und Verlust natürlicher Lebensgrundlagen durch stetig steigenden Siedlungsdruck) eine Priorisierung verlangen. Gleichbedeutsam – und sohin ebenfalls als wichtige öffentliche Interessen anzusehen – sind diejenigen öffentlichen Interessen, die iS des § 2 Z 1 die Bereiche Wohnen, Arbeit und Wirtschaft betreffen und im Hinblick auf die Gemeindeentwicklung (Siedlungsentwicklung, Betriebsansiedlungen udgl) von besonderer Bedeutung sind.

Anmerkungen

Die Änderungsgründe für das REK wurden durch die Novelle 2017 erheblich geändert.
Bisher war den Gemeinden eine von ihnen gewünschte Änderung möglich, wenn eine Änderung in den Planungsgrundlagen vorlag oder die Änderung zur Vermeidung von erkennbaren Fehlentwicklungen und Entwicklungsdefiziten erfolgen sollte.

- Die Änderung zur Vermeidung von erkennbaren Fehlentwicklungen und Entwicklungsdefiziten ist nunmehr an eine Überprüfung des REK nach § 20 gebunden und daher nur alle 10 Jahre vorgesehen.
- Eine Änderung der Planungsgrundlagen verpflichtet nunmehr zur Änderung des REK
- Neu aufgenommen wurde die Möglichkeit, das REK aus sonstigen „andere(n) wichtigen öffentlichen Interessen“ zu ändern.

Die Praxis bei REK Änderungen wird zeigen, inwieweit durch diese Neuregelungen Änderungen künftig erschwert oder erleichtert werden.

Nach der Regierungsvorlage sollen diese Änderungen der Rechtssicherheit dienen und dazu führen, dass die Planadressaten (vornehmlich die Grundeigentümer) ihre individuellen Absichten danach ausrichten können. In dieser Argumentation bleibt allerdings unberücksichtigt, dass das REK nur ein Selbstbindungsbeschluss der Gemeindevertretung ist, welcher ausdrücklich nur die Gemeinde bindet (siehe § 23 Abs 3), nicht aber Rechte für Planadressaten schafft, die als Grundlage dienen ihre individuellen Absichten danach auszurichten.
In der Regierungsvorlage werden als „andere wichtige öffentliche Interessen“ nahezu alle Ziele angeführt, welche mit dem REK verfolgt werden können: Als wichtige öffentliche Interessen sind danach jedenfalls die aktuellen Herausforderungen an den Raum (Klimawandel und Umstieg auf alternative Energieformen, Entzug wertvoller Böden für die Landwirtschaft und Verlust natürlicher Lebensgrundlagen durch stetig steigenden Siedlungsdruck) anzusehen. Gleichbedeutsam – und sohin ebenfalls als wichtige öffentliche Interessen anzusehen – sind diejenigen öffentlichen Interessen, die iS des § 2 Z 1 die Bereiche leistbares Wohnen, Arbeit und Wirtschaft betreffen und im Hinblick auf die Gemeindeentwicklung (Siedlungsentwicklung, Betriebsansiedlungen udgl) von besonderer Bedeutung sind.
Da die RV wichtige öffentliche Interessen nur „insbesondere“ anführt, kommen – wie sich auch aus dem Gesetzestext ergibt – auch andere wichtige öffentliche Interessen als Änderungsgrund in

Frage, die in der Rechtsprechung der Höchstgerichte als solche anerkannt wurden.
Es bleibt offen in welcher Bedeutsamkeit und Intensität derartige wichtige öffentliche Interessen vorliegen müssen um Anlass und hinreichenden Grund für die Änderung darzustellen. Die Rechtsprechung des Verfassungsgerichtshofes zu einem hinreichenden Änderungsgrund allein ist schon Beleg dafür, dass mit den neuen gesetzlichen Bestimmungen eine neue Dimension von rechtlichen Auseinandersetzungen gegeben ist, weil in der Folge das Vorliegen bzw. Nichtvorliegen eines hinreichenden Änderungsgrundes auf der dem REK nächstfolgenden Ebene des Flächenwidmungsplanes eine justiziable Fragestellung sein kann.
Zu empfehlen ist deshalb jedenfalls, ein wichtiges öffentliches Interesse, welches Anlass zu einer REK Änderung sein sollte entsprechend zu begründen und zu gewichten. Dabei geht hier nicht um die „Wichtigkeit" des öffentlichen Interesses, sondern

1. um die Bedeutsamkeit und den Grad des öffentlichen Interesses in Bezug auf die geänderte(n) Festlegung(en) des REK;
2. um die ausreichenden Darlegung und Begründung, sowie
3. um die Nachvollziehbarkeit dieser Umstände.

Diese drei Punkte sind es, die der VfGH in seiner Rechtsprechung immer wieder anführt. Die Aufsichtsbehörde hat im Rahmen ihrer Genehmigung für die REK-Änderung gerade diese Punkte zu überprüfen (siehe dazu auch Kap. D Z 4).

3. Teil – Flächenwidmungsplanung

§ 27 Flächenwidmungsplan; Verpflichtung zur Aufstellung und Inhalt

(1) Jede Gemeinde hat auf Grundlage des Räumlichen Entwicklungskonzepts einen Flächenwidmungsplan für das gesamte Gemeindegebiet durch Verordnung zu erlassen.

(2) Der Flächenwidmungsplan besteht aus der planlichen Darstellung auf Katastergrundlage und dem dazu erforderlichen Wortlaut.

(3) Der Flächenwidmungsplan hat zu enthalten:

1. die Festlegung der Nutzungsarten (Bauland, Grünland, Verkehrsflächen) und Widmungen gemäß den §§ 30 bis 36;

2. die Kennzeichnungen gemäß den §§ 16 Abs 4, 31 Abs 1 Z 2, 37 bis 42 und 50 Abs 2 Z 1;

3. die Kenntlichmachungen gemäß § 43.

(4) Kennzeichnungen sind zur Nutzungsart und Widmung hinzutretende Beschränkungen oder Gebote mit normativer Wirkung.

(5) Kenntlichmachungen sind Hinweise auf planungsrelevante Umstände. Ihnen kommt keine selbstständige normative Wirkung zu.

(6) In besonderen Fällen können für übereinander liegende Ebenen desselben Planungsgebiets auch unterschiedliche Nutzungsarten und Widmungen festgelegt werden (Schichtenwidmung).

(7) Widmungen können in gesetzlich bestimmten Fällen zeitlich befristet werden. Bei Befristungen sind gleichzeitig mit der Widmung das Fristende und die Folgewidmung festzulegen und im Flächenwidmungsplan auszuweisen. Soweit der Eintritt der Folgewidmung von der Erfüllung einer Bedingung innerhalb bestimmter Frist abhängt, ist von der Gemeinde längstens innerhalb von drei Monaten nach Ablauf dieser Frist auch der Eintritt bzw. Nichteintritt der Folgewidmung im Flächenwidmungsplan auszuweisen.

(8) Die Landesregierung hat zur einheitlichen Gestaltung der planlichen Darstellungen und der Planungsberichte durch Verordnung Richtlinien zu erlassen.

RV

Abs 1 entspricht § 15 Abs 1 des bisher geltenden ROG 1998, wobei allerdings der dort noch angeführte Hinweis auf das REK „als wesentliches Instrument für dessen Verwirklichung" entfällt. Neu ist die Verpflichtung, dass der Flächenwidmungsplan für das gesamte Gemeindegebiet zu erstellen ist. Bisher war es möglich, dass für die Stadt Salzburg Teilflächenwidmungspläne erstellt wurden.

Abs 2 des ROG 2009 übernimmt aus § 15 Abs 3 ROG 1998 den ersten Satz. Die Grundlage für die Richtlinienverordnung zur einheitlichen Gestaltung findet sich in Abs 7 [Anmerkung nunmehr Abs 8]. Die bisher im ROG 1998 enthaltene Verpflichtung, ein Verzeichnis der im Eigentum von Gebietskörperschaften stehenden Flächen einschließlich einer planlichen Darstellung als Beilage des Flächenwidmungsplanes zu erstellen und auf den laufenden Stand zu bringen bzw. planlich darzustellen, entfällt.

Die Abs 4 und 5 enthalten, um Verwechslungen zu vermeiden, Definitionen von Kennzeichnung und Kenntlichmachung, denen ganz unterschiedliche Wirkung zukommt.

Abs 6 ermöglicht es, für übereinanderliegende Ebenen desselben Planungsgebietes unterschiedliche Nutzungsarten und Widmungen festzulegen (Schichtenwidmung). Diese Möglichkeit wurde mit der ROG-Novelle 1997 (§ 16 Abs 1 ROG 1998) eingeführt um durch Schichtenwidmung vor allem bei mehrfach genutzten Räumen im städtischen Bereich sinnvolle Festlegungen von Wohnungen und Nutzungsarten zu treffen (zB bei Bauten über Verkehrsflächen, bei Bauten über Gewässern, aber auch bei Tiefgaragen unter Erholungsflächen).

RV 2017

Mit dem durch die Novelle neu aufgenommenen Abs 7 wird im Salzburger Raumordnungsrecht erstmals die Möglichkeit einer Befristung von Widmungen eingeführt. Diese ist – abweichend von den Regelungen anderer Bundesländer – so ausgestaltet, dass der Eintritt der Folgen des Fristablaufs nicht mehr eines zusätzlichen Planungsaktes der Gemeinde bedarf. Damit wird eine Variante umgesetzt, welche sich – soweit verfassungsrechtlich möglich – dem seitens zahlreicher Gemeinden präferiertem „ex-lege-Modell" annähert. Dies vor allem, als bereits im Zuge der Festlegung der Befristung eine Folgewidmung zu bestimmen ist, die wie die Erstwidmung den planungsfachlichen und -rechtlichen Anforderungen zu entsprechen hat.

Daneben sind aber die rechtsstaatlichen Erfordernisse ausreichend zu berücksichtigen, wonach der Normadressat die Rechtslage aus dem Plan erkennen muss: Dazu ist einerseits neben der Folgewidmung auch das Fristende Gegenstand der Festlegung des Flächenwidmungsplanes.

Andererseits wird die Folgewidmung, sofern deren Eintritt vom Vorliegen einer bestimmten Voraussetzung (im Regelfall das Nichtvorliegen einer widmungskonformen Bebauung innerhalb der 10 Jahresfrist) abhängt, erst dann rechtswirksam, wenn diese Voraussetzung (also die Nichtbebauung innerhalb der Frist) erfüllt ist und eine entsprechende Eintragung im Flächenwidmungsplan samt Kundmachung erfolgt. Zur Eintragung des Eintritts bzw. Nicht-Eintritts der Folgewidmung ist die Gemeinde verpflichtet, wobei die Eintragung keine von der Aufsichtsbehörde genehmigungspflichtige Änderung des Flächenwidmungsplans darstellt.

Anmerkungen

Diese Bestimmung ist die rechtliche Basis des Flächenwidmungsplans als Verordnung der Gemeinde. In ihr sind alle Inhalte zusammengefasst, welche auf Ebene eines Flächenwidmungs-

planes in Erscheinung treten. Dieser Übersichtsparagraph soll einen erleichterten Zugang für die/den an der Planung interessierte Bürgerin/interessierten Bürger (Normadressat) gewährleisten. Die einzelnen Inhalte des Flächenwidmungsplanes sind die Nutzungsarten (Bauland, Grünland, Verkehrsfläche), die Widmungskategorien und ebenfalls mit normativer Wirkung die Kennzeichnungen. Alle anderen Inhalte des Flächenwidmungsplanes dienen eigentlich der bloßen Information der Normadressaten.
Sonderformen von Inhalten des Flächenwidmungsplans sind die Schichtenwidmung (Abs 6) und die Befristung von Widmungen (Abs 7). Regelt die erste die Möglichkeit der unterschiedlichen Nutzungen auf verschiedenen Ebenen – was gerade bei unterirdischen Bauführungen (zB Garagengebäuden, Unterbauungen von Straßen) oder bei der Überbauung von Verkehrsflächen der Fall ist führt die zweite zu einer zeitlich beschränkten Geltung/Anwendbarkeit einer festgelegten Widmung.
Diese zeitliche Beschränkung war bisher im Salzburger Raumordnungsrecht nur im Bereich der Flächen für Handelsgroßbetriebe vorgesehen, indem die Geltungsdauer einer für die Flächenwidmung erforderlichen Standortverordnung (siehe § 14) maßgeblich für die Zulässigkeit von solchen Bauführungen wurde. Durch die nunmehr vorgesehene Befristungsmöglichkeit wird dieses System erheblich ausgebaut und weiterentwickelt. Gerade die Befristung des Baulandes stellt ein zentrales Element der mit der Novelle 2017 angestrebten Baulandmobilisierung dar (siehe § 29).

Unmissverständlich wurde dabei vom Gesetzgeber zum Ausdruck gebracht, dass die Festlegung einer befristeten Widmung nur in jenen Fällen zulässig ist, als das ROG selbst dies vorsieht. Die dafür geltenden Voraussetzungen finden sich hinsichtlich der Baulandwidmungen in § 29 und hinsichtlich der Grünlandwidmungen in § 36.

Welche Neuausweisungen in Flächenwidmungen (insgesamt im Bauland und Grünland) sind zu befristen bzw. dürfen befristet werden?

- Grünland – Solaranlagen § 36 Z 14a (Kann-Bestimmung, Befristung bis 10 Jahre)
- Grünland – Windkraftanlagen § 36 Z 14b (Kann-Bestimmung, Befristung bis 10 Jahre)
- Bauland – Neuausweisung § 5 Z 3 Umwidmung von der Nutzungsart: Grünland oder Verkehrsfläche in Bauland (Muß-Bestimmung, Befristung 10 Jahre)
  - Ausnahme von der 10 Jahres Befristung: Aufschließungsgebiete, -zonen (hier ist die Frist erst im Rahmen der Freigabe festzulegen)
  - (mögliche) Ausnahme von der 10 Jahres-Befristung: bei Gebieten für Handelsgroßbetriebe, Beherbergungsgroßbetriebe und Sonderflächen ist eine Verkürzung der Frist auf bis zu 5 Jahre möglich.

Die Verordnungsermächtigung gemäß Abs 8 wurde durch die Landesregierung mit Verordnung Darstellung von Flächenwidmungsplänen und Bebauungsplänen – DarstVO (LGBl 10/2011 idF LGBl 30/2016) umgesetzt. Auf Grund der Einführung von befristeten Widmungen und den verfassungsrechtlichen Anforderungen an die Planunterlagen, wonach jeder Normadressat die Rechtslage aus dem Plan erkennen muss (vgl. etwa VfSlg 14.759/1997), hat die Landesregierung diese Verordnung entsprechend anzupassen.

§ 28 Widmungsgebote und -verbote

(1) Die Inhalte des Flächenwidmungsplans sind so aufeinander abzustimmen, dass eine gegenseitige Beeinträchtigung oder Gefährdung möglichst vermieden wird (Abstimmungsgebot).

(2) Bei Festlegungen gemäß § 27 Abs. 3 Z 1 und 2 sind die der Hauptsache nach bestehenden Nutzungs- und Rechtsverhältnisse möglichst zu berücksichtigen (Beachtung bestehender Strukturverhältnisse).

(3) Als Bauland dürfen vorbehaltlich § 37 Flächen nicht ausgewiesen werden, die

1. auf Grund ihrer ungünstigen natürlichen Gegebenheiten keine Baulandeignung besitzen;

2. im Gefährdungsbereich von Hochwasser, Lawinen, Murgängen, Steinschlag udgl gelegen oder als wesentliche Hochwasserabfluss- oder Hochwasserrückhalteräume zu erhalten sind;

3. keine ausreichende Erschließung mit technischer oder sozialer Infrastruktur aufweisen;

4. auf Grund der gegebenen oder erwartbaren Umweltbelastungen oder -auswirkungen für eine widmungsgemäße Nutzung ungeeignet sind;

5. Waldflächen im Sinn des Forstgesetzes 1975 sind; oder

6. aus anderen öffentlichen Gründen für eine Bebauung nicht geeignet sind.

(4) Als Bauland sollen nur Flächen ausgewiesen werden, die der geplanten hauptsächlichen Verwendung entsprechend

1. in angemessener Entfernung von den Einrichtungen der Daseinsvorsorge und Versorgungsinfrastruktur gelegen sind;

2. mit öffentlichen Verkehrsmitteln ausreichend erschlossen sind;

3. eine ausreichende Umweltqualität (Besonnung, Klima, Belastung durch Lärm und Luftschadstoffe udgl) aufweisen.

RV

Die Abstimmung der unterschiedlichen Nutzungsarten und Widmungen aufeinander und auch mit den Kenntlichmachungen bzw. dahinterstehenden Umständen ist eine der zentralen Aufgaben der Flächenwidmungsplanung. Bisher war dieses Gebot nur hinsichtlich des Baulandes im § 17 Abs 6 ROG 1998 verankert.

Da es aber nicht nur das Bauland, sondern alle normativen Festlegungen des Flächenwidmungsplans betrifft, wird es auch auf die Grünlandwidmungen und die Kennzeichnungen ausgeweitet (Abs 1). So wird etwa auch im Rahmen einer Ausweisung einer Sportanlage die Lage so zu wählen sein, dass es zu keiner Beeinträchtigung oder Gefährdung der Anrainer kommt.

Bisher ist die Beachtung der bestehenden widmungsmäßigen Verhältnisse im § 16 Abs 4 ROG 1998 nur für ganz oder teilweise verbaute Gebiete gesetzlich geregelt. Dieser Grundsatz wird hier verallgemeinert, indem die Beachtung bestehender Nutzungs- und Rechtsverhältnisse für alle Festlegungen im Flächenwidmungsplan, unabhängig von der gegebenen Widmung und vom Verbauungsgrad, angeordnet wird. Damit ist aber nicht verbunden, dass eine Ausweisung jedenfalls den gegebenen Strukturverhältnissen folgen muss. Dies kommt im Wort „möglichst" zum Ausdruck. Sind konkrete andere Planungsabsichten der Gemeinde gegeben, so liegt ein begründetes Abweichen durchwegs im Planungsermessen der Gemeinde.

Zu Abs 3: Die bisherigen Ausschlussgründe für eine Baulandwidmung gemäß § 17 Abs 5 lit c und d ROG 1998 sind in der Z 3 zusammengefasst. An die Stelle der Aufzählung einzelner Infrastruktureinrichtungen tritt der Begriff der Erschließung mit technischer und sozialer Infrastruktur, der hier im Zusammenhang mit dem Verbot einer Baulandausweisung nur jene Einrichtungen erfasst, die für die Daseinsvorsorge unerlässlich sind, also zB betreffend die Kinderbetreuung, die schulische Versorgung, die Altenbetreuung, aber auch die öffentliche Sicherheit und die Besorgung sonstiger wichtiger öffentlicher Aufgaben. Der Zeitfaktor, wann solche Einrichtungen zur Verfügung stehen werden, muss hier in der Formulierung der Ausschlussgründe für eine Baulandausweisung, wie schon bisher bei den unter die lit d fallenden Einrichtungen der (eher) sozialen Infrastruktur, nicht erwähnt werden, ebenso nicht, ob für deren Schaffung (un)wirtschaftliche Aufwendungen notwendig sind. Beide Gesichtspunkte werden im § 37 Abs 1 als Voraussetzungen für eine Baulandausweisung, aber gekennzeichnet als Aufschließungsgebiet, angesprochen.

Künftig soll für Flächen, die auf Grund der bereits gegebenen Umweltbelastungen (insbesondere durch Luftverunreinigungen und Lärm) für eine (Wohn-)Bebauung nicht mehr in Betracht kommen, ein ausdrücklicher Ausschlussgrund bestehen (Z 4). In der Praxis wurde § 17 Abs 5 lit f (aus anderen öffentlichen Gründen mangelnde Eignung) dahin gehandhabt. Nicht nur die bestehenden Immissionen können zu einem Widmungsverbot führen, sondern auch die von einer Widmung potentiell ausgehenden Emissionen. Mit diesem Ausschlussgrund soll auch ein Ausgleich zum Entfall des § 17 Abs 4 ROG 1998 (Erlassung einer Verordnung über Grenzwerte für einzelne Widmungskategorien) geschaffen werden. Eine solche Verordnung wurde bisher nicht erlassen.

Abs 4 ist neu. Darin werden Kriterien genannt, die eine Standortgunst für Bauland signalisieren. Gegenstand des ROG sollen nicht nur Widmungsverbote sein, sondern auch im positiven Sinn jene Faktoren, die für eine Baulandwidmung sprechen. Die Beurteilung ist jeweils in Bezug auf die geplante Baulandkategorie vorzunehmen; zB wird eine ausreichende Besonnung und die geringere Belastung durch Lärm für die Ausweisung als Reines oder Erweitertes Wohngebiet eine große Rolle spielen, weniger oder keine aber bei der Ausweisung von Betriebs-, Gewerbe- oder Industriegebieten.

RV 2017

Zum unverändert gebliebenen Abs 3 Z 2 (Gefährdungsbereich von Hochwässer usw.) wird in der Novelle erläuternd ausgeführt, dass im Bundesland Salzburg vor allem der alpine Siedlungsraum von Naturgefahren wie Lawinen, Steinschlägen, Rutschungen oder Muren bedroht ist. Auf Grund der Folgen des Klimawandels (Starkregenereignisse udgl) ist künftig vermehrt mit Hochwässern und sonstigen naturräumlichen Gefahren zu rechnen, sodass eine Umwidmung von Flächen in Bauland, für die nach forst- oder siedlungswasserwirtschaftlichen Planungen ein bestimmtes Gefährdungspotential besteht (Rote Zonen, Gelbe Zonen, Gelb/Rote Zonen, Restrisikozonen) besonders sorgfältig abzuwägen ist. Als Grundsatz soll daher gelten, dass eine Baulandneuausweisung von unbebauten Grundflächen in Bereichen mit vorgenanntem Gefährdungspotential jedenfalls ausgeschlossen ist, wenn die Grundeigentümer Grundstücke in nicht gefährdeten Gebieten bzw. außerhalb von Hochwasserabfluss- oder Hochwasserrückhalteräumen zur Verfügung haben. Darüber hinaus soll eine Baulandwidmung jedenfalls auch in „wesentlichen Hochwasserabfluss- und Hochwasserrückhalteräumen" und im Fall von unbebauten Flächen „in Roten Gefahrenzonen" unzulässig sein. Bei bestehenden Bauten in der „Roten Gefahrenzone" soll eine Baulandausweisung nur dann möglich sein, wenn eine Verbesserung der Gefahrensituation (höherer Schutz des Objektes oder der Unterlieger) durch die geplante bauliche Maßnahme bewirkt wird, das Gefahrenrisiko nicht erhöht wird und alle vorgeschriebenen Maßnahmen auf Eigengrund verwirklicht werden können (zB Schutznetze, Erdwälle) und kein Fremdgrund in Anspruch genommen werden muss. Außerdem müssen die Schutzmaßnahmen immer das gesamte Bauland (Häuser, Gärten, Garagen, Abstellflächen, Spielplätze) umfassen.

Im Übrigen kommt es auf den Grad der Gefährdung an: Zu bedenken ist, dass im Land Salzburg Flächen ohne naturräumliche Gefährdungen nur in sehr beschränktem Ausmaß zur Verfügung stehen. Es kann keine 100 % Sicherheit vor Naturgefahren geben und daher ist ein Paradigmenwechsel notwendig, der sich mit der Risikokultur beschäftigt. Dieser zeitgemäße Ansatz einer Risikobewertung hat sich speziell in der Landesstraßenverwaltung seit Jahren bewährt. Dies kann erfolgreich auf die Raumordnung angewendet werden. Konkret bedeutet dieser Paradigmenwechsel, dass Bauland ausgewiesen werden darf, wenn es von Naturereignissen von geringer Intensität und Häufigkeit bedroht ist. In Analogie zur Gefahrenzonenplanung der WLV würden Flächen geringer Intensität der gelben Zone entsprechen, gesonderte Schutzmaßnahmen wären in einem nachgeschalteten Bebauungsplan (zB durch Vorsehen von Flutgassen usw.) oder in einem nachgeschalteten Bauverfahren vorzuschreiben. Baulandwidmungen in roten Gefahrenbereichen oder von hohen Risiken bedrohten Flächen können dagegen nur dann erfolgen, wenn durch technische Schutzmaßnahmen auf Eigengrund das Risiko wesentlich herabgesetzt werden kann. Ausschlaggebend für das zulässige Risiko müssen das Leben und die Gesundheit von Menschen sein, das heißt lebensbedrohliche Gefährdungen müssen ausgeschaltet sein. Ebenso ausgeschaltet müssen sein, schwere Zerstörungen oder Beschädigungen von Bauobjekten, Infrastruktureinrichtungen usw.

Als geologisch relevante Naturgefahrenprozesse gelten: Mure, Sturz (Gestein, Eis, Holz), Rutschung (Gestein, Schnee, Eis, Holz), Lawine, Erosion, Oberflächenwasser, Hochwasser, Setzungen, Erdfälle, Einbrüche und dergleichen. Gemäß technischen Richtlinien der WLV sind das Leben und die Gesundheit von Menschen auf Flächen dann nicht gefährdet, wenn die Intensitäten nur gering sind. Dies sind konkret Durcheinflüsse bis maximal 10 kN/m^2 bzw. Fließhöhen bis zu 0,25 Meter. Auch hier ist wiederum wichtig, dass alle vorgeschriebenen Maßnahmen auf Eigengrund verwirklicht werden können (zB Schutznetze, Erdwälle), kein Fremdgrund in Anspruch genommen werden muss und die Schutzmaßnahmen das gesamte Bauland (Häuser, Gärten, Garagen, Abstellflächen, Spielplätze) umfassen.

Bzgl. der wesentlichen Hochwasserabfluss- oder Hochwasserrückhalteräume ist auf die Erläuterungen zur Nov LGBl Nr. 36/2004 hinzuweisen (RV Nr. 377 Blg LT 12. GP 6. Sess): Darin wird ausgeführt, dass die sukzessive Aufschüttung und Verbauung von Hochwasserabfluss- und -rückhalteräumen eine Beschleunigung der Hochwasserwelle und eine Erhöhung der Hochwasserspitze flussabwärts bewirkt. Daher ist es erforderlich, die für den Hochwasserabfluss- und -rückhalt wesentlichen Räume von Bebauung freizuhalten. Erfasst werden dabei auch Flächen zwischen der Anschlaglinie des HQ30 und einem selteneren Ereignis. Bei einem Ereignis HQ100 oder einem noch selteneren (= größeren) Ereignis bewirken nämlich Retentionsräume, die bereits unter dem HQ30 geflutet werden, keine Dämpfung der Wellenspitze. Die für den Hochwasserabfluss oder -rückhalt wesentlichen Räume ergeben sich aus schutzwasserwirtschaftlichen Planungen und Festlegungen. Als Grundlage dafür dienen ua schutzwasserwirtschaftliche Grundsatzkonzepte, Gefahrenzonenpläne der Wildbach- und Lawinenverbauung und des Flussbaus udgl.

Anmerkungen

Der in der RV 2017 zu Abs 3 Z 2 angeführte „Paradigmenwechsel" der sich, nach dem Bespiel der Landesstraßenverwaltung, mit der „Risikokultur bzw. Risikoabwägung" beschäftigt, findet im Gesetzestext selbst leider keinen Niederschlag. Daher ist der in der RV 2017 angeführte „Paradigmenwechsel" bei der Baulandausweisung in Vollziehung des Gesetzes wohl eher nur schwer umsetzbar. Hier hätte es einer klaren Anordnung des Gesetzgebers bedurft wie etwa in § 37 Abs 3 ff TROG 2016.

In Kap. D Z 3 sind nützliche Informationen zu den Gefahrenzonenplänen nach dem Wasserrechtsgesetz – WRG (D Z 3.1) für Flüsse und Überschwemmungsgebiete und nach dem Forstgesetz (D Z 3.2) für Räume mit Wildbach- und Lawinengefahren angeführt. Kapitel D Z 3.3 enthält Informationen zur Erstellung von Wildbach- und Lawinenverbauungs-Gefahrenzonenplänen nach § 11 ForstG.

§ 29 Ausmaß und Befristung des unverbauten Baulandes

(1) Das Ausmaß des unverbauten Baulandes hat sich nach dem Bedarf zu richten, der in der Gemeinde in einem Planungszeitraum von zehn Jahren voraussichtlich besteht. Der Bedarf ist in einer Beilage zum Flächenwidmungsplan nach Widmungen detailliert zu begründen (Flächenbilanz). Die Landesregierung kann dazu durch Verordnung nähere Festlegungen treffen.

(2) Baulandneuwidmungen von unverbauten Grundflächen sind, soweit keine Kennzeichnung als Aufschließungsgebiet oder -zone erfolgt, in ihrer zeitlichen Geltung dahin zu beschränken, dass mit Ablauf des zehnten Jahres ab Rechtswirksamkeit ihrer Ausweisung eine Folgewidmung eintritt, wenn bis dahin keine der Widmung entsprechende Bebauung begonnen worden ist. Als Folgewidmung kommt dabei nur die Widmung vor der Baulandneuausweisung oder, soweit die Voraussetzungen dafür vorliegen, eine andere Widmung der Nutzungsarten Grünland oder Verkehrsflächen in Betracht. Eine Änderung der Baulandkategorie lässt die Befristung unberührt.

(3) Die Zehnjahresfrist gemäß Abs 3 kann von der Gemeindevertretung im Interesse einer zweckmäßigen und geordneten Bebauung auf Anregung der betreffenden Grundeigentümer vor ihrem Ablauf einmalig um bis zu fünf Jahre verlängert werden, wenn ein rechtzeitiger Baubeginn aus nicht von den Grundeigentümern zu vertretenden Gründen unmöglich war. Solche Anregungen auf Fristerstreckung können bis sechs Monate vor Fristende eingebracht werden.

(4) Bei Baulandneuwidmungen der Kategorien Gebiet für Handelsgroßbetriebe, Gebiet für Beherbergungsgroßbetriebe und Sonderfläche kann die gesetzliche Frist gemäß Abs 2 auf bis zu fünf Jahre verkürzt sowie bei der Kategorie Gebiet für Handelsgroßbetriebe auch entsprechend der Geltungsdauer der Standortverordnung festgelegt werden. Eine einmalige Verlängerung dieser Frist um bis zu weitere fünf Jahre ist zulässig.

RV

Die Bestimmung (des § 29 Abs.2 jetzt Abs.1) ist aus dem ROG 1998 (§ 17a) wörtlich übernommen. (Ausnahme im Abs 2: „Widmungen" an Stelle von „Widmung".)

RV 2017

Abs 1 entspricht dem geltenden § 29 Abs 2 im ROG 2009. An der Begrenzung des unverbauten Baulandes im Ausmaß des 10-Jahres-Bedarfs wird grundsätzlich festgehalten. Sie ist Ausfluss des Raumordnungsgrundsatzes der haushälterischen Nutzung von Grund und Boden, insbesondere des sparsamen Umgangs mit Bauland.

Die Abschätzung des 10-Jahres-Bedarfs der Gemeinde ist eine Angelegenheit, die im ausschließlichen oder überwiegenden Interesse der in der Gemeinde verkörperten örtlichen Gemeinschaft liegt und auch geeignet ist, durch die Gemeinschaft innerhalb ihrer örtlichen Grenzen besorgt zu werden. Sie obliegt dementsprechend auch der Gemeinde im eigenen Wirkungsbereich, wobei die Landesregierung durch Verordnung nähere Bestimmungen dazu (zB zur Methode) erlassen kann (Abs 1 letzter Satz).

Die Baulandbedarfsermittlung ist nicht nur als rein technisches Instrument zu verstehen: Erstens hat sie die wesentliche Funktion, die komplexen Zusammenhänge zwischen den einzelnen Faktoren der Siedlungsentwicklung differenziert herauszuarbeiten und beeinflussbare und nicht beeinflussbare Faktoren sichtbar zu machen, wodurch sie ganz wesentlich zur Bewusstseinsbildung beiträgt. Zweitens dient sie der Entwicklung von Zielvorstellungen zur zukünftigen Siedlungsentwicklung, insbesondere hinsichtlich der festzulegenden Bebauungsformen und -dichten. Und drittens ist sie Grundlage für eine Widmungspolitik, die darauf aufbaut, dass vorrangig jene Flächen zum Zug kommen, bei denen mit Grund anzunehmen ist, dass sie innerhalb des 10-jährigen Planungszeitraums auch verbaut werden. Dementsprechend wird auch auf im Planverfahren geäußerte Interessen der Grundeigentümer an einer Bebauung oder Nicht-Bebauung ihrer Grundstücke innerhalb des Planungszeitraums entsprechend Bedacht zu nehmen sein.

Die grundsätzliche Befristung von Bauland-Neuausweisungen (also von Umwidmungen von Grünland oder Verkehrsfläche in Bauland, soweit keine Kennzeichnung als Aufschließungsgebiet oder -zone erfolgt) unverbauter Grundflächen (Abs 2) dient diesen Zielsetzungen: Sie ersetzt das bisherige Erklärungsmodell und soll zu einer effektiven Mobilisierung von zur Bebauung geeigneten Baugrundstücken in ausreichender Quantität und Qualität führen. Denn häufig sind für die Siedlungsentwicklung ideale Grundstücke zwar als Bauland ausgewiesen, de facto aber nicht verfügbar, weil für die Grundeigentümer eine Bebauung aus verschiedensten Gründen nicht in Frage kommt. Solche „brachliegenden" Baulandreserven würden, wenn sie nicht befristet wären, wegen der Obergrenze für Baulandausweisungen neue Baulandwidmungen verhindern bzw. Neuausweisungen an für die Siedlungsentwicklung oftmals suboptimalen Standorten bewirken. Die Nicht-Bebauung widerspricht insoweit dem öffentlichen Interesse an ausreichendem Bauland für leistbaren Wohnraum und Gewerbeflächen, führt zu erhöhten Infrastrukturkosten und geht außerdem zu Lasten des Erhalts von Natur- und Erholungsraum sowie geeigneter landwirtschaftlicher Flächen.

Andererseits lässt die Frist von 10 Jahren den Grundeigentümern einen ausreichenden Zeitraum für eine widmungskonforme Bebauung, wobei der baurechtliche Beginn der Ausführung des bewilligten Baus und dessen Anzeige an die Baubehörde (§ 12 BauPolG) für den Nichteintritt der Folgewidmung genügen soll. Die Wahl dieses Anknüpfungszeitpunkts deckt sich mit den Regelungen der §§ 21 Abs 2 ROG 2009, 64 Abs 3 ROG 2009, 9 Abs 7 BauPolG und 17 Abs 7 BauPolG, ist also dem geltenden Bau- und Raumordnungsrecht nicht wesensfremd. Ein Anknüpfen an die Baubewilligung brächte zwar vollzugstechnisch gewisse Vorteile, bietet jedoch noch weniger bzw. überhaupt keine Gewähr dafür, dass das Grundstück auch tatsächlich bebaut wird. Denn die Baubewilligung als Ergebnis der materiell-rechtlichen Prüfung eines Bauansuchens am Maßstab der öffentlich-rechtlichen Regelungen des Baurechts bedeutet nämlich nichts anderes als die Verleihung des subjektiv-öffentlichen Rechts, einen Bau nach Maßgabe der bewilligten Pläne zu errichten, bzw. beinhaltet lediglich die Feststellung, dass das Vorhaben vom öffentlich-rechtlichen Standpunkt des Baurechts zulässig ist. Normativer Gehalt einer Baubewilligung ist also nur der Ausspruch, dass dem zur Bewilligung beantragen Bau kein im öffentlichen Recht fußendes Hindernis entgegensteht. Die Bewilligung sagt aber nichts darüber aus, ob der Berechtigte den Bau auch tatsächlich errichtet und bewirkt die Baubewilligung allein daher auch noch keine Mobilisierung. Letzteres würde wiederum durch ein Anknüpfen an die Baufertigstellung erreicht werden, doch erscheint dieser Zeitpunkt insoweit ungeeignet, als bei Nicht-Fertigstellung angefangener Bauten innerhalb der Zehnjahresfrist (zB auf Grund vorübergehender finanzieller Engpässe, Krankheit odgl) diese Rohbauten dann in die Nutzungsart Grünland zurückfallen würden.

Unter dem „baurechtlichen Beginn der Ausführung" ist nach der Judikatur des VwGH jede auf die Errichtung des Baus gerichtete bautechnische Maßnahme anzusehen (vgl. ua VwGH 20.01.2000, Zl 99/06/0113). Bei der Beurteilung dieser Frage ist ausschließlich auf tatsächliche Kriterien abzustellen (VwGH 17.12.1998, Zl 97/06/0113). Subjektive Absichten (wie der wirkliche oder ein fingierter Bauwille) sind dagegen ebenso unerheblich (vwSlg 9.754/1979) wie die Frage, in welchem Größenverhältnis die durchgeführten Arbeiten zum geplanten Bauvorhaben stehen (VwGH 29.8.2000, Zl 97/05/0101). Zur Ausführung einer baulichen Maßnahme zählen bereits einschlägige Vorarbeiten, insbesondere auch Erdarbeiten (VwGH 17.12.1998, Zl 97/06/0113), wie zB die Planierung des Bauplatzes, der Aushub der Baugrube sowie die Errichtung eines Teils des Fundaments, wenn und soweit dies der Herstellung der baulichen Anlage dient (VwGH 13.6.1985, Zl 84/06/0111). Wird die bauliche Maßnahme nicht innerhalb der nach § 17 Abs 7 BauPolG geltenden Frist vollendet, hat die Baubehörde die Vollendung innerhalb angemessener, zwei Jahre nicht überschreitender Frist aufzutragen, wenn ein nicht nur verhältnismäßig geringer Teil der baulichen Maßnahme bereits ausgeführt worden ist und die Vollendung der baulichen Maßnahme allgemein wirtschaftlich vertretbar ist; ansonsten hat die Baubehörde die Beseitigung der bereits ausgeführten Teile der baulichen Maßnahme und die Wiederherstellung des ursprünglichen Zustandes des Bauplatzes aufzutragen (§ 17 Abs 8 BauPolG).

In grundrechtlicher Hinsicht ist weiter auszuführen, dass von der Befristung nur zukünftige Widmungen betroffen sind und für im Zeitpunkt des Inkrafttretens dieses Gesetzes bestehende Baulandflächen keine Änderung in der bisherigen Rechtsposition eintritt. Ein besonderer Vertrauensschutz für Kaufinteressenten künftig befristeter Baulandgrundstücke ist nicht erforderlich, da die Befristung und der Eintritt der Folgewidmung bei Nichtbebauung innerhalb der (verbleibenden) 10-Jahresfrist auf Grund der Ausweisung im Flächenwidmungsplan für jedermann ersichtlich ist.

Als Folgewidmung kann nur eine geeignete Widmung anderer Nutzungsart oder die bisherige Grünland- oder Verkehrsflächenwidmung festgelegt werden, um Spielraum für die Ausweisung einer anderen Baulandfläche in den Grenzen des 10-Jahresbedarfes zu schaffen. Eine neuerliche Wiederausweisung einer befristeten Baulandwidmung für das betreffende Grundstück mit Festlegung einer Folgewidmung bei Nichtbebauung im Rahmen eines Verfahrens zur Änderung des Flächenwidmungsplanes ist zwar nicht grundsätzlich ausgeschlossen. Ein Ausschluss auf Wiederwidmung (zB auf mehrere Jahre) als Sanktion der Nichtbebauung würde siedlungs- und wohnungspolitischen Aspekten ja zuwiderlaufen, da diese Sanktion die gewünschte Nutzung genau ins Gegenteil verkehrt. Die Gemeindevertretung wird jedoch bei der Auswahl der Grundstücke zur Auffüllung des 10-Jahresbedarfs abwägen müssen, bei welchen Flächen mit hinreichender Sicherheit anzunehmen ist, dass sie innerhalb des 10-jährigen Planungszeitraums tatsächlich verbaut werden.

Die Folgewidmung wird mit dem (konstitutiv wirkenden) Eintrag des „Eintritts der Folgewidmung" iS des § 27 Abs 7 dritter Satz rechtswirksam.

In verfassungsrechtlicher Hinsicht ist zur verpflichtenden Folgewidmung Grünland oder Verkehrsfläche auszuführen, dass diesbezüglich davon ausgegangen wird, dass auf Grund der Tatsache, dass Grund und Boden nicht vermehrbar ist, große Teile des Landes von Vorneherein für eine Bebauung nicht in Betracht kommen, die Nachfrage nach leistbaren Wohnungen und Betriebsflächen auf Grund des prognostizierten Bevölkerungswachstums steigt, gleichzeitig aber die Reserven an geeigneten unbebauten Flächen sinken, dem Gesichtspunkt der widmungsgemäßen Verwendung einer als Bauland neu ausgewiesenen Grundfläche ein höheres, zumindest aber gleich hohes öffentliches Interesse zukommt wie dem Gesichtspunkt der Vermeidung raumplanerischer Baulücken iS einer geordneten Siedlungsentwicklung. Die Baulandneuwidmung auf Zeit ist hier ein adäquates Mittel, um einerseits den Grundeigentümern Gelegenheit zur Bebauung zu geben und andererseits dem Planungsträger – sofern von Seiten der Grundeigentümer keine Bebauung erfolgt – eine Neubewertung der Gesamtsituation zu ermöglichen. Härtefälle werden insoweit berücksichtigt, als nach Abs 3 für die Gemeindevertretung die Möglichkeit besteht, im Interesse einer zweckmäßigen und geordneten Bebauung die gesetzliche 10-Jahresfrist auf Anregung der betreffenden Grundeigentümer vor ihrem Ablauf einmalig um fünf Jahre zu verlängern, wenn ein rechtzeitiger Baubeginn aus nicht von den Grundeigentümern zu vertretenden Gründen (zB Krankheit, Rechtsmittel der Nachbarn udgl) unmöglich war. Solche Anregungen können von den betroffenen Grundeigentümern bis sechs Monate vor Fristende eingebracht werden. Ein grundsätzlicher Entfall der Befristung für Baulücken, Arrondierungen odgl oder eine Aufhebung der Befristung im Fall des nachträglichen Eintritts der Baulückeneigenschaft durch Verbauung der umliegenden Grundstücke würde die planerischen Möglichkeiten der Planungsträger deutlich einschränken, den Baulandpreis dieser Flächen neuerlich steigern und darüber hinaus im Fall des nachträglichen Eintritts der Baulückeneigenschaft Grundeigentümer, die sich den Zielsetzungen des Gesetzes nicht entsprechend verhalten haben, im Ergebnis unsachlich besser stellen als Grundeigentümer, die bei gleicher Ausgangslage ihr Grundstück entsprechend den Zielsetzungen des Gesetzes zeitgerecht bebaut haben.

Die Differenzierung der Befristung zwischen den Baulandkategorien im Abs 4 berücksichtigt die Spezialität der Ausweisung von Sonderflächen, Flächen für Beherbergungsgroßbetriebe und Flächen für Handelsgroßbetriebe. Die Verlängerungsmöglichkeit trägt dem teilweise erheblichen Zeitaufwand – etwa für die Vorbereitung von Großprojekten – Rechnung.

Anmerkungen

Die Beschränkung der Baulandmenge auf Ebene des Flächenwidmungsplanes wurde mit dem ROG 1992 in Salzburg eingeführt und trotz der mit der Novelle 2017 sonst vorgenommenen Änderungen (insbesondere die Einführung der generellen Befristung von Baulandneuausweisungen, Entfall der Nutzungserklärung) aufrechterhalten. Diese Beschränkung der Baulandmenge des unverbauten Baulands setzt neben der Darlegung des zur Umsetzung der Entwicklungsabsichten der Gemeinde erforderlichen Baulandbedarfs (siehe § 25) voraus, dass die von einer Baulandausweisung erfassten Flächen auch tatsächlich von den Grundeigentümern innerhalb des Planungszeitraumes entsprechend verwendet werden. Die Absicherung der fristgerechten Planumsetzung war bis zur Aufhebung der Vertragsraumordnung im Jahr 1999 – mangels anderer Alternativen – Aufgabe der Raumordnungsverträge. Mit der Aufhebung war auch verbunden, dass nur mehr die hoheitlichen Mittel zur Absicherung der Planumsetzung zur Verfügung standen, welche sich letztlich auf abgabenrechtliche Folgen oder den Entfall der Baulandeigenschaft mittels Rückwidmung in Grünland beschränken. Die Festlegung einer generellen Bebauungsverpflichtung mit entsprechenden Sanktionen erschien damals (wie auch heute) mit den verfassungsrechtlichen Vorgaben unvereinbar, wobei allerdings zum damaligen Zeitpunkt auf Ebene der grundverkehrsrechtlichen Bestimmungen des GVG 1997 eine 10-jährige Bebauungspflicht noch in Geltung stand, welche erst mit Abschaffung des Baugrundstückverkehrs im Jahr 2001 aufgegeben wurde.

Diese Ausgangssituation wurde trotz der Diskussion über die Einführung einer abgabenrechtlichen Regelung in das ROG 2009 übernommen. Mit der Novelle 2017 wurden nun zwei neue Regelungen getroffen, um die Effektivität der Planung sicherzustellen, indem für bestehende Baulandausweisungen eine Abgabe eingeführt wurde (siehe § 77b) und im Falle der Baulandneuausweisung generell eine Befristung eingeführt wurde. Freilich ist die Befristung keine Baulandmobilisierungsmaßnahme im eigentlichen Sinn, sondern ermöglicht es der Gemeinde im Falle einer mangelnden Planumsetzung andere Flächen auf Grund des Wegfalls des Baulands als Bauland auszuweisen.

Die mit der Novelle 2017 erfolgte Einführung einer Verpflichtung zur generellen Befristung von Baulandneuausweisungen (siehe § 5 Z 3) ist in Hinblick auf die verfassungsrechtlichen Vorgaben nicht ohne Risken, weil damit jeder Vertrauensschutz auf eine bestehende Baulandausweisung entfällt und somit langfristige Dispositionen der Grundeigentümer nicht mehr möglich sind. Eine gleichlautende Diskussion wurde etwa auch in Deutschland im Jahr 2002 geführt und die damit vom zuständigen Bundesminister befasste Expertenkommission gab in ihrem Endbericht folgende Stellungnahme zu dieser Fragestellung ab: „Ein allgemeines städtebauliches Interesse der Gemeinde nach einer bestimmten Zeit ohne Entschädigungsrisiken planerisch neu disponieren zu können, rechtfertigt nicht derart gravierende Eingriffe in das Bodeneigentum. Bei einer generellen Befristung neuer Baurechte dürfte die Institutsgarantie des Art 14 GG (Anm. Eigentumsgarantie der Deutschen Verfassung) sowie die Grundsätze des Vertrauensschutzes und der Rechtssicherheit verletzt sein.“ (BM für Verkehr Bau- und Wohnungswesen; Novellierung des Baugesetzbuches, Berlin August 2002, RN 202).

Diese für Deutschland getroffene Beurteilung zeigt treffend die damit verbundenen verfassungsrechtlichen Problemstellungen auf, welche mit dieser Regelung verbunden sind. Es steht letztlich das Interesse der Gemeinde nach einer Flexibilisierung der Planung und die dazu erforderlichen entschädigungslosen Planänderungen dem Interesse der Grundeigentümer gegenüber auf die getroffenen Festlegungen vertrauen zu können. Diese erhöhte Bestandskraft von Planungen nimmt in der Judikatur des VfGH zu Rückführungen ins Grünland eine wesentliche Rolle ein und verlangt neben einem planungsfachlich hinreichenden Grund auch eine Berücksichtigung der wirtschaftlichen Interessen des Grundeigentümers (vgl. hier grundlegend das sogen. „Mauerbach-Erkenntnis“ VfSlg 13.282/1992). Wenn nunmehr der Gesetzgeber selbst im Falle einer Bauland-Neuausweisung nur eine Baulandausweisung auf Zeit zulässt und auch allfällige Entschädigungsansprüche für Aufwendungen welche Grundeigentümer auf Grund der Baulandausweisung getätigt haben (zB für den Ankauf der Fläche, die Herstellung der Erschließung) von Haus aus ausschließt, kann niemand mehr auf die bestehende Baulandwidmung vertrauen und langfristige Dispositionen mit Grund und Boden treffen. In diesem Sinne könnte man diagnostizieren, dass durch diese gesetzliche Maßnahme der Vertrauensschutz abgeschafft worden sei. Zudem ist diese generelle Befristung auch in planungsfachlicher Hinsicht nicht unbedenklich, wenn etwa Baulücken auf Grund des Zeitablaufs die Baulandeigenschaft verlieren.

Zudem scheint diese Änderung dazu zu führen, dass in Hinblick auf das Grundeigentum in Salzburg eine 3-Klassengesellschaft von Grundeigentümern von unverbauten Baulandflächen entsteht. Erstens, Grundeigentümern deren Grundflächen ohne Abgaben oder Befristung als Bauland ausgewiesen sind (siehe die in § 77b verfügte Ausnahme von der Abgabenpflicht für Betriebsbauland). Zweitens, Grundeigentümern deren Grundflächen einer Abgabe unterliegen und Drittens, Grundeigentümern deren Flächen nur eine befristete Baulandeignung zuerkannt wird.

Ob der für diese gesetzliche Maßnahme ins Treffen geführte Aspekt der Baulandmobilisierung im Sinne einer Effizienzsteigerung der Planung zur Rechtfertigung ausreichend ist oder ob der Gesetzgeber mit dieser Maßnahme den Boden der Sachlichkeit verlassen hat, wird sich letztlich erst vor dem Verfassungsgerichtshof klären.

Die Verpflichtung zur befristeten Ausweisung trifft nur auf unverbaute Flächen zu, welche eine zur selbständigen Bebauung ausreichende Größe aufweisen. Dies ist der Fall, wenn die zur Ausweisung vorgesehene Fläche eine Mindestlänge und -breite von zumindest 15 m × 15 m aufweist. Mit der gesetzlichen Verpflichtung zur Befristung ist auch verbunden, dass ein Fristende und eine Folgewidmung festzulegen ist. Die Frist ist, ausgenommen für die Widmungskategorien Handelsgroßbetriebe, Beherbergungsgroßbetriebe und Sonderflächen – hier kann die Frist auf bis zu 5 Jahre verkürzt werden – gesetzlich mit 10 Jahren bestimmt. Als Folgewidmung darf keine Kategorie des Baulandes festgelegt werden. Die Festlegung der Folgewidmung ist erforderlich, um eine erneute Befassung der Gemeindevertretung bei Fristende zu vermeiden. Dennoch tritt die Folgewidmung mit Fristablauf nicht automatisch ein, sondern der Bürgermeister ist verpflichtet binnen 3 Monaten ab Fristablauf zu prüfen, ob die Voraussetzungen für den Eintritt der Folgewidmung gegeben sind (siehe § 27) und hat die entsprechenden Eintragungen im Flächenwidmungsplan vorzunehmen und kundzumachen (siehe § 67). Die Folgewidmung tritt demnach erst nach der Kundmachung gemäß § 67 Abs 4 in Rechtswirksamkeit. Der Gemeindevertretung ist die Möglichkeit eingeräumt, auf Anregung des Grundeigentümers die Frist um bis zu 5 Jahre zu verlängern. Anregungen zur Verlängerung sind sechs Monate vor Fristende zu stellen.

Neu hinzugetreten ist in diesem Bereich eine Verordnungsermächtigung der Landesregierung betreffend die Darlegung der Baulandbilanz. Bei dieser Verordnung ist zu berücksichtigen, dass gemäß § 86 Abs 12 bis zur Erlassung dieser Verordnung, jedenfalls aber bis zum 31.12.2020 auf gesetzlicher Ebene verfügt wird, dass Baulücken nur zu einem Drittel in der Baulandbilanz zu berücksichtigen sind (siehe dazu § 44).

§ 30 Bauland

(1) Die Nutzungsart Bauland gliedert sich in folgende Kategorien:

RV

Die bisherigen Widmungskategorien werden im Abs 1 unter Vornahme sprachlicher Adaptierungen weitgehend aufrechterhalten. Generell wird die definitionsartige Formulierung zugunsten der schlichten Aussage, was in den einzelnen Kategorien zulässig ist, aufgegeben, ohne dass sich daraus eine inhaltliche Änderung ergibt. Im Übrigen folgt aus der Zulässigkeitsaussage im Umkehrschluss die Unzulässigkeit anderer, nicht angeführter baulicher Anlagen. Ist nur eine bestimmte Art baulicher Anlagen angeführt (Z 8, 11 und 12), folgt daraus die diesbezügliche Exklusivität der Bauland-Kategorie. Der dabei verwendete Begriff „bauliche Anlagen" ist der des Baupolizeigesetzes (§ 1) und bringt den Kontext zum Baurecht unmittelbar zum Ausdruck; er umfasst auch Bauten. Ebenso generell werden die in einzelnen Widmungskategorien enthaltenen Worte „vorwiegend" und „daneben" aufgegeben, weil in baurechtlicher Hinsicht damit keine Wirkungen verbunden sind. Zur wesentlichen Erleichterung in der täglichen Arbeit wird den Bauland-Kategorien bereits im Gesetz eine Abkürzung beigefügt, die in der Praxis bereits verwendet wird. Schließlich wird zur Entlastung des Gesetzestextes (zB Z 2 lit b, Z 4 lit a) das

Verbot von Betrieben mit typischer hoher Explosions- und Strahlungsgefahr in einen eigenen Absatz (Abs 7) aufgenommen.

Anmerkungen

In den Erläuterungen wird festgestellt, dass die bisherigen Widmungskategorien, die zuvor in § 17 Abs 1 ROG 1998 festgelegt waren, unter Vornahme sprachlicher Adaptierungen weitgehend aufrechterhalten werden. Damit ist die im Bereich der Raumordnung so wichtige Kontinuität der Planung sichergestellt. Allgemein wird die im ROG 1998 übliche definitionsartige Formulierung zugunsten der schlichteren Aussage, was in den einzelnen Kategorien zulässig ist, aufgegeben, was allerdings – dies stellen die Erläuterungen ausdrücklich fest – keine inhaltliche Änderung ergibt. Im Übrigen folgt aus der Zulässigkeitsaussage für die einzelnen Kategorien im Umkehrschluss die Unzulässigkeit anderer nicht angeführter baulicher Anlagen. Ist beispielsweise nur eine bestimmte Art baulicher Kategorien angeführt, wie dies in den Z 8, 11 und 12 der Fall ist, folgt daraus die diesbezügliche Exklusivität der Bauland-Kategorie.

Der dabei verwendete Begriff „bauliche Anlagen" entspricht jenem des § 1 des Baupolizeigesetzes 1997 (LGBl 40/1997 idgF). Die RV stellt dazu fest, dass der direkte Bezug zum Baupolizeigesetz (BaupolG) den Kontext zum Baurecht unmittelbar zum Ausdruck bringen soll.

Begriffe „Bau" und „bauliche Anlage" nach § 1 BaupolG

Bau: ein überdachtes oder überdecktes Bauwerk, das von Menschen betreten werden kann und wenigstens einen Raum zum Aufenthalt von Menschen oder zur Unterbringung von Sachen umfasst; als Bauwerk ist hierbei eine bauliche Anlage anzusehen, die bei ordnungsgemäßer Errichtung mit dem Boden verbunden ist und zu deren Herstellung bautechnische Kenntnisse erforderlich sind; das Vorliegen von Seitenwänden ist für einen Bau nicht wesentlich;
bauliche Anlage: das durch eine bauliche Maßnahme oder aufgrund des § 2 Abs 2 bewilligungsfrei Hergestellte sowie Stütz- und Futtermauern, Aussichtswarten und Sprungschanzen.

Anzumerken ist, dass § 2 Abs 2 und 3 des Baupolizeigesetzes jene baulichen Maßnahmen enthält, die keiner Baubewilligung bedürfen. Im Einzelnen werden die jeweils unterschiedlichen Arten von bewilligungsfreien baulichen Maßnahmen angeführt, die von Kleinkapellen, Kleinmühlen und Getreidekästen mit einer jeweils verbauten Fläche von höchstens 20 m^2 bis zu Baustelleneinrichtungen reichen. In den Erläuterungen zum Baupolizeigesetz wird festgestellt, dass der Begriff bauliche Anlage umfassend und im Zusammenhang mit der 1997 erfolgten Neuregelung der Bewilligungspflicht zu sehen ist.

In der RV wird auch darauf hingewiesen, dass gegenüber der bisherigen Rechtslage generell auf die in einzelnen Widmungskategorien enthaltenen Worte „vorwiegend" und „daneben" verzichtet wurde, weil in baurechtlicher Hinsicht damit keine Wirkung verbunden ist. Zur wesentlichen Erleichterung in der täglichen Arbeit wird den Baulandkategorien bereits im Gesetz jene Abkürzung beigefügt, die die Darstellungsverordnung (Verordnung der Salzburger Landesregierung vom 12. Jänner 2011 über die Darstellung von Flächenwidmungsplänen und Bebauungsplänen LGBl 10/2011) für die einzelnen Widmungskategorien vorsieht.

Schließlich wird zur Entlastung des Gesetzestextes das Verbot von Betrieben mit typischer hoher Explosions- und Strahlungsgefahr in einem eigenen Absatz übernommen und nicht wie bisher immer wieder bei den einzelnen Widmungskategorien angeführt.

1. Reines Wohngebiet (RW): in einem solchen sind zulässig:
(a) Wohnbauten und dazu gehörige Nebenanlagen;

(b) **bauliche Anlagen für Betriebe, die keine Geruchs- oder Lärmbelästigung, sonstige Luftverunreinigung oder Erschütterung für die Nachbarschaft und keinen erheblichen Straßenverkehr zu verursachen geeignet sind und die sich der Eigenart des Wohngebiets entsprechend in die Umgebung einordnen lassen;**
(c) **bauliche Anlagen für den Bedarf der Bewohner dienende Einrichtungen wie Kindergärten, Volksschulen, solche Handels- und Dienstleistungsbetriebe;**

Anmerkungen

Zu Abs 1 Z 1 ist festzuhalten, dass in den Erläuterungen der RV 1992 zum reinen Wohngebiet ausdrücklich darauf hingewiesen wird, dass dieses Gebiet auch für Handels- und Dienstleistungsbetriebe geöffnet ist, die der Nahversorgung dieses Gebietes dienen.

2. Erweitertes Wohngebiet (EW): in einem solchen sind zulässig:
(a) **Wohnbauten und dazu gehörige Nebenanlagen;**
(b) **bauliche Anlagen für Betriebe, die keine erhebliche Geruchs- oder Lärmbelästigung, sonstige Luftverunreinigung oder Erschütterung für die Nachbarschaft und keinen übermäßigen Straßenverkehr verursachen;**
(c) **bauliche Anlagen für Erziehungs-, Bildungs- und sonstige kulturelle und soziale Aufgaben sowie der öffentlichen Verwaltung;**

Anmerkungen

Zu Abs 1 Z 2 stellen die Erläuterungen der RV 1992 fest, dass das für das Erweiterte Wohngebiet bis 1992 gegebene Erfordernis, dass sich die Betriebe der Eigenart des Wohngebietes entsprechend in die Umgebung einordnen lassen, entfällt. Eine kontinuierliche bauliche Entwicklung gerade eines so gewidmeten Gebietes wird als Aufgabe der Bebauungsplanung angesehen.

2a. Gebiete für den förderbaren Wohnbau (FW): in einem solchen sind zulässig:
(a) **Wohnbauten, die im Hinblick auf ihre Verwendung, Wohnnutzfläche und Bebauungsdichte nach wohnbauförderungsrechtlichen Vorschriften des Landes förderbar sind;**
(b) **zu Wohnbauten gehörige Nebenanlagen;**
(c) **in untergeordnetem Ausmaß bauliche Anlagen, die im Erweiterten Wohngebiet zulässig sind (Z 2 lit b und c), innerhalb von mehrgeschossigen Wohnbauten gemäß der lit a**

RV 2017

Die Reservierung von Flächen für Wohnzwecke zählt zu den zentralen raumplanerischen Aufgaben. Die vorgeschlagene Widmungskategorie „Gebiete für den förderbaren Wohnbau" (Abs 1 Z 2a) reserviert die betreffenden Flächen nicht mehr für eine undifferenzierte Wohnbautätigkeit, sondern für spezifische Wohnformen – nämlich für solche, die bestimmte bauliche Standards erfüllen und an denen auf Grund der Standortgunst ein besonderes öffentliches Interesse bzgl. ihrer Verbauung besteht. Da die Festlegung einer solchen Widmung nur eine Angebotsplanung (die Grundeigentümer sind zur Planrealisierung nicht verpflichtet) darstellt, sind hier (im Rahmen der gesetzlichen Möglichkeiten) über die allgemeine Befristung des Baulandes hinaus in besonderem Maß begleitende Maßnahmen für die rasche Umsetzung der Entwicklungsziele anzustreben.

Anmerkungen

Nach § 30 Abs 2a ist die Ausweisung von Gebieten für den förderbaren Wohnbau nur in Siedlungsschwerpunkten nach § 5 Z 14 möglich.
Für diese neue Widmungskategorie ist die Frage zu klären, welche Bauten in dieser Widmungskategorie widmungskonform – also zulässig sind.
Gemäß der lit a sind Wohnbauten zulässig. Diese Wohnbauten müssen aber gemäß der Widmungsbeschreibung zusätzlich noch hinsichtlich ihrer Verwendung, der Wohnnutzfläche und der Bebauungsdichte nach den wohnbauförderungsrechtlichen Bestimmungen förderbar sein. Daher ist zur Beurteilung der Widmungskonformität einer Bauführung, neben den sonstigen Voraussetzungen, auf die Bestimmungen des WFG 2015 (LGBl 23/2015 – in der zum Zeitpunkt der Entscheidung über das Bauansuchen geltenden Fassung) und den dazu ergangenen Durchführungsverordnungen (WFV 2015, LGBl 29/2015) abzustellen. Ob allerdings tatsächlich eine Wohnbauförderung gewährt wird, ist für die Baubehörde zur Beurteilung der Widmungskonformität ohne Belang, sondern sie hat sich auf die Prüfung der drei oben genannten Kriterien (Nutzung, Wohnnutzfläche, Bebauungsdichte) zu beschränken. Nach derzeitiger Rechtslage ergibt sich dabei Folgendes:

1. Nutzung:

Über den Begriff des Wohnbaus hinausgehend, ergeben sich aus dem WFG 2015 de facto keine Beschränkungen. Förderfähig sind sowohl Wohnhäuser wie Einfamilienhäuser, Reihenhäuser (Haus in der Gruppe), Geschoßwohnbauten, Bauernhäuser, Austraghäuser und Wohnheime (§ 5 Abs.1 Z 4-10 WFG 2015). Insofern kann, solange ein reiner Wohnbau vorliegt von einer Widmungskonformität ausgegangen werden. Auch hinsichtlich der Verwendung des Baues ergeben sich aus den Bestimmungen des WFG keine unmittelbar baurechtlich aufgreifbaren Beschränkungen. So ist etwa mit einer förderungswidrigen Nutzung einer Wohnung in der Regel kein Erfordernis eines baupolizeilichen Auftrages verbunden.

2. Wohnnutzfläche:

Die Wohnnutzfläche ist Gegenstand des § 12 WBF 2015 und steht dabei die förderbare Wohnnutzfläche in Abhängigkeit von der Anzahl der Bewohner, sodass diese Vorgaben einem baurechtlichen Vollzug unzugänglich sind. Allerdings ist in § 12 Abs 5 WBF 2015 eine benutzerunabhängige Regelung getroffen, indem das Höchstausmaß der förderbaren Wohnnutzfläche mit 150 m^2 bestimmt wird.
Die Wohnnutzfläche ist in § 5 Abs 1 Z 3 WFG 2015 definiert und lautet:

3. Wohnnutzfläche: die gesamte Bodenfläche einer Wohnung oder eines Wohnheimes, abzüglich der Wandstärken und der im Verlauf der Wände befindlichen Durchbrüche (Ausnehmungen); Keller- und Dachbodenräume, soweit sie nach ihrer Ausstattung nicht für Wohnzwecke geeignet sind, Treppen, Liftschächte, Loggien, Balkone und Terrassen sind bei der Berechnung der Wohnnutzfläche nicht zu berücksichtigen;

Diese Vorgabe hat zur Konsequenz, dass für die Prüfung der Widmungskonformität in den Unterlagen die Wohnnutzfläche je Wohneinheit anzugeben ist. Fraglich in diesem Zusammenhang ist aber, ob die Überschreitung dieser 150 m^2 eine Versagung der Baubewilligung zur Folge hat. Im Bereich des Förderungsrechts hat diese Vorgabe nur zur Konsequenz, dass eine über die jeweilige Größe hinausgehende Wohnnutzfläche nicht mehr gefördert wird bzw. sich die Fördersumme insgesamt verringert (siehe § 12 Abs 3 WFV 2015).

3. Bebauungsdichte:

Hinsichtlich dieses Kriteriums sind im WBF 2015 mehrere Regelungen nach Maßgabe des Fördergegenstands enthalten, wobei allerdings die Anwendbarkeit einzelner Festlegungen in Ansehung des Begriffs „Bebauungsdichte" durchwegs kontroversiell beurteilt werden kann. So ist etwa im Rahmen der Kauf- und Errichtungsförderung (siehe § 22 Abs 3 Z 2 bzw. § 24 Abs 2 WFG 2015) festgelegt, dass im Fall der Errichtung/Kauf einer Wohnung in einem Bau mit mindestens 3 Wohnungen im Wohnungseigentum oder in einem Haus in der Gruppe der durchschnittliche Grundstücksbedarf je Wohnung 350 m^2 nicht überschreiten darf, wobei hinsichtlich des Grundstücksbedarfs Aufschließungs- und Nebenflächen unberücksichtigt bleiben. Diese Vorgabe kann als ein Kriterium hinsichtlich der Bebauungsdichte aufgefasst werden. Allerdings ist die Beurteilung im Bereich des Baurechts für die jeweilige Flächenwidmung insofern mit dem Problem verbunden, dass diese „Bebauungsdichte" unabhängig vom jeweiligen Bauplatz zu beurteilen ist. Daher ist eine eigenständige Bezugsfläche zur Beurteilung dieser „Dichte" – siehe hier insbesondere die Ausnahmen betreffend Aufschließungs- und Nebenflächen – erforderlich.
Neben diesem Kriterium ist für den Mietwohnbau gemäß § 14 Abs 1 WFV eine Mindestgeschoßflächenzahl (in der Stadt Salzburg mindestens 0,7 und in allen anderen Gemeinden von mindestens 0,6) vorgesehen. Dieses Kriterium kann zwar direkt bei der baurechtlichen Beurteilung herangezogen werden, stellt aber auf die beabsichtigte Verwendung des Baus für die Vermietung ab. Dass aber ein Bau in weiterer Folge für Zwecke der Vermietung genutzt wird, ist baurechtlich nicht umsetzbar.
Gemäß der lit c sind auch Betriebe und öffentliche Einrichtungen wie im Erweiterten Wohngebiet in untergeordnetem Ausmaß innerhalb eines mehrgeschossigen Wohnbaus zulässig. Der Begriff des „untergeordneten" Ausmaßes bedingt, dass diese Nutzungen ein gewisses Ausmaß nicht übersteigen dürfen. Eine Unterordnung ist jedenfalls nicht mehr gegeben, wenn mehr als 50 % der Nutzfläche eines Baus für diese Zwecke verwendet werden. Unter Berücksichtigung der Rechtsprechung des VwGH zum Begriff des untergeordneten Ausmaßes kann davon ausgegangen werden, dass eine derartige Nutzung bis zu 20% der Nutzfläche jedenfalls zulässig ist.

3. Kerngebiet (KG): in einem solchen sind zulässig:
bauliche Anlagen, die im Erweiterten Wohngebiet zulässig sind, unter besonderer Verdichtung und Funktionsmischung;

RV

Kerngebiet und Ländliches Kerngebiet: Die Betriebsbeschreibungen (Betriebe des Handels und Gewerbes, Versammlungs-, Vergnügungs- und Veranstaltungsstätten, Bauten für den Fremdenverkehr, Klein- und Mittelbetriebe) werden aufgegeben, weil damit auch ein Missverständnis verbunden werden könnte: solche Arten von Bauten sind baurechtlich auch im Erweiterten Wohngebiet zulässig, wenn die entsprechenden Emissionsbegrenzungen gewahrt werden. Im Kerngebiet kommt es dadurch zu einem reduzierten Immissionsschutz, dass die Bebauung dort „in besonderer Verdichtung" besteht oder erfolgt.

RV 2017

Die Widmungsbeschreibung des Kerngebietes wird um den Begriff der Funktionsmischung erweitert. Kerngebiete sind davon geprägt, dass ein Nebeneinander von Betrieben und Wohnen besteht und auch weiterentwickelt werden soll. Daher ist gerade für die Widmungsbeschreibung nicht nur die besondere Verdichtung signifikant, sondern auch die Funktionsmischung. Damit sollen besonders Betriebe der Freizeitinfrastruktur (Gaststätten, Diskotheken udgl) in diesen zentralen Strukturen ermöglicht werden.

Anmerkungen

Im ROG 2009 war bis zur Novelle 2017 Kerngebiet wie folgt definiert: „Kerngebiet (KG): in einem solchen sind zulässig: bauliche Anlagen, die im Erweiterten Wohngebiet zulässig sind, unter besonderer Verdichtung;" Zu Abs 1 Z 3 (Kerngebiet) stellt die RV fest, dass die früher im ROG 1998 enthaltenen Betriebsbeschreibungen aufgegeben werden. Im ROG 1998 wurde angeführt, dass das Kerngebiet neben Bauten mit besonderer Verdichtung auch für die im Erweiterten Wohngebiet zulässigen Betriebe des Handels und Gewerbes für „Versammlungs-, Vergnügungs- und Veranstaltungsstätten sowie Bauten des Fremdenverkehrs samt den dazugehörigen Anlagen und Einrichtungen" gedacht ist. Zuvor hat die RV 1992 dazu bzw. zu Abs 1 Z 3 festgestellt, dass im Kerngebiet, welches von Betrieben des tertiären Wirtschaftssektors (Dienstleistungsbetrieben) geprägt ist, Fremdenverkehrsbetriebe aus raumordnungsrechtlicher Sicht ohne Beschränkung durch die Einwirkungen auf die Nachbarschaft zulässig sind. Dabei sind allerdings die sich ergebenden baurechtlichen Emissionsbegrenzungen zu beachten.
Mit der Novelle 2017 kommt man durch die nun mögliche „Funktionsmischung" de facto zur Definition der RV 1992 und ROG 1998 zurück, wenn auch die „Funktionsmischung" noch umfassender zu sehen ist.
Das Problem dieser verstärkten Funktionsmischung und den daraus resultierenden Nutzungskonflikten zwischen Wohnen und Betrieben (wie Diskotheken und Gaststätten mit Gastgarten oder mit späten Sperrstunden, Außenaktivitäten der Gaststättenbesucher) bleibt dabei unverändert bestehen.

4. Ländliches Kerngebiet (LK): in einem solchen sind zulässig:
  (a) bauliche Anlagen für Betriebe, die keine übermäßige Geruchs- oder Lärmbelästigung, sonstige Luftverunreinigung oder Erschütterung für die Nachbarschaft und keinen übermäßigen Straßenverkehr verursachen;
  (b) bauliche Anlagen für land- und forstwirtschaftliche Betriebe;
  (c) bauliche Anlagen, die im Erweiterten Wohngebiet zulässig sind;

RV

Kerngebiet und Ländliches Kerngebiet: Die Betriebsbeschreibungen (Betriebe des Handels und Gewerbes, Versammlungs-, Vergnügungs- und Veranstaltungsstätten, Bauten für den Fremdenverkehr, Klein- und Mittelbetriebe) werden aufgegeben, weil damit auch ein Missverständnis verbunden werden könnte: solche Arten von Bauten sind baurechtlich auch im Erweiterten Wohngebiet zulässig, wenn die entsprechenden Emissionsbegrenzungen gewahrt werden. Im Kerngebiet kommt es dadurch zu einem reduzierten Immissionsschutz, dass die Bebauung dort „in besonderer Verdichtung" besteht oder erfolgt.

Anmerkungen

Zu Abs 1 Z 4 hält der AB 1992 bezüglich der Auswirkungen auf die Nachbarschaft fest, dass die von den Klein- und Mittelbetrieben ausgehenden Belastungen zwischen jenen im Erweiterten Wohngebiet und jenen im Gewerbegebiet liegen, aber nicht übermäßig, und somit auch in die-

ser Widmungskategorie zulässig sind.
Zu beachten ist für das „Ländliche Kerngebiet" auch Abs 2 wonach die Ausweisung eines „Ländlichen Kerngebietes" voraussetzt, dass die Flächen bereits überwiegend verbaut sind und eine widmungsmäßige Trennung der gegebenen Nutzungen nicht möglich ist.

5. Dorfgebiet (DG): in einem solchen sind zulässig:
(a) bauliche Anlagen für land- und forstwirtschaftliche Betriebe und Berufsgärtnereien;
(b) bauliche Anlagen, die im Erweiterten Wohngebiet zulässig sind;

Anmerkungen

Für das Dorfgebiet wurde mit der Novelle 2004 die früher notwendige vorrangige bzw. überwiegende Nutzung für land- und forstwirtschaftliche Betriebe sowie für berufsgärtnerische Betriebe aufgegeben. Nach der Judikatur des Verwaltungsgerichtshofes konnten daraus ohnehin keine Beschränkungen für sonstige im Dorfgebiet zulässige Nutzungen abgeleitet werden (siehe dazu auch das Erkenntnis des Verwaltungsgerichtshofes 23.11.1995, 95/06/0204).

6. Betriebsgebiet (BE): in einem solchen sind zulässig:
(a) bauliche Anlagen für Betriebe, die im Erweiterten Wohngebiet zulässig sind;
(b) bauliche Anlagen der öffentlichen Verwaltung;
(c) betrieblich bedingte Wohnungen innerhalb von Bauten gemäß der lit a sowie dazugehörige Nebenanlagen;

RV 2017

Mit der Änderung der Beschreibung des Betriebsgebietes, des Gewerbegebietes, des Industriegebietes und der Sonderfläche ist die Regelungsabsicht verbunden, künftig keine selbständigen, freistehenden Wohnbauten in diesen Kategorien mehr zuzulassen.

Anmerkungen

Zu der mit der ROG-Novelle 1997 eingeführten Widmungskategorie Betriebsgebiet stellt die RV fest, dass diese Widmungskategorie für solche Betriebe bestimmt ist, die auch im Erweiterten Wohngebiet Platz finden. Daneben sind auch Bauten der öffentlichen Verwaltung und betrieblich bedingte Wohnbauten zulässig. (Die Wohnnutzung wurde allerdings durch die Novelle 2017 eingeschränkt.) Durch die Einführung dieser Widmungskategorie soll im Übergangsbereich von Gebieten mit unterschiedlicher Widmung einerseits eine optimale Abstufung (Gewerbegebiet/Betriebsgebiet/Erweitertes Wohngebiet) in Bezug auf die verursachten Emissionen erreicht werden, gleichzeitig wird infolge der dem Wohngebiet vorgelagerten Gebäude ein effektiver Beitrag zur Reduzierung der Lärmemissionen geleistet. Andererseits können, dem Grundsatz des haushälterischen Umgangs mit Grund und Boden entsprechend, raumordnungsfachlich günstig gelegene Standorte einer Nutzung zugeführt werden.

Mit der ROG Novelle 2017 wurde der Begriff der „betrieblich bedingten Wohnbauten" im ROG 2009 in lit c durch die Bezeichnung „betrieblich bedingte Wohnungen innerhalb von Bauten gemäß der lit a" ersetzt, künftig sind im Betriebsgebiet dadurch keine selbständigen, freistehenden Wohnbauten in dieser Kategorie zugelassen. Die bisherige Möglichkeit im Betriebsgebiet Personalhäuser zu errichten fällt damit weg, die Wohnungen müssen betrieblich bedingt sein und auch eine „Zweckentfremdung" einer betriebsbedingten Wohnung ist nicht zulässig (siehe § 31b).

Die Novelle 2017 legt weiters in Abs 5 fest, dass im Betriebsgebiet bauliche Anlagen für Betriebe mit Einzelhandelsnutzung auf über 300 m^2 Verkaufsfläche nicht zulässig sind. Nach dem ROG 2009 konnten solche Anlagen im Betriebsgebiet errichtet werden, wenn eine Kennzeichnung der entsprechenden Flächen nach § 39 Abs 2 ROG 2009 erfolgte, dies ist jedoch nach der Novelle 2017 nicht mehr möglich.
§ 86 Abs 5 der Übergangsbestimmungen der Novelle 2017 bestimmt jedoch, dass für im rechtswirksamen Flächenwidmungsplan vor dem 1.1.2018 im Betriebsgebiet gekennzeichnete Flächen, auf denen bauliche Anlagen für Betriebe mit über 300 m^2 Verkaufsfläche nach ROG 2009 zulässig waren, die bis dahin geltende Fassung weiter anzuwenden ist. Diese Bestimmung ist interpretationsbedürftig, weil sich die Frage aufwirft wie vorzugehen ist, wenn die Rechtswirksamkeit einer Kennzeichnung in Anwendung des Übergangsrechts erst nach dem 01.01.2018 eintritt (siehe § 86 Abs 8). Jedenfalls ist zu berücksichtigen, dass bei Änderungen (unverbauter) gekennzeichneter Flächen eine Anpassung zu erfolgen hat.
Nach § 30 Abs 4 der Novelle 2017 bedürfen auch im Betriebsgebiet vorgesehenen Apartmenthäuser (§ 5 Z 1) einer entsprechenden Kennzeichnung.

7. Gewerbegebiet (GG): in einem solchen sind zulässig:
- **(a) bauliche Anlagen für Betriebe, die die Umgebung nicht übermäßig beeinträchtigen;**
- **(b) bauliche Anlagen der öffentlichen Verwaltung;**
- **(c) betrieblich bedingte Wohnungen innerhalb von Bauten gemäß der lit a sowie dazugehörige Nebenanlagen;**

RV 2017

Mit der Änderung der Beschreibung des Betriebsgebietes, des Gewerbegebietes, des Industriegebietes und der Sonderfläche ist die Regelungsabsicht verbunden, künftig keine selbständigen, freistehenden Wohnbauten in diesen Kategorien mehr zuzulassen.

Anmerkungen

Zum Gewerbegebiet stellen die Erläuterungen zum ROG 1992 fest, dass hinsichtlich der Definition des Gewerbegebietes eine Änderung dahingehend erfolgt, um sicherzustellen, dass diese Gebiete ihrer eigentlichen Zweckbestimmung nachkommen. Danach sollten Erziehungs-, Bildungs- und sonstige Einrichtungen für kulturelle und soziale Zwecke im Gewerbegebiet nicht mehr zulässig sein. Nur Bauten für öffentliche Verwaltung sollen im Gewerbegebiet weiterhin Platz haben, dies aber nur im untergeordneten Umfang. Durch die ROG-Novelle 2004, in der festgelegt wurde, dass Industriegebiete ausschließlich für jene neuen baulichen Anlagen von Betrieben gedacht sind, die eine übermäßige Beeinträchtigung der Umgebung verursachen, ergaben sich auch für die Widmungskategorie „Gewerbegebiet" Konsequenzen. Ein Gewerbegebiet war nun jene Widmungskategorie, die auch für Industrieanlagen vorgesehen ist, von denen keine übermäßige Beeinträchtigung der Umgebung ausgeht. Nach dem AB 2004 sind Gewerbegebiete weiters neben derartigen Industrieanlagen aber auch für Betriebe des Großhandels, für Transport- und Speditionsbetriebe, für Betriebe der Bauwirtschaft sowie für Betriebe des Produktionsgewerbes (Tischlerei, Schlosserei, Mechaniker usw.) gedacht, soweit sie die Umgebung des Gewerbegebietes nicht übermäßig beeinträchtigen.
Freistehende Wohnbauten sind wie im Betriebsgebiet unzulässig. Die zulässigen betriebsbedingten Wohnungen dürfen auch nicht zweckentfremdet werden (siehe § 31b).

Hinzuweisen ist darauf, dass Betriebe für Erholungs- und Freizeitnutzung wie zB Hotels, Apartmenthäuser und Diskotheken seit dem ROG 2009 im Gewerbegebiet nicht zulässig sind (Abs 6).
Mit dem ROG 2017 wurde auch einschränkend festgelegt, dass im Gewerbegebiet bauliche Anlagen für Betriebe mit Einzelhandelsnutzung auf über 300 m^2 Verkaufsfläche nicht zulässig sind (siehe Abs 5). Nach dem ROG 2009 konnten solche Anlagen im Gewerbegebiet errichtet werden, wenn eine Kennzeichnung der entsprechenden Flächen nach § 39 Abs 2 ROG 2009 erfolgte.
§ 86 Abs 5 der Übergangsbestimmungen der Novelle 2017 bestimmt jedoch, dass für im rechtswirksamen Flächenwidmungsplan vor dem 1.1.2018 im Gewerbegebiet gekennzeichnete Flächen, auf denen bauliche Anlagen für Betriebe mit über 300 m^2 Verkaufsfläche nach ROG 2009 zulässig waren, die bis dahin geltende Fassung weiter anzuwenden ist. Diese Bestimmung ist interpretationsbedürftig, weil sich die Frage aufwirft wie vorzugehen ist, wenn die Rechtswirksamkeit einer Kennzeichnung in Anwendung des Übergangsrechts erst nach dem 01.01.2018 eintritt (siehe § 86 Abs 8). Jedenfalls ist zu berücksichtigen, dass bei Änderungen (unverbauter) gekennzeichneter Flächen eine Anpassung zu erfolgen hat.
Hinzuweisen ist auch auf die Bestimmungen in § 38 (Zonierung von Gewerbegebieten) wonach im Gewerbegebiet Zonen gekennzeichnet werden können bei denen bestimmte, im Gewerbegebiet an sich zulässige Nutzungen gänzlich ausgeschlossen werden können. Dieser Nutzungsausschluß kann die Wohnnutzung (ausgenommen für den Betrieb unerlässliche Wohnungen und Wohnräume), die Einzelhandelsnutzung generell (auch unter 300 m^2 Verkaufsfläche), Tankstellen im Sinn des § 30 Abs 7 und die Nutzung durch Betriebe, die in der Bauland-Kategorie Erweitertes Wohngebiet zulässig sind, betreffen.

8. Industriegebiet (IG): in einem solchen sind zulässig:
- **(a) bauliche Anlagen für Betriebe, die eine übermäßige Beeinträchtigung der Umgebung verursachen (zB Betriebe mit Explosions- oder Strahlungsgefahr für die Umgebung, wenn sie nicht unter § 34 Abs. 1 Z 1 fallen);**
- **(b) für den Betrieb unerlässliche Wohnungen, Wohnräume und Einrichtungen innerhalb von Bauten gemäß der lit a;**

RV

Wie bisher sind Betriebe mit Explosions- oder Strahlungsgefahr für die Umgebung nur im ausgewiesenen Industriegebiet zulässig (siehe den Klammerausdruck in der Z 8). Bei einer solchen Gefahr „in hohem Maß“ ist eine Sonderflächenausweisung gemäß § 34 Abs 1 Z 1 notwendig.

Anmerkungen

Zu der mit der ROG-Novelle 2004 neu eingeführten Regelung, dass Industriegebiete nur für bauliche Betriebsanlagen gedacht sind, die eine übermäßige Beeinträchtigung der Umgebung verursachen, heißt es in der RV 2004:

„Aufgrund der knappen Flächenressourcen, die wegen der erforderlichen Schutzabstände für Industriegebietswidmung im Land Salzburg in Betracht kommen, ist es erforderlich, derartige Flächen ausschließlich jenen Betrieben vorzubehalten, die tatsächlich dieser Widmung bedürfen. Die Neuerrichtung von Betrieben in der Kategorie Industriegebiete ist demnach nur zulässig, wenn diese Betriebe aufgrund ihrer übermäßigen Beeinträchtigung der Umgebung nicht in anderen Widmungskategorien Platz finden.“ Dass im Industriegebiet auch andere Betriebe zulässig sind, wenn sie nur eine besondere räumliche Ausdehnung besitzen, wurde mit der Novelle 2004

mit dieser Begründung aufgegeben.
Dazu ist festzustellen, dass im Industriegebiet Einrichtungen, Wohnungen und Wohnräume nur zulässig sind, die für die Aufrechterhaltung der betrieblichen Vorgänge unerlässlich sind. Dazu zählen auch notwendige Wohnräume für das Aufsichts- oder Wartungspersonal und dergleichen. Die Regelung der Novelle 2017 wonach auch diese „Wohnnutzungen" nur innerhalb des Industriebaus zulässig sind, ist in Ansehung der Arbeitnehmer-Schutzbestimmungen udgl nicht unproblematisch.

9. Zweitwohnungsgebiet (ZG): in einem solchen sind zulässig:
(a) Wohnbauten mit Zweitwohnungen (§ 5 Z 17) und sonstige Wohnbauten und dazu gehörige Nebenanlagen;
(b) bauliche Anlagen für Betriebe, die im Erweiterten Wohngebiet zulässig sind;

RV

Zweitwohnbauten und andere Wohnbauten sind in einer lit zusammengefasst. Hinsichtlich der zulässigen Betriebe wird auf die Bauland-Kategorie Erweitertes Wohngebiet verwiesen und die einschränkende Voraussetzung, dass die Betriebe für eine zweckentsprechende Benützung des Gebietes erforderlich sein müssen, aufgegeben.

Anmerkungen

Die Definition einer Zweitwohnung bezieht sich ab 1.1.2018 auf § 5 Z 17 der ROG Novelle 2017. Diese Gesetzesbestimmuntg tritt allerdings erst mit 01.01.2019 in Kraft. Somit ist im Jahr 2018 der Begriff Zweitwohnungen nach dem allgemeinen Begriffsverständnis bzw nach § 31 zu beurteilen.
Ab 1.1.2019 ist zu Abs 1 Z 9 anzumerken, dass die Bestimmungen für Zweitwohnungen und die Verwendung von Zweitwohnungen hinsichtlich ihrer Definition in § 5 Z 17 und hinsichtlich der Zulässigkeit (von Zweitwohngebieten) in § 31 festgelegt ist.

10. Gebiet für Handelsgroßbetriebe (HG): in einem solchen sind zulässig:
(a) bauliche Anlagen für Handelsgroßbetriebe (§ 32);
(b) bauliche Anlagen, die im Erweiterten Wohngebiet bzw. Gewerbegebiet zulässig sind, nach Maßgabe der Widmung der überwiegend angrenzenden Flächen;

Anmerkungen

Zu Z 10 ist anzumerken, dass die Bestimmungen für die Definition und Zulässigkeit von Handelsgroßbetrieben in § 32 festgelegt sind.

11. Gebiet für Beherbergungsgroßbetriebe (BG): in einem solchen sind zulässig:
bauliche Anlagen für Beherbergungsgroßbetriebe (§ 33) und dazu gehörige Betriebe für Freizeit- und Vergnügungszwecke;

RV

Neben dem Beherbergungsgroßbetrieb sind nur mehr Betriebe für Freizeit- und Vergnügungszwecke zulässig, und zwar in Abhängigkeit vom Bestehen eines Beherbergungsgroßbetriebes.

Anmerkungen

Zu Z 11 ist anzumerken, dass die Bestimmungen für die Definition und Zulässigkeit von Beherbergungsgroßbetrieben in § 33 festgelegt sind. Durch die Novelle 2017 wurde in § 33 Abs 3 neu festgelegt, dass Beherbergungsgroßbetriebe außerhalb des in § 5 Z 5 definierten Dauersiedlungsraumes nicht zulässig sind. (Zur Definition des Dauersiedlungsraumes siehe § 5 Z 5). Für bestehende Beherbergungsbetriebe ist in § 86 Abs 11 eine Ausnahme vom Erfordernis der Lage innerhalb des Dauersiedlungsraumes getroffen worden.
Zu beachten ist in diesem Zusammenhang auch § 84 Abs 5, wonach die vor dem 01.05.2004 bereits ausgewiesenen Beherberungsgroßbetriebsflächen nach der Fassung von § 17 Abs 11 ROG 1998 zu beurteilen sind. Die RV 2004 hält fest, dass auf ausgewiesenen Gebieten für Beherbergungsgroßbetriebe weiter Beherbergungsbetriebe mit über 60 Zimmern bis zu der im Flächenwidmungsplan festgesetzten Zimmerzahl errichtet werden können. Die Widmung und festgesetzte Zimmerhöchstzahl bleiben demnach unverändert bestehen.

12. Sonderfläche (SF): auf einer solchen sind zulässig:
(a) bauliche Anlagen, die dem festgelegten Verwendungszweck der Sonderfläche (§ 34) entsprechen;
(b) Verwendungszweck bedingte Wohnungen, Wohnräume und Einrichtungen innerhalb von Bauten gemäß der lit a.

RV 2017

Mit der Änderung der Beschreibung des Betriebsgebietes, des Gewerbegebietes, des Industriegebietes und der Sonderfläche ist die Regelungsabsicht verbunden, künftig keine selbständigen, freistehenden Wohnbauten in diesen Kategorien mehr zuzulassen.

Anmerkungen

Zu Abs 1 Z 12 ist anzumerken, dass die Bestimmungen für die Definition und Zulässigkeit der Ausweisung von Sonderflächen in § 34 festgelegt sind. Mit dem durch die Novelle 2017 neu eingefügte lit b ist beabsichtigt, künftig keine selbständigen, freistehenden Wohnbauten in dieser Kategorie zuzulassen (siehe dazu § 34).

(2) Die Ausweisung der Kategorie Ländliches Kerngebiet setzt voraus, dass die Flächen bereits überwiegend verbaut sind und eine widmungsmäßige Trennung der gegebenen Nutzungen nicht möglich ist.

RV

Die Ausweisung von Ländlichen Kerngebieten ist bisher nur „im Bereich überwiegend verbauter Gebiete“ zulässig. Diese Voraussetzung wird verdeutlicht und damit verbunden, dass für die betreffenden Flächen keine nach den verschiedenen Nutzungen differenzierenden Widmungen im Flächenwidmungsplan möglich sind,

Anmerkungen

Zu Abs 2 ist festzuhalten, dass die Kategorie „Ländliches Kerngebiet“ wie schon im ROG 1998, nur für Gebiete mit bestehenden Mischstrukturen bzw. „im Bereich überwiegend verbauter Gebiete“ ausgewiesen werden darf. Bezüglich der Auswirkungen auf die Nachbarschaft hält der AB

1992 fest, dass die von Klein- und Mittelbetrieben ausgehenden Belastungen zwischen jenen im Erweiterten Wohngebiet und jenen im Gewerbegebiet Zulässigen liegen (keine übermäßigen direkten Einwirkungen und kein übermäßiger Straßenverkehr, keine Explosions- oder Strahlungsgefahr).
Diese Voraussetzung wurde mit dem ROG 2009 insofern konkretisiert, als eine Ausweisung nur zulässig ist, wenn eine widmungstechnische Trennung nach den verschiedenen bereits bestehenden Nutzungen im Flächenwidmungsplan nicht möglich ist.

(2a) Die Ausweisung der Kategorie Gebiete für den förderbaren Wohnbau ist nur in Siedlungsschwerpunkten zulässig.

RV 2017

Auf Grund der Verknüpfung mit den Zielsetzungen der Wohnbauförderung und des Einsatzes von öffentlichen Mitteln für förderbare Wohnbauten soll die Ausweisung von Gebieten für den förderbaren Wohnbau nur in Siedlungsschwerpunkten (§ 5 Z 14) zulässig sein. Das Vorliegen einer formellen Ausweisung der Siedlungsschwerpunkte im REK ist dafür nicht Voraussetzung.

Aus der Einführung der Widmungskategorie Gebiete für den förderbaren Wohnbau folgt nicht, dass in anderen Widmungskategorien die Gewährung einer Förderung für Wohnbauten unzulässig ist. Ob und unter welchen Voraussetzungen Wohnbauten gefördert werden, richtet sich ausschließlich nach den Bestimmungen des Salzburger Wohnbauförderungsgesetzes 2015.

Anmerkungen

Die Erläuterungen, wonach eine Festlegung von Siedlungsschwerpunkten im REK keine formelle Voraussetzung für eine Flächenwidmung dieser Kategorie sein soll, ist in Ansehung der klaren gesetzlichen Bestimmung unverständlich und widerspricht der unmissverständlichen gesetzlichen Anordnung. Der Text des Gesetzes steht über den Erläuterungen der Regierungsvorlage. Die Widmungskategorie „Gebiete für den förderbaren Wohnbau" kann – entgegen den Erläuterungen – nur nach Festlegung von Siedlungsschwerpunkten im REK gemäß der Legaldefinition nach § 5 Z 14 und nur in diesen ausgewiesenen werden.

(3) In allen Bauland-Kategorien sind Bauten und sonstige Anlagen für Kultuszwecke, für Zwecke der Sicherheitsüberwachung und des Feuerschutzes zulässig, wenn sie sich der jeweiligen Flächenwidmung entsprechend in die Umgebung einordnen.

Anmerkungen

Abs 3 ermöglicht – wie bisher schon im § 17 Abs 2 ROG 1998 bzw § 12 Abs 2 ROG 1977 vorgesehen – Bauten für Kultuszwecke, wie Kirchen und Moscheen, sowie Bauten für Zwecke der Sicherheitsüberwachung und des Feuerschutzes in allen Baulandkategorien, allerdings nur unter der Voraussetzung, dass sie sich der jeweiligen Flächenwidmung entsprechend in ihre Umgebung einordnen lassen. Das Kriterium des sich „in die Umgebung einordnen lassen" wurde im Ausschussbericht zur ROG-Novelle 1982 anhand der Eingliederung von Betriebsbauten in Erweitertes Wohngebiet wie folgt erläutert:

„Betriebsbauten können weiters im Erweiterten Wohngebiet dann nicht errichtet werden, wenn sie sich hinsichtlich der Baugestaltung nicht in die Umgebung des Wohngebietes einordnen lassen. So kann rein optisch ein und derselbe Hallenbau etwa in einem Erweiterten Wohngebiet, das sich überwiegend durch Einfamilienhaus-Bebauung auszeichnet, sich nicht in die Umgebung einordnen lassen, währenddessen derselbe Baukörper in einem Erweiterten Wohngebiet, welches bereits zahlreiche größere Objekte und Hallen aufweist, sich durchaus einordnen lassen kann. Die Entscheidung in dieser Angelegenheit trifft die Baubehörde nach Einholung von Sachverständigengutachten."

Diese Ausrichtung der Notwendigkeit der Einordnung gilt unverändert für Anlagen für Kultuszwecke, für Zwecke der Sicherheitsüberwachung und des Feuerschutzes. (Die Notwendigkeit der „Einordnung" von Betriebsbauten in das Erweiterte Wohngebiet wurde 1992 aufgegeben.)

(4) In den Bauland-Kategorien gemäß Abs 1 Z 1 bis 6 sind Apartmenthäuser erst nach Kennzeichnung der Flächen gemäß § 39 Abs 2 zulässig.

RV

Die Bestimmung steht mit § 39 Abs 2 in Zusammenhang. Sie verlangt für Tourismusprojekte in Form von sog „gewerblichen Apartmenthäusern" – im Sinn einer Bestandgabe im Rahmen des Tourismus – und Hotelprojekte, die in der Form von Feriendörfern zur Errichtung gelangen, in den Baulandkategorien § 30 Abs 1 Z 1 bis 5 eine besondere raumordnerische Entscheidung der Gemeinde. Damit soll erreicht werden, dass es unter der Behauptung einer touristischen Nutzung zu keiner Konkurrenzierung auf dem Wohnbaulandmarkt kommt und mehr Flächen insbesondere für den ständigen Wohnbedarf der heimischen Bevölkerung zur Verfügung stehen. Durch das Kennzeichnungserfordernis erübrigt sich, eine neue Widmungskategorie einzuführen, weil auch in diesem Bereich eine Standortplanung nur bescheidene Ergebnisse zeitigen würde.

RV 2017

Am Kennzeichnungserfordernis für Apartmenthäuser wird festgehalten, die Kennzeichnungspflicht jedoch auf Grund raumordnungsrechtlich weitgehend vergleichbarer Problemlage auf Betriebsgebiete erstreckt. Aufgegeben wird dagegen die bisherige Kennzeichnungspflicht für Feriendörfer, da diese Form der Beherbergung ohnehin vom neuen Begriff des Apartmenthauses umfasst ist.
Die (einschränkenden) Regelungen über die Zulässigkeit von Bauten für Apartmenthäuser zur touristischen Nutzung enthalten nach der Judikatur des VwGH keine Bestimmungen, die (auch) dem besonderen Schutz der Nachbarn dienen; sie vermitteln daher keine subjektivöffentlichen Nachbarrechte, die von diesen erfolgreich geltend gemacht werden könnten (VwGH 27.2.2015, Zl 2012/06/0049).

Anmerkungen

Mit der Novelle 2017 wird – in den Begriffsdefinitionen § 5 Z 1 – klargestellt, dass ein Bau, der mindestens ein Apartment zur Beherbergung von Gästen enthält ein Apartmenthaus im Sinne des ROG darstellt.
Eine derart klare Definition kannte das ROG 2009 bis zur Novelle 2017 nicht. Dies brachte es mit sich, dass eine „Verwechslung" zwischen dem „Zweitwohnungs-Apartmenthaus" gemäß ROG 1977 idF LGBl 32/1983 und dem gewerblichen Apartmenthaus des ROG 2009 erfolgen konnte. Nach dem ROG 1977 war ein Apartmenthaus noch als „Bau mit mehr als drei Wohneinheiten oder – sofern es sich nicht um gastgewerbliche Betriebe handelt – einer Wohnnutzfläche mit über 300 m^2" definiert.

In der RV 2009 wird festgehalten, dass diese Bestimmung mit § 39 Abs 2 im Zusammenhang steht. Sie verlangt für Tourismusprojekte in Form eines Apartmenthauses, sobald sie in den

Baulandkategorien § 30 Abs 1 bis 6, dh im Reinen Wohngebiet, im Erweiterten Wohngebiet, im Kerngebiet, im Ländlichen Kerngebiet, im Dorfgebiet oder – seit der ROG Novelle 2017 – im Betriebsgebiet errichtet werden, eine besondere raumordnerische (Kennzeichnungs-) Entscheidung der Gemeinde. Mit der Novelle 2017 wurden die oben genannten Baulandkategorien um das „Betriebsgebiet" erweitert.
Diese besondere Entscheidung, nämlich die Kennzeichnung einer Fläche darf nur vorgenommen werden, wenn diese Ausweisung keine erheblich nachteiligen Folgen auf die Versorgung der Bevölkerung in ihren Grundbedürfnissen gemäß § 2 Abs 1 Z 7 lit b ROG 2009 – insbesondere für leistbares Wohnen – bewirkt. Dies ist insbesondere dort beachtlich, wo eine Knappheit an Wohnbauland besteht. Es soll zu keiner Konkurrenzierung des Baulandbedarfes für Hauptwohnsitze durch Tourismusprojekte in Form von Apartmenthäusern kommen und eine Kennzeichnung von Flächen dafür nicht möglich sein. Vorrang hat, dass Flächen für den ständigen Wohnbedarf der heimischen Bevölkerung zur Verfügung stehen. Dieses Kriterium ist allerdings bei einer Kennzeichnung von Betriebsgebieten nicht mit der Wohnfunktion verknüpfbar, weil diese dort nicht zulässig ist.
Die in der RV 1983 enthaltene Feststellung, dass Seniorenheime und Seniorenresidenzen als Apartmenthäuser gelten, ist insofern obsolet, als die Definition des Apartmenthauses in § 5 Z 1 ausdrücklich von der Beherbergung von Gästen spricht; dies ist bei Seniorenheimen und -residenzen in der Regel nicht der Fall.
In den Übergangsbestimmungen des § 86 Abs 11 wird festgestellt, dass auf bis zum 1.1.2018 bewilligte Apartmenthäuser die Beschränkungen des Abs 4 nicht anzuwenden sind. Dies ist nur der Fall, wenn der Baukonsens der Baubewilligung auf Apartmenthaus lautet. Durch die Novelle 2017/2 wurde der Anwendungsbereich auf anhängige Bauverfahren ausgedehnt.

(5) In den Kategorien Betriebsgebiet und Gewerbegebiet sind bauliche Anlagen für Betriebe mit Einzelhandelsnutzungen auf über 300 m² Verkaufsfläche (§ 32 Abs 2) nicht zulässig.

RV

Die Schaffung von Verkaufsflächen für Einzelhandelsnutzungen in Betriebs- oder Gewerbegebieten wird mit 300 m² Verkaufsfläche limitiert. Die Schaffung größerer Verkaufsflächen soll künftig erst auf Grund einer Kennzeichnung der Flächen als Flächen für Handelsbauten zulässig sein und somit einer planerischen Entscheidung der Gemeinde bedürfen (§ 39 Abs 2[nunmehr Abs 3]). Die Definition der Verkaufsfläche entspricht der für die Handelsgroßbetriebe getroffenen.

RV 2017

Die Kennzeichnung für Einzelhandelsnutzungen (bisher § 39 Abs 3) wird aufgegeben. An ihre Stelle tritt ein Verbot von baulichen Anlagen für Einzelhandelsnutzungen mit über 300 m² Verkaufsfläche. Die Beurteilung der Verkaufsfläche hat in sinngemäßer Anwendung des § 32 Abs 2 zu erfolgen.

Anmerkungen

Die früher nach dem ROG 2009 mögliche Kennzeichnung zur Einzelhandelsnutzungen (bisher § 39 Abs 3) in Betriebsgebieten und/oder Gewerbegebieten, die die Errichtung von größeren Handelsbetrieben mit über 300 m² Verkaufsfläche ermöglichte, wird mit der Novelle 2017 auf-

gegeben. An ihre Stelle tritt ein Verbot von baulichen Anlagen für Einzelhandelsnutzungen mit über 300 m^2 Verkaufsfläche.
Industriegebiete wurden in Abs 5 nicht aufgenommen, da derartige Einzelhandelsbetriebe in Industriegebieten nicht möglich sind, da ihnen das Kriterium der übermäßigen Belastung der Umgebung fehlt.
Rechtswirksame Kennzeichnungen bleiben gemäß § 86 Abs 5 aufrecht, im Fall der Änderung von unbebauten Flächen wären diese allerdings aufzuheben.
In den Übergangsbestimmungen des § 86 Abs 11 wird festgestellt, dass auf bis zum 1.1.2018 bewilligte bauliche Anlagen für Betriebe mit Einzelhandelsnutzung die Beschränkungen des Abs 4 nicht anzuwenden sind. Durch die Novelle 2017/2 wurde der Anwendungsbereich auf anhängige Bauverfahren ausgedehnt.

(6) In der Kategorie Gewerbegebiet sind bauliche Anlagen für Betriebe für Erholungs- und Freizeitnutzungen nicht zulässig.

RV

In Gewerbegebieten werden künftig bauliche Anlagen für Erholungs- und Freizeitnutzungen (zB Veranstaltungsstätten, Hotelanlagen) nicht mehr möglich sein. Damit sollen diese Flächen verstärkt für Zwecke des produzierenden Gewerbes gesichert werden.

Anmerkungen

Mit der Regelung (Abs 6) wurden – entgegen den Regelungen des ROG 1998 – ab Inkrafttreten des ROG 2009 in Gewerbegebieten bauliche Anlagen für Erholungs- und Freizeitnutzung (zB Veranstaltungsstätten, Hotelanlagen) unzulässig. Zweck der Einschränkung ist, dass Gewerbegebietsflächen verstärkt für das produzierende Gewerbes gesichert werden sollen.

(7) Bauliche Anlagen für Tankstellen sind nur in den Kategorien Gewerbegebiet, Industriegebiet, Gebiet für Handelsgroßbetriebe und Sonderfläche mit entsprechendem Verwendungszweck zulässig. Dies gilt auch für Betriebstankstellen mit einer Lagermenge von mehr als 10.000 kg Treibstoff.

RV

Es werden jene Bauland-Kategorien (positiv) genannt, auf denen Tankstellen – gleichbedeutend mit dem bisherigen Begriff „Betriebe, die der Lagerung und der Abgabe von Treibstoffen dienen" – zulässig sind. Für Betriebstankstellen wird eine klare Regelung getroffen. Das sich aus dem ersten Satz ergebende Verbot in anderen als den genannten Bauland-Kategorien gilt demnach für Betriebstankstellen erst ab einer Lagermenge von mehr als 10.000 kg Treibstoff.

Anmerkungen

Während im ROG 1998 (§ 17 Abs 3) noch jene Widmungskategorien genannt waren, in denen die Lagerung und Abgabe von Treibstoff an Kraftfahrzeuge nicht zulässig ist, werden im ROG 2009 nunmehr jene Kategorien positiv angeführt, auf denen Tankstellen – gleichbedeutend mit dem bisherigen Begriff „Betriebe, die der Lagerung und Abgabe von Treibstoffen dienen" – zulässig sind. Für Betriebstankstellen wird eine klare Regelung getroffen. Das sich aus dem ersten Satz ergebende Verbot in anderen als den genannten Baulandkategorien gilt demnach für Betriebstankstellen erst ab einer Lagermenge von mehr als 10.000 kg Treibstoff.

(8) Bauliche Anlagen für Betriebe, die in hohem Maß eine Explosions- oder Strahlungsgefährdung für die Umgebung erwarten lassen oder in den Anwendungsbereich der Seveso-Richtlinie fallen, sind nur in der Kategorie Sonderfläche mit entsprechend festgelegtem Verwendungszweck zulässig.

RV

Die Beurteilung, ob Betriebe eine Gefährdung der Umgebung durch Explosion oder Strahlung in hohem Maß erwarten lassen – die Formulierung hier ist mit der im § 34 Abs 1 Z 1 abgestimmt --, hat nach dem Betriebstyp zu erfolgen (Abs 8). Gegebenenfalls sind sie als explosionsgeneigte Betriebe nur auf entsprechend gewidmeten Sonderflächen zulässig. Das Gleiche gilt für Seveso-II-Betriebe.

Anmerkungen

Zu Abs 8 stellen die Erläuterungen fest, dass die Beurteilung, ob Betriebe eine Gefährdung der Umgebung durch Explosion oder Strahlung im hohen Maß erwarten lassen – die Formulierung ist mit § 34 Abs 1 Z 1 abgestimmt – nach dem Betriebstyp zu erfolgen hat (siehe Abs 9). Gegebenenfalls sind sie als explosionsgeneigte Betriebe nur auf entsprechend gewidmeten Sonderflächen zulässig. Das Gleiche gilt für Seveso-Betriebe.

(9) Bei der Beurteilung der Widmungskonformität eines Bauvorhabens ist auf den konkreten Betrieb und nicht auf den Betriebstypus abzustellen. Dies gilt nicht hinsichtlich der Kategorien Reines Wohngebiet und Zweitwohnungsgebiet und für die Beurteilung nach Abs 8.

RV

Abs 9 enthält eine der Judikatur des Verwaltungsgerichtshofes entgegentretende Bestimmung, nach der es im Allgemeinen bei der Widmungskonformität eines Betriebes auf die Auswirkungen des konkreten Betriebes ankommt. Eine Beurteilung nach dem Betriebstyp ist nur bei Lage in einem reinen Wohngebiet oder Zweitwohnungsgebiet vorzunehmen. Insbesondere für Reine Wohngebiete, die nur selten in raumordnungsmäßigen Gunstlagen ausgewiesen sind bzw. werden, besteht demnach ein verstärkter Homogenitätsschutz. Wegen der besonderen Gefährlichkeit kommt es auch bei Betrieben mit Explosions- oder Strahlungsgefährdung der Umgebung in hohem Maß und Seveso-II-Betrieben auf die Betriebstype und nicht auf die Auswirkungen des konkreten Betriebes an.

Anmerkungen

Die baurechtliche Beurteilung eines Bauvorhabens und dessen Widmungskonformität ist Gegenstand der Entscheidung der Baubehörde. Um den Aufwand für diese Beurteilungen zu reduzieren, wird mit dem ROG 2009 auf das konkrete Projekt abgestellt, sodass auch die Beurteilungen eines allfälligen Gewerbeverfahrens berücksichtigt werden können.

§ 31 Zweitwohnungen – bis 31.12.2018 gültig

(1) Eine Verwendung als Zweitwohnung ist nur in ausgewiesenen Zweitwohnungsgebieten zulässig.

(2) Eine Verwendung als Zweitwohnung liegt vor, wenn Wohnungen oder Wohnräume dem Aufenthalt während des Urlaubs, des Wochenendes oder sonstigen Freizeitzwecken dienen und diese

Nutzung nicht im Rahmen des Tourismus (gewerbliche Beherbergung, Privatzimmervermietung udgl) erfolgt. Verfügungsrechte über Wohnungen und Wohnräume, die über den typischen Beherbergungsvertrag hinausgehen, schließen die Annahme einer Nutzung im Zusammenhang mit dem Tourismus aus.

(3) Unter das Verbot gemäß Abs. 1 fällt eine Verwendung als Zweitwohnung nicht, wenn
1. die Wohnung durch Rechtserwerb von Todes wegen von Personen erworben worden ist, die zum Kreis der gesetzlichen Erben gehören, oder
2. die Wohnung bereits vor dem 1. März 1993 als Zweitwohnung benutzt worden ist.
Die Gemeindevertretung kann die Nutzung als Zweitwohnung aus berücksichtigungswürdigen Gründen (zB, wenn die Wohnung bisher dem Eigentümer zur Deckung des ganzjährigen Wohnbedarfs von sich oder seinen Angehörigen [Ehegatte oder eingetragener Partner, Eltern, Kinder, Stiefkinder, Enkelkinder, Wahl-, Pflege- oder Schwiegerkinder] diente oder der familiären Vorsorge zur Deckung eines solchen Bedarfs dient) auf Antrag ausnahmsweise gestatten. Die Ausnahme ist auf höchstens zehn Jahre zu befristen und soweit erforderlich unter Bedingungen zu erteilen. Der Bescheid ist jedenfalls zu begründen.

(4) Die Ausweisung von Zweitwohnungsgebieten ist nicht zulässig, wenn
1. sie überörtlichen strukturellen Entwicklungszielen zuwiderläuft oder
2. der Anteil der Zweitwohnungen am gesamten Wohnungsbestand in der Gemeinde bereits 10 % übersteigt.

(5) (entfallen – siehe § 31b)

(6) Zum Zweck der Überwachung der Einhaltung der sich aus den Abs. 1 bis 5 ergebenden Beschränkungen für die Nutzung als Zweitwohnung oder zu touristischen Zwecken sind den damit betrauten Organen die Zufahrt und der Zutritt zu dem jeweiligen Objekt zu gewähren und die erforderlichen Auskünfte über dessen Verwendung zu erteilen.

(7) Ist auf Grund bestimmter Tatsachen eine Nutzung anzunehmen, die den sich aus den Abs. 1 bis 5 ergebenden Beschränkungen widerspricht, haben die Versorgungs- oder Entsorgungsunternehmen, die Erbringer von Postdiensten oder von elektronischen Zustelldiensten auf Anfrage des Bürgermeisters oder der Bürgermeisterin die zur Beurteilung der Nutzung erforderlichen Auskünfte zu erteilen oder die erforderlichen Daten zu übermitteln.

RV

Diese Bestimmung stellt eine Zusammenfügung der wesentlichen Inhalte der §§ 17 Abs 8, 22 Abs 2 zweiter und dritter Satz und 24 Abs 7 ROG 1998 dar. Die auf dem ROG 1977 fußenden Regelungen betreffend Apartmenthäuser und Feriendörfer werden nicht übernommen, weil eine Zweitwohnungsnutzung unabhängig von der Art des Baues grundsätzlich nur mehr in ausgewiesenen Zweitwohnungsgebieten zulässig ist.

Abs 1 bindet die Verwendung als Zweitwohnung an die Widmung als Zweitwohnungsgebiet (vgl. § 17 Abs 8 erster Satz ROG 1998). Die Definition der Zweitwohnnutzung wird in zwei Punkten verändert: In der Praxis wird eine solche Nutzung dadurch bestritten, dass die Wohnung wenn auch nur geringfügig auch touristisch oder für Aufenthalte zur Verwaltung der Wohnung genutzt wird. Die Ausschließlichkeit einer Nutzung für Urlaubs-, Wochenend- oder sonstige Freizeitaufenthalte („nur") wird daher als Begriffselement der Zweitwohnnutzung fallen gelassen. Ebenso das Wort „nachweislich", weil den Nachweis, dass die Freizeitnutzung durch den Wohnungsinhaber nicht im Rahmen des Tourismus erfolgt, unbeschadet der verfahrensrechtlichen Mitwirkungspflicht der Partei niemand anderer als die Behörde selbst führen kann und dies nicht besonders geregelt werden muss. Abs 3 entspricht dem bisherigen § 24 Abs 7 ROG 1998. Für die ausnahmsweise Gestattung der Zweitwohnnutzung wird aber die Gemeindevertretung (in der Stadt Salzburg der Gemeinderat) zuständig gemacht. Die Ausnahme ist jedenfalls zu befristen. Zu Abs 4: Die Unzulässigkeit der Ausweisung als Zweitwohnungsgebiet ergibt sich derzeit aus § 22 Abs 2 zweiter und dritter Satz ROG 1998, wonach einer solchen Ausweisung die aufsichtsbehördliche Genehmigung zu versagen ist. Die Regelung wird nunmehr Gegenstand einer direkten Regelung betreffend die Ausweisung von Zweitwohnungsgebieten.

Abs 5 ist eine neue Bestimmung, damit die bisher auf dem Wohnungsmarkt für Hauptwohnsitze nicht in Erscheinung tretenden Ferienwohnungen, die touristisch genutzt werden, diesem Markt (wieder) zugeführt werden. Die Beschränkung der Regelung auf Bauten mit über fünf Wohnungen nimmt Kleinwohnhäuser (§ 40 Abs 1 BauTG) aus dem Anwendungsbereich aus, weil Häuser mit höchstens fünf Wohnungen, meist Einfamilienhäuser, bei dieser Zielsetzung nicht ins Gewicht fallen. Die Ausnahme für Apartmenthäuser (Z 2) soll jene Bestandsbauten von der Anwendung ausnehmen, die – als Apartmenthäuser bewilligt – zum Zweck der Zweitwohnnutzung errichtet und später nicht in die Bauland-Kategorie Zweitwohnungsgebiet überführt worden sind. Dabei wird auf den Zeitpunkt 1. Jänner 1973 abgestellt, zu dem die Raumordnungsgesetz-Novelle 1973 in Kraft getreten ist. Mit dieser wurde die Errichtung von Apartmenthäusern erstmals an eine Widmung der Fläche als Zweitwohnungsgebiet gebunden. Gleichzeitig wurde die Erteilung einer Ausnahme gemäß dem damaligen § 19 Abs 3 ROG 1968 ausgeschlossen. Diese Rechtslage wurde in den späteren Raumordnungsgesetzen 1977 und 1992 übernommen und gilt auch nach dem ROG 1998 (Wiederverlautbarung).

Ausgenommen vom Verbot werden auch Wohnungen, die bereits vor Inkrafttreten des ROG 2008 rechtmäßig touristisch genutzt worden sind (Z 3). Die Ausnahmen gemäß Z 2 und 3 und die Möglichkeit einer Bewilligung der touristischen Nutzung unter bestimmten Voraussetzungen sollen den mit dem Verbot verbundenen erheblichen Eingriff in das Grundrecht auf Unverletzlichkeit des Eigentums verfassungsrechtlich absichern. Soweit das Verbot gilt, wird davon ausgegangen, dass die Regelung den Wesensgehalt der Eigentumsgarantie beachtet, ein hinreichendes öffentliches Interesse gegeben ist und das Nutzungsverbot zur Zielerreichung (Vermeidung von Nutzungskonflikten) tauglich und adäquat ist. Die Befristung, unter der eine Bewilligung wegen Fehlens einer Nachfrage nach Wohnungen für Hauptwohnsitzzwecke erteilt werden darf, trägt dem Umstand Rechnung, dass dieser Wohnungsmarkt sehr dynamisch sein kann, sodass auch die gesetzliche Höchstfrist nicht ausgeschöpft werden kann.

Die Feststellung, ob die gesetzlichen Beschränkungen der Nutzung als Zweitwohnung oder zu touristischen Zwecken (noch) beachtet werden oder dagegen (schon) verstoßen wird, ist schwierig. Die Abs 6 und 7 enthalten daher besondere Verpflichtungen, insbesondere zur Erteilung der erforderlichen Auskünfte.

Anmerkungen

Während mit der ROG Novelle 2017 die für Zweitwohnungen relevanten Bestimmungen erst mit 1.1.2019 in Kraft treten, gilt die ebenfalls mit der ROG Novelle 2017 erfolgte Definition von einem Apartmenthaus (§ 5 Z 1), der Privatzimmervermietung (§ 5 Z 10) und vor allem der touristischen Beherbergung (§ 5 Z 15) und die Zweckentfremdung von Wohnungen (§ 31b) bereits ab 1.1.2018.
Bis zum 31.12.2018 ist – und dies gilt für alle Gemeinden des Landes – die Ausweisung von neuen Zweitwohngebieten dann nicht möglich, wenn der Anteil der Zweitwohnungen insgesamt dh sowohl in Zweitwohngebieten wie auch an anderen Standorten, 10 % des gesamten Wohnungsbestandes übersteigt. Nach der Novelle 2017 entfällt diese Beschränkung ab 1.1.2019 für alle Gemeinden.

§ 31 Zweitwohnungsbeschränkungen und Zweitwohnungsgebiete – tritt mit 01.01.2019 in Kraft

(1) Die Verwendung einer Wohnung als Zweitwohnung ist raumordnungsrechtlich beschränkt:
1. in Gemeinden, in denen der Anteil an Wohnungen, die nicht als Hauptwohnsitz verwendet werden, 16 % des gesamten Wohnungsbestandes in der Gemeinde übersteigt (Zweitwohnung-Beschränkungsgemeinden);
2. in Gebieten, die durch Kennzeichnung im Flächenwidmungsplan der Gemeinde zu Zweitwohnung-Beschränkungsgebieten erklärt worden sind; eine solche Kennzeichnung kann erfolgen, wenn dies zur Versorgung der Bevölkerung mit geeigneten Wohnungen für Hauptwohnsitzzwecke oder zur Vermeidung nachteiliger Auswirkungen auf die örtlichen Siedlungs-, Sozial- oder Wirtschaftsstrukturen erforderlich ist.

Die Landesregierung hat das Vorliegen der Voraussetzungen gemäß der Z 1 alle fünf Jahre festzustellen und die Zweitwohnung-Beschränkungsgemeinden durch Verordnung zu bezeichnen. Auf Antrag einer Gemeinde kann der Prozentsatz gemäß der Z 1 für die betreffende Gemeinde erhöht werden, wenn dies überörtlichen strukturellen Entwicklungszielen nicht zuwiderläuft. Für die Feststellung des Prozentanteils ist jeweils das arithmetische Mittel des Nicht-Hauptwohnsitzanteils zum Stichtag 31. Oktober der letzten fünf Jahre heranzuziehen.

(2) In Zweitwohnung-Beschränkungsgemeinden oder -gebieten ist die Verwendung einer Wohnung als Zweitwohnung nur in ausgewiesenen Zweitwohnungsgebieten zulässig. Ausgenommen davon sind Wohnungen:
1. die durch Rechtserwerb von Todes wegen oder nach zehnjähriger Hauptwohnsitznutzung durch Schenkung oder Übergabevertrag von Personen erworben worden sind, die zum Kreis der gesetzlichen Erben gehören, soweit keine entgeltliche Überlassung der Wohnung an Dritte zu Zweitwohnzwecken erfolgt; dies gilt auch, wenn Anteile zwischen Personen, die diese auf eine der vorgenannten Arten erworben haben, in weiterer Folge rechtsgeschäftlich übertragen werden;
2. die als Zweitwohnung baurechtlich bewilligt worden sind (zB Wochenendhäuser);
3. für die durch Bescheid (Abs 3) eine ausnahmsweise Verwendung als Zweitwohnung gestattet ist;
4. die bereits vor dem 1. März 1993 für Zwecke des Urlaubs, des Wochenendes oder andere Freizeitzwecke oder vor Inkrafttreten einer Verordnung gemäß Abs 1 Z 1 oder Kennzeichnung gemäß Abs 1 Z 2 als Zweitwohnung verwendet worden sind, wenn und soweit dies bau- und raumordnungsrechtlich zulässig war;
5. die unter die Regelung gemäß § 86 Abs 15 fallen, soweit keine eigentumsrechtliche Übertragung oder sonstige entgeltliche Überlassung der Wohnung an Dritte zu Zweitwohnzwecken erfolgt.

(3) Die Gemeindevertretung kann die Verwendung einer Wohnung als Zweitwohnung außerhalb ausgewiesener Zweitwohnungsgebiete aus berücksichtigungswürdigen Gründen (zB wenn die Wohnung bisher dem Eigentümer zur Deckung des ganzjährigen Wohnbedarfes von sich oder seinen Angehörigen [Ehegatten, eingetragene Partner, Eltern, Kinder, Stiefkinder, Enkelkinder, Wahl-, Pflege- oder Schwiegerkinder] diente oder der familiären Vorsorge zur Deckung eines solchen Bedarfes dient) auf Antrag ausnahmsweise gestatten. Die Ausnahme ist auf höchstens zehn Jahre zu befristen und soweit erforderlich unter Auflagen oder Bedingungen zu erteilen. Der Bescheid ist jedenfalls zu begründen.

(4) Die Ausweisung von Zweitwohnungsgebieten ist nicht zulässig, wenn sie überörtlichen strukturellen Entwicklungszielen zuwiderläuft. Die Gemeinde ist ermächtigt, zum Zweck der Feststellung des Anteils an Zweitwohnungen in der Gemeinde eine (formlose) Zweitwohnungserhebung durchzuführen und die Adressdaten der gemeldeten und zulässigen Zweitwohnungen in einem Zweitwohnungsverzeichnis einzutragen.

(5) Zum Zweck der Überwachung der Einhaltung der sich aus Abs 2 ergebenden Beschränkungen für die Verwendung einer Wohnung als Zweitwohnung sind den damit betrauten Organen die Zufahrt und zu angemessener Tageszeit der Zutritt zu dem jeweiligen Objekt zu gewähren und die erforderlichen Auskünfte über dessen Verwendung zu erteilen. Ist auf Grund bestimmter Tatsachen eine Nutzung anzunehmen, die den sich aus Abs 2 ergebenden Beschränkungen widerspricht, haben die Versorgungs- oder Entsorgungsunternehmen, die Erbringer von Postdiensten oder von elektronischen Zustelldiensten auf Anfrage des Bürgermeisters oder der Bürgermeisterin die zur Beurteilung der Nutzung erforderlichen Auskünfte zu erteilen oder die erforderlichen Daten zu übermitteln.

RV 2017

Nur vorübergehend genutzte Wohnungen sind aus Sicht der Raumordnung in mehrfacher Hinsicht problematisch: Zum einen schränkt die Inanspruchnahme von Bauland für Zweitwohnungen die für ständige Siedlungszwecke nutzbaren Flächen ein und kann dies bei entsprechender Nachfrage in attraktiven Lagen zu einer Verknappung von Bauland und zu einem überproportionalen Anstieg der Baulandpreise sowie zu einer Veränderung der örtlichen Siedlungsstrukturen führen. Zum anderen müssen die Gemeinden im Hinblick auf die benötigten Infrastruktureinrichtungen erhebliche Investitionen erbringen, obwohl diese Leistungen nur zeitweise genutzt werden. Und schließlich können durch ein Übermaß an nur zeitweise genutzten Wohnungen bzw. „kalten Betten" die sozialen und wirtschaftlichen Verhältnisse in der Gemeinde nachteilig verändert werden. Die Eindämmung einer überbordenden Nutzung von Flächen für bloß zeitweilige Wohnnutzungen ist daher erklärtes Ziel der Raumordnung (§ 2 Abs 1 Z 7 lit d).

Die Praxis hat gezeigt, dass sich mit den bisherigen Regelungen die raumordnungsrechtlichen Beschränkungen betreffend Zweitwohnungen nicht treffsicher und wirksam genug durchsetzen haben lassen. Sie gehen einerseits zu weit, weil sie für alle Gemeinden und Gebiete des Landes Salzburg in gleicher Weise gelten, die Problemlagen in den verschiedenen Regionen jedoch höchst unterschiedlich sind. Andererseits sind sie zu eng, weil nach geltender Rechtslage eine unzulässige Zweitwohnnutzung nur dann vorliegt, wenn Wohnungen oder Wohnräume „dem Aufenthalt während des Urlaubs, des Wochenendes oder sonstigen Freizeitzwecken dienen". Dass der Nachweis einer solchen unzulässigen Verwendung die Behörde mit erheblichen Beweisproblemen konfrontiert, liegt auf der Hand.

Zur Beseitigung der bisherigen Vollzugsprobleme sieht die Novelle 2017 daher eine regionale Differenzierung und Präzisierung der Beschränkungen betreffend Zweitwohnungen vor. Künftig sollen die Beschränkungen grundsätzlich nur mehr dort greifen, wo entweder ein raumordnungsfachlich nicht mehr unerhebliches Missverhältnis zwischen Wohnungen mit Hauptwohnsitz und sonstigen Wohnungen vorliegt (Abs 1 Z 1) oder die Beschränkungen aus örtlicher Sicht zur Versorgung der Bevölkerung mit geeigneten Wohnungen für Hauptwohnsitzzwecke oder zur Vermeidung nachteiliger Auswirkungen auf die örtlichen Siedlungs-, Sozial- oder Wirtschaftsstrukturen erforderlich sind (Abs 1 Z 2). Die Schwelle, ab der Wohnungen raumordnungsrechtlichen Beschränkungen hinsichtlich ihrer Verwendung unterliegen, wird unter Berücksichtigung des Umstandes, dass nicht alle Nicht-Hauptwohnsitze Zweitwohnsitze im Sinn dieses Gesetzes sind, mit 16 % Nicht-Hauptwohnsitzanteil bezogen auf den gesamten Wohnungsbestand in der Gemeinde festgelegt. Der 16 % Grenze liegen folgende fachliche Erwägungen zu Grunde:

Der Indikator „Anteil der Nicht-Hauptwohnsitzwohnungen an allen Wohnungen insgesamt" bildet die Größenordnung jener Wohnungen ab, in denen kein Hauptwohnsitz gemeldet ist. Dabei kann es sich um echten Leerstand handeln, aber auch um Wohnungen, die berufsbedingt als Nebenwohnsitz genutzt werden, um Wohnungen, deren BewohnerInnen alters- oder krankheitsbedingt ihre Wohnung aktuell nicht benützen können sowie letztlich natürlich um echte Zweitwohnungen, die nur periodisch genutzt werden. Wenn man sich die Frage stellt, welche Größenordnung dieses Indikators als normal anzusehen ist, hilft ein Blick auf die politischen Bezirke in Österreich. Da bei den kleinen Gemeinden durch Sonderfälle viele Extremfälle auftreten, ist dies bei den politischen Bezirken fast nicht der Fall (Ausnahme: die Stadtgemeinde Rust als sehr kleine Stadt mit eigenem Statut). Wenn man sich die Werte aller politischen Bezirke in Österreich ansieht, lässt sich erkennen, dass diese Grenze im Bereich zwischen 15 und 17 % Anteil an Nicht-Hauptwohnsitzwohnungen an allen Wohnungen liegen muss.

Von den Salzburger politischen Bezirken liegen die Bezirke Hallein und Salzburg-Umgebung sowie die Stadtgemeinde Salzburg knapp über diesem Schwellwert, der Bezirk Tamsweg im österreichischen Mittelfeld. Der Pongau und der Pinzgau gehören in Österreich zu den Bezirken mit dem höchsten Nicht-Hauptwohnsitz-Anteil. Von den 119 Salzburger Gemeinden würden derzeit (Datengrundlage 2011) 82 Gemeinden als Zweitwohnung-Beschränkungsgemeinde gelten (knapp 69 % der Gemeinden, vgl. folgende Tabelle). In diesen Gemeinden soll zukünftig eine Zweitwohnnutzung nur mehr in ausgewiesenen (gewidmeten) Zweitwohnungsgebieten zulässig.

Maßgeblich ist allerdings die nach Abs.1 bis 31.12.2018 zu erlassende Verordnung der Landesregierung.

Auszug aus der Tabelle in der RV 2017 mit jenen Gemeindedaten, die für eine Zweitwohnungsbeschränkung relevant sind

Gemeinde	Whg	Whg.o.H	Anteil	Gemeinde	Whg	Whg.o.H	Anteil
Wald i.P.	1321	909	68,6%	Krimml	887	589	66,4%
Saalbach	3106	1946	62,7%	Maria Alm	2096	1296	62,6%
Tweng	237	119	50,2%	St.Gilgen	3109	1546	49,7%
Bad Gastein	3756	1813	48,3%	Mühlbach	1216	578	47,5%
Flachau	1868	1008	46,0%	St.Martin b.L.	744	408	45,2%
Untertauern	356	156	43,8%	Dienten a.H.	481	207	43,0%
Altenmarkt	2232	869	38,9%	Kaprun	2169	842	38,8%
Rußbach	479	185	38,6%	Hofgastein	4607	1779	38,6%
Strobl	2284	836	36,6%	Leogang	1712	580	33,9%
Weißpriach	145	48	33,1%	Filzmoos	746	236	31,6%
Kleinarl	392	122	31,1%	Thomatal	155	47	30,3%
Zell am See	5998	1764	29,4%	Viehhofen	328	95	29,0%
Fusch a.d.G.	367	101	27,5%	Werfenweng	448	120	26,8%
Fuschl a.S.	792	208	26,3%	Wagrain	1521	399	26,2%
Krispl	415	108	26,0%	Unken	951	245	25,8%
Mattsee	1699	434	25,5%	Schwarzach	1976	501	25,4%
Hüttschlag	438	111	25,3%	Dorfgastein	793	200	25,2%
Ramingstein	601	151	25,1%	Maishofen	1732	430	24,8%
Rauris	1472	346	23,5%	Hüttau	704	164	23,3%
Lofer	1008	232	23,0%	St.Andrä i.L.	339	78	23,0%
Uttendorf	1444	330	22,9%	Goldegg	1147	262	22,8%
Bramberg a.W.	1824	419	22,5%	Großarl	1628	363	22,3%
St.Martin a.T.	753	167	22,2%	Niedernsill	1249	276	22,1%

Großgmain	1324	291	22,0%	Mauterndorf	881	189	21,5%
St.Koloman	741	158	21,3%	Neukirchen aG.	1196	255	21,3%
Göriach	122	26	21,3%	Saalfelden	8654	1844	21,3%
St.Michael iL.	1589	338	21,3%	Radstadt	2365	500	21,1%
St.Veit i.P.	1657	340	20,5%	Kuchl	3174	561	20,5%
Seeham	929	190	20,5%	Golling	2099	426	20,3%
Mittersill	2530	506	20,0%	Piesendorf	1761	352	20,0%
Abtenau	2516	502	20,0%	Anif	2080	414	19,9%
Taxenbach	1217	242	19,9%	Scheffau aT.	619	123	19,9%
Hintersee	193	38	19,7%	Lend	744	146	19,6%
St.Johann	5252	1927	19,6%	Weißbach bL.	169	33	19,5%
Annaberg	1021	197	19,3%	Hof b.S.	1552	296	19,1%
Adnet	1624	307	18,9%	Forstau	212	40	18,9%
Hollersbach	533	100	18,8%	Mariapfarr	977	181	18,5%
Pfarrwerfen	960	172	17,9%	Muhr	252	45	17,9%
Seekirchen	4669	826	17,7%	Stuhlfelden	668	118	17,7%
Bruck adG	2102	368	17,5%	Salzburg	86568	14791	17,1%
Tamsweg	2626	444	16,9%	Faustenau	1243	208	16,7%
Schwellwert 16% Anteil an Nichthauptwohnsitzwohnungen an allen Wohnungen insgesamt							
B'hofen	5269	839	15,9%	Elsbethen	2696	428	15,9%
St.Georgen	1211	192	15,9%	Henndorf	2247	355	15,8%
Hallwang	1857	289	15,6%	Anthering	1748	270	15,4%
Eben i.P.	968	149	15,4%	Dorfbeuren	604	90	14,9%
Bad Vigaun	969	144	14,9%	Oberalm	2001	289	14,4%
Koppl	1402	201	14,3%	Elixhausen	1299	186	14,3%
Puch b.H.	2083	298	14,3%	Bergheim	2299	326	14,2%
Neumarkt	2684	378	14,1%	St.Margarethen	307	43	14,0%
Plainfeld	532	74	13,9%	Lessach	193	31	13,9%
Obertrum	2167	301	13,9%	Berndorf	737	101	13,7%
Ebenau	600	82	13,7%	Werfen	1411	192	13,6%
Grödig	3538	479	13,5%	Thalgau	2377	319	13,4%
Köstendorf	1045	135	12,9%	Wals-Siezenh.	5746	739	12,9%
Hallein	9978	1257	12,6%	Lamprechtsh.	1517	191	12,6%
Straßwalchen	3017	191	12,6%	Oberndorf	2626	313	11,9%
Bürmoos	2926	228	11,3%	Eugendorf	2786	309	11,1%
Schleedorf	393	42	10,7%	Göming	284	30	10,6%
Zederhaus	412	42	10,2%	Nußdorf	910	91	10,0%
Unternberg	361	32	8,9%				

Quelle: Daten der STATISTIK AUSTRIA, Registerzählung 2011 vom 31.10.2011
Bearbeitung durch die Abteilung 10 des Amtes der Salzburger Landesregierung am 11. Mai 2017
Erläuterungen: Whg = Wohnungen/ Whg.o.H = Wohnungen ohne Hauptwohnsitz

Die Reihung der Gemeinden erfolgt in dieser Tabelle nach der jeweiligen Höhe des Anteils der Nicht Hauptwohnsitzanteils (NHWS-Anteil), wobei die Gemeinde mit dem höchsten Anteil (Wald im Pinzgau) die erstgereihte in der Tabelle ist, jene mit dem niedrigsten Anteil (Unternberg) die letztgereihte.

Eine Analyse auf Basis der statistischen Daten (HWS 2001-2016) zeigt, dass von den 82 Zweitwohnung-Beschränkungsgemeinden derzeit 27 Gemeinden Bevölkerung (HWS) verlieren und 8 Gemeinden in der Bevölkerungsentwicklung stagnieren (insgesamt rund 42,7%). 48 Gemeinden (58,5%) sind als touristische Gemeinden (>50 Übernachtungen/EW) einzustufen, wobei hier alle „stark touristisch strukturierten" (>200 ÜN/EW) sowie alle „überdurchschnittlich touristisch geprägten" (>100 ÜN/EW) Gemeinden vertreten sind. Von den 82 Zweitwohnung-Beschränkungsgemeinden sind 57 Gemeinden über dem Median des Indikators Wohnungen je Haushalt. Von den restlichen 37 Gemeinden, deren NHWS-Anteil unter 16 % liegt, verlieren nur 3 Gemeinden an Bevölkerung und nur eine Gemeinde weist eine Bevölkerungsstagnation auf. Lediglich 3 Gemeinden sind hier als touristische Gemeinden zu werten.

Ein Nebeneffekt in den touristisch geprägten Gemeinden ist die größere Nachfrage nach Immobilien und der daraus resultierende Preisanstieg bei diesen. Für die einheimische Bevölkerung wird es dadurch immer schwieriger erschwinglichen Wohnraum zu bekommen. Hier die entsprechenden Rahmenbedingungen zu gestalten ist meist eine große Herausforderung für die Gemeinden und kann mit dem Instrumentarium der Raumplanung unterstützt werden. Der Bodenpreis ist jedoch zur Festlegung der Schwelle nur bedingt geeignet, weshalb die Informationen über die Bodenpreise nur als ergänzende Information verwendet wurden. Auf Grund der Bodenpreise ist es erforderlich, die Stadtgemeinde Salzburg, welche im Bereich der 16% Schwelle liegt, zu den Beschränkungsgemeinden zuzuordnen.

In den Zweitwohnung-Beschränkungsgemeinden soll zukünftig die Nachfrage auf dem Immobilienmarkt durch ein Verbot der Zweitwohnnutzung verringert werden. Allerdings ist kein absoluter Stopp für Zweitwohnnutzer vorgesehen, diese haben die Möglichkeit in gewidmeten Zweitwohnungsgebieten – soweit die Gemeinde solche ausweist und eine Übereinstimmung mit dem REK der Gemeinde gegeben ist – diese Nutzung widmungskonform auszuüben. Durch die neue Regelung haben die Gemeinden einerseits bessere Möglichkeiten für die Wohnraumschaffung im Sinne des Hauptwohnsitzes, andererseits kann die Nachfrage der Zweitwohnnutzer besser kanalisiert und gestaltet werden. Die bisherige 10 % – Regelung (Anteil der Zweitwohnungen am Wohnungsbestand) wird aufgelassen, weil es für diesen Indikator keine Datengrundlage gibt und dieser Bestand im Falle einer vorgesehenen Ausweisung eines Zweitwohnungsgebietes jeweils erhoben werden müsste. Es liegt nunmehr in der Verantwortung der Gemeinden, in welchem Umfang Zweitwohnungsgebiete gewidmet werden. Allerdings ist im Rahmen des REK nachzuweisen, dass die strukturellen Ziele der Gemeinde im Hinblick auf die Siedlungs- und Bevölkerungsentwicklung mit den geplanten Maßnahmen (Nachverdichtung, Baulandneuausweisung, privatwirtschaftliche Maßnahmen etc.) erreicht werden können.

Die Feststellung und Ausweisung der Zweitwohnung-Beschränkungsgemeinden erfolgt durch die Landesregierung mittels Verordnung (zur erstmaligen Feststellung siehe auch § 86 Abs 13). Die Ausweisung von Zweitwohnung-Beschränkungsgebieten erfolgt im eigenen Wirkungsbereich der Gemeinden durch Kennzeichnung im Flächenwidmungsplan, wobei sich diese Kennzeichnung auf bestimmte Gebiete wie auch auf das gesamte Gemeindegebiet erstrecken kann.

Abgesehen von der regionalen Differenzierung soll künftig der Nachweis des Vorliegens einer Verwendung der Wohnung für Zwecke des Urlaubs, des Wochenendes oder für sonstige Freizeitzwecke, um daran entsprechende Sanktionen zu knüpfen, nicht mehr erforderlich sein, sondern es soll genügen, wenn jemand eine Zweitwohnung innehat unter Umständen, die darauf schließen lassen, dass diese beibehalten und (tatsächlich) benützen wird (vgl. § 5 Z 17 lit b). Dafür ist eine ununterbrochene Benützung nicht nötig. Ebenso wenig ist es erforderlich, dass sich die innehabende Person während einer Mindestzahl von Tagen oder Wochen im Jahr in der Wohnung aufhält. Entscheidend ist allein, ob objektiv erkennbare Umstände dafürsprechen, dass die Wohnung für Zwecke des Wohnens oder Schlafens beibehalten und tatsächlich benützt wird (siehe dazu die Ausführungen zu § 5 Z 17). Ein Wohnsitz ist demnach bereits auch in einem nur gelegentlich benützen Wochenendhaus oder Ferienappartement errichtet.

Abs 2 erster Satz bildet den Kern der raumordnungsrechtlichen Nutzungsbeschränkung. Die Verwendung einer Wohnung als Zweitwohnung ist danach nur in ausgewiesenen Zweitwohnungsgebieten zulässig. Die Zulässigkeit raumordnungsrechtlicher Nutzungsbeschränkungen für Zweitwohnungen ist nach der bisherigen Judikatur des EuGHs sowohl im Lichte der Kapitalverkehrsfreiheit wie auch der übrigen Grundfreiheiten durchwegs anerkannt. In den Entscheidungen „Konle" (Rs C-302/97), „Reisch" (Rs C-515/99) und „Salzmann" (Rs C-300/01) hat der Gerichtshof jeweils ausdrücklich festgestellt, dass raumordnungsrechtliche Nutzungsbeschränkungen betreffend Zweitwohnungen in einem bestimmten geografischen Gebiet, die ein Mitgliedstaat in Verfolgung raumplanerischer Ziele zur Erhaltung einer dauerhaft ansässigen Bevölkerung und einer vom Tourismus unabhängigen Wirtschaftstätigkeit verfügt, als Beitrag zu einem im Allgemeininteresse liegenden Ziel angesehen werden können. Damit stellt der EuGH das öffentliche Interesse an einer Zurückdrängung von Zweitwohnsitzen unionsrechtlich außer Frage. Auch von Seiten des VfGH wird die grundsätzliche Legitimität dieses Regelungsziels nicht bezweifelt. Der Verfassungsgerichtshof spricht sogar von ganz gewichtigen öffentlichen Interessen an einer rigiden Beschränkung von Zweitwohnsitzen, gegebenenfalls auch an einer Verringerung ihrer Zahl (VfSlg 13.964/1994, 14.679/1996).

Die Z 1 bis 4 enthalten in Berücksichtigung der verfassungsrechtlichen Pflicht zur verhältnismäßigen Ausgestaltung der Umsetzung des Regelungsziels Ausnahmen von der raumordnungsrechtlichen Nutzungsbeschränkung. Die Z 1 entspricht dabei im Wesentlichen dem geltenden Recht, erweitert jedoch einerseits den Ausnahmekatalog auf Schenkungen und Übergaben, stellt anderseits aber klar, dass die Ausnahme keine entgeltliche Überlassung an Dritte zu Zweitwohnzwecken umfasst. Begünstigt sind Wohnungen, die auf die gesetzlichen Erben nach österreichischem Recht (§ 730 ABGB) übergegangen sind. Mit eigentumsrechtlicher Übertragung der Wohnung an Dritte erlischt diese Begünstigung. Zwischen den gesetzlichen Erben (nicht aber zwischen diesen und Dritten) können auch rechtsgeschäftliche Übertragungen der Eigentumsanteile (wenn zB zwei Geschwister gemeinsam von Todes wegen von einem Elternteil erworben haben und danach ein Geschwister seinen ideellen Anteil dem anderen Geschwister rechtsgeschäftlich überträgt) vorgenommen werden, ohne dass dadurch die Begünstigung verloren geht.

Zu den Z 2 bis 5 ist auszuführen, dass Bescheide nach der Z 2 dingliche Wirkung und Bescheide nach der Z 3 nur persönliche Wirkungen entfalten. Die Z 4 übernimmt in Bezug auf die Stichtagsregelung 1. März 1993 bereits geltendes Recht, erweitert jedoch den Anwendungsbereich um die Fälle, in denen nachträglich eine Beschränkung verordnet wird. Gleichzeitig stellt die Z 4 klar (arg „wenn und soweit"), dass es hierdurch zu keiner Ausweitung der bisherigen bau- und raumordnungsrechtlichen Befugnisse kommt (daraus folgt zB für den Fall, dass es bei gleichzeitigem Inkrafttreten der Bestimmung und der Verordnung gemäß Abs 1 Z 1 bei Wohnungen in Zweitwohnung-Beschränkungsgemeinden zu keiner Umwandlung bis dahin persönlicher und zeitlich begrenzter Berechtigungen zur Verwendung einer Wohnung als Zweitwohnung in eine zeitlich unbegrenzte und am Objekt haftende Berechtigung kommen kann). Und zu Z 5 ist zu bemerken, dass es sich hier ebenfalls nur um eine persönlich wirkende, nicht am Objekt haftende Begünstigung handelt und abgesehen davon nur Sachverhalte erfasst sein können, bei denen die bau- und raumordnungsrechtliche Rechtmäßigkeit der Nicht-Hauptwohnnutzung vom Stichtag bis zur Anzeige nicht in Frage steht.

Im Abs 4 entfällt – im Hinblick auf die Neugestaltung der Zweitwohnsitzregelungen in Abs. 1 – die im ROG 2009 bisher festgelegte 10-% Schranke für die Ausweisung von Zweitwohnungsgebieten („der Anteil der Zweitwohnungen am gesamten Wohnungsbestand in der Gemeinde darf 10% nicht übersteigen").Unverändert bleibt auch nach der Novelle 2017 die Vorgabe in Abs 4 aus dem ROG 2009 für alle Gemeinden (unabhängig ob es sich um eine Zweitwohnungs-Beschränkungsgemeinde nach Abs. 1 handelt oder nicht) in Kraft, dass eine Ausweisung von Zweitwohngebieten nicht zulässig ist, wenn sie überörtlich strukturellen Entwicklungszielen zuwiderläuft.

Umgekehrt ermächtigt Abs 4 nunmehr die Gemeinden, eine Zweitwohnsitzerhebung durchzuführen.

Anmerkungen

Die mit der Novelle 2017 eingeführten neuen Zweitwohnbestimmungen geben die bisher seit dem 01.03.1993 in Geltung stehenden Beschränkungen der Zweitwohnnutzung auf, indem diese nur mehr in Zweitwohnbeschränkungsgemeinden und -gebieten gelten, welche vom Land oder der Gemeinde mittels Verordnung bestimmt werden. Für die Festlegung als Zweitwohnbeschränkungsgemeinde ist die Überschreitung der Nicht-Hauptwohnsitznutzung von mehr als 16% der Gesamtwohnungsanzahl die Voraussetzung. Bei der erstmaligen Festlegung können von der Landesregierung die Ergebnisse der letzten Registerzählung herangezogen werden (§ 86 Abs 13). Diese Zählung wurde 2011 durchgeführt, sodass bei der erstmaligen Festlegung von Beschränkungsgemeinden, welche wohl im Laufe des Jahres 2018 erfolgen wird, relativ alte Zahlen zur Anwendung gelangen. Die Festlegung der Gemeinden mittels Verordnung ist alle 5 Jahre zu überprüfen, wobei das arithmetische Mittelder NHWS der letzten 5 Jahre heranzuziehen ist. Dazu wird es erforderlich, dass die Landesregierung jährliche Daten zum Stichtag ermittelt.
Die 16% Schwelle kann auf Antrag der Gemeinde unter der Maßgabe der Übereinstimmung mit überörtlichen Entwicklungszielen auch höher festgelegt werden. Welche überörtlichen strukturellen Entwicklungsziele einem solchen Antrag entgegenstehen können wird durch die Regierungsvorlage nicht näher ausgeführt, auch aus den Festlegungen der bestehenden Entwicklungsprogramme sind solche nicht ableitbar. Insofern scheinen zumindest zum gegenständlichen Zeitpunkt keine entgegenstehenden Bestimmungen gegeben. Die Berücksichtigung eines Antrags scheint für die Landesregierung auf Grund der Formulierung des Gesetzes nicht verpflichtend zu sein. Allerdings kann die Gemeinde eine mangelnde Berücksichtigung mittels Beschwerde beim VfGH bekämpfen. Gründe für die Erhöhung des Schwellwertes kann zB sein, daß die Gemeinde lt REK anstrebt möglichst umfassend die heimische Bevölkerung an der touristischen Entwicklung teilhaben zu lassen, was sich in einer entsprechenden Bereitstellung von Ferienwohnungen etwa im Rahmen der Privatzimmervermietung niederschlägt. Anlaß für einen höheren Schwellenwert kann aber auch ein gegebener oder angestrebter hoher Anteil von berufs- oder ausbildungsbedingten Nicht-Hauptsitzwohnungen sein.
In Zweitwohn-Beschränkungsgemeinden und -gebieten ist die Verwendung von Wohnungen als Zweitwohnung (siehe § 5 Z 17) außerhalb ausgewiesener Zweitwohngebieten verboten.

Ausnahmen vom Verbot der Zweitwohnungsnutzung:

Die Ausnahmen von diesem Verbot umfassen teilweise bloß persönliche, nicht übertragbare Rechte zur Zweitwohnnutzung (Z 1, Z 3 und Z 5) aber auch dingliche mit dem jeweiligen Bau verbundene und daher auch übertragbare Rechte zur Zweitwohnnutzung (Z 2 und Z 4).

- Verwendung durch gesetzliche Erben (Z 1)

Wird eine Wohnung von Todes wegen an einen gesetzlichen Erben übertragen, so kann dieser die Wohnung als Zweitwohnung verwenden. Mit der Novelle 2017 wurden darüber hinaus jene Fälle berücksichtigt, wo mittels Schenkung oder Übergabsvertrag die Wohnung an eine Person, welche dem Kreis der gesetzlichen Erben angehört, übertragen wird. Diese Ausweitung des Anwendungsbereichs hat allerdings zur Voraussetzung, dass die Wohnung länger als 10 Jahre zu Hauptwohnzwecken genutzt wurde, wobei gesetzlich nicht eindeutig geregelt wurde, ob die Nutzung als Hauptwohnsitz vom Übergeber bzw. Schenkenden erfolgt sein muss. Der „Kreis der gesetzlichen Erben" bestimmt sich nach den Bestimmungen des ABGB (§ 730 ff). Da im Gesetz ausdrücklich nur Übergabs- bzw. Schenkungsverträge als zulässige Form der rechtsgeschäftlichen Übertragung angeführt sind, wird die Behörde im Zweifel die entsprechenden Verträge einer Prüfung unterziehen müssen.

- Baurechtlicher Konsens als Zweitwohnung (Z 2)

Mit der Novelle 2017 wurde nunmehr ausdrücklich vorgesehen, dass im Falle eines darauf lautenden Baukonsenses die Verwendung als Zweitwohnung zulässig ist. Dies kann außerhalb von Zweitwohngebieten in aller Regel nur bei Bauten zutreffen, welche vor dem 1.3.1993 zur Errichtung gelangt sind.

- Ausnahmsweise Gestattung durch Gemeindevertretung (Z 3)

Die Gemeindevertretung kann aus den im Gesetz demonstrativ aufgezählten Gründen auf Antrag eine Ausnahme vom Verbot der Verwendung als Zweitwohnung gewähren. Diese Ausnahme ist maximal für die Dauer von 10 Jahren zu gewähren.

- Verwendung als Zweitwohnung vor dem Verbot (Z 4)

Die Neuformulierung berücksichtigt einerseits das erst seit dem 1.3.1993 bestehende Verwendungsverbot als Zweitwohnung, andererseits wird der mit der Novelle 2017 erfolgten Einschränkung des bisher landesweit geltenden Verbots der Zweitwohnsitznutzung auf Zweitwohnsitzbeschränkungsgemeinden und -gebiete Rechnung getragen. Die hier zu behandelnden Fragestellungen sind komplex, weil auf Nutzungen abzustellen ist, welche nahezu 25 Jahre zurückliegen (Nutzung zum Stichtag 1.3.1993), aber auf Grund der dinglichen Wirkung dieser Ausnahme von hoher Bedeutung für den Eigentümer/Erwerber sind.

- „Anmeldung" als Zweitwohnnutzung (Z 5)

Durch § 86 Abs 15 wird für Wohnungseigentümer die Möglichkeit geschaffen, soweit die Wohnung nicht als Hauptwohnsitz benutzt wird und der Ankauf der Wohnung zum Zeitpunkt der Anzeige länger als drei Jahre zurückliegt, die beabsichtigte Verwendung als Zweitwohnung bei der Gemeinde anzuzeigen. Diese Anmeldemöglichkeit ist nicht unbefristet möglich, sondern nur bis 31.12.2019 vorgesehen. Voraussetzung für die Erteilung der Zustimmung ist, dass die bisher seit dem 1.1.2019 bis zur Erstattung der Anzeige erfolgende Nutzung bau- und raumordnungsrechtlich rechtmäßig ist, was, ebenso wie der länger als 3 Jahre zurückliegende Erwerb der Wohnung vom Anzeiger darzulegen ist. Diese Bestimmung steht zumindest für Wohnungen welche nach dem 01.11.2012 erworben wurden – mit diesem Datum sind die Bestimmungen des GVG 2001 über den Baugrundstückverkehr (Erklärung der Nicht-Zweitwohnungsnutzung) in Kraft getreten – mit den grundverkehrsrechtlichen Bestimmungen in einem unauflöslichen Spannungsverhältnis. Es bleibt in diesem Bereich abzuwarten, welche Änderungen an den Bestimmungen des Grundverkehrs vorgenommen werden, um die mit dieser Regelung evidenter Weise verbundene Unsachlichkeit zu beseitigen.

Da mit dem 1.1.2019 auch die Definition des § 5 Z 17 in Kraft tritt, ist die raumordnungsrechtliche Zulässigkeit anhand dieser Bestimmung zu beurteilen. Das heißt, dass alle hier nicht angeführten Verwendungen von Wohnungen nicht zulässig sind. Der Eigentümer kann sich freilich auf einen Leerstand berufen, welcher allerdings in der Regel weder für den Anzeiger beweisbar noch für die Behörde überprüfbar ist. Dies vor allem, weil weder Verbrauchsdaten (Strom, Wasser) für derartig kurze Zeiträume – eine Anzeige kann bereits im Jänner 2019 erfolgen – weder verfügbar sind noch eine verlässliche Aussage erlauben.
Gemäß der RV 2017 sollen auch Wohnungen ausgenommen sein, wo durch Mieter eine Hauptwohnsitznutzung erfolgt. Damit wird den Eigentümern jede Möglichkeit genommen, derartige Wohnungen künftig selbst als Zweitwohnung zu nutzen, dies obwohl die Wohnung im Regelfall bloß mittels üblicherweise befristeten Mietverträgen in Bestand gegeben ist. Problematisch ist, dass bei den Voraussetzungen für die Anzeige tatbestandlich auf den Erwerb der Wohnung abgestellt wird. Damit wird der Erwerb eines Grundstücks, welches nachfolgend durch den Eigentümer bebaut wird, von der Anzeigemöglichkeit ausgeschlossen. Ob hier mittels interpretativer „Ausdehnung" (teleologische Interpretation) des Anwendungsbereichs Abhilfe geschaffen werden kann/soll darf bezweifelt werden.
Im Gesetz ist keine Bescheinigung für eine „Kenntnisnahme der Anmeldung" vorgesehen. Allerdings ist eine Zuständigkeit der Gemeindevertretung im Falle von Streitigkeiten um die Rechtmäßigkeit der Anzeige vorgesehen und das Erfordernis einer förmlichen Erledigung durch Bescheid. Insofern ist davon auszugehen, dass den Antragstellern zumindest eine Bescheinigung über die „Kenntnisnahme der Anmeldung" zu übermitteln ist, wenn nicht überhaupt ein entsprechender Bescheid zu erlassen wäre. Diesem kommt allein schon aus Gründen der Rechtssicherheit ein Anspruch auf ein behördliches Handeln aufgrund der erfolgten Anzeige zu. (Ähnlich wie bei der beantragten Ausstellung eines Reisedokuments (Pass) – wo im Fall der Verweigerung ebenfalls mit Bescheid zu entscheiden ist – da das Reisedokument eine Urkunde mit immanentem Bescheidcharakter ist).

Kurzkommentar zur der Zweitwohnsitzverordnung BGBl II 2003/582

Für den Themenbereich „Zweitwohnen" ist auch von Bedeutung, wie im Bundesrecht bzw. in der Bundesabgabenverordnung (BAO) die Nutzung einer Zweitwohnung gesehen wird. Hinzuweisen ist dabei darauf, dass auch der in § 5 Z 17 definierte Sachverhalt der Verwendung als Zweitwohnung, sich nach den Erläuterungen der ROG Novelle 2017, maßgeblich auf § 26 Abs 1 BAO bezieht. Deshalb wird im Folgenden die Zweitwohnsitzverordnung (BGBl II 2003/582) nach der BAO kurz dargestellt, obwohl die darin enthaltene Regelung ausdrücklich nicht für Zwecke der Raumordnung anwendbar ist.
Zur Zeitdauer der Nutzung einer Zweitwohnung ist Folgendes anzumerken: Das Raumordnungsrecht in Salzburg kennt – im Gegensatz zum Bundesrecht – keine zeitliche Begrenzung für die Nutzung des Zweitwohnsitzes; bundesgesetzlich ist eine solche aber aus steuerrechtlichen Gründen festgelegt. Die Zweitwohnsitzverordnung (BGBl II 2003/582) bezieht sich auf Personen, die außer einer Zweitwohnung keinen Bezug zu Österreich haben, die aber durch die gesetzliche Wohnsitzanknüpfung in Österreich unbeschränkt steuerpflichtig mit dem gesamten weltweit erzielten Einkommen wären.
Die Zweitwohnsitzverordnung des Bundes verhindert dies und legt fest, dass im Ausland lebende Steuerpflichtige, die über einen zweiten Wohnsitz in Österreich verfügen, von der unbeschränkten Steuerpflicht ausgenommen sind. Dies gilt allerdings nur, wenn der Steuerpflichtige seinen Mittelpunkt der Lebensinteressen länger als fünf Jahre im Ausland hat und die Zweitwohnung selbst, allein oder gemeinsam mit anderen inländischen Wohnungen nicht mehr als 70 Tage im Jahr benutzt wird. Der Steuerpflichtige muss allerdings ein Verzeichnis über die Benutzung der Wohnung führen. Obwohl die maximale Nutzung einer Zweitwohnung mit 70 Tagen festgelegt ist, da ansonsten eine Steuerpflicht gemäß § 26 Abs 1 Bundesabgabenordnung eintritt, bleibt die Kontrollierbarkeit des Aufenthaltes und des vom Steuerpflichtigen zu führenden Verzeichnisses problematisch.

§ 31a Maßnahmen gegen unrechtmäßige Zweitwohnnutzungen – tritt mit 01.01.2019 in Kraft

(1) Bestehen für eine Gemeinde konkrete Anhaltspunkte dafür, dass eine Wohnung entgegen den Bestimmungen des § 31 Abs 2 als Zweitwohnung verwendet wird, hat sie die Eigentümer der Wohnung und/oder die sonstigen Nutzungsberechtigten darüber zu informieren und zur Stellungnahme binnen angemessener, vier Wochen nicht unterschreitender Frist aufzufordern.

(2) Können die Bedenken gemäß Abs 1 nicht entkräftet werden, hat die Gemeinde die örtlich zuständige Bezirksverwaltungsbehörde unter Bekanntgabe der Verdachtsmomente unverzüglich in Kenntnis zu setzen.

(3) Ist mit Grund anzunehmen, dass die Verwendungsbeschränkung gemäß § 31 Abs 2 nur durch Zwangsmittel oder Entzug dinglicher Rechte durchgesetzt werden kann, kann die Gemeinde über die Unzulässigkeit der Verwendung einer Wohnung als Zweitwohnung nach Durchführung eines Ermittlungsverfahrens mit Bescheid absprechen und die Eigentümer der Wohnung und/oder sonst Verfügungsberechtigten unter Hinweis auf Abs 5 auffordern, die unrechtmäßige Zweitwohnnutzung binnen Jahresfrist zu beenden oder die Wohnung zu veräußern. Im Rahmen des Ermittlungsverfahrens kann die Gemeinde dabei die Vorlage eines Nachweises über die Nutzung der Wohnung verlangen. Vor Ablauf der Jahresfrist kann diese auf Ansuchen der Verpflichteten aus berücksichtigungswürdigen Gründen einmalig verlängert werden. Der Bescheid ist der Landesregierung zur Kenntnis zu bringen.

(4) Die Landesregierung hat die Gemeinden auf deren Ersuchen in den Angelegenheiten des Abs 3 zu beraten und zu unterstützen.

(5) Sind die Eigentümer einer Liegenschaft oder eines Superädifikats oder die Inhaber eines Baurechts einem Auftrag nach Abs 3 nicht nachgekommen, hat die Landesregierung dies mit Bescheid festzustellen und auszusprechen, dass sie namens des Landes Salzburg berechtigt ist, die Versteigerung der Liegenschaft beim zuständigen Exekutionsgericht zu betreiben. Auf die Vollstreckung des Anspruchs des Landes Salzburg auf Versteigerung sind die Bestimmungen über Zwangsversteigerung von Liegenschaften gemäß den §§ 133 ff EO mit folgenden Abweichungen sinngemäß anzuwenden:

1. **Die gerichtliche Zwangsversteigerung hat unter sinngemäßer Anwendung der Bestimmungen des § 352 ff der Exekutionsordnung zu erfolgen.**
2. **Ein auf dem Gegenstand der Versteigerung lastendes Veräußerungsverbot steht der Bewilligung der Versteigerung nicht entgegen.**
3. **Angehörige (im Sinn des § 31 Abs 3) des oder der Verpflichteten sind vom Bieten im eigenen und im fremden Namen sowie durch Vertreter ausgeschlossen.**

RV 2017

Die Bestimmung enthält die Regelungen, die auf die Durchsetzung der raumplanungsrechtlichen Nutzungsbeschränkungen ausgerichtet sind.

Bestehen für die Gemeinde konkrete Anhaltspunkte dafür, dass eine Wohnung entgegen den Bestimmungen des § 31 Abs 2 als Zweitwohnsitz verwendet wird, hat sie in einem ersten Schritt (iS einer Offenlegung) die Wohnungseigentümer und/oder die sonstigen Nutzungsberechtigten (Mieter, Fruchtgenussberechtigte, Baurechtsberechtige odgl) über die Gründe dafür zu informieren und zur Stellungnahme binnen angemessener, vier Wochen nicht unterschreitender Frist aufzufordern (Abs 1). Können die Wohnungseigentümer bzw. die sonstigen Nutzungsberechtigten die Bedenken der Gemeinde nicht entkräften, hat die Gemeinde bei der örtlich zuständigen Bezirksverwaltungsbehörde unter Bekanntgabe der konkreten Gründe die Einleitung eines Verwaltungsstrafverfahrens anzuregen (Abs 2).

Soweit zB auf Grund entsprechender Äußerungen der Eigentümer bzw. Nutzungsberechtigten oder sonstiger Umstände (bereits erfolgte Bestrafung) zu erwarten ist, dass eine verwaltungsstrafrechtliche Sanktionierung nicht ausreicht, um die Eigentümer bzw. Nutzungsberechtigten zur Aufgabe einer unzulässigen Verwendung einer Wohnung als Zweitwohnung zu verhalten, kann die Gemeinde ein Verfahren zur zwangsweisen Durchsetzung der Verhaltenspflichten einleiten. Sie hat dazu über die Unzulässigkeit der Verwendung einer Wohnung als Zweitwohnsitz nach Durchführung eines Ermittlungsverfahrens mit Bescheid abzusprechen und die Eigentümer der Wohnung und/oder sonst Verfügungsberechtigten unter Hinweis auf Abs 5 aufzufordern, die unrechtmäßige Verwendung binnen Jahresfrist zu beenden (indem zB durch die Verpflichteten selbst oder durch Vermietung oder die Einräumung vergleichbarer Nutzungsrechte ein widmungskonformer Zustand hergestellt wird) oder die Wohnung zu veräußern (Abs 3). Im Rahmen dieses Ermittlungsverfahrens kann sie auch die Vorlage eines Nachweises über die Nutzung der Wohnung verlangen. Dies nicht zuletzt vor dem Hintergrund der Rechtsprechung des VwGH, wonach von einem anderen Wohnsitz als von einem Freizeit- bzw. Zweitwohnsitz nicht gesprochen werden kann, wenn kein deutliches Übergewicht hinsichtlich der beruflichen und familiären Lebensbeziehungen feststellbar ist, auch wenn dort gelegentlich berufliche Tätigkeiten ausgeübt werden sollten (VwGH 27.06.2014, 2012/02/0171 sowie inhaltsgleich vom 30.09.2015, Ra 2014/06/0026). Ob nämlich im beruflichen oder familiären Bereich entsprechende überwiegende Anknüpfungspunkte zu einem Wohnsitz vorliegen, die eine Verwendung desselben als Zweitwohnung ausschließen, erfordert eine genaue Kenntnis über die Nutzung des betreffenden Wohnsitzes, welche die Behörde von sich aus vielfach nicht erlangen kann.

Die Landesregierung hat die Gemeinden auf deren Ersuchen in den Angelegenheiten des Abs 3 zu beraten und bestmöglich zu unterstützen.

Der Auftrag nach Abs 3 ist im Rahmen der Möglichkeiten des VVG zu vollstrecken. Führt auch dies nicht zu dem gewünschten Ergebnis, kann im Sinn einer ultima ratio letztendlich nur noch der Entzug des Eigentums zur Durchsetzung der raumordnungsrechtlichen Nutzungsbeschränkung verhelfen, wobei hier eine Zwangsversteigerung auf Grund eines behördlichen Antrags zur Anwendung kommen soll. In grundrechtlicher Hinsicht ist dazu auszuführen, dass es sich bei der Zwangsversteigerung einer unzulässigen Verwendung einer Wohnung als Zweitwohnung zweifelsohne um einen intensiven Grundrechtseingriff handelt. Berücksichtigt man allerdings das hohe öffentliche Interesse an einer Effektuierung der Nutzungsbeschränkung, den Verfahrensablauf mit den mehrmaligen Aufforderungen und Möglichkeiten zur Herstellung eines rechtskonformen Zustandes und die Besonderheiten der Zwangsversteigerung – auf Grund der Verpflichtung zur sinngemäßen Anwendung der §§ 352 ff EO wird sichergestellt, dass den Verpflichteten der Verkehrswert ersetzt wird, zumal nach § 352a Abs 3 EO das geringste Gebot der Schätzwert ist – wird von der Verhältnismäßigkeit der Maßnahme und insoweit von der Rechtmäßigkeit der gesetzlichen Beschränkung der Grundrechtsposition der Eigentümer ausgegangen.

Voraussetzung für die Zulässigkeit eines Antrages auf Versteigerung des Baugrundstückes ist jedoch, dass die Landesregierung mit Bescheid festgestellt hat, dass der Eigentümer einem Auftrag gemäß Abs 3 innerhalb der dafür festgesetzten und allenfalls verlängerten Frist nicht nachgekommen ist. Diese einschränkende Voraussetzung ist vor dem Hintergrund des den von einer Grundverkehrsbehörde gestellten Antrag auf Versteigerung einer Liegenschaft abweisenden Beschlusses des Landesgerichts Innsbruck vom 4. Mai 2006 (1 R 117/06x) und des diese Entscheidung bestätigenden Beschlusses des Obersten Gerichtshofes vom 21. Dezember 2006 (3 Ob 161/06g) zu sehen: Den gerichtlichen Entscheidungen lag der Antrag einer Tiroler Grundverkehrsbehörde auf Zwangsversteigerung eines Grundstückes zu Grunde, weil dessen Eigentümer einem behördlichen Auftrag, die Nutzung des Grundstückes als Freizeitwohnsitz zu unterlassen, nicht entsprochen hat. Das Landesgericht Innsbruck hat in seinem Beschluss vom 4. Mai 2006 unter ausführlicher Bezugnahme auf die Rechtsprechung des Europäischen Gerichtshofes ausgesprochen, dass „für die Zulässigkeit der Versteigerungssanktion unter anderem erforderlich [ist], dass im nationalen Recht umschriebene materiell-rechtliche Bestimmungen verletzt werden und dass diese Rechtsverletzung in einem qualifizierten, die Gesamtumstände des Falles berücksichtigenden ordnungsgemäßen Behördenverfahren, das die Qualität einer Gerichtsentscheidung nach gemeinschaftsrechtlichen Grundsätzen aufweist (...) festgestellt wird". Daraus ergibt sich, dass für die Zulässigkeit der Versteigerungssanktion nicht nur eine qualifizierte Feststellung der gesetzwidrigen Verwendung der Liegenschaft und eine bescheidmäßige Aufforderung zur Unterlassung der rechtswidrigen Verwendung des betreffenden Objekts erforderlich sind, sondern auch „eine qualifizierte Feststellung der Nichtbefolgung" des auf die Unterlassung der rechtswidrigen Verwendung des Objekts gerichteten Behördenauftrages. „Keine dieser Feststellungen" – so das Landesgericht Innsbruck weiter – „kann im Exekutionsbewilligungsverfahren erfolgen, [weshalb] die qualifizierte Feststellung der Missachtung des behördlichen Auftrags und damit die fortgesetzte grundverkehrswidrige Verwendung der Liegenschaft als materielle Exekutionsbewilligungsvoraussetzung bereits im Antrag zu behaupten und zu bescheinigen gewesen wäre." Der Oberste Gerichtshof hat in seinem die Rechtsansicht des Landesgerichtes Innsbruck bestätigenden Beschluss vom 21. Dezember 2006 (3 Ob 161/06g) ausgesprochen, dass „nur rechtskräftige vollstreckbare Bescheide von Verwaltungsbehörden in Angelegenheiten des öffentlichen Rechts (wie hier des Grundverkehrs mit Baugrundstücken) Exekutionstitel nach § 1 Z 12 EO [sind]" und dass „Ausfertigungen solcher Titel mit dem Exekutionsantrag vorzulegen sind".

Die im Abs 5 enthaltene Einschränkung der Antragslegitimation der Landesregierung trägt dieser Rechtsprechung Rechnung und verpflichtet die Landesregierung vor der Stellung eines Antrages auf Versteigerung der Liegenschaft deren fortgesetzte gesetzwidrige Verwendung entgegen einem Auftrag gemäß Abs 3 mit Bescheid festzustellen.

Die bescheidmäßige Feststellung der fortgesetzten gesetzwidrigen Verwendung entgegen einem Auftrag gemäß Abs 1 stellt für sich genommen aber auch noch keinen tauglichen Exekutionstitel dar. Neumayr, Exekutionsrecht2 (2006), S 56, folgend muss „der Exekutionstitel immer einen eindeutig vollstreckbaren Inhalt haben, also auf eine bestimmte Leistung, Duldung oder Unterlassung gerichtet sein" und „entziehen sich feststellende oder rechtsgestaltende Entscheidungen naturgemäß der Vollstreckung". Der im Zusammenhang mit der Feststellung der fortgesetzten gesetzwidrigen Verwendung entgegen einem Auftrag gemäß Abs 3 zu treffende weitere Ausspruch, dass die Landesregierung berechtigt ist, namens des Landes Salzburg die Versteigerung der Liegenschaft, des Superädifikats oder des Baurechts zu betreiben, schafft den für die Versteigerung notwendigen Exekutionstitel. Die Versteigerung der Liegenschaft, des Superädifikats oder des Baurechts erfolgt nach den Bestimmungen der Exekutionsordnung über die Versteigerung von Liegenschaften (§§ 133 ff EO). Das Interesse des Landes Salzburg ist – im Gegensatz zum Interesse eines die Exekution auf eine Liegenschaft wegen einer Geldforderung betreibenden Gläubigers – auf die Herstellung eines dem § 31 Abs 2 ROG 2009 entsprechenden Zustandes gerichtet. Vor diesem Hintergrund enthält die Bestimmung auch die dafür erforderlichen verfahrensrechtlichen Sonderbestimmungen.

In kompetenzrechtlicher Hinsicht ist noch auszuführen, dass es sich bei den vorgesehenen Regelungen über die gerichtliche Zwangsversteigerung um zivilrechtliche Regelungen handelt („Zivilrechtswesen" im Sinn des Art 10 Abs 1 Z 6 B-VG). Sie dürfen vom Landesgesetzgeber erlassen werden, wenn sie zur Regelung des Gegenstands erforderlich sind (Art 15 Abs 9 B-VG). Nach der Rechtsprechung des Verfassungsgerichtshofes (vgl. zB VfSlg 13.322/1992) muss dabei ein innerer, „rechtstechnischer“ Zusammenhang der zivilrechtlichen Regelung mit einer konkreten Bestimmung öffentlich-rechtlichen Inhalts vorliegen und die jeweilige Bestimmung zivilrechtlichen Inhalts eine notwendige Ergänzung einer bestimmten Regelung der Verwaltungsmaterie darstellen. Die vorgesehene zivilrechtliche Bestimmung betreffend die gerichtliche Zwangsversteigerung ergänzt die (Subsidiär-)Verpflichtung zur Veräußerung dahingehend, dass diese Verpflichtung – im Falle der Nichtbefolgung – realisiert wird. Die Notwendigkeit dieser Ergänzung kann darin erblickt werden, dass in Ermangelung der Substituierung der Veräußerungsverpflichtung im Wege der gerichtlichen Zwangsversteigerung dem Interesse zu einer raumordnungskonformen Wohnungsnutzung ansonsten nicht effektiv zum Durchbruch verholfen werden könnte. Dies vor allem auch für die in der Z 2 des Abs 5 enthaltene Bestimmung, da nach ständiger Rechtsprechung des Obersten Gerichtshofes zu § 133 Abs 1 EO ein rechtsgeschäftlich eingeräumtes Veräußerungsverbot der Bewilligung der Versteigerung entgegensteht.

Anmerkungen

Aus der RV ist zu ersehen, welche zusätzlichen Verpflichtungen für eine Gemeinde, die mit Verordnung des Landes, als „Zweitwohnsitzbeschränkungsgemeinde“ bezeichnet wird, gegeben sind:

a) Bestehen für die Gemeinde konkrete Anhaltspunkte dafür, dass eine Wohnung entgegen den Bestimmungen des § 31 Abs 2 als Zweitwohnsitz verwendet wird, hat sie in einem ersten Schritt die Wohnungseigentümer und/oder die sonstigen Nutzungsberechtigten (Mieter, Fruchtgenussberechtigte, Baurechtsberechtige odgl) über die Gründe dafür zu informieren und zur Stellungnahme binnen angemessener, vier Wochen nicht unterschreitender Frist aufzufordern. Was „konkrete Anhaltspunkte“ sind, bestimmt die RV nicht.
b) Können die Wohnungseigentümer bzw. die sonstigen Nutzungsberechtigten die Bedenken der Gemeinde nicht entkräften, hat die Gemeinde bei der örtlich zuständigen Bezirksverwaltungsbehörde unter Bekanntgabe der konkreten Gründe die Einleitung eines Verwaltungsstrafverfahrens anzuregen.
c) So die Bezirksverwaltungsbehörde ein Verwaltungsstrafverfahren einleitet ist die Gemeinde Partei dieses Verfahrens (siehe § 78 Abs 3 Z 2) und kann gegen das Ergebnis Beschwerde beim LVwG und Revision beim VwGH erheben.
d) Soweit auf Grund entsprechender Äußerungen der Eigentümer bzw. Nutzungsberechtigten oder sonstiger Umstände (bereits erfolgte Bestrafung) zu erwarten ist, dass eine verwaltungsstrafrechtliche Sanktionierung nicht ausreicht, um die Eigentümer bzw. Nutzungsberechtigten zur Aufgabe einer unzulässigen Verwendung einer Wohnung als Zweitwohnung zu verhalten, kann die Gemeinde ein Verfahren zur zwangsweisen Durchsetzung der Verhaltenspflichten einleiten.
e) Für das Verfahren zur zwangsweisen Durchsetzung hat die Gemeinde über die Unzulässigkeit der Verwendung einer Wohnung als Zweitwohnsitz nach Durchführung eines Ermittlungsverfahrens mit Bescheid abzusprechen und die Eigentümer der Wohnung und/oder sonst Verfügungsberechtigten unter Hinweis auf § 31a Abs 5 aufzufordern, die unrechtmäßige Verwendung binnen Jahresfrist zu beenden. Im Rahmen dieses Verfahrens kann die Gemeinde auch die Vorlage eines Nachweises über die widmungskonforme Nutzung der Wohnung verlangen und die eingetretene widmungskonforme Nutzung (laufend) überprüfen.

f) Wird dem Verlangen binnen Jahresfrist nicht nachgekommen, hat die Gemeinde dies der Landesregierung unter Beibringung der nötigen Unterlagen mitzuteilen.
g) Die Landesregierung stellt – als Voraussetzung für die Zulässigkeit eines Antrages auf Versteigerung des Baugrundstückes – mit Bescheid fest, dass der Eigentümer einem Auftrag gemäß Abs 3 innerhalb der dafür festgesetzten und allenfalls verlängerten Frist nicht nachgekommen ist.
h) Die Landesregierung stellt den Antrag auf Zwangsversteigerung der Liegenschaft.

§ 31b Zweckentfremdung von Wohnungen

(1) Die Zweckentfremdung von bestehenden Wohnungen ist nur mit Bewilligung gemäß Abs 3 zulässig. Als Zweckentfremdung im Sinn dieser Bestimmung gilt die Verwendung einer Wohnung für touristische Beherbergungen.

(2) Von der Beschränkung gemäß Abs 1 sind ausgenommen:

1. Wohnungen in ausgewiesenen Zweitwohnungsgebieten sowie Gebieten mit Kennzeichnung gemäß § 39 Abs 2;

2. Wohnungen in Apartmentbauten, die als solche vor dem 1. Jänner 1973 oder später unter Anwendung des Art III Abs 2 der Raumordnungsgesetz-Novelle 1973, LGBl Nr. 126, baubehördlich bewilligt worden sind;

3. touristische Beherbergungen in landwirtschaftlichen Wohnbauten nach Maßgabe des § 48 Abs 2 und 3;

4. touristische Beherbergungen im Rahmen der Privatzimmervermietung;

5. Wohnungen, die bereits vor dem 1. Jänner 2018 für touristische Beherbergungen verwendet worden sind, wenn und soweit dies bau- und raumordnungsrechtlich zulässig war.

(3) Soweit dies nicht bereits nach den allgemeinen baupolizeilichen Vorschriften des Landes der Fall ist und kein Ausnahmefall gemäß Abs 2 vorliegt, bedarf die Zuführung von bestehenden Wohnungen zu einer Verwendung gemäß Abs 1 jedenfalls einer baubehördlichen Bewilligung. Eine solche Bewilligung darf unbeschadet der sonstigen baurechtlichen Voraussetzungen nur erteilt werden, wenn

1. für die Errichtung der Wohnung keine Wohnbauförderungsmittel in Anspruch genommen worden sind und

2. die Wohnung keine gute Eignung für Hauptwohnsitzzwecke aufweist oder in der Gemeinde keine Nachfrage besteht, die das Angebot an für Hauptwohnsitzzwecke geeigneten Wohnungen erheblich übersteigt.

Das Vorliegen dieser Umstände ist vom Bewilligungswerber oder der Bewilligungswerberin nachzuweisen. Die Bewilligung ist auf höchstens zehn Jahre zu befristen und soweit erforderlich unter Auflagen oder Bedingungen zu erteilen.

(4) Zum Zweck der Überwachung der Einhaltung der sich aus Abs 1 ergebenden Beschränkung sind den damit betrauten Organen die Zufahrt und zu angemessener Tageszeit der Zutritt zu dem jeweiligen Objekt zu gewähren und die erforderlichen Auskünfte über dessen Verwendung zu erteilen. Ist auf Grund bestimmter Tatsachen eine Nutzung anzunehmen, die der sich aus Abs 1 ergebenden Beschränkung widerspricht, haben die Versorgungs- oder Entsorgungsunternehmen, die Erbringer von Postdiensten oder von elektronischen Zustelldiensten auf Anfrage des Bürgermeisters oder der Bürgermeisterin die zur Beurteilung der Nutzung erforderlichen Auskünfte zu erteilen oder die erforderlichen Daten zu übermitteln.

RV 2017

Nicht nur vorübergehend genutzte Zweitwohnungen sind aus Sicht der Raumordnung in mehrfacher Hinsicht problematisch, sondern auch Wohnungen, die für Hauptwohnsitzzwecke geeignet sind, aber für touristische Beherbergungen zweckentfremdet werden. Rund 800 Unterkünfte bietet allein die online-Plattform „airbnb" in der Stadt Salzburg an (Stand Jänner 2017), auf ähnlichen Plattformen sind hunderte weitere Quartiere gelistet.

Die bisherige Bestimmung (vgl. § 31 Abs 5) soll durch die Novelle 2017 daher dahingehend ausgebaut werden, dass die Zweckentfremdung von Wohnungen für touristische Beherbergungen grundsätzlich nur mehr mit baubehördlicher Bewilligung zulässig ist. Ergänzend zur ursprünglichen Zielsetzung (Zuführung von bisher auf dem Wohnungsmarkt für Hauptwohnsitze nicht in Erscheinung tretenden touristisch genutzten Wohnungen – vgl. RV Nr. 86 Blg LT 13. GP, 6. Sess, zu § 31 Abs 5) geht es dabei auch um die Vermeidung von Nutzungskonflikten mit der im gleichen Gebäude wohnenden (arbeitenden) Bevölkerung, da es durch eine touristische Nutzung zwangsläufig zu einer höheren Frequentierung des Wohnhauses durch ständig wechselnde hausfremde Personen kommt. Und schließlich ist dies auch aus bautechnischer Sicht angezeigt, zumal die bautechnischen Anforderungen an Räume zur Beherbergung von Gästen teilweise andere sind als für gewöhnliche Wohnräume.

Abs 2 sieht Ausnahmen von der Bewilligungspflicht vor. Die Z 1 und 2 entsprechen dabei weitgehend dem geltenden Recht (§ 31 Abs 5), die Z 1 jedoch (wegen weitgehend vergleichbarer Thematik) ergänzt um Kennzeichnungen gemäß § 39 Abs 2. Die Z 3 und 4 stellen klar, dass die Privatzimmervermietung und die Vermietung von Ferienwohnungen im Rahmen der Möglichkeiten bestehender land- und forstwirtschaftlicher Betriebe von der Bewilligungsverpflichtung ausgenommen sind, zumal es sich hier ohnehin nur um (akzessorisch) zulässige Nebennutzungen zur Hauptverwendung handelt. Und die Z 5 nimmt jene Räumlichkeiten aus, die bereits vor dem 1. Jänner 2018 für touristische Beherbergungen verwendet worden sind, wenn und soweit eine bau- und raumordnungsrechtliche Befugnis dafür bestand, wobei als Beweis für die tatsächliche Verwendung auch auf die Entrichtung der einschlägigen landesrechtlichen Abgaben zurückgegriffen werden kann.

Abs 3 regelt die Bewilligungsvoraussetzungen und übernimmt dabei weitgehend geltendes Recht (§ 31 Abs 5), wobei zu berücksichtigen ist, dass im Gegenstand künftig auch die Festlegungen des Flächenwidmungsplanes und der Bebauungspläne zu beachten sind. Die Bewilligung bewirkt keine Änderung des bisher festgelegten Verwendungszweckes, sondern verleiht das Recht, die Wohnung zusätzlich für touristische Beherbergungen verwenden zu dürfen, bzw. beinhaltet die Feststellung, dass diese Verwendung vom öffentlich-rechtlichen Standpunkt des Baurechts zulässig ist. Eine Verdrängung des Verwendungszecks würde zu dem (ungewünschten) Ergebnis führen, dass die Wiederverwendung der Wohnung für den ursprünglichen Zweck eine neuerliche baubehördliche Bewilligungspflicht auslösen würde.

Gleich wie die Ausnahme für Zweitwohnungen gemäß § 31 Abs 3 ist die Bewilligung zu befristen (Abs 3 letzter Satz). Soll die bestehende Wohnung unbefristet und hauptsächlich der Beherbergung von Gästen zugeführt werden, liegt kein Fall des § 31b vor, sondern ist von einer Umwandlung der Wohnung in ein Apartment auszugehen (die baubehördliche Bewilligung gemäß § 2 Abs 1 Z 5 BauPolG kann in diesem Fall eine Kennzeichnung nach § 39 Abs 2 voraussetzen).

Abs 4 entspricht inhaltlich § 31 Abs 5.

Auf folgende Judikatur des OGH wird im Zusammenhang hingewiesen: Die touristische Nutzung eines als Wohnung gewidmeten Wohnungseigentumsobjekts für die Dauer von jeweils 2 bis 30 Tage ist eine genehmigungspflichtige Widmungsänderung nach dem WEG 2002 (OGH 23.4.2014, 5 Ob 59/14h). Und zur Vorgängerbestimmung § 31 Abs 5 – VwGH vom 12.12.2013, Zl 2013/06/0078: Eine Verletzung der Niederlassungsfreiheit sowie der Kapitalverkehrsfreiheit ist beim „touristischen Vermietungsverbot" nach § 31 Abs 5 Sbg ROG 2009 für den Verwaltungsgerichtshof nicht zu erblicken (vgl. im Übrigen bereits die zur unionsrechtlichen Zulässigkeit von Freizeitwohnsitzen und Ferienwohnungen beschränkenden raumordnungsrechtlichen Regelungen im Lichte der Judikatur des EuGH ergangenen hg Erkenntnisse vom 11. Jänner 2012, 2010/06/0073, vom 9. November 2011, 2010/06/0035, vom 6. Oktober 2011, 2009/06/0020, und vom 23. Juni 2010, 2008/06/0200).

Anmerkungen

Die in § 31b getroffene Regelung hinsichtlich einer Zweckentfremdung von Wohnungen wurde aus dem deutschen Recht entlehnt. Diese Regelung war in Deutschland als Bundesgesetz im Jahr 1971 (Mietrechtsverbesserungsgesetz) geschaffen worden, um einen dauernden Entzug von Wohnungen auf dem Mietmarkt zu verhindern und den damit verbundenen Mietpreiserhöhungen entgegenzuwirken. In einigen deutschen Bundesländern wurde diese Regelung neu erlassen zB Bayern und Berlin. Freilich ist der Anwendungsbereich der deutschen Regelungen ein weiterer als der nunmehr in der Salzburger Rechtslage getroffene Anwendungsbereich, welcher bloß ein Verbot der touristischen Nutzung vorsieht. Ziel der Bestimmung ist zu verhindern, dass Wohnungen entgegen ihrer eigentlichen Zweckbestimmung, welche aus der Wohnungsdefinition (siehe § 5 Z 16) ableitbar ist (Begründung eines Hausstandes), dem Wohnungsmarkt entzogen werden. In Salzburg ist in weiten Teilen des Landes die Möglichkeit der touristischen Nutzung als lukrative Alternative zu einer Bestandgabe an Dauermieter gegeben. Zudem ist die Zulässigkeit der touristischen Nutzung von Wohnungen ein Einfallstor der Zweitwohnnutzung, weil Erwerber von Wohnungen unter diesem Deckmantel auch Eigennutzungen entfalten können. Mit dem ROG 2009 wurde in Salzburg erstmals die touristische Nutzung von Wohnungen einer Beschränkung unterworfen, indem in Bauten mit mehr als fünf Wohneinheiten die touristische Nutzung untersagt wurde. Diese Regelung wurde gemäß den Erläuterungen getroffen, um die mit einer touristischen Nutzung verbundenen Störungen der sonstigen Wohnungsnutzer zu unterbinden. Nunmehr wurde mit der Novelle 2017 jedwede touristische Nutzung von Wohnungen untersagt. Diese generelle Unzulässigkeit ist in Ansehung der Eigentumsgarantie und des Vertrauensschutzes nicht unproblematisch, weil dadurch bisher legitime Verwendungen von Wohnungen nachträglich einer gesetzlichen Beschränkung unterzogen werden, welche die Nutzungsrechte des Eigentümers empfindlich einschränkt. Der Landesgesetzgeber hat versucht, diese Bedenken zu berücksichtigen, indem er einerseits einen umfassenden Ausnahmekatalog vorgesehen hat sowie die Möglichkeit mittels Bewilligung eine Ausnahme zu erwirken. Ob diese Begleitmaßnahmen ausreichend sind, werden letztlich die Gerichte zu entscheiden haben. Problematisch ist freilich, dass das Verbot der touristischen Verwendung von Wohnungen nunmehr landesweit verfügt wurde, während gleichzeitig das bisher landesweit geltende Verbot der Zweitwohnnutzung mit der Novelle 2017 eine Einschränkung erfahren hat. Da der Regelungszweck im Wesentlichen gleichlautend ist, wird die Unterschiedlichkeit der Regelungen in Bezug auf die Sachlichkeit zum verfassungsrechtlichen Problem.

Gegenstand des Verbotes der Zweckentfremdung sind generell bestehende Wohnungen. Dies wird besonders deutlich, wenn man den Bewilligungsvorbehalt des Abs 3 mit in die Beurteilung einbezieht. Damit ist auch klargestellt, dass die touristische Verwendungsabsicht von Wohnungen nicht Gegenstand einer Baubewilligung sein kann mit welchen Wohnungen erst geschaffen (Neubau bzw. Umwandlung eines Bestandsobjektes zu Objekt mit Wohnungen) werden. Der Begriff „bestehend" bezieht sich auch nicht auf einen bestimmten Zeitpunkt, etwa dem Inkrafttreten der Novelle, sondern unterwirft jede bestehende Wohnung – so auch Wohnungen welche etwa erst im Jahr 2020 zur Errichtung gelangen – unter das Verbot der touristischen Nutzung. Ausnahmen von der Bewilligungspflicht:

- Wohnungen in Zweitwohngebieten und Wohnungen auf für Apartmenthäuser gekennzeichneten Flächen:

Die Ausnahme für nach § 39 Abs 2 gekennzeichneten Flächen erlaubt wiederum Mischnutzungen von Wohnungen und Einheiten für die gewerbliche Beherbergung bzw. touristische Nutzung. Dies scheint in Ansehung der Legaldefinition des Apartmenthauses (siehe § 5 Z 1) nicht unproblematisch, weil dadurch wiederum die Zweckbestimmung der Wohnung in Frage gestellt wird.

- Nach dem ROG 68 bewilligte Apartmenthäuser:

Diese Apartmenthäuser dürfen nicht mit den Apartmenthäusern des ROG 2009 verwechselt werden, weil die hier erfassten Apartmenthäuser Zweitwohnungen darstellen und keine Betriebsbauten zur gewerblichen Beherbergung. Mit der ROG-Novelle 1972 wurden in Salzburg erstmals die Errichtung von Zweitwohnungsvorhaben beschränkt indem diese Vorhaben prinzipiell nur in gewidmeten Zweitwohngebieten für zulässig erklärt wurden.

- Touristische Beherbergungen in landwirtschaftlichen Wohnbauten

Da landwirtschaftlichen Betrieben das Recht auf die Errichtung und Nutzung von Ferienwohnungen und die Privatzimmervermietung (siehe § 48 Abs 2) und die touristische Nutzung von Almen (siehe § 48 Abs 3) zukommt, ist die Ausnahme von der Bewilligungspflicht eigentlich entbehrlich und sollte wohl nur der Klarstellung dienen.

- Touristische Beherbergung im Rahmen der Privatzimmervermietung

Die Privatzimmervermietung (siehe § 5 Z 10) umfasst demnach auch die Nutzung von Wohnungen und nicht bloß sonstigen Wohneinheiten. In baurechtlicher Hinsicht ist damit etwa die Zulässigkeit der Privatzimmervermietung in verschiedenen Wohnungen eines Geschoßwohnbaus möglich, wenn der Eigentümer in diesem auch seine Hauptwohnsitzwohnung hat. Ob diese Nutzung allerdings nach dem Wohnungseigentumsgesetz zulässig ist, stellt eine zivilrechtlich zu beurteilende Rechtsfrage dar und entzieht sich der Regelungskompetenz des Landesgesetzgebers.

- Bereits vor dem 01.01.2018 touristisch genutzte Wohnungen

Diese Ausnahme stellt darauf ab, dass diese Nutzung vor dem Zeitpunkt aufgenommen wurde und darüber hinaus, dass die bisherige Nutzung bau- und raumordnungsrechtlich rechtmäßig war. Gerade die letztere Voraussetzung wirft für den Eigentümer/Nutzungsberechtigten einer Wohnung bzw. die Baubehörde schwierige Abgrenzungsprobleme auf, weil die Rechtmäßigkeit der Nutzung mehrere Gesichtspunkte umfasst. Wurde die touristische Nutzung etwa entgegen der Regelung des § 31 Abs 5 verwirklicht oder wäre für die Nutzung eine Kennzeichnung als Apartmenthaus (siehe § 39 Abs 2) erforderlich gewesen, so ist jedenfalls keine Rechtmäßigkeit gegeben. Auch die Bestimmungen des BauPolG sind bei der Beurteilung mit zu berücksichtigen, etwa wenn die touristische Nutzung einer Wohnung mit dem baurechtlich festgelegten

Verwendungszweck – so etwa bei betriebsbedingten Wohnungen – nicht in Einklang steht oder die touristische Nutzung vor Abgabe einer Bauvollendungsanzeige gemäß § 17 Abs 1 BauPolG aufgenommen wurde. Daneben können auch das Bestandsverhältnis zwischen Vermieter und Nutzer selbst dazu führen, dass von keiner touristischen Nutzung – etwa bei Bestandgaben in Form von Kurzzeitmieten – ausgegangen werden kann. Dies ergibt sich im gegebenen Zusammenhang aus der Definition der touristischen Beherbergung (siehe § 5 Z 15), wobei die konkrete Zuordnung wohl nur im Einzelfall unter Einbeziehung aller Aspekte der bisherigen Nutzung (Vorhandensein von Gästemeldungen nach MeldeG oder der Leistung von Tourismusabgaben etc.) getroffen werden kann.
Liegt keine dieser Ausnahmen vor, kann die touristische Verwendung einer Wohnung nur mit Bewilligung durch die Baubehörde erfolgen. Hier ist klar von den sonstigen Bewilligungstatbeständen des BauPolG abzugrenzen. Die Formulierung „soweit nicht bereits nach den allgemeinen baupolizeilichen Vorschriften des Landes ... “ hat nur die Bedeutung, dass etwa im Rahmen einer bewilligungspflichtigen Verwendungszweckänderung oder sonst bewilligungspflichtigen Maßnahme (siehe § 2 Abs 1 BauPolG) gleichzeitig über die Zweckentfremdung abzusprechen ist nicht aber, dass die Zweckentfremdung selbst Gegenstand des Baukonsenses wird. Dies ist aus der RV 2017 auch deshalb abzuleiten, weil die Genehmigung der touristischen Nutzung ausdrücklich keine Änderung der Art des Verwendungszweckes darstellen soll.

Die Bewilligungsvoraussetzungen für eine Zweckentfremdung müssen kumulativ vorliegen, wobei die in Z 2 genannten Voraussetzungen (keine gute Eignung für Hauptwohnzwecke bzw. keine Nachfrage) zwei gleichwertige Alternativen darstellen. Der Nachweis des Vorliegens dieser Voraussetzungen liegt kraft ausdrücklicher gesetzlicher Anordnung beim Bewilligungswerber. Dies ist insofern nicht unproblematisch, als dieser etwa hinsichtlich der Nachfragesituation auf dem Wohnungsmarkt in einer Gemeinde zumeist nicht über ausreichende Informationen verfügt und auch das Vorliegen keiner guten Eignung für Hauptwohnzwecke eine vom Antragsteller unabhängige Beurteilung gebietet. Wann von keiner guten Eignung auszugehen ist, wird durch das Gesetz oder die Erläuterungen nicht näher ausgeführt, sodass hier erhebliche Beurteilungsspielräume gegeben sind. Bewilligungen der Zweckentfremdung können seitens der Baubehörde nur auf maximal 10 Jahre befristet erteilt werden.
Werden Wohnungen entgegen dem Verbot einer touristischen Verwendung zugeführt, dh ohne Vorliegen einer Ausnahme oder entsprechenden Bewilligung, ist dies strafbar (siehe § 78 Abs 1 Z 4). Die in Abs 4 eingeräumten Kontrollmöglichkeiten und Auskunftspflichten sollen die Kontrolle der Einhaltung des Gebotes sicherstellen. Unklar erscheint hier die Funktion des Bürgermeisters als Behörde, weil dieser nicht unbedingt die zuständige Baubehörde (etwa auf Grund von Delegierungen gemäß der Gemeindeordnung) sein muss.

§ 32 Handelsgroßbetriebe

(1) Handelsgroßbetriebe sind Bauten oder Teile von Bauten mit Verkaufsräumen von Betrieben des Handels allein oder zusammen mit solchen des Gewerbes, in denen der in der Anlage 1 festgelegte Schwellenwert für die Gesamtverkaufsfläche überschritten wird. Jedenfalls nicht als Handelsgroßbetriebe gelten:
1. Betriebe des Kraftfahrzeug- und des Maschinenhandels,
2. Betriebe des konventionellen Baustoffhandels,
3. Baumschulen und Berufsgärtnereien.

(2) Zur Verkaufsfläche zählen

1. Flächen:
(a) auf denen Waren ausgestellt oder zum Verkauf angeboten werden;
(b) auf denen im Zusammenhang mit dem Warenverkauf stehende Dienstleistungen erbracht werden;
(c) die der Abwicklung des geschäftlichen Verkehrs mit den Kunden dienen;
(d) die sich mit einer dieser Flächen in einem gemeinsamen Raum befinden;
(e) die innerhalb eines Baues der Erschließung einer dieser Flächen dienen und zur Benützung durch Kunden bestimmt sind.

2. nicht aber Flächen:
(a) von Tiefgaragen, Lagern, Windfängen, Stiegenhäusern und Sanitärräumen mit ihren Zugängen;
(b) von Dienstleistungs- und Gastronomieeinrichtungen, die sich nicht in einem gemeinsamen Raum mit Verkaufsflächen befinden und in denen eine Abgabe von Waren nur im untergeordneten Ausmaß erfolgt.

Verkaufsflächen in mehreren Bauten sind zusammenzurechnen, wenn sie zueinander in einem räumlichen Naheverhältnis stehen und entweder einen funktionalen Zusammenhang bilden oder die Verkaufsflächen innerhalb eines Zeitabstandes von fünf Jahren ab Aufnahme der Benützung geschaffen werden. Keine Zusammenrechnung erfolgt in gekennzeichneten Orts- oder Stadtkernbereichen sowie in historisch gewachsenen Einkaufs- und Geschäftsstraßen.

(3) Die Handelsgroßbetriebe werden in folgende Kategorien unterteilt:
1. Verbrauchermärkte: Als Verbrauchermärkte gelten Handelsgroßbetriebe, die in ihrem Warensortiment ausschließlich oder überwiegend Lebens- und Genussmittel an Letztverbraucher anbieten.
2. C&C-Märkte: Als C&C-Märkte gelten Handelsgroßbetriebe, die grundsätzlich nur Wiederverkäufern zugänglich sind.
3. Fachmärkte: Als Fachmärkte gelten Handelsgroßbetriebe, die Waren einer oder mehrerer Warengruppen sowie allenfalls in geringfügigem Ausmaß Lebens- und Genussmittel anbieten, mit Ausnahme von Bau-, Möbel- oder Gartenmärkten.
4. Bau-, Möbel- oder Gartenmärkte: Als solche gelten Handelsgroßbetriebe, die Waren für Baumaßnahmen, die Raumausstattung bzw. die Raum- oder Gartengestaltung, Waren, die typischerweise mit dem Kraftfahrzeug abtransportiert werden sowie allenfalls in geringfügigem Ausmaß Lebens- und Genussmittel und sonstige Waren anbieten.
5. Einkaufszentren: Als Einkaufszentren gelten Handelsgroßbetriebe, die eine geplante Konzentration von Einzelhandels- und Dienstleistungsbetrieben darstellen, die zueinander in einem räumlichen Naheverhältnis stehen und eine funktionale Einheit bilden.

(4) Bei der Ausweisung von Gebieten für Handelsgroßbetriebe sind auch die jeweilige zulässige Kategorie und die jeweils höchstzulässige Gesamtverkaufsfläche festzulegen. In der Kategorie Einkaufszentren ist darüber hinaus die höchstzulässige Verkaufsfläche für den Anteil an Verbrauchermärkten gesondert festzulegen.

(5) Gebiete für Handelsgroßbetriebe dürfen nur ausgewiesen werden, soweit eine solche Widmung durch eine in Geltung stehende Standortverordnung für Handelsgroßbetriebe für zulässig erklärt ist. Keine Standortverordnung ist erforderlich:
1. in gekennzeichneten Orts- oder Stadtkernbereichen;
2. für bereits am 1. Jänner 2018 als Gebiete für Handelsgroßbetriebe gewidmete Flächen: für eine einmalige Erhöhung der zu diesem Zeitpunkt festgelegten höchstzulässigen Gesamtverkaufsfläche um bis zu 10%, höchstens jedoch um 200 m^2, jeweils je festgelegter Kategorie;
3. für eine Anpassung der Widmungsfläche ohne Änderung der Kategorien oder der jeweils höchstzulässigen Gesamtverkaufsflächen.

(6) Im Flächenwidmungsplan sind außerdem das Datum des Inkrafttretens und eine allfällige Verlängerung einer Standortverordnung, die nach Inkrafttreten dieses Gesetzes (§ 81 Abs 1) erlassen

wird, anzugeben. Ab dem Außerkrafttreten der Standortverordnung (§ 14 Abs 5) ist eine der Standortverordnung entsprechende Flächenwidmung bei der Beurteilung von Bauvorhaben für Handelsgroßbetriebe nicht mehr anzuwenden. Diese Unanwendbarkeit ist vom Bürgermeister oder von der Bürgermeisterin unverzüglich im Flächenwidmungsplan kenntlich zu machen.

(7) **Bestehen bei einem Vorhaben Zweifel, ob nicht eine Widmung als Handelsgroßbetrieb erforderlich ist, hat die Behörde vor der Erteilung der Bewilligung eine Stellungnahme der Landesregierung einzuholen. Die Stellungnahme ist innerhalb von sechs Wochen ab Vorlage der Unterlagen abzugeben. Während dieser Frist darf vor Einlangen der Stellungnahme die Bewilligung nicht erteilt werden.**

RV

Die Grenzwerte für die Gesamtverkaufsflächen, bei deren Überschreitung eine Widmung für Handelsgroßbetriebe einer bestimmten Art erforderlich ist, sind in der Anlage 1 festgelegt. Die Größenordnungen stehen in Abhängigkeit von der zentralörtlichen Einstufung der genannten Gemeinden oder von der Einwohnerzahl in den nicht genannten Gemeinden. Damit wird die jeweilige Versorgungsfunktion der Gemeinde besser berücksichtigt.

Die Definition der Verkaufsflächen ist modifiziert: Auf gesetzlicher Stufe wird klargestellt, dass neben den bisherigen Ausnahmen auch Windfangbereiche und Stiegenhäuser nicht unter den Verkaufsflächenbegriff fallen. Für Flächen von Dienstleistungsbetrieben erfolgt eine eindeutige Regelung: Diese fallen, auch wenn ein Warenverkauf in untergeordnetem Umfang erfolgt, nur dann unter den Verkaufsflächenbegriff, wenn sie mit anderen Verkaufsflächen in einem Raum liegen.

Zur Ausnahme von der Zusammenrechnungsregelung für gewachsene Einkaufs- und Geschäftsstraßen wird festgehalten, dass solche nur vorliegen, wenn es sich um eine über einen längeren Zeitraum gewachsene, großteils zusammenhängende verdichtete Baustruktur handelt, wobei maßgebliche Teile der Bebauung bereits vor 1993 entstanden sind, und der Straßenzug von einer fußgänger- und einkaufsbezogenen Straßenraum- und Fassadengestaltung mit verkehrsberuhigten Bereichen, Stellplätzen, öffentlicher Verkehrserschließung, Gehsteigen, Geschäftsauslagen und -portalen geprägt ist.

Die Kategorien an Handelsgroßbetrieben sind im Wesentlichen aus dem ROG 1998 (§ 17 Abs 10) übernommen. Bei der Kategorie Bau-, Möbel- und Gartenmärkte wird das zulässige Warensortiment auf sogenannte autoaffine Güter ausgeweitet: neben Lebens- und Genussmitteln dürfen auch sonstige Waren in geringfügigem Umfang angeboten werden. Damit erhält das auch in typischen Baumärkten vorkommende Randsortiment an Waren (zB Musik-CDs) eine gesetzliche Deckung.

Die Abs 4 und 7 entsprechen den bisher im ROG 1998 enthaltenen Regelungen (§§ 17 Abs 1 Z 9 zweiter Satz, § 24 Abs 1 drittletzter bis letzter Satz).

Abs 5 ist die Nachfolgebestimmung zu § 17 Abs 13 ROG 1998. Sie setzt auch die Ausnahme vom Erfordernis des Bestehens einer Standortverordnung für die Ausweisung von Gebieten für Handelsgroßbetriebe in Stadt- und Ortskernbereichen, die im Flächenwidmungsplan als solche gekennzeichnet sind, fort. Dies gilt für solche Gebiete in den namentlich aufgezählten Städten und Märkten (lit a) ohne weitere flächenmäßige Begrenzung. Für sie ist eine derartige Beschränkung auf Grund der zentralörtlichen Einstufung dieser Gemeinden entbehrlich. Für die anderen Gemeinden hat die Landesregierung unter Berücksichtigung deren zentralörtlicher Einstufung und der damit verbundenen Versorgungsfunktion Obergrenzen für die Gesamtverkaufsflächen in einem Handelsgroßbetrieb durch Verordnung festzulegen. Werden diese, für die einzelnen

Kategorien an Handelsgroßbetrieben auch unterschiedlich festlegbaren Obergrenzen nicht überschritten, sind in gekennzeichneten Stadt- und Ortskernbereichen auch anderer Gemeinden keine Standortverordnungen der Landesregierung erforderlich (lit b).

Nach dem Inkrafttreten des neuen ROG erlassene Standortverordnungen stehen nur befristet in Geltung. Zur Sicherung der Effektivität der Befristung ist auch für den Fall Vorsorge zu treffen, dass von der Gemeinde zwar eine entsprechende Flächenwidmung erlassen, trotzdem aber keine der Widmung entsprechende Bebauung innerhalb der Frist zumindest begonnen worden ist. Es ist daher vorgesehen, dass nach Fristablauf im Rahmen der Prüfung der Widmungskonformität von Bauvorhaben die Widmung als Gebiet für Handelsgroßbetriebe zwar hinsichtlich sonstiger widmungskonformer Bauführungen noch anwendbar ist, nicht jedoch für die Errichtung oder Erweiterung eines Handelsgroßbetriebes. Die Flächenwidmung gilt nur mehr in diesem Sinn modifiziert weiter. Da dieser Zustand nicht von Dauer sein kann, ist in weiterer Folge der Flächenwidmungsplan zu ändern. § 44 Abs 1 wird dahin ergänzt. Festgehalten wird noch, dass Standortverordnungen, von welchen innerhalb der Fünf-Jahres-Frist durch entsprechende Bebauung Gebrauch gemacht worden ist, auf Dauer aufrecht bleiben.

Die modifizierte Wirkung der Flächenwidmung ergibt sich kraft gesetzlicher Anordnung. Für dieses Normverständnis ist es aber Voraussetzung, den Beginn der Fünf-Jahres-Frist oder einer allfälligen dreijährigen Verlängerung im Flächenwidmungsplan ersichtlich zu machen. Die Kenntlichmachung der Unanwendbarkeit der Flächenwidmung in Bezug auf Handelsgroßbetriebe hat nur mehr deklarative Bedeutung. Sie wird ausnahmsweise dem Bürgermeister oder der Bürgermeisterin zugeordnet.

RV 2017

Die Bestimmung übernimmt weitgehend geltendes Recht, zu punktuellen Änderungen kommt es jedoch hinsichtlich der Ausweisung von Gebieten für Handelsgroßbetriebe in Stadt- oder Ortskerngebieten, der Festlegung der Verkaufsflächen und der Erweiterungsmöglichkeiten bestehender Betriebe.

Zur Änderung betreffend die Ausweisung von Gebieten für Handelsgroßbetriebe ist auszuführen, dass dafür in gekennzeichneten Stadt- oder Ortskerngebieten künftig keine Standortverordnung mehr erforderlich ist, und zwar – anders als bisher – ohne Obergrenze in allen Gemeinden des Landes Salzburg (Abs 5 Z 1). Diese Erleichterung dient nicht nur dem Ziel der Revitalisierung und Stärkung der Orts- und Stadtkerne, sondern vor allem auch dem „Kurze-Wege-Prinzip“.

Die Änderung betreffend die Festlegung der Verkaufsflächen betrifft die Kategorie Einkaufszentren: In dieser Kategorie ist künftig die höchstzulässige Verkaufsfläche für den Anteil an Verbrauchermärkten gesondert festzulegen (Abs 4 zweiter Satz). Damit soll eine bessere Abschätzbarkeit der raumplanerischen Auswirkungen von Einkaufszentren erreicht werden. Der Grund für die raumplanerische Sensibilität von Handelsgroßbetrieben im Allgemeinen und Einkaufszentren im Besonderen und die daran anknüpfende gesonderte raumordnungsrechtliche Erfassung liegt ja grundsätzlich darin, dass Handelsgroßbetriebe eine Sog- oder Magnetwirkung auf die Kunden in der Umgebung entfalten und insoweit die Bedeutung eines Zentrums mit all den damit verbundenen Auswirkungen erlangen. Je verlässlicher die Verkaufsflächen zugeordnet werden können, desto leichter fällt auch die Abschätzung der raumrelevanten Auswirkungen.

In puncto Zusammenrechnung von Verkaufsflächen (Abs 2 vorletzter und letzter Satz) erfolgt – abgesehen von der Einschränkung auf „historisch gewachsene Einkaufs- und Geschäftsstraßen" – keine Änderung. Wie bisher ist für eine Zusammenrechnung außer einem räumlichen Naheverhältnis weiter erforderlich, dass die Bauten mit den Verkaufsflächen entweder einen funktionalen Zusammenhang bilden oder die Verkaufsflächen innerhalb eines Zeitabstandes von fünf Jahren ab Aufnahme der Benützung geschaffen worden sind. Unter „historisch" sind dabei – nachdem die Intention dieser Regelung darin lag, Einkaufs- und Geschäftsstraßen, denen noch vor einigen Jahrzehnten eine zentrale Nahversorgungsfunktion zukam, wieder zu stärken – jene Straßenzüge zu verstehen, die bereits Mitte des vorigen Jahrhunderts diese Funktion innehatten.

Im Übrigen beziehen sich die Änderungen im Wesentlichen auf bestehende Betriebe: Um auch bestehenden Handelsgroßbetrieben in den Außenbereichen ein gewisses Maß an Erweiterungsmöglichkeiten einzuräumen, werden für diese Bagatellvergrößerungen in Höhe von 10 % – maximal jedoch 200 m^2 – der zum Stichtag geltenden höchstzulässigen Gesamtverkaufsfläche je ausgewiesener Kategorie ohne Standortverordnungen ermöglicht (Abs 5 Z 2). Beträgt die höchstzulässige Verkaufsfläche eines Handelsgroßbetriebs zum Stichtag zB 3.000 m^2 für die Kategorie Fachmärkte und 800 m^2 für die Kategorie Verbrauchermärkte, so kann im Rahmen einer Flächenwidmungsplan-Änderung ohne Standortverordnung einmalig auf 3.200 m^2 für die Kategorie Fachmärkte und 880 m^2 für die Kategorie Verbrauchermärkte erhöht werden. Ebenso soll künftig eine Anpassung der reinen Widmungsfläche ohne Standortverordnung zulässig sein (Abs 5 Z 3).

In der Anlage 1 werden außerdem noch die Schwellenwerte, um als Handelsgroßbetrieb zu gelten, für die Kategorie Verbrauchermärkte, und zwar für bestehende Betriebe, für Geschäfts- und Wohnnutzungen in einem Bau sowie für bestimmte Gunstlagen (Stadt- und Ortskerngebiete, Siedlungsschwerpunkte udgl), angehoben. Letzteres wiederum zum Zweck der Förderung des „Kurze-Wege-Prinzips".

Anmerkungen

Zu den in Abs 1 genannten Ausnahmen stellen die Erläuterungen zum ROG 1998 hinsichtlich der Betriebe des „konventionellen Baustoffhandels" fest, dass damit Betriebe gemeint sind, die dem Handel mit Baustoffen in einem engeren Sinn in herkömmlicher Weise dienen. Auch die Ausnahmen der Baumschulen führt dabei kein neues Verständnis der einzubringenden Verkaufsflächen ein, sondern erfasst nur solche Betriebe mit entsprechenden Flächen unter Dach. Für alle drei Ausnahmen gilt für die angesprochenen Betriebe, dass schon durch die angebotenen Waren typischerweise ein erhöhter Flächenbedarf gegeben ist. Ausdrücklich stellen die Erläuterungen zum ROG 1998 fest, dass „Baumärkte" nicht ausgenommen sind. Darunter fallen Fachmärkte mit einem typischen Warensortiment für den Ausbau, die Ausgestaltung und die Einrichtung von Räumen und Geräten und dergleichen. Weiters werden Fachmärkte als „großflächige Einzelhandelsbetriebe definiert, die in Nichtlebensmittelsparten entstehen und die die Elemente des Supermarktes (Selbstbedienung) mit denen des Fachmarktes (Beratung) zu kombinieren versuchen".

Die Verkaufsflächen werden in Abs 2 definiert. Die Definition gleicht weitgehend der bisherigen Auslegung im ROG 1998 und im Vollzug von § 17 Abs 9, zweiter Satz ROG 1998 durch die Landesplanung; dies nur mit der Änderung, dass der Satzteil „ausgenommen Tiefgaragen" aus dem ROG 1998 im ROG 2009 nicht mehr angeführt wird. Ergänzt wurde die Darstellung 2009 in einem weiteren Satz, mit dem festgehalten wird, welche Flächen nicht zur Verkaufsfläche zählen. Bis 1998 wurde im Gesetzestext ausschließlich auf die Tiefgaragen Bezug genommen, die nicht zu den Verkaufsflächen zählen. Weiters wurde in den Erläuterungen zum ROG 1998 darauf hingewiesen, dass auch bei Stiegen regelmäßig die Eignung zu Verkaufsflächen fehlt und sie deshalb außer Bedacht bleiben.

Zur Klarstellung wird nunmehr in Abs 2, zweiter Satz, in lit a erläutert, welche Flächen nicht Verkaufsflächen sind. Auf gesetzlicher Stufe wird klargestellt, dass neben den bisherigen Ausnahmen auch Windfangbereiche und Stiegenhäuser nicht unter den Verkaufsflächenbegriff fallen. Auch für Flächen von Gastronomieeinrichtungen oder anderen Dienstleistungseinrichtungen wie Banken erfolgt eine eindeutige Regelung: Diese fallen, auch wenn ein Warenverkauf in untergeordnetem Umfang erfolgt, nur dann unter den Verkaufsflächenbegriff, wenn sie mit anderen Verkaufsflächen in einem gemeinsamen Raum liegen.

Das ROG 2009 hält somit, wie schon bisher das ROG 1998, daran fest, dass der Verkaufsflächenbegriff im Sinne des ROG alle Flächen erfasst, die dem Kundenverkehr dienen, dh, dass auch die zwischen den einzelnen Verkaufseinheiten liegenden Zugangsbereiche im gemeinsamen Raum zur Verkaufsfläche zählen. Bei Einkaufszentren ist dies zB die gemeinsame Mall, die auch zur Verkaufsfläche zählt. Auch die im gemeinsamen Raum liegenden Teilflächen mit Betrieben der Dienstleistungswirtschaft – wie Frisör, Bank, Schlüsseldienst, Schuhreparatur, Reisebüro, Bäcker, Bar und Restaurant – zählen damit zu den Verkaufsflächen im Sinne des Salzburger ROG. Eine derartige Gesamtschau der Verkaufsfläche ist auch deshalb sinnvoll, da oftmals ein Mieterwechsel etwa zwischen einem Handelsbetrieb und einem Betrieb des Dienstleistungsgewerbes stattfindet, der ansonsten eine ständige Überprüfung der Verkaufsflächen für Handelsbetriebe durch die Baubehörde nötig machen würde.

Zur Frage des gemeinsamen Raumes ist festzuhalten, dass schon vor dem ROG 2009 die Landesplanung – etwa auch gegenüber der Volksanwaltschaft – die Ansicht vertreten hat, dass gastronomisch genutzte Flächen in die Verkaufsfläche von Handelsgroßbetrieben dann nicht eingerechnet werden, wenn sie zwar innerhalb des Einkaufszentrums liegen, aber eine räumliche Trennung vorliegt und die jeweils gastronomisch genutzten Flächen über einen eigenen Zugang von außen verfügen und somit auch von außen zugänglich sind (22. und 23. Bericht der Volksanwaltschaft an den Salzburger Landtag 1999-2000, Kapitel 5 „ROG und Baurecht“, Unterkapitel 5.1.1.). Die Volksanwaltschaft hatte dazu angeführt, dass eine derartige Auslegung aus den Materialien der Gesetzesbestimmungen des ROG 1998 nicht ableitbar sei, und diesbezüglich eine Klarstellung in der nächsten Novelle angeregt – dem wurde durch das ROG 2009 auch Rechnung getragen.

Hier ist zu beachten, dass bei vor dem 01.04.2009 bereits bewilligten Handelsbetrieben die Verkaufsflächendefinition des ROG 1998 aufrecht bleibt (siehe § 84 Abs 3). Dies hat insbesondere bei der Einrechnung von Erschließungsflächen (Windfänge) erhebliche Bedeutung. Diese Bestimmung wurde durch die Novelle 2017 nicht verändert.

Der letzte Satz des Abs 2 befasst sich mit der „Zusammenrechnungsregelung“, dh, ab wann bei mehreren an sich selbstständigen Betrieben in einem Gebäude oder auch in verschiedenen in einem räumlichen Naheverhältnis zueinanderstehenden Bauten vom Vorliegen eines Handelsgroßbetriebes auszugehen ist. Mit der ROG-Novelle (LGBl 13/2004) wurde die Zusammenrechnung von Verkaufsflächen, die innerhalb eines fünfjährigen Zeitraumes entstanden sind, festgelegt – unabhängig, ob ein funktionaler Zusammenhang besteht oder nicht. Die Erläuterungen (RV 2004) stellen dazu fest: „Verkaufsflächen in mehreren Bauten, die zueinander in einem räumlichen Naheverhältnis stehen, sind künftig jedenfalls zusammenzurechnen, wenn diese innerhalb einer Frist von fünf Jahren geschaffen werden. Ein langsames Wachsen von Standorten wird dadurch nicht verhindert. Vermieden werden aber soll eine längerfristige, vorausschauend betriebene Entwicklung von Agglomerationsstandorten, die in Summe die gleichen strukturellen Auswirkungen haben wie Fachmarkt- oder Einkaufszentren. Nach Ablauf der zeitlich befristeten

Zusammenrechnungsregel ist aber noch nicht jede Form der Erweiterung zulässig. Vielmehr wird bei Vorliegen eines funktionalen Zusammenhanges auch weiterhin von einem Handelsgroßbetrieb auszugehen sein."

In Abs 3 werden im Wesentlichen die bisherigen Kategorien des ROG 1998 (§ 17 Abs 10) übernommen. Die damaligen Erläuterungen (RV 1997) weisen zur Gliederung in Kategorien darauf hin, dass die Art der Handelstätigkeit nicht nur wesentlich die Auswirkungen auf die Handelsstruktur betrifft, sondern vor allem auf die Verkehrsstruktur der betreffenden Gemeinde und Region Auswirkungen hat.

So sind Fachmärkte grundsätzlich auf einen größeren Einzugsbereich ausgerichtet als Verbrauchermärkte. Gegenüber dem ROG 1998 ergibt sich nur insofern eine Änderung (RV 2009), als bei der Kategorie Bau-, Möbel- und Gartenmärkte das zulässige Warensortiment auf so genannte autofine Güter – das sind Güter, die typischerweise mit dem Kraftfahrzeug abtransportiert werden – abgestellt wird. Wie bisher sind bei Bau-, Möbel- und Gartenmärkten in geringfügigem Ausmaß auch Lebens- und Genussmittel sowie sonstige Waren möglich, die das auch in typischen Baumärkten vorkommende Randsortiment dann ermöglichen, wenn es tatsächlich nur einen geringfügigen Umfang des Angebots ausmacht. Als „geringfügig" ist dabei – nach der stRSp des VwGH – ein Anteil von 10% des Warensortiments anzusehen. Dieser Anteil bezieht sich auf die anteilige Verkaufsfläche, auf der bei Bau-, Möbel- und Gartenmärkten Lebens- und Genussmittel sowie sonstige Waren den Kunden angeboten werden.

In Abs 7 wurde eine Bestimmung des § 24 Abs 1 ROG 1998, dritter Satz, übernommen, die mit der ROG-Novelle (LGBl 13/2004) noch verstärkt wurde. Die Erläuterungen (RV 2004) stellen dazu fest, dass bei der Formulierung, wenn aufgrund der Unterlagen Zweifel darüber angebracht sind, ob nicht eine Handelsgroßbetriebswidmung notwendig ist, es nicht auf die subjektive Beurteilung der Baubehörde ankommt, sondern darauf, dass die Unterlagen objektiv zu Zweifel darüber Anlass geben, ob tatsächlich kein Handelsgroßbetrieb geplant war.

Dazu heißt es in den Erläuterungen (RV 2004) weiter: Als Behörde kommt hier, nämlich bei Vorhaben, bei denen aufgrund der Unterlagen Zweifel darüber angebracht sind, dass es sich hierbei um keinen Handelsbetrieb handelt, nicht nur der Bürgermeister oder die delegierte Behörde in Betracht. Die Verpflichtung zur Einholung einer Stellungnahme trifft die jeweils zuständige Behörde.

Mit der Novelle 2017 wurde der Begriff „gewachsene Einkaufs- und Geschäftsstraßen" durch das vorgestellte Wort „historisch" ergänzt. (seit 1.1.2018: „historisch gewachsene Einkaufs- und Geschäftsstraßen"). Unter „historisch" sind dabei – nachdem die Intention dieser Regelung darin lag, Einkaufs- und Geschäftsstraßen, denen noch vor einigen Jahrzehnten eine zentrale Nahversorgungsfunktion zukam, wieder zu stärken – jene Straßenzüge zu verstehen, die bereits Mitte des vorigen Jahrhunderts diese Funktion innehatten.

Konkret bedeutet dies, dass nicht wie im ROG 2009 eine Geschäftsstraße schon vor 1993, sondern schon vor 1950 entstanden sein muss um die „Zusammenrechnungsregel" aufzuheben.

Die Baubehörde kann, wenn ein Bauvorhaben vermuten lässt, es handle sich um einen Handelsgroßbetrieb, diese Widmung aber laut Flächenwidmungsplan nicht gegeben ist, zusätzliche Unterlagen vom Bauwerber verlangen. Grundlage dafür ist die in Kap. C Z 3 dargestellte Verordnung über die Unterlagen zur Feststellung von Handelsgroßbetrieben LGBl 128/1993 idF LGBl 39/2010.

Hinzuweisen ist auch darauf, dass für größere HGBs ab bestimmten Schwellwerten ein UVP Verfahren nötig ist (siehe dazu Kap. D Z 1).

Schwellenwerte für Handelsgroßbetriebe
Anlage 1 zu § 32 Abs 1

Der Schwellenwert für die Gesamtverkaufsfläche, bis zu den Bauten oder Teile von Bauten mit Verkaufsräumen von Betrieben des Handels allein oder zusammen mit solchen des Gewerbes nicht als Handelsgroßbetriebe gelten, beträgt je nach Gemeinde:

Gemeinde	Schwellenwert	
	für Verbrauchermärkte	für andere Märkte
	(iS des § 32 Abs 3 Z 1)	(iS des § 32 Abs 3 Z 2 bis 5)
(a) Stadt Salzburg, Bischofshofen, Hallein, St Johann im Pongau, Saalfelden am Steinernen Meer, Zell am See, Tamsweg	800 m^2	1.000 m^2
(b) Abtenau, Altenmarkt im Pongau, Bad Gastein, Bad Hofgastein, Bürmoos, Golling an der Salzach, Hof bei Salzburg, Kuchl, Lofer, Mattsee, Mauterndorf, Mittersill, Neukirchen am Großvenediger, Neumarkt am Wallersee, Oberndorf bei Salzburg, Radstadt, Schwarzach im Pongau, Seekirchen am Wallersee, St Gilgen, St Michael im Lungau, Strasswalchen, Taxenbach, Thalgau, Wagrain sowie alle Gemeinden mit mehr als 1.500 Einwohnern	500 m^2 (600 m^2)*	800 m^2
(c) alle anderen Gemeinden	300 m^2 (400 m^2)*	500 m^2

Dabei gilt Folgendes:

1. **Die mit Stern (*) gekennzeichneten erhöhten Schwellenwerte gelten für Bauten von Betrieben des Handels allein oder zusammen mit solchen des Gewerbes mit Verkaufsräumen:**
   (a) **die bereits zum 1. Jänner 2018 rechtmäßig bestanden haben,**
   (b) **in gekennzeichneten Stadt- oder Ortskerngebieten,**
   (c) **in Siedlungsschwerpunkten oder**
   (d) **die sich in einem gemeinsamen Bau mit Wohnungen befinden, deren Wohnnutzfläche in Summe den erhöhten Schwellenwert überschreitet.**
2. **Der Schwellenwert für „andere Märkte" gilt auch im Fall eines Warenangebots aus unterschiedlichen Kategorien iS des § 32 Abs 3.**

Anmerkung

Die in der Anlage/1 Z 1 vorgenommenen Änderungen haben für die Ausbaumöglichkeiten von am 1.1.2018 bestehenden Handelsbetrieben in der Kategorie Verbrauchermärkte in kleineren und mittleren Gemeinden weiterreichende Konsequenzen: Die im Bereich von Verbrauchermärkten in lit b und c der Anlage vorgesehenen, mit Stern (*)Bezeichnung angeführten höheren Schwellenwerte im Klammerausdruck erlauben eine Vergrößerung all dieser Betriebe auf 600 bzw. 400 m^2 Verkaufsfläche. Da die dazu in Z 1 festgelegten Kriterien (lit a bis lit d) gleichwertige Alternativen darstellen, führt dies dazu, dass jedweder vor dem 01.01.2018 bestehende Verbrauchermarkt in den Genuss der Erweiterung kommen kann. Diese mögliche Verkausflächenvergrößerung um 20% bzw 33% scheint offensichtlich im Gegensatz zu der mit der Novelle 2017 erfolgten Einschränkung der Einzelhandelsverkaufsflächen durch Abschaffung der Kenn-

zeichnung von Einzelhandelsnutzungen in Betriebs- und Gewerbegebieten zu stehen.
Die Bedeutung der Z 2 kann in diesem Zusammenhang bei wörtlicher Interpretation auch bedeuten, dass die Schwellwerte für „andere Märkte" – entgegen dem Klammerausdruck in der Tabelle – auch für Verbrauchermärkte gelten, wenn diese Waren einer anderen Warengruppe führen. Da die Widmungsumschreibung des § 32 Abs 3 Z 1 für Verbrauchermärkte nur ein überwiegendes Warenangebot an Lebens- und Genussmittel erfordert, würde dies zur Folge haben, dass jeder Verbrauchermarkt der anderen Warengruppen in nicht nur geringfügigem Ausmaß (zB typischerweise die Aktionsware der Diskonter) anbietet unter die höheren Schwellwerte für „andere Märkte" fallen könnte.

§ 33 Beherbergungsgroßbetriebe

(1) Beherbergungsgroßbetriebe sind Bauten für Gastgewerbebetriebe zur Beherbergung von Gästen mit mehr als 120 Gästezimmern. Gästezimmer in mehreren Bauten sind zusammenzuzählen, wenn die Bauten in einem räumlichen Naheverhältnis stehen und eine funktionale oder wirtschaftliche Einheit bilden.

(2) Bei der Ausweisung von Gebieten für Beherbergungsgroßbetriebe ist auch die jeweils höchstzulässige Zahl an Gästezimmern festzulegen.

(3) Die Ausweisung von Gebieten für Beherbergungsgroßbetriebe ist nicht zulässig, wenn die Fläche außerhalb des Dauersiedlungsraums liegt oder nachteilige Auswirkungen zu erwarten sind auf:
1. das Landschafts- oder das Ortsbild,
2. die Verkehrsstruktur,
3. die Belastbarkeit der Landschaft,
4. die Sozialstruktur oder
5. die Tourismusstruktur.

RV

Die hier zusammengefassten Bestimmungen entsprechen den bisher im § 17 Abs 1 Z 10 dritter Satz, Abs 11 und § 22 Abs 2 ROG 1998 enthaltenen.

Zu Abs 2: Als Gästezimmer gilt jeder Aufenthaltsraum, der für Beherbergungszwecke geeignet ist (Wohnzimmer, Wohnküchen etc.).

Zu Abs 3 vgl. die Ausführungen zu § 31 Abs 4.

RV 2017

Die Errichtung von Beherbergungsgroßbetrieben außerhalb des Dauersiedlungsraums (vgl. § 5 Z 5) wird im Sinn der Ziele des ROG 2009 (Schutz der natürlichen Lebensgrundlagen udgl) grundsätzlich untersagt. Insbesondere soll damit vermieden werden, dass weitab von jeglicher Siedlungsstruktur (etwa im Bereich der Mittel- und Bergstationen) großflächige Beherbergungsgroßbetriebe entstehen. Auf die Übergangsbestimmung § 86 Abs 11 letzter Satz wird im Zusammenhang hingewiesen.

Anmerkungen

Die Erläuterungen RV 1992 stellen zu den Beherbergungsgroßbetrieben fest, dass das „Gebiet für Beherbergungsgroßbetriebe" dazu dienen soll, im Sinne des § 2 Abs 1 Z 6 (Tourismusziel), auf die Entwicklung der gewerblichen Fremdenbetten Einfluss nehmen zu können.

Der Schwellenwert von 120 Gästezimmern wurde durch die ROG-Novelle 2004 festgelegt. Die bis dahin geltende Regelung definierte die Großbetriebe im Tourismus mit über 60 Fremdenzimmern. Die Erhöhung der Zimmerzahl ging auf eine Initiative der Stadt Salzburg und der Wirtschaftskammer zurück (RV 2004). Aufgrund von Änderungen in den Betriebsstrukturen im Gastgewerbe ist erst mit einer Zimmerzahl von 120 von einem Großbetrieb auszugehen. Auch die Erfahrungen im Vollzug des ROG bis zur Novelle 2004 belegen, dass Ausweisungen für die Neuerrichtung derartiger Betriebe in der Regel nur mit Zimmerzahlen über dem Grenzwert von 120 erfolgen und darunterliegende Zimmerzahlen nur bei Bestandsausweisungen für bestehende Betriebe festgelegt werden. Insofern war eine Anpassung durchaus mit den Intentionen, die bei der Schaffung dieser Widmungskategorie wesentlich waren, vereinbar. Mit der Änderung sollten auch die Planungskosten für die Erweiterung bestehender Betriebe gesenkt werden, weil damit die speziellen Untersuchungen betreffend negative Auswirkungen im Sinne des Abs 3 entfallen (RV 2004).
In den Erläuterungen zum ROG 1992 wird festgehalten, dass das Entstehen solcher Großbetriebe dann anzunehmen ist, wenn „die Gästezimmer bei Eigentümeridentität oder funktionaler Einheit in mehreren nahe zueinander gelegenen Bauten untergebracht sind“.
Die Zahl der Gästezimmer selbst muss aus den Bauplänen ersichtlich sein. Als Gästezimmer gilt jeder Aufenthaltsraum, der für Beherbergungszwecke geeignet ist (RV 2009). Damit wird klargestellt, dass auch Wohnküchen, Wohnzimmer, Studios usw. bei der Zählung der Zimmer zu berücksichtigen sind.
Durch die Novelle 2017 ist nach § 30 Abs 3 erster Satz die Ausweisung von Flächen für Beherbergungsgroßbetriebe außerhalb des Dauersiedlungsraumes (siehe § 5 Z 5) nicht zulässig. Der Dauersiedlungsraum ist als „Raum der zum ständigen Lebens- und Wirtschaftsraum des Menschen gehört“ definiert, aber nach § 5 Z 5 flächenmäßig nicht korrekt erfassbar.
Auf die Übergangsbestimmung § 86 Abs 11 letzter Satz ist in diesem Zusammenhang hinzuweisen. Danach gelten für die vor dem 1.1.2018 bewilligten Beherbergungsbetriebe außerhalb des Dauersiedlungsraumes die bisherigen Regelungen weiter.
Bei Bauland-Neuausweisungen von Flächen für Beherberungsgroßbetriebe kann die Befristung der Baulandausweisung auf bis zu fünf Jahre verkürzt werden. Eine Verlängerung um weitere fünf Jahre ist möglich.
Die Baubehörde kann, wenn ein Bauvorhaben vermuten lässt, es handle sich um einen Beherbergungsgroßbetrieb, diese Widmung aber laut Flächenwidmungsplan nicht gegeben ist, zusätzliche Unterlagen vom Bauwerber verlangen. Grundlage dafür ist die in Kap. C Z 4 dargestellte Verordnung über die Unterlagen zur Feststellung von Beherbergungsgroßbetrieben LGBl 129/1993 idf LGBl 39/2010.
Hinzuweisen ist darauf, dass für größere Beherbergungsgroßbetriebe ab bestimmten Schwellwerten ein UVP Verfahren nötig ist (Siehe Kap. D Z 1)

§ 34 Sonderflächen

(1) Die Ausweisung von Sonderflächen ist zulässig:

1. für Vorhaben, die sich nach der Art oder den Umständen des jeweiligen Vorhabens nicht in eine sonstige Bauland-Kategorie einordnen lassen (wie Kasernen, größere Kranken- und Kuranstalten, Tiergärten), oder in hohem Maß eine Explosions- oder Strahlungsgefährdung für die Umgebung erwarten lassen oder in den Anwendungsbereich der Seveso-Richtlinie fallen;

1a. für Flächen, die im Räumlichen Entwicklungskonzept für einen bestimmten Verwendungszweck vorgesehen sind
2. für Vorhaben, die auf Grund ihres Verwendungszwecks an einen bestimmten Standort gebunden sind (zB Fernwärmeerzeugungsanlagen); oder
3. für Vorhaben, für die ein bestimmter Standort besonders geeignet ist. Eine solche Eignung setzt jedenfalls voraus, dass
(a) die geplante Verwendung im öffentlichen Interesse gelegen ist und den Festlegungen in Entwicklungsprogrammen des Landes oder dem Räumlichen Entwicklungskonzept der Gemeinde nicht widerspricht;
(b) die geplante Verwendung eine Ergänzung oder Fortentwicklung gegebener Strukturen darstellt;
(c) keine schädlichen Umweltauswirkungen damit verbunden sind und keine erhebliche Beeinträchtigung des Orts- und Landschaftsbildes erfolgt; und
(d) keine sonstigen öffentlichen Interessen der Ausweisung entgegenstehen;
4. für bestehende einzelstehende Betriebe im Grünland.

(2) Bei der Ausweisung von Sonderflächen ist der jeweilige Verwendungszweck festzulegen.

(3) Die Ausweisung einer Sonderfläche für Seveso-Betriebe ist nur zulässig, wenn von der Landesregierung die Raumverträglichkeit (§ 16) festgestellt und der Auswirkungsbereich entsprechend dieser Feststellung im Flächenwidmungsplan gleichzeitig gekennzeichnet wird.

RV

Die Bestimmungen sind die Nachfolgebestimmungen für § 17 Abs 1 Z 11 und Abs 12 ROG 1998. Dabei werden im Abs 1 (Zulässigkeit der Ausweisung von Sonderflächen) in Bezug auf die besondere Standorteignung inhaltliche Kriterien eingeführt. Dies ist insbesondere erforderlich, weil mit dieser Kategorie künftig vermehrt neue Entwicklungen erfolgen werden, da die Erteilung von Einzelbewilligungen für neue betriebliche Nutzungen nicht mehr möglich ist.
Zu Abs 1 Z 2: Zu den Nutzungen, die an einen bestimmten Standort gebunden sind, zählen wie bisher Fernwärmeerzeugungsanlagen. Die anderen bisher angeführten Beispiele sind teilweise anderen Ziffern (zB Z 4) zugeordnet oder bedürfen teilweise ohnedies keiner Baubewilligung.
Zu Z 3: In den lit a bis d werden Kriterien aufgezählt, die vorliegen müssen, um in weiterer Folge eine besondere Eignung eines Standortes für ein bestimmtes Vorhaben annehmen zu können. Gemäß lit a darf bei einer eindeutigen Funktionszuweisung einer Fläche im Entwicklungsplan die für diesen Standort vorgesehene Entwicklung nicht durch eine Sonderflächenausweisung unterlaufen werden. Umgekehrt ist aber auch festzuhalten, dass für diese Fälle der Ausweisung als Sonderfläche der Entwicklungsplan auch keine positive Festlegung der Inanspruchnahme der Fläche für ein solches Vorhaben enthalten muss.
Ein anderes Verständnis hieße, die Entwicklungsplanung der Gemeinde zu überfordern, weil manche Entwicklungen seitens der Gemeinden zwar erwünscht sind, zum Zeitpunkt der Erstellung des REK aber für eine Standortfestlegung noch nicht so weit gediehen sind (zB die Errichtung eines Ausflugsgasthauses an einem Wanderweg).
Gemäß lit b muss die geplante Verwendung unter Einbeziehung ihres Verwendungszweckes eine Ergänzung oder Fortentwicklung gegebener Strukturen darstellen. Durch eine solche Ausweisung einer Sonderfläche gemäß Abs 1 Z 3 sollen nicht neue Entwicklungen eingeleitet und vorangetrieben werden. Es geht darum, bestehende Strukturverhältnisse intensiver zu nützen (zB durch die Errichtung eines Restaurants bei einer bestehenden Schipiste).
Die lit d stellt eine Art Auffangtatbestand zur Berücksichtigung aller sonstigen öffentlichen Interessen dar, die einer Inanspruchnahme der Fläche für das geplante Vorhaben entgegenstehen

können.
Die Z 4 betrifft keine Vorhaben, sondern einzelne, bereits bestehende und im Grünraum liegende Betriebe, deren Flächen nicht weiter als Grünland, sondern unter konkreter Festlegung des Verwendungszweckes als Bauland-Sonderfläche ausgewiesen sein sollen.

RV 2017

Neu eingeführt wird die Möglichkeit der Ausweisung als Sonderfläche, wenn im Räumlichen Entwicklungskonzept für einen bestimmten Standort eine ausdrückliche Festlegung einer Verwendung getroffen wurde (etwa wenn im Bereich von Skiabfahrten die Standorte für Skihütten vorgegeben werden). Derartige Festlegungen der Gemeinde, welche planungsfachlich grundsätzlich zu begrüßen sind, führen dazu, dass eine Ausweisung von Sonderflächen auf Grundlage der Standortgunst (siehe Abs 1 Z 3) für den davon erfassten Bereich nicht mehr in Betracht kommt.

Anmerkungen

Die Ausweisung von Sonderflächen hat das ROG 2009 neu geordnet; die Bestimmungen sind die Nachfolgebestimmungen für § 17 Abs 1 Z 11 und Abs 12 des ROG 1998. Dabei wurden in Abs 1 (Zulässigkeit der Ausweisung von Sonderflächen) in Bezug auf die besondere Standorteignung inhaltliche Kriterien eingeführt. Zwischen standortgebundenen Sonderflächen, solchen mit Standorteignung für eine bestimmte Verwendung sowie einer eigenen Kategorie für bestehende einzelstehende Betriebsbauten wird unterschieden. Dies war erforderlich, da das ROG 2009 die Erteilung neuer Einzelbewilligungen weiter einschränkte und zu erwarten war, dass die Kategorie Sonderfläche vermehrt in Anspruch genommen wird.
In Abs 1 Z 2 sind bei Vorhaben, die aufgrund ihres Verwendungszweckes an einen bestimmten Standort gebunden sind, nur mehr Fernwärmeerzeugungsanlagen beispielhaft angeführt. Die bisher in diesem Zusammenhang angeführten anderen Anlagen – wie zentrale Abwasserreinigungsanlagen, Tankstellen, Liftstationen und bestehende einzelstehende Betriebe im Grünland – werden nicht mehr angeführt, da sie sinnvoller den Z 3 und 4 zugeordnet werden können.
In Abs 1 Z 3 werden in lit a bis d die Kriterien aufgezählt, die vorliegen müssen, um in weiterer Folge eine besondere Eignung eines Standortes für ein bestimmtes Vorhaben annehmen zu können. Gemäß lit a darf bei einer eindeutigen Funktionszuweisung einer Fläche im Entwicklungsplan die für diesen Standort vorgesehene Entwicklung nicht durch eine Sonderflächenausweisung unterlaufen werden. Umgekehrt ist aber auch festzuhalten, dass für diese Fälle der Ausweisung als Sonderfläche der Entwicklungsplan auch keine positive Festlegung der Inanspruchnahme der Fläche für ein solches Vorhaben enthalten muss. Ein anderes Verständnis hieße die Entwicklungsplanung der Gemeinde zu überfordern, weil manche Entwicklungen seitens der Gemeinden zwar erwünscht sind, zum Zeitpunkt der Erstellung des REK aber für eine Standortfestlegung noch nicht so weit gediehen sind (zB die Errichtung eines Ausfluggasthauses an einem Wanderweg oder eine Garage für Pistengeräte nahe einer im Entwicklungsplan vorgesehenen Skipiste). Gemäß Abs 1 Z 3 lit b muss die geplante Verwendung unter Einbeziehung ihres Verwendungszweckes eine Ergänzung oder Fortentwicklung gegebener Strukturen darstellen. Durch die Ausweisung einer Sonderfläche gemäß Abs 1 Z 3 sollen nicht Neuentwicklungen eingeleitet oder vorangetrieben werden. Es geht darum, bestehende Strukturverhältnisse intensiver zu nützen (zB die Errichtung eines Restaurants an einer bestehenden Skipiste).
Die Erläuterungen des ROG 2009 führen dazu aus, dass die Begrenzung der Möglichkeit einer Sonderflächenausweisung auf eine Ergänzung und Fortentwicklung gegebener Strukturen

eine planungsfachliche Notwendigkeit darstellt, weil eine gänzlich neue Entwicklung nicht bloß auf der Ebene der Flächenwidmung, sondern auf der Ebene des REK als dem maßgeblichen Planungsinstrument der Gemeinde ihren Anfang finden soll. Damit wird erreicht, dass diese Entwicklung koordiniert und mit Blickrichtung auf die Entwicklung der Gesamtgemeinde erfolgt. Die Beurteilung, ob eine Ausweisung als Sonderfläche sinnvoll ist, hat sich dabei auf den konkreten Standort und die beabsichtigte Verwendung zu beziehen, nicht aber auf gesamthafte Entwicklungsabsichten der Gemeinde, so sie nicht aus dem REK ableitbar sind. So ist etwa die Ausweisung einer Sonderfläche für ein Gasthaus nur aufgrund der insgesamt touristischen Entwicklungsabsichten einer Gemeinde abseits von bestehender touristischer Infrastruktur mit dieser Vorgabe nicht vereinbar.

Die Z 4 in Abs 1 verlangt für bestehende, einzelstehende Betriebe im Grünland keine Standortbindung oder -eignung oder den Nachweis eines besonderen öffentlichen Interesses. Für sie ist nur maßgeblich, dass es sich um einen bereits bestehenden, im Grünland liegenden Betrieb handelt. Eine Verpflichtung der Gemeinde zur Ausweisung ist daraus allerdings nicht ableitbar.

Die Erläuterungen des ROG 1992 halten dazu ausdrücklich fest, dass für bestehende Betriebe, die früher im Ausnahme- oder Einzelbewilligungsweg nach dem bisherigen § 19 Abs 3 ROG 1977 errichtet oder erweitert worden sind, die Ausweisung entsprechend zu bezeichnender Sonderflächen im Flächenwidmungsplan in Betracht kommt.

Bei der Einführung der Widmungskategorie „Sonderfläche“ mit der ROG-Novelle 1992 wurde festgehalten, dass diese Widmungskategorie im Zusammenhang mit der angestrebten Einschränkung von Einzelbewilligungen im Grünland zu sehen ist. Diese liege im Interesse einer erhöhten Planwahrheit. Die Zweckbestimmung der Sonderfläche muss dabei angegeben werden. Festgehalten wurde auch (RV 1992), dass durch die Einführung dieser Widmungskategorie nicht abzuleiten ist, dass ein angesprochenes Vorhaben in jedem Fall eine Sondergebietsausweisung benötigt und nicht in den anderen Baulandkategorien abgewickelt werden könnte. Hier sind die Umstände des Einzelfalles in Bezug auf die gesetzlichen Kriterien der jeweiligen Baulandkategorie zu beurteilen. Weiters darf die Ausweisung nicht dafür missbraucht werden, dass eine Fläche einer bestimmten Verwendung gegen den Willen des Eigentümers vorbehalten wird. Dazu ist – so stellen die Erläuterungen zur ROG-Novelle 1992 fest – ausschließlich das Instrumentarium der Vorbehaltsflächen vorgesehen. Dies bedeutet schließlich, dass sich die Ausweisung von Sonderflächen in der Regel nur auf konkrete Projekte bezieht.

Durch die Novelle 2017 wurde neu in Abs 1 die Z 1a eingeführt, die zusätzlich zu den vier bereits 2009 gegebenen Anlassen Sonderflächen auszuweisen (Z 1–4) ermöglicht, dass bereits im REK die Ausweisung von Sonderflächen vorgesehen wird, wobei die möglichen Standorte von Schihütten an Schiabfahrten als Beispiel genannt werden.

Die Novelle 2017 legt in § 30 Abs 1 Z 12 auch fest, dass auf Sonderflächen keine selbstständigen Wohnbauten mehr möglich sind, nur durch den Verwendungszweck betrieblich bedingte Wohnungen und Wohnräume sind innerhalb der dem festgelegten Verwendungszweck dienenden Bauten möglich. Bei Bauland-Neuwidmung von Sonderflächen kann, nach § 29 Abs 4 die Widmung auf bis zu fünf Jahre befristet werden, wobei eine einmalige Verlängerung um weitere fünf Jahre möglich ist.

§ 35 Verkehrsflächen

(1) Als Verkehrsflächen sind wichtige Verkehrsflächen der Gemeinde samt den dazugehörigen baulichen Anlagen und den angrenzenden Grünstreifen auszuweisen, die für die Anlage oder ihren Schutz notwendig sind. Dazu gehören auch solche Verkehrsflächen, die in nächster Zukunft einem solchen Zweck gewidmet werden sollen.

(2) Bundes- und Landesstraßen und sonstige Straßen von überörtlicher Bedeutung samt den im Abs. 1 angeführten Nebenanlagen und Grünstreifen, Haupt- und Nebenbahnen samt ihren Nebenanlagen sowie Flugplätze sind unter Kenntlichmachung der jeweiligen Verwendung ebenfalls als Verkehrsflächen auszuweisen, ohne dass sich daraus für ihre Planung, Errichtung und Änderung auf Grund dieses Gesetzes Beschränkungen ergeben.

(3) Als Verkehrsfläche können auch Parkplätze einschließlich den dazu gehörigen Nebenanlagen ausgewiesen werden.

RV

Die Bestimmung entspricht inhaltlich dem § 18 ROG 1998. Im Abs 2 werden zwei klarstellende Präzisierungen („im Abs 1" angeführten, Errichtung „und Änderung") vorgenommen.

Anmerkungen

Die Definition der Verkehrsflächen im ROG 2009 entspricht inhaltlich der des § 18 ROG 1998. In den Erläuterungen zum ROG 1998 wird festgestellt, dass der Begriff der „Verkehrsfläche der Gemeinde" weiter ist als der der Gemeindestraße.

Zu Abs 2 ist festzustellen, dass die Ausweisung dem Grunde nach eine besondere Art der Kenntlichmachung ist. In diesem Sinn hat aus dem Flächenwidmungsplan auch die konkrete Verwendung hervorzugehen. Ein baulicher Emissionsschutz zählt zu den Nebenanlagen einer Straße oder Eisenbahn. Die nach den straßenrechtlichen Vorschriften bestehenden Schutzzonen sind nicht als „Verkehrsfläche" auszuweisen, allerdings entsprechend kenntlich zu machen (siehe dazu § 43 Abs 1 Z 1 lit g).

Zu Abs 3 ist anzumerken, dass für neu errichtete Parkplätze über 2.000 m^2 oder für die Erweiterung bestehender Parkplätze über 2.000 m^2 in freier Landschaft die Ausweisung als „Verkehrsfläche" für die Erteilung der notwendigen naturschutzbehördlichen Bewilligung gemäß § 48 Abs 1 des Salzburger Naturschutzgesetzes 1999 LGBl 73 idF LGBl 96/2017 Voraussetzung ist. Eine naturschutzrechtliche Bewilligung ist allerdings nur erforderlich, wenn der Parkplatz „dauerhaft" genutzt wird. In der RV zur Naturschutzgesetz-Novelle LGBl 11/2017 ist dazu festgehalten: „Auch für die Einleitung eines Bewilligungsverfahrens für nur saisonal genutzte Parkplätze (zB nur im Winter für Schiliftbetrieb) ist derzeit die raumordnungsrechtliche Widmung als Verkehrsfläche gemäß des § 35 Salzburger Raumordnungsgesetzes 2009 erforderlich. In diesen Fällen kann jedoch auf diese Sonderwidmung verzichtet werden, die Voraussetzung soll daher entfallen. Für dauernd genutzte, aber sehr kleine Parkflächen ist bereits derzeit keine solche Widmung erforderlich, die dafür vorgesehene Abgrenzung wird von 1.000 m^2 auf 2.000 m^2 angehoben." Für Parkplätze in freier Landschaft über 1000 m^2 (und unter 2000 m^2) ist zwar eine Bewilligung gemäß § 25 Naturschutzgesetz 1999 LGBl 73 idF LGBl 96/2017 erforderlich, jedoch keine entsprechende Widmung als Verkehrsfläche.

§ 36 Grünland

(1) Die Nutzungsart Grünland gliedert sich in folgende Kategorien:
1. Ländliches Gebiet (GLG): es ist für die land- oder forstwirtschaftliche oder berufsgärtnerische Nutzung bestimmt;
2. Kleingartengebiet (GKG): es ist für nicht berufsgärtnerisch genutzte kleine Gärten mit Erholungsfunktion bestimmt;
3. Erholungsgebiet (GEG): es ist für öffentlich zugängliche Gärten und Parkanlagen sowie sonstige für die Gesundheit und Erholung notwendige Grünflächen bestimmt;
4. Campingplätze (GCP): sie sind für den Betrieb eines Campingplatzes bestimmt;
5. Sportanlagen (GSP): sie sind für Sportanlagen einschließlich Freibäder und Spielplätze bestimmt; bei der Ausweisung ist der Verwendungszweck der Sportanlage festzulegen;“
6. Schipisten (GSK): sie sind für die Ausübung des Wintersports bestimmt;
7. Materialgewinnungsstätten (GMA): sie sind zur Materialgewinnung und zur dazu gehörigen Materiallagerung bestimmt;
8. Friedhöfe (GFH);
9. Gewässer (GGW): sie stellen größere stehende und fließende Gewässer dar;
10. Ödland (GOL);
11. Immissionsschutzstreifen (GIS);
12. Abstandsflächen (GAF): sie sind zur Trennung von Gebieten unterschiedlicher Widmung oder zur Siedlungsgliederung bestimmt;
13. Lagerplätze (GLP): sie sind dauernd zur vorübergehenden Lagerung von Materialien außerhalb von Bauten auf über 1.000 m^2 Fläche bestimmt;
14. Ablagerungsplätze (GAP): sie sind zur auf Dauer erfolgenden Deponierung von Materialien, um sich ihrer zu entledigen bestimmt;

14a. Solaranlagen (GSA): sie sind für Solaranlagen und betriebstechnisch notwendige Nebenanlagen bestimmt;

14b. Windkraftanlagen (GWA): sie sind für Windkraftanlagen und betriebstechnisch notwendige Nebenanlagen bestimmt;

15. Sonstige Flächen (GSO): alle sonstigen, nicht als Bauland oder als Verkehrsfläche ausgewiesenen Flächen.

(2) Die Ausweisung der Kategorie Schipiste setzt voraus, dass die Flächen dauerhaft für diesen Zweck gesichert sind.

(3) In allen Grünland-Kategorien sind bauliche Anlagen nur zulässig, wenn sie für eine der Widmung entsprechende Nutzung notwendig sind oder Verkehrsbauten, Transformatorenstationen oder Gasdruckreduzierstationen betreffen. Die Zulässigkeit land- und forstwirtschaftlicher Bauten im Grünland ist im § 48 näher geregelt.

(4) In der Kategorie Sportanlagen gelten nur Bauten und bauliche Anlagen von untergeordneter Bedeutung als notwendig.

(5) In der Kategorie Immissionsschutzstreifen sind nur bauliche Nebenanlagen zulässig, die der Erreichung des Schutzzwecks dienen.

(6) In der Kategorie Abstandsflächen sind keine Bauten und baulichen Anlagen nutzungsnotwendig.

(7) Frei stehende Solaranlagen, deren Kollektorfläche 200 m^2 überschreitet, sind im Grünland nur zulässig, wenn der Standort als Grünland-Solaranlagen ausgewiesen ist. Die Kollektorflächen von mehreren Solaranlagen sind zusammenzurechnen, wenn diese zueinander in einem räumlichen Naheverhältnis stehen.

(8) Windkraftanlagen mit einer installierten Leistung von mehr als 500 kW und einer Jahresauslastung ab 2.150 Volllaststunden sind im Grünland nur zulässig, wenn der Standort als Grünland-Windkraftanlagen ausgewiesen ist.

(9) Widmungen von unverbauten Grundflächen für Solaranlagen und Windkraftanlagen können in ihrer zeitlichen Geltung dahin beschränkt werden, dass mit Ablauf des zehnten Jahres ab ihrer Ausweisung eine Folgewidmung eintritt, wenn bis dahin keine der Widmung entsprechende Bebauung begonnen worden ist. Die Frist kann einmalig um weitere fünf Jahre verlängert werden.

RV

Die Widmungskategorien des § 19 ROG 1998 werden übernommen. Die Widmungskategorien Grünland-Immissionsschutz und Grünland-Abstandsflächen werden dabei getrennt, weil damit unterschiedliche Rechtsfolgen in Bezug auf bauliche Maßnahmen verbunden sind. Die eigene Kategorie Freiflächen zur Gliederung des Baulandes wird aufgegeben. Abstandsflächen können (wie bisher die genannten Freiflächen) auch der Gliederung des Baulandes dienen. Bei den Sportanlagen werden die Parkplätze nicht mehr erwähnt, sie finden bei keiner Widmungskategorie (vgl. zB die der Friedhöfe) eine besondere Erwähnung. Im Übrigen ist wie beim Bauland von Kategorien die Rede. Die Aussage, was in den einzelnen Grünland-Kategorien an baulichen Maßnahmen zulässig ist, muss anders als im § 30 in einem eigenen Absatz getroffen werden.

Abs 2 bestimmt als Voraussetzung für eine Widmung als Grünland-Schipiste die dauerhafte Sicherung dieser Verwendung, was sich bisher schon aus der Definition dieser Grünland-Kategorie ergeben hat. Dies setzt nicht voraus, dass die Schipiste schon besteht; das Erfordernis kann bei neuen Schipisten durch entsprechende zivilrechtliche Vereinbarung erfüllt werden.

Im Abs 3, bisher § 24 Abs 2 erster Satz ROG 1998, wird zur Klarstellung der Begriff Gasdruckregelstationen durch Gasdruckreduzierstationen ersetzt. Für Gasdruckverdichtungsstationen sollen in Zukunft Sonderflächen gemäß § 34 Abs 1 Z 2 ausgewiesen werden. Die weiteren Regelungen betreffend land- und forstwirtschaftliche Betriebe sowie Austraghäuser (2. bis 6. Satz) werden in einer eigenen Bestimmung (§ 48) getroffen.

Der Abs 4 entspricht § 24 Abs 2 siebter Satz ROG 1998; Abs 5 ist gegenüber dem achten Satz der gleichen Bestimmung weiter gefasst und lässt zB Garagen in Immissionsschutzstreifen zu.

Für Abstandsflächen wird zur Erreichung der angestrebten Funktion die Unzulässigkeit jeglicher baulicher Anlagen normiert (Abs 6). Die im § 24 Abs 2 letzter Satz ROG 1998 ausdrücklich als zulässig erklärten öffentlich zugänglichen Parkanlagen und Spielplätze sowie land- und forstwirtschaftlich genutzten Flächen werden davon nicht erfasst.

RV 2013

Bei großen freistehenden Solaranlagen, die in der Regel Photovoltaikanlagen sein werden, ist die Standorteignung das entscheidende Kriterium. Sie hängt von sachlichen Umständen ab, ebenso aber auch von der örtlichen Akzeptanz. Es soll daher für die gemeindliche Flächenwidmungsplanung eine eigene Grünland-Kategorie Solaranlagen eingeführt werden. Obzwar darin auch kleinere Anlagen zulässig wären, kommt sie dann in Betracht, wenn Solaranlagen mit einer Fläche der Kollektoren von über 200 m^2 geplant sind. Die Zusammenrechnungsregel soll Umgehungen durch Teilung einer Anlage in mehrere Anlagen vermeiden. Bei Solaranlagen von über 200 m^2 Kollektorfläche ist demnach eine derartige Ausweisung des Standortes im Flächenwidmungsplan Voraussetzung für ihre (baubewilligungsfreie) Errichtung (erhebliche Änderung).

Die gleichen Argumente gelten für die Einführung und Definition einer eigenen Grünlandkategorie für Windkraftanlagen. Da die Standorte solcher Anlagen in aller Regel von Grünland umgeben sein werden und die Art und Auswirkungen der Anlagen ganz andere als bei sonstigen baulichen Anlagen im Bauland, auch spezieller Kategorien, sind (zB keine „Bebauungsdichte“,

Sonderbauten, Verkehr), ist eine eigene Grünlandkategorie richtiger als eine solche des Baulands. Zur Größenfixierung für die Notwendigkeit der entsprechenden Ausweisung im Flächenwidmungsplan siehe die Erläuterungen zur Änderung des § 45 Abs 2 LEG. Festgehalten wird, dass Solaranlagen und Windkraftanlagen auch im Bauland errichtet (erheblich geändert) werden können. Abgesehen von kleineren Anlagen und nur unter einschränkender Voraussetzung kommt aber eine Ausnahme vom Baubewilligungsvorbehalt im Bauland nicht in Betracht.

RV 2017

Wie bei den Sonderflächen soll zukünftig auch bei Sportflächen ein entsprechender Verwendungszweck festgelegt werden müssen, um die Beurteilung der damit verbundenen Auswirkungen zu erleichtern.

Bei Widmungen unverbauter Grundflächen für Windkraftanlagen und Solaranlagen soll auf Grund ihrer „Projektabhängigkeit" eine Befristung erfolgen können. Die einmalige Verlängerungsmöglichkeit soll die Gemeinde in die Lage versetzen, auf komplexe anlagenrechtliche Genehmigungsverfahren zu reagieren.

Anmerkungen

Im ROG 2009 werden die bisherigen Grünlandkategorien des § 19 ROG 1998 im Wesentlichen übernommen. Eine Änderung ist bezüglich der bisherigen Widmungskategorie „Schutzstreifen als Immissionsschutz und Abstandsfläche" zwischen Gebieten unterschiedlicher Widmung (§ 19 Z 11) insofern gegeben, als diese Widmungskategorie in „Grünland-Immissionsschutz" und „Grünland-Abstandsflächen" getrennt wird, weil damit unterschiedliche Rechtsfolgen in Bezug auf bauliche Maßnahmen verbunden sind. Die Zuordnung der bisherigen gemeinsamen Kategorie in Immissionsschutzstreifen oder Abstandsflächen hatte gemäß § 82 Abs 1 ROG 2009 bis spätestens 31.12.2013 zu erfolgen.
Klargestellt wird mit dem einleitenden Satz in Abs 1, dass sich das Grünland – gleich wie das Bauland nach § 30 – in verschiedene Kategorien gliedert.
Zu Abs 1 Z 1 ist anzumerken, dass § 48 sich eingehend mit den zulässigen land- und forstwirtschaftlichen Bauten in dieser Grünlandkategorie befasst.
Zu Abs 1 Z 2 Kleingartengebiet – wurde in den Ausschussberatungen zum ROG 1992 von allen Landtagsfraktionen festgestellt, dass sie sich zur Erholungsfunktion der Kleingärten bekennen. Ebenso wurde aber festgehalten, dass Kleingartengebiete nicht missbräuchlich zu einer Art Ersatzzweitwohngebiet werden dürfen. Übernachtungsmöglichkeiten in den Gartenhütten sind daher weiterhin ausgeschlossen. Die Landesregierung hat betreffend zulässiger Bauführungen in Kleingartengebieten eine Verordnung erlassen (Kleingartengebietsverordnung LGBl 8/2011), welche im Kap. C Z 7 wiedergegeben ist.
Zu Abs 1 Z 4 ist festzuhalten, dass die Widmung „Campingplätze" die raumordnungsrechtliche Voraussetzung für das Ansuchen um Genehmigung eines Campingplatzes nach § 5 Abs 1 Campingplatzgesetz LGBl 44/2013 ist.
Die Widmungskategorie „Gebiet für Sportanlagen" (Z 5) ist Voraussetzung für die notwendige naturschutzbehördliche Genehmigung gemäß § 48 Abs 1 des Salzburger Naturschutzgesetzes 1999 LGBl 73 idF LGBl 96/2017, wenn es sich um eine Errichtung oder Erweiterung von Tennisplätzen über 2.000 m^2 Fläche, Fußballplätzen mit über 2.000 m^2 Fläche, Golfplätzen, Sommerrodelbahnen oder Anlagen für den Motorsport im Grünland handelt. Unter dem Begriff der Sportanlagen sind in der Regel nicht die im Interesse des Fremdenverkehrs errichteten Aben-

teuer-Spielplätze zu verstehen (RV 2004).
Seit der ROG Novelle 2017 müssen bei Z 5 (Sportanlagen), wie bei den Sonderflächen, zukünftig auch ein entsprechender Verwendungszweck wie zB Schulsportplatz festgelegt werden, um die Beurteilung der damit verbundenen Auswirkungen zu erleichtern. Nach § 86 Abs 5 gilt für rechtswirksam ausgewiesene Flächen für Sportanlagen die bisherige Regelung weiter. Bei Änderungen von Flächen für Sportanlagen ist jedoch die Festlegung des Verwendungszwecks nötig. Bei den Sportanlagen sind die Parkplätze nicht mehr als widmungskonforme Nutzung angeführt, da sie auch bei den anderen Widmungskategorien, zB bei Friedhöfen, nicht ausdrücklich erwähnt werden. Dies hat zur Folge, dass Parkplätze bei Sportanlagen in der freien Landschaft mit einer Fläche von über 2.000 m^2 einer Ausweisung als Verkehrsfläche vor der notwendigen naturschutzbehördlichen Bewilligung bedürfen.
Zu Abs 1 Z 6 (Schipisten) erläutert Abs 2, dass Voraussetzung für eine Widmung als Grünland-Schipiste eine dauerhafte Sicherung dieser Verwendung ist. Dies setzt allerdings nicht voraus, dass die Schipiste schon besteht; das Erfordernis kann bei neuen Schipisten durch entsprechende zivilrechtliche Vereinbarungen erfüllt werden.
Die Errichtung von neuen Schipisten mit über 0,5 ha Fläche oder die Erweiterung von Schipisten um über 2 ha Fläche bedarf gemäß § 48 Abs 1 Salzburger Naturschutzgesetzes 1999 LGBl 73 idF LGBl 96/2017 einer naturschutzbehördlichen Bewilligung. Raumordnungsrechtliche Voraussetzung dafür ist entweder die Widmung „Schipiste" gemäß Abs 1 Z 6 oder aber ein positives Ergebnis der Raumverträglichkeitsprüfung durch die im Amt der Landesregierung eingerichtete Arbeitsgruppe „Schianlagen" gemäß des Sachprogramms Schianlagen (LGBl 49/2008).
Die Erläuterungen des ROG 1992 zu Abs 1 Z 7 stellen fest, dass Materialgewinnungsstätten Maßnahmen mit erheblicher Raumrelevanz, wie Schottergruben, Steinbrüche und dergleichen, auch raumordnungsrechtlich erfassen sollen.
Zu Abs 1 Z 11 – Immissionsschutzstreifen – stellen die Erläuterungen des ROG 1998 fest, dass derartige Schutzstreifen namentlich auch entlang von Verkehrsflächen in Betracht kommen.
Hinsichtlich der in Z 13 genannten Lagerplätze ist festzuhalten, dass die Widmung „Lagerplatz" wiederum Voraussetzung für die in § 25 Abs 1 Salzburger Naturschutzgesetzes 1999 LGBl 73 idF LGBl 96/2017 notwendige naturschutzbehördliche Bewilligung ist, so der Lagerplatz sich in freier Landschaft befindet und eine Fläche von über 1.000 m^2 umfasst. Unter Lagerplätzen versteht man Flächen, die dauernd der vorübergehenden Unterbringung von Materialien dienen. Zum Unterschied davon werden auf Ablagerungsplätzen (Z 14) Materialien auf Dauer deponiert, um sich ihrer zu entledigen. Von einem Ablagerungsplatz kann jedoch nicht gesprochen werden, wenn eine landwirtschaftlich genutzte Fläche zur Verbesserung der Bewirtschaftungsverhältnisse mit geeignetem Material aufgeschüttet wird, die Fläche nach Durchführung der Aufschüttung wieder landwirtschaftlich genutzt wird und sich in einem Zustand befindet, der sie nicht von anderen landwirtschaftlichen Nutzflächen unterscheidet. Handelt es sich bei einem Ablagerungsplatz um die Lagerung von Abfällen nach § 1 des Salzburger Abfallwirtschaftsgesetzes 1998, so ist eine derartige Ablagerung nach den abfallwirtschaftlichen Bestimmungen zu beurteilen.
Abs 3 legt fest, dass in allen Grünlandkategorien bauliche Anlagen nur zulässig sind, wenn sie für eine der Widmung entsprechende Nutzung notwendig sind. Ausnahmen gelten nur hinsichtlich der dezidiert festgelegten Verkehrsbauten, Transformatorenstationen oder Gasdruckreduzierstationen.
Abs 4 entspricht der bisherigen Regelung des § 24 Abs 2 ROG 1998 bzw § 19 Abs 2 ROG 1977, wobei dazu ausgeführt wird, dass bauliche Anlagen, die für Sportplätze notwendig sind, nur jene sein können, die vom Verwendungszweck her der genannten Funktion dienen (zB Club-

haus beim Golfplatz, nicht jedoch ein Golfhotel) und die von untergeordneter Bedeutung sind. Zum Begriff der untergeordneten Bedeutung führt der AB 1984/1 Folgendes aus: „Als Bauten und baulichen Anlagen von untergeordneter Bedeutung können nur solche verstanden werden, die sowohl ihrem Flächenbedarf (im Verhältnis zur frei bleibenden Fläche) als auch dem Erscheinungsbild nach (im Verhältnis zur gesamten Sportanlage) als untergeordnet zu qualifizieren sind."

Abs 5 lässt bauliche Nebenanlagen wie zB Garagen zu, wenn damit ein Immissionsschutz verbunden ist.

Abs 6 legt die Unzulässigkeit jeglicher baulicher Anlagen in Abstandsflächen fest. In der RV wird ausdrücklich festgehalten, dass die Nutzung als öffentlich zugängliche Parkanlagen und Spielplätze sowie die land- und forstwirtschaftliche Nutzung (Bewirtschaftung) zulässig ist.

Hinzuweisen ist darauf, dass im Grünland für größere, einen festgelegten Schwellwert übersteigende Vorhaben ua der Abfallwirtschaft, der Infrastrukturprojekte (wie Schianlagen, Golfplätze, Freizeitparks, Campingplätze), des Bergbaus und der Land- und Forstwirtschaft ein UVP Verfahren notwendig ist. (Siehe dazu Kap D, Z 1)

§ 37 Aufschließungsgebiete, -zonen und -kennzeichnung

(1) Flächen, deren Ausweisung als Bauland Widmungsverbote gemäß § 28 Abs 3, ausgenommen Z 5, entgegenstehen, können trotzdem ausgewiesen und als Aufschließungsgebiete gekennzeichnet werden, wenn

1. feststeht, dass der der Baulandausweisung an sich entgegenstehende Umstand allgemein durch wirtschaftlich vertretbare Maßnahmen nachweislich behebbar ist, und

2. dieser Umstand mit ausreichender Wahrscheinlichkeit in absehbarer Zeit wegfallen wird.

(2) An Stelle der Kennzeichnung als Aufschließungsgebiet kann eine Kennzeichnung unter Beifügung des Hinderungsgrundes vorgenommen werden, wenn

1. es sich um weitgehend bebaute Flächen einschließlich verhältnismäßig kleiner unverbauter Flächen, die der Gestaltung geschlossener und abgerundeter Baulandflächen dienen, handelt, und

2. der Hinderungsgrund durch Vorschreibungen im Rahmen der Bauplatzerklärung oder Baubewilligung berücksichtigt werden kann.

(3) Flächen, für deren Erschließung oder Bebauung eine bestimmte zeitliche Reihenfolge zweckmäßig ist, können in verschiedene Aufschließungszonen unterteilt und gekennzeichnet werden.

(4) Die Wirksamkeit der Kennzeichnung als Aufschließungsgebiet oder -zone endet mit der Freigabe. Eine Freigabe ist vorzunehmen, wenn der Grund für diese Kennzeichnung weggefallen ist. Soweit eine Befristung gemäß § 29 Abs 3 wegen der Kennzeichnung nicht in Betracht kam, sind mit der Freigabe eine Befristung und eine Folgewidmung im Sinn der §§ 27 Abs 7 und 29 Abs 2 bis 4 festzulegen und im Flächenwidmungsplan auszuweisen.

(5) Die Erteilung einer Bauplatzerklärung oder Baubewilligung ist in Aufschließungsgebieten und -zonen erst nach deren Freigabe zulässig.

RV

Wiederum werden im ROG 1998 (§§ 17 Abs 7, 7a, 23 Abs 3 vierter Satz, 24 Abs 1 dritter Satz) verstreut getroffene Regelungen in einer Bestimmung zusammengefasst und teilweise auch geändert.

Abs 1 regelt die allgemeinen Voraussetzungen für die Ausweisung als Aufschließungsgebiete. Dazu genügt im Allgemeinen, auf § 28 Abs 3 zu verweisen. Für eine Ausweisung als Aufschließungsgebiet ist es aber im Fall mangelnder oder ungenügender Erschließung in Abweichung von § 28 Abs 3 Z 3 wesentlich, dass dieser Mangel mit allgemein wirtschaftlich vertretbarem Aufwand behoben werden kann.

Zu Abs 2: Die bisher nur im Fall der Lärmbelastung einer Fläche zulässige Kennzeichnung gemäß § 17 Abs 7a ROG 1998 wird zur Verwaltungsvereinfachung auf alle anderen öffentlichen Rücksichten, die an sich gegen eine Baulandausweisung sprechen, ausgedehnt. Dadurch kann auch die bisher für bereits weitgehend verbaute Gebiete geltende Ausnahme vom Erfordernis, dass die Behebung des Hinderungsgrundes in absehbarer Zeit behoben wird, entfallen. Voraussetzung dafür ist, dass die Flächen weitgehend verbaut, also nur noch kleine unverbaute Restflächen bestehen. Und dass die (abstrakte) Möglichkeit besteht, den angegebenen Hinderungsgrund im Einzelfall mittels Vorschreibungen in den Bauverfahren berücksichtigen zu können. Damit soll vermieden werden, dass Flächen gekennzeichnet werden, die nachfolgend keinesfalls zum Bauplatz erklärt oder der Bebauung zugeführt werden können. Daraus ergibt sich etwa, dass bei gewissen öffentlichen Rücksichten, wie etwa dem Fehlen einer Kanalisation, eine Kennzeichnung auf Grundlage dieser Bestimmung nicht möglich ist, weil entsprechende Vorschreibungen in aller Regel nicht möglich sind. In diesen Fällen verbleibt nur die Möglichkeit der Festlegung als Aufschließungsgebiete unter Anwendung der dafür geltenden Voraussetzungen.

Abs 3 fasst die beiden bisher im § 17 Abs 7 erster und letzter Satz ROG 1998 geregelten Aufschließungszonen zur Festlegung einer zeitlichen Abfolge der Erschließung oder Bebauung zusammen.

Zu Abs 4 und 5: Die Freigabe beendigt die Wirkungen der Ausweisung als Aufschließungsgebiet oder -zone. Gemäß der Judikatur des Verfassungsgerichtshofes wird die Freigabe bei Wegfall des Hinderungsgrundes ausdrücklich als Verpflichtung angeordnet.

RV 2017

Die Ergänzung folgt der allgemeinen Befristung von Baulandneuausweisungen. Die Zehnjahresfrist für die Bebauung beginnt mit Rechtswirksamkeit der Freigabe.

Anmerkungen

Abs 1 regelt die allgemeinen Voraussetzungen für die Ausweisung von Aufschließungsgebieten, wobei allgemein – ausgenommen Waldflächen iSd ForstG – auf die Widmungsverbote des § 28 Abs 3 hingewiesen wird. Für eine Ausweisung als Aufschließungsgebiet ist es aber im Fall mangelnder oder ungenügender Erschließung in Abweichung von § 28 Abs 3 Z 3 wesentlich, dass dieser Mangel mit allgemein wirtschaftlich vertretbarem Aufwand behoben werden kann.
Zum Begriff „wirtschaftlich vertretbar“ stellen die Erläuterungen zur übernommenen Vorgängerregelung in § 17 Abs 7 ROG 1998 fest, dass den allgemeinen Anforderungen der wirtschaftlichen Vertretbarkeit rein technisch in jedem Fall mit privaten Geldmitteln nachgekommen werden kann. Maßgeblich ist aber, ob eine Maßnahme einen unvertretbaren Aufwand für die öffentliche Hand verursachen würde. In solchen Fällen kann eine Ausweisung als Bauland nicht in Betracht kommen und auch eine Kennzeichnung als Aufschließungsgebiet nicht sinnvoll sein.
Zu Abs 2 ist anzumerken, dass mit ROG-Novelle 2003 mit § 17 Abs 7a ermöglicht wurde, bebaute Flächen, einschließlich verhältnismäßig kleiner unverbauter Flächen, die der Gestaltung geschlossener und abgerundeter Baulandflächen dienen, bei Lärmbelästigung anstelle der Kennzeichnung als Aufschließungsgebiet als „lärmbelastete Fläche“ zu kennzeichnen.
Der Vorteil dieser Kennzeichnung liegt darin, dass bei einer Nutzung keine Freigabe oder kein

Einzelbewilligungsverfahren erforderlich ist, wohl aber der Tatsache der Lärmbelastung im Bauverfahren Rechnung zu tragen ist. Dieser Vorteil wurde durch das ROG 2009 zur Verwaltungsvereinfachung auf alle anderen öffentlichen Rücksichten, die an sich gegen eine Baulandausweisung sprechen, ausgedehnt.
Voraussetzung dafür ist, dass die Flächen weitgehend verbaut sind, also nur noch kleine unverbaute Restflächen bestehen. Weiters ist Voraussetzung, dass die (abstrakte) Möglichkeit besteht, den angegebenen Hindernisgrund im Einzelfall mittels Vorschreibung in dem Bauvorhaben berücksichtigen zu können. Damit soll vermieden werden, dass Flächen gekennzeichnet werden, die nachfolgend keinesfalls zum Bauplatz erklärt oder einer Bebauung zugeführt werden können. Die in Abs 3 geregelten Aufschließungszonen eröffnen die Möglichkeit eine zeitlich zweckmäßige Reihenfolge betreffend die Bebauung bzw Erschließung festzulegen. Dies ist wichtig für eine organische Baulandentwicklung von innen und außen, um so einer Zersiedelung entgegenzuwirken. Damit kann zB verhindert werden, dass die Bebauung eines großflächig erschlossenen Baulandes an der Peripherie begonnen wird oder völlig „zerstreut" erfolgt.

Die mit der Novelle 2017 neu aufgenommene Ergänzung (Abs 4 zweiter Satz) folgt der allgemeinen Befristung von Baulandneuausweisungen. Mit der Freigabe sind die Befristung und die Folgewidmung festzulegen. Mit der erst bei Freigabe erforderlichen Befristung der Widmung kann angenommen werden, dass künftig vermehrt vom Instrument der Aufschließungszone Gebrauch gemacht werden wird. Dies auch um großflächige Baulandsicherungsmodelle unter Aufrechterhaltung allfälliger Raumordnungsverträge gemäß § 18 verwirklichen zu können.

§ 38 Zonierung von Gewerbegebieten

Im Bauland der Kategorie Gewerbegebiet können zum Schutz der Bevölkerung und der Umwelt vor Immissionen und Gefährdungen sowie zur Sicherung von Flächen für Produktionsbetriebe Zonen gekennzeichnet werden, in denen bestimmte an sich zulässige Nutzungen ausgeschlossen sind. Der Ausschluss kann sich beziehen auf:

1. Wohnnutzungen, ausgenommen die für den Betrieb unerlässlichen Wohnungen und Wohnräume,
2. Einzelhandelsnutzungen,
3. Betriebe, die auch in der Kategorie Erweitertes Wohngebiet zulässig sind,
4. Tankstellen und Betriebstankstellen (§ 30 Abs 7).

RV

Die Bestimmung des § 17 Abs 7b ROG 1998 wird mit der Ergänzung durch Z 5 übernommen. Die Möglichkeit des Ausschlusses von Tankstellen und Betriebstankstellen mittels Zonierung soll vor allem zur Vermeidung von Nutzungskonflikten (zB bei wichtigen Trinkwasserreserven) und zur Sicherung von Flächen für Produktionsbetriebe dienen. Die Z 3 zielt auf den Ausschluss selbstständiger Einzelhandelsnutzungen ab, nicht aber auf eine solche im unmittelbaren Zusammenhang mit der Produktion der Waren (Verkauf ab Fabrik).

RV 2017

Die bisherige Z 2 „Freizeit- und Erholungsnutzungen" ist aufzuheben, da nach § 30 Abs 6 ROG Freizeit- und Erholungsnutzungen im Gewerbegebiet überhaupt unzulässig sind.

Die Möglichkeit der Gemeinde „Einzelhandelsnutzung“ im Gewerbegebiet auszuschließen wird beibehalten, zumal solche Nutzungen bis 300 m^2 grundsätzlich zulässig bleiben (vgl. § 30 Abs 5 – Z 10.4).

Anmerkungen

Mit der Zonierung wurde ein Instrument geschaffen, mit dem es ermöglicht werden soll, über die Widmung GG hinausgehende Nutzungsbeschränkungen zu verfügen. Diese Möglichkeit ist aber nicht unbeschränkt, sondern kann nur bei Vorliegen entsprechender Voraussetzungen vorgenommen werden und zwar entweder

1. zur Sicherung von Flächen für Produktionsbetriebe oder
2. zum Schutz der Bevölkerung oder Umwelt vor Immissionen und Gefährdungen.

Zu 1: Die Sicherung von Flächen für Produktionsbetriebe kann insbesondere in Bereichen mit großflächigen Gewerbegebietsausweisungen dazu verwendet werden, um Zonen mit intensiven Nutzungen zu schaffen. Ein weiterer möglicher Anwendungsbereich der Zonierung ist die Reservierung von Flächen für Betriebe, die der Widmungskategorie GG bedürfen. Dies kann insbesondere dann sinnvoll sein, wenn im Gemeindegebiet nur wenige Flächen für eine solche Widmung in Betracht kommen.
Zu 2: Diese Alternative ist insbesondere für GG-Widmungen im Auswirkungsbereich von Seveso-Anlagen vorgesehen. Welche konkreten Nutzungen im Einzelfall ausgeschlossen werden (zB nur Wohnnutzung oder Handelsnutzungen etc.) liegt im zu begründenden Ermessen der Gemeinde.
Eine Zonierung ist auch bei bebauten Gewerbegebieten zulässig, wobei allerdings die damit verbundenen Rechtswirkungen nicht für bereits bestehende Nutzungen gelten. Als bestehende Nutzung ist aus Gründen der Rechtssicherheit auch jene zu betrachten, für die eine Baubewilligung vor in Kraft treten der Zonierung erteilt wurde.

§ 39 Kennzeichnung von Stadt- und Ortskernen und Flächen für Apartmenthäuser

(1) Bereiche, die zur Erfüllung von Versorgungsfunktionen besonders geeignet sind, können als Stadt- oder Ortskernbereiche gekennzeichnet werden. Für eine solche Kennzeichnung kommen nur Flächen in Betracht, die

1. eine großteils zusammenhängende verdichtete Bebauungsstruktur mit einer Konzentration von Handels- und Dienstleistungsbetrieben, öffentlichen Einrichtungen sowie Versammlungs- und Vergnügungsstätten in Verbindung mit Wohn- und Tourismusnutzungen aufweisen und

2. über eine gute Anbindung an das örtliche und überörtliche Verkehrswegenetz verfügen.

(2) In den Bauland-Kategorien gemäß § 30 Abs. 1 Z 1 bis 5 können Flächen für Apartmenthäuser gekennzeichnet werden. Eine solche Kennzeichnung soll nur vorgenommen werden, wenn keine erheblich nachteiligen Auswirkungen auf die Versorgung der Bevölkerung in ihren Grundbedürfnissen gemäß § 2 Abs. 1 Z 7 lit.b zu erwarten sind.

RV

Abs 1 entspricht dem § 16 Abs 5 ROG 1998 nahezu wörtlich (Ausnahme: „Tourismusnutzungen“ an Stelle von „Fremdenverkehrsnutzungen“). Festgehalten wird, dass reine Ansammlungen von Handels- und Dienstleistungsbetrieben die Voraussetzung der Z 1 zur Kennzeichnung von Stadt- oder Ortskernbereichen nicht erfüllen.

Zu Abs 2: Siehe die Erläuterungen zu § 30 Abs 4.
(Abs 3 und 4 durch Novelle 2017 aufgehoben)

RV 2017

Abs 2: Auf Grund der Änderungen im § 30 Abs 4 (Z 10) ist die Bestimmung entsprechend anzupassen.
Abs 3 geht auf Grund des künftigen Verbots von Einzelhandelsnutzungen über 300 m² Verkaufsfläche (s Z 10.4 – § 30 Abs 5) ins Leere und ist daher aufzuheben.
Die Aufhebung des Abs 4 dient den Zielen Deregulierung und Verfahrensbeschleunigung.

Anmerkungen

Das Land hat, um eine einheitliche Abgrenzung der Ort- und Stadtkernbereiche sicherzustellen, im Juni 2004 einen „Leitfaden Orts- und Stadtkernabgrenzung" vorgelegt, der die Vorgangsweise bei der Abgrenzung des Untersuchungsraumes, der Bestandsaufnahme bzw. Strukturuntersuchung und in der Folge der Umsetzung einer Kennzeichnung von Orts- und Stadtkernen festlegt. Im Folgenden werden die wichtigsten Aussagen des „Leitfadens" angeführt:

Leitfaden Orts- und Stadtkernabgrenzung

Im Kapitel „Allgemeines" (Seite 7) stellt der Leitfaden fest: „Ziel der Raumplanung ist es, eine Förderung der Ansiedlung bzw. Erweiterung von Handelsgroßbetrieben in Stadt- oder Ortskernbereichen durch eine verfahrensmäßige Erleichterung durch den Wegfall einer Standortverordnung für Handelsgroßbetriebe zu erreichen; die Notwendigkeit einer entsprechenden Handelsgroßbetriebswidmung bleibt jedoch weiterbestehen. Im Sinne einer Funktionsstärkung der Stadt- und Ortskerne, der Erhaltung einer verbrauchernahen Versorgung und der Vermeidung von Verkehrsaufkommen sollen im Rahmen der örtlichen Raumplanung innerörtliche, zentral und günstig zu Wohngebieten gelegene Standorte des Einzelhandels gefördert werden. In Betracht als ‚Orts- und Stadtkern' kommen daher nur Siedlungsbereiche, welche bestimmte siedlungsstrukturelle Gegebenheiten aufweisen. Dazu ist erforderlich, dass sie

- *einen gewachsenen Siedlungs- und Versorgungskern bilden*
- *zumindest weitgehend zusammenhängend bebaut sind*
- *siedlungsstrukturell integriert, also baulich und funktionell in das Siedlungsgefüge eingebunden sind."*

Der Leitfaden enthält weiter die Feststellung, „dass zu unterstreichen ist, dass diese Voraussetzungen für die erst in den letzten Jahrzehnten an peripheren Standorten bzw. an Ortsrändern entstandenen, primär autokundenorientierten Agglomerationen von Einzelhandelsbetrieben und Dienstleistungsbetrieben nicht zutreffen. Dies gilt auch, wenn diese in der Zwischenzeit aufgrund von Agglomerationsvorteilen, Verkehrsgunst und Flächenangebot zusätzlich etwa Freizeit- und Vergnügungsstätten, Fremdenverkehrsnutzung sowie allenfalls auch Wohnnutzung und öffentliche Einrichtungen an sich gezogen haben oder durch Siedlungserweiterungen teilweise in das Siedlungsgefüge einbezogen worden sind. Die Grundlage dafür ergibt sich aus dem Raumordnungsziel in § 2 Abs 1 Z 12 ROG 2009, (nunmehr § 2 Abs 1 Z 7b) wonach eine Ausstattung mit Einrichtungen der Daseinsvorsorge, vor allem durch Revitalisierung und Stärkung der Stadt- und Ortskerne, anzustreben ist. Diesem Revitalisierungsziel entsprechen die angesprochenen neuen Einzelhandels- und Dienstleistungsagglomerationen keinesfalls. Sie sind ja gerade ein wesentlicher Ausdruck für die Strukturveränderung, die zum Funktionsverlust von gewachsenen Orts- und Stadtkernen beigetragen haben, und können sie auch in struktureller Hinsicht nicht ersetzen."
Hinsichtlich der Abgrenzung des Untersuchungsraumes empfiehlt der Leitfaden eine Vorgangsweise nach folgenden Kriterien:

a) *Historischer Ortsmittelpunkt bzw. historisch gewachsenes Ortszentrum: Ausgangspunkt bildet die Lokalisierung des historisch gewachsenen Ortsmittelpunktes als traditionelles Geschäfts- und Handelszentrum. Als*

Hilfsmittel können dabei Luftbilder der US-Befliegung 1952 und Luftbilder aus dem Jahr 1976 herangezogen werden, die bei der Landesplanung aufliegen.

b) *Längerfristig gewachsener Siedlungsraum mit Versorgungsfunktionen: In vielen Fällen wird auch eine Entwicklung der Versorgungs- und Dienstleistungsfunktionen von innen nach außen stattgefunden haben.*

c) *Weitgehend dichte zusammenhängende (geschlossene) Bebauung: Eine entsprechende Bebauungsdichte bildet die Voraussetzung für eine Konzentration von verschiedenen Einrichtungen.*

d) *Siedlungsstrukturell integrierte Lage, d. h. bauliche und funktionelle Einbindung in das Siedlungsgefüge: Innerörtliche Entwicklungsbereiche liegen entweder im bestehenden Siedlungsgefüge oder grenzen unmittelbar an den gewachsenen Siedlungsraum an. Diese Entwicklungsbereiche müssen mit den bestehenden Einkaufslagen verknüpft werden können. Die fußläufige Erreichbarkeit (Austauschbeziehung) muss gewährleistet sein.*

e) *Ausreichend verkehrliche Erreichbarkeit: Wesentlich ist nicht nur die Erreichbarkeit durch den motorisierten Individualverkehr, sondern auch die fußläufig vertretbare Distanz zu einer Haltestelle des öffentlichen Verkehrs. Eine entsprechende Anbindung an das örtliche Fußwegenetz (allenfalls auch Radwege) muss ebenso vorhanden sein.*

Je nach Siedlungsstruktur können auch mehrere Bereiche einer Gemeinde die oben genannten Kriterien erfüllen und somit für einen Orts- oder Stadtkernbereich in Frage kommen; dies kann vor allem bei größeren Gemeinden der Fall sein. Wesentlich ist eine entsprechende städtebauliche Integration der in Frage kommenden Flächen (siedlungsstrukturelle und funktionale Verbindung) zu einem historischen Ortskernbereich.
Der Leitfaden empfiehlt weiter eine Bestandsaufnahme und Strukturuntersuchung und hält in der Folge für die Umsetzung in die Kennzeichnung folgende Kriterien fest (Seite 11 des Leitfadens): „Auf Basis der durchgeführten Erhebungen und Analysen kann eine parzellenscharfe Abgrenzung des Orts- bzw. Stadtkernes durch die jeweilige Gemeinde bzw. den Ortsplaner durchgeführt werden. Ziel ist die Bestimmung der äußeren Grenze des Orts- oder Stadtkernes. Wesentlichstes Kriterium für die Abgrenzung sind die gegebenen Verhältnisse bei den Grundstücksstrukturen immer in Verbindung mit der Bebauungsstruktur. Neben Größe, Form und Strukturierung der Bauplätze sind dabei auch die Aspekte des Orts- und Landschaftsbildes, ebenso wie die vorgefundene Bebauungstypologie in die Überlegungen mit einzubeziehen.
Als zweites zentrales Kriterium sind städtebauliche, infrastrukturelle sowie naturräumliche Grenzen und Zäsuren bei der Abgrenzung zu berücksichtigen. Allgemein ausgedrückt sind dies alles Gegebenheiten, die eine räumliche oder Barrierewirkung entfalten (Typologie der ‚Stadtmauer', entsprechend breite Verkehrsinfrastrukturen, Flüsse, Gewässer, prägende Grünräume). Je nach örtlicher Situation und Nutzungsstruktur können auch im untergeordneten Ausmaß derzeit unverbaute Flächen innerhalb des bestehenden Siedlungsgefüges einbezogen werden. Größere Parkanlagen sowie andere größere Grünflächen (Sportanlagen) können aber nicht in den Ortskern mit einbezogen werden."

Zur Definition des Orts- und Stadtkerns und ihrer Umsetzung anhand des Leitfadens ist kritisch anzumerken, dass die planerische Komponente hinter der Bestandsbetrachtung zurückbleibt. So sind etwa historische Ortskerne, welche ihre Funktion nach Abs 1 verloren haben mittels Ortskernabgrenzung nicht revitalisierbar. „Funktionsentleerte Ortskerne" können nicht gekennzeichnet werden, daher ist auch entgegen der Intention des Gesetzgebers keine erleichterte Ansiedlung von Handelsgroßbetrieben – ohne das Erfordernis einer Standorortverordnung – möglich. Auch die im Leitfaden vorgesehene „verpflichtende" Anknüpfung an den historischen Ortskern (lit a zur Abgrenzung des Untersuchungsraumes) ist aus dem Gesetzestext nicht vorgesehen und in Ansehung der gegebenen Entwicklungsdynamik insbesondere der letzten Jahrzehnte in Frage zu stellen. Das Kriterium „historisch gewachsen" ist nur für Geschäftsstraßen gemäß § 32 Abs 2 maßgeblich und nicht für die Ortskernabgrenzung.

Die Publikation des Amtes der Salzburger Landesregierung „Die Entwicklung des Einzelhandels und der Nahversorgung im Land Salzburg; Salzburg, 2011 (Materialien zur Raumplanung, Band 23)" zeigt auf, dass für die Gemeinden unterschiedliche Vorgangsweisen bei der Stadt- und

Ortskernabgrenzung trotz des 2004 veröffentlichten Leitfadens, der eine einheitliche Vorgangsweise bei der Abgrenzung zum Ziel hatte, durchaus erfolgt sind um den lokalen Bedürfnissen Rechnung zu tragen: Nur so ist es erklärlich, dass etwa die zentrenrelevanten Verkaufsflächen innerhalb der zwischen 2004 und 2011 ausgewiesenen 15 Stadt- und Ortskernbereiche (ohne Stadt Salzburg) zwischen 93 % und 45 % der jeweils in der Gemeinde insgesamt gegebenen Verkaufsfläche liegt. Auch die Anteile der Wohnbevölkerung in den jeweiligen Orts- und Stadtkernen sind stark unterschiedlich, sie liegen zwischen 5 % und 28 % der gesamten Wohnbevölkerung der jeweiligen Gemeinde.

§ 40 Kennzeichnung von Lücken im Grünland

(1) Im Grünland können kleinräumige Grundflächen im Bereich von mindestens drei nicht landwirtschaftlichen, eine räumliche Einheit bildenden Bauten als Lücke gekennzeichnet werden.

(2) Bei der Beurteilung der Lückeneigenschaft sind nur solche Bauten zu berücksichtigen, die bereits zum Zeitpunkt der Rechtswirksamkeit der erstmals erfolgten Lückenschließung als Bauten im Sinn des Abs 1 bestanden haben. Dabei gelten

1. Nebenanlagen nicht als Bauten im Sinn des Abs 1 und

2. Austraghäuser als nicht landwirtschaftliche Bauten.

(3) Eine Kennzeichnung gemäß Abs. 1 setzt jedenfalls voraus, dass

1. die geplante Lückenschließung den Festlegungen in Entwicklungsprogrammen des Landes oder im Räumlichen Entwicklungskonzept der Gemeinde nicht widerspricht;

2. die geplante Lückenschließung keine weitere Beeinträchtigung des Landschaftsbildes nach sich zieht;

3. die geplante Lückenschließung zu keiner gegenseitigen Beeinträchtigung oder Gefährdung führt;

4. der gesamte, für die Lückenschließung maßgebliche Bereich bereits mit allen dem Stand der Technik entsprechenden Infrastruktureinrichtungen erschlossen ist.

(4) Für Flächen, die als Lücke im Grünland gekennzeichnet sind, ist die Erteilung von Bauplatzerklärungen und Baubewilligungen für ein Mehr-Generationen-Wohnhaus mit höchstens 375 m^2 Geschoßfläche oder für einen sonstigen Wohnbau mit höchstens 300 m^2 Geschoßfläche und dazu gehörige Nebenanlagen zulässig.

RV

Die Bestimmung entspricht im Wesentlichen dem bisherigen § 45 Abs 16 ROG 1998. Die Regelungen für ihre Anwendbarkeit (Ermächtigung an die Gemeinde, Begrifflichkeit, Voraussetzungen) und für die an die Kennzeichnung anknüpfenden Rechtsfolgen werden systematisch klar getrennt (vgl. zB § 42). Die Einfügung der Wortfolge „in diesem Bereich" soll das sofortige Erfassen des Regelunginhaltes erleichtern.

Abs 2 enthält verschiedene Erweiterungen: Bei einer nochmaligen Handhabung des Instruments der Kennzeichnung als Lücke im Grünland ist wieder auf den Bestand an Bauten zurückzugreifen, der für die erstmalige Lückenschließung maßgeblich war. Damit soll eine Siedlungsentwicklung wie im ausgewiesenen Bauland vermieden werden. Austraghäuser sind unter dieser Voraussetzung beim Bestand mitzuzählen.

Abs 3: Die Z 4 betrifft die technische Infrastruktur.

Abs 4: Die Zulässigkeit von Bauten auf gemäß Abs 1 gekennzeichneten Lücken wird auf Nebenanlagen zu den erlaubten Wohnhäusern erweitert. Dazu, dass kein Bebauungsplan aufgestellt werden muss, s § 50 Abs 2 Z 5.

RV 2017

Die Kennzeichnung von Lücken im Grünland wird grundsätzlich beibehalten, die vorgenommenen Änderungen dienen im Wesentlichen der Klarstellung (Abs 2) bzw. der Ermöglichung eines Mehr-Generationen-Wohnens.

Abs 2: Die bereichsweise Betrachtung der gegebenen Bebauung bei Beurteilung der Lückeneigenschaft wird aufgegeben, weil damit entgegen den Intentionen der Raumordnung auch neue Lücken entstehen können, wenn in dem jeweiligen Bereich in der Vergangenheit keine Lückenschließung vorgenommen wurde. Absicht war demgegenüber, die Lückenschließung auf den Baubestand der erstmaligen Lückenschließung in der Gemeinde „einzufrieren", um zwar die Ausweisung von „vergessenen" Lückenflächen für die Errichtung eines Wohnbaus auf der gekennzeichneten Grundstücksfläche zu ermöglichen, nicht aber durch zwischenzeitliche Bauführungen neue Lückenflächen zu schaffen. Ebenfalls klargestellt wird, dass Nebenanlagen nicht zu den Bauten zählen, die bei Beurteilung der Lückeneigenschaft heranzuziehen sind.

Zu Abs 4 ist auszuführen, dass anders als in den Vorgängernovellen eine undifferenzierte Anhebung der höchstzulässigen Geschoßfläche von Wohnbauten im Grünland nicht mehr in Betracht gezogen wurde. Zu gravierend sind die damit verbundenen raumplanerischen Auswirkungen. Eine Wohnform soll davon jedoch ausgenommen sein – nämlich Mehr-Generationen-Wohnhäuser. Gemäß § 5 Z 11 sind dies Bauten mit mindestens zwei Wohnungen, die ein Mehr-Generationen-Wohnen grundsätzlich ermöglichen und von denen zumindest eine Wohnung barrierefrei zugänglich und ausgestaltet ist. Eine barrierefreie Ausgestaltung ist Voraussetzung dafür, dass ältere Menschen möglichst lange in ihrer Wohnung verbleiben können. Nach den jüngsten Zahlen und Daten der Salzburger Landesstatistik zur Bevölkerungsentwicklung wird die Zahl der Seniorinnen und Senioren von aktuell 95.502 bis 2050 auf mehr als 160.000 steigen. Ihr Anteil an der Gesamtbevölkerung wird dann 28,0 % betragen (derzeit 17,9 %). Die Raumordnung kann zur Deckung der Wohnversorgung dieser Personen insoweit steuernd eingreifen, indem sie dafür geeignete Bauten – und zwar auch unter Berücksichtigung des Umstands, dass für eine barrierefreie Ausgestaltung mehr Fläche erforderlich ist – durch eine Anhebung der Geschoßflächenobergrenze begünstigt.

Anmerkungen

Die mit der Novelle 1997 in § 45 Abs 16 ROG 1998 eingeführte und ins ROG 2009 übernommene Kennzeichnung von bebaubaren bzw. „schließbaren" Lücken im Grünland wird auch nach der Novelle 2017 grundsätzlich beibehalten, die vorgenommenen Änderungen dienen nach der RV 2017 im Wesentlichen der Klarstellung (Abs 2) bzw. der Ermöglichung eines Mehr-Generationen-Wohnens.

Neue Regelungen hinsichtlich des Bebauens einer Lücke gelten, wenn ein Mehr-Generationen-Wohnhaus (§ 5 Z 11) geplant ist. Ein Mehr-Generationen-Wohnhaus ist dann gegeben, wenn mindestens zwei Wohneinheiten bestehen, wobei eine Wohneinheit barrierefrei zugänglich und ausgestattet sein muss.

Die Barrierefreiheit ist nach § 31 BauTG 2015 zu beurteilen. Danach müssen:

1. mindestens ein Eingang, und zwar der Haupteingang oder ein Eingang in dessen unmittelbarer Nähe, stufenlos erreichbar sein;
2. im Bereich von Verbindungswegen Stufen, Schwellen und ähnliche Hindernisse möglichst vermieden werden; unvermeidbare Niveauunterschiede sind durch Rampen, Aufzüge oder andere Aufstiegshilfen zu überwinden oder auszugleichen;

3. Türen und Gänge die notwendigen Mindestbreiten aufweisen;

Bezüglich der mit der Novelle 2017 beabsichtigten „Klarstellung" ist anzumerken, dass im ROG 2009 Abs 2 wie folgt lautete: "Bei der Beurteilung der Lückeneigenschaft sind nur solche Bauten zu berücksichtigen, die bereits zum Zeitpunkt der Rechtswirksamkeit der erstmals in diesem Bereich erfolgten Lückenschließung als Bauten im Sinn des Abs 1 bestanden haben. Austraghäuser gelten dabei als nicht landwirtschaftliche Bauten." Mit der Novelle 2017 wurde in Abs 2 die Wortfolge „in diesem Bereich" gestrichen. Damit ist nicht nur eine Klarstellung verbunden, wie die RV 2017 anführt, sondern die Lückenschließung wird beschränkt, weil jetzt jedenfalls nur mehr Bauten heranzuziehen sind, welche bereits zum Zeitpunkt der erstmaligen Lückenschließung – entweder im Zuge der Generellen Überarbeitung oder einer Teilabänderung (siehe § 45 Abs 16 Z 5 ROG 1998 idF vor der Novelle 2004) in der Gemeinde bestanden haben. Klargestellt wird lediglich, dass Nebenanlagen nicht lückenbildend sind.

Zu Abs 2 stellt die RV 2009 fest, dass bei Kennzeichnung als Lücke im Grünland nur jener Bestand an Bauten maßgeblich ist, der gegeben war, als erstmals die Kennzeichnung für die Lückenschließung erfolgte. Damit soll eine Siedlungsentwicklung wie im ausgewiesenen Bauland vermieden werden. Austraghäuser, die hier nicht als landwirtschaftliche Bauten gelten, sind beim Bestand mitzuzählen.

Die Erläuterungen (RV 2004) stellen dazu fest, dass zur Beurteilung der Lückenschließung nur bestehende Bauten im Grünland heranzuziehen sind, die bereits zum Zeitpunkt der Rechtswirksamkeit der erstmaligen Lückenschließung als solche zur Beurteilung des Vorliegens einer Baulücke bestanden haben. Landwirtschaftliche Bauten werden dabei – mit Ausnahme der Austraghäuser – nicht berücksichtigt. Damit können nachträgliche Änderungen, wie etwa die Umnutzung von landwirtschaftlichen Bauernhäusern, die Neuerrichtung von Austraghäusern oder sonst im Grünland zulässige Bauten, aber auch die Bauführung auf der gekennzeichneten Fläche selbst, keine Lückeneigenschaft begründen.

Zu Abs 3 Z 4 stellen die Erläuterungen (RV 2009) fest, dass dies die technische Infrastruktur betrifft. Die Erläuterungen (RV 2004) führen aus, dass durch das Abstellen auf den „gesamten, für die Lückenschließung maßgeblichen Bereich" klargestellt werden soll, dass die technischen Infrastruktureinrichtungen nicht nur für die zur Kennzeichnung anstehende Lücke vorhanden sein müssen, sondern für den gesamten Bereich. Dies ist erforderlich, um nicht Lückenschließungen im Grünland, die ja gerade in Bereichen ermöglicht werden sollen, die keine Baulandgunst aufweisen, besserzustellen als Baulandausweisungen.

§ 41 Vorbehaltsflächen für kommunale Zwecke

(1) Zur Sicherung eines zweckmäßigen Standortes können Vorbehaltsflächen für die Errichtung und Erweiterung folgender Gemeindeeinrichtungen gekennzeichnet werden:

1. Schulen, Kindergärten;

2. kulturelle Einrichtungen;

3. Wohlfahrtseinrichtungen, insbesondere Alten- und Pflegeheime;

4. Erholungsgebiete, Sportanlagen, Spielplätze;

5. Bestattungsanlagen.

(2) Eine Kennzeichnung gemäß Abs. 1 setzt jedenfalls voraus, dass

1. die Gemeinde nicht selbst über geeignete Grundstücke verfügt und

2. eine der Nutzung entsprechende Widmung vorliegt.

Nach Löschung des Vorbehalts (Abs. 5) dürfen dieselben Grundstücke erst nach Ablauf von fünf vorbehaltsfreien Jahren neuerlich als Vorbehaltsfläche gekennzeichnet werden.

(3) Veränderungen der Vorbehaltsflächen gemäß Abs. 1 sind nur mit Bewilligung der Gemeinde zulässig. Die Bewilligung ist zu erteilen, wenn die Maßnahme entweder unmittelbar der Verwirklichung des Vorbehaltszwecks dient oder nicht wesentlich wertsteigernd ist und mit dem Vorbehaltszweck vereinbar ist. Die Bewilligung kann zusammen mit einer nach anderen landesrechtlichen Vorschriften erforderlichen Bewilligung der Gemeinde erteilt werden. Nicht bewilligte Veränderungen sind bei der Ermittlung des Wertes der Vorbehaltsflächen in Verfahren nach Abs. 4 und § 49 sowie nach landesgesetzlich geregelten Enteignungsverfahren nicht zu berücksichtigen.

(4) Die Eigentümer von Vorbehaltsflächen gemäß Abs. 1 können nach Ablauf von drei Jahren ab Rechtswirksamkeit der Kennzeichnung bei der Landesregierung die Einlösung der Grundstücke durch die Gemeinde beantragen. Das Einlösungsverfahren ist durchzuführen, wenn binnen Jahresfrist ab Einlangen des Antrages keine einvernehmliche Regelung zustande kommt und der Vorbehalt nicht gelöscht wird. Zur Ermittlung des Wertes der Vorbehaltsflächen sind die Bestimmungen des III. Abschnittes des Salzburger Landesstraßengesetzes 1972 sinngemäß anzuwenden.

(5) Die Wirksamkeit eines Vorbehalts gemäß Abs. 1 endet durch dessen Löschung. Die Löschung ist vorzunehmen, wenn

1. der Vorbehaltsgrund hinsichtlich der Vorbehaltsfläche weggefallen ist oder

2. seit der Kennzeichnung des Vorbehalts fünf Jahre verstrichen sind und weder ein Einlösungsverfahren anhängig noch vor Ablauf dieser Frist eine Kennzeichnung der Verlängerung des Vorbehalts erfolgt ist.

Ein Vorbehalt kann einmal um längstens drei Jahre verlängert werden.

RV

Es werden einerseits die bisher in den §§ 16 Abs 3 und 20 ROG 1998 enthaltenen Bestimmungen zusammengefasst. Andererseits sollen die Regelungen für Vorbehaltsflächen für den geförderten Wohnbau als besonderes Anliegen des neuen Raumordnungsgesetzes in einer eigenen Bestimmung getroffen werden. Siehe auch die allgemeinen Ausführungen zu § 42.

Zu Abs 1: Bei allen genannten Einrichtungen muss es sich um solche der Gemeinde handeln. Krankenanstalten werden in der Regel nicht mehr von Gemeinden betrieben, sie werden daher nicht mehr ausdrücklich genannt, wie wohl sie Wohlfahrtseinrichtungen im Sinn dieser Bestimmung sind.

Zu Abs 2: Der Vorbehaltszweck muss in der jeweiligen Bauland- oder Grünland-Kategorie zulässig sein. Die Gemeinde darf nicht selbst über dafür geeignete Grundstücke verfügen. Bei neuerlicher Kennzeichnung derselben Grundstücke als Vorbehaltsfläche für welchen Zweck immer muss die Löschung der alten Kennzeichnung mindestens fünf Jahre zurückliegen.

Zu Abs 3: Gegenüber dem ROG 1998 wird klargestellt, dass die Zulässigkeitsvoraussetzungen des zweiten Satzes auch für bauliche Maßnahmen gelten. Dh zusätzlich zu den sonstigen Voraussetzungen ist bei der Erteilung der Baubewilligung auch diese Bestimmung zu beachten. Dem entgegen erteilte Bewilligungen leiden an einem mit Nichtigkeit bedrohten Fehler (§ 45 Abs 3). Bei rechtmäßigem Vollzug beschränkt sich die im letzten Satz angeordnete Rechtsfolge auf widerrechtlich ausgeführte andere als bauliche Maßnahmen. Die Unbeachtlichkeit von nicht bewilligten wertsteigernden Veränderungen wird auf Enteignungsverfahren ausgedehnt, aus kompetenzrechtlichen Gründen aber auf landesgesetzlich geregelte Entschädigungsverfahren beschränkt.

Zu Abs 4: Die Verweisung auf den III. Abschnitt des Salzburger Landesstraßengesetzes 1972 ist präzisiert: Dessen Bestimmungen sind nur auf die Wertermittlung für das einzulösende

Grundstück sinngemäß anzuwenden. Auf die besondere Bestimmung des Abs 3 letzter Satz wird nochmals hingewiesen.

Im Abs 5 wird die Verlängerung des Vorbehaltes nicht mehr an die nachweislich bevorstehende Verwirklichung des Vorbehaltszweckes gebunden. Die Verlängerung des Vorbehaltes muss von der Gemeindevertretung beschlossen und vor Fristablauf im Flächenwidmungsplan wiederum gekennzeichnet werden.

§ 42 Vorbehaltsflächen für den förderbaren Miet- und Eigentumswohnbau

(1) Zur Sicherung von Flächen für die Errichtung von förderbaren Miet-, Mietkauf- oder Eigentumswohnungen (iS der Unterabschnitte 2 und 4 des dritten Abschnitts des S.WFG 2015) können unter folgenden Voraussetzungen Vorbehaltsflächen gekennzeichnet werden:

1. Es besteht ein entsprechender Bedarf für den Planungszeitraum von zehn Jahren, wobei das mittelfristige Wohnbau-Förderungsprogramm des Landes zu berücksichtigen ist.

2. Die Gemeinde, die BaulandsicherungsgesellschaftmbH (§ 77) und die gemeinnützigen Bauvereinigungen verfügen insgesamt nicht in ausreichendem Maß über geeignete Flächen, um den Bedarf zu decken.

3. Die Fläche befindet sich in einem Siedlungsschwerpunkt und die Widmung der Fläche lässt eine Wohnbebauung zu.

4. Für die Fläche muss eine Mindestgeschoßflächenzahl von zumindest 0,7 in der Stadt Salzburg und von 0,6 in den sonstigen Gemeinden gelten.

5. Für die Fläche liegt keine Vereinbarung gemäß § 18 vor, die die Sicherung der Fläche oder von Teilen davon für die Errichtung von förderbaren Wohnungen gemäß Abs 1 beinhaltet.

6. Den von der Vorbehaltskennzeichnung betroffenen Grundeigentümern müssen zumindest als Bauland ausweisbare Flächen in dem Ausmaß als vorbehaltsfrei verbleiben, um ihren Bauland-Eigenbedarf zu decken.

(2) Mit der Kennzeichnung gemäß Abs 1 ist gleichzeitig festzulegen:

1. die Mindestzahl an zu errichtenden förderbaren Wohnungen gemäß Abs 1 oder

2. das Mindestmaß an zu errichtender förderbarer (Wohn-)Nutzfläche.

(3) Auf Veränderungen der Vorbehaltsflächen gemäß Abs 1 ist § 41 Abs 3 anzuwenden. Die Erteilung einer Baubewilligung für eine Bauführung (§ 2 Abs 1 des Baupolizeigesetzes) setzt zusätzlich voraus, dass

1. das Bauvorhaben den Festlegungen gemäß Abs 2 nicht widerspricht und

2. die Bewilligungswerber zur Errichtung von förderbaren Wohnungen gemäß Abs 1 nach wohnbauförderungsrechtlichen Vorschriften berechtigt sind.

(4) Auf die Einlösung von Vorbehaltsflächen und die Löschung ist § 41 Abs 2 letzter Satz sowie Abs 4 und 5 sinngemäß anzuwenden. Anstelle der Frist von fünf Jahren gemäß § 41 Abs 5 Z 2 gilt jedoch bei unbefristeten Widmungen eine Frist von zehn Jahren.

Grundsätzlich:

Zum Verständnis der RV 2009 Ist anzumerken, dass bis zur Novelle 2017 § 42 „Vorbehaltsflächen für den förderbaren Wohnbau“ den förderbaren Wohnbau insgesamt betrafen und auch Einfamilien- und Reihenhäuser mit eingeschlossen haben. Mit einer Kennzeichnung hätte allerdings auch festgelegt werden können, dass nur Miet-, Mietkauf- oder Eigentumswohnungen errichtet werden. Wesentlich ist auch, dass der Eigentümer bei der bis 31.12.2017 geltenden Regelung des § 42 ROG 2009 nicht – wie nunmehr nach Abs 4 möglich – nach drei Jahren die Einlösung seines Grundstückes durch die Gemeinde beantragen konnte. Die Löschung des Vorbehalts bis Ende 2017 war nur dann vorzunehmen, wenn kein Bedarf gegeben war oder eine Vereinbarung nach § 18 abgeschlossen wurde oder der Vorbehaltszweck erfüllt worden ist.

RV

Vorbehaltsflächen sind ihrer Rechtsnatur nach Eigentumsbeschränkungen, die über die Wirkung der anderen Flächenwidmungen hinausgehen. Die Wirkung des Vorbehalts ist eine Reservierung der Flächen für einen bestimmten Zweck, an dem ein anerkanntes öffentliches Interesse besteht. Eine derartige Beschränkung setzt weiters voraus, dass die Festlegung ein taugliches und adäquates Mittel zur Zielerreichung darstellt.

So kann etwa eine Argumentation, Flächen generell für Zwecke des Wohnbaues vorzusehen, nicht durch die Festlegung von Vorbehaltsflächen verfolgt werden, weil dieses durch die Ausweisung ausreichender und geeigneter Flächen als Bauland diverser Kategorien, die eine Wohnbebauung zulassen, zu bewerkstelligen ist.

Zu Abs 1: Die bisherige Beschränkung für Zwecke des 6. und 8. Abschnittes des WFG 1990 wird aufgegeben. Dies vor allem deshalb, weil der 6. Abschnitt nicht den geförderten Wohnbau in Form des verdichteten Siedlungsbaues als Typus erfasst, sondern auf private Bauinitiativen ausgerichtet ist. Auch spielt der 6. Abschnitt in der Praxis keine große Rolle. Gegenüber einer Beschränkung auf den 8. Abschnitt des WFG 1990 wird der Öffnung auf den gesamten förderbaren Wohnbau der Vorzug gegeben, so dass die Anwendbarkeit dieses Raumordnungsinstruments von dieser Seite keine Einschränkung erfährt. Die folgenden Voraussetzungen betreffen den Bedarf und die ansonsten gegebene Unmöglichkeit der Bedarfsdeckung (Z 1 und 2), die Eignung der Flächen zur Bedarfsdeckung (Z 3 und 4) und schließlich Umstände in Bezug auf den jeweiligen Grundeigentümer (Z 5 und 6).

Zu Z 1: Die Bindung an den Zehn-Jahres-Bedarf soll wie bisher eine Kennzeichnung als Vorbehaltsflächen wegen der Schwere des Eingriffs in das Eigentumsgrundrecht nicht auf Vorrat zulässig sein. Auf Ebene des REK sollen bereits Zielaussagen betreffend jene örtlichen Bereiche getroffen werden, die für eine derartige Kennzeichnung in Betracht kommen. Die Kennzeichnung kann daraufhin mit den Grundeigentümern koordiniert nach Maßgabe der Flächenbilanz erfolgen.

Zu Z 2: Es werden nur die Flächen berechnet, die neben der Gemeinde und der Baulandsicherungsgesellschaft den gemeinnützigen Bauträgern zur Verfügung stehen. Abgesehen davon, dass damit der wohl ganz überwiegende Teil der in Betracht kommenden Flächen erfasst werden, bleibt die Bestimmung dadurch auch praktikabel.

Zu Z 3: Die Wohnbebauung muss auf Grund der Widmung möglich sein. In der Praxis haben sich die Fälle gehäuft, in welchen große Wohnbauvorhaben auf Grund einer Einzelbewilligung entgegen der festgelegten Widmung realisiert werden. Diese Entwicklung darf durch die Möglichkeit der Kennzeichnung von Vorbehaltsflächen nicht gefördert werden.

Zu Z 4: Die Zulässigkeit der Vorbehaltskennzeichnung wird in Präzisierung der Voraussetzung, dass die Flächen zur Zielerreichung geeignet sein müssen, von der Größe der Flächen und dem Ausmaß des errichtbaren Wohnraumes abhängig gemacht. Die einzelnen Vorgaben werden in einer Anlage zum Gesetz getroffen. Dabei gilt als Grundsatz, dass je größer die Fläche ist, umso mehr reicht auch eine geringere Geschoßflächenzahl zur Zielerreichung.

Zu Z 5: Eine Kennzeichnung als Vorbehaltsfläche kommt nicht in Betracht, wenn die Errichtung der förderbaren Wohneinheiten durch eine Vereinbarung gesichert ist. Damit wird der privatautonomen Rechtsgestaltung zwischen Gemeinden und Grundeigentümer als gelinderes

Mittel der Vorrang eingeräumt. Gleiches gilt auch, wenn eine nachträglich geschlossene Vereinbarung diesen Zweck sicherstellt (siehe Abs 4 Z 2).

Zu Z 6: Mit dieser Voraussetzung wird die prinzipielle Eigennützigkeit des Grundeigentums ausreichend berücksichtigt. Eine Kennzeichnung von Vorbehaltsflächen ist danach nur insoweit zulässig, als die dafür vorgesehenen Flächen nicht für den Grundeigentümer selbst die einzig geeigneten Flächen für die Befriedigung der Wohnbedürfnisse für sich und seine unmittelbaren Nachkommen darstellen. Dabei ist nicht die gegebene Baulandausweisung maßgeblich, sondern die nach dem REK mögliche Ausweisung als Bauland.

Zu Abs 2: Die Kennzeichnung als Vorbehaltsfläche sagt für sich allein nichts über die Intensität der Nutzung aus und liefert so auch keine Information für den Planungsprozess. Es ist daher erforderlich, dass die Mindestzahl der förderbaren Wohneinheiten oder der förderbaren (Wohn-) Nutzfläche, die geschaffen werden müssen bzw. muss, im Rahmen der Kennzeichnung festgelegt werden. Bei der Festlegung der Zahl der Wohneinheiten ist zwischen Miet-, Miet-Kauf- und Eigentumswohnungen zu differenzieren, weil damit auch unterschiedliche Rechtsfolgen verbunden sind (siehe Abs 3 und 4). Der [Anm.: gegenüber der Regierungsvorlage aufgrund eines Abänderungsantrages im Landtagsausschuss] entfallende bisherige zweite Satz könnte so ausgelegt werden, dass auch bei kleinen Vorbehaltsflächen Miet- und Eigentumswohnungen nebeneinander zahlenmäßig festzulegen wären. Dieser Zwang kann bei kleineren Flächen oder in Bereichen mit einer erwünschten geringeren Verbauungsdichte kontraproduktiv sein. Allerdings soll bei größeren Flächen das Ziel einer ausreichenden Durchmischung von Miete und Eigentum weiterhin mit der Ausweisung von Vorbehaltsflächen verbunden sein. Außerdem wird festgehalten, dass der Begriff der Eigentumswohnung im Sinn dieser Bestimmungen nicht nur den des Wohnungseigentumsgesetzes erfasst, sondern auch alle Formen der Errichtung von förderbaren Eigenheimen (Häuser in der Gruppe, Einzelhäuser usw.).

Mit dieser Festlegung wird sowohl für die Planung als auch für Grundeigentümer und Kaufinteressierte eine wesentliche Information über die künftige Bebauung geboten. Da nach dem neuen Konzept der Änderung von Planungen im Fall der Neuausweisung von Bauland der Bebauungsplan gleichzeitig mit der Änderung des Flächenwidmungsplans aufzustellen ist, kann diese Festlegung bereits bei Ausarbeitung des Bebauungsplans berücksichtigt werden. In den Fällen bestehender Baulandausweisungen und nachträglicher Vorbehaltsfestlegungen determiniert die Festlegung den Bebauungsplan. Bebauungsbedingungen, die es nicht ermöglichen, ihr gerecht zu werden, sind schon deshalb rechtswidrig.

Zu Abs 3: Die Wirkungen der Vorbehaltskennzeichnung für den förderbaren Wohnbau betreffend, genügt es zunächst, auf § 42 Abs 3 hinzuweisen (erster Satz). Danach ist auch eine Baubewilligung für jegliche bauliche Maßnahme nur zu erteilen, wenn diese entweder direkt der Verwirklichung des Vorbehaltszwecks dient oder anderenfalls dem Vorbehaltszweck nicht entgegensteht und nicht wesentlich wertsteigernd ist. Für die Verwirklichung des Vorbehaltes für den geförderten Wohnbau wird in der Regel eine Bauführung erforderlich sein. Die dafür erforderliche Baubewilligung wird darüber hinausgehend daran gebunden, dass die Festlegungen gemäß Abs 2 baulich tatsächlich verwirklicht werden. Die Maßnahme muss daher den Festlegungen entsprechen.

Zu Abs 4: Nach § 31 Abs 1 S.WFG 1990 in der derzeit geltenden Fassung kann eine Förderung für die Errichtung von Mietwohnungen (8. Abschnitt S.WFG 1990) Gemeinden und gemeinnützigen Bauvereinigungen gewährt werden. Der Förderungswerber muss nach Abs 2 dieser Bestimmung Grundeigentümer oder Bauberechtigter sein. In Diskussion ist aktuell eine Öffnung der Förderung der Errichtung von Mietwohnungen auch für private Bauträger. Abs 4 spricht mit der Verweisung auf die Förderbarkeit nach den Salzburger Wohnbauförderungsgesetzen besonders diese Vorgabe an, weil sie für die Verwirklichung des Vorbehaltszwecks und damit auch für Tauglichkeit der Vorbehaltskennzeichnung im grundrechtlichen Sinn von ganz wesentlicher Bedeutung ist, und greift der Entwicklung im Wohnbauförderungsrecht in keiner Weise vor.

Zu Abs 5: Anders als im § 42 Abs 5 Z 2 wird hier von der Festlegung einer konkreten Frist Abstand genommen. Dies vor allem deshalb, weil eine Kenntlichmachung nur im Rahmen der Bedarfsdeckung für zehn Jahre zulässig ist und ausdrücklich festgelegt wird (Z 1), dass eine Löschung vorzunehmen ist, wenn kein Bedarf als der Grund für den Vorbehalt mehr gegeben ist. Daher ist zumindest alle zehn Jahre für die vom Vorbehalt erfassten Flächen der Bedarf zu prüfen.

Der Vorbehalt ist zu löschen, wenn der Vorbehaltszweck erfüllt ist (Z 3). Dies ist der Fall, wenn die festgelegte Mindestzahl an Wohnungen oder das festgelegte Mindestmaß an Wohnnutzfläche fertig gestellt ist. Damit können auf Grund der Flächenwidmung und der Bebauungsplanung verbleibende Bebauungspotentiale genutzt werden, ohne an den Vorbehaltszweck gebunden zu sein. Sonstige Bauführungen auf der vom Vorbehalt erfassten Fläche können aber erst bewilligt werden, wenn die dem Vorbehaltszweck dienenden Bauten errichtet worden sind und der Vorbehalt gelöscht worden ist.

RV 2017

Der Anwendungsbereich der Bestimmung wird zwar in Anbetracht der Einführung der Widmungkategorie „Gebiete für den förderbaren Wohnbau“ auf den förderbaren Miet- und Eigentumswohnbau (iS der Unterabschnitte 2 und 4 des dritten Abschnitts des S.WFG 2015) eingeschränkt, am Instrument selbst jedoch festgehalten. Vorbehaltsfestlegungen bieten neben der Sicherung der betreffenden Fläche die Möglichkeit, auf die Umsetzung stärker Einfluss zu nehmen. Diese stärkere Einflussnahme muss jedoch befristet sein, um dem verfassungsrechtlichen Eigentumsschutz entsprechend Rechnung zu tragen (vgl. ua VfSlg 11.849/1988). Durch die Befristung wird verhindert, dass für den Grundeigentümer ein Bauverbot auf unbestimmte Zeit auch dann besteht, wenn der mit der Vorbehaltskennzeichnung verbundene Zweck nicht verwirklicht wird. Im Hinblick auf die ohnehin geltende Befristung des Baulandes auf zehn Jahre bei Baulandneuausweisungen wird daher bei diesen wie bei den Vorbehaltsflächen für kommunale Zwecke eine Befristung von fünf Jahren festgelegt. Bei unbefristeten Flächen soll dagegen – wie bisher – eine Frist von 10 Jahren zur Anwendung kommen. Lässt sich der Vorbehaltszweck innerhalb dieses Zeitraums nicht durchsetzen, ist der Vorbehalt zu löschen.

Anmerkungen

Im ROG 2009 waren die Vorbehaltsflächen nach § 42 für den „förderbaren Wohnbau“ gedacht. Ihre Einführung war – nach der RV 2009 – ein zentrales politisches Anliegen der Raumordnung zur Sicherung dieser Wohnbauflächen für den lokalen und regionalen Bedarf an Wohnungen und Wohnbauten. (AB 2009) Damit es nicht zu einer stark ausufernden Anwendung dieses Instrumentes kommt, wurden in einer Anlage, gestaffelt nach zentralörtlicher Funktion der Gemeinde, Flächengrößen und Mindestgeschoßflächenzahlen festgelegt. Im Übrigen entspricht die Bestimmung, abgesehen von den notwendigen Anpassungen auf Grund der Einschränkung des Anwendungsbereiches und der neuen wohnbauförderungsrechtlichen Anforderungen bzgl. der Bebauungsdichte, weitgehend den geltenden Bestimmungen.

Abs 1 beschäftigt sich mit den Voraussetzungen des Bedarfes und der ansonst gegebenen Unmöglichkeit der Bedarfsdeckung (Z 1 und 2), der Eignung der Flächen zur Bedarfsdeckung

(Z 3 und 4) und schließlich den Umständen in Bezug auf den jeweiligen Grundeigentümer (Z 5 und 6).

Zu Z 1 ist anzumerken, dass die Erläuterungen (RV 2009) festhalten, dass wegen der Schwere des Eingriffes in das Eigentumsrecht nicht auf Vorrat Flächen gesichert werden sollten. Auf der Ebene des REK sollen bereits Zielaussagen betreffend jene örtlichen Bereiche getroffen werden, die für eine derartige Kennzeichnung in Betracht kommen. Die Kennzeichnung kann daraufhin mit dem Grundeigentümer koordiniert nach Maßgabe der Flächenbilanz erfolgen.
Das Wohnbauförderprogramm des Landes Salzburg ist in § 7 des Salzburger Wohnbauförderungsgesetzes 2015 LGBl 23/2015 idF LGBl 120/2017 geregelt.
Eine Ausweisung des Vorbehaltes setzt laut Z 2 voraus, dass neben der Gemeinde und der Baulandsicherungsgesellschaft Land-Invest (siehe § 77) auch den gemeinnützigen Bauträgern in der Gemeinde nicht genügend Flächen zur Bedarfsdeckung zur Verfügung stehen. Die Erläuterungen (RV 2009) weisen darauf hin, dass diese Bestimmung auch deshalb praktikabel ist, da konkret angeführt ist, welche Grundstücksreserven für die Wohnbebauung maßgeblich sind.
Z 3 stellt fest, dass die Wohnbebauung aufgrund der Widmung möglich sein muss. In der Praxis haben sich Fälle gehäuft, in welchen große Wohnbauvorhaben aufgrund von Einzelbewilligungen entgegen festgelegter Widmung realisiert wurden. Diese Entwicklung darf durch die Möglichkeit der Kennzeichnung von Vorbehaltsflächen nicht gefördert werden, stellen die Erläuterungen (RV 2009) fest. Mit der Novelle 2017 wird einschränkend festgelegt, dass die Fläche in einem Siedlungsschwerpunkt (§ 5 Z 14) liegen muss. Da es aber zum Zeitpunkt des Inkrafttretens der ROG Novelle 2017 keine Siedlungsschwerpunkte gemäß § 5 Z 14 in den REK der Gemeinde geben kann, wird die Ausweisung von Vorbehaltsflächen erst nach einer entsprechenden Festlegung dieser Siedlungsschwerpunkte erfolgen können.
Z 5 legt fest, dass eine Kennzeichnung als Vorbehaltsfläche nicht in Betracht kommt, wenn die Errichtung der förderbaren Wohneinheiten durch eine Vereinbarung gesichert ist. Damit wird der privatautonomen Rechtsgestaltung zwischen Gemeinde und Grundeigentümer als gelinderes Mittel, eine Bebauung und Nutzung für den förderbaren Eigentümer und Nutzer sicherzustellen, der Vorrang eingeräumt.
Mit Z 6 wird sichergestellt, dass der Grundeigentümer selbst den absoluten Vorrang bei der Nutzung seiner Flächen für den Eigenbedarf hat. Die Erläuterungen (RV 2009) der Regierungsvorlage stellen dazu fest: „Eine Kennzeichnung von Vorbehaltsflächen ist danach nur insoweit zulässig, als die dafür vorgesehenen Flächen nicht für den Grundeigentümer selbst die einzig geeigneten Flächen für die Befriedigung der Wohnbedürfnisse für sich und seine unmittelbaren Nachkommen darstellen. Dabei ist nicht die gegebene Baulandausweisung maßgeblich, sondern die nach dem REK mögliche Ausweisung von Bauland." Durch die Novelle 2017 ist der Eigenbedarf legal definiert (§ 5 Z 2). Neben den Flächen für den Wohnbedarf dürfen auch Flächen für den betrieblichen Bedarf nicht von der Vorbehaltskennzeichnung getroffen werden. Dies gilt insbesondere für die Widmungskategorie Erweitertes Wohngebiet, Kerngebiete udgl wo sowohl Wohnbauten wie auch Betriebe zulässig sind und wo auszuschließen ist, dass eine Fläche, die dem betrieblichen Bedarf, etwa der Erweiterung eines Fremdenverkehrsbetriebes oder eines anderen Dienstleistungsunternehmens dient, oder aber Flächen, die für einen allfälligen Mitarbeiterwohnbau für das Unternehmen benötigt werden können, als Vorbehaltsflächen ausgewiesen werden.
Abs 2 verlangt, dass mit der Kennzeichnung als Vorbehaltsfläche gleichzeitig die Angabe der Mindestzahl der förderbaren Wohneinheiten oder der förderbaren Wohnnutzfläche erfolgt.
Abs 3 bestimmt, dass für die Wirkung von Vorbehaltsflächen sinngemäß jene Vorgangsweise gilt, die auch für die Änderungen von Vorbehaltsflächen für kommunale Zwecke gilt (siehe § 41).

Eine Baubewilligung kann nur dann erteilt werden, wenn diese dem Vorbehaltszweck dient und der Bewilligungswerber zur Errichtung von förderbaren Wohnungen nach den Bestimmungen der Wohnbauförderung berechtigt ist.
Die RV 2009 stellt dazu fest, dass der Vorbehalt auch zu löschen ist, wenn der Vorbehaltszweck erfüllt ist. Dies ist der Fall, wenn die festgelegte Mindestzahl an Wohnungen oder das festgelegte Mindestmaß an Wohnnutzfläche erreicht ist. Damit können aufgrund der Flächennutzung und der Bebauungspläne verbliebene Bebauungspotentiale genutzt werden, ohne an Vorbehaltszwecke gebunden zu sein. Sonstige Bauführungen auf der vom Vorbehalt erfassten Fläche können aber erst bewilligt werden, wenn die dem Vorbehaltszweck dienenden Bauten errichtet worden sind und der Vorbehalt gelöscht wurde.
Das Instrument der „Vorbehaltsflächen für den förderbaren Wohnbau" wurde seit 2009 im Bundesland Salzburg *in noch keinem Fall rechtswirksam umgesetzt. Dies bedeutet jedoch nicht, dass es bisher wirkungslos war*: In all jenen Fällen in denen bisher seitens der Gemeinden überlegt bzw. vorbereitet wurde eine „Vorbehaltsfläche für förderbaren Wohnbau" auszuweisen, wurde der jeweilige Grundeigentümer seinerseits aktiv und war – vermutlich um eine Vorbehaltsausweisung abzuwenden – bereit mit der Gemeinde eine § 18 ROG Vereinbarung über die in Frage stehenden Flächen abzuschließen. Nach Abschluss eines § 18 ROG Vertrages ist nach Abs 1 Z 5 eine Vorbehaltsausweisung für die betreffende Fläche nicht mehr möglich, die „Mobilisierung" der in Frage stehenden Flächen ist aber (zumindest zum überwiegenden Teil) durch die Ankündigung des Vorbehaltes und dem anschließenden § 18 Vertrag erreicht worden. Bisher konnte der Grundeigentümer einer mit „Vorbehalt für förderbaren Wohnbau" gekennzeichteten Fläche keine Einlösung der Fläche durch die Gemeinde verlangen.
Die RV 2017 stellt fest, dass die (beibehaltenen) Vorbehaltsfestlegungen, neben der Sicherung der betreffenden Fläche in der Widmungskategorie als „Gebiet für förderbaren Wohnbau" nach § 30 Abs 1 Z 2a, die Möglichkeit bieten, auf die Umsetzung stärker Einfluss zu nehmen. Inwieweit dieser „Mobilisierungseffekt" durch die Novelle 2017 erreicht werden kann wird sich zeigen, zu vermuten ist eher das Gegenteil: Ab 1.1.2018 kann ein von einem Vorbehalt „belegter" Grundeigentümer nunmehr neu nach Ablauf von drei Jahren die Einlösung seiner Grundstücke von der Gemeinde begehren. Dies war bisher nicht der Fall wodurch es für die Gemeinde ab 2018 bei „Bauland-Mobilisierungsgesprächen" schwieriger wird, das Instrument der möglichen „Vorbehaltsfläche" einzusetzen bzw. anzukündigen. Muß die Gemeinde doch selbst damit rechnen, dass sie nach drei Jahren die diesbezügliche Fläche nach den Bestimmungen des Salzburger Landesstraßengesetzes 1972 (§§ 12 – 16), allenfalls mit einer durch gerichtliche Entscheidung festgelegten Kaufpreishöhe, einzulösen hat.
Eine durch die Novelle 2017 geschaffene, weitere Einschränkung der Voraussetzung für die Ausweisung einer „Vorbehaltsfläche für förderbaren Wohnbau" ist – nach Abs 1 Z 3 – die Bedingung, dass die Fläche im REK in einem als Siedlungsschwerpunkt ausgewiesenen Bereich zu liegen hat.

§ 43 Kenntlichmachungen

(1) Im Flächenwidmungsplan sind kenntlich zu machen:

1. Flächen, die auf Grund von Bundes- oder Landesgesetzen Nutzungsbeschränkungen unterliegen, wie

(a) Wald im Sinn des Forstgesetzes 1975 und gesondert Bannwälder,

(b) Naturdenkmale und unter Naturschutz stehende Gebiete,

(c) unter Denkmal- oder Ortsbildschutz stehende Bauten und Gebiete,

(d) wasserrechtlich besonders geschützte Gebiete,
(e) Schutzgebiete für Heilquellen, Kurbezirke,
(f) Bergbaugebiete udgl nach dem Mineralrohstoffgesetz,
(g) Schutzzonen für Straßen und Straßenplanungsgebiete,
(h) Schutzbereiche für Versorgungseinrichtungen,
(i) Bauverbotsbereiche bei Eisenbahnen und Seilbahnen sowie Sicherheitszonen bei Flugplätzen,
(j) Sicherheitsstreifen bei Hochspannungsleitungen,
(k) militärische Sperrgebiete,
(l) Gefährdungsbereiche nach den schieß- und sprengmittelrechtlichen Vorschriften;

2. Gefahrenzonen und Funktionsbereiche der forstlichen Raumplanung und der Wasserwirtschaft;
3. Hochwasserabflussgebiete nach wasserrechtlichen Bestimmungen;
4. für den Hochwasserabfluss und -rückhalt wesentliche Flächen;
5. Verdachtsflächen und Altlasten im Sinn des Altlastensanierungsgesetzes.

(2) Im Flächenwidmungsplan können kenntlich gemacht werden:

1. bestehende oder durch überörtliche oder örtliche Planungen für besondere Zwecke vorgesehene Flächen;
2. Ver- und Entsorgungsanlagen mit überörtlicher Bedeutung;
3. der Gemeinde archäologisch, ökologisch, wegen der Baugestaltung oder aus anderen Gründen besonders wichtig erscheinende Flächen:
4. Flächen mit Potenzial zur Nutzung erneuerbarer Energiequellen.

(3) Kenntlichmachungen können auch außerhalb der Aufstellung oder Änderung des Flächenwidmungsplans geändert werden. Geänderte Kenntlichmachungen sind auf Ergänzungsblättern darzustellen und der Landesregierung zur neuerlichen Vidierung und Anbringung des Sichtschutzes zu übermitteln.

RV

Fur die bisher im § 16 Abs 2 ROG 1998 geregelten Kenntlichmachungen wird eine eigene Bestimmung geschaffen. Dabei wird als Neuerung systematisch zwischen Kenntlichmachungen, die zwingend vorzunehmen sind (Abs 1) und solchen Kenntlichmachungen unterschieden, die im Planungsermessen der Gemeinde gelegen sind (Abs 2). Seilbahnen sind keine Eisenbahnen mehr und daher im Abs 1 Z 1 lit i ergänzt; der Bauverbotsbereich ergibt sich aus § 53 Seilbahngesetz 2003.

Die schon bisher (§ 23 Abs 5 ROG 1998) bestehende Möglichkeit der Anpassung von Kenntlichmachungen außerhalb der Aufstellung oder sonstigen Änderung des Flächenwidmungsplans wird präzisiert und an die Erfordernisse der Praxis angepasst.

RV 2017

Die Anpassung der Kennzeichnungspflichten ist durch Änderungen der entsprechenden Materiengesetze (insbesondere dem Wasserrechtsgesetz bzw. dem Mineralrohstoffgesetz) bedingt. Neu eingeführt wird die Möglichkeit der Kenntlichmachung von Flächen mit Potential zur Nutzung erneuerbarer Energiequellen.

Anmerkungen

Die Kenntlichmachungen wurden im ROG 2009 neu geordnet. In Abs 1 sind alle Flächen angeführt, zu deren Kenntlichmachung die Gemeinde verpflichtet ist. In Abs 2 sind sonstige Kenntlichmachungen zusammengefasst, die im Planungsermessen der Gemeinde liegen.
Wie bisher sind die Änderungen von Kenntlichmachungen außerhalb eines Flächenwidmungsplan-Änderungsverfahrens zulässig. Allerdings sind die geänderten Kenntlichmachungen auf Ergänzungsblättern darzustellen und der Landesregierung zur Vidierung zu übermitteln.

§ 44 Änderung des Flächenwidmungsplans

(1) Der Flächenwidmungsplan ist zu ändern, soweit dies erforderlich ist:
1. durch eine Änderung des Räumlichen Entwicklungskonzepts der Gemeinde,
2. durch Planungen und sonstige Maßnahmen nach anderen gesetzlichen Vorschriften,
3. durch die Verbindlicherklärung von Entwicklungsprogrammen des Landes oder von deren Änderung innerhalb von drei Jahren ab deren Inkrafttreten oder
4. durch das Außerkrafttreten einer Standortverordnung für Handelsgroßbetriebe.

(2) Der Flächenwidmungsplan kann geändert werden, wenn
1. die Änderung dem Räumlichen Entwicklungskonzept entspricht und
2. im Fall einer Baulandausweisung der Baulandbedarf dies zulässt.

(3) Eine Umwidmung von Bauland in Grünland ist nur zulässig, wenn seit der letztmaligen Ausweisung zumindest fünf Jahre verstrichen sind. Dies gilt nicht für Änderungen gemäß Abs. 1 Z 2 und 3 oder auf Anregung des Grundeigentümers.

RV

Die Bestimmung übernimmt in neuer Systematik weitgehend § 23 Abs 1 erster bis dritter Satz ROG 1998. Zur ergänzten Z 4 im Abs 1 siehe die Ausführungen zu § 14 Abs 5. Im Abs 2 wird die Einhaltung des Zehn-Jahres-Baulandbedarfs als Voraussetzung für eine Neuausweisung von Bauland hervorgehoben (Z 2). Die fünfjährige Frist für das Rückwidmungsverbot läuft anders als bisher ab der letztmaligen Ausweisung der Fläche als Bauland. Rückwidmungen von Bauland in Grünland sind natürlich auch zulässig, wenn sie der Grundeigentümer selbst anstrebt. (Siehe auch die korrespondierende Regelung im § 49 Abs 1 letzter Satz.)

Anmerkungen

Zu Abs 1 ist anzumerken, dass aus der Überprüfung der Planung (siehe § 20) ebenfalls ein zwingender Änderungsgrund gegeben sein kann.
In Abs 2 wird die Einhaltung des Zehn-Jahres-Baulandbedarfes als Voraussetzung für eine Neuausweisung von Bauland hervorgehoben. Bei dieser Beurteilung ist auf die Bestimmung des § 86 Abs 12 besonders Bedacht zu nehmen. Demnach sind bis zumindest zum 31.12.2020 Baulücken nur zu 1/3 in der Flächenbilanz zu berücksichtigen. Dies bedingt eine dynamische Betrachtung des Vorliegens einer Baulücke nach Maßgabe der tatsächlich erfolgenden Bebauung, sodass mit jeder erfolgten Bebauung das Eintreten einer Baulücke neu zu beurteilen ist. Das Vorliegen einer Baulücke ist von der Gemeinde gemäß den Bestimmungen des § 14 Abs 1 lit a BGG zu beurteilen. Nach den erläuternden Bemerkungen zu dieser Bestimmung ist eine Baulücke dahingehend zu verstehen, „dass die an die unverbaute Fläche – bei geschlossener Bauweise links und rechts – angrenzenden Bauplätze bereits bebaut sind und die unbebaute Fläche selbst eine

der umliegenden Baustruktur vergleichbares Ausmaß nicht überschreitet. Bei offener Bauweise ist der Bezugsraum ein weiterer und die Beurteilung davon abhängig, ob von einem im Großen und Ganzen bebauten Gebiet gesprochen werden kann."
Abs 3 legt fest, dass die fünfjährige Frist für das Rückwidmungsverbot ab der letztmaligen Ausweisung der Fläche als Bauland läuft. Rückwidmungen von Bauland in Grünland sind aber auch zulässig, wenn der Grundeigentümer selbst diese anstrebt.

§ 45 Wirkungen des Flächenwidmungsplans

(1) Ab Inkrafttreten des Flächenwidmungsplans dürfen Bauplatzerklärungen und nach baurechtlichen Vorschriften des Landes erforderliche Bewilligungen nur in Übereinstimmung mit den Festlegungen im Flächenwidmungsplan (Widmungen und Kennzeichnungen) erteilt werden. Rechtmäßig bestehende bauliche Anlagen und Nutzungen bleiben von den Festlegungen unberührt.

(2) Der Nachweis, dass ein Vorhaben der festgelegten Widmung entspricht, ist vom Bewilligungswerber zu erbringen. Die Landesregierung kann unbeschadet der Anforderungen nach sonstigen Vorschriften durch Verordnung weitere Unterlagen zur genauen Beurteilung des Vorhabens bestimmen.

(3) Bauplatzerklärungen und Bewilligungen, die entgegen den Bestimmungen des Abs. 1 erteilt werden, leiden an einem mit Nichtigkeit bedrohten Fehler (§ 68 Abs. 4 Z 4 AVG). Eine Nichtigerklärung ist nur innerhalb von drei Jahren ab dem im § 63 Abs. 5 AVG bezeichneten Zeitpunkt zulässig. Sie kann auch durch die Aufsichtsbehörde in Ausübung ihres Aufsichtsrechts erfolgen. Wenn Maßnahmen entgegen den Bestimmungen des Abs. 1 durchgeführt werden, kann die Landesregierung dem Veranlasser oder Verfügungsberechtigten die Herstellung des gesetzmäßigen Zustandes, insbesondere die Beseitigung des Hergestellten und Versetzung in den ursprünglichen Zustand, durch Bescheid auftragen. Wenn einer solchen Maßnahme eine erteilte Bewilligung zugrunde liegt, ist dies nur nach Aufhebung oder Nichtigerklärung derselben zulässig und der Bescheid an deren vormaligen Träger der Bewilligung zu richten.

(4) Raumbedeutsame Planungen und Maßnahmen der Gemeinde haben dem Flächenwidmungsplan zu entsprechen. Raumbedeutsame Planungen und Maßnahmen des Landes, insbesondere Investitionen und Förderungsmaßnahmen, haben auf die örtliche Raumplanung der Gemeinde Bedacht zu nehmen.

RV

Die Wirksamkeit des Flächenwidmungsplans wird zur Vereinfachung auf die Bauplatzerklärungen und die nach baurechtlichen Vorschriften des Landes erforderlichen Bewilligungen beschränkt; sie dürfen nur unter Beachtung der normativen Inhalte des Flächenwidmungsplans, also den festgelegten Nutzungsarten und Bauland- bzw. Grünland-Kategorien sowie den Kennzeichnungen entsprechend, erteilt werden.

Soweit dem Flächenwidmungsplan darüberhinausgehend Wirksamkeit zukommen soll, ist daher in den jeweiligen Vorschriften ausdrücklich anzuordnen. Für privatwirtschaftliche Planungen und Maßnahmen, die nicht zu einer baulichen Maßnahme führen und damit an den Flächenwidmungsplan gebunden sind, formuliert aber bereits Abs 4 die Wirksamkeit des Flächenwidmungsplans. Der zweite Satz im Abs 1 dient der Klarstellung; sie bedeutet im Umkehrschluss, dass rechtswidrig errichtete bauliche Anlagen den Festlegungen im Flächenwidmungsplan unterliegen und die für sie erforderlichen Bauplatzerklärungen und baurechtlichen Bewilligungen nur bei Übereinstimmung mit dem bei deren Erteilung geltenden Flächenwidmungsplan erteilt werden dürfen.

In die Klarstellung sind auch die bestehenden rechtmäßigen Nutzungen einbezogen. Dies bedeutet, dass zB solche Nutzungen von einer Zonenkennzeichnung gemäß § 38 unberührt bleiben.

Der Nachweis der Widmungskonformität des Vorhabens ist wie bisher vom Einschreiter zu erbringen. Bestimmte Vorhaben werden in diesem Zusammenhang im Text nicht mehr hervorgehoben. Die Verpflichtung der Landesregierung zur Erlassung entsprechender Nachweis-Verordnungen wird aufgegeben und nur mehr eine Ermächtigung dazu aufgenommen. Die geltenden Nachweis-Verordnungen der Landesregierung finden darin die notwendige gesetzliche Grundlage.

Zu Abs 3: Zur Nichtigerklärung von Einzelbewilligungen, die ohne aufsichtsbehördliche Genehmigung erteilt worden sind, s § 46 Abs 7.

Anmerkungen

Die RV 2009 stellt fest, dass das ROG 2009 die Wirksamkeit des Flächenwidmungsplanes auf Bauplatzerklärungen und die nach baurechtlichen Vorschriften des Landes erforderlichen Bewilligungen beschränkt; sie dürfen nur unter Beachtung des Flächenwidmungsplans, also der festgelegten Nutzungsarten und Bauland- bzw. Grünlandkategorien sowie den Kennzeichnungen entsprechend, erteilt werden.
Soweit dem Flächenwidmungsplan darüberhinausgehende Wirksamkeit zukommen soll, ist dies daher in den jeweiligen anderen gesetzlichen Vorschriften ausdrücklich anzuordnen. Für Förderungsmaßnahmen und sonstige raumbedeutsame Planungen ist die Gemeinde nach Abs 4 an ihren Flächenwidmungsplan gebunden; das Land hat den Flächenwidmungsplan dabei zu beachten.
Abs 2 legt fest, dass der Nachweis der Widmungskonformität einer beabsichtigten Bauführung Sache des Bewilligungswerbers ist. Daneben ist diese Bestimmung die Rechtsgrundlage für die von der Landesregierung erlassenen Unterlagenverordnungen für Zweitwohnungsvorhaben, Handelsgroßbetriebe und Beherbergungsgroßbetriebe (siehe C Z 3, C Z 4 und C Z 5).
Abs 3 sichert die Bindung von Bauplatzerklärungen und Baubewilligungen aber auch ganz generell von baulichen Maßnahmen an die normativen Inhalte (Nutzungsart, Widmungskategorie und Kennzeichnung) des Flächenwidmungsplans. Bei mangelnder Beachtung dieser Bindung droht für erteilte Bewilligungen die Nichtigkeit derselben oder im Fall einer unzulässigen Bauführung der Auftrag zur Herstellung des gesetzmäßigen Zustandes einschließlich der Wiederherstellung des ursprünglichen Zustandes. Diese Möglichkeit steht in diesem Zusammenhang auch der Aufsichtsbehörde in Ausübung des Aufsichtsrechts zu, wobei diese dabei allerdings auch den Grundsatz der Schonung Rechte Dritter gemäß § 90 GdO 1994 zu beachten hat. Die Nichtigerklärung einer erteilten und rechtskräftigen Bewilligung ist nicht unbeschränkt zulässig, sondern nur binnen 3 Jahren ab Rechtskraft der Bewilligung. Bei Bauführungen ohne Bewilligung ist eine derartige zeitliche Beschränkung nicht vorgesehen.

§ 46 Einzelbewilligung

(1) Die Wirkungen des Flächenwidmungsplans gemäß § 45 Abs. 1 können auf Ansuchen für ein genau zu bezeichnendes Vorhaben durch Bescheid der Gemeindevertretung ausgeschlossen werden (Einzelbewilligung). Das Ansuchen kann vom Grundeigentümer oder einer Person gestellt werden, die einen Rechtstitel nachweist, der für die grundbücherliche Einverleibung seines Eigentumsrechts an der Grundfläche geeignet ist.

(2) Die Erteilung einer Einzelbewilligung liegt im Planungsermessen der Gemeinde und ist nur zulässig, wenn
1. ein besonderer Grund für die Ausnahme vorliegt;
2. der vorgesehene Standort für das Vorhaben geeignet ist;
3. dem Vorhaben das Räumliche Entwicklungskonzept bzw. die erkennbare grundsätzliche Planungsabsicht der Gemeinde nicht entgegensteht und
4. das Vorhaben keine Zweitwohnungen, Handelsgroßbetriebe, Beherbergungsgroßbetriebe oder Seveso-Betriebe betrifft.
Der Nachweis des Vorliegens dieser Voraussetzungen ist vom Antragsteller zu erbringen.

(3) Eine Einzelbewilligung kommt im Grünland nur in Betracht:
1. für Änderungen der Art des Verwendungszwecks von bestehenden Bauten und eine damit verbundene Vergrößerung der Geschoßfläche auf höchstens 300 m^2 bzw. 375 m^2 bei Mehr-Generationen-Häusern;
2. für die Neuerrichtung von Bauten oder baulichen Anlagen im Zusammenhang mit bestehenden Bauten und rechtmäßigen Nutzungen, wenn diese
(a) für die Aufrechterhaltung der bisherigen Verwendung erforderlich sind,
(b) nur von untergeordneter Bedeutung sind und
(c) nicht Wohnzwecken dienen;
3. für an die Grünlandnutzung gebundene Bauvorhaben für Erwerbsgärtnereien, Imkereien, Fischzuchtanlagen sowie Reitställe und -hallen;
4. für die Neugründung land- und forstwirtschaftlicher Betriebe.

(4) Die Erteilung einer Einzelbewilligung für die Änderung der Art des Verwendungszwecks von land- oder forstwirtschaftlichen Bauten kommt erst nach Ablauf von zehn Jahren ab Aufnahme ihrer Benützung in Betracht. Im Fall der Neugründung eines Betriebes gemäß Abs 3 Z 4 beginnt diese Frist ab Aufnahme der Benützung des Wohn- und Wirtschaftsgebäudes.

(5) Die Erteilung einer Einzelbewilligung gemäß Abs 3 Z 4 kommt nur in Betracht, wenn eine für einen leistungsfähigen Betrieb ausreichende Flächenausstattung gegeben ist und durch ein Betriebskonzept belegt wird, dass maßgebliche Einnahmen aus der Land- und Forstwirtschaft erzielt werden können. Der Nachweis des Vorliegens dieser Voraussetzungen ist vom Antragsteller zu erbringen.

(6) Einzelbewilligungen werden unwirksam:
1. wenn nicht binnen dreier Jahre ab ihrer Rechtskraft die zur Verwirklichung des Vorhabens erforderliche Baubewilligung erwirkt wird oder
2. wenn eine solche Baubewilligung nach den dafür geltenden Bestimmungen erlischt.

(7) Einzelbewilligungen, die ohne aufsichtsbehördliche Kenntnisnahme erteilt worden sind, können unter Anwendung des § 45 Abs 3 nichtig erklärt werden.

RV

Die Antragslegitimation wird auf Erwerber mit einem zur Einverleibung ihres Eigentumsrechts geeigneten Titel erweitert (vgl. § 12 Abs 2 und 3 BGG).

Abs 2 gilt für alle Einzelbewilligungen, gleichgültig, wie die genau festzulegende Fläche im Flächenwidmungsplan ausgewiesen ist. Abs 3 betrifft nur Einzelbewilligungen für als Grünland gewidmete Flächen.

Der bisher von der Rechtsprechung geforderte besondere Grund für die Erteilung der Einzelbewilligung wird in das Gesetz aufgenommen (Abs 2 Z 1). Damit wird betont, dass die Einzelbewilligung keine Selbstverständlichkeit ist, sondern eine Ausnahme darstellt, deren Erteilung einer entsprechenden Begründung bedarf.

Ausdrücklich festgelegt wird auch die Voraussetzung der Standorteignung für das Vorhaben (Z 2). Die Z 3 und 4 entsprechen dem geltenden § 24 Abs 3 erster und zweiter Satz Z 1 bis 3a. Der Nachweis für das Vorliegen der Voraussetzungen für die Erteilung der Einzelbewilligung ist vom Antragsteller zu erbringen (letzter Satz). Die Kosten notwendiger Gutachten sind daher von diesem zu tragen.

Im Abs 3 werden anders als bisher (§ 24 Abs 3 zweiter Satz Z 4 bis 6 ROG 1998) die Voraussetzungen für die Erteilung von Einzelbewilligungen im Grünland nicht mehr als Ausschlussgründe normiert, sondern die Zulässigkeit positiv formuliert: Nur in den aufgezählten Fällen und unter den formulierten Voraussetzungen ist eine Einzelbewilligung im Grünland zulässig. Diese Änderung soll die Wirkungen des Flächenwidmungsplans stärken, indem für alle neuen Entwicklungen eine Baulandausweisung erforderlich sein wird. Künftig ist – vorbehaltlich der Z 3 und 4 – auch die Neuerrichtung von Betriebsbauten im Grünland mittels Einzelbewilligung nicht mehr zulässig.

Zu Z 1: Änderungen der Art des Verwendungszweckes von Bestandsbauten sind der Einzelbewilligung vorbehalten (s auch § 47 Abs 3 Z 1). Damit einher kann auch eine Vergrößerung des Baues durch Auf- und Zubauten bis auf insgesamt 300 m² Geschoßfläche gehen. Eine Vergrößerung ohne entsprechende Verwendungszweckänderung des Bestandsbaues fällt unter § 47.

Zu Z 2: Die Zulässigkeit der Neuerrichtung von Bauten hat drei Voraussetzungen, nämlich untergeordnete Bedeutung, Erforderlichkeit im Zusammenhang mit bestehenden Bauten oder Nutzungen und Verwendung nicht zu Wohnzwecken. Eine untergeordnete Bedeutung setzt jedenfalls voraus, dass es damit nicht zur Begründung neuer Nutzungen kommt.

Zu Z 3: Siehe die bisherige Z 5 des § 24 Abs 3 ROG 1998. Unter Erwerbsgärtnereien fallen hier die gewerblichen Gärtnereien, landwirtschaftliche Gartenbaubetriebe sind von der Z 4 erfasst.

Zu Z 4 und Abs 5: Für den Fall der Neugründung von land- und forstwirtschaftlichen Betrieben ist eine Einschränkung vorgesehen, um eine notwendige Abgrenzung zu mehr oder weniger bloßen Hobbybetrieben zu treffen. Mit einem erwerbswirtschaftlich geführten Betrieb sind gerade betreffend Bauführungen im Grünland wichtige Rechtspositionen verbunden, die eine langfristige Betrachtungsweise gebieten. Diese sollen nur dann zukommen, wenn die Wahrscheinlichkeit eines lebensfähigen und leistungsfähigen land- und forstwirtschaftlichen Betriebes gegeben ist. Dieses Potential muss bei der Neugründung nachgewiesen werden. Die Erzielung maßgeblicher Einnahmen aus der Land- und Forstwirtschaft bedeutet Einnahmen aus der Bewirtschaftung des Betriebes zur Deckung des Lebensunterhaltes entweder zur Gänze (Vollerwerbslandwirtschaft), vorwiegend (Zuerwerbslandwirtschaft) oder zu einem erheblichen Teil (Nebenerwerbslandwirtschaft).

Als erheblich ist ein Anteil von 25 bis 30 % am Durchschnittseinkommen einer österreichischen Familie anzusehen.

Abs 4 entspricht dem bisherigen Ausschlussgrund des § 24 Abs 3 Z 6 ROG 1998, die Abs 6 und 7 entsprechen den bisherigen Bestimmungen des Abs 3 letzter Satz bzw. in Bezug auf Einzelbewilligungen Abs 5 erster Satz.

RV 2017

Am Instrument der Einzelbewilligung wird grundsätzlich festgehalten, die Bestimmung jedoch in einzelnen Punkten adaptiert bzw. präzisiert.

Im Abs 3 Z 1 erfolgt eine Begünstigung für Mehr-Generationen-Wohnhäuser, und zwar durch Anhebung der höchstzulässigen Geschoßfläche im Grünland von 300 m^2 auf 375 m^2. Zu den Erwägungen dazu siehe die Ausführungen zu § 5 Z 11.

Im Abs 3 Z 2 erfolgt einerseits eine Ausweitung des Anwendungsbereichs auf bauliche Anlagen, sodass künftig zB auch Stütz- und Futtermauern einer Einzelbewilligung zugänglich sind, andererseits eine Präzisierung dahin, dass künftig Bauten und bauliche Anlagen nach dieser Bestimmung nur noch dann bewilligt werden können, wenn diese für die Aufrechterhaltung der bisherigen Verwendung erforderlich und (räumlich) von untergeordneter Bedeutung sind.

Im Abs 3 Z 3 werden der Aufzählung der an die Grünlandnutzung gebundenen Bauten Imkereien angefügt. Gedacht ist dabei an imkerliche Gebäude, die platzsparend, auf das absolut notwendige betriebliche Ausmaß beschränkt gebaut werden. Der Flächenbedarf für die Bienenstände wird sich nach der Anzahl an gehaltenen Bienenvölkern richten. Ferner ist ein entsprechender Flächenbedarf für Verarbeitung, Lagerung und Verkauf anzuerkennen.

Zu Abs 3 Z 4 ist klarstellend auszuführen, dass nur die Neugründung eines land- und forstwirtschaftlichen Betriebes mit Hofstelle, also mit Wohn- und Wirtschaftsgebäude, einer Einzelbewilligung zugänglich ist. Die Neugründung zB eines landwirtschaftlichen Betriebes, bei dem nur das Wohnhaus oder das Wirtschaftsgebäude errichtet werden soll, kommt sohin nach dieser Bestimmung nicht in Betracht. Für den Fall der Neugründung von land- und forstwirtschaftlichen Betrieben ist darüber hinaus mit Abs 5 eine Einschränkung vorgesehen, um eine notwendige Abgrenzung zu mehr oder weniger bloßen Hobbybetrieben zu treffen. Mit einem erwerbswirtschaftlich geführten Betrieb sind gerade betreffend Bauführungen im Grünland wichtige Rechtspositionen verbunden, die eine langfristige Betrachtungsweise gebieten. Diese sollen nur dann zukommen, wenn die Wahrscheinlichkeit eines leistungsfähigen land- und forstwirtschaftlichen Betriebes gegeben ist. Dieses Potential muss bei der Neugründung nachgewiesen werden. Die Erzielung maßgeblicher Einnahmen aus der Land- und Forstwirtschaft bedeutet Einnahmen aus der Bewirtschaftung des Betriebes zur Deckung des Lebensunterhaltes entweder zur Gänze (Vollerwerbslandwirtschaft) oder zu einem erheblichen Teil (Nebenerwerbslandwirtschaft). Als erheblich ist ein Anteil von 20 bis 25 % am Durchschnittseinkommen einer österreichischen Familie anzusehen. Jedenfalls ist bei einer landwirtschaftlichen Flächenausstattung, die einem Äquivalent von 8 ha Böden mit durchschnittlicher Bonität in Bezug auf die regionalen Verhältnisse (Kleinproduktionsgebiet) im Eigentum des Antragstellers entspricht, bei ortsüblicher Bewirtschaftung von einem der Agrarstruktur des Landes Salzburgs entsprechenden leistungsfähigen Betrieb auszugehen.

Im Abs 4 wird die Bindung an den landwirtschaftlichen Verwendungszweck ab Aufnahme der Benützung (§ 17 BauPolG) – gleich wie dzt bei der Neugründung eines Betriebes – mit 10 Jahren festgelegt. Dies vor allem, um einen Missbrauch der Möglichkeiten von landwirtschaftlichen Bauführungen (zB die Errichtung einer Remise mit der Absicht darin eine KFZ-Werkstätte zu betreiben) von Haus aus zu unterbinden.

Anmerkungen

Die Möglichkeit, eine Einzelbewilligung zu erteilen, wurde durch das ROG 2009 – insbesondere auch gegenüber den früheren Regelungen in § 24 Abs 3 ROG 1998 – eingeschränkt. Deutlich wird hervorgehoben, dass es sich um eine Ausnahmeregelung handelt. Weiters wird auch der notwendige besondere Grund für die Erteilung betont und die Tatsache, dass die Einzelgenehmigung selbst im Planungsermessen der Gemeinde liegt. Hinsichtlich der möglichen, durch Einzelbewil-

ligung nach ROG 2009 zu bewilligenden Bauten im Grünland sind gegenüber der Rechtslage des ROG 1998 tatsächlich erhebliche Einschränkungen vorgesehen, weil nunmehr nur noch jene Vorhaben zulässig sind, die ausdrücklich genannt werden. Dazu zählt als erstes (Abs 3 Z 1), die Änderung der Art des Verwendungszweckes einschließlich der Vergrößerung bestehender Bauten auf 300 m² Geschoßfläche. Mit der Novelle 2017 wird diese Obergrenze im Fall eines Mehr-Generationen-Wohnhauses (siehe § 5 Z 11) auf 375 m² angehoben.
Die nach dem ROG 1998 noch mit Einzelgenehmigung mögliche Neuerrichtung eines größeren Betriebsbaus ist seit dem ROG 2009 nicht mehr möglich, sondern es bedarf einer entsprechenden Flächenwidmung.
Zu Abs 1 (RV 2009) ist festzuhalten, dass die Antragslegitimation auf Erwerber mit einem zur Einverleibung ihres Eigentums geeigneten Titel erweitert wurde. Wie bisher kann sich die Einzelbewilligung nur auf ein genau zu bezeichnendes Vorhaben beziehen.
Die Regelungen für Abs 2 gelten für alle Einzelbewilligungen, gleichgültig ob die jeweils genau festzulegende Fläche im Flächenwidmungsplan als Bauland, Grünland oder Verkehrsfläche ausgewiesen ist, dh auch für Einzelbewilligungen, die im Bauland erteilt werden, um eine Bauführung zu ermöglichen, die nicht der Widmungskategorie entspricht. Die Erläuterungen (RV 2009) stellen fest, dass der bisher von der Rechtsprechung geforderte besondere Grund für die Erteilung der Einzelbewilligungen in das Gesetz aufgenommen wird. Damit wird betont, dass die Einzelbewilligung keine Selbstverständlichkeit ist, sondern eine Ausnahme darstellt, deren Erteilung einer entsprechenden Begründung bedarf.
Ausdrücklich festgelegt wird auch die Voraussetzung der Standorteignung für das Vorhaben. Während die bisher genannten Z 1 und Z 2 neu aufgenommen sind, entsprechen die folgenden Voraussetzungen für die Erteilung einer Einzelbewilligung (Abs 2 Z 3 und Z 4) der Rechtslage gemäß § 24 Abs 3 ROG 1998. Klargestellt wird auch, dass der Nachweis für das Vorliegen der Voraussetzung für die Erteilung der Einzelbewilligung vom Antragsteller zu erbringen ist, der auch die Kosten notwendiger Gutachten zu tragen hat.
In Abs 3 werden die Voraussetzungen für die Erteilung von Einzelbewilligungen im Grünland festgehalten. Es wird festgelegt, dass eine Einzelbewilligung nur in den aufgezählten Fällen und unter den formulierten Voraussetzungen zulässig ist. Diese Änderung hat die Wirkung des Flächenwidmungsplans gestärkt, indem für alle neuen Entwicklungen eine Baulandausweisung erforderlich ist.
Zu Abs 3 Z 1 stellen die Erläuterungen fest, dass Änderungen der Art des Verwendungszweckes von Bestandsbauten im Grünland der Einzelbewilligung vorbehalten sind (siehe dazu auch § 47 Abs 3 Z 1). Damit einher kann auch eine Vergrößerung des Baus durch Auf- und Zubauten bis auf insgesamt 300 m² Geschoßfläche im Regelfall bzw. 375 m² bei Mehr-Generationen-Häusern gehen.
Abs 3 Z 3 wurden durch die Novelle 2017 die Reitställe und Imkereien neu in die grünlandgebundenen Vorhaben aufgenommen, sodass für diese nun eine Einzelbewilligung möglich ist. Bisher waren nach Abs 3 Z 3 Einzelbewilligungen nur für Reithallen und Fischzuchtanlagen vorgesehen. Bei Reitställen als Teil landwirtschaftlicher Betriebe ist allerdings zu berücksichtigen, dass nach § 2 Abs 3 Z 4 der Gewerbeordnung Reitställe in einem landwirtschaftlichen Betrieb bis maximal 25 Pferde zulässig sind, wobei je Pferd eine Flächenausstattung von mindestens 0,5 ha im Betrieb gegeben sein muss.
Hinsichtlich des Begriffs „Erwerbsgärtnereien“ wird in der RV 2009 ausdrücklich festgehalten, dass darunter die gewerblichen Gärtnereien zu verstehen sind, die landwirtschaftliche Gartenbaubetriebe fallen unter Z 4.

Hinsichtlich der Reithallen wurde in den Erläuterungen (RV 2004) festgestellt, dass diese an die Grünlandnutzung gebundene Vorhaben darstellen. Die mit der Novelle 2017 erfolgte Aufnahme der Reitställe geht ebenfalls in diese Richtung.
Die Regelungen in Abs 3 Z 4 und Abs 5 betreffen den Fall der Neugründung von land- und forstwirtschaftlichen Betrieben, wobei eine Einschränkung notwendig ist, um eine Abgrenzung zu mehr oder weniger bloßen Hobbybetrieben zu treffen. Mit einem erwerbswirtschaftlich geführten Betrieb sind vornehmlich hinsichtlich der Bauführung im Grünland wichtige Rechtspositionen verbunden, die eine langfristige Betrachtungsweise notwendig machen. Derartige Rechtspositionen, die zu Bauführungen führen, sollen nur dann gegeben sein, wenn die Wahrscheinlichkeit eines leistungsfähigen land- und forstwirtschaftlichen Betriebes gegeben ist: Im ROG 2009 war noch der „lebens- und leistungsfähig Betrieb" eine Voraussetzung, für eine Einzelbewilligung durch die Gemeindevertretung, mit der Novelle 2017 wurde festgelegt, dass ausschließlich die durch eine Prognoserechnung nachgewiesene Leistungsfähigkeit einer Neugründung entscheidend ist (Der Begriff „Prognose" bezeichnet „eine wissenschaftlich begründete Voraussage einer Entwicklung").
Die Erläuterungen zur „Zehn-Jahres-Frist" in Abs 4 (RV 2004) führen an, dass sich in der Praxis zum Teil eine Entwicklung gezeigt hat, dass für Bauten, die unter Anwendung einer Einzelbewilligung zum Zweck der Neugründung eines land- oder forstwirtschaftlichen Betriebes im Grünland errichtet wurden, kurze Zeit später eine Änderung des Verwendungszweckes (zB für nicht landwirtschaftliches Wohnen) beantragt wurde. Die im damaligen ROG 1998 in § 24 Abs 3 enthaltenen Ausschließungsgründe für Bauten im Grünland wurden auf diese Weise umgangen. Um diesen Entwicklungen gegenzusteuern, wurde mit der ROG-Novelle 2004 ein zehnjähriges Umnutzungsverbot für nicht landwirtschaftliche Zwecke festgelegt. Fristauslösender Moment ist dabei die Anzeige der Vollendung (§ 17 Baupolizeigesetz) der Errichtung des Wohn- und Wirtschaftsgebäudes. Betroffen sind davon sämtliche zum Betrieb gehörende Bauten (Remisen, Nebengebäude, landwirtschaftliche Wohnbauten und dergleichen).
Die Landesregierung hat mit Verordnung die für die Einzelbewilligung beizulegenden Unterlagen durch die Verordnung LGBl 130/1993 idF 39/2010 geregelt. Diese ist im Kap. C Z 6 dargestellt.

§ 47 Widmungswidrige Bestandsbauten

(1) Ein bestehender widmungswidriger Bau im Sinn dieser Bestimmung liegt vor, wenn der Bestand, allenfalls auch unter Zugrundelegung raumordnungsrechtlicher Ausnahme- oder Einzelbewilligungen, rechtmäßig ist und der festgelegten Widmung nicht entspricht.

(2) Änderungen von Bauten gemäß Abs. 1 sowie die Errichtung oder Änderung von Nebenanlagen sind nur zulässig, soweit diese baulichen Maßnahmen

1. zu keiner zusätzlichen wesentlichen Beeinträchtigung der grundsätzlichen Planungsabsicht, der Widmung und der Nachbarschaft führen und

2. nicht zum Gegenstand haben:

(a) Änderungen der Art des Verwendungszwecks;

(b) die Vergrößerung von im Grünland liegenden Bauten über 300 m² Geschoßfläche bzw. bei Mehr-Generationen-Häusern über 375 m² Geschoßfläche, ausgenommen bei Reitställen und -hallen, Bauten für Erwerbsgärtnereien, Imkereien, Fischzuchtanlagen sowie Schutzhütten;

(c) die Vergrößerung der Verkaufsfläche oder solche Änderungen, die die Festlegung einer anderen Kategorie eines Handelsgroßbetriebs erfordern würden;

(d) die Änderung von Seveso-Betrieben.

(3) Die Wiedererrichtung von Bauten gemäß Abs 1 ist unter den Voraussetzungen des Abs 2 zulässig, wenn der Bau

1. durch ein Elementarereignis zerstört worden ist oder dessen Erhaltung nicht allgemein wirtschaftlich vertretbar ist und

2. bisher dauerhaft genutzt oder eine solche Nutzung im Zeitpunkt der Antragstellung vor nicht mehr als drei Jahren aufgegeben worden ist.

RV

Es handelt sich dabei um die Nachfolgebestimmung zu § 24 Abs 8 ROG 1998. Sie ist wesentlich vereinfacht und durch Gliederung in vier Absätze übersichtlicher gestaltet.

Zu Abs 1: Der Begriff der Widmung umfasst die festgelegte Nutzungsart und Bauland- oder Grünland-Kategorie. Stammt der Bau aus einer Zeit nach dem 29.9.1956 (Inkrafttreten des ersten Raumordnungsgesetzes, LGBl Nr. 19/1956), muss als Voraussetzung für die Rechtmäßigkeit seiner Errichtung, Änderung und Erweiterung eine oder mehrere den Bestand abdeckende Bewilligung(en) gemäß § 19 Abs 3 bzw. § 24 Abs 3 des jeweils geltenden Raumordnungsgesetzes erteilt worden sein, es sei denn, der Bau durfte auf Grund des § 19 Abs 2 bzw. § 24 Abs 2 errichtet werden und die Fläche wurde nach der Errichtung umgewidmet oder es bestand eine sonstige raumordnungsrechtliche Ausnahmebestimmung.

Zu Abs 2: Die allgemeine Zulässigkeit von Änderungen, worunter auch Erweiterungen (Vergrößerungen) fallen, wird dahin verallgemeinert, dass die aufgezählten Kriterien (grundsätzliche Planungsabsicht usw.) für alle Vorhaben in gleicher Weise gelten und dadurch keine zusätzliche wesentliche Beeinträchtigung, also mehr als bisher, erfahren dürfen (Z 1). Der Begriff der Nachbarschaft ist so wie im § 30 Abs 1 zu verstehen.

Die baulichen Maßnahmen dürfen also zB zu keinen Verschlechterungen für jene Flächen führen, die im Bereich der Immissionen eines Betriebes liegen.

Nebenanlagen sind zB Garagen, die zur Nutzung des widmungswidrigen Bestandsbaus erforderlich sind, Einfriedungen, Stütz- und Futtermauern und ähnliches. Zulässig sind allgemein auch Maßnahmen, die nicht baubewilligungspflichtig sind. In der Z 2 sind jene baubewilligungspflichtigen Maßnahmen zusammengefasst, die unter Anwendung der Z 1 nicht zulässig sind. Sie entsprechen der bisherigen Rechtslage (§ 24 Abs 8 vierter, sechster bis letzter Satz (!).

Zu Abs 3: Die Zulässigkeit der Wiedererrichtung widmungswidriger Bauten wird dadurch erweitert, dass der Ausschluss einer Zweitwohnnutzung aufgegeben wird, weil in überschießender Weise davon auch rechtmäßige Zweitwohnnutzungen erfasst werden. Die Zeit, die eine Aufgabe der Nutzung längstens zurückliegen darf, wird auf drei Jahre verlängert. Außerdem wird klargestellt, dass es dabei um die Aufgabe der dauerhaften Nutzung eines Baus geht.

RV 2017

Bei widmungswidrigen Bestandsbauten im Grünland erfolgt ebenfalls eine geschoßflächenmäßige Begünstigung von Mehr-Generationen-Wohnhäusern (siehe dazu die Ausführungen zu § 5 Z 11). Außerdem werden bestehende Schutzhütten in den Katalog der grünlandgebundenen Bauten aufgenommen, sodass zu ihrer Vergrößerung – nicht aber zu ihrer Neuerrichtung – keine Sonderflächenausweisung mehr erforderlich ist. Ebenfalls aufgenommen in den Katalog der grünlandgebundenen Bauten werden Imkereien.

Anmerkungen

Die Möglichkeiten von Bauführungen bei Vorliegen eines widmungswidrigen Bestandsbaus werden im ROG 2009 übersichtlich durch die Gliederung in drei Absätzen dargestellt:

Abs 1 definiert, was unter einem widmungswidrigen Bau zu verstehen ist. Danach liegt ein solcher vor, wenn der Bau zum Zeitpunkt seiner Errichtung rechtmäßig war und nunmehr der im Flächenwidmungsplan festgelegten Widmung nicht entspricht. Der Begriff der Widmung im Sinne dieser Bestimmung umfasst sowohl Nutzungsarten, Widmungskategorien wie auch Kennzeichnungen. Stammt der Bau aus einer Zeit nach dem 29.9.1956 (Inkrafttreten des ersten ROG LGBl 19/1956), müssen als Voraussetzung für die Rechtmäßigkeit seiner Errichtung, Änderung und Erweiterung eine oder mehrere den Bestand rechtfertigende Bewilligungen gemäß § 19 Abs 3 bzw. § 24 Abs 3 des jeweiligen ROG erteilt worden sein, es sei denn, der Bau wurde seinerzeit aufgrund des § 19 Abs 2 bzw. des § 24 Abs 2 errichtet und die Fläche wurde nach der Errichtung umgewidmet oder es bestand sonst eine raumordnungsrechtliche Ausnahmebewilligung. Die Erläuterungen zur ROG-Novelle 1995 stellen dazu fest, dass unter diese Bauten nicht nur Bauvorhaben fallen, die bereits aus einer Zeit stammen, in der es noch keine Flächenwidmungsplanung der Gemeinde gab, sondern auch Bauten, die durch eine Rückwidmung von früher bebaubarem Land – das im Übrigen sonst nicht oder nur zusammenhanglos verbaut worden ist – nun im Grünland zu liegen kommen. Widmungswidrig sind ab 1.4.2009 aber auch beispielsweise Verbrauchermärkte mit 500 m2 Verkaufsfläche in Gemeinden unter 1.500 Einwohnern, so sie sich nicht auf Flächen für Handelsgroßbetriebe befinden, da mit Inkrafttreten des ROG 2009 für diese Gemeinden der entsprechende „Verkaufsflächen-Schwellenwert" herabgesetzt wurde.

Abs 2 regelt die Zulässigkeit von Änderungen von widmungswidrigen Bestandsbauten sowie die Errichtung und Änderungen von Nebenanlagen, worunter insgesamt auch Erweiterungen oder Vergrößerungen fallen, wobei die in der Folge aufgezählten Kriterien, wie etwa die nicht wesentliche Beeinträchtigung der Planungsabsicht ua für alle Vorhaben in gleicher Weise gelten. Durch die Änderungen darf die Nachbarschaft keine zusätzlichen „wesentlichen" Beeinträchtigungen (also mehr als bisher) erfahren. Die „grundsätzlich erkennbare Planungsabsicht" ist gemäß der RV 2004 aus den Festlegungen des REK sachverständig zu ermitteln. Der Begriff der Nachbarschaft ist dabei im Sinne des § 30 Abs 1 zu sehen, dh in jenem Ausmaß, als er für die jeweils bei den Kategorien des Baulandes angegebenen möglichen Beeinträchtigungen der Nachbarschaft gilt. Die baulichen Maßnahmen dürfen also zB zu keiner Verschlechterung für jene Flächen führen, die im Bereich der Immissionen eines Betriebes liegen. Die angeführten Nebenanlagen sind zB Garagen, die zur Nutzung des widmungswidrigen Bestandsbaus erforderlich sind, weiters aber auch Einfriedungen, Stütz- und Futtermauern und Ähnliches. Zulässig sind allgemein auch Maßnahmen, die nicht baubewilligungspflichtig sind.

In Abs 2 Z 2 sind jene baubewilligungspflichtigen Maßnahmen zusammengefasst, die unter Anwendung der Z 1 nicht zulässig sind. Darunter fallen die Änderung der Art des Verwendungszwecks eines Baues, die Änderungen von Seveso-Betrieben, Änderungen von bestehenden Handelsgroßbetrieben die zu einer Erhöhung der Verkaufsfläche oder einer anderen Kategorie führen und die Vergrößerung von im Grünland gelegenen Bauten auf über 300 m^2 oder, im Fall eines Mehr-Generationen-Wohnhauses (siehe § 5 Z 11), auf über 375 m^2 Geschoßfläche. Ausgenommen von dieser Größenbeschränkung sind die an die Grünlandnutzung gebundenen Bauvorhaben, wobei durch die Novelle 2017 diese um Schutzhütten, Imkereien und Reitställe erweitert wurden.

Abs 3 weitet die Möglichkeiten der baurechtlichen Bewilligungen im Zusammenhang mit Bestandsbauten um die Wiedererrichtung aus. Damit wird den Eigentümern von widmungswidrigen Bestandsbauten die Möglichkeit eröffnet den bestehenden Bau zu beseitigen und einen Neubau durchzuführen. Damit werden unwirtschaftliche Aufwendungen, welche mit der Instandhaltung solcher Bauten verbunden sein können, vermieden. Die Wiedererrichtung ist unter zwei Alternativen zulässig und zwar einerseits nach Zerstörung des Bestandsbaus und andererseits, wenn die Instandsetzung des Baues nur unter unwirtschaftlichen Aufwendungen möglich wäre.

Die erste Alternative setzt voraus, dass der Bau zerstört ist, was vom Bewilligungswerber im Rahmen der Antragstellung nachzuweisen ist, es sei denn, dass seitens der Baubehörde ein entsprechender Auftrag auf Grundlage des § 20 Abs 6 BauPolG erteilt wurde.

Die zweite Alternative setzt die Unwirtschaftlichkeit der erforderlichen baulichen Maßnahmen voraus, um eine den bautechnischen Standards und zeitgemäßen Nutzungsansprüchen entsprechende Benutzbarkeit des Bestandsbaus herzustellen. Dies ist seitens des Antragstellers gutachterlich zu belegen. Eine Unwirtschaftlichkeit wird jedenfalls dann anzunehmen sein, wenn die Kosten der Adaptierung des Bestandsbaues die Kosten der Neuerrichtung eines Baues überschreiten.

Beide Alternativen sind allerdings zeitmäßig nicht unbeschränkt eingeräumt, sondern setzten die bisherige dauerhafte Nutzung des Baus voraus oder, dass zumindest die Aufgabe der Benützung des Baues nicht länger als drei Jahre zurückliegt. Diese Bestimmung soll vor allem verhindern, dass Bauten deren Nutzung von Haus aus nicht mehr möglich ist bzw die vom Eigentümer de facto aufgegeben wurden die rechtliche Basis für eine neuerliche widmungswidrige Bauführung bieten. Freilich ist dabei zu berücksichtigen, dass Nutzungen – soweit dies überhaupt noch möglich ist – wiederaufgenommen werden können, was in der Praxis etwa nach einem Eigentümerwechsel oft der Fall ist. Da der Gesetzgeber bei einer Wiederaufnahme der Benützung keine Frist festgelegt hat, kann unmittelbar nach Wiederaufnahme der Benützung ein Antrag um Wiedererrichtung gestellt werden. Allerdings ist die Baubehörde im Rahmen der Prüfung hinsichtlich des Vorliegens der Voraussetzungen für die Erteilung einer Wiedererrichtungsgenehmigung verpflichtet, sich von der Benützbarkeit des Bestandsbaues zu überzeugen, eine bloße Anmeldung gemäß MeldeG ist dazu nicht ausreichend.

§ 48 Land- und forstwirtschaftliche Bauten

(1) In der Grünland-Kategorie ländliches Gebiet sind land- und forstwirtschaftliche Bauten zulässig, wenn

1. ein land- und/oder forstwirtschaftlicher Betrieb bereits besteht (§ 5 Z 4),

2. der Bau an dem vorgesehenen Standort gemäß der Agrarstruktur erforderlich ist, wobei für die Beurteilung der Erforderlichkeit auf die betriebswirtschaftlichen Verhältnisse möglichst Bedacht zu nehmen ist, und

3. zusätzlich bei Standorten außerhalb des Hofverbandes

(a) für den Bau ein besonderer betrieblicher Grund vorliegt und

(b) der Bau den grundsätzlichen Planungsabsichten der Gemeinde nicht widerspricht.

Für Betriebe, die nur alm- oder forstwirtschaftlich tätig sind, entfällt das Erfordernis des Vorhandenseins einer Hofstelle gemäß der Z 1.

(2) Im Bereich der Hofstelle (Hofverband) eines land- und bzw. oder forstwirtschaftlichen Betriebs sind weiters zulässig:

1. Bauten für Nebengewerbe der Land- und Forstwirtschaft gemäß § 2 Abs. 4 der Gewerbeordnung 1994;
2. ein betriebszugehöriges Austraghaus (Bau mit höchstens 200 m^2 Nutzfläche (§ 6 Abs. 1 Z 9 S.WFG 1990), der vorwiegend dem Auszügler und seiner Familie als Wohnung dient);
3. bauliche Maßnahmen innerhalb der landwirtschaftlichen Wohngebäude für die Privatzimmervermietung und mit einem Gesamtausmaß von 200 m^2 Wohnungsgröße für höchstens drei Ferienwohnungen.

(3) Die zeitweise Verwendung eines zu einem almwirtschaftlichen Betrieb gehörigen Almgebäudes für touristische und Erholungszwecke ist zulässig, wenn
1. die Alm landwirtschaftlich bewirtschaftet wird und die Flächen im Almkataster eingetragen sind;
2. das Almgebäude bereits seit zehn Jahren besteht und über einen Wohnteil verfügt oder es sich um einen Ersatzbau für ein solches Almgebäude handelt;
3. die Funktionstüchtigkeit des Gebäudes für almwirtschaftliche Zwecke erhalten bleibt; und
4. eine für diese Verwendung technisch und hygienisch geeignete Abwassersammlung und -beseitigung vorhanden ist; die Landesregierung kann dazu Näheres, insbesondere geeignete Einrichtungen und Betriebsweisen durch Verordnung festlegen.

Eine solche Verwendung ist bei der Beurteilung der Erforderlichkeit gemäß Abs. 1 Z 2 unbeachtlich.

(4) Eine Verwendung gemäß Abs. 3 stellt keine Änderung der Art des Verwendungszwecks im Sinn des § 2 Abs. 1 Z 5 des Baupolizeigesetzes dar, wenn dafür, abgesehen von der erforderlichen Abwasserbeseitigung (Abs. 3 Z 4), keine baulichen Maßnahmen vorgenommen werden und diese Verwendung in Bezug auf die Verabreichung von Speisen und Getränken nicht zu einer Anwendung der Gewerbeordnung 1994 führt und nicht über die Überlassung von Ferienwohnungen ohne Erbringung von persönlichen Dienstleistungen hinausgeht.

(5) Bauliche Maßnahmen, die die Umnutzung von im Hofverband gelegenen Wohn- und Wirtschaftsgebäuden (oder Teilen davon) bestehender land- und/oder forstwirtschaftlicher Betriebe zu anderen Zwecken betreffen, sind ohne Vorliegen einer Einzelbewilligung zulässig, wenn:
1. die Aufnahme der Benützung des Baus mindestens fünf Jahre – im Fall der Neugründung (§ 46 Abs 3 Z 4) mindestens 10 Jahre ab Aufnahme der Benützung des Wohn- und Wirtschaftsgebäudes – zurückliegt,
2. kein land- oder forstwirtschaftlicher Betriebsbedarf nach der bisherigen Nutzung mehr gegeben ist,
3. eine dem Stand der Technik entsprechende Infrastruktur für die beantragte Verwendung bereits vorhanden ist,
4. das Gebäude oder der Gebäudeteil ohne Auf- und Zubauten oder wesentliche Änderung des äußeren Erscheinungsbilds für die beantragte Verwendung geeignet und mit der landwirtschaftlichen Zweckbestimmung des Gebäudes oder Gebäudeteils vereinbar ist,
5. die beantragte Verwendung zu keiner erheblichen Geruchs- oder Lärmbelästigung, sonstigen Luftverunreinigung oder Erschütterung für die Nachbarschaft und zu keinem übermäßigen Straßenverkehr führt und
6. eine Verwendung als Wohnraum nur in land- und/oder forstwirtschaftlichen Wohngebäuden erfolgt.

Das Zutreffen der in Z 1 bis 6 genannten Voraussetzungen ist vom Antragsteller nachzuweisen. Diese Bauten gelten im Sinn der grundverkehrsrechtlichen Bestimmungen (§ 2 Abs 1 GVG 2001) weiterhin als der Landwirtschaft gewidmet und unterliegen dem Teilungs- und Abschreibungsverbot gemäß § 1 Abs 3 Bebauungsgrundlagengesetz (BGG). Änderungen auf Grundlage dieser Bestimmungen begründen nicht die Eigenschaft als bestehender Betrieb im Grünland und rechtfertigen keine Neu-, Auf- und Zubauten für landwirtschaftliche Zwecke.

(6) Die Wiederaufnahme der landwirtschaftlichen Nutzung der unter Anwendung des Abs 5 erfolgten Änderung der Art des Verwendungszweckes der Bauten bedarf einer Bewilligung der Baubehörde. Die Verwendung als Wohnraum gemäß Abs 5 Z 6 stellt keine Änderung der Art des Verwendungszwecks im Sinn des § 2 Abs 1 Z 5 des Baupolizeigesetzes dar, wenn eine dem Stand der Technik entsprechende Infrastruktur für die beantragte Verwendung bereits vorhanden ist.

RV

Die Abs 1 und 2 übernehmen im Wesentlichen die Bestimmungen des bisherigen § 24 Abs 2 zweiter bis sechster Satz ROG 1998. Mit Agrarstruktur (Abs 1 Z 2) sind die strukturellen Grundlagen der land- und forstwirtschaftlichen Produktion und der Lebensbedingungen in der Land- und Forstwirtschaft gemeint. Dazu gehören ua die Siedlungsform, die Betriebsstruktur, die Besitzstruktur, die Verteilung der Betriebe auf Größenklassen, die Betrachtung nach Arbeitskräften, die Bodennutzungsweisen. Klargestellt wird, dass auch Gebäude für land- und forstwirtschaftliche Nebengewerbe nur im Hofverband errichtet werden können. Bei der Definition des Austraghauses wird bei der Größenbegrenzung von der Geschoßfläche abgegangen und auf die Nutzfläche für Wohnzwecke nach dem Salzburger Wohnbauförderungsgesetz 1990 umgestellt, die auf die Befriedigung eines Wohnbedürfnisses mehr Bezug hat.
Zu Abs 3: In dem nach der Landtagswahl 2004 zwischen den Regierungsparteien geschlossenen Arbeitsübereinkommen (Z 8.1) war ua die „Zeitweise Verwendung von Almhütten für Erholungszwecke, beschränkt auf Bestandsbauten", vorgesehen. Die hier dazu getroffenen Rahmenbedingungen sollen vor allem die Neuerrichtung oder die Erweiterung von bestehenden Almgebäuden zur touristischen Nutzung verhindern.
Grundlegende Voraussetzung ist daher, dass das Almgebäude bei Aufnahme der zusätzlichen Verwendung schon seit zehn Jahren besteht und über einen Wohnteil verfügt. Es kann sich aber auch um einen Ersatzbau für ein solches, seit mindestens zehn Jahren bestehendes Almgebäude mit Wohnteil handeln. Die Alm, zu der das Almgebäude gehört, muss landwirtschaftlich bewirtschaftet werden, nicht aber das betreffende Almgebäude. Es genügt, wenn seine Funktionstüchtigkeit für die landwirtschaftliche Hauptbestimmung erhalten bleibt.
Abs 3 bedeutet nur die raumordnungsrechtliche Zulässigkeit der darin angesprochenen anderen Verwendung von bestimmten Almgebäuden im Grünland. Sie kann wie jede andere Nutzung nur unter Beachtung der dafür geltenden baurechtlichen und bautechnischen Voraussetzungen, insbesondere in sicherheits- und umweltschutzmäßiger Hinsicht, verwirklicht werden, soweit nicht Sonderbestimmungen (Z 4 und Abs 4) getroffen werden. Die zeitliche andere Verwendung eines Almgebäudes für touristische oder Erholungszwecke würde an sich eine Änderung der Art des Verwendungszweckes im Sinn des § 2 Abs 1 Z 5 BauPolG bedeuten und damit baubewilligungspflichtig sein. In engen Grenzen soll eine Ausnahme davon bestehen (Abs 4), nämlich dann, wenn für diese Verwendung keine ihrerseits bewilligungspflichtigen Baumaßnahmen (bauliche Maßnahmen) vorgenommen werden. Im Rahmen der so zulässigen Verwendung dürfen Speisen und Getränke nur in den Grenzen der Ausnahme des § 2 Abs 4 Z 10 der Gewerbeordnung 1994 verabreicht werden – ein Buschenschank gemäß § 2 Abs 9 GewO kommt hier nicht in Betracht. In Bezug auf die Fremdenbeherbergung wird die Grenze etwas weitergezogen und nicht an die Grenze der Anwendung der Gewerbeordnung 1994 angeknüpft. Dabei werden aber die Werbung, die Leistung von Versicherungsprämien, die Zurverfügungstellung eines Kühlschranks, die Vornahme der Endreinigung und diesen ähnlichen Leistungen nicht als persönliche Dienstleistungen verstanden, sodass sie vorgenommen werden dürfen, ohne dass es zu einer baubewilligungspflichtigen Änderung der Art des Verwendungszweckes kommt. Eine Baubewilligung zur

Änderung der Art des Verwendungszweckes ist unter diesen Voraussetzungen nicht erforderlich. Die andere Sonderbestimmung (Abs 3 Z 4) betrifft die Abwasserbeseitigung als umweltschutzmäßige Grundvoraussetzung für diese zusätzliche Verwendung. Sie muss den besonderen Umständen entsprechen und dafür technisch wie hygienisch geeignet sein. Dazu kann die Landesregierung nähere Regelungen durch Verordnung treffen. Festgehalten wird noch, dass es genügt, wenn die geforderte Abwasserbeseitigung erst bei Aufnahme der neuen zusätzlichen Verwendung vorhanden ist und dafür allenfalls erst hergestellt wird. Eine für diese Herstellung allenfalls erforderliche Baubewilligung kann unter den Voraussetzungen des Abs 3 Z 1 bis 3 erteilt werden.

Die erweiterte Verwendungsmöglichkeit ist bei Beurteilung von Baumaßnahmen auf ihre Erforderlichkeit im Sinn des Abs 1 Z 2 nicht einzubeziehen: Auch künftig ist die mögliche Größenentwicklung und Ausstattung eines Almgebäudes ausschließlich anhand der landwirtschaftlichen Nutzung zu beurteilen.

RV 2017

Die Nutzungsmöglichkeiten bestehender land- und/oder forstwirtschaftlicher Betriebe werden präzisiert und erweitert. Insbesondere sollen künftig leerstehende Bauten neuen Nutzungen, ohne raumordnungsrechtliche Änderung der Zweckbestimmung, zugeführt werden können.

Im Abs 1 wird zunächst die Zulässigkeit der Errichtung von landwirtschaftlichen Wirtschaftsgebäuden außerhalb des Hofverbandes dahingehend eingeschränkt, dass ein besonderer betrieblicher Grund vorliegen muss und der Bau den grundsätzlichen Planungsabsichten der Gemeinde nicht widerspricht. Die Beurteilung hat hinsichtlich der ersten Voraussetzung durch einen landwirtschaftlichen Sachverständigen und hinsichtlich der zweiten Voraussetzung durch den Sachverständigen auf dem Gebiet der Raumplanung (Ortsplaner oder dgl.) zu erfolgen.

Darüber hinaus wird im Abs 1 klargestellt, dass für Betriebe, die nur alm- oder forstwirtschaftlich tätig sind, das Erfordernis des Vorhandenseins einer Hofstelle entfällt, um als bestehender Betrieb zu gelten und sohin am vorgesehenen Standort der Agrarstruktur entsprechende Bauten errichten zu können. Es gibt nämlich eine größere Anzahl rein alm- oder forstwirtschaftlicher Betriebe, die keine Hofstelle haben bzw. brauchen. Ein Austraghaus kommt in diesen Fällen nicht in Betracht.

Im Abs 2 werden die Nutzungsmöglichkeiten für land- und/oder forstwirtschaftliche Betriebe mit Hofstelle insoweit erweitert, als künftig 200 m² für Ferienwohnungen zur Verfügung stehen.

Abs 3 berücksichtigt die Tatsache, dass es eine Reihe von Betrieben gibt, die nur almwirtschaftlich tätig sind. Auch diese sollen das Almgebäude unter den genannten Voraussetzungen für touristische Zwecke bzw. Erholungszwecke verwenden dürfen.

Und unter den Voraussetzungen der Abs 5 und 6 soll künftig eine land- und forstwirtschaftsfremde Nutzung von im Hofverband gelegenen Wohn- und Wirtschaftsgebäuden bestehender Betriebe ohne Einzelbewilligung zulässig sein. Diese Bestimmung zielt auf die dauerhafte Vermeidung der „Entlandwirtschaftlichung" von land- und forstwirtschaftlichen Gebäudeteilen ab, um – bei Änderung des betrieblichen land- und forstwirtschaftlichen Bedarfes – wieder auf diese zurückgreifen zu können und insoweit neue Bauten im Grünland zu vermeiden.

Durch Abs 5 Z 1 und 2 wird dabei sichergestellt, dass es sich um Landwirtschaften bzw. Gebäudeteile handelt, deren Bauvollendung bereits länger zurückliegt (10 bzw. 5 Jahre) und die durch eine Änderung des betrieblichen Bedarfes nicht mehr benötigt werden. Mit der Z 3 wird die ordnungsgemäße Wasserver- und -entsorgung sichergestellt. Die Z 4 schränkt den Anwendungsbereich insoweit ein, als sie lediglich eine anderweitige Nutzung innerhalb der bestehenden

Gebäudehülle erlaubt. Auf- und Zubauten sowie eine Änderung des äußeren Erscheinungsbildes, wodurch das Gebäude nicht mehr als ortsüblich gestaltete Landwirtschaft zu erkennen wäre, sind sohin nicht möglich. Die Z 5 stellt klar, dass es sich nur um solche Nutzungen handeln darf, die zu keiner erheblichen Geruchs- oder Lärmbelästigung, sonstigen Luftverunreinigung oder Erschütterung für die Nachbarschaft führen bzw. ein Verkehrsaufkommen induzieren, das als übermäßig einzuschätzen ist. Und durch die Z 6 wird schließlich sichergestellt, dass für eine Wohnraumvermietung an Dritte nur land- und forstwirtschaftliche Wohngebäude in Frage kommen.

Anmerkungen

Die Anmerkungen gliedern sich nicht nach den einzelnen Absätzen des § 48 sondern nach den Bereichen

- Agrarstruktur, Hofverband und bestehender Betrieb
- Alm – und Forstwirtschaft
- Zulässige Bauten im Grünland und deren Nutzung
- Umfang der land- und forstwirtschaftlichen Tätigkeiten
- Baurechtliche Umnutzung land- und forstwirtschaftlicher Bauten

Zu Agrarstruktur, Hofverband und bestehender Betrieb:

Von zentraler Bedeutung sind für land- und forstwirtschaftliche Bauten die Begriffe „Agrarstruktur" und „Hofverband", die durch das ROG 2009 und die Novelle 2017 keine Veränderung erfuhren. Abs 1 und 2 von § 48 übernehmen im Wesentlichen die Bestimmungen des bisherigen § 24 Abs 2 ROG 1998. Maßgeblich ist nach der RV 1992 zu § 24 Abs 2 neben der Tatsache, dass ein land- bzw. forstwirtschaftlicher Betrieb besteht, die Frage, ob der jeweilige Bau am vorgesehenen Standort gemäß der Agrarstruktur erforderlich ist. Der Begriff „erforderlich" stellt dabei klar, dass es nicht nur darum geht, ob ein Bauvorhaben im Rahmen der bestehenden Agrarstruktur zulässig und möglich ist, sondern das Bauvorhaben muss direkt dazu beitragen, die in der Region gegebene Agrarstruktur in ihren wesentlichen Strukturmerkmalen zu sichern, indem der Bau auch zu einem im betriebswirtschaftlichen Sinn lebensfähigen, landwirtschaftlichen Betrieb beiträgt.
Voraussetzung für eine land- und forstwirtschaftliche Bauführung ist, dass sie im Einklang mit der Agrarstruktur steht. Dabei ist von keiner „einheitlichen" Agrarstruktur im gesamten Bundesland auszugehen, sondern auf die regionalen Unterschiede der Agrarstruktur Rücksicht zu nehmen. Mit der Land- und Forstwirtschaft zusammenhängende, mögliche weitere Bauführungen, wie das Austraghaus und für die Ausübung eines Nebengewerbes der Land- und Forstwirtschaft, sind an den Bereich der Hofstelle gebunden. Was den Begriff der Agrarstruktur (Abs 1 Z 2) betrifft, führt RV 1992 aus, dass damit die strukturellen Grundlagen der land- und forstwirtschaftlichen Produktion und der Lebensbedingungen in der Land- und Forstwirtschaft gemeint sind. Dazu gehören ua die Siedlungsform, die Betriebsstruktur, die Besitzstruktur, die Verteilung der Betriebe auf Größenklassen, die Betrachtung nach Arbeitskräften und die Bodennutzungsweisen. Wichtig ist die Feststellung, dass auch Gebäude für land- und forstwirtschaftliche Nebengewerbe nur im Hofverband errichtet werden können, weil sie nur so der Agrarstruktur entsprechen.
Zum Begriff „Betrieb" gehört, dass dieser auch betrieben wird. Betriebsunterbrechungen, die länger als eine bäuerliche Jahresperiode dauern, sind als Betriebsstilllegungen anzusehen. Nur wenn ein Bauwerber nachweist, dass der Betrieb seit mindestens einem Jahr von einem Bewirtschafter

als eigene Einheit und auf eigene Rechnung und Gefahr bewirtschaftet wurde, kann von einem bestehenden Betrieb ausgegangen werden.
Ein Hofverband ist die Zusammenschließung mehrerer Gebäude durch einen Hofbereich zu einem Gehöft. Als Kriterien gelten einerseits keine zu großen Abstände zwischen den Bauten, weiters der funktionelle Zusammenhang der Bauten und die gemeinsame Erschließung.
Für die Verwirklichung der Bauvorhaben selbst ist entscheidend, ob der Bau am vorgesehenen Standort gemäß der Agrarstruktur erforderlich ist. Maßgeblich ist, dass die Agrarstruktur die üblichen betriebswirtschaftlichen Verhältnisse der landwirtschaftlichen Betriebe eines Landes bzw. einer Region berücksichtigt. Die Prüfung der Erforderlichkeit erfolgt auch unter Berücksichtigung der jeweiligen betriebswirtschaftlichen Verhältnisse des jeweiligen land- und forstwirtschaftlichen Betriebes.

Zur Alm- und Forstwirtschaft:

Für Betriebe, die nur almwirtschaftlich oder forstwirtschaftlich tätig sind, entfällt das Erfordernis des Vorhandenseins einer Hofstelle, um als bestehender Betrieb zu gelten. Trotz des mangelnden Erfordernisses einer Hofstelle wird ein bestehender Betrieb nur gegeben sein, wenn entsprechende, für die Bewirtschaftung erforderliche Gebäude gegeben sind. Für rein alm- und forstwirtschaftliche Betriebe soll gemäß der RV 2017 die Errichtung eines Austraghauses unzulässig sein. Dies kann der gesetzlichen Anordnung nicht direkt entnommen werden, weil Abs 2 keine entsprechende differenzierende Regelung beinhaltet. Eine bestimmte Größenordnung für ausschließlich alm- oder forstwirtschaftliche Betriebe wird in der RV 2017 nicht angeführt. Zur Abgrenzung von Hobbybetrieben wird aber in Anlehung an die Bestimmungen zur Neugründung land- und forstwirtschaftlicher Betriebe (siehe § 46) auch für diese Betriebstypen (Alm- bzw Forstwirtschaftsbetrieb) anzunehmen sein, dass maßgebliche Einkünfte aus der Urproduktion (Anteil von 20 – 25% des Durchschnittseinkommens einer österreichischen Familie) erzielbar sein müssen.
Abs 3 der die zeitweise Verwendung eines Almgebäudes für touristische oder Erholungszwecke regelt wurde bereits mit dem ROG 2009 eingeführt. Mit der Novelle 2017 wurde festgelegt, dass nunmehr nur mehr einem „almwirtschaftlichen" Betrieb die Verwendung des Almgebäudes für touristische und Erholungszwecke zusteht. Bei wörtlicher Interpretation würde dies dazu führen, – da der almwirtschaftliche Betrieb Gegenstand der Bestimmung des Abs 1 ist –, dass bestehende land- und forstwirtschaftliche Betriebe, welche über eine Alm verfügen und diese bewirtschaften, diese Nebennutzungen nicht entfalten dürfen. Dieses Ergebnis ist unbefriedigend und wohl vom Gesetzgeber nicht beabsichtigt. Es wird davon auszugehen sein, dass auch land- und forstwirtschaftlichen Betrieben bei aufrechter Bewirtschaftung der Alm diese Nutzungsmöglichkeiten zukommen, wie dies nach den bisherigen Bestimmungen vorgesehen war (§ 48 Abs 3 nannte bisher ausdrücklich den bestehenden land- und forstwirtschaftlichen Betrieb). Letztlich wäre hier eine gesetzliche Klarstellung wünschenswert.
Die touristische Nutzung von Almgebäuden setzt, neben der landwirtschaftlichen Bewirtschaftung, der Eintragung im Almkataster (gemäß Almbuchverordnung LGBl 71/1995) und dem 10-jährigen Bestand auch nach Abs 3 Z 4 voraus, dass eine geeignete Sammlung und Beseitigung der anfallenden Abwässer sichergestellt ist. Die Voraussetzungen dazu sind in der Almgebäude-Abwasser-Verordnung – AAV (LGBl 9/2011) geregelt, die in Kap. C. Z. 10 wiedergegeben ist.
Hinzuweisen ist auch auf die im Folgenden wiedergegebene Almbuchverordnung, die als „Almkataster" in Abs 3 Z 1 angeführt ist:

Verordnung der Salzburger Landesregierung vom 4. Mai 1995 über die Einrichtung und Führung eines Almbuches (Almbuchverordnung) LGBl. Nr. 71/1995

Auf Grund des § 14 Abs. 2 des Salzburger Landwirtschaftsförderungsgesetzes, LGBl. Nr. 16/1975, in der geltenden Fassung wird verordnet:

§ 1

(1) Das Almbuch ist beim Amt der Landesregierung einzurichten und zu führen. Es dient der Übersicht des Bestandes und der Bewirtschaftung der Almen.

(2) In das Almbuch ist jede Alm im Land Salzburg einzutragen.

(3) Das Almbuch kann automationsunterstützt geführt werden. Für jede Alm ist ein gesondertes Dokument zu eröffnen.

§ 2

Alm im Sinne dieser Verordnung ist jedes im Gebirge gelegene bewirtschaftete Weidegebiet, welches
a) über oder im Bereich der örtlichen Dauersiedlungsgrenze gelegen ist;
b) mindestens 5 ha Gesamtfläche misst, wovon der überwiegende Anteil Reinweidecharakter aufweist;
c) Betriebseinrichtungen (zB Gebäude, Zäune, Tränken u.dgl.) aufweist;
d) vom Heimgut getrennt bewirtschaftet wird;
e) mindestens 15 Gehminuten vom Heimgut entfernt gelegen ist.

§ 3

(1) Das Almbuch hat zu enthalten:
a) die Bezeichnung der Alm: Name, politischer Bezirk, Gemeinde, Katastralgemeinde, Einlagezahl;
b) die Namen und Anschriften der Eigentümer;
c) die zu ihr gehörigen Grundstücke und deren Gesamtfläche;
d) die Art und das Ausmaß von Grunddienstbarkeiten;
e) die für ihre Bewirtschaftung wesentlichen Umstände:

1. *Lage: Nieder-, Mittel-, Hochalm,*
2. *Kulturgattungen: landwirtschaftliche Nutzfläche, Wald, unproduktive Flächen,*
3. *Erschließung: Seilweg, Wasser-, Stromversorgung, Telefonanschluß,*
4. *Ertragsfähigkeit: Großvieheinheiten (GVE), Weidetage,*
5. *Art und Anzahl der baulichen Anlagen: Wohnbauten, Stallungen u.dgl.;*

f) die tatsächlichen Nutzungsarten: Kuhalm, Galtviehalm, gemischte Alm, Schaf-, Pferdealm;
g) die Namen und Anschriften der Nutzungsberechtigten:
Eigentümer, Pächter u.dgl.

(2) Für die Eintragung von Daten in das Almbuch sind tunlichst die Ergebnisse der jeweils aktuellen Almerhebung des Österreichischen Statistischen Zentralamtes heranzuziehen.

Zu den für die Land- und Forstwirtschaft zulässigen Bauten im Grünland und deren Nutzung:

Die zulässigen Bauten eines land- und forstwirtschaftlichen Betriebes im Grünland lassen sich in drei Gruppen gliedern:

1. Bauten, für die ein Bedarf nachzuweisen ist, worunter das Wohnhaus, das Wirtschaftshauptgebäude und die Wirtschaftsnebengebäude (Einstellräume, Lagerräume und Remisen) fallen; zu deren Beurteilung sind jeweils die Bau-Merkblätter des Österreichischen Kuratoriums für Landtechnik und Landentwicklung (ÖKL), Gusshausstraße 6, 1040 Wien, maßgeblich.
2. Bauten und Teile von Bauten, die im Rahmen eines land- oder forstwirtschaftlichen Betriebes zulässig sind, wie das Austraghaus (mit max. 200 m^2 Nutzfläche) sowie innerhalb der landwirtschaftlichen Wohngebäude Quartiere für Privatzimmervermietung und drei Ferienwohnungen mit max. 200 m^2 Nutzfläche.
3. Bauten für die zulässigen Nebengewerbe der Land- und Forstwirtschaft, die taxativ in der GewO 1994 idF BGBl I 107/2017 aufgeführt sind. Sie sind im Folgenden im Absatz „Land- und Forstwirtschaft aus Sicht der Gewerbeordnung" im Einzelnen dargestellt.

Mit der Novelle 2017/2 wurden die zulässigen Nebengewerbe dem aktuellen Stand der Gewerbeordnung (GewO 1994 idF BGBl I 107/2017) angepasst. (AB 2017/2)

Die Erläuterungen (RV 1992) stellen fest, dass je Hofstelle nur ein Austraghaus zulässig ist und dieses beim Hof bleibt und nicht aus der Einlage des Betriebes abgetrennt werden darf. Die Sicherstellung erfolgt auf Grundlage § 1 Abs 3 bzw. § 3 BGG, die im Folgenden wiedergegeben werden:

Gesetz vom 27. Juni 1968 über die zweckmäßige Gestaltung der Grundstücke im Bauland, die Schaffung von Bauplätzen und die Lage der Bauten im Bauplatz (Bebauungsgrundlagengesetz – BGG) LGBl 69/1968 idF LGBl 1/2016

Beschränkungen für die Änderung von Grundstücken

§ 1

(3) Zum Zweck der Errichtung von Austraghäusern oder Bauten für Nebengewerbe der Land- und Forstwirtschaft gemäß § 2 Abs. 4 der Gewerbeordnung 1994 (§ 48 Abs 2 des Salzburger Raumordnungsgesetzes 2009 – ROG 2009) oder nach Errichtung derselben dürfen Grundstücke weder geteilt oder vereinigt noch vom Gutsbestand einer Grundbuchseinlage ab- und dem Gutsbestand einer anderen Grundbuchseinlage zugeschrieben werden.

§ 3

Grundbücherliche Eintragungen

(1) Die Erteilung von Bauplatzerklärungen für Austraghäuser oder für Bauten für Nebengewerbe der Land- und Forstwirtschaft (§ 1 Abs. 3) ist dem Grundbuchsgericht und dem Vermessungsamt unter Anschluß der Planunterlagen unverzüglich bekanntzugeben. Das Grundbuchsgericht hat das Verbot nach § 1 Abs. 3 in der Grundbuchseinlage von Amts wegen anzumerken.

Zulässig ist ein Austraghaus, dh ein Bau, der vorwiegend dem Auszügler und seiner Familie als Wohnung dient. Durch das ROG 2009 wurde die Größenbegrenzung für Austraghäuser neu festgelegt, wobei die nunmehr zulässigen höchstens 200 m^2 Nutzfläche des Austraghauses nach der Definition der Nutzfläche für Wohnzwecke nach dem Salzburger Wohnbauförderungsgesetz 1990 berechnet werden.

Die Nutzfläche ist nach dem Salzburger Wohnbauförderungsgesetz 1990 wie folgt definiert: „Als Nutzfläche gilt die gesamte Bodenfläche einer Wohnung abzüglich der Wandstärken und der im Verlauf der Wände befindlichen Durchbrüche (Ausnehmungen); Keller-und Dachbodenräume, sowie sie ihrer Ausstattung nach nicht für Wohnzwecke geeignet sind, Treppen, Liftschächte,

Loggien, Balkone und Terrassen sind bei der Berechnung der Nutzfläche nicht zu berücksichtigen. Für betriebliche Zwecke spezifisch gewidmete und ausgestattete Räume innerhalb einer Wohnung bleiben bei der Berechnung der Nutzfläche unberücksichtigt."
An Abs 1 Z 3 wird durch die Novelle 2017 neu die Zulässigkeit der Errichtung von landwirtschaftlichen Wirtschaftsgebäuden außerhalb des Hofverbandes dahingehend eingeschränkt, dass ein besonderer betrieblicher Grund vorliegen muss und der Bau den grundsätzlichen Planungsabsichten der Gemeinde nicht widerspricht. Die RV 2017 stellt fest, dass die Beurteilung hinsichtlich der ersten Voraussetzung durch einen landwirtschaftlichen Sachverständigen und hinsichtlich der zweiten Voraussetzung durch den Sachverständigen auf dem Gebiet der Raumplanung (Ortsplaner oder Raumordnungs-Sachverständigen) zu erfolgen hat.
Im Abs 2 werden mit der Novelle 2017 die Nutzungsmöglichkeiten für land- und/oder forstwirtschaftliche Betriebe mit Hofstelle insoweit erweitert, dass künftig 200 m^2 statt bisher 150 m^2 für höchstens drei Ferienwohnungen zur Verfügung stehen. In der Diskussion im Landtagsausschuss wurde dazu angeführt, dass drei Ferienwohnungen mit je 50 m^2 nicht mehr den höheren Qualitätsansprüchen der Urlauber am Bauernhof entsprechen und 60 m^2 die Mindestgröße einer attraktiven Ferienwohnung ist.
Zulässig sind weiters Bauteile bzw. An- und Zubauten für den Bereich der Privatzimmervermietung und für Ferienwohnungen, sowohl im Bauernwohnhaus als auch innerhalb des Austraghauses. Bei Ferienwohnungen ist die Anzahl von drei Wohnungen mit einer Gesamtfläche von höchstens 200 m^2 für das Gehöft festgelegt.
Wie bisher können sich innerhalb der landwirtschaftlichen Wohngebäude (Wohnhaus oder Austraghaus) neben Ferienwohnungen auch Räumlichkeiten zur Privatzimmervermietung (siehe § 5 Z 10) befinden.

Zum Umfang der land- und forstwirtschaftlichen Tätigkeiten:

Da für die Raumordnung relevant ist, welche Tätigkeiten im Rahmen der Land- und Forstwirtschaft oder im Rahmen des land- und forstwirtschaftlichen Nebenerwerbs möglich sind, da sie Ausnahmen aus der Gewerbeordnung darstellen, wird im Folgenden eine Darstellung der WKÖ (www.wko.at/wirtschaftsrecht – Stand 31.10.2017) zu diesem Themenbereich wiedergegeben:

Definition Land- und Forstwirtschaft aus Sicht der Gewerbeordnung

„Seit altersher sind die Land- und Forstwirtschaft, die Nebengewerbe zur Land- und Forstwirtschaft, bestimmte Tätigkeiten land- und forstwirtschaftlicher Erwerbs- und Wirtschaftsgenossenschaften sowie der Betrieb eines Buschenschankes von den Bestimmungen der Gewerbeordnung ausgenommen.
Land- und Forstwirtschaft:

Der Land- und Forstwirtschaft sind folgende Tätigkeiten zuzuordnen:

- *Die Hervorbringung und Gewinnung pflanzlicher Erzeugnisse mithilfe der Naturkräfte, einschließlich Wein- und Obstbau, Gartenbau und Baumschulen.*
- *Pflanzliche Erzeugnisse sind vor allem Getreide jedweder Art, Kartoffeln, Obst, Gemüse, Heu, Stroh, Blumen, Beeren, aber auch Pilze, Schwämme, Bäume, Sträucher usw.*
- *Ob es sich um heimische Pflanzenarten oder um fremdländische Gewächse handelt, ist für die Einordnung unter die Landwirtschaft ebenso bedeutungslos wie das Vorhandensein von eigenem Grund und Boden.*
- *Auch die Zuhilfenahme von eigenen Vorrichtungen, wie etwa Glashäuser oder die Inanspruchnahme besonderer Kultivierungssysteme für die Pflanzenzucht (zB Hydrokultur, Züchtung in Containern) schadet der Unterstellung unter die Landwirtschaft nicht, da auch in diesen Fällen die Pflanzen bzw. deren Erzeugnisse mithilfe der Naturkräfte hervorgebracht werden.*

- *Zukauf von Wein und Weintrauben*
- *Hinsichtlich des Weinbaus ist der Zukauf von höchstens 1500 l aus dem EWR stammenden Wein oder 2000 kg aus dem EWR stammenden Trauben pro Hektar bewirtschafteter Betriebsfläche und Kalenderjahr gestattet. (Sonderregelung Steiermark: Zukauf von höchstens 3000 kg Trauben pro Hektar bewirtschafteter Betriebsfläche und Kalenderjahr aus demselben Weinbaugebiet, in dem der Betrieb gelegen ist.)*
- *Zukauf von sonstigen pflanzlichen Produkten*
- *Bei sonstigen pflanzlichen Produkten ist hinsichtlich aller Betriebszweige der Zukauf von aus dem EWR stammenden Erzeugnissen des jeweiligen Betriebszweiges erlaubt, wenn deren Einkaufswert nicht mehr als 25 % des Verkaufswertes aller Erzeugnisse des jeweiligen Betriebszweiges beträgt.*
- *Ernteausfall*
- *Bei Ernteausfall ist bei allen pflanzlichen Produkten, daher auch bei Wein und Weintrauben ein Zukauf im Umfang des Ausfalls gestattet.*
- *Das Halten von Nutztieren zur Zucht, Mästung oder Gewinnung tierischer Erzeugnisse (§ 2 Abs 3 Z 2 GewO und § 4 Z 6 TSchG.*
- *Der Tierhalter muss nicht Eigentümer der Tiere sein. Auch ein Lohnmastbetrieb, der Tiere Dritter zur Mästung einstellt, ist von der Gewerbeordnung ausgenommen.*
- *Es ist auch unerheblich, ob Futter aus eigenem Anbau verwendet wird oder ob die Futtermittel zugekauft werden.*
- *Die Gatterhaltung von Wildtieren ist ebenfalls dem Halten von Nutztieren zuzuordnen. Gleiches gilt für die sog. Teichwirtschaft hinsichtlich der dort gezüchteten Fische.*
- *Der Begriff der Nutztiere ist nach jüngster Auffassung des Bundesministeriums für Wirtschaft und Arbeit weit auszulegen, womit darunter nicht nur Pferde, Rinder, Schweine, Schafe, Geflügel, Bienen udgl zählen, sondern etwa auch die Hunde, unabhängig von deren Größe und Verwendungszweck. Dies gilt wohl auch für andere Kleintiere wie Katzen, Zierfische usw. (Von der Ausnahmeregelung der GewO bleiben aber tierschutzrechtlichen Vorgaben unberührt. Diese sind daher jedenfalls einzuhalten.)*
- *Jagd und Fischerei (Ob die Jagd aufgrund des Eigentumsrechtes oder aufgrund einer Pacht erfolgt ist unerheblich. Das Verkaufsrecht steht demjenigen zu, der nach jagdrechtlichen Bestimmungen Eigentümer des erlegten Wildes wird. Gleiches gilt hinsichtlich der gefangenen Fische durch den Fischer.)*
- *Die Einräumung von Abschüssen durch den Jagdberechtigten bzw. die Vergabe von Fischereilizenzen durch den Fischereiberechtigten ist als Ausfluss des Jagd- bzw. Fischereirechtes ebenfalls von der Gewerbeordnung ausgenommen.*
- *Das Einstellen von höchstens 25 Einstellpferden, sofern höchstens zwei Einstellpferde pro ha landwirtschaftlich genutzter Fläche gehalten werden und diese Flächen sich in der Region befinden.*

Die Nebengewerbe der Land- und Forstwirtschaft
Nebengewerbe der Land- und Forstwirtschaft sind, wie schon ihr Name sagt, keineswegs Land- und Forstwirtschaft, sondern Gewerbe, die deshalb vom Geltungsbereich der Gewerbeordnung ausgenommen sind, weil sie in einem engen Zusammenhang zu einer land- und forstwirtschaftlichen Tätigkeit stehen. Dazu zählen:

- *Die Verarbeitung und Bearbeitung überwiegend des eigenen Naturproduktes unter der Voraussetzung, dass der Charakter des Betriebes als land- und forstwirtschaftlicher Betrieb gewahrt bleibt. (Die Be- und Verarbeitung kann auch durch einen befugten Gewerbetreibenden im Lohnverfahren erfolgen.) Der Wert der allenfalls mitverarbeiteten Erzeugnisse muss gegenüber dem Wert des bearbeiteten oder verarbeiteten Naturproduktes untergeordnet sein.*
- *Das Verarbeiten von Wein zu Sekt (Obstschaumwein), wenn dies durch einen gewerblich befugten Schaumweinerzeuger im Lohnverfahren erfolgt.*
- *Der Abbau der eigenen Bodensubstanz.*
- *Dienstleistungen (ausgenommen Fuhrwerksdienste) mit land- und forstwirtschaftlichen Betriebsmitteln, die im eigenen Betrieb verwendet werden, für andere land- und forstwirtschaftliche Betriebe im selben oder einem angrenzenden Verwaltungsbezirk.*

- *Dienstleistungen mit Mähdreschern nur für landwirtschaftliche Betriebe im selben Verwaltungsbezirk oder in einer an diesen Verwaltungsbezirk angrenzenden Ortsgemeinde.*
- *Dienstleistungen zur Kulturpflege im ländlichen Raum (Mähen von Straßenrändern und – Böschungen sowie von öffentlichen Grünflächen, Pflege von Biotopen, Kulturpflege der Rasenflächen von Sportanlagen, Stutzen von Hecken, Abtransport des im Zusammenhang mit den vorstehenden Tätigkeiten anfallenden Mähgutes usw.).*
- *Dienstleistungen zur Verwertung von organischen Abfällen (Sammeln und Kompostieren von fremden, kompostierbaren Abfällen mit den in der Land- und Forstwirtschaft üblichen Methoden).*
- *Dienstleistungen für den Winterdienst (Schneeräumung, einschließlich Schneetransport und Streuen von Verkehrsflächen, die hauptsächlich der Erschließung land- und forstwirtschaftlich genutzter Grundflächen dienen).*
- *Fuhrwerksdienste mit hauptsächlich im eigenen land- und forstwirtschaftlichen Betrieb verwendeten selbstfahrenden Arbeitsmaschinen, Zugmaschinen, Motorkarren und Transportkarren, die ihrer Leistungsfähigkeit nach den Bedürfnissen des eigenen land- und forstwirtschaftlichen Betriebes entsprechen, für andere land- und forstwirtschaftliche Betriebe im selben Verwaltungsbezirk oder in einer an diesen Verwaltungsbezirk angrenzenden Ortsgemeinde zur Beförderung von land- und forstwirtschaftlichen Erzeugnissen, von Gütern zur Bewirtschaftung land- und forstwirtschaftlich genutzter Grundstücke oder von Gütern, die der Tierhaltung dienen, zwischen Wirtschaftshöfen und Betriebsgrundstücken oder zwischen diesen und der nächstgelegenen Abgabe-, Übernahme-, Verarbeitungs- oder Verladestelle.*
- *Das Vermieten von land- und forstwirtschaftlichen Betriebsmitteln, die im eigenen land- und forstwirtschaftlichen Betrieb verwendet werden, an andere land- und forstwirtschaftliche Betriebe im selben Verwaltungsbezirk oder in einer an diesen angrenzenden Ortsgemeinde für Beförderungszwecke im oben beschriebenen Umfang.*
- *Das Vermieten von land- und forstwirtschaftlichen Betriebsmitteln, die im eigenen land- und forstwirtschaftlichen Betrieb verwendet werden, an andere land- und forstwirtschaftliche Betriebe im selben oder einem angrenzenden Verwaltungsbezirk für andere als Beförderungszwecke.*
- *Fuhrwerksdienste mit anderen als Kraftfahrzeugen.*
- *Das Vermieten und Einstellen von Reittieren. Wird allerdings die landwirtschaftliche Einstellpferdehaltung als Urproduktion (vgl hierzu den vorherigen Abschnitt „Land und Forstwirtschaft") und nicht als Nebengewerbe ausgeübt, so ist lediglich das Einstellen von anderen Reittieren als Einstellpferden im Nebengewerbe möglich.*
- *Der Betrieb von Anlagen zur Erzeugung und Lieferung von Wärme aus Biomasse mit einer Brennstoffwärmeleistung bis einschließlich vier MW durch natürliche Personen, Gesellschaften bürgerlichen Rechts oder land- und forstwirtschaftlichen Erwerbs- und Wirtschaftsgenossenschaften, wenn in dem betreffenden Gebiet keine leitungsgebundenen Energieträger, ausgenommen elektrische Energie, vorhanden sind. Voraussetzung ist aber eine entsprechende Verordnung des Landeshauptmannes des betreffenden Bundeslandes.*
- *Die Verabreichung und das Ausschenken selbst erzeugter Produkte sowie von ortsüblichen, in Flaschen abgefüllten Getränken im Rahmen der Almbewirtschaftung.*

Anwendung des Betriebsanlagenrechts der Gewerbeordnung

Da der Bereich der Land- und Forstwirtschaft der Landeskompetenz zuzuordnen ist, kommt für land- und forstwirtschaftliche Betriebe das Betriebsanlagenrecht der Gewerbeordnung nicht zur Anwendung.

Betriebsanlagen der Land- und Forstwirtschaftlichen Nebengewerbe

Das Betriebsanlagenrecht für die Nebengewerbe ist laut Verfassungsgerichtshof Landessache. Diese Anlagen wie zB Sägen, Mühlen, Pressen usw. unterliegen daher nicht dem Betriebsanlagenrecht der Gewerbeordnung.

Das Betriebsanlagenrecht der Gewerbeordnung ist für diese Anlagen nur dann anzuwenden, wenn es sich um bisher nicht als für das Nebengewerbe anerkannte Anlagen handelt und bei denen entweder der Kapitaleinsatz für die Be- und Verarbeitung im Vergleich zum Kapitaleinsatz, für die land- und forstwirtschaftlichen Urproduktion unverhältnismäßig hoch ist oder wenn fremde Arbeitskräfte überwiegend für die Be- und Verarbeitung der Naturprodukte beschäftigt werden.

Da diese Kriterien sehr hoch angesetzt sind, kommen sie in der Praxis faktisch nicht zum Tragen.

Verkauf der eigenen Urprodukte und Nebengewerbsprodukte durch Land- und Forstwirte

Land- und Forstwirte sind nicht auf den Ab-Hof-Verkauf beschränkt. Sie können im gesamten Bundesgebiet Ver-

kaufsstellen für ihre eigenen Produkte einrichten, ohne dadurch der Gewerbeordnung zu unterliegen. Werden dort aber zB Produkte anderer Landwirte mit angeboten, dann liegt ein Handel vor, der als Gewerbe anzumelden ist. Gleiches gilt für den Verkauf auf Märkten.
Ein Feilbieten im Umherziehen von Ort zu Ort oder von Haus zu Haus ist nur dann zulässig, wenn kein diesbezügliches Verbot der Gemeinde besteht. Es dürfen aber nur folgende Produkte angeboten werden: Obst, Gemüse, Kartoffeln, Naturblumen, Brennholz, Rahm, Topfen, Käse, Butter und Eier.
Tätigkeiten land- und forstwirtschaftlicher Erwerbs- und Wirtschaftsgenossenschaften
Gewisse Tätigkeiten land- und forstwirtschaftlicher Erwerbs- und Wirtschaftsgenossenschaften sind vom Geltungsbereich der Gewerbeordnung ausgenommen, soweit der Geschäftsbetrieb dieser Genossenschaften im Wesentlichen der Förderung des Erwerbes oder der Wirtschaft ihrer Mitglieder dient.

Insbesondere zählen dazu:

- *Der Betrieb von Sägen, Mühlen, Molkereien, Brennereien, Keltereien und sonstigen nach altem Herkommen üblichen Zweigen der Verarbeitung land- und forstwirtschaftlicher Erzeugnisse,*
- *die Vermittlung des Einkaufes und Verkaufes sowie die Versteigerung von Zuchtvieh;*
- *der Verkauf unverarbeiteter pflanzlicher Erzeugnisse – ausgenommen Getreide und Kartoffeln – sowie von Ferkeln, Fischen, Geflügel, Eiern und Honig, auch im Wege der Versteigerung;*
- *die Züchtung, Vermehrung, Bearbeitung, Verwertung und Beschaffung von Saatgut.*

Werden die obigen ersten 3 Tätigkeiten allerdings gemeinsam mit einer Tätigkeit ausgeübt, die der GewO unterliegt, benötigt auch eine land- und forstwirtschaftliche Erwerbs- und Wirtschaftsgenossenschaft eine Gewerbeberechtigung.
Land- und forstwirtschaftliche Erwerbs- und Wirtschaftsgenossenschaften unterliegen dem Betriebsanlagenrecht der Gewerbeordnung.

Betrieb eines Buschenschankes
Der Ausschank von selbst erzeugtem Wein und Obstwein, Traubenmost, Obstmost, Traubensaft und Obstsaft und von selbst gebrannten geistigen Getränken (Schnaps, Likör) durch Besitzer von Wein- und Obstgärten ist von der Gewerbeordnung ausgenommen.
Im Rahmen des Buschenschankes sind auch die Verabreichung von kalten Speisen und der Ausschank von Mineralwasser und kohlensäurehaltigen Getränken zulässig, jedoch nur unter der Voraussetzung, dass diese Tätigkeiten dem Herkommen im betreffenden Bundesland in Buschenschenken entsprechen. Die Verabreichung von warmen Speisen ist nicht zulässig. Nähere Regelungen sind in einigen Bundesländern durch Landesgesetz getroffen worden.

Alkoholmissbrauch – Jugendschutz
Buschenschankbetreibern ist es untersagt, alkoholische Getränke an Jugendliche auszuschenken oder ausschenken zu lassen, abzugeben oder abgeben zu lassen, wenn den Jugendlichen nach den Jugendschutzbestimmungen des jeweiligen Bundeslandes der Genuss von Alkohol verboten ist. Auf dieses Verbot ist durch Anschlag an geeigneter Stelle der Betriebsräume hinzuweisen. Um in Zweifelsfällen das Alter der Jugendlichen feststellen zu können, ist ein amtlicher Lichtbildausweis oder eine Jugendkarte zu verlangen. Zuwiderhandlungen sind mit Geldstrafe von mindestens 180,00 Euro bis höchstens 3.600,00 Euro zu bestrafen.“

Zur baurechtlichen Umnutzung land- und forstwirtschaftlicher Bauten

Durch den weiter fortschreitenden Wandel der Agrarstruktur verschlechtert sich die Einkommenssituation landwirtschaftlicher Betriebe zusehends. Als Folge dieser sich verschlechternden Ertragslage stellen viele Betriebsinhaber die Bewirtschaftung ihrer Betriebe um, wodurch bestehende Wirtschaftsgebäude für landwirtschaftliche Betriebszwecke nicht mehr erforderlich sind, andere Betriebsinhaber suchen einen Ausweg durch Erwerbskombinationen indem neben dem landwirtschaftlichen Betrieb auch gewerbliche Tätigkeiten entfaltet werden. Dies erfolgt in der Regel unter Nutzung der bestehenden land- und oder forstwirtschaftlichen Gebäudesubstanz.
Die Möglichkeit zur Umnutzung dieser Gebäudesubstanz war vor der Novelle 2017 bei raum-

struktureller Eignung mittels raumordnungsrechtlicher Einzelbewilligung zwar möglich, jedoch mit dem Nachteil verbunden, dass dadurch die Gebäude dauerhaft der eigentlichen Zweckbestimmung entzogen wurden. Durch die Neuregelung ist nunmehr die Möglichkeit geschaffen worden, mittels bloßer baurechtlicher Bewilligung eine Umnutzung durchzuführen, wenn die Voraussetzungen dazu vorliegen. Diese Umstellung hat aber auch zur Konsequenz, dass Einzelbewilligungen für eine Verwendungszweckänderung von landwirtschaftichen Gebäuden – mangels Vorliegens eines besonderen Grundes (siehe § 46 Abs 2 Z 1) – erst in Betracht kommen, wenn mittels der baurechtlichen Umnutzung kein Auslangen gefunden werden kann. Dieses ist vom Grundsatz her eigentlich nur der Fall, wenn die Landwirtschaft irreversibel stillgelegt ist. Davon kann aber nur ausgegangen werden, wenn keine ausreichende Produktionsgrundlage mehr vorhanden ist. Die zentrale Grundlage der Primärproduktion ist die Flächenausstattung. Sinkt diese unter einen Wert, der keine auf Erwerbsausübung im Sinne des Erzielens von Einkünften aus Landwirtschaft erwarten lässt, kann davon ausgegangen werden, dass auch die bisher der landwirtschaftlichen Produktion dienenden Gebäude künftig nicht mehr benötigt werden.
Diese neu geschaffene Möglichkeit ist allerdings auch mit Nachteilen verbunden, welche trotz der gesetzlich festgelegteen Kriterien der Umnutzung gegeben bleiben, weil etwa damit die Möglichkeit geschaffen wird, Gewerbestandorte an raumordnungsfachlich ungeeigneter Stelle zu begründen. Zusätzlich führen die Bestimmungen zu Wettbewerbsverzerrungen aufgrund der geringeren Standortkosten bei der Gewerbeausübung. Auch für die Landwirtschaft selbst scheint damit nur ein kurz- bis mittelfristiger Vorteil verbunden zu sein, weil langfristig ein zusätzlicher Anreiz für den Ausstieg aus der Landwirtschaft geboten wird.
Zu prüfen ist dabei gem Abs 5 von seiten der Baubehörde Folgendes:

- Beschränkung auf im Hofverband gelegene Wohn- und Wirtschaftsgebäude bestehender Landwirtschaften

Die Änderung des Verwendungszweckes ist nur innerhalb des Hofverbandes zulässig, dislozierte Wirtschaftsgebäude können unter Anwendung dieser Bestimmung nicht umgenutzt werden. Weiters setzt die Umnutzung voraus, dass ein landwirtschaftlicher Betrieb besteht (siehe dazu § 5 Z 4) was wiederum eine Bewirtschaftung voraussetzt. Unklar ist, ob rein forstwirtschaftliche oder almwirtschaftliche Betriebe unter Anwendung dieser Bestimmungen eine Umnutzung von nicht mehr benötigten Gebäuden bewilligt werden kann. Dafür spricht die ausdrückliche gesetzliche Ausnahme vom Erfordernis eines Hofverbandes, dagegen spricht die ausdrückliche Bindung an den Hofverband, welche für die Anwendung dieser Bestimmung gefordert ist.

- Mangelnder Bedarf für die landwirtschaftliche Bewirtschaftung

Nicht jedes landwirtschaftliche Gebäude hat einen derartig klar umrissenen Verwendungszweck wie etwa ein Stallgebäude. So kann etwa bei Remisen idR davon ausgegangen werden, dass derartige Gebäude auch weiterhin für die Bewirtschaftung der Landwirtschaft benötigt werden. Allenfalls könnte bei einer gänzlichen Änderung der Betriebsstruktur der Bedarf nicht mehr gegeben sein. Zur Belegung dieses Umstandes ist seitens des Antragsstellers demgemäß ein Betriebskonzept vorzulegen, aus dem sich klar ergibt, dass das gegenständliche Gebäude oder Gebäudeteil in weiterer Folge für die Bewirtschaftung nicht mehr erforderlich ist. Dies ist umso mehr erforderlich, als landwirtschaftliche Gebäude im Grünland ohne raumordnungsrechtliche Bewilligung errichtet werden können, wenn ein betriebswirtschaftliches Erfordernis geltend gemacht wird. Daher ist auch der umgekehrte Weg und zwar die Entziehung eines Gebäudes oder -teils von der landwirtschaftlichen Nutzung davon abhängig zu machen, dass objektiver Weise kein landwirtschaftliches Bedürfnis mehr besteht. Hinsichtlich der landwirtschaftlichen Wohngebäude ist eine

Umnutzung dadurch beschränkt, dass jedenfalls die zur Betriebsausübung erforderliche Wohnfunktion erhalten bleiben muss. Zwar ist durch Abs 6 die landwirtschaftliche Zweckbindung der Wohnnutzung baurechtlich offenkundig nicht mehr gegeben, weil für eine landwirtschaftsfremde Wohnnutzung kein Bewilligungserfordernis auf Grundlage dieser Regelung mehr gegeben ist, wenn eine dem Stand der Technik entsprechende Infrastruktur – hier wird wohl die Entsorgung der Abwässer (siehe § 47 BauTG 2015) gemeint sein – vorhanden ist. Allerdings wäre mit der gänzlichen Aufgabe der landwirtschaftlichen Wohnfunktion wohl verbunden, dass damit auch der selbständig bewirtschaftete land- und/oder forstwirtschaftliche Betrieb untergeht.

• Eignung des Gebäudes oder Gebäudeteils für den angestrebten Verwendungszweck
Die Möglichkeit der erleichterten Umnutzung zu nicht grünlandkonformen Verwendungen soll keinesfalls baulichen Erweiterungen im Grünland Vorschub leisten. Es dürfen daher lediglich bestehende, nicht mehr land- oder forstwirtschaftlich benötigte, und bautechnisch für den angestrebten Verwendungszweck geeignete Bestandsbauten unter Anwendung dieser Bestimmung umgenutzt werden. Umbauten sind dazu zulässig, soweit das äußere Erscheinungsbild im Wesentlichen gewahrt bleibt (Ensembleschutz, Wahrung des Orts- und Landschaftsbildes), ausgeschlossen sind aber Zu- und Aufbauten.

• Vorhandensein einer dem Stand der Technik entsprechenden Infrastruktur
Voraussetzung für die baurechtliche Umnutzung des Bestandes ist zudem, dass eine für den jeweilig angestrebten Verwendungszweck geeignete technische Infrastruktur vorhanden ist. Dieses Kriterium dient einerseits der Aufrechterhaltung der Zielsetzungen des Umweltschutzes und andererseits sollen damit die Gebietskörperschaften vor unvorhersehbaren Errichtungskosten für infrastrukturelle Einrichtungen bewahrt werden. Dies betrifft alle infrastrukturellen Voraussetzungen, wobei insbesondere auf die Abwasserentsorgung hinzuweisen ist. Vor Bewilligung der Änderung werden demnach erteilte Ausnahmen von der Anschlussverpflichtung gemäß § 47 BauTG 2015 zu widerrufen sein.

• Abschreibeverbot und landwirtschaftliches Gebäude im Sinne des GVG
Diese Bestimmungen sollen offenkundig verhindern, dass innerhalb der Hofstelle von Dritten landwirtschaftsfremde Tätigkeiten entfaltet werden, die in weiterer Folge dazu führen können, dass der landwirtschaftliche Betrieb in seiner Substanz gefährdet wird. Daher unterliegen die Gebäude oder -teile, die baurechtlich umgenutzt werden, dem Abschreibegebot nach § 1 Abs 3 BGG und den grundverkehrsrechtlichen Beschränkungen. Letzters ist insofern besonders beachtlich, weil landwirtschaftsfremde Bestandgaben gemäß § 3 Abs 1 lit d GVG 2001 einer grundverkehrsrechtlichen Genehmigung bedürfen. Dies trifft auch auf die zwar ohne Baubewilligung zulässigen Bestandgaben für landwirtschaftfremde Wohnnutzungen zu.

• Kein bestehender Betrieb im Grünland iS des § 34 Abs 1 Z 4
Die baurechtliche Umnutzung bietet keine Grundlage für die Ausweisung einer Sonderfläche als bestehender Betrieb im Grünland (siehe § 34). Derartige Widmungen bei bestehenden landwirtschaftlichen Betrieben würden in der Regel zu Nutzungskonflikten führen und zudem wäre diese Möglichkeit mit der Zielsetzung der Erhaltung der Gebäudesubstanz in ihrer bisherigen Ausprägung (Ausschluss von Zu- und Aufbauten) unvereinbar.

§ 49 Entschädigung

(1) Für die dadurch entstehenden vermögensrechtlichen Nachteile, dass durch den Flächenwidmungsplan oder dessen Änderung Bauland einer Kategorie gemäß § 30 Abs. 1 Z 1 bis 10 in Grünland oder Verkehrsfläche umgewidmet und ausschließlich dadurch die Verbauung eines Grundstücks verhindert wird, ist auf Antrag eine angemessene Entschädigung zu leisten, wenn diese Umwidmung innerhalb von zehn Jahren nach seiner erstmaligen Ausweisung nach dem 1. März 1993 oder während der Wirksamkeit einer in dieser Zeit erteilten Baubewilligung erfolgt. Eine Entschädigung ist nicht zu leisten, wenn
1. die Baulandwidmung durch nachträgliches Eintreten eines im § 28 Abs 3 Z 2 oder 5 angeführten Umstands nicht aufrecht erhalten werden kann,
2. der Grundeigentümer selbst die Rückwidmung ausdrücklich anregt oder
3. die Baulandwidmung durch Fristablauf erlischt

(2) Die Zehn-Jahres-Frist gemäß Abs. 1 verlängert sich:
1. um die Zeit, während der die Bebauung aus nicht vom Eigentümer der Flächen zu vertretenden Gründen (zB Fehlen eines Bebauungsplans, Nichtfreigabe eines Aufschließungsgebiets) unmöglich war;
2. um zehn Jahre, wenn es sich um eine Fläche im erforderlichen Ausmaß handelt, die dem Eigentümer oder seinen unmittelbaren Nachkommen zur Befriedigung eines dringenden Wohnbedürfnisses dienen sollte, die Bebauung aber wegen der persönlichen oder wirtschaftlichen Verhältnisse der Nutzungsberechtigten unzumutbar war; oder
3. um zehn Jahre, wenn es sich um Flächen zur Erweiterung oder Verlegung bestehender Betriebe handelt, die Bebauung aber wegen der wirtschaftlichen Verhältnisse der Nutzungsberechtigten unzumutbar war.

Die Verlängerung der Frist setzt voraus, dass der Eigentümer spätestens bis zum Ende der Auflage des Entwurfs des Flächenwidmungsplans die Gründe für die Unzumutbarkeit der Bebauung glaubhaft macht.

(3) Als vermögensrechtliche Nachteile gelten:
1. Aufwendungen des Eigentümers oder Dritter mit seiner Zustimmung, die im Vertrauen auf die bauliche Nutzbarkeit der Grundfläche für deren Baureifmachung erbracht worden sind;
2. jener Teil des Wertes der Grundfläche, der bei deren Erwerb wegen der Widmung im Flächenwidmungsplan als Bauland gegeben war, soweit er in der Gegenleistung (Kaufpreis, Tauschgrundfläche, Erbverzicht udgl) seinen Niederschlag gefunden hat und dieser Wert den Verkehrswert nicht übersteigt. Dabei ist der jeweils letzte Erwerb maßgebend, bei dem eine Gegenleistung erbracht worden ist.

Aufwendungen für die Baureifmachung sowie Erwerbsvorgänge nach der Kundmachung der Änderungsabsicht bleiben bei der Feststellung vermögensrechtlicher Nachteile außer Betracht. Die Höhe der Aufwendungen bzw. des Teils der Gegenleistung ist durch den Antragsteller nachzuweisen. Der Betrag ist nach dem von der Bundesanstalt „Statistik Österreich" letztverlautbarten amtlichen Verbraucherpreisindex aufzuwerten. Für Zeiten vor dem Jahr 1967 ist dabei vom Verbraucherpreisindex I auszugehen.

(4) Der Antrag auf Entschädigung ist bei sonstigem Anspruchsverlust innerhalb von drei Jahren ab Wirksamkeit der Umwidmung bei der Landesregierung einzubringen. Die Entschädigungssumme ist von der Landesregierung nach Anhörung beeideter Sachverständiger durch Bescheid festzusetzen. Die Entschädigung und die mit ihrer Festsetzung verbundenen, vom Antragsteller nicht verschuldeten Verfahrenskosten sind von der Gemeinde zu leisten.

(5) Jeder der beiden Teile kann, wenn er sich durch die Entscheidung über die Entschädigungssumme benachteiligt hält, binnen dreier Monate nach Zustellung des Bescheides die Festsetzung der Entschädigungssumme beim Landesgericht Salzburg beantragen. Mit der Einbringung des Antrages tritt der Bescheid der Landesregierung hinsichtlich der Entschädigungssumme außer

Kraft. Das Gericht hat im Außerstreitverfahren zu entscheiden. Der Antrag auf gerichtliche Entscheidung kann nur mit Zustimmung des Antragsgegners zurückgezogen werden.

(6) Die Entschädigung ist vom jeweiligen Eigentümer des Grundstücks an die Gemeinde zu erstatten, sobald innerhalb eines Zeitraums von 20 Jahren nach ihrer Auszahlung durch eine Änderung des Flächenwidmungsplans oder auf Grund einer Einzelbewilligung die Verhinderung der Verbauung des Grundstücks wegfällt und die Verwendung des Grundstücks als Bauland möglich ist. Die Erstattung hat in der Höhe zu erfolgen, die sich aus der Aufwertung der geleisteten Entschädigung nach dem von der Bundesanstalt „Statistik Österreich" letztverlautbarten amtlichen Verbraucherpreisindex ergibt. Wenn zwischen den Beteiligten eine Einigung über die Zahlungsverpflichtung und die Höhe der Erstattungssumme nicht zustande kommt, findet Abs. 5 sinngemäß Anwendung.

(7) Die Entschädigung ist der Gemeinde vom Land zu ersetzen, soweit die Gemeinde an die Widmung der Grundstücke als Bauland entgegen ihren Interessen und entgegen ihrer erweislichen Absicht durch ein Entwicklungsprogramm des Landes oder im aufsichtsbehördlichen Verfahren durch die Landesregierung gehindert war. Eine erstattete Entschädigung ist in diesem Fall an das Land abzuführen.

RV

Folgende Änderungen gegenüber § 25 ROG 1998 sind vorgesehen:
Der umfangreiche bisherige Abs 1 wird geteilt: Die Verlängerung der Zehn-Jahres-Frist findet sich im neuen Abs 2. Umgekehrt werden die Ausschlussgründe des letzten Satzes des bisherigen Abs 2 in den Abs 1 übernommen. Die Baulandwidmung muss erstmals auf Grund des ROG 1992 erfolgt sein, das am 1. März 1993 in Kraft getreten ist. Dieses Datum wird an die Stelle der bisherigen Wortfolge „auf Grund dieses Gesetzes" gesetzt, um den bisherigen Norminhalt aufrecht zu erhalten.
Für Bauland der Kategorie Gebiet für Beherbergungsgroßbetriebe ist im Umwidmungsfall keine Entschädigung mehr zu leisten. Diese Widmungskategorie lässt wie die Kategorie Sonderfläche nur eine Art von Bauten zu, nämlich Beherbergungsgroßbetriebe. Keine Entschädigungsleistung gebührt auch, wenn der Grundeigentümer selbst die Rückwidmung seiner Flächen angeregt hat.
Im Abs 2: Die Höhe der Entschädigung für den Wert der Grundfläche, soweit er in der Gegenleistung beim Erwerb seinen Niederschlag gefunden hat (Abs 3 Z 2) wird mit dem Verkehrswert begrenzt. Eine Entschädigung für einen beim Erwerb preislich berücksichtigten Wert der besonderen Vorliebe wird zur Klarstellung ausdrücklich ausgeschlossen. Die bisherige Regelung (§ 25 Abs 2 dritter Satz ROG 1998), dass Aufwendungen und Erwerbsvorgänge nach der Kundmachung gemäß § 21 Abs 1 ROG 1998 unbeachtlich bleiben, wird modifiziert und verallgemeinert, weil eine Kundmachung nicht für jede Rückwidmung erforderlich ist. Im vereinfachten Verfahren bedeutet die Kundmachung der Änderungsabsicht die Kundmachung der Auflage.
Die Unmöglichkeit der Bebauung oder deren Unzumutbarkeit werden durch Angabe von Beispielen (objektiv) bzw. Bezugnahme auf die wirtschaftlichen Verhältnisse, aus der sich die Unzumutbarkeit (subjektiv) ergibt, präzisiert.
Im Abs 5: Die Zulässigkeit zur sukzessiven Festsetzung der Entschädigungshöhe wird auf das Landesgericht Salzburg übertragen. Im Übrigen wird Abs 5 nur sprachlich vereinfacht und auch mit dem Ziel der Klarstellung vereinheitlicht, dass das Gericht nur zum Zweck der Neufestsetzung der Entschädigungssumme (-höhe) angerufen werden kann.
Im Abs 6: Statt der Anpassung nach „dem inneren Wert der seinerzeitigen Entschädigung" wird die Aufwertung nach dem letztverlautbarten amtlichen Verbraucherpreisindex gleich wie im

Abs 2 angeordnet. Das Gericht kann sowohl bezüglich der Erstattungspflicht wie auch bezüglich der Höhe der Entschädigungssumme angerufen werden, wenn darüber keine Einigung zustande kommt.
Im Abs 7: Die Gemeinde musste aus überörtlichen, allenfalls aufsichtsbehördlichen Vorgaben zu einer Widmung als Grünland oder Verkehrsfläche verpflichtet gewesen sein. Die offensichtliche Unstimmigkeit (Bindung an eine Baulandwidmung) wird richtiggestellt.

RV 2017

Die Änderungen berücksichtigen den Entfall der Nutzungserklärungen und die Einführung der Baulandbefristung für Neuausweisungen.
In grundrechtlicher Hinsicht ist zur entschädigungslosen Rückwidmung in Folge der Baulandbefristung auszuführen, dass davon nur zukünftige Widmungen betroffen sind und für im Zeitpunkt des Inkrafttretens dieses Gesetzes bestehende Baulandflächen keine Änderung in der bisherigen Rechtsposition eintritt. Ein besonderer Vertrauensschutz für Kaufinteressenten künftig befristeter Baulandgrundstücke ist nicht erforderlich, da die Befristung und der Eintritt der Folgewidmung bei Nichtbebauung innerhalb der (verbleibenden) 10-Jahresfrist auf Grund der Ausweisung im Flächenwidmungsplan für jedermann ersichtlich ist.

Anmerkungen

Die Entschädigungsregelungen entsprechen inhaltlich weitgehend dem ROG 1998. Die Änderungen der Novelle 2017 berücksichtigen den Entfall der bisher (nach dem ROG 2009 bis 31.12.2017) bei Ausweisung von unbebautem Bauland nötigen Nutzungserklärungen und die Einführung der Baulandbefristung für Neuausweisungen.
In Abs 1 wird dargestellt, dass die Baulandwidmung erstmals nach dem 1.3.1993 (aufgrund des ROG 1992 – welches an diesem Tag in Kraft getreten ist; oder dem ROG 1998 oder ROG 2009) erfolgt sein muss. Weiter ist festgelegt, dass keine Entschädigungsleistung gebührt, wenn der Grundeigentümer selbst die Rückwidmung seiner Fläche angeregt hat. Gleiches gilt auch, wenn sich nachträglich, dh nach bereits zuvor erfolgter Widmung, ergibt, dass nunmehr die Fläche im Gefährdungsbereich von Hochwasser, Lawinen, Murenabgängen, Steinschlag und dergleichen gelegen oder als wesentlicher Hochwasserabfluss oder Hochwasserrückhalteraum zu erhalten ist. Dem gleichzusetzen ist, wenn die Fläche nachträglich etwa durch entsprechenden Bewuchs als Waldfläche im Sinne des Forstgesetzes 1975 zu beurteilen ist. Die Erläuterungen der ROG-Novelle 2004, führen dazu aus: „Die Rückwidmung muss ursächlich für die (gänzliche) Verhinderung der Bebauung eines Grundstückes sein. Ist bereits aufgrund anderer Rechtsvorschriften eine Bebauung der Grundfläche ausgeschlossen, so entfällt eine Entschädigung nach diesem Gesetz. Eine Entschädigung soll dann nicht in Betracht kommen, wenn die Rückwidmung aufgrund neuer Tatsachen erfolgt, die eine Aufrechterhaltung der Baulandwidmung nicht mehr zulassen. Beispiele dafür sind: Die nachträgliche Änderung von Gefahrenzonenplänen oder die zwischenzeitig eingetretene Waldeigenschaft einer Fläche. Waren diese Umstände bereits bei der Planerlassung bekannt, so führt dies nicht zum Ausschluss der Entschädigung.“
Mit der Einführung der Befristung von Baulandausweisungen (siehe § 29) verbunden ist der Ausschluss einer Entschädigung bei einer Verfristung des Baulandes.
Im ROG 2009 ist auch geregelt, dass bei Rückwidmungen von Bauland der Kategorie „Gebiet für Beherbergungsgroßbetriebe“ und „Sonderflächen“ keine Entschädigung zu leisten ist.
Die Höhe der Entschädigung für den Wert der Grundfläche, soweit er in der Gegenleistung beim

Erwerb udgl seinen Niederschlag gefunden hat (Abs 3 Z 2), ist mit dem Verkehrswert begrenzt. Eine Entschädigung für einen beim Erwerb preislich berücksichtigten Wert der besonderen Vorliebe wird zur Klarstellung ausgeschlossen.
Als Aufwendungen für die Baureifmachung können nach dem VwGH (siehe etwa VwGH 20.12.1994, Zl 92/05/0170) ausschließlich jene Kosten zuerkannt werden, die aufgewendet wurden, um auf einem zur Bebauung geeigneten Grundstück die Voraussetzung für die Erteilung einer Baubewilligung (Schaffung einer Zufahrtsmöglichkeit, Möglichkeit des Anschlusses an eine Wasserleitung, Kanalleitung, Stromversorgung, Abwasserbeseitigung) zu schaffen.
Im ROG 1998 § 25 Abs 2, dritter Satz war geregelt, dass Aufwendungen und Erwerbsvorgänge nach der Kundmachung der Änderungsabsicht unbeachtlich bleiben. Dies wird durch das ROG 2009 modifiziert und verallgemeinert, weil eine Kundmachung der Änderungsabsicht nicht für jede Rückwidmung erforderlich ist. Im vereinfachten Verfahren bedeutet die Kundmachung der Änderungsabsicht die Kundmachung der Auflage des Entwurfs.
Hinsichtlich der Zehn-Jahres-Frist führen die Erläuterungen (RV 1999) aus, dass die Unzumutbarkeit der Bebauung innerhalb der zehnjährigen Frist, die zu einer Verlängerung der Entschädigungsfrist führt, sich zB bei Betrieben aus einer ungünstigen wirtschaftlichen Entwicklung ergeben kann, aber auch im privaten Bereich verursacht sein kann, wobei Änderungen in den Einkommens- und/oder Vermögensverhältnissen eine Rolle spielen können. Auch Todesfälle können Ursache einer solchen Fristverlängerung sein.
Die Erläuterungen zum ROG 1998 führen dazu an: „Auch um zu verhindern, dass sich die Gemeinde durch eine Rückwidmung unbewusst der Gefahr von Entschädigungsansprüchen aussetzt, soll der Gemeinde spätestens im Auflageverfahren bekannt gegeben werden, welche Gründe auf der Seite des Grundeigentümers die Bebauung unzumutbar gemacht haben, und zum Nachweis des weiteren Baulandinteresses (soll) eine Nutzungserklärung vorgelegt werden. Ansonsten geht der Entschädigungsanspruch verloren.“ Die Geltendmachung der Unzumutbarkeit ist auf Grund der Novelle 2017 nicht mehr mit der Abgabe einer Nutzungserklärung verknüpft.
In Abs 5 wird die Zulässigkeit zur sukzessiven Feststellung der Entschädigungshöhe auf das Landesgericht Salzburg übertragen. Klargestellt wird auch, dass das Gericht nur zum Zweck der Neufeststellung der Entschädigungssumme bzw. Entschädigungshöhe angerufen werden kann.
In Abs 6 wird die Aufwertung nach dem zuletzt verlautbarten amtlichen Verbraucherpreisindex angeordnet. Das Gericht kann sowohl bezüglich der Erstattungspflicht wie auch bezüglich der Höhe der Entschädigungssumme angerufen werden, wenn es zu keiner Einigung kommt.
Abs 7 stellt fest, dass das Land der Gemeinde die Entschädigung zu erstatten hat, wenn nach überörtlichen, allenfalls aufsichtsbehördlichen Vorgaben die Gemeinde verpflichtet war, eine Baulandfläche als Grünland oder Verkehrsfläche zu widmen.

4. Teil – Bebauungsplanung

RV

Die dazu vorgeschlagenen Änderungen bedeuten auch eine prinzipielle Abkehr vom Prinzip einer flächendeckenden Bebauungsplanung. Damit soll auch für diese Planungsstufe eine Lenkung des Planungsaufwandes in jene Bereiche erfolgen, wo dies tatsächlich erforderlich ist.

Anmerkungen

Die Bestimmungen über die Bebauungsplanung waren bis zur Erlassung des ROG 1992 Gegenstand des Bebauungsgrundlagengesetzes. Motiv für die Überführung in das Raumordnungsgesetz war die Übersichtlichkeit aller Planungsgrundlagen für die Bebauung eines Grundstücks und darüberhinausgehend, die Verknüpfung der Bebauungsplanung mit der Vertragsraumordnung. Da Bebauungspläne, die auf Grundlage des Bebauungsgrundlagengesetzes (LGBl 69/1968) erlassen oder übergeleitet worden sind, nach wie vor gültig sein können (siehe § 82 Abs 9), sind für diese Pläne die diesbezüglichen „historischen" Normen zur Auslegung anzuwenden.

§ 50 Bebauungsplan; Verpflichtung zur Aufstellung und Aufgabe

(1) Jede Gemeinde hat auf der Grundlage des Räumlichen Entwicklungskonzepts und des Flächenwidmungsplans für jene Teile des Gemeindegebiets, die innerhalb eines Planungszeitraums von längstens zehn Jahren für eine Bebauung in Betracht kommen oder eine städtebauliche Ordnung einschließlich der Freiflächengestaltung erfordern, Bebauungspläne durch Verordnung aufzustellen.

(2) Die Aufstellung eines Bebauungsplans ist nicht erforderlich:

1. für Flächen, die auf Grund eines Beschlusses der Gemeindevertretung keiner Regelung der städtebaulichen Ordnung bedürfen (Planfreistellung). Ein solcher Beschluss kann nur im Zuge einer Änderung des Flächenwidmungsplans gefasst werden und ist nur zulässig, wenn

(a) die Flächen nicht Teil eines im Räumlichen Entwicklungskonzept festgelegten städtebaulichen Planungsgebiets sind

(b) die als Bauland ausgewiesenen oder im Räumlichen Entwicklungskonzept zur Bebauung vorgesehenen unverbauten Flächen das Ausmaß von 5.000 m^2 nicht überschreiten;

(c) die Strukturen auf Grund der im jeweiligen Bereich gegebenen Bebauung bereits hinreichend vorgeprägt sind;

(d) keine neuen Trassierungen für die verkehrsmäßige Erschließung erforderlich sind und

(e) keine sonstigen Rücksichten einen Bebauungsplan erforderlich machen.

Die Planfreistellung ist im Flächenwidmungsplan kenntlich zu machen;

2. für die Schutzzone I nach dem Salzburger Altstadterhaltungsgesetz 1980 und die nach dem Salzburger Ortsbildschutzgesetz bestimmten Ortsbildschutzgebiete;

3. für Sonderflächen (§ 30 Abs. 1 Z 12) in Streulage;

4. für bereits verbaute Flächen;

5. für Lücken im Grünland;

6. für selbständig nicht bebaubare Flächen.

(3) Der Bebauungsplan regelt die städtebauliche Ordnung eines Gebiets unter Bedachtnahme auf einen sparsamen Bodenverbrauch und eine geordnete Siedlungsentwicklung sowie auf die Erfordernisse der Feuersicherheit, der Hygiene und des Umweltschutzes, insbesondere auch der Endenergieeffizienz von Bauten. Er hat jedenfalls eine Grundstufe zu enthalten und kann durch eine Aufbaustufe ergänzt werden:

1. in Bereichen, in denen es auf Grund der besonderen örtlichen Verhältnisse im Hinblick auf die Erhaltung oder Gestaltung des Orts-, Stadt- oder Landschaftsbildes oder sonst im Interesse einer zweckmäßigen Bebauung erforderlich ist;

2. für Bauvorhaben auf einem oder mehreren zusammenhängenden Bauplätzen mit einer Gesamtgeschoßfläche von mehr als 2.000 m^2 oder einer Baumasse von mehr als 7.000 m^3, in Gewerbe- und in Industriegebieten ab einer Baumasse von mehr als 15.000 m^3.

Das Erfordernis einer Aufbaustufe ist im Bebauungsplan der Grundstufe festzulegen. In den Fällen der Z 2 kann das Erfordernis eines Bebauungsplans auch innerhalb von zwei Monaten

nach Mitteilung einer solchen Bauabsicht durch gesonderte Verordnung der Gemeindevertretung festgelegt werden.

(3a) Für im Räumlichen Entwicklungskonzept festgelegte städtebauliche Planungsgebiete ist ein (gesamthafter) Bebauungsplan der Grundstufe aufzustellen.

(4) Bei Bauten oder Bauteilen, die für sich oder im Zusammenhang mit anderen Bauten wegen ihrer Wirkung auf das Orts-, Straßen- oder Landschaftsbild besonders erhaltenswert sind, können die Bebauungsgrundlagen nach § 51 Abs. 2 Z 3 bis 5 und § 53 Abs. 2 Z 3 bis 7 so festgelegt werden, wie sie zum Zeitpunkt der Erlassung des Bebauungsplans gegeben sind.

(5) Die Bebauungspläne bestehen aus der planlichen Darstellung auf dem Vermessungsgesetz entsprechender Katastergrundlage und dem erforderlichen Wortlaut (Planungsbericht), bei Festlegungen nach dem Bestand (Abs. 4) auch aus fotografischen Darstellungen, denen die Festlegungen eindeutig entnommen werden können.

(6) Die Landesregierung hat zur einheitlichen Gestaltung der planlichen Darstellungen und des Planungsberichts durch Verordnung Richtlinien zu erlassen.

RV

Diese Bestimmung, ausgenommen Abs 2, entspricht im Wesentlichen § 27 ROG 1998. Festgehalten wird, dass die Verpflichtung zur Bebauungsplanung sich nicht auf das im Flächenwidmungsplan ausgewiesene Bauland beschränkt, wie vor allem aus den Ausnahmen gemäß Abs 2 Z 1 und 5 ersichtlich wird. Die Einbeziehung der gemäß dem Räumlichen Entwicklungskonzept ausweisbaren Flächen soll die Basis dafür geben, dass die von der Gemeinde über das Bauland hinaus vorgesehene Siedlungsentwicklung in anschließenden Bereichen berücksichtigt und im Zusammenhang mitgeplant wird. Der ganze, für eine Bebauung vorgesehene Bereich soll in die Gestaltung der städtebaulichen Ordnung einbezogen werden.

Zu Abs 2: Die bisherigen Ausnahmen von der Verpflichtung zur Aufstellung eines Bebauungsplans sind hier zusammengefasst und erweitert.

Zu Z 1: Der Gemeindevertretung wird die Möglichkeit eingeräumt, von der Aufstellung eines Bebauungsplans abzusehen, wenn ein solcher zur Regelung der städtebaulichen Ordnung aus ihrer Sicht entbehrlich ist. Es sollen nicht zur Gänze verbaute kleinere Siedlungsbereiche ohne Bebauungsplanung verbaut werden können. Angemerkt wird dabei, dass, wenn beschlossen wird, keinen Bebauungsplan aufzustellen, die Bindung an die gegebenen Strukturverhältnisse verstärkt ist. Die Anwendbarkeit der Bestimmungen über die Bebauungsplanung bei der Festlegung der Bebauungsbedingungen in Bauplatzerklärungen kann einem planerischen Wollen nur in beschränktem Umfang eine Grundlage bieten. Bei Planungszielen im Räumlichen Entwicklungskonzept, die eine Abweichung von gegebenen Strukturverhältnissen erfordern, wird daher ein Bebauungsplan erforderlich sein.

Damit ein solcher Planfreistellungsbeschluss gefasst werden kann, müssen vier Voraussetzungen vorliegen: relativ geringes Flächenausmaß (bis 5.000 m^2), durch die bestehende Bebauung bereits weitgehend ausgeprägte Strukturen, keine neuen Straßentrassen, kein sonstiges Erfordernis. Im Einzelnen zu lit c: Im Rahmen der Bauplatzerklärung sind Abtretungsverpflichtungen für neue Erschließungen, die nicht nur dem Antragsteller selbst dienen, ohne entsprechende Vorgaben im Bebauungsplan schwierig durchzuführen. Um den planerischen Ansatz der Bebauungsplanung für die verkehrsmäßige Erschließung zu sichern, darf daher kein Erfordernis einer neuen Straßentrasse bestehen. Keine Neutrassierung im Sinn dieser Bestimmung liegt vor, wenn nur Verbreiterungen von bestehenden Verkehrsflächen oder lineare (logische) Verlängerungen von bestehenden Straßen erforderlich sind.

Die Planfreistellung kann nur im Zuge der Änderung des Flächenwidmungsplans vorgenommen werden. Damit wird dem Grundsatz der parallelen Aufstellung von Flächenwidmungsplan und Bebauungsplan Rechnung getragen. Das Vorliegen der Voraussetzungen der Planfreistellung ist daher im Zuge eines Änderungsverfahrens zu prüfen und Beurteilungsgegenstand im aufsichtsbehördlichen Genehmigungsverfahren. Aus Gründen der Rechtssicherheit sind die betroffenen Flächen im Flächenwidmungsplan zu kennzeichnen.

Abs 3 ist um weitere Gesichtspunkte, die bei der Bebauungsplanung zu berücksichtigen sind, ergänzt. Hervorgehoben wird der Gesichtspunkt des Umweltschutzes und hier wieder jener der Endenergieeffizienz von Bauten. Bei den Festlegungen der Bebauungsplanung soll darauf Bedacht zu nehmen sein, dass Solaranlagen bestmöglich genutzt werden können und damit auch vermehrt installiert werden, ebenso dass Niedrigenergiehäuser und Passivhäuser vermehrt zur Ausführung kommen.

RV 2017

Mit den neu eingefügten Bestimmungen Abs 2 lit a sowie Abs 3a werden die mit der Festlegung eines städtebaulichen Planungsgebiets intendierten Zielsetzungen auf Bebauungsplanebene umgesetzt (s dazu die Ausführungen zu § 25 Abs 4a). Abs 2 lit a schließt für diese Gebiete eine Planfreistellung aus. Abs 3a stellt sicher, dass in diesen Gebieten ein gesamthafter Bebauungsplan der Grundstufe zu erstellen ist.

Die bisherigen Bestimmungen über die Kostentragung von Bebauungsplänen (Abs 7 bis 9) werden neu geregelt und finden sich nunmehr im Abschnitt 4a. Sie sind daher im § 50 aufzuheben.

Klargestellt wird, dass für selbständig nicht bebaubare Flächen die Aufstellung eines Bebauungsplanes nicht erforderlich ist (Abs 2 Z 6).

Anmerkungen

Die Aufstellung von Bebauungsplänen der Grundstufe fällt in den Aufgabenbereich der Gemeinde als Pflichtaufgabe. Daher wurde mit dem ROG 2009 eine Verpflichtung zur Parallelaufstellung von Flächenwidmungs- und Bebauungsplänen eingeführt. Festzustellen ist, dass die ab dem ROG 2009 *gleichzeitige Aufstellung* gegenüber dem ROG 1998 zur Vereinfachung und Kostenersparnis beigetragen hat. Dies betrifft vor allem das Verfahren (Verpflichtung zur Parallelaufstellung bei Abänderung des Flächenwidmungsplans nach § 66 Abs 2), weiters aber auch auf die Erweiterung der Ausnahmen von der Verpflichtung zur Bebauungsplanerstellung (Planfreistellung).

Die Möglichkeit der Kennzeichnung einer Planfreistellung (Abs 2) ist auf Ebene des Flächenwidmungsplanes gewährleistet. Dies hat den Sinn, dass auf Ebene der Flächenwidmungsplanung abschließend über das Erfordernis eines Bebauungsplanes für Bauführungen zu entscheiden ist. Dies bedeutet, dass es jedenfalls im Ermessen der Gemeinde gelegen ist, auch bei Vorliegen der gesetzlichen Voraussetzungen für eine Planfreistellung dennoch einen Bebauungsplan aufzustellen.
Keine Planfreistellung ist möglich, wenn ein Gebiet im REK nach der Novelle 2017 als städtebauliches Planungsgebiet festgelegt ist.
Die Novelle 2017 bringt auch insoweit eine Klarstellung als nun festgehalten wird, dass für selbstständig nicht bebaubare Flächen kein Bebauungsplan oder eine Planfreistellung nötig ist (Abs 2 Z 6). Grundsätzlich kann davon ausgegangen werden, dass es sich dabei um Flächen handelt, die

kleiner als 15 m × 15 m sind. Bei Flächen, die in ihrer durchschnittlichen Breite oder Länge dieses Maß unterschreiten, kann davon ausgegangen werden, dass sie selbstständig mit einem Hauptgebäude nicht bebaubar sind.
Der Abs 6 stellt eine rechtliche Grundlage für die Darstellungsverordnung für Flächenwidmungs- und Bebauungspläne (LGBl 10/2011) dar, diese befindet sich derzeit in Änderung bzw. Anpassung an die Novelle 2017.

§ 51 Grundstufe

(1) Der Aufstellung des Bebauungsplans der Grundstufe hat die Erfassung und Darstellung folgender Umstände im Planungsgebiet voranzugehen:
1. die natürlichen oder rechtlichen Beschränkungen der Bebaubarkeit;
2. die Verkehrserschließung;
3. die Einrichtungen und die Möglichkeiten der Energie- und der Wasserversorgung sowie der Abwasserbeseitigung;
4. das Ausmaß, die Struktur und die besondere Erhaltungswürdigkeit der vorhandenen Bausubstanz;
5. für unbebaute Flächen die allenfalls bestehenden rechtskräftigen Bauplatzerklärungen und Baubewilligungen.

(2) Unter möglichster Berücksichtigung der im Abs. 1 erfassten Umstände sind im Bebauungsplan der Grundstufe jedenfalls folgende Bebauungsgrundlagen festzulegen:
1. die Straßenfluchtlinien;
2. der Verlauf der Gemeindestraßen;
3. die Baufluchtlinien oder die Baulinien;
4. die bauliche Ausnutzbarkeit der Grundflächen; diese Festlegung kann für bebaute Grundflächen unterbleiben;
5. die Bauhöhen;
6. das Erfordernis einer Aufbaustufe.
Im Fall des so festgelegten Erfordernisses einer Aufbaustufe können die Baufluchtlinien, die Baulinien und die Bauhöhen auch erst in der Aufbaustufe festgelegt werden.

(3) Im Bebauungsplan der Grundstufe ist weiters ein Auswirkungsbereich eines Seveso-Betriebs kenntlich zu machen.

(4) Im Bebauungsplan der Grundstufe können auch Festlegungen der Aufbaustufe gemäß § 53 Abs 2 erfolgen.

(5) In einem Erläuterungsbericht zum Bebauungsplan der Grundstufe sind die allenfalls notwendigen Erschließungsmaßnahmen (Straßen-, Energie- und Wasserversorgung, Abwasserentsorgung) und deren abschätzbare Kosten darzulegen.

(6) Der Bebauungsplan der Grundstufe kann für selbstständig bebaubare, aber unbebaute Flächen unwirksam erklärt werden, wenn binnen zehn Jahren ab Inkrafttreten keine Baubewilligung erwirkt wird oder wenn deren Wirksamkeit erlischt. Diese Frist verlängert sich soweit, als die Frist für eine Unwirksamerklärung gemäß § 53 Abs 4 darüber hinausreicht. Die Unwirksamerklärung ist im Bebauungsplan kenntlich zu machen sowie der Landesregierung und der Bezirkshauptmannschaft zur Evidenthaltung unverzüglich mitzuteilen.

RV

Die Bestimmungen des ROG 2009 übernehmen den bisherigen § 28 ROG 1998 fast wörtlich. Für den erweiterten Bebauungsplan der Grundstufe, der bisher in § 28 Abs 7 ROG 1998 geregelt war, wird im ROG 2009 eine eigene Bestimmung geschaffen.

Anmerkungen

Zu Abs 1 stellen die Erläuterungen zum ROG 1992 fest, dass die Grundlagenarbeit zu einer Momentaufnahme führt, deren Aussagen nicht laufend fortgeschrieben werden müssen. Selbstredend gehört zu einer ordnungsgemäßen Bebauungsplanung im unebenen Gelände auch ein Höhenschichtenlinienplan.
Zu Abs 2 wird festgehalten (Erläuterungen zum ROG 1992), dass die normativen Aussagen im Bebauungsplan der Grundstufe auf die unbedingt notwendigen und auch voraussehbaren festlegbaren Bebauungsgrundlagen beschränkt werden sollen. Eine Ergänzung um Festlegungen, die an sich in einer Aufbaustufe getroffen werden können, ist zulässig (siehe Abs 4). Die Erstellung des Grundstufenplans kann auch gleichzeitig mit dem Aufbaustufenplan erfolgen (siehe § 66 Abs 1). Die Festlegung der Bebauungsbedingungen des Abs 2 Z 3 und 5 kann auf die Aufbaustufe verschoben werden, wenn ein Erfordernis eines Aufbaustufenplanes festgelegt ist. Die Erläuterungen zum ROG 1998 stellen fest, dass auf diese Weise ein flexibles, auf die jeweiligen Erfordernisse angepasstes Vorgehen möglich ist.
Zur Festlegung des Verlaufs der Gemeindestraße wird festgehalten, dass dies die Verpflichtung der Gemeinde zum Bau oder der Übernahme der Straße (§ 29 Abs 2 des Salzburger Landesstraßengesetzes 1972 idgF) nach sich zieht.

§ 52 Erweiterte Grundstufe

(1) Der Bebauungsplan der Grundstufe kann auf Anregung des Grundeigentümers oder eines Bauwerbers bei gegebener Bauabsicht durch einen erweiterten Bebauungsplan der Grundstufe ergänzt werden, wenn

1. die Bauabsicht durch die Vorlage eines entsprechenden Projekts nachgewiesen wird und

2. die Ergänzungen mit den Festlegungen des Räumlichen Entwicklungskonzepts und der im ursprünglichen Bebauungsplan der Grundstufe angestrebten städtebaulichen Ordnung vereinbar sind.

Dabei können, die die bauliche Ausnutzbarkeit betreffenden Festlegungen ausgenommen, abweichende Bebauungsgrundlagen getroffen werden, soweit die Änderungen mit den Bebauungsbedingungen der nicht vom Planungsgebiet des erweiterten Grundstufen-Bebauungsplans erfassten Bereiche vereinbar sind.

(2) Der erweiterte Grundstufen-Bebauungsplan tritt außer Kraft, wenn innerhalb von drei Jahren ab dessen Inkrafttreten keine Baubewilligung erwirkt wird oder deren Wirksamkeit erlischt. Das Außerkrafttreten des erweiterten Grundstufenplans ist von der Gemeindevertretung festzustellen und nach den gemeinderechtlichen Vorschriften kundzumachen. Mit dem Außerkrafttreten tritt der ursprüngliche Bebauungsplan der Grundstufe wieder in Kraft.

RV

Die Bestimmung entspricht dem § 28 Abs 7 ROG 1998 weitgehend. Formell wird eine Teilung in zwei Absätze vorgenommen und die Verweisungen aufgelöst. Die ursprünglich angestrebte städtebauliche Ordnung darf nicht gestört werden. Die Entsprechung mit dem Flächenwidmungsplan erscheint als ausdrückliche Voraussetzung entbehrlich.

Anmerkungen

Die Bestimmungen des ROG 2009 übernehmen die bisherigen Bestimmungen des § 28 Abs 7 ROG 1998 und wurden ohne inhaltliche Änderung in einen eigenen Paragraphen überführt.

In der RV zur Novelle 2004 – mit der diese Regelung eingeführt wurde – heißt es dazu: „Mit dieser neuen Bestimmung wird ein Wunsch der Stadt Salzburg erfüllt. Damit soll es ermöglicht werden, im Einzelfall ohne den Grundstufen-Bebauungsplan einer Änderung zu unterziehen, abwechselnde Festlegungen – analog zur Aufbaustufenplanung – treffen zu können. Damit wird für die großflächigen Planungsgebiete Flexibilität gewonnen. Die geänderten Bebauungsbedingungen sollen den ursprünglichen Bebauungsplan der Grundstufe nicht aufheben, sondern nur verdrängen, sodass bei nicht erfolgter Durchführung des Projektes der Grundstufen-Bebauungsplan weiter gilt. Die Rahmenbedingungen für zulässige Abweichungen sind die gleichen wie bei der Bebauungsplanung der Aufbaustufe."

§ 53 Aufbaustufe

(1) Ein Bebauungsplan der Aufbaustufe ist aufzustellen, wenn im Bebauungsplan oder einer Verordnung nach § 50 Abs. 3 letzter Satz eine entsprechende Festlegung getroffen ist. Die Gemeinde hat bei Vorliegen einer konkreten Bauabsicht, die durch ein entsprechendes Projekt zu belegen ist, mit der Aufstellung zu beginnen. Wenn binnen sechs Monaten ab bekannt gegebener Bauabsicht keine Auflage des Entwurfs oder binnen Jahresfrist keine Kundmachung des Bebauungsplans erfolgt, steht das Fehlen des Bebauungsplans der Aufbaustufe der Erteilung von Bauplatzerklärungen und nach baurechtlichen Vorschriften des Landes erforderlichen Bewilligungen nicht entgegen.

(2) Unter möglichster Berücksichtigung der gemäß § 51 Abs. 1 erfassten Umstände und auf der Grundlage der im Bebauungsplan der Grundstufe festgelegten Bebauungsgrundlagen können im Bebauungsplan der Aufbaustufe festgelegt werden:

1. ergänzende Straßenfluchtlinien und Verläufe von Gemeinde- und anderen Erschließungsstraßen;

2. die Art der Energie- und der Wasserversorgung sowie der Abwasserbeseitigung nach Maßgabe besonderer Vorschriften;

3. die Bauplatzgrößen und -grenzen;

4. die Baugrenzlinien und die Situierungsbindungen;

5. die Bauweise (geschlossene, offene, offen freistehende, offen-gekuppelte oder besondere);

6. die Mindest- und Höchstabmessungen der Bauten (Länge, Breite) bzw. die höchstens bebaubare Fläche;

7. die äußere architektonische Gestaltung (einschließlich Dachform, Dachneigung, Dachdeckung, Firstrichtung und Farbgebung);

8. Überbauten bei Durchfahrten und Durchgängen, insbesondere auch im Bereich von Verkehrsflächen;

9. die Erhaltungs- und Abbruchgebote;

10. die Nutzung von Bauten bzw. der Ausschluss bestimmter Nutzungen;

11. Mindest- oder Höchstzahlen für Wohneinheiten;

12. der Ausbau der Verkehrsflächen der Gemeinde (Straßenprofile, Grünstreifen), die verkehrstechnische Aufschließung im Bauplatz einschließlich etwaiger Verbote und Beschränkungen der Einmündungen von Zu(Aus-)fahrten in Verkehrsflächen sowie die Lage, Zahl und Art der Stellplätze für Kraftfahrzeuge (zB Tiefgaragen) und von Fahrradstellmöglichkeiten;

13. die Lage von Spielplätzen und anderen Gemeinschaftseinrichtungen;

14. die Erhaltung und Schaffung von Grünbeständen (Grünflächen, Pflanzbindungen, Pflanzgebote) sowie Geländegestaltungen;

15. die Errichtung und Gestaltung der Einfriedungen;

16. die Standplätze für Abfallbehälter und Altstoffcontainer;

17. Maßnahmen zu Zwecken des Immissionsschutzes (zB Lärmschutzwände oder -wälle, Lärmschutzfenster);

18. Maßnahmen zur Steigerung der Endenergieeffizienz von Bauten.

Festlegungen, die die architektonische Gestaltung betreffen (Z 7), sind nur für solche Bereiche zulässig, in denen dies im Interesse der Erhaltung oder der damit im Zusammenhang stehenden Gestaltung eines charakteristischen Orts-, Straßen- und Landschaftsbildes nach den Erkenntnissen und Erfahrungen des Städtebaues erforderlich ist.

(3) In den Bebauungsplan der Aufbaustufe sind auch die im Bebauungsplan der Grundstufe getroffenen Bebauungsgrundlagen aufzunehmen. Dabei können, die die bauliche Ausnutzbarkeit betreffenden Festlegungen ausgenommen, abweichende Bebauungsbedingungen getroffen werden, soweit die Änderungen mit den Festlegungen des Räumlichen Entwicklungskonzepts und der im Bebauungsplan der Grundstufe angestrebten städtebaulichen Ordnung sowie mit den Bebauungsbedingungen der nicht im Planungsgebiet der Aufbaustufe erfassten Bereiche vereinbar sind.

(4) Der Bebauungsplan der Aufbaustufe kann für selbstständig bebaubare, aber unbebaute Flächen außer Kraft gesetzt werden, wenn binnen fünf Jahren ab Inkrafttreten keine Baubewilligung erwirkt wird oder wenn deren Wirksamkeit erlischt. Mit dem Außerkrafttreten tritt der Bebauungsplan der Grundstufe wieder in Kraft.

RV

Auch diese Bestimmung entspricht dem § 29 ROG 1998 weitgehend. Ohne inhaltliche Änderungen werden Verweisungen aufgelöst.
Im Abs 2 (Katalog möglicher Inhalte eines Aufbaustufen-Bebauungsplans) ist die Z 18 ergänzt. Bei den angesprochenen Maßnahmen handelt es sich um solche, die sich auf Grund der Besonderheiten des Bebauungsgebietes ergeben. Für bautechnische Vorgaben, die allgemein der Steigerung der Energieeffizienz von Bauten dienen, bietet die Bestimmung keine Grundlage, ebenso nicht für Verpflichtungen zu einer bestimmten Art der Energieversorgung (siehe dazu Z 2).

Anmerkungen

Zu Abs 1 stellt die Novelle 1997 fest, dass die gesetzliche Frist für die Erlassung des Bebauungsplanes der Aufbaustufe im Interesse des Bauwilligen liegt. Nach ihrem Ablauf ist die Erlassung eines Aufbaustufen-Bebauungsplanes nicht mehr zulässig. Die fünfjährige Frist zur frühestmöglichen Unwirksamkeitserklärung der Aufbaustufe (Abs 4) ist bei Ernsthaftigkeit des Bauwillens ausreichend; außerdem ist eine längerfristige Festlegung detaillierter Bebauungsbestimmungen planerisch nicht sinnvoll. Allgemein wird festgehalten, dass der Bebauungsplan den gesetzlichen Bestimmungen entsprechen muss, sofern nicht eine besondere Bestimmung ein Abweichen erlaubt. Die Festlegungen finden auch in Bestimmungen außerhalb dieses Gesetzes ihre gesetzliche Deckung (zB § 41 BauTG 2015 idgF über die Errichtung und Gestaltung von Einfriedungen).
Zu Abs 2 Z 2 hält die RV 1992 fest, dass die Anfügung „nach Maßgabe besonderer Vorschriften“ zum Ausdruck bringt, dass solche Festlegungen mit verbindlichem Inhalt nur im Zusammenhang mit besonderen Vorschriften getroffen werden können. Eine derartige gesetzliche Vorschrift wurde bisher nicht erlassen, sodass mittels Bebauungsplanung keine Anschlussverpflichtung festgelegt werden kann.
Zu Abs 2 Z 17, die mit ROG-Novelle 2002 eingeführt wurde, stellen die Erläuterungen (RV 2002) fest, dass in Fällen, in welchen auf Planungsebene des Flächenwidmungsplanes auf die Auswirkungen des Verkehrs eingegangen werden soll, dies durch Ausweisung von Immissions-

schutzstreifen erfolgen kann. Außerdem wäre den Lärmbelastungen durch entsprechende Situierung der Wohnräume abgewandt vom Verkehrsträger Rechnung zu tragen. Dafür wird durch die diesbezügliche Z 17 eine Grundlage geschaffen.
Hinsichtlich der Inhalte der Aufbaustufe wurde mit dem ROG 2009 die Z 18 (Steigerung der Energieeffizienz) neu aufgenommen. Damit sind nicht Vorschreibungen von bautechnischen Vorgaben, wie zB Isolierungen gemeint, die der Steigerung der Energieeffizienz dienen, sondern Maßnahmen, die sich aufgrund der spezifischen Situation innerhalb des Planungsgebietes ergeben, wie etwa die Festlegungen betreffend die Lage der Bauten im Bauplatz wie zB größere Abstände, die Dachneigung ua.
Zum letzten Satz von Abs 2 stellen die Erläuterungen (zur Novelle 1997) fest, dass Festlegungen bezüglich der architektonischen Gestaltung prinzipiell nur für solche Gebiete zulässig sind, wo es aus städtebaulicher Sicht unbedingt erforderlich ist. Dieses aus der Verhältnismäßigkeit des Verwaltungshandelns erfließende Gebot soll nach negativen, den Grundsatz der Baufreiheit im Einzelnen und dieses Gebot missachtenden Erfahrungen ausdrücklich im Gesetz festgelegt werden.
Zu Abs 3 führt die RV 1992 aus, dass dieser Absatz das Verhältnis zwischen den Bebauungsplänen der Grundstufe und jenen der Aufbaustufe beschreibt. Erstgenannte treten im Interesse der Rechtsklarheit mit der Erlassung des Aufbauplanes in den Hintergrund und werden erst wieder wirksam, wenn die Aufbaustufe wegfällt. In den Aufbaustufen-Bebauungsplan sind auch die Festlegungen der Grundstufe aufzunehmen, und zwar so weit wie möglich und planerisch zweckmäßig unverändert; Abweichungen sind möglich – der Bebauungsplan der Grundstufe könnte auch geändert werden, was aber bürokratischen Mehraufwand bedeuten würde – müssen aber mit den Bebauungsbedingungen außerhalb des Gebietes der Aufbauplanung vereinbar sein. Die RV 1992 führt weiter aus, dass selbstredend dadurch die Grenzen der Änderbarkeit von Bebauungsplänen nicht überschritten werden dürfen. Die Festlegungen über die bauliche Ausnutzbarkeit sind stets grundsätzlich zu betrachten und, wenn sich solche neuen Planungszielsetzungen entwickeln, im Grundstufen- Bebauungsplan zu ändern.

§ 54 Straßenfluchtlinien

Die Straßenfluchtlinien grenzen die Verkehrsflächen der Gemeinde einschließlich jener Grundflächen, die zur Herstellung der Verkehrsflächen benötigt werden (Böschungen, Gräben, Stütz- und Futtermauern udgl), von den übrigen Grundflächen ab. Verkehrsflächen sind Grundflächen, die für den öffentlichen Fußgänger- oder Fahrzeugverkehr und für die Errichtung jener Verkehrsanlagen bestimmt sind, die der Sicherheit, Leichtigkeit und Flüssigkeit des Verkehrs unmittelbar dienen. Bei ihrer Festlegung ist darauf zu achten, dass die Verkehrsflächen eine ihrer Funktion und den darauf vorgesehenen Verkehrsarten gerecht werdende Breite und Linienführung aufweisen.

RV

Die Bestimmungen übernehmen § 30 ROG 1998 unverändert.

Anmerkungen

Die Regelungen des ROG 1998 werden unverändert übernommen. Die Erläuterungen zum ROG 1992 führen dazu aus, dass die Straßenfluchtlinien den Verlauf und die Breite von Straßen und Fußwegen im Bebauungsgebiet kennzeichnen. Verkehrsinseln und Grünflächen haben in ihrer Breite Platz zu finden, soweit sie verkehrstechnisch oder zur Trennung von Verkehrsarten (Fahrstreifen für Omnibusse, Radwege usw.) notwendig sind. Auch den Erfordernissen des ruhenden Verkehrs, der teilweise unvermeidlich ist (zB Lieferantenfahrzeuge), und des Feuerschutzes ist dabei Rechnung zu tragen.

§ 55 Baufluchtlinien, Baulinien; Baugrenzlinien; Situierungsbindungen

(1) Die Baufluchtlinie ist jene Linie, die durch oberirdische Bauten gegen die Verkehrsfläche hin nicht überschritten werden darf.

(2) Die Baulinie ist jene Linie, an die ein oberirdischer Bau gegen die Verkehrsfläche herangebaut werden muss.

(3) Baugrenzlinien sind Linien gegenüber anderen Flächen als Verkehrsflächen, die durch oberirdische Bauten nicht überschritten werden dürfen.

(4) Die Baufluchtlinie oder die Baulinie ist unter Bedachtnahme auf die besonderen örtlichen Erfordernisse festzulegen; dabei sind insbesondere das gegebene oder beabsichtigte Orts- und Straßenbild zu berücksichtigen. Ihr Abstand soll von der Achse der Verkehrsfläche nach Tunlichkeit wenigstens zwei Drittel der für das oberste Gesimse oder die oberste Dachtraufe festgelegten Höchsthöhe jener Bauten betragen, für die die Baufluchtlinien oder Baulinien gelten.

(5) Baugrenzlinien sind so festzulegen, dass die auf den jeweiligen und den benachbarten Bauplätzen bestehenden oder zur Errichtung kommenden Bauten eine ihrem Zweck entsprechende Besonnung und Belichtung erhalten und die dem Aufenthalt von Menschen dienenden Räume soweit wie möglich vor Lärmeinwirkung geschützt sind.

(6) Für verschiedene Geschoßebenen können Baufluchtlinien, Baulinien und Baugrenzlinien gestaffelt festgelegt werden.

(7) Soweit es zur Erhaltung oder der damit im Zusammenhang stehenden Gestaltung eines charakteristischen Orts- oder Landschaftsbildes erforderlich ist, kann über die Abs. 1 bis 6 hinaus die Lage der Baufronten verbindlich festgelegt werden (Situierungsbindungen).

RV

Die Bestimmungen übernehmen zum Teil die Bestimmungen von § 31 ROG 2009. Im Abs 6 ist nicht mehr nur von Aussagen des Räumlichen Entwicklungskonzepts und des Flächenwidmungsplans die Rede, sondern von den Festlegungen, die darin getroffen sind.

Anmerkungen

Die Regelungen des bisherigen § 31 ROG 1998 sind unverändert übernommen. Zu den Abs 3 und 5 führt die RV 1998 aus, dass die neu eingeführten Baugrenzlinien die Bebaubarkeit von Bauplätzen gegenüber den Nachbarflächen (seitlich und auch rückwärts) begrenzen.
Zu Abs 4 stellen die Erläuterungen (RV 2002) Folgendes fest: Nach der Judikatur des Verwaltungsgerichtshofes hat der Nachbar nicht nur ein subjektiv-öffentliches Recht auf die Einhaltung der Baufluchtlinie, sondern auch auf deren gesetzliche Festlegung. Abs 3 nannte bisher als Kriterium für die Festlegung der Baufluchtlinie und der Baulinie neben der Berücksichtigung des gegebenen oder beabsichtigten Orts- und Straßenbildes die mögliche Verminderung der gesundheitsschädigenden Auswirkungen des Verkehrs. Diesem Kriterium, das nach – jedenfalls hinterfragbarer – Auffassung des Verwaltungsgerichtshofes auch den Ansatz für die Ableitung eines subjektiv-öffentlichen Interesses des gegenüberliegenden Nachbarn in Bezug auf die Baufluchtlinie und die Baulinie liefert, kann aber bei realistischer Betrachtung mit diesen Instrumenten

kaum wirkungsvoll Rechnung getragen werden. Dieses Kriterium der möglichen Verminderung der gesundheitsschädlichen Auswirkungen des Verkehrs ist deshalb mit der ROG Novelle 2002 LGBl 75/02 entfallen.

§ 56 Bauliche Ausnutzbarkeit der Grundflächen

(1) Die bauliche Ausnutzbarkeit der Grundflächen kann durch die Festlegung einer Grundflächenzahl, einer Baumassenzahl oder einer Geschoßflächenzahl festgelegt werden. Die Festlegungen wirken als Obergrenze für die bauliche Ausnutzbarkeit, wenn im Bebauungsplan wegen besonderer Erforderlichkeit für bestimmte Flächen nicht ausdrücklich anderes bestimmt ist (Mindestnutzung, Nutzungsrahmen). Verschiedene Festlegungen sind zulässig, wenn die Voraussetzungen, unter denen die jeweilige Festlegung gilt, im Bebauungsplan genau bestimmt sind. Unter dieser Voraussetzung können auch Zuschläge zur Festlegung bestimmt werden.

(2) Die Grundflächenzahl ist das Verhältnis der überbauten Grundfläche des oberirdischen Baukörpers bei lotrechter Projektion auf die Waagrechte (Projektionsfläche) zur Fläche des Bauplatzes. In den zu projizierenden Baukörper sind nicht einzubeziehen:

1. Innenhöfe;

2. Bauteile und Teile von Bauten, welche die Geländeoberfläche nicht oder nur unwesentlich überragen (Luft-, Kellerlicht- und Abwurfschächte udgl);

3. Terrassen, wenn diese nicht mehr als 1,50 m über das angrenzende natürliche oder bei Geländeabtragung über das neu geschaffene Niveau hinausragen;

4. Vordächer bis zu 2 m;

5. Dachvorsprünge bis zu 2 m;

6. freie Balkone bis zu 3,00 m.

Wenn Bauteile gemäß Z 4 und 5 größer sind als 2 m und Bauteile gemäß Z 6 mehr als 3,00 m, ist das darüber hinausgehende Maß einzubeziehen.

(3) Die Baumassenzahl ist das Verhältnis der Baumasse zur Fläche des Bauplatzes. Als Baumasse gilt der oberirdisch umbaute Raum bis zu den äußersten Begrenzungen des Baukörpers.

(4) Die Geschoßflächenzahl ist das Verhältnis der Gesamtgeschoßfläche zur Fläche des Bauplatzes.

1. Zur Geschoßfläche zählen die Flächen der einzelnen oberirdischen Geschoße. Für die Flächenberechnung findet Abs. 2 Anwendung. Dachterrassen sind jedoch nicht zu berechnen.

2. Nicht zur Geschoßfläche zählen:

(a) das unterste Geschoß, das weiter als nach Abs. 5 bestimmt hinausragt, wenn dies durch die höchstbekannte Hochwasserkote seit 1900 oder die Kote eines 100- jährlichen, amtsbekannten oder nachgewiesenen Hochwassers bedingt ist und das Geschoß nicht zu Aufenthaltszwecken verwendet wird;

(b) das oberste Geschoß, wenn es wegen seiner geringen Raumhöhe, seiner Grundrissgestaltung oder anderer derartiger Umstände nicht als Aufenthaltsraum geeignet ist und eine solche Eignung auch nicht herbeigeführt werden kann;

(c) bei Bestandsbauten das oberste Geschoß abweichend von lit. b auch dann, soweit es innerhalb einer 45° zur Waagrechten geneigten gedachten Umrissfläche bleibt, die von einem höchstens 1,60 m über der Deckenoberkante des darunter befindlichen Geschoßes liegenden Schnittpunkt mit der Außenwand ausgeht. Unter Bestandsbauten sind dabei solche Bauten zu verstehen, für die am 1. Juli 1999 eine Baubewilligung rechtskräftig vorliegt.

(5) Als oberirdisch gilt ein Geschoß, das über mindestens die Hälfte seiner Fläche mehr als 1 m über das angrenzende natürliche Gelände oder bei Geländeabtragung über das neugeschaffene Niveau hinausragt.

(6) Die Grundflächenzahl, die Baumassenzahl und die Geschoßflächenzahl sind so festzulegen, dass bei sparsamer Verwendung von Grund und Boden genügend Raum für eine den Gesundheits-

erfordernissen entsprechende Bebauung sichergestellt ist. Dabei ist insbesondere auf die Aussagen und Festlegungen des Räumlichen Entwicklungskonzepts, die Festlegungen des Flächenwidmungsplans und die gegebenen und vorausschaubaren Strukturverhältnisse sowie auf die bauliche Entwicklung in der Gemeinde und im Planungsgebiet Bedacht zu nehmen.

(7) **In die bauliche Ausnutzbarkeit der Grundfläche sind zu Wohnbauten gehörige und dem Bedarf der Bewohner dienende eingeschoßige Nebenanlagen nicht einzurechnen, soweit deren überbaute Grundfläche im Bauplatz insgesamt beträgt:**
1. **für Garagen oder überdachte Kraftfahrzeug-Abstellplätze höchstens 15 m^2 je verpflichtend zu schaffenden Stellplatz;**
2. **für Nebenanlagen zum Abstellen von Fahrrädern höchstens 2 m^2 je Wohnung;**
3. **für sonstige Nebenanlagen höchstens 20 m^2.**

Die Nichteinrechnung dieser Nebenanlagen findet nur statt, soweit deren überbaute Grundfläche 10 % der Fläche des Bauplatzes nicht überschreitet. Wenn diese 10 %-Grenze überschritten wird, ist nur das darüber hinausgehende Maß in die bauliche Ausnutzbarkeit einzuberechnen.

RV

Bis auf zwei Punkte erfolgt eine unveränderte Übernahme des § 32 ROG 1998.
Zu Abs 2: Bisher sind Dachvorsprünge und die freien Balkone in ihrem tatsächlichen Ausmaß nicht in den zu projizierenden Baukörper einzubeziehen. In der baurechtlichen Vollzugspraxis werden über die Bestimmungen des Bautechnikgesetzes Beschränkungen für das Vorkragen dieser Bauteile hilfsweise abgeleitet. Um eine eindeutige Regelung zu erreichen, wird die Nichteinrechnung der Dachvorsprünge mit 1,5 m und der freien Balkone mit 3,00 m beschränkt. Das größere Ausmaß bei den freien Balkonen liegt darin begründet, dass diese Bauteile im verdichteten Wohnbau wichtige Sozialflächen geworden sind. Gärten stehen hier immer weniger zur Verfügung, so dass die Balkone eine wesentliche Freizeit- und Erholungsfunktion erfüllen. Eine solche Nutzung setzt aber eine gewisse Mindesttiefe voraus. Außerdem wird ausdrücklich klargestellt, dass bei Überschreitung der festgelegten Größe die darüber hinausgehende tatsächliche Bauteilgröße bei der Berechnung der baulichen Ausnutzung zu berücksichtigen ist.
Zu Abs 4 Z 1: Die Anwendung des Abs 2 bei der Flächenberechnung legt bei strikter Interpretation das Ergebnis nahe, dass Dachterrassen in die Geschoßflächenzahl einzubeziehen sind. Sie haben nicht nur die Funktion eines Daches, sondern auch die einer Terrasse und die Höhe beträgt in aller Regel mehr als 1,5 m gegenüber dem angrenzenden Niveau. Andererseits wird bei einer Dachterrasse anders als bei der Bodenterrasse die darunter liegende Grundfläche ohnedies als Geschoßfläche berechnet. Eine eindeutige Regelung ist daher geboten: Dachterrassen sind nicht zu berechnen.

RV 2017

Unter Bedachtnahme auf zeitgemäße architektonische Bauausführungen sowie dem Einsatz moderner Materialien (wie zB Glaselemente) sollen Vordächer und Dachvorsprünge, die eine Tiefe von bis zu 2 m aufweisen, künftig nicht mehr in die Projektionsfläche einzubeziehen sein (bisher 1,50 m). Neben einer größeren Flexibilität im Hinblick auf die Gestaltung kann damit auch ein besserer Witterungsschutz (beispielsweise beim Abstellen von Fahrrädern oder Kinderwägen) gewährleistet werden.

Anmerkungen

Die Regelungen des ROG 2009 brachten gegenüber dem ROG 1998 zwei Änderungen: Im Bereich der baulichen Ausnutzbarkeit wurde festgelegt, dass Dachterrassen nicht in die Geschoßflächenzahl einzubeziehen sind, und überdies wurde die Größe von Dachvorsprüngen und der freien Balkone in Bezug auf ihre Nichteinrechnung in die Geschoßfläche einer Beschränkung unterworfen, indem diese ab in Abs 2 festgelegter Grenzen nicht in die Geschoßfläche miteinzubeziehen sind.
Im Ausschussbericht zu Abs 1 (ROG Novelle 1999) wird dazu Folgendes festgestellt: Die Festlegung von Mindestwerten für die bauliche Ausnutzung wird ausdrücklich an ein besonderes Erfordernis gebunden und kann so gesetzeskonform nur für bestimmte Flächen erfolgen. Eine darüberhinausgehende Festlegung – allgemein für ein größeres Bebauungsgebiet oder gar für das ganze Gemeindegebiet – ist damit ausgeschlossen. Mit dieser Einschränkung des Planungsermessens soll dem Umstand Rechnung getragen werden, dass es sich bei der Festlegung von Mindestnutzungen um ganz besonders gravierende Einschränkungen der Eigentumsfreiheit handelt und das ROG bereits derzeit vergleichbare, wenn auch weniger gravierende Einschränkungen, zB durch die Festlegung einer Mindesthöhe, ausdrücklich an die Erforderlichkeit bindet. Im Zusammenhang damit wird daher die gleiche Formulierung verwendet, die auch für die Festlegung von Mindesthöhen (§ 57 Abs 1) gilt.
Zu Abs 2 wird im Ausschussbericht der ROG-Novelle 1999 festgehalten, dass die Nennung der Innenhöfe (lit a) als in die Grundfläche nicht einzubeziehende Flächen nur klarstellende Bedeutung hat (sie erklärt sich als Antwort auf die bisher geltende Rechtslage, die die Innenhöfe bis 25 m^2 Fläche in die Grundfläche einbezogen hat).
Allgemein hält der Ausschussbericht zur ROG-Novelle 1999 zu Abs 2 Folgendes fest: „Im Übrigen sei noch erwähnt, dass durch Abstellen auf den oberirdischen Baukörper unterirdisch gelegene Bauteile bei der Berechnung der Grundfläche außer Betracht bleiben. Der Begriff ‚oberirdisch' ist hier auch bei der Baumasse und der Geschoßfläche einheitlich zu verstehen."

Zu Abs 4 führt der Ausschussbericht zur ROG-Novelle 1999 Folgendes aus: „Die Geschoßfläche ist geschoßweise zu berechnen. Es zählt die Fläche im jeweiligen Geschoß, und zwar so wie wenn es für sich nach Abs 2 projiziert werden würde. So genannte ‚Luftgeschoße', auf welcher Ebene immer, sind weiterhin einzuberechnen. Die Doppelberechnung eines Geschoßes über 4 m Höhe für die Geschoßfläche wird, wie auch schon ursprünglich vorgesehen (gegenüber der früheren Rechtslage), aufgegeben, um vor allem hallenartige Bauweisen im Inneren von Bauten zu erleichtern. Ebenso entfällt – gegenüber früher – die Einrechnung der unterirdisch gelegenen Verkaufsflächen, weil die Größe von Handelsbetrieben durch die Bestimmungen über Handelsgroßbetriebe ohnedies geregelt ist. Auch einer Anregung am Gesetzesvorhaben beteiligter Personen aus dem städtischen Planungsamt sowie der Architektenschaft folgend wird für künftig zur Errichtung kommende Bauten die Einberechnung der Fläche des obersten Geschoßes angeordnet, wenn es zum Aufenthaltsraum geeignet ist oder diese Eignung herbeigeführt werden kann. Mit dem Abstellen auf diese Eignung anstelle der Zweckbestimmung als Aufenthaltsraum seitens des Bauherrn soll von vorneherein vermieden werden, dass die Geschoßflächenzahl nachträglich noch überschritten wird. Raumhöhe und Grundrissfläche sind die für die Eignung in aller Regel entscheidenden Beurteilungskriterien (zB hohe, aber schmale Gänge sind nicht als Aufenthaltsräume geeignet und daher nicht einzuberechnen). Nur ganz ausnahmsweise können trotz ausreichender Höhe und Grundrissflächen andere derartige Umstände, etwa eine tief herunterreichende Dachstuhlkonstruktion, die Eignung als Aufenthaltsraum ausschließen. Das Fehlen einer technischen Ausstattung, zB einer Wärmeisolierung, einer Heizung oder von Wasserinstallationen, ist darunter nicht zu verstehen. Für bestehende Bauten wird in Abs 4 Z 2 lit c eine Sonderregelung für die Nichteinrechnung des obersten Geschoßes getroffen, wobei damit dem in der Vergangenheit sehr häufig vorgenommenen Ausbau des Dachgeschoßes und der Überschreitung der Geschoßflächenzahl Rechnung getragen wird. Die Regelung stellt auf einen Bau ab, der bereits bestehen muss oder für den wenigstens bis zum Stichtag ein rechtskräftiger Baukonsens erlangt sein muss. Die Regelung stellt nicht ausdrücklich auf den Ausbau des Dachbodens ab, sodass sie auch dort Platz greift, wo etwa das Dach erst gehoben werden muss, allerdings in dem vorgegebenen Umriss bleibt. Die Regelung gilt auch, wenn das oberste Geschoß nicht als Dachgeschoß ausgebildet ist."

Zu Abs 5 stellt die RV 2004 fest, dass wie bisher das zum Schutz vor Hochwasser nach Abs 5 „heraus gebaute" unterste Geschoß nicht zur Geschoßfläche zählen soll. Die Nichteinrechnung soll im Hinblick auf den mit diesem Gesetzesvorhaben (ROG-Novelle 2004) angestrebten Schutz der Bauten vor 100-jährlichen Ereignissen bis zur Quote des 100-jährlichen Hochwassers bzw. bis zur höchsten bekannten Hochwasserquote seit 1900 möglich sein. Die Heranziehung der höchsten bekannten Hochwasserquote seit 1900 wird von Seiten des Bauherrn insbesondere dann erfolgen, wenn diese höher ist als eines der 100-jährlichen Ereignisse. Die Regelung gilt auch für bestehende Bauten.

Zu Abs 7 ist anzumerken, dass diese Bestimmung im Zusammenhang mit der Aufhebung der Garagenordnung entstanden ist. Die diesbezüglichen Erläuterungen (ROG-Novelle 107/2003 – im Zusammenhang mit der Aufhebung der Garagenordnung) führen zu Z 1 als Nachfolgebestimmung zu § 12 Abs 2 Garagenordnung aus: „Übernommen wird die Beschränkung auf Garagen und überdachte Stellplätze bei Wohnbauten, womit auch eine Anpassung an die bisherigen Bestimmungen des ROG und die gesetzlich notwendig zu schaffende Mindestzahl an Stellplätzen einhergeht. Eine darüberhinausgehende flächenmäßige Begrenzung ist nicht mehr vorgesehen." Zu Z 2 und 3 wird ausgeführt, dass schon bisher Fahrrad-Abstellräume in Nebenanlagen oder Schutzdächer über Fahrrad-Abstellmöglichkeiten in verfassungskonformer Vollziehung im Rahmen des § 12 Abs 2 Garagenordnung nicht für die bauliche Ausnutzbarkeit angerechnet wurden. Die Anrechnung soll aber für Nebenanlagen für Abfallbehälter nicht gelten, aber auch für sonstige kleine Nebenanlagen, die in § 3 Abs 1 Z 2 Baupolizeigesetz demonstrativ genannt sind. Die Regelung bedeutet einen „Dichtebonus" (bis 15 m^2 je Pflichtabstellplatz, bis 2 m^2 je Wohnung für Fahrrad-Abstellmöglichkeiten in Nebenanlagen, insbesondere unter Flugdächern, wobei von zwei Rädern je Wohnung ausgegangen wird, und bis 20 m^2 für Nebenanlagen zu sonstigen Zwecken). Diese Begünstigung ist aber mit 10 % der Bauplatzfläche „gedeckelt", um ein Übermaß an Verbauung mit begünstigten Nebenanlagen zu verhindern. Größere Nebenanlagen bleiben möglich, wenn die bauliche Ausnutzbarkeit durch die anderen Bauten am Bauplatz noch nicht entsprechend ausgeschöpft ist.

Zu Abs 7 kam es bei Diskussion des ROG 2009 im zuständigen Landtagsausschuss zu einer Änderung insofern, als der letzte Satz neu eingefügt wurde. Der Landtagsausschuss wollte damit klarstellen, dass „bei Überschreitung der 10%-Grenze nur das überschreitende Ausmaß solcher Nebenanlagen in die bauliche Ausnutzbarkeit einzubeziehen ist". (AB 2009)

Die Novelle 2017 sieht gegenüber dem Rechtsbestand des ROG 2009 nur eine Änderung in Abs 2 Z 4 (nicht in die GFZ einzubeziehende Vordächer) und in Abs 2 5 Z 5 (nicht in die GFZ einzubeziehende Dachvorsprünge) vor. Das zulässige Vordach und Dachvorsprungausmaß wurde von 1,5 m auf 2 m erhöht.

Gemäß § 86 Abs 6 bleiben bei vor dem 1.1.2018 rechtswirksamen Bebauungsplänen die bisherigen Festlegungen aufrecht. Eine Anpassung ist erforderlich, wenn die bauliche Ausnutzbarkeit geändert würde.

§ 57 Bauhöhe

(1) Die Bauhöhe kann als Höchsthöhe und wegen besonderer Erforderlichkeit für bestimmte Flächen zusätzlich auch als Mindesthöhe festgelegt werden.

(2) Die Festlegung der Bauhöhe hat sich auf den höchsten Punkt des Baues und das oberste Gesimse oder die oberste Dachtraufe in Metern – gemessen von der Meereshöhe, vom natürlichen Gelände oder von einem Fixpunkt – zu beziehen.

(3) Dächer und sonstige, höchstens eingeschoßige Aufbauten unbeschadet ihrer Konstruktion und Gestaltung dürfen unter Beachtung des zulässigen höchsten Punktes des Baues eine von der zulässigen höchsten Lage des obersten Gesimses oder der obersten Dachtraufe ausgehende, 45° zur Waagrechten geneigte gedachte Umrissfläche nicht überragen. Dies gilt nicht für den der Dachform entsprechenden Giebelbereich.

(4) Unter die Höhenbegrenzung fallen nicht:

1. im Gesamtbild des Baues untergeordnete Bauteile (Rauchfänge, einzelne Dachausbauten udgl);

2. Sonderbauten (Kirchtürme, Funk- und Fernsehtürme, Industrieschornsteine udgl); für diese sind die Mindest- und Höchsthöhen unter grundsätzlicher Bedachtnahme auf Abs. 5 sowie auf den Zweck der einzelnen Bauten im Einzelfall durch die Gemeindevertretung festzulegen.

(5) Die Bauhöhe ist unter Bedachtnahme auf die nach anderen Rechtsvorschriften bestehenden Höhenbegrenzungen und die besonderen örtlichen Erfordernisse festzulegen; dabei ist insbesondere auf gesundheitliche Aspekte sowie gegebenenfalls auf die Erhaltung oder Gestaltung eines charakteristischen Ortsbildes einzugehen.

RV

Die Bestimmungen werden aus dem ROG 1998 (§ 33) unverändert übernommen.

RV 2017

Die Bauhöhe soll künftig nur noch in Metern festgelegt werden können. Einem Wunsch der Praxis folgend wird jedoch die Möglichkeit vorgesehen, dass die Höhenfestlegung auch in Bezug auf einen Fixpunkt erfolgen kann.
Der Entfall der Festlegung der Gebäudehöhe durch die zulässige Anzahl der oberirdischen Geschoße ist vor allem aus Gründen einer sachgerechteren Bebauungsplanung geboten. Die Schwankungsbreite der Geschoßigkeit – trotz der im Jahr 1999 geschaffenen Geschoßfiktion – und ihre Abhängigkeit vom natürlichen Gelände und der Ausformung des untersten Geschoßes haben in der Vergangenheit immer wieder zu Vollzugsschwierigkeiten geführt. Abgesehen davon ist zu beachten, dass durch die Harmonisierung der bautechnischen Bestimmungen (Umsetzung der OIB Richtlinien) eine zusätzliche Geschoßdefinition gegeben ist, sodass eine Aufrechterhaltung des Geschoßes im Bereich der Raumordnung zu unterschiedlichen Ergebnissen führen würde.

Anmerkungen

In den RV 1992 wird zum Abs 3 2. Satz ausgeführt, dass damit die traditionelle Bauform des Satteldaches Berücksichtigung finden soll, indem die beiden Stirnseiten inklusive Giebelmauer nicht unter die 45°-Regel fallen.
Zu Abs 4 Z 2 halten die Erläuterungen zum ROG 1998 fest, dass die Festlegung der Höhe für Sonderbauten als Ergänzung zum Bebauungsplan zu erfolgen hat.
Zu Abs 5 stellen die Erläuterungen (ROG 1998) fest: „Damit ist als eine neue Möglichkeit die Bezugnahme auf Höhenquoten nach Meereshöhe vorgesehen; die Bezugnahme auf die Verkehrsfläche entfällt".
Durch die Novelle 2017 ist keine Höhenfestlegung durch Geschoße mehr zulässig.
Gemäß § 86 Abs 6 bleiben bei vor dem 1.1.2018 rechtswirksamen Bebauungsplänen die bisherigen Festlegungen aufrecht. Eine Anpassung ist erforderlich, wenn die Höhenfestlegung geändert würde.

§ 58 Bauweise

Nach der Art der Anordnung der Bauten zu den nicht zur Verkehrsfläche hin gelegenen Grenzen der Bauplätze können folgende Bauweisen festgelegt werden:

(a) geschlossene Bauweise, wenn die Bauten entlang der Verkehrsfläche zu Gruppen zusammengefasst zu errichten sind und mit Ausnahme der Enden der Gruppe an den beiden seitlichen Grenzen aneinander zu bauen sind;

(b) offene Bauweise, wenn die Bauten entlang der Verkehrsfläche einzeln freistehend (offen-freistehend) zu errichten oder an einer seitlichen Grenze zu zweit aneinander (offen-gekuppelt) zu bauen sind oder, wenn nur eine offene Bauweise festgelegt ist, offen-freistehend oder offen-gekuppelt gebaut werden können;

(c) besondere Bauweisen, soweit diese im Interesse einer zweckmäßigen Bebauung gelegen sind. In diesem Fall sind auch die für die innere Lage und Gliederung der Bauten und Nebenanlagen wesentlichen Festlegungen zu treffen.

RV

Die Bestimmungen werden aus dem ROG 1998 (§ 34) unverändert übernommen.

Anmerkungen

Die Regelung wurde im ROG 2009 vom ROG 1998 übernommen; die Erläuterungen (RV 1992) dazu stellen Folgendes fest: „Mit der Festlegung einer geschlossenen oder einer offenen Bauweise kann im Sinne einer wirklichen Einflussnahme auf die städtebauliche Gestaltung nicht das Auslangen gefunden werden. Es wird daher die Möglichkeit der Festlegung besonderer Bauweisen geschaffen. Dabei sind auch die im Bauplatz situierten inneren Strukturen (zB Höfe, Wohngärten, sonstige Freiräume) festzulegen."
Zu lit b wird erläutert (RV 1995), dass die Wahlmöglichkeit bei der offenen Bauweise auf jene Fälle beschränkt werden soll, in denen die Gemeinde durch bloße Festlegung der offenen Bauweise bewusst auf eine weitere Einflussnahme verzichtet hat.

§ 59 Erhaltungs- und Abbruchgebote

(1) Für Bauten, die für das charakteristische Gepräge des Orts- oder Stadtbildes sowie für das Orts- oder Stadtgefüge von besonderer Bedeutung sind (charakteristische Bauten), können Erhaltungsgebote festgelegt werden. Dies gilt nicht im Schutzgebiet nach dem Salzburger Altstadterhaltungsgesetz 1980 oder in den Ortsbildschutzgebieten nach dem Salzburger Ortsbildschutzgesetz.

(2) Für Bauten, für die ein Erhaltungsgebot gemäß Abs. 1 gilt, darf der Abbruch nicht bewilligt werden, wenn deren Instandhaltung allgemein wirtschaftlich vertretbar erscheint. Nicht unter das Verbot fällt ein Abbruch solcher Bauten aus Gründen der Einsturzgefahr oder dann, wenn die Behebung der Baufälligkeit technisch unmöglich ist. Ob die Instandhaltung allgemein wirtschaftlich vertretbar erscheint und ob einer der genannten Gründe für einen Abbruch vorliegt, hat die Gemeindevertretung innerhalb von längstens sechs Monaten nach vollständiger Einbringung des Ansuchens um Abbruchbewilligung festzustellen. Im Ansuchen um die Abbruchbewilligung sind der oder die Gründe dafür geltend zu machen und unter Vorlage von Unterlagen für deren Glaubhaftmachung besonders zu begründen. Nach Ablaufen der Frist kann die Abbruchbewilligung von der Baubehörde aus dem Grund des ersten Satzes nicht mehr versagt werden. Wird ein nach dem ersten Satz dieses Absatzes ergehender Bescheid auf Grund einer dagegen eingebrachten Vorstellung oder in der Stadt Salzburg einer Beschwerde vor den Gerichtshöfen des öffentlichen Rechts aufgehoben, beginnt mit der Zustellung des betreffenden Bescheides die sechsmonatige Frist neu zu laufen. Die Gemeindevertretung hat über Antrag Ausnahmen vom Verbot des ersten Satzes durch Bescheid zu bewilligen, wenn der Abbruch des Baues im Hinblick auf die zukünftige Verwendung und Gestaltung des Bauplatzes im besonderen öffentlichen Interesse gelegen ist.

(3) Zur Behebung städtebaulicher Missstände, die auch durch sonstige Festlegungen des Bebauungsplans nicht behoben werden können, können Abbruchgebote für Bauten oder Teile davon festgelegt werden.

RV

Die Bestimmungen werden aus dem ROG 1998 (§ 35) teilweise übernommen. Im vorletzten Satz ist der Fall der Aufhebung des Bescheids durch den Verfassungs- oder den Verwaltungsgerichtshof ergänzt.

Anmerkungen

Gegenüber den bisherigen Regelungen im ROG 1998 wurde mit dem ROG 2009 in Abs 2 im vorletzten Satz auch der Fall einer Aufhebung eines Bescheides durch den Verfassungs- oder Verwaltungsgerichtshof angeführt.

Die Regelungen für das Erhaltungs- und Abbruchgebot beziehen sich von der Zielsetzung her auf einzelne Gebäude. Die Definition des charakteristischen Baus in Abs 1 stimmt mit jener des § 3 Abs 1 des Salzburger Altstadterhaltungsgesetzes 1980 idgF überein. Abs 2 regelt die Wirkung des Abbruchverbotes; inhaltlich entspricht sie jener des Art II § 4 des Gesetzes, mit dem das Bebauungsgrundlagengesetz geändert wird und vorübergehend baurechtliche Sonderbestimmungen für die Stadt getroffen werden (LGBl 34/1991).

In dieser in den Erläuterungen zum ROG 1992 als Bezug genannten Gesetzesstelle (Art II § 4) ist in Abs 1 festgelegt, dass die gemäß Baupolizeigesetz erforderliche Bewilligung zum Abbruch von Bauten, die für das charakteristische Gepräge des Stadtbildes oder des Stadtgefüges von besonderer Bedeutung sind (charakteristische Bauten), nicht erteilt wird, wenn deren Erhaltung allgemein wirtschaftlich vertretbar erscheint. Nicht unter das Verbot fällt ein Abbruch solcher

Bauten aus Gründen der Einsturzgefahr oder der technischen Unmöglichkeit der Behebung der Baufälligkeit.
Art II § 4 Abs 2 stellt fest: Ob ein Bau für das charakteristische Gepräge des Stadtbildes oder des Stadtgefüges von Bedeutung ist, ob dessen Instandhaltung allgemein wirtschaftlich vertretbar erscheint und ob ein Grund des Abs 1 zweiter Satz vorliegt (Einsturzgefahr oder technische Unmöglichkeit der Behebung der Baufälligkeit), hat der Gemeinderat der Stadt Salzburg längstens innerhalb von sechs Monaten nach vollständiger Einbringung des Ansuchens um Abbruchbewilligung festzulegen.
Der Gemeinderat der Stadt Salzburg kann über Antrag Ausnahmen vom Verbot des Abbruches charakteristischer Bauten durch Bescheid bewilligen, wenn der Abbruch eines Baues im Hinblick auf die zukünftige Verwendung und Gestaltung des Bauplatzes im besonderen öffentlichen Interesse gelegen ist.
In den Erläuterungen (RV 1995) wird auch bezüglich der Behandlung von Abbruchansuchen ausdrücklich auf die Fortentwicklung des Sondergesetzes (LGBl 34/1991) und die diesbezüglichen Erläuterungen hingewiesen. In den Erläuterungen zum Sondergesetz LGBl 34/1991 (RV 1991) ist ausgeführt, dass das in Abs 1 erster Satz enthaltene Abbruchverbot für charakteristische Bauten als direkt wirksame Maßnahme konzipiert ist. Die Definition des charakteristischen Baues stimmt mit jener des § 3 Abs 1 des Salzburger Altstadterhaltungsgesetzes 1980 überein. Eine gesonderte diesbezügliche Feststellung ist jedoch nicht vorgesehen; die Eigenschaft des charakteristischen Baues hat nur für den beabsichtigten Abbruch Bedeutung, sodass auch die Zahl der Anwendungsfälle vermutlich relativ gering bleiben wird. Dadurch erscheint es möglich, mit der Vollziehung dieser Sonderbestimmung einem Wunsch der Stadt entsprechend den Gemeinderat zu betrauen; dieser kann seinerseits den Stadtsenat oder einen Ausschuss zur Besorgung dieser Aufgaben ermächtigen. Generell durchgeführte Gebäudeaufnahmen können wertvolle Grundlage für die Beurteilung, ob ein charakteristischer Bau vorliegt oder nicht, liefern. Ein allgemein gültiger Kriterienkatalog stellt hierfür ein zweckdienliches Hilfsmittel dar.
In den Erläuterungen zum LGBl 34/1991 heißt es weiter (RV 1991), dass gleich der früheren Judikatur des Verwaltungsgerichtshofes zur Frage der Erlassung von baupolizeilichen Instandsetzungs- und Herstellungsaufträgen das Kriterium des besonderen Abbruchverbotes für charakteristische Bauten ebenso wie die im Altstadtrecht festgelegte allgemeine wirtschaftliche Zumutbarkeit der Instandsetzung des charakteristischen Baues maßgeblich sind. Die Erläuterungen führen weiter aus (RV 1991), dass in Abs 2 zweiter Satz eine besondere, in ihrer Wirkung über § 73 AVG hinausgehende Bestimmung getroffen wird, die trotz des Verfahrens vor dem Gemeinderat die Raschheit des Abbruchbewilligungsverfahrens gewährleisten soll. Die Frist selbst ist mit Rücksicht auf die Erfordernisse eines ordnungsgemäßen Verfahrens, die gegebenenfalls die Einholung von Sachverständigengutachten und die Wahrung des Parteiengehörs verlangen, mit sechs Monaten bemessen. Nach einem unnützen Verstreichen der Frist kann das Abbruchverbot des Abs 1 erster Satz nicht mehr zum Tragen gebracht werden. Das weitere Verfahren zur Erteilung der Abbruchbewilligung ist dann von der sonst zuständigen Baubehörde weiterzuführen.

Die Erläuterungen zum ROG 1992 stellen zu Abs 3, der in dieser Form in § 59 Abs 3 übernommen wurde, Folgendes fest: „Abbruchgebote sollen in Einzelfällen dazu dienen, städtebauliche Missstände, die auch durch die sonstige Gestaltung des Bebauungsplanes nicht behoben werden können, zu beseitigen. Sie sollen die Verwirklichung eines Bebauungsplanes nicht behindern. Dies kann sich auch auf Teile von Bauten beziehen. Das generelle Abbruchgebot ist dadurch zu konkretisieren, dass die Gemeindevertretung bzw. der Gemeinderat der Stadt Salzburg die Frist hiefür im Zusammenhang mit der Umsetzung des Bebauungsplanes bescheidmäßig festsetzt. Bei ihrer Bemessung ist auf die Durchführbarkeit des Abbruches Bedacht zu nehmen. In diesem Fall kann der Grundeigentümer, wenn es ihm nach seiner Einschätzung aufgrund des Abbruchbescheides nicht mehr möglich erscheint das Grundstück zu behalten, die Einlösung durch die Gemeinde beantragen. Hierauf besteht ein Rechtsanspruch."

§ 60 Nutzung (Verwendung) von Bauten

(1) Soweit es zufolge der bisherigen oder mit Grund anzunehmenden künftigen Entwicklung notwendig ist, können zur Erhaltung oder Wiederherstellung eines ausgewogenen Verhältnisses der vielfältigen urbanen Funktionen, insbesondere einer angemessenen Wohnnutzung in den Stadt- und Ortskernen, bestimmte, nach Maßgabe der Flächenwidmung zulässige Nutzungen (Verwendungen) von Bauten verbindlich angeordnet oder auch beschränkt werden. Solche Festlegungen können sich auf die Wohnnutzung, die Nutzung durch Handelsbetriebe, die Nutzung durch sonstige Dienstleistungsbetriebe udgl beziehen und sind durch Bestimmung von Mindest- oder Höchstanteilen in Bezug auf die Geschoßfläche der Bauten zu treffen.

(2) Soweit dies nicht bereits nach den allgemeinen baupolizeilichen Vorschriften des Landes der Fall ist, bedarf die Zuführung von bestehenden Bauten oder Teilen davon zu einer anderen Nutzungsart als der, für die eine Mindestgrenze gemäß Abs. 1 gilt, oder zu einer Nutzungsart, für die eine Höchstgrenze gilt, jedenfalls einer baubehördlichen Bewilligung. Eine solche Bewilligung darf nur erteilt werden, wenn

1. **durch die Nutzungsänderung die festgelegte Mindest- bzw. Höchstgrenze nicht unter- bzw. überschritten wird;**
2. **der Bau oder Teile davon keine gute Eignung für die bisherige Nutzung aufweist, insbesondere Wohnraum keine gute Wohnqualität, und eine solche auch bei Anwendung aller technisch möglichen und allgemein wirtschaftlich vertretbaren Mittel nicht zu erreichen ist;**
3. **an der beabsichtigten Nutzung ein besonderes öffentliches Interesse besteht; oder**
4. **durch die Nutzungsänderung die Eignung des gesamten Baues für die bisherige Nutzung, insbesondere die Wohnqualität verbessert wird.**

(3) Eine Bewilligung zum Abbruch eines Baues oder von Teilen davon mit Nutzungen, für die Mindestgrenzen gemäß Abs. 1 gelten, darf nur erteilt werden, wenn an dessen Stelle ein Bauvorhaben rechtskräftig bewilligt ist, in dem Räume für eine solche Nutzung zumindest im festgelegten Ausmaß geschaffen werden, oder wenn an der beabsichtigten anderweitigen Nutzung ein besonderes öffentliches Interesse besteht. Diese Bedingung besteht auch bei Erlöschen oder Änderung der Baubewilligung für das neue Bauvorhaben fort.

(4) Soweit es aus Gründen des Immissionsschutzes notwendig ist, kann die Situierung von Wohn- und anderen Räumen in den Bauten festgelegt werden.

RV

Die Bestimmungen werden aus dem ROG 1998 (§ 36) unverändert übernommen.

Anmerkungen

Die Erläuterungen zum ROG 1992 führen aus, dass die Zielrichtung dieser Bestimmung vor allem die Vermeidung bzw. Korrektur so genannter „Citybildung" in zentralen Orten mit städtischer Struktur beabsichtigt. Die verbindliche Anordnung der Nutzung von Bauten bzw. die Beschränkung bestimmter Nutzungen ergibt die Möglichkeit, solchen und ähnlichen Entwicklungen in Richtung einseitiger Nutzungsverhältnisse entgegenzuwirken und eine städtebaulich vielfach gewünschte kleinräumige Nutzungsmischung, aber auch Nutzungsentflechtung, zu er-

reichen. Die genannten Instrumente bringen bedeutende Einschränkungen in der Nutzbarkeit von Bauten; ihre Anwendung ist daher an bereits eingetretene oder sich doch konkret abzeichnende Fehlentwicklungen gebunden. Eine Änderung des Begriffsinhaltes der einzelnen Baulandkategorien schlechthin ist auf diesem Weg nicht möglich. Die Festlegung bestimmter Nutzungen muss sich im Rahmen des nach der Flächenwidmung Zulässigen bewegen. Die Festlegungen haben sich auf bestimmte Kategorien zu beschränken; gesetzlich nicht gedeckt wäre etwa die Bezugnahme auf bestimmte Dienstleistungsbereiche, wie zB Banken und Versicherungen. Schließlich ist festzuhalten, dass die Festlegungen nicht nur auf einzelne Bauplätze bezogen getroffen werden können. Eine Nutzungsfestlegung ist nur für größere als Einheit aufzufassende Planungsgebiete zutreffend.
Zu Abs 4 stellen die Erläuterungen (RV 1995) fest, dass eine Möglichkeit, auf unzulässige Lärmeinwirkung zu reagieren, die Situierung der Wohnräume – sie schließen baurechtlich auch die Schlafräume ein – an der von der Lärmquelle abgewandten Seite ist. Es vermeidet kostspielige Fehlplanungen, wenn derartige Vorgaben für die Detailplanung eines Baues bereits im Bebauungsplan enthalten sind.

§ 61 Pflanzbindungen, Pflanzgebote, Geländegestaltungen

(1) Pflanzbindungen bewirken die Verpflichtung zur Erhaltung von Bäumen, Sträuchern oder Grünflächen.
(2) Pflanzgebote beinhalten die Verpflichtung zur Anpflanzung von Bäumen und Sträuchern.
(3) Die Festlegungen für die Gestaltung des Geländes können sich auf die Erhaltung bestehender Geländeformen sowie die Schaffung neuer Geländeformen beziehen.

RV

Die Bestimmungen werden aus dem ROG 1998 (§ 37) unverändert übernommen.

Anmerkungen

Die Erläuterungen zum ROG 1992 führen dazu Folgendes aus: „Pflanzbindungen, Pflanzgebote und Festlegungen für die Geländegestaltung dienen einer gestalterisch und ökologisch sinnvollen Freiraumgestaltung innerhalb der Siedlungsgebiete. Pflanzbindungen können auch die Erhaltung von Grünflächen zum Inhalt haben und so das Zuasphaltieren oder Einschottern von bisherigen Grasflächen unterbinden. Tiefgaragen, deren Oberflächen begrünt werden, fallen nicht unter ein derartiges Verbot."

§ 62 Gestaltungsbeiräte

(1) Von den Gemeindevertretungen der Gemeinden mit mehr als 5.000 Einwohnern und von Gemeindeverbänden können Gestaltungsbeiräte eingerichtet werden. Für jene Gemeinden, für die kein so eingerichteter Gestaltungsbeirat besteht, ist bei jeder Bezirkshauptmannschaft ein Gestaltungsbeirat einzurichten.
(2) Gestaltungsbeiräte dienen der städtebaulichen Beratung der Gemeinden. Sie haben zu Entwürfen von Bebauungsplänen der Aufbaustufe längstens binnen acht Wochen eine Stellungnahme aus städtebaulicher Sicht abzugeben. Zu Entwürfen von Bebauungsplänen der Grundstufe kann die Gemeinde eine Stellungnahme einholen.

(3) Eine Befassung des Gestaltungsbeirats kommt bei Planungsgebieten innerhalb von Schutzgebieten nach dem Salzburger Altstadterhaltungsgesetz 1980 oder Ortsbildschutzgebieten nach dem Salzburger Ortsbildschutzgesetz nicht in Betracht. Es bleibt der Altstadterhaltungskommission nach Maßgabe der Bestimmungen des Salzburger Altstadterhaltungsgesetzes 1980 jedoch unbenommen, Mitglieder des Gestaltungsbeirats als Fachexperten beizuziehen.

(4) Die Gestaltungsbeiräte bestehen aus drei bis fünf Mitgliedern, die von der Gemeindevertretung, von der Verbandsversammlung bzw. vom Bezirkshauptmann zu bestellen sind. Sie haben Fachleute auf dem Gebiet der Architektur, der Orts-, Stadt- und Landschaftsbildpflege oder der Orts- und Stadtplanung zu sein. Die Gestaltungsbeiräte beschließen mit Stimmenmehrheit.

(5) Die näheren Bestimmungen über die Funktionsdauer, die Bestellung der Mitglieder und Ersatzmitglieder, die Beiziehung von weiteren Fachleuten mit beratender Stimme und die Geschäftsführung der Gestaltungsbeiräte werden durch Verordnung der Landesregierung erlassen. Die Gestaltungsbeiräte haben ergänzende Geschäftsordnungen zu beschließen, die der Genehmigung des jeweiligen Bürgermeisters oder der jeweiligen Bürgermeisterin, des Verbandsausschusses bzw. des Bezirkshauptmannes oder der Bezirkshauptfrau vom Standpunkt der Gesetzmäßigkeit bedürfen.

(6) Die Kosten der Befassung der Gestaltungsbeiräte sind Kosten der Bebauungsplanung.

RV

Die Bestimmung ist zwar gegenüber § 39 ROG 1998 neu systematisiert – die Einrichtung von Gestaltungsbeiräten wird vorangestellt, darauf folgt ihre Aufgabenstellung; Verfahrensbestimmungen werden in den 5. Teil überstellt --, inhaltliche Änderungen sind damit aber nicht verbunden. Zur Aufgabenstellung wird festgehalten, dass zur Beurteilung aus städtebaulicher Sicht selbstverständlich auch die Aspekte der Erhaltung und Gestaltung des Orts-, Stadt- und Landschaftsbildes – bisher ausdrücklich erwähnt – gehören. Die durch die Regionalverbands-Verordnung gebildeten Regionalverbände sind gesetzlich nicht mehr ausgeschlossen, Gestaltungsbeiräte für den Bereich ihrer Mitgliedgemeinden einzurichten.
Zu Abs 2: Die Sachverständigenkommission nach dem AStEG kann Fachleute, also auch Mitglieder des Gestaltungsbeirates, ihren Sitzungen beiziehen (§ 12 Abs 2 AStEG). Diese Möglichkeit soll auch im Raumordnungsgesetz klargestellt sein. Ebenso die Möglichkeit der Beiziehung von Fachleuten durch den Gestaltungsbeirat (Abs 5).

RV 2017

Im Abs 2 wird die Befassung von Gestaltungsbeiräten zu Entwürfen von Bebauungsplänen der Grundstufe ermöglicht

Anmerkungen

Die Regierungsvorlage 2009 stellt fest, dass die Bestimmungen über die Gestaltungsbeiräte neu systematisiert und gegliedert wurden, ohne dass sich inhaltlich eine Änderung ergab. Mit dem ROG 2009 ist vorgesehen, dass auch nach § 11 (jetzt § 10) eingerichtete Regionalverbände als Gemeindeverbände einen Gestaltungsbeirat einrichten können. Bisher war dazu eine besondere Vereinbarung der Gemeinde nötig.
In inhaltlicher Hinsicht brachte die Novelle 2017 eine mögliche Ergänzung des Aufgabenbereiches der Gestaltungsbeiräte, da sie sich nunmehr auch mit Entwürfen von Bebauungsplänen der Grundstufe befassen können. Sonst wurden keine Änderungen gegenüber den Bestimmungen des ROG 2009 vorgenommen. Diese Möglichkeit der Befassung des Gestaltungsbeirates mit Bebauungsplänen der Grundstufe hat keinen Einfluss auf die Stellung des Gestaltungsbeirates im

Baubewilligungsverfahren. Die Bestimmungen des BauPolG wurden in dieser Hinsicht nicht angepasst; die Befassung ist nur mit Zustimmung des Bauwerbers möglich.
Die so geschaffenen Beiräte sind weiterhin jedenfalls zwingend mit den im Gesetz bestimmten Bebauungsplanentwürfen und Bauplanungen der Aufbaustufe zu befassen. Der Wirkungsbereich der bei den Bezirkshauptmannschaften eingerichteten Gestaltungsbeiräte ist nur subsidiär zu sehen, nämlich für die Fälle, dass Gemeinden oder Regionalverbände nicht über solchermaßen eingerichtete Beiräte verfügen.
Zur Regelung der Tätigkeit der Gestaltungsbeiräte hat die Landesregierung mit 1.4.1993 eine Durchführungsverordnung (LGBl Nr. 67/1993 idF LGBl Nr. 39/2010) erlassen. Sie ist im Kap. C Z 9 dargestellt.

§ 63 Änderung des Bebauungsplans

(1) Ein Bebauungsplan ist zu ändern, soweit dies erforderlich ist:
1. durch eine Änderung des Flächenwidmungsplans;
2. durch Planungen und sonstige Maßnahmen nach anderen gesetzlichen Vorschriften.

(2) Ein Bebauungsplan kann geändert werden, wenn
1. die Änderung dem Räumlichen Entwicklungskonzept und dem Flächenwidmungsplan entspricht und
2. eine dem bisherigen Bebauungsplan entsprechende bauliche Entwicklung nicht erheblich gestört wird.

(3) Soweit durch eine Änderung des Flächenwidmungsplans Bauland in Grünland umgewidmet wird, gilt der für diesen Bereich erlassene Bebauungsplan mit Wirksamkeit der Änderung des Flächenwidmungsplans als aufgehoben. Die Aufhebung ist vom Bürgermeister oder von der Bürgermeisterin im Bebauungsplan kenntlich zu machen.

RV

Wieder ist nur die Systematik geändert (vgl. § 44 betreffend die Änderung des Flächenwidmungsplans), ohne dass damit inhaltliche Änderungen verbunden wären. Die Kenntlichmachung der Aufhebung gemäß Abs 3 wird zur Beschleunigung und Vereinfachung des Vorgangs dem Bürgermeister oder der Bürgermeisterin zugeordnet.

Anmerkungen

Die Regelung des Abs 3 sollte dazu führen, dass der Bebauungsplan mit Rechtswirksamkeit der Rückwidmung automatisch außer Kraft tritt. Die Kenntlichmachung dieses Umstandes dient nur der Richtigstellung des Plans. Gerade durch die Einführung der befristeten Baulandausweisungen gemäß § 29 Abs 2 wird dieser Bestimmung in Zukunft große Bedeutung zukommen. Die Kenntlichmachung im Bereich des Bebauungsplanes sollte unmittelbar mit der Kundmachung der Folgewidmung (siehe § 67 Abs 4) vorgenommen werden.

§ 64 Wirkungen des Bebauungsplans

(1) Ab Inkrafttreten des Bebauungsplans dürfen Bauplatzerklärungen und nach baurechtlichen Vorschriften des Landes erforderliche Bewilligungen nur in Übereinstimmung mit den Festlegungen des Bebauungsplans erteilt werden.

(2) Für bestehende Bauten, die dem Bebauungsplan widersprechen, dürfen nur notwendige Erhaltungsmaßnahmen und solche Änderungen bewilligt werden, durch die der Bau von den festgelegten Bebauungsgrundlagen nicht oder nicht wesentlich mehr als bisher abweicht.

(3) Soweit rechtskräftige Bauplatzerklärungen und Baubewilligungen für bauliche Maßnahmen, mit deren Ausführung noch nicht begonnen worden ist, bei der Aufstellung des Bebauungsplans nicht berücksichtigt werden konnten, sind sie auf Antrag oder von Amts wegen von der Baubehörde anzupassen oder erforderlichenfalls aufzuheben. Bis zu einer solchen Anpassung oder Aufhebung darf mit der Ausführung der baulichen Maßnahme nicht begonnen werden; trotzdem begonnene Maßnahmen sind nicht bewilligten Maßnahmen gleichzuhalten. Wird dadurch die Verbauung eines Grundstücks verhindert, ist für die dadurch entstehenden vermögensrechtlichen Nachteile auf Antrag eine angemessene Entschädigung zu leisten. § 49 Abs. 1 bis 5 findet sinngemäß mit der Maßgabe Anwendung, dass die Antragsfrist ab Rechtskraft der Aufhebung zu laufen beginnt.

RV

Im Abs 1 ist allgemein von Bewilligungen, die nach baurechtlichen Vorschriften des Landes für Maßnahmen erforderlich sind, die Rede (vgl. § 45 Abs 1 betreffend die Wirkungen des Flächenwidmungsplans). Der bisherige § 41 Abs 2 ROG 1998 ist in zwei Absätze geteilt.

Anmerkungen

Die Erläuterungen zu § 41 Abs 2 im ROG 1998 (zweiter Satz) beziehen sich auf jene nunmehr in Abs 3 behandelten Fälle, in denen von der Baubewilligung nicht Gebrauch genommen wurde, also mit der Ausführung einer baulichen Maßnahme noch nicht begonnen worden ist. Die Kosten dieser amtswegigen Abänderungs- oder Aufhebungsverfahren sind von der Gemeinde zu tragen. Die RV 1992 stellt weiter fest, dass mit Aufhebung vorzugehen ist, wenn durch eine Änderung das Wesen des Bauvorhabens betroffen wäre. Für die Dauer eines Anpassungs- oder Aufhebungsverfahrens wird quasi eine Bausperre für die davon betroffenen Bauplatzerklärungen und Baubewilligungen wirksam: Von ihnen darf nicht mehr Gebrauch gemacht werden. Bei Verstoß hiergegen gelten die gesetzten Baumaßnahmen als nicht bewilligt. Damit kann mit baupolizeilichen Mitteln dagegen vorgegangen werden.
Für den Fall der unerlässlichen Aufhebung einer rechtskräftigen Bauplatzerklärung oder Baubewilligung und der dadurch in Verbindung mit dem Bebauungsplan bewirkten Unbebaubarkeit einer Grundfläche ist eine Entschädigungspflicht in Abs 3 aufgenommen.

5. Teil – Verfahrensvorschriften

§ 65 Verfahren für die Neuaufstellung und Änderung von Plänen der örtlichen Raumplanung

(1) Der Entwurf eines Räumlichen Entwicklungskonzeptes, eines Flächenwidmungsplanes und eines Bebauungsplanes ist vom Bürgermeister oder von der Bürgermeisterin zu erstellen. Eine Beschlussfassung des Entwurfs durch die Gemeindevertretung ist erforderlich:
1. für die Neuaufstellung (Revision) oder Änderung eines Räumlichen Entwicklungskonzeptes,
2. für die Neuaufstellung (Revision) eines Flächenwidmungsplanes,
3. für die Änderung eines Flächenwidmungsplanes, wenn die Änderungsfläche 5.000 m^2 überschreitet.

In den Fällen der Z 1 bis 3 hat der Beschlussfassung der Gemeindevertretung eine ausreichende Öffentlichkeitsarbeit voranzugehen.

(2) Der Bürgermeister oder die Bürgermeisterin hat den Planentwurf samt erforderlichem Wortlaut im Gemeindeamt für mindestens vier Wochen ab Kundmachung zur allgemeinen Einsicht während der für den Parteienverkehr bestimmten Amtsstunden aufzulegen. Nach Maßgabe der technischen Möglichkeiten sind der Entwurf und der erforderliche Wortlaut auch im Internet auf der Homepage der Gemeinde zu veröffentlichen.

(3) Die Auflage des Entwurfs ist durch Anschlag an der Amtstafel der Gemeinde, in der Stadt Salzburg auch in deren Amtsblatt, allgemein kundzumachen. Von der Auflage des Entwurfs sind zu verständigen:

1. bei Räumlichen Entwicklungskonzepten und Flächenwidmungsplänen:
   (a) die Nachbargemeinden und der Regionalverband, dem die Gemeinde angehört, bei Neuaufstellungen (Revisionen);
   (b) die Gemeindebürger, und zwar
      aa) bei Neuaufstellungen (Revisionen): mittels Postwurfsendung an alle Haushalte in der Gemeinde,
      bb) bei Planänderungen: durch geeignete Bekanntmachung im Planungsgebiet (Postwurfsendung, Ankündigungstafeln und -ständer oder schriftliche Verständigung der Planbetroffenen und Anrainer),
   (c) die Grundeigentümer bei geplanter Rückwidmung ihrer Flächen von Bauland in Grünland oder Verkehrsfläche, wobei die Verständigung ordnungsgemäß erfolgt ist, wenn sie an die Zustelladresse des Grundsteuerbescheides versendet worden ist;
2. bei Bebauungsplänen der Aufbaustufe: der Gestaltungsbeirat zur Abgabe einer Stellungnahme aus städtebaulicher Sicht.

In der Kundmachung und den Verständigungen gemäß der Z 1 ist auf die Möglichkeiten der Einsichtnahme gemäß Abs 2 und der Erhebung von Einwendungen innerhalb der Auflagefrist hinzuweisen. Besteht die Möglichkeit der Einsichtnahme über Internet, ist zusätzlich die diesbezügliche Internetadresse anzugeben.

(4) Innerhalb der Auflagefrist können von Trägern öffentlicher Interessen und von Personen, die ein Interesse glaubhaft machen, schriftliche Einwendungen zum Entwurf erhoben werden.

(5) Der Bürgermeister oder die Bürgermeisterin kann den Entwurf eines Flächenwidmungsplans vor der Beschlussfassung der Landesregierung zur Stellungnahme längstens innerhalb von acht Wochen übersenden.

(6) Die Gemeindevertretung beschließt das Räumliche Entwicklungskonzept, den Flächenwidmungsplan und den Bebauungsplan. Vor Beschlussfassung hat sie sich mit den vorgebrachten Einwendungen und Stellungnahmen auseinander zu setzen und dies im Planungsbericht darzustellen. Grundeigentümer, deren Einwendungen betreffend ihre Grundstücke nicht berücksichtigt worden sind, sind davon schriftlich zu verständigen.

(7) Der Bürgermeister oder die Bürgermeisterin hat für beschlossene Räumliche Entwicklungskonzepte und Flächenwidmungspläne die aufsichtsbehördliche Genehmigung bzw. Kenntnisnahme unter Vorlage des gesamten Verwaltungsaktes nach Maßgabe des § 74 zu beantragen. Dem Antrag sind je eine Ausfertigung des Plans samt erforderlichem Wortlaut in digitaler und nicht digitaler Form anzuschließen. Die Landesregierung kann die Vorlage von Mehrausfertigungen verlangen.

(8) Als Verordnung nach den gemeinderechtlichen Vorschriften sind kundzumachen:

1. der beschlossene Flächenwidmungsplan nach Vorliegen der Genehmigung (Kenntnisnahme) der Landesregierung;
2. der beschlossene Bebauungsplan.

Die Verordnungen treten mit dem auf den Beginn der Kundmachung folgenden Tag, in der Stadt Salzburg nach Maßgabe des § 19 Abs 3 des Salzburger Stadtrechts 1966 in Kraft.

RV

Da § 65 der Novelle 2017 die Regelungen des ROG 2009 zu § 65 (Neuaufstellung des Räumlichen Entwicklungskonzeptes), § 66 (Änderung des Räumlichen Entwicklungskonzeptes), § 67 (Neuaufstellung des Flächenwidmungsplanes) § 68 (Änderung des Flächenwidmungsplanes) und § 69 (Vereinfachtes Verfahren zur Änderung des Flächenwidmungsplanes) zusammenfasst und neu aufstellt, werden die Erläuterungen der RV 2009 zu den fünf § § 65 – 69 nicht dargestellt.

RV 2017

Entsprechend dem übergeordneten Ziel der Deregulierung soll das sogenannte erste Hörungsverfahren samt Beschluss der Auflage durch die Gemeindevertretung – ausgenommen bei Neuaufstellungen, Revisionen und Änderungen von Räumlichen Entwicklungskonzepten sowie Neuaufstellungen und Revisionen von Flächenwidmungsplänen und Änderungen von Flächenwidmungsplänen über 5.000 m² – entfallen und das Auflageverfahren so weit wie möglich vereinheitlicht werden. Ferner entfällt die Kundmachung in der Salzburger Landeszeitung. Dies vermeidet nicht nur Kosten- und Verwaltungsaufwand, sondern auch Verfahrensfehler.
Neu hinzugekommen ist – wegen der Schwere des Eingriffs – eine Verständigung der Grundstückseigentümer über die geplante Rückwidmung ihrer Flächen von Bauland in Grünland oder Verkehrsfläche.

Anmerkungen

Durch die Novelle 2017 werden die bisher in §§ 65 – 69 behandelten Verfahren in einer Bestimmung zusammengefasst. Dabei wird das bisher im § 69 vorgesehene „Vereinfachte Verfahren zur Änderung des Flächenwidmungsplans", welches im Wesentlichen dann angewendet werden konnte, wenn die Änderungsfläche 3.000 m² nicht überschritt, in § 65 neu insofern „eingearbeitet" als in Abs 1 Z 3 Verfahrenserleichterungen für Änderungsflächen bis 5.000 m² vorgesehen sind.
Generell bringt die Novelle 2017 reduzierte Verfahrensanforderungen, da

- die Kundmachung der Absicht der Planänderung durch den Bürgermeister/die Bürgermeisterin entfällt,
- die verpflichtende Verlautbarung in der Salzburger Landeszeitung entfällt,
- Regionalverband und Nachbargemeinden nur bei Neuaufstellungen/Revisionen anzuhören sind und
- die Kundmachungsfrist nunmehr einheitlich mit mindestens vier Wochen festgelegt wird.

Zusätzliche Aufgaben für die Gemeinden werden durch die Novelle 2017 allerdings durch die Verpflichtung der Gemeinde normiert, bei Änderungen des Flächenwidmungsplans jene Grundeigentümer zu informieren, hinsichtlich deren Flächen eine Rückwidmung von Bauland in Grünland beabsichtigt ist. Nach dem Gesetzestext ist diese Verständigung dann ordnungsgemäß erfolgt, wenn sie an die Zustelladresse des Grundsteuerbescheides versendet worden ist.
Ob diese Verständigungspflicht auch auf Ebene des REK zur Anwendung gelangt ist gesetzlich nicht eindeutig geregelt. Für einen Ausschluss sprechen die in lit c getroffenen Formulierungen („Rückwidmung von Bauland in Grünland oder Verkehrsfläche"), da auf Ebene des REK keine Flächenwidmungen in eine andere Nutzungsart (Grünland oder Verkehrsfläche) vorgenommen wird. Für eine Verpflichtung sprechen die Abhängigkeit des Flächenwidmungsplanes vom REK (siehe § 44) und das Rechtsschutzinteresse des von der Planungsabsicht betroffenen Grundeigen-

tümers.
Neu ist die nach Maßgabe der technischen Möglichkeiten wahrzunehmende Verpflichtung zur Veröffentlichung des Entwurfs der Abänderung/Revision auf der Homepage der Gemeinde im Internet und der Hinweis darauf in der Kundmachung. (Abs 2 und Abs 3 Z 2)
Die bisher (ROG 2009) in § 69 Abs 3 erfolgte Vorgabe, bei einer Änderung des Flächenwidmungsplanes zur Ausweisung von Bauland gleichzeitig einen Bebauungsplan der Grundstufe (§ 50) aufzustellen, wird in den nach der ROG Novelle 2017 neuen § 66 (Verfahrensrechtliche Verbindung von Flächenwidmungs- und Bebauungsplänen) übernommen.
Zu Abs 1:
Das Verfahren zur Neuaufstellung/Revision des Flächenwidmungsplans unterscheidet sich von dem Verfahren zur Änderung des REK/Flächenwidmungsplanes durch die in Abs 3 Z 1 lit b angeführte Verständigung der Gemeindebürger. Bedingt ist dies wesentlich durch den Umfang der jeweiligen Planungsmaßnahme. Revisionen im Sinne des ROG 2009 liegen vor, wenn die Änderung das gesamte Gemeindegebiet umfasst, wobei dieser Umstand auf Ebene des REK bereits dann gegeben ist, wenn sich die Bestandsaufnahme auf das gesamte Gemeindegebiet bezieht.
Für die Neuaufstellung des REK, Flächenwidmungsplans und Bebauungsplans ist vorerst ein Entwurf vom Bürgermeister oder der Bürgermeisterin zu erstellen.
Bereits zu diesem Zeitpunkt, nämlich in sehr frühem Stadium, sind die Umweltbehörden zur Bekanntgabe der gemäß § 5a Abs 5 Z 1 ROG notwendigen „unerlässlichen Untersuchungen" aufzufordern. Damit wird sichergestellt, dass parallel zur Planungsarbeit die entsprechenden Daten beigebracht werden können. Die allenfalls nötige Ausarbeitung des Planungsberichtes mit integriertem Umweltbericht erfordert dann eine entsprechende Mitwirkung vornehmlich der Umweltbehörden.
Zu Abs 1 letzter Satz wird festgehalten, dass in dem in der Novelle 2017 neu geregeltem Verfahren zur Neuaufstellung/Revision des REK vor der Beschlussfassung des Entwurfes durch die Gemeindevertretung eine „ausreichende Öffentlichkeitsarbeit" voranzugehen hat. Wie die „ausreichende Öffentlichkeitsarbeit" im Einzelnen umzusetzen ist, wird in der Novelle nicht festgelegt und bleibt hinsichtlich des Umfanges der Öffentlichkeitsarbeit dem Bürgermeister oder der Bürgermeisterin überlassen. Auf Grund der in Abs 3 festgelegten Kundmachungserfordernisse bei der öffentlichen Auflage des Entwurfes ist allerdings davon auszugehen, dass die „ausreichende Öffentlichkeitsarbeit" vor Beschluss des Entwurfes durch die Gemeindevertretung (Abs 1 letzter Satz) weder die Information im Internet auf der Homepage der Gemeinde noch die Verständigung der Parteien (gemäß Abs 3 Z 1 lit b) sein kann. Daher kann zur Durchführung de facto nur die direkte Information der Planbetroffenen durch Bürgerversammlungen udgl. gemeint sein. Die Durchführung einer ungenügenden Öffentlichkeitsarbeit vor der Beschlussfassung des Entwurfes durch die Gemeindevertretung, bedeutet allerdings eine Verletzung von Verfahrensvorschriften, welche eine aufsichtsbehördliche Untersagung rechtfertigen würde.
Bei der Neuaufstellung/Änderung von REK und Flächenwidmungsplänen, welche nach § 5a einer Umweltprüfung (siehe § 5a) unterliegen, ist die Landesregierung zur Bekanntgabe der unerlässlichen Untersuchungen aufzufordern (§ 5a Abs 5 Z 1) und eine Vorbegutachtung durch die Landesregierung verpflichtend durchzuführen.
Zu Abs 2:
Der Entwurf ist für mindestens vier Wochen entsprechend kundzumachen, um eine Beteiligung der Öffentlichkeit am Planungsgeschehen zu erreichen, wobei für Einwendungen, Anregungen und Vorschläge die Schriftform notwendig ist. Die Auflagefrist kann auch länger sein und muss nicht exakt vier Wochen betragen wie dies für Flächenwidmungsplanänderungen bisher § 67

Abs 2 und Abs 5 vorsah. Allerdings ist eine genaue Festlegung der Auflagefristen erforderlich, da nur innerhalb dieses Zeitraums Einwendungen erhoben werden können. Bis zur Novelle 2017 war für das REK noch eine sechswöchige Auflagefrist vorgesehen, die nunmehr verkürzt wurde.
Zu Abs 3:
Nach Z 1 lit b sind die Gemeindebürger nur im Fall der Revision (Gesamtüberarbeitung) von REK oder Flächenwidmungsplan durch Postwurf von der öffentlichen Auflage des Entwurfes und der Einspruchmöglichkeit zu informieren, sonst ist eine geeignete Bekanntgabe im Planungsgebiet durch Postwurf, Ankündigungstafeln bzw. – ständer oder schriftliche Verständigung der Planbetroffenen und der Anrainer ausreichend.
Durch die Novelle 2017 wird festgelegt, dass von der Auflage des Entwurfes eine Verständigung an all jene Grundeigentümer zu erfolgen hat, deren Flächen durch eine geplante Änderung des REK/Flächenwidmungsplans von Bauland in Grünland oder Verkehrsfläche rückgewidmet werden. Dabei ist eine nachweisliche Zustellung einer diesbezüglichen Verständigung an die der Gemeinde zuletzt bekannte Zustelladresse des Grundsteuerbescheides ausreichend.
Die verpflichtende Stellungnahme der Gestaltungsbeiräte bei Entwürfen von Bebauungsplänen der Aufbaustufe binnen acht Wochen eine Stellungnahme aus städtebaulicher Sicht abzugeben bestand bereits bisher in § 62 Abs 2 ROG 2009 und wurde durch die Novelle 2017 nicht verändert.
Zu Abs 6:
Abs 6 übernimmt von § 67 Abs 8 ROG 2009 für die Neuaufstellung des Flächenwidmungsplanes die diesbezügliche Regelung. Die Erläuterungen halten dazu fest, dass die vorgesehene schriftliche Verständigung der Grundeigentümer, deren Einwendungen betreffend die Widmung ihrer Grundstücke nicht berücksichtigt worden sind, durch die Gemeinde unter Angabe der Gründe der Ablehnung keinen wesentlichen Mehraufwand darstellt, da sich die Gründe dafür aus den Beratungen der Gemeindevertretung bzw. des Gemeinderates ergeben. Festgehalten wird auch, dass die Verständigung zwar schriftlich zu erfolgen hat und auch die Gründe der Nichtberücksichtigung kurz angeführt sein sollten, das Schreiben stellt aber keinen Bescheid dar. Auch wenn die Verständigung den Grundeigentümer nicht erreichen sollte, berührt dies nicht die Gesetzmäßigkeit des Flächenwidmungsplans (RV 2009).
Bei der Beschlussfassung der Planung ist zu beachten, dass im Fall des Erfordernisses einer Umweltprüfung (siehe § 5a) eine Auseinandersetzung mit den Ergebnissen der Umweltprüfung zu erfolgen hat.

§ 66 Verfahrensrechtliche Verbindung von Flächenwidmungs- und Bebauungsplänen

(1) Das Verfahren zur Aufstellung oder Änderung eines Flächenwidmungsplans und eines Bebauungsplans der Grundstufe und der Aufbaustufe kann gleichzeitig durchgeführt werden.
(2) Wenn durch Änderung des Flächenwidmungsplans Bauland ausgewiesen werden soll, ist ein gemäß § 50 erforderlicher Bebauungsplan gleichzeitig mit der Änderung des Flächenwidmungsplans aufzustellen. Dies gilt nicht, wenn das Bauland als Aufschließungsgebiet oder -zone gekennzeichnet werden soll. In den Kundmachungen zur Änderung des Flächenwidmungsplans ist auf die gleichzeitige Aufstellung eines Bebauungsplans hinzuweisen.

RV

zu § 67 Abs 3 der § 66 Abs 2 der Novelle 2017 entspricht:
Die Verpflichtung zur parallelen Erstellung von Flächenwidmungsplanänderungen und Bebau-

ungsplänen wird zu erheblichen Aufwands- und Kostenreduktionen führen. Doppelgleisigkeiten bei der Ermittlung von planungsrelevanten Umständen im Rahmen der Grundlagenarbeit können so vermieden werden. Die Gemeindevertretung kann mit beiden Planungen in einem befasst werden. Schließlich ist auch in Ansehung der Bedarfsorientiertheit der Baulandausweisung nicht mehr ein „Rohbauland" das Ergebnis der Flächenwidmungsplanänderung, sondern ein sofort einer Bauplatzerklärung und Baubewilligung zugängliches „Endprodukt" für den Baulandmarkt. Die Bebaubarkeit und damit Verwertbarkeit der Liegenschaft hängt ja nicht nur von der Flächenwidmung, sondern auch von den Festlegungen des Bebauungsplans ab. Diese parallele Planung gilt aber natürlicherweise nicht, wenn das Bauland als Aufschließungsgebiet (§ 37 Abs 1) gekennzeichnet werden soll.
Bei der parallelen Änderung des Flächenwidmungsplans und Aufstellung des Bebauungsplans sollen die Verfahrensbestimmungen für die Änderung des Flächenwidmungsplans auch für die gleichzeitig aufzustellenden Bebauungspläne gelten.

RV 2017

Hinweis auf das Ziel Deregulierung (Erläuterungen zu § 65-67)

§ 67 Verfahren für bestimmte Kennzeichnungen

(1) Für die Festlegung, Änderung, Verlängerung und Löschung von Vorbehalten sowie für die Kennzeichnung einer Zonierung von Gewerbegebieten gelten folgende Verfahrensbestimmungen:

1. Vor dem Beschluss ist den betroffenen Grundeigentümern Gelegenheit zur schriftlichen Stellungnahme zu geben; dies gilt nicht bei der Löschung von Vorbehalten und die Aufhebung einer Zonierung.

2. Die Gemeindevertretung hat sich in den Beratungen mit den eingelangten Stellungnahmen auseinander zu setzen.

3. Die Ausweisung, Änderung, Verlängerung und Löschung von Vorbehalten sowie die Kennzeichnung einer Zonierung sind von der Gemeindevertretung zu beschließen.

(2) Die Freigabe von Aufschließungsgebieten und -zonen, die Kennzeichnung des Auswirkungsbereichs von Seveso-Betrieben, die Kennzeichnung von Flächen für Apartmenthäuser, die Kennzeichnung von Planfreistellungen sowie die Verlängerung von Widmungsbefristungen sind von der Gemeindevertretung zu beschließen. Ein gemäß § 50 erforderlicher Bebauungsplan ist vor der Freigabe von Aufschließungsgebieten und -zonen aufzustellen.

(3) Die Ausweisung des Eintritts bzw. Nicht-Eintritts einer bedingten Folgewidmung obliegt dem Bürgermeister oder der Bürgermeisterin.

(4) Der Bürgermeister oder die Bürgermeisterin hat die Planungsakte gemäß den Abs 1 bis 3 als Verordnung kundzumachen und der Aufsichtsbehörde mitzuteilen. Die Verordnungen treten mit dem auf den Beginn der Kundmachung folgenden Tag, in der Stadt Salzburg nach Maßgabe des § 19 Abs 3 des Salzburger Stadtrechts 1966 in Kraft.

(5) Die Planungsakte gemäß den Abs 1 bis 3 können auch im Zuge der Neuaufstellung oder Änderung des Flächenwidmungsplans erfolgen.

RV

Die bisherige Regierungsvorlage ist gegenstandslos geworden, weil diese Bestimmung durch die Novelle 2017 neu gefasst wurde.

RV 2017

Hinweis auf das Ziel Deregulierung (Erläuterungen zu § 65-67)

Anmerkungen

Die in Abs 1 und Abs 2 vorgesehenen Vorgangsweisen entsprechen der im bisherigen § 70 festgelegten Vorgangsweise mit dem wesentlichen Unterschied, dass die bisher nötige aufsichtsbehördliche Genehmigung/Kenntnisnahme (jeweils unter Anschluss des gesamten Verwaltungsaktes) entfällt (siehe § 74).
Abs 3 nimmt auf die in § 29 Abs 2 normierte Folgewidmung Bezug, die eintritt, wenn bei befristeter Ausweisung unbebauten Baulandes im Flächenwidmungsplan nicht mit einer entsprechenden Bebauung begonnen wurde oder aber eine Bebauung nicht erfolgt ist. Der Eintritt oder Nichteintritt ist vom Bürgermeister oder der Bürgermeisterin festzustellen und als Verordnung kundzumachen. Der Aufsichtsbehörde ist dies mitzuteilen.

§§ 68 – 72 entfallen

§ 73 Verfahren zur Erteilung von Einzelbewilligungen

(1) Das Ansuchen um Einzelbewilligung ist vier Wochen lang ortsüblich kundzumachen. Die Kundmachung hat den Hinweis auf die Stellungnahmemöglichkeit gemäß Abs. 2 zu enthalten.
(2) Innerhalb der Kundmachungsfrist können von den Trägern öffentlicher Interessen und von Personen, die ein Interesse glaubhaft machen, schriftliche Stellungnahmen eingebracht werden.
(3) Vor Beschlussfassung der Einzelbewilligung sind die Anrainer zu hören.
(4) Die Gemeindevertretung beschließt die Erledigung des Ansuchens durch Bescheid. Sie hat sich in den Beratungen mit den eingebrachten Stellungnahmen und den Ergebnissen der Anrainerhörung auseinander zu setzen.
(5) Der Bürgermeister oder die Bürgermeisterin hat die beschlossene Einzelbewilligung vor Ausfertigung des Bescheides unter Anschluss des gesamten Verwaltungsaktes der Aufsichtsbehörde vorzulegen.

RV

Die Bestimmung entspricht dem § 24 Abs 3 vierter bis achter Satz ROG 1998. An Stelle des Begriffs Anregungen wird aber von Stellungnahmen gesprochen, der im Gegenstand einfach zutreffender ist. Bewusst ist aber nicht von „Einwendungen" die Rede, um keine Zweifel darüber entstehen zu lassen, dass das Verfahren weiterhin ein Ein-Parteien-Verfahren ist. Die Auseinandersetzungsverpflichtung ist eine logische Folge der Stellungnahmemöglichkeit und Anrainerhörung.

Anmerkungen

Zum Begriff der Anrainer in Abs 3 stellen die Erläuterungen RV 1997 Folgendes fest: „Zum Begriff der Anrainer in dieser Bestimmung wird ausdrücklich festgehalten, dass in diesem Projektierungsstadium oft noch nicht definitiv die Nachbareigenschaft im Sinne des Baupolizeigesetzes beurteilt werden kann. Der so angesprochene Personenkreis ist jedenfalls kein weiterer als der über den Nachbarbegriff erfasste. Das Anhörungsrecht begründet keine Parteistellung."

6. Teil – Raumordnungs-Aufsicht

§ 74 Aufgabe und Zuständigkeit

(1) Folgende Planungsakte der Gemeinden bedürfen zu ihrer Rechtswirksamkeit
1. der aufsichtsbehördlichen Genehmigung:
(a) die Aufstellung und die Änderungen des Räumlichen Entwicklungskonzepts;
(b) die Neuaufstellung des Flächenwidmungsplans;
2. der aufsichtsbehördlichen Kenntnisnahme:
(a) die Änderungen des Flächenwidmungsplans betreffend
aa) die Festlegung von Nutzungsarten und Widmungen,
bb) die Kennzeichnung von Aufschließungsgebieten, -zonen und -kennzeichnungen,
cc) die Kennzeichnung von Stadt- und Ortskernbereichen,
dd) die Kennzeichnung von Lücken im Grünland,
(b) Einzelbewilligungen.

(2) Folgende Planungsakte sind der Landesregierung lediglich mitzuteilen:
1. die Freigabe von Aufschließungsgebieten und -zonen;
2. die Kennzeichnung von Zonierungen von Gewerbegebieten;
3. die Kennzeichnung von Flächen für Apartmenthäuser;
4. die Kennzeichnung von Zweitwohnung-Beschränkungsgebieten;
5. die Kennzeichnung des Auswirkungsbereichs von Seveso-Betrieben;
6. die Festlegung, Änderung, Verlängerung und Löschung von Vorbehaltsflächen;
7. die Kennzeichnung von Planfreistellungen;
8. die Ausweisung des Eintritts bzw Nicht-Eintritts einer bedingten Folgewidmung;
9. die Verlängerung der Befristung von Widmungen;
10. Kenntlichmachungen.

(3) Aufsichtsbehörde ist:
1. die Landesregierung für alle Planungsakte gemäß Abs. 1 Z 1 und 2 lit. a und für Einzelbewilligungen der Stadt Salzburg;
2. die örtlich zuständige Bezirkshauptmannschaft für Einzelbewilligungen anderer Gemeinden als der Stadt Salzburg.

(4) Die Landesregierung kann von Amts wegen als Ergebnis einer im Verfahren zur Änderung des Flächenwidmungsplans vorgenommenen Vorbegutachtung (§ 65 Abs 5) mit Bescheid feststellen, dass die unveränderte Übernahme einer im vorgelegten Entwurf enthaltenen Widmung oder Kennzeichnung für eine genau bestimmte Fläche keiner weiteren aufsichtsbehördlichen Kenntnisnahme bedarf (Vorwegkenntnisnahme). Die so beschlossene Änderung des Flächenwidmungsplans ist in diesem Fall der Landesregierung nur mehr zur Vidierung vorzulegen.

RV

Die aufsichtsbehördlichen Aufgaben erfahren durch die neue Bedeutung des Räumlichen Entwicklungskonzepts (siehe die Ausführungen zu § 23) eine erhebliche Veränderung:
Das Räumliche Entwicklungskonzept, seine Neuaufstellung und Änderung, bedarf als Konsequenz seiner Aufwertung künftig der aufsichtsbehördlichen Genehmigung, wie es bereits nach den Raumordnungsgesetzen der Länder Niederösterreich, Steiermark und Tirol der Fall ist. Dies hat für die Gemeinden den Vorteil, dass die Aufsichtsbehörde selbst an die von ihr erteilte Genehmigung gebunden ist und eine Versagung der Genehmigung des Flächenwidmungsplans bei Übereinstimmung mit dem Räumlichen Entwicklungskonzept de facto nicht mehr erfolgen kann. Damit ist für den Planungsträger Rechtssicherheit gegeben.
Andererseits kann der aufsichtsbehördliche Genehmigungsvorbehalt für Änderungen des Flä-

chenwidmungsplans reduziert werden: Durch die Umstrukturierung und Verlagerung eines wesentlichen Teils des Planungsprozesses auf die Ebene des Räumlichen Entwicklungskonzepts, die sich auch in dessen Genehmigungspflichtigkeit äußert, sind auf Ebene der Flächenwidmungsplanung Rücknahmen bei den aufsichtsbehördlichen Mitwirkungspflichten möglich. Damit soll auch eine raschere Abwicklung der Baulandausweisung ermöglicht werden. Dazu kann auch das Instrument der Vorwegkenntnisnahme beitragen.
Im Abs 1 Z 2 lit a sind daher jene Flächenwidmungsplan-Änderungen aufgezählt, die nach ihrem Inhalt weiter einer aufsichtsbehördlichen Einflussnahme unterliegen sollen. Diese besteht in der aufsichtsbehördlichen Kenntnisnahme oder auch Nicht-Kenntnisnahme. Wird die Kenntnisnahme nicht innerhalb bestimmter Frist abgelehnt, gilt die Kenntnisnahme als Fiktion als erfolgt. Ausdrücklich wird festgehalten, dass von den Tatbeständen nicht nur die ursprünglichen Festlegungen, sondern auch deren Änderungen erfasst werden, so zB die Freigabe von Aufschließungsgebieten oder die Änderung, Verlängerung und Löschung von Vorbehalten.
Zu Abs 1: Aus dem Einleitungssatz folgt, dass die im Abs 1 aufgezählten Planungsakte ihre Rechtswirkungen nicht entfalten, wenn sie ohne die aufsichtsbehördliche Genehmigung oder Kenntnisnahme ergehen.
Andere als die im Abs 2 erfassten Flächenwidmungsplanänderungen bedürfen weder einer aufsichtsbehördlichen Genehmigung noch einer solchen Kenntnisnahme.
Zu Abs 3: Die aufsichtsbehördlichen Zuständigkeiten sind gegenüber dem ROG 1998 nicht geändert.
Zu Abs 4: Die sog Vorwegkenntnisnahme knüpft an die im § 67 Abs 4 letzter Satz empfohlene Vorbegutachtung an. Sie gibt es aber nur in Verfahren zur Änderung des Flächenwidmungsplans, und zwar auch im vereinfachten Verfahren. Die durch Bescheid auszusprechende Vorwegkenntnisnahme bewirkt die Freistellung einer ganz bestimmten Planung aus dem Kenntnisnahmevorbehalt gemäß Abs 1 Z 2 lit a. Bei unveränderter Übernahme der Planung aus dem Entwurf in die beschlossene endgültige Fassung bedarf diese Änderung auf Grund eines solchen Bescheides keiner weiteren Befassung der Aufsichtsbehörde mehr. Diese Vorgangsweise hat zur Voraussetzung, dass die Vorbegutachtung ergeben hat, dass alle planungsrelevanten Aspekte beachtet sind. Ob eine Vorwegkenntnisnahme erfolgt, liegt allein im Ermessen der Landesregierung, die Gemeinde hat keinen Rechtsanspruch darauf. In weiterer Folge hat die Gemeinde der Aufsichtsbehörde nur mehr die entsprechende Anzahl an Planausfertigungen zur Vidierung und Anbringung des Sichtschutzes zu übermitteln.

ROG 2017

Künftig soll entsprechend dem Ziel der Deregulierung neben den Kenntlichmachungen (bereits bisher nur mitteilungspflichtig) auch die Kennzeichnung von Seveso-Auswirkungsbereichen, die Festlegung/Löschung von Vorbehalten, die Freigabe von Aufschließungsgebieten und -zonen, die Kennzeichnung von Gewerbegebietszonierungen, die Kennzeichnung von Flächen für Apartmenthäuser, die Kennzeichnung von Zweitwohnung-Beschränkungsgebieten, die Kennzeichnung von Planfreistellungen, der Eintritt/Nicht-Eintritt einer bedingten Folgewidmung und die Verlängerung der Befristung von Widmungen ohne Mitwirkung der Aufsichtsbehörde erfolgen können. Die Abs 1 und 2 sind daher entsprechend anzupassen.

Anmerkungen

Die Entscheidungen über Anträge um aufsichtsbehördliche Zustimmung gemäß des ROG 2009 sind die Genehmigung und die Kenntnisnahme. Beiden Akten ist es gemeinsam, dass die Aufsichtsbehörde einen Bescheid in der Sache erlassen muss. Der Unterschied zwischen einer aufsichtsbehördlichen Genehmigung und einer Kenntnisnahme liegt darin, dass im Fall der Genehmigung eine Verletzung der Entscheidungsfrist nur mittels Säumnisbeschwerde an das LVwG bekämpft werden kann während im Fall der Kenntnisnahme ein Zuständigkeitsverlust der Aufsichtsbehörde eintritt und die aufsichtsbehördliche Zustimmung fingiert wird (sogen. Fiktiver Verwaltungsakt – siehe Abs 3 „gilt als zur Kenntnis genommen").

Keine aufsichtsbehördliche Mitwirkung stellt demgegenüber die Mitteilung an die Aufsichtsbehörde (mitteilungspflichtige Änderungen – siehe Abs 2) dar. Sie wurde im ROG 2009 nur aufgenommen, um die Abgrenzung von der sonst im Bereich des ROG vorgesehenen aufsichtsbehördlichen Genehmigung/Kenntnisnahme darzustellen. Die Verpflichtung der Gemeinden zur Übersendung von Verordnungen an die Aufsichtsbehörde ergibt sich bereits aus § 79 GdO 1994, sodass eine gesonderte Regelung im ROG – gleich wie bei den Bebauungsplänen – eigentlich entbehrlich wäre.

Die Vorwegkenntnisnahme ist eine Sonderform der Kenntnisnahme. Sie ermöglicht es der Aufsichtsbehörde auf ihre weitere Mitwirkung auf Grund des Ergebnisses einer Vorbegutachtung zu verzichten. Diese Vorwegkenntnisnahme hat aber auch zur Konsequenz, dass die Gemeinde selbst im Rahmen der Beschlussfassung nicht von den bisherigen Planungsinhalten, welche im Rahmen der Vorbegutachtung vorgelegt wurden, abweichen kann, ohne dass ein neuerlicher Antrag um aufsichtsbehördliche Kenntnisnahme erforderlich wird. Dies betrifft jedenfalls alle Inhalte welche der aufsichtsbehördlichen Genehmigung/Kenntnisnahme unterliegen. Diese Einschränkung ist insbesondere durch den mit der Novelle 2017 geweiteten Anwendungsbereich der mitteilungspflichtigen Änderungen geboten. So kann etwa eine Fläche, welche als Aufschließungsgebiet/Lärm zur Vorbegutachtung vorgelegt und vorweg zur Kenntnis genommen wurde, ohne diese Kennzeichnung beschlossen werden, ohne dass eine neuerliche Kenntnisnahme erforderlich ist. Die Freigabe von Aufschließungsgebieten bedarf keiner aufsichtsbehördlichen Mitwirkung, sodass eine „vorgezogene" Freigabe keinen Einfluss auf die erteilte Vorwegkenntnisnahme hat.

Der Genehmigungspflicht unterliegen die Aufstellung und Änderung der Räumlichen Entwicklungskonzepte auf Grundlage des ROG 2009 und die Neuaufstellung des Flächenwidmungsplans. Für Änderungen des REK auf Grundlage des ROG 1992/98 gelten die Bestimmungen des § 13 ROG 1992/98, wo nur eine Stellungnahme der Landesregierung („zusammenfassende Begutachtung" – § 13 Abs 4) und die Auseinandersetzung der Gemeinde damit im Rahmen der Beschlussfassung vorgesehen ist.

Der Genehmigung unterliegt auch die Neuaufstellung des Flächenwidmungsplans. Die Revision ist in § 74 Abs 1 im Gegensatz zu § 65 nicht ausdrücklich angeführt, sodass die Annahme, dass Revisionen von Flächenwidmungsplänen nicht der Genehmigung sondern der Kenntnisnahme unterliegen, naheliegend ist. Dieses Ergebnis, welches in Ansehung des zu überprüfenden Gegenstandes wenig sachgerecht erscheint, könnte seine Ursache darin haben, dass § 74 Abs 1 in dieser Hinsicht nicht geändert wurde. Allerdings wird auch in § 67 Abs 5 die Revision nicht ausdrücklich angeführt obwohl diese Bestimmung neu gefasst wurde. Daher kann auch mittels einer systematischen Interpretation die Genehmigungspflicht von Revisionen nicht begründet werden. Insofern kann die Zuordnung der Revisionen zu den genehmigungspflichtigen Änderungen des

Flächenwidmungsplans nur auf Grund der mangelnden Praktikabilität eines anderen Ergebnisses erfolgen.
Die Änderungen des Flächenwidmungsplans hinsichtlich der Festlegung von Nutzungsarten, Widmungen und die Kennzeichnung von Aufschließungsgebieten und -zonen, die Stadt- und Ortskernabgrenzung und die Aufschließungskennzeichnung sind der aufsichtsbehördlichen Kenntnisnahme vorbehalten, gleiches gilt auch für Einzelbewilligungen.
Alle anderen Änderungen des Flächenwidmungsplanes unterliegen nur einer Mitteilungspflicht.

§ 75 Entscheidung der Aufsichtsbehörde

(1) Für die aufsichtsbehördliche Genehmigung und Kenntnisnahme gemäß § 74 Abs. 1 gelten folgende Versagungsgründe:
1. Widerspruch zu Entwicklungsprogrammen des Landes;
2. Fehlen der Abstimmung mit Planungen der Nachbargemeinden;
3. Fehlen der Bedachtnahme auf die gegebenen oder angestrebten Strukturverhältnisse;
4. Fehlen einer ausreichenden Interessenabwägung;
5. Nichtbeachtung der Raumordnungsgrundsätze;
6. Verletzung von Verfahrensbestimmungen oder sonstiger für die Rechtmäßigkeit des jeweiligen Planungsaktes wesentlicher Bestimmungen dieses Gesetzes oder der Salzburger Gemeindeordnung 1994 bzw. des Salzburger Stadtrechts 1966.

(2) Die aufsichtsbehördliche Genehmigung ist zu erteilen und die aufsichtsbehördliche Kenntnisnahme hat – ebenfalls durch Bescheid – zu erfolgen, wenn kein Versagungsgrund vorliegt.

RV

Die Bestimmung gilt für die aufsichtsbehördliche Genehmigung und Kenntnisnahme in gleicher Weise (bisher §§ 22 Abs 2, 24 Abs 3 neunter Satz).
Zu Abs 1: Die Versagungsgründe sind leicht modifiziert. Der Versagungstatbestand einer fehlenden oder ungenügenden Interessenabwägung wird auf Grund deren Bedeutung in einer eigenen Ziffer hervorgehoben. Entfallen ist die ausdrückliche Nennung des Versagungstatbestandes des Fehlens einer erforderlichen Standortverordnung, weil dieser Rechtsverstoß gegen § 32 Abs 5 ohnedies unter die Z 6 fällt. Hervorgehoben wird auch die Bedeutung der Raumordnungsgrundsätze als Handlungsanweisungen für alle an der Planung Mitwirkenden, ihre Missachtung wird als eigener Versagungstatbestand aufgenommen. Die ausdrückliche Erwähnung des Grundsatzes des sparsamen Umgangs mit Grund und Boden erübrigt sich somit.
Die Z 6 ist gegenüber der bisherigen lit f präzisiert, nämlich auf die Verletzung der jeweils anzuwendenden Verfahrensvorschriften und sonstiger für die Rechtmäßigkeit wesentlicher Bestimmungen des Raumordnungsgesetzes – darunter fällt auch die fehlende Übereinstimmung mit dem REK der Gemeinde als Grundlage für den Flächenwidmungsplan (§ 27 Abs 2) -, und um die gemeinderechtlichen Vorschriften im gleichen Sinn erweitert. Denn es kann nicht sein, dass die Landesregierung einem Akt der Gemeinde die Genehmigung erteilt, dieser aber an einem schweren Mangel nach den gemeinderechtlichen Vorschriften, insbesondere im Zusammenhang mit der Beschlussfassung, leidet.
Letztlich auch im Sinn der Gemeindeautonomie gelegen, wird im Abs 2 der Rechtsanspruch der Gemeinde auf die aufsichtsbehördliche Genehmigung oder Kenntnisnahme formuliert, wenn kein Versagungsgrund nach Abs 1 vorliegt.

RV 2017

Die Änderung der Z 1 („Widerspruch" statt „Fehlen der Übereinstimmung") ist darin begründet, dass auf Ebene der Entwicklungsprogramme im Regelfall keine projektbezogenen Aussagen bzw. Festlegungen getroffen werden. Spezifische Aussagen zu Standorten sind vornehmlich mit dem Instrumentarium der örtlichen Raumplanung zu gestalten. Auf der Maßstabsebene der Entwicklungsprogramme werden meist Kriterien benannt und Rahmenbedingungen definiert. Räumliche, konkrete Festlegungen bzw. Abgrenzungen sind nur zu bestimmten, spezifischen Themenstellungen zweckmäßig. Eine „Übereinstimmung" mit einem Entwicklungsprogramm würde aber in jedem Einzelfall eine entsprechende Aussage bzw. Festlegung im Entwicklungsprogramm erfordern. Der Begriff „Widerspruch" gewährleistet, dass Festlegungen – soweit im Entwicklungsprogramm geregelt – beachtet werden müssen.

Anmerkungen

Die verfassungsrechtliche Grundlage für aufsichtsbehördliche Genehmigungen findet sich in Art 119a Abs 8 B-VG. Danach dürfen Maßnahmen im eigenen Wirkungsbereich der Gemeinde nur dann einer aufsichtsbehördlichen Genehmigungspflicht unterworfen werden, wenn durch die Maßnahme überörtliche Interessen im besonderen Maß berührt werden. Aus dieser Bestimmung ergeben sich unmittelbar zwei weitere wesentliche Konsequenzen und zwar, dass ein Gesetz, welches eine Maßnahme der Gemeinde im eigenen Wirkungsbereich einer aufsichtsbehördlichen Genehmigung unterwirft, die Gründe für eine Versagung dieser Genehmigung ausdrücklich normieren muss und weiters, dass nur Versagungstatbestände festgelegt werden dürfen, welche von einem hinreichenden überörtlichen Interesse getragen sind.
Aus diesen Vorgaben der Bundesverfassung ergibt sich auch, dass der Gemeinde ein Rechtsanspruch auf Erteilung der aufsichtsbehördlichen Genehmigung zukommt, wenn kein Versagungsgrund vorliegt. Bei der Interpretation von Versagungstatbeständen ist der verfassungsrechtlich gewährte eigene Wirkungsbereichs der Gemeinde zu berücksichtigen, dies hat zur Folge, dass sich ausdehnende Auslegungen verbieten.
Allerdings kann die Aufsichtsbehörde auch nicht dazu verhalten werden, von Haus aus gesetzwidrige Planungen genehmigen zu müssen und erst in weiterer Folge mittels aufhebender Verordnung der Landesregierung diese Gesetzwidrigkeit aufzugreifen. Dies hat der VfGH in seinem Erkenntnis VfSlg 11.163/1986 klargestellt.
Anhand dieser Vorgaben sind die einzelnen Versagungstatbestände des § 75 zu beurteilen:
Bei Abs 1 Z 1 – dem Widerspruch zu Entwicklungsprogrammen, wird dieses überörtliche Interesse durch das Entwicklungsprogramm selbst zum Ausdruck gebracht. Durch die mit der ROG-Novelle 2017 vorgenommen Änderung des Versagungstatbestandes von „Fehlen der Übereinstimmung" in „Widerspruch" zu Entwicklungsprogrammen tritt dieser Umstand noch klarer zu Tage. Die in den Erläuterungen angeführte Begründung für die Änderung scheint allerdings wenig tragfähig, weil die darin geschilderten Umstände, nämlich das überwiegende Fehlen flächenbezogener Festlegungen betreffend die Vorgaben der überörtlichen Raumplanung, systemimmanent für diese Planungsebene sind. Deshalb lautet beispielsweise bereits im ROG 1977 in § 17 Abs 3 der Aufsichtstatbestand „Fehlen der Übereinstimmung". Die Anpassung in der vorgenommenen Art könnte entgegen den Intentionen aber auch darauf hinauslaufen, dass damit eine gewisse Reduktion der Bedeutung der überörtlichen Vorgaben einhergeht. Dass der Begriff „Widerspruch" gewährleistet, dass überörtliche Festlegungen egal wie sie getroffen sind – Kriterien und Rahmenbedingungen werden in den Erläuterungen ausdrücklich genannt – beachtet

werden müssen, ist zumindest grammatikalisch nicht zwingend mit dem Wort verbunden. Auch eine systematische Betrachtung mit anderen Bestimmungen des ROG – insbesondere betreffend Einzelbewilligungen und der dazu ergangenen reichhaltigen Rechtsprechung des VwGH, sowie die Ausweisung von Sonderflächen oder die Lückenschließung in Grünland – scheinen zu belegen, dass ein Widerspruch eine durchaus größere Abweichung von einer planerischen Vorgabe erfordert. Insofern bleibt abzuwarten, wie diese Änderung von den Gerichten des öffentlichen Rechts aufgenommen wird.

Bei Abs 1 Z 2 – die mangelnde Abstimmung der Gemeinden ist als Aufsichtstatbestand erforderlich, um eine Sicherstellung der Planungsrechte der angrenzenden Gemeinde gewähren zu können. Als Beispiel kann hier etwa die Planung eines Gewerbegebietes an der Gemeindegrenze bei gegebener Planungsabsicht der Nachbargemeinde an der Gemeindegrenze ein Wohngebiet zu entwickeln angeführt werden. In diesem Zusammenhang kann auch auf Diskussionen im Zusammenhang mit der Ausweisung von Windkraftanlagen hingewiesen werden, wo auf Grund der Auswirkung auf das Landschaftsbild, die mit der Größe der Anlagen verbunden ist, in aller Regel immer Wirkungen in Nachbargemeinden auftreten (siehe dazu etwa die Kontroverse zwischen der Marktgemeinde Thalgau und der Stadtgemeinde Neumarkt betreffend Windräder VfGH 19.11.2015, V128/2015 – wo die Stadtgemeinde versuchte die Flächenwidmung von Thalgau mittels Individualbeschwerde zu bekämpfen).

Bei Abs 1 Z 3 – das Fehlen der Bedachtnahme auf die angestrebten oder gegebenen Strukturverhältnisse ist als Aufsichtstatbestand in Blickrichtung auf die Aufgabenstellung insbesondere des Flächenwidmungsplanes zu verstehen. Bei der Flächenwidmungsplanung ist eine der wesentlichen Aufgaben, die Strukturen so zu gestalten, dass ein möglichst konfliktfreies Nebeneinander der unterschiedlichen Ansprüche an den Raum gewährleistet wird (siehe dazu § 28 Abs 1 hinsichtlich des Abstimmungsgebotes und Abs 2 hinsichtlich der Beachtung der bestehenden Strukturverhältnisse). Folgende zwei Beispiele sollen die Zielrichtung dieses Tatbestands verdeutlichen:

a) Im Nahbereich eines bestehenden Gewerbebetriebs, welcher auch im REK als solcher Berücksichtigung gefunden hat, ist die Ausweisung von Wohngebieten im unmittelbaren Nahbereich beabsichtigt, sodass bei Aufrechterhaltung des Betriebes dieser bei jedweder auch bloß geringfügigen Änderung des Betriebs mit zusätzlichen Auflagen rechnen muss. Diese Planungsmaßnahme (Wohngebietsausweisung) ist als mangelnde Berücksichtigung der bestehenden Strukturverhältnisse zu qualifizieren.
b) In einer Gemeinde ist die Ausweisung eines Bereichs als Wohngebiet trotz des Vorhandenseins eines Betriebs vorgesehen. Dieser Betrieb sollte nach der Vorstellung der Gemeinde in die Gewerbezone übersiedeln. Nun ergibt sich, dass dieser Betrieb durch einen neuen Großauftrag eine Betriebserweiterung benötigt und es würden damit zahlreiche Arbeitsplätze geschaffen. Die Gemeinde sieht nunmehr – auf Grund der zu erwartenden Kommunalsteuer – eine Erweiterung des Betriebsgebietes vor. Diese Planungsmaßnahme wäre als ein Widerspruch zu den angestrebten Strukturverhältnissen zu werten.

Bei Abs 1 Z 4 wird eine ausreichende Interessenabwägung als Voraussetzung für eine rechtskonforme Planung (siehe § 3) verlangt. Wird diese unterlassen oder mangelhaft durchgeführt, belastet dies den Plan mit Gesetzwidrigkeit. Insofern ist dieser Versagungstatbestand nur ein auf die Gesetzmäßigkeit der Planung abstellender Aufsichtstatbestand (siehe dazu auch die unter § 3 angeführten Beispiele).

Bei Abs 1 Z 5 ist festzuhalten, dass die Raumordnungsgrundsätze Rahmenbedingungen sind, die bei Erstellung von Plänen jedenfalls zu beachten sind. Bleiben die Raumordnungsgrundsätze unbeachtet, führt dies zur Gesetzwidrigkeit des Plans. Daher gilt auch für diesen Aufsichtstatbe-

stand, dass hier die Gesetzmäßigkeit der Planung gewährleistet werden soll.
Bei Abs 1 Z 6 – der Verletzung von Verfahrensbestimmungen und sonstiger für die Rechtmäßigkeit der Planung wesentlicher Bestimmungen – geht es um mehrere Aspekte der Gewährleistung der Rechtmäßigkeit:

a.) Verletzung von Verfahrensbestimmungen:
Im Bereich des Planungsrechtes wird den jeweiligen Planungsträgern ein Planungsermessen bei ihrer Entscheidung eingeräumt (finale Determinierung). Dieser Umstand führt dazu, dass gerade der Einhaltung der Regelungen über die Entscheidungsfindung – das Verfahren – besondere Bedeutung zukommt (Legitimation durch Verfahren). Daher ist die Einhaltung der Verfahrensbestimmungen für die Rechtmäßigkeit der Planung besonders wichtig.
Neben den Bestimmungen des ROG werden von der Aufsichtsbehörde auch die Vorschriften der Gemeindeordnung 1994 bzw. des Salzburger Stadtrechtes mitvollzogen, insbesondere was die Bestimmungen über die Einberufung von Sitzungen und die Beschlussfassung etc. betrifft. Auch Rechtswidrigkeiten in dieser Hinsicht sind von der Aufsichtsbehörde aufzugreifen, wenn sie sich als erheblich für die Entscheidung erweisen. Als Beispiel kann hier etwa die mangelnde Wahrnehmung einer gegebenen Befangenheit (§ 27 GdO 1994), wenn diese Stimme(n) für das Abstimmungsergebnis maßgeblich waren, genannt werden.

b.) Sonstige für die Rechtmäßigkeit der Planung maßgebliche Bestimmungen
Hier geht es wiederum um die Gewährleistung der Gesetzmäßigkeit der Planung. Als Beispiele sind etwa an die Einhaltung des 10-Jahres-Baulandbedarfs und die Beachtung der Baulandausweisungsverbote (§ 28) anzuführen.

c.) Widerspruch zum REK
Von dieser Bestimmung ist der Widerspruch zum REK mitumfasst, weil der Einklang mit dem REK eine der Voraussetzungen für eine rechtskonforme Änderung des Flächenwidmungsplanes ist (siehe § 44).

§ 76 Verfahrensvorschriften

(1) Der Antrag um aufsichtsbehördliche Genehmigung oder Kenntnisnahme ist unverzüglich auf Vollständigkeit der zur Beurteilung erforderlichen Unterlagen zu prüfen. Bei Fehlen zur Beurteilung erforderlicher Unterlagen ist deren Beibringung unter Setzung einer angemessenen Frist aufzutragen.

(2) Die Entscheidung über die aufsichtsbehördliche Genehmigung oder Kenntnisnahme hat ohne unnötigen Aufschub, längstens jedoch innerhalb folgender Fristen ab Vorliegen von allen zur Beurteilung erforderlichen Unterlagen zu erfolgen:

1. von drei Monaten bei Genehmigungen;

2. von einem Monat bei Kenntnisnahmen von Änderungen von Flächenwidmungsplänen auf Grundlage eines aufsichtsbehördlich genehmigten Räumlichen Entwicklungskonzeptes; dabei gilt Folgendes:

(a) die aufsichtsbehördliche Überprüfung hat sich auf die Angelegenheiten gemäß § 75 Abs 1 Z 1, 3, 4 und 6 und hinsichtlich § 75 Abs 1 Z 5 auf die Raumordnungsgrundsätze gemäß § 2 Abs 2 Z 1 bis 4 und 7 zu beschränken;

(b) die Gemeinde hat die Sachverständigenbeweise für das Vorliegen von im Räumlichen Entwicklungskonzept festgelegten Widmungsvoraussetzungen dem Antrag um aufsichtsbehördliche Kenntnisnahme anzuschließen;

3. von drei Monaten bei sonstigen Kenntnisnahmen von Änderungen von Flächenwidmungsplänen;
4. von drei Monaten bei Kenntnisnahmen von Einzelbewilligungen.
Wenn der Gemeinde innerhalb der Fristen gemäß den Z 2 und 3 das voraussichtliche Vorliegen eines Versagungsgrundes mitgeteilt wird, verlängern sich diese im Fall der Z 2 auf drei Monate und im Fall der Z 3 auf sechs Monate.

(3) Wenn bei Kenntnisnahmen innerhalb der Fristen gemäß Abs 2 der Gemeinde keine Entscheidung, bei Kenntnisnahme von Änderungen von Flächenwidmungsplänen innerhalb der Fristen gemäß Abs 2 und 3 auch keine Mitteilung des voraussichtlichen Vorliegens eines Versagungsgrundes, zugeht, gilt die Änderung des Flächenwidmungsplans bzw. die Einzelbewilligung als aufsichtsbehördlich zur Kenntnis genommen.

(4) Die Landesregierung hat im Fall der Genehmigung oder Kenntnisnahme die Pläne und Planungsberichte zu vidieren. Je eine Ausfertigung ist der Gemeinde und der Bezirkshauptmannschaft zu übermitteln.

(5) Die Kenntnisnahmen der Bezirkshauptmannschaften sind von diesen der Landesregierung monatlich gesammelt mitzuteilen.

RV

Es handelt sich dabei um Bestimmungen für das aufsichtsbehördliche Verfahren.
Der Abs 1 dient nur der Erinnerung daran, was sich aus § 13 Abs 3 AVG ohnedies schon ergibt und natürlich unberührt bleibt. Eine gesetzliche Frist zur Erlassung des Verbesserungsauftrags ist nicht mehr vorgesehen.
Wesentlich sind die Entscheidungsfristen im Abs 2, wobei die Drei-Monats-Fristen für die aufsichtsbehördliche Genehmigung und die Kenntnisnahme von Einzelbewilligungen aus dem geltenden Recht (§ § 22 Abs 3, 24 Abs 3 neunter (!) Satz ROG 1998) übernommen. Die Regelung in der Z 2 ist insoweit neu, als bei Flächenwidmungsplanänderungen eine Fristverlängerung im Einzelfall vorgesehen ist. Dies steht aber damit im Zusammenhang, dass nach dem Modell des § 24 Abs 3 zehnter Satz ROG 1998 die Kenntnisnahme auch einer Flächenwidmungsplanänderung als erfolgt gilt (Fiktion), wenn sie nicht innerhalb der Frist versagt worden ist.

RV 2017

Zum Zweck der Verfahrensbeschleunigung soll die Frist für aufsichtsbehördliche Kenntnisnahmen von Änderungen von Flächenwidmungsplänen auf Grundlage eines aufsichtsbehördlich genehmigten Räumlichen Entwicklungskonzeptes auf einen Monat verkürzt und inhaltlich beschränkt werden. Diese Frist verlängert sich auf drei Monate, wenn der Gemeinde von der Aufsichtsbehörde innerhalb der Monatsfrist das voraussichtliche Vorliegen eines Versagungsgrundes mitgeteilt wird. Zu diesem Zeitpunkt muss also das Vorliegen eines Versagungsgrundes noch keineswegs feststehen. Es genügt, wenn erhebliche Bedenken ob der Gesetzmäßigkeit der vorgelegten Planungsmaßnahme in Bezug auf die zu überprüfenden Tatbestände bestehen.

Anmerkungen

Ein Ziel der ROG-Novelle 2017 ist die Beschleunigung der aufsichtsbehördlichen Verfahren. Dazu wurden vom Gesetzgeber mehrere Maßnahmen festgelegt, indem einerseits die aufsichtsbehördlichen Kenntnisnahmen ausgebaut wurden (siehe § 74) und andererseits Fristverkürzungen für die Kenntnisnahmen erfolgten.
Die Fristen für die Kenntnisnahmen sind unterschiedlich und betragen bei Änderungen des Flä-

chenwidmungsplanes, welche auf Grundlage eines REK gemäß des ROG 2009 erfolgen, ein Monat. Bei Kenntnisnahmen von Einzelbewilligung drei Monate. Fraglich ist, welchen Regelungen Änderungen des Flächenwidmungsplanes auf Grundlage eines auf dem ROG 1992/98 basierenden REK unterliegen. Gemäß Abs 2 Z 3 unterliegen die „sonstigen Kenntnisnahmen" einer Frist von drei Monaten. Allerdings ist gemäß des weiterhin in Geltung stehenden § 82 Abs 2 Z 1 für Änderungen des Flächenwidmungsplanes auf Grundlage dieser REK eine aufsichtsbehördliche Genehmigung vorgesehen. Da diese Bestimmung im Zuge der Novelle 2017 auch geändert wurde, kann im Wege der juristischen Interpretation (lex posterior-Regel) nicht davon ausgegangen werden, dass § 82 Abs 2 Z 1 durch die neue Bestimmung verdrängt worden wäre. Allerdings wäre dann der Begriff „sonstige Kenntnisnahmen" inhaltsleer, sodass davon auszugehen ist, dass dieser die Änderungen des Flächenwidmungsplanes auf Grund eines REK gemäß ROG 1992/98 erfasst.

Zur Kenntnisnahme allgemein:

Eine Überschreitung der jeweiligen Kenntnisnahmefrist (ein bzw. drei Monate) führt zum Zuständigkeitsverlust der Aufsichtsbehörde. Wird innerhalb der Entscheidungsfrist der Gemeinde keine Erledigung oder die Mitteilung von voraussichtlichen Versagungsgründen (siehe dazu unten) zugestellt, so gilt die Teilabänderung als genehmigt und die Gemeinde kann die Teilabänderung kundmachen. Verspätet erlassene Kenntnisnahmebescheide oder Mitteilungen von Versagungsgründen würden von einer unzuständig (gewordenen) Behörde herrühren. Daher ist besonderes Augenmerk auf die Fristen zu richten. Die Frist beginnt mit der Antragstellung um aufsichtsbehördliche Genehmigung zu laufen. Dies ist der Fall, sobald der Antrag der Gemeinde eingelangt ist. Die Abwicklung der Abänderungen des Flächenwidmungsplanes erfolgt derzeit lückenlos in der Internet-Applikation ROGServe, damit ist ein Antrag eingebracht, wenn er in ROGServe für die Landesregierung innerhalb der Amtsstunden ersichtlich wird.
Ein unvollständiger Antrag führt dazu, dass der Fristenlauf gehemmt wird – bzw. die Frist nicht zu laufen beginnt (siehe § 76 Abs 2 – „ab Vorliegen von allen zur Beurteilung erforderlichen Unterlagen"). Allerdings ist die Aufsichtsbehörde verpflichtet, fehlende Unterlagen unverzüglich anzufordern. Diese Pflicht ist in § 76 Abs 1 ausdrücklich festgelegt und wiederholt eigentlich nur die Bestimmung des § 13 Abs 3 AVG. Was unter dem Wort „unverzüglich" zu verstehen ist, wird durch die Rechtsprechung des VwGH und die Materialien zur AVG-Novelle 1998 verdeutlicht. So ist bei der im AVG typischen Entscheidungsfrist von 6 Monaten ein Mängelbehebungsauftrag binnen vier Wochen zu erlassen. Wird diese Frist überschritten, so wird, bei der Beurteilung einer Säumnis der Behörde, weiterhin vom Datum der Antragstellung ausgegangen. Freilich ist die hier angeführte Frist keine absolute Frist, sondern ist die gebotene Unverzüglichkeit eines Verbesserungsauftrags immer anhand der Umstände des Einzelfalls zu beurteilen. Wird nunmehr eine Entscheidungsfrist in den jeweiligen Verwaltungsvorschriften verkürzt (im Falle des ROG auf einen bzw drei Monate), so verkürzt sich auch die Frist für die Erlassung von Mängelbehebungsaufträgen. Dies bedeutet, dass im Falle einer 3-Monatsfrist von einer zweiwöchigen Frist und im Fall von einer 1-Monatsfrist von einer einwöchigen Frist auszugehen ist binnen derer ein Mängelbehebungsauftrag zu erteilen ist. Werden diese Fristen nicht eingehalten, so wird der Fristenlauf trotz des Fehlens von Unterlagen nicht gehemmt, sondern läuft die Frist ab der Antragstellung.
Der Begriff „zur Beurteilung erforderlichen Unterlagen" des Abs 1 ist in Hinblick auf die Kenntnisnahme also auf den Verfahrensgegenstand und die Entscheidung zu verstehen. Verfahrens-

gegenständlich ist dabei die Prüfung der Versagungstatbestände betreffend die Änderung des Flächenwidmungsplans. So wird beispielsweise die nicht erfolgte Übermittlung eines Bebauungsplanes – trotz der Verpflichtung zur Parallelaufstellung (gemäß § 66 Abs 2) – im Rahmen einer Teilabänderung und ein darauf abstellender Mängelbehebungsauftrag nicht zur Hemmung der Frist führen, weil Bebauungspläne generell nicht Gegenstand des aufsichtsbehördlichen Verfahrens sind. Allenfalls kann die Beurteilung der Rechtmäßigkeit einer Teilabänderung – etwa in erheblich lärmbelasteten Bereichen – von den Inhalten des Bebauungsplanes abhängen.

Zur Mitteilung von voraussichtlichen Versagungsgründen:

Die Mitteilung vom Vorliegen voraussichtlicher Versagungsgründe gemäß Abs 2 führt zu einer Fristverlängerung auf insgesamt drei bzw. sechs Monate. Werden diese Fristen überschritten, so tritt wiederum die Genehmigungsfiktion ein. Daher gilt auch im Fall der Fristverlängerung, dass die entsprechende Erledigung innerhalb der Frist an die Gemeinde ergangen (dh zugestellt) sein muss.

Die Mitteilung von Versagungsgründen muss vor Ablauf der Frist an die Gemeinde zugestellt sein. Fraglich ist, ob es sich bei dieser Mitteilung um eine bloße Verfahrensanordnung oder um einen sogenannten verfahrensrechtlichen Bescheid handelt, welcher selbständig durch Beschwerde an das Landesverwaltungsgericht bekämpfbar wäre. Da sich für beide Einstufungen Argumente ins Treffen führen lassen, wird diese Frage daher letztlich nur durch die Gerichte zu klären sein. Klar ist jedenfalls, dass vor Ablauf der Frist eine entsprechende Mitteilung an die Gemeinde ergangen (dh zugestellt im Sinne des Zustellgesetzes BGBl 200/1982 idgF) sein muss.

Daneben stellt sich auch die Frage unter welchen Voraussetzungen eine Mitteilung erfolgen kann. Da ein voraussichtlicher Versagungsgrund vorliegen muß, kann nur einer der in § 75 Abs 1 taxativ aufgezählten Versagungsgründe (siehe § 75) dafür ins Treffen geführt werden. Die Behörde hat dabei eine Prognoseentscheidung vorzunehmen, dass hinreichende Gründe gegeben sind, welche prinzipiell geeignet sind, eine Versagung zu rechtfertigen. Dazu wird es bei nicht offenkundigen Gründen (wie etwa die Unterlassung der Auflagekundmachung, die Ausweisung eines Wohngebietes in einer Gewerbezone eines Regionalprogramms etc.) eines entsprechenden Ermittlungsverfahrens bedurfen. Aufgrund dieses Ermittlungsverfahrens, wozu auf Grund der zu beantwortenden Fragestellungen betreffend die raumordnungsfachlichen Kriterien zumeist ein Sachverständigenbeweis erforderlich ist, muss plausibel angenommen werden können, dass eine Versagung wahrscheinlich erforderlich ist. Das bloße Erfordernis eines Sachverständigenbeweises rechtfertigt keinesfalls die Annahme eines Versagungsgrundes. Unabhängig wie diese Mitteilung in rechtlicher Hinsicht einzustufen ist, ist eine Begründung für diese Annahme des Vorliegens von Versagungsgründen erforderlich, dies allein um zu belegen, dass keine rechtsmissbräuchliche Verwendung zur Verlängerung der Zuständigkeit erfolgt.

4. Abschnitt – Baulandsicherungsgesellschaft

(1) Zur Unterstützung der Gemeinden bei Maßnahmen im Sinn des § 18 besteht unter allfälliger Beteiligung von Gemeinden und deren Interessenvertretungen die Baulandsicherungsgesellschaft mbH. Die finanziellen Mittel des Landes werden der Gesellschaft nach Maßgabe des jeweiligen Landeshaushaltsgesetzes zur Verfügung gestellt.

(2) Die Baulandsicherungsgesellschaft mbH darf ausschließlich durch den Rechtserwerb an geeigneten Grundstücken für die Gemeinden treuhänderisch und haushaltsunwirksam tätig sein. Sie hat dabei die Raumordnungsziele und -grundsätze zu beachten.

RV

Der weitere Bestand der Baulandsicherungsgesellschaft ist dadurch gesetzlich abgesichert. Ansonsten entspricht die Bestimmung § 43 ROG 1998.

Anmerkungen

Diese Bestimmung wurde unverändert aus dem ROG 1992, ROG 1998 und ROG 2009 übernommen. Die RV 1992 führt dazu aus:

„Anstelle des öffentlich-rechtlichen Baulandsicherungsfonds wird das flexiblere Modell einer privatrechtlichen Gesellschaft gewählt. Ihre privatrechtliche Rechtsform bleibt offen. Die Unterstützung der kommunalen Bodenpolitik erfolgt außer durch Beratung bei Maßnahmen gemäß § 14 (im ROG 2009: § 18) durch den Erwerb des Eigentums oder anderer Rechte (zB Vorkaufsrechte, Optionen) an geeigneten Grundstücken treuhändisch für die Gemeinden. Allfällig zur Finanzierung erforderliche Darlehen werden durch die Gesellschaft aufgenommen; es kommt zu keiner Verschuldung der Gemeinden aus diesem Grund. An den Gemeinden liegt es, diese Unterstützung anzusprechen und letztlich zu bestimmen, an wen die Rechte an den erworbenen Grundstücken übertragen werden sollen. Zu diesem Zweck ist zwischen Gemeinde und Gesellschaft ein Treuhandvertrag zu schließen. Die Finanzierung der Gesellschaft erfolgt, abgesehen von der Kapitalausstattung, bei der Gesellschaftsgründung und Kostenbeiträgen der Gemeinde vornehmlich durch Hingabe von Zinszuschüssen zu den Darlehensaufnahmen der Gesellschaft durch das Land. Daneben kommt die Übernahme von Haftungen durch das Land in Betracht. Die Gesellschaft wird der Kontrolle des Rechnungshofes gemäß Art 127 Abs 3 B-VG und des Landesrechnungshofes gemäß § 5 Abs 1 lit c des Salzburger Landesrechnungshofgesetzes unterliegen. Festgehalten wird, dass die Gesellschaft keine Tätigkeit durchführen wird dürfen, die zur Konkurrenzierung der freien Berufe (Rechtsanwälte, Notare, Ziviltechniker) oder gemeinnütziger oder gewerblicher Bauträger führt."

Die Baulandsicherungsgesellschaft, die die Firmenbezeichnung „Land-Invest Salzburger Gesellschaft für Baulandsicherung mbH" führt, wurde am 3. 11. 1993 gegründet und hat ihren Sitz im Zentrum für Innovation und Standortpolitik am Südtiroler Platz 11, 5020 Salzburg.

Gemäß § 3 des Gesellschaftsvertrages der zu 100 % im Landesbesitz befindlichen GmbH ist Gegenstand des Unternehmens:

1. Die Beratungen und Information von Gemeinden bei privatwirtschaftlichen Maßnahmen zur Verwirklichung der Entwicklungsziele.
2. Der Erwerb von Eigentum und anderen Rechten (zB Baurecht, Vorkaufsrecht, Option) in Treuhandauftrag für Gemeinden oder das Land Salzburg, einschließlich der Weitergabe dieser Grundstücke an die vom Treugeber festgelegten Begünstigten. Der Erwerb von Grundstücken für Gemeinden wird an die Bedingung geknüpft, dass diese unter Ausnutzung der rechtlichen Instrumente des ROG unter dem Verkehrswert verfügbar gemacht werden können.
3. Die organisatorische und finanzielle Vorbereitung der Abwicklung von Aufschließungsarbeiten über Wunsch der Gemeinde oder des Landes für erworbene Grundstücke.
4. Durchführung aller Maßnahmen, die unmittelbar diesem Gesellschaftsvertrag förderlich sind.

Aus dem Gesellschaftsvertrag geht weiter (§ 7 Abs 6) hervor, dass der Geschäftsführer verpflichtet ist, vor Ankauf von Grünlandgrundstücken die Zustimmung der Abteilung 7 (jetzt Abteilung 10 /Wohnen und Raumplanung) des Amtes der Salzburger Landesregierung einzuholen. Seit Tätigkeitsbeginn der Gesellschaft ist der Aufsichtsrat ident mit den Mitgliedern der Salzburger Landesregierung. Er ist u. a. beim Abschluss sämtlicher Grundstücksankäufe im Zusammenhang mit Baulandsicherungsgeschäften sowie beim Erwerb oder bei Belastungen von Liegenschaften zu hören. Bei der Veräußerung von Liegenschaften ist er zu hören, soweit es sich nicht um die Erfüllung von Treuhandaufträgen für die Gemeinden handelt.

4a. Abschnitt – Abgaben

§ 77a Planungskostenbeitrag

(1) Die Gemeinden werden ermächtigt, auf Grund eines Beschlusses der Gemeindevertretung einen Planungskostenbeitrag als ausschließliche Gemeindeabgabe zu erheben.

(2) Gegenstand der Abgabe ist die Baulandneuausweisung unverbauter Grundflächen nach dem 1. Jänner 2018.

(3) Abgabeschuldner sind die Eigentümer der Grundflächen gemäß Abs 2, im Fall eines Baurechts jedoch die Baurechtsberechtigten.

(4) Bemessungsgrundlage ist das Flächenausmaß des Baulandes der Grundflächen gemäß Abs 2.

(5) Die Abgabensatz je Quadratmeter Bauland ist durch Verordnung der Gemeindevertretung festzulegen. Er ist in einen Tarif für Flächenwidmungspläne und in einen Tarif für Bebauungspläne zu gliedern, wobei eine Staffelung der Tarife nach Flächenausmaß ebenso zulässig ist wie die Festlegung von Zu- und Abschlägen. Der Tarif für Bebauungspläne gilt dabei ausschließlich für Grundflächen, für die gemäß § 50 ein Bebauungsplan aufzustellen ist. Die Tarife dürfen die Hälfte der durchschnittlichen Planungskosten der Gemeinde für die Erstellung von Flächenwidmungsplänen bzw. Bebauungsplänen der Grundstufe je Quadratmeter nicht übersteigen.

(6) Der Abgabenanspruch entsteht mit Eintritt der Rechtswirksamkeit der Baulandwidmung bzw. des Bebauungsplanes der Grundstufe für die betreffende Grundfläche.

RV 2017

Bereits nach der bisherigen Rechtslage sind die Grundeigentümer verpflichtet, zu den Kosten der Bebauungspläne der Grundstufe Beiträge zu leisten. Diese Verpflichtung wird nunmehr auf Flächenwidmungspläne ausgeweitet. Gleichzeitig wird die Erhebung der Abgabe in das Ermessen der Gemeinde gestellt.

§ 8 Abs 5 F-VG 1948 räumt der Landesgesetzgebung in seinem ersten Satz die Kompetenz ein, Gemeinden zu ermächtigen, bestimmte Abgaben auf Grund eines Beschlusses der Gemeindevertretung zu erheben. Dabei sind gemäß § 8 Abs 5 zweiter Satz F-VG 1948 zumindest die wesentlichen Merkmale der Abgabe zu bestimmen. Als solche gelten der Besteuerungsgegenstand, die Bemessungsgrundlage, die Regelung der Steuerschuldnerschaft und – kraft ausdrücklicher Nennung – „insbesondere auch ihr zulässiges Höchstausmaß" (vgl. Ruppe in: Korinek/Holoubek [Hrsg]), Österreichisches Bundesverfassungsrecht, zu § 8 F-VG Rz 35 mwN). Die Abs 2 bis 6 erhalten dazu die erforderlichen Festlegungen.

Besteuerungsgegenstand sind unverbaute Grundflächen, die nach dem 1. Jänner 2018 rechtswirksam von Grünland oder Verkehrsfläche (auch wenn es sich hierbei um Folgewidmungen handelt) in Bauland umgewidmet werden. Der Begriff unverbaute Grundflächen ist dabei im Sinn des § 5 Z 6 lit c zu verstehen.

Steuerschuldner ist der Eigentümer oder die Eigentümerin der Grundfläche, und zwar auch im Fall der Errichtung eines Superädifikats. Im Fall eines Baurechts sollen jedoch die Baurechtsberechtigten als Steuerschuldner gelten. Durch die Verbücherung des Baurechts im C-Blatt der belasteten Liegenschaft sowie der grundbuchsmäßig selbständigen Behandlung durch Eröffnung einer Baurechtseinlage ist für das Baurecht nämlich entsprechende Rechtssicherheit und Publizität gegeben.

Die Höhe der Abgabe ist nach der Flächengröße des Baulandes zu bemessen. Wenn das gesamte Grundstück als Bauland ausgewiesen ist, kann die Flächengröße in der Regel direkt dem Grundsteuerbescheid entnommen werden.

Der Tarif ist von der Gemeindevertretung durch Verordnung festzulegen. Da die Flächenwidmungs- und Bebauungsplanung auf eine möglichst im Sinn der öffentlichen Interessen liegende Ordnung des Raums abzielt (vgl. ua VfSlg 10.483/1985), ist der Beitrag mit 50 % der durchschnittlichen Planungskosten der Gemeinde für die Erstellung von Flächenwidmungsplänen und Bebauungsplänen der Grundstufe begrenzt. Eine Staffelung der Tarife nach Flächenausmaß ist zulässig; ebenso die Festlegung von Zu- und Abschlägen.

Als Planungskosten sind die Kosten für die Ausarbeitung der Pläne, die Erhebung der dafür maßgeblichen Gegebenheiten (Gefährdungsbereiche, Schutzgebiete udgl) und die Einholung der dafür notwendigen Gutachten (geologische Gutachten, Lärmgutachten udgl) anzusehen.

Anmerkungen:

Mit der Novelle 2017 werden erstmals auch Änderungen des Flächenwidmungsplanes für Grundeigentümer beitragspflichtig. Dies war bisher nur für Bebauungspläne vorgesehen. Gleichzeitig wurde aber auch das System der Beitragsermittlung insofern geändert als die Beiträge nicht mehr landeseinheitlich durch Verordnung der Landesregierung bestimmt werden, sondern die Gemeinden ermächtigt werden eigene Beitragsverordnungen zu erlassen. Die gesetzlichen Vorgaben sehen vor, dass mit diesen Beiträgen maximal 50 % der durchschnittlichen Planungskosten vorgeschrieben werden können. Allerdings wurden seitens des Landesgesetzgebers erhebliche Beschränkungen der Beitragspflicht zugunsten der Grundeigentümer verfügt.

Beiträge können nur im Falle einer Baulandneuausweisung (siehe § 5 Z 3) unverbauter Baulandflächen (siehe § 5 Z 6) eingehoben werden, nicht jedoch für die Aufstellung eines Bebauungsplanes der Grundstufe bei bereits gegebener Baulandwidmung oder bei Änderung der Flächenwidmung bereits bebauter Flächen. Daneben ist eine Vorschreibung eines Beitrages für die Bebauungsplanung nur dann möglich, wenn diese nach § 50 erforderlich ist. Da auch die Möglichkeit der Planfreistellung Regelungsgegenstand des § 50 ist, stellt sich die Frage des Verhältnisses einer Beitragsvorschreibung im Falle einer nicht durchgeführten Planfreistellung obwohl die gesetzlichen Kriterien diese erlauben würden. Diesfalls wird davon auszugehen sein, dass eine Beitragsvorschreibung für den Bebauungsplan nicht möglich ist und sich die Vorschreibung auf die Flächenwidmungsplanung zu beschränken hat. Durch die Einschränkung auf Baulandneuausweisungen ist auch eine Vorschreibung von Beiträgen für im Zuge von Freigaben von Aufschließungsgebieten erstellten Bebauungsplänen ebenfalls nicht zulässig.

§ 77b Infrastruktur-Bereitstellungsbeitrag

(1) Die Gemeinden erheben einen Infrastruktur-Bereitstellungsbeitrag als ausschließliche Gemeindeabgabe. Abgabenbehörde ist der Bürgermeister.

(2) Gegenstand der Abgabe sind unbefristete unverbaute Baulandgrundstücke, die ab dem 1. Jänner 2018 seit mehr als fünf Jahren als Bauland der Widmungskategorien gemäß § 30 Abs 1 Z 1 bis 5 und 9 ausgewiesen sind. In die Fünfjahresfrist sind nicht einzurechnen:
1. Zeiten von Bausperren,
2. Zeiten von Kennzeichnungen des Baulandgrundstücks als Aufschließungsgebiet, Aufschließungszone oder Vorbehaltsfläche,
3. Zeiten der Geltung einer Vereinbarung gemäß § 18 für das betreffende Baulandgrundstück,
4. Zeiten zwischen der Einbringung einer Anregung der Grundeigentümer auf Erlassung eines Bebauungsplanes und dessen Rechtswirksamkeit, wenn eine Bebauung wegen Fehlens eines Bebauungsplanes unmöglich war.

(3) Abgabeschuldner sind die Eigentümer der Baulandgrundstücke gemäß Abs 2, im Fall eines Baurechts jedoch die Baurechtsberechtigten. Von der Abgabe befreit sind Gemeinden im Fall von eigenen Baulandgrundstücken im Gemeindegebiet und die Baulandsicherungsgesellschaft mbH (§ 77) sowie Grundeigentümer, die schriftlich um eine entschädigungslose Rückwidmung ihrer Grundstücke in Grünland angesucht haben.

(4) Bemessungsgrundlagen sind
1. das Flächenausmaß des Baulandgrundstücks und
2. die Anzahl der vollen Monate im Kalenderjahr, in denen mit einer der Widmung entsprechenden Bebauung noch nicht begonnen worden ist.

Vom Flächenausmaß gemäß der Z 1 ist in den ersten 15 Jahren der Widmung des Grundstücks als Bauland, und zwar ab 1. Jänner 2018, das Flächenausmaß für den Eigenbedarf der Grundeigentümer (§ 5 Z 2) abzuziehen. In die Fünfzehnjahresfrist sind die Zeiten gemäß Abs 2 Z 1 bis 4 nicht einzurechnen.

(5) Der Abgabensatz für ein volles Kalenderjahr beträgt:

Flächenausmaß (Differenz nach Abs 4 vorletzter Satz)	Abgabenhöhe in €			
	Tarif 1	Tarif 2	Tarif 3	Tarif 4
bis 500 m^2	-	-	-	-
501 m^2 bis 1.000 m^2	1.400	1.260	1.120	860
1.001 m^2 bis 1.700 m^2	2.800	2.520	2.240	1.720
1.701 m^2 bis 2.400 m^2	4.200	3.780	3.360	2.580
2.401 m^2 bis 3.100 m^2	5.600	5.040	4.480	3.440
je weitere angefangene 700 m^2	+1.400	+1.260	+1.120	+860

Dabei gilt:
1. der Tarif 1 für Baulandgrundstücke in der Stadt Salzburg;
2. der Tarif 2 für Baulandgrundstücke in den Stadtgemeinden Bischofshofen, Hallein, Oberndorf, Neumarkt am Wallersee, Saalfelden am Steinernen Meer, Seekirchen am Wallersee, St. Johann im Pongau und Zell am See sowie in den an die Stadtgemeinde Salzburg unmittelbar angrenzenden Gemeinden;
3. der Tarif 3 für Baulandgrundstücke in den sonstigen Gemeinden des Flachgaus und Tennengaus;
4. der Tarif 4 für Baulandgrundstücke in den sonstigen Gemeinden des Pinzgaus, Pongaus und Lungaus.

(6) Der Abgabenanspruch entsteht mit Ablauf des jeweiligen Kalenderjahres. Die Abgabeschuldner haben bei der Abgabenbehörde für jedes Kalenderjahr bis zum 15. Mai des Folgejahres eine Abgabenerklärung einzureichen und die gemäß der Erklärung anfallende Abgabe binnen vier Wochen danach zu entrichten. Über diese Verpflichtung sind die Abgabeschuldner von der Abgabenbehörde bis zum 15. Februar des Folgejahres zu informieren.

(7) Der Abgabenertrag fließt der Gemeinde zu. Er ist für Zwecke der aktiven Bodenpolitik der Gemeinde sowie zur Erhaltung, Erweiterung und Verbesserung von Infrastruktureinrichtungen zu verwenden.

RV 2017

An die Nichtbebauung unbefristeter unverbauter Baulandgrundstücke werden im Land Salzburg erstmals auch abgabenrechtliche Folgen hat. Anders als beim Planungskostenbeitrag fällt die Erhebung des Infrastruktur-Bereitstellungsbeitrags (IBB) nicht in das Ermessen der Gemeinde.
Der Infrastruktur-Bereitstellungsbeitrag (IBB) ist eine jährlich an die Gemeinde zu leistende Abgabe, die trotz des Terminus „Beitrag" in ihrem Wesen vor allem darauf abzielt, finanzielle Anreize zur Unterlassung der Bebauung zu vermeiden und solche zur Nutzbarmachung des Baulandes zu schaffen. Das damit verfolgte öffentliche Interesse beschränkt sich dabei nicht nur auf die tatsächliche Bebauung des Grundstücks, und somit auf die Umsetzung der Planung und Planungsziele (Schaffung von Wohnraum, Mobilisierung udgl), sondern dient vor allem auch der Vermeidung frustrierter Aufwendungen für die Gemeinden durch die Bereitstellung von Infrastruktureinrichtungen (dh auch die Bezeichnung „Infrastruktur-Bereitstellungsbeitrag"). Gerade bei den Einrichtungen der Daseinsvorsorge können die Gemeinden nämlich mit deren Errichtung nicht solange zuwarten, bis der Bedarfsfall tatsächlich eintritt, sondern sind gezwungen in Vorleistung zu gehen, damit diese Einrichtungen zu diesem Zeitpunkt bereits zur Verfügung stehen.
Abgabengegenstand, Abgabeschuldner, Bemessungsgrundlage, Tarif, Entstehung des Abgabenanspruchs und Zweckwidmung ergeben sich aus den Abs 1 bis 7. Zum Abgabengegenstand ist auszuführen, dass die Abgabe zum einen nur unverbaute Baulandgrundstücke (§ 5 Z 6) betrifft und davon zum anderen auch nur diejenigen, die keiner Baulandbefristung unterliegen. Die Einschränkung des Anwendungsbereichs auf Gebiete gemäß § 30 Abs 1 Z 1 bis 5 und 9 ist darin begründet, dass der Bereich Wohnen von der Problematik „Baulandhortung" in besonderem Maße betroffen ist und Wohnen ein Grundbedürfnis des Menschen darstellt. Außerdem ist die Sicherung von Grundlagen für die langfristige Entwicklung der Wirtschaft ein wesentliches Anliegen der Raumordnung und stellt die Bevorratung von Gewerbe- und Industriegebiet eine Maßnahme der vorausschauenden Unternehmenspolitik dar, indem Flächen für spätere Erweiterungen rechtzeitig gesichert werden. Eine Mobilisierung dieser Flächen, so wie dies beim Eigenbedarf für Wohnbauland vorgesehen ist, ist im Bereich von Gewerbe und Industrie nicht seriös leistbar, hängt der Erweiterungsbedarf doch jeweils vom Betriebstyp und Unternehmenserfolg ab.
Grundrechtlichen Erwägungen trägt der Vorschlag insoweit Rechnung, als die Regelung allgemeine und besondere Ausnahmen bzgl. der Erhebung und Bemessung der Abgabe vorsieht (Abs 2 und 4 – Beitragsfreiheit in den ersten fünf Jahren, Nichteinrechnung von Zeiten der Nicht-Bebaubarkeit der Grundflächen, Abzug des Eigenbedarfs bei der Bemessung in den ersten fünfzehn Jahren udgl). Zur Tarifgestaltung ist zu bemerken, dass die Tarife 1 bis 4 die Unterschiede in den einzelnen Bezirken bzgl. der Grundstückskosten entsprechend berücksichtigen und mit § 15 der Wohnbauförderungsverordnung 2015 harmonieren.

In finanzverfassungsrechtlicher Hinsicht ist schließlich auszuführen, dass es sich beim Infrastruktur-Bereitstellungsbeitrag um eine Abgabe handelt, die auf das sog Abgabenfindungsrecht der Länder gründet. Die wichtigste verfassungsrechtliche Schranke für das Abgabenfindungsrecht der Länder ergibt sich aus § 8 Abs 3 F-VG 1948. Demnach dürfen neben Bundesabgaben gleichartige Abgaben der Länder vom selben Besteuerungsgegenstand nur mit bundesgesetzlicher Ermächtigung erhoben werden. Nach dzt Stand ist keine Bundesabgabe ersichtlich, die denselben Besteuerungsgegenstand aufwiese. Selbst zu zumindest ähnlichen, (auch) auf Liegenschaften Bezug nehmenden Abgaben des Bundes (Bodenwertabgabe, Grundsteuer) fehlt es an der Gleichartigkeit, weil die Bemessungsgrundlagen der genannten Bundesabgaben an den Einheitswert bzw. an einen vom Einheitswert abgeleiteten Messwert anknüpfen. Dass selbst bei Identität des Besteuerungsgegenstandes eine etwa an der Größe der Grundfläche anstelle des Einheitswerts orientierte Bemessungsgrundlage eine Landesabgabe zulässig macht, hat der VfGH in Bezug auf einen „Erhaltungsbeitrag im Bauland" (in Abgrenzung zur Bodenwertabgabe) ausdrücklich festgehalten (VfSlg 17.890/2006).
Die materiellen Schranken des § 8 Abs 6 F-VG 1948 brauchen im Gegenstand nicht berücksichtigt zu werden, da sich diese Bestimmung nur auf Beschlussrechtsabgaben bezieht, um die es sich hier nicht handelt (vgl. Ruppe in: Korinek/Holoubek [Hrsg], Österreichisches Bundesverfassungsrecht [2016], zu § 8 F-VG Rz 39). Die Bestimmung über die Zweckbestimmung erscheint aus verfassungsrechtlicher Sicht nicht ausgeschlossen (vgl. VfSlg 15.973/2000).
Abs 6 ordnet die Selbstberechnung der Abgabe durch den Abgabepflichtigen an.

Anmerkungen

Mit dieser Bestimmung wird die seit dem Jahr 2000 im ROG vorgesehene abgabenrechtliche Folge einer nicht fristgerechtigen Bebauung (siehe § 29 Abs 4 ROG 2009 idF vor der Novelle 2017) umgesetzt. Allerdings tritt die Wirkung dieser Bestimmung nicht zum Zeitpunkt des Inkrafttretens des Gesetzes ein, sondern sieht eine 5-jährige oder im Falle des Eigenbedarfs 15-jährige Frist bis zum Eintritt der Abgabenpflicht vor. Deneben erfasst die Abgabe nicht alle Baulandkategorien, sondern beschränkt sich hinsichtlich ihrer Anwendung auf die Wohnbaulandkategorien. Diese rechtspolitischen Entscheidungen des Gesetzgebers sind zu respektieren, klar ist aber, dass damit die erwartete mobilisierende Wirkung der Abgabe auch nicht mit ihrer gesetzlichen Einführung im vollen Umfang gegeben sein wird.
Die weiteren Gründe der Fristenhemmung betreffend die Abgabe sind im Detail nicht unproblematisch, so etwa betreffend das Erfordernis eines Bebauungsplanes für eine Bauführung (Abs 2 Z 4). Hier steht zu befürchten, dass die Gemeinden in weiterer Folge von Anregungen betreffend die Erlassung eines Bebauungsplanes überschwemmt werden, um die Abgabenpflicht bis zu dessen Rechtswirksamkeit hinauszuschieben. Gerade die Fragestellung, ob ein Bebauungsplan für eine Bauführung erforderlich ist oder nicht, kann seitens der Grundeigentümer nicht isoliert beurteilt werden, weil die damit verbundene Rechtsfrage (Vorliegen einer Baulücke) anhand der Bestimmung des § 14 Abs 1 lit a BGG in aller Regel einen Sachverständigenbeweis erfordert.
Weiters ist auch Abs 2 Z 3 hinsichtlich der Raumordnungsverträge interpretationsbedürftig. Die gesetzliche Formulierung „Zeiten der Geltungsdauer einer Vereinbarung gemäß § 18" ist in der Praxis insofern zu hinterfragen, weil Raumordnungsverträge üblicher Weise ohne die Festlegung einer Geltungsdauer abgeschlossen sind/werden. Es werden hier allenfalls Leistungsfristen (zB Verbauung der Liegenschaft binnen X Jahren, Verkauf an Dritte binnen X Jahren etc) und damit korrespondierende Sicherungsmittel festgelegt. Daher ist bei Vorhandensein eines entsprechen-

den Raumordnungsvertrages zu erwarten, dass Abgabenpflichtige sich auf die mangelende Festlegung einer Geltungsdauer des Vertrages berufen werden. Ob in weiterer Folge die Gerichte des öffentlichen Rechts die Leistungsfristen als Geltungsdauer akzeptieren werden, wird sich herausstellen. Wünschenswert wäre in diesem Zusammenhang jedenfalls eine gesetzliche Klarstellung.
Die Staffelung der Tarife erfolgt einerseits nach der Größe des Baulandgrundstückes, zu deren Ermittlung in abgabenrechtlicher Hinsicht die Rechtsgrundlagen in den Definitionen zu finden sind (siehe § 5 Z 6). Auch die hier festgelegten Größen scheinen das Ergebnis eines rechtspolitischen Kompromisses zu sein, um etwa kleine Grundstücke unter 500 m^2 zu privilegieren und somit einen Anreiz zu einem sparsamen Umgang mit Bauland zu bieten. Tatsächlich ist diese Größe bei unverbauten Grundstücken bisher selten gegeben.
Die Staffelung nach Lage der Gemeinde basiert gemäß der RV 2017 auf § 15 Wohnbauförderungsverordung und soll damit die unterschiedlichen Grundstückskosten berücksichtigen. Dazu ist allerdings anzumerken, dass diese Differenzierung zwar im Grundsatz positiv zu beurteilen ist, aber auf Grund der auch innerhalb von Bezirken unterschiedlichen Nachfragesituation und Grundstückspreisen wohl als ungenügend zu beurteilen ist. Allerdings sind dem Landesgesetzgeber eine direkte Anknüpfung an den Grundstückspreis bzw -wert auf Grund der finanzverfassungsrechtlichen Vorgaben verwehrt, sodass eine tatsächliche Anknüpfung an den Grundstückspreis nicht möglich ist. Hier sollte seitens des Landesgesetzgebers eine weitere Flexibilisierung dieses Modells – etwa durch Einführung von Zu- und Abschlägen – erwogen werden.

5. Abschnitt – Schlussbestimmungen

§ 78 Strafbestimmungen

(1) Eine Verwaltungsübertretung begeht, soweit die Tat nicht den Tatbestand einer mit höherer Strafe bedrohten strafbaren Handlung bildet, wer

1. als Planungsträger, ausgenommen die Gemeinden, einer Informationspflicht gemäß § 4 Abs 1 nicht nachkommt;

2. eine bauliche Maßnahme ohne die gemäß § 21 Abs 2 zweiter Satz oder § 22 Abs 1 erforderliche Bewilligung ausführt;

3. LAUTET BIS 31.12.2018:
eine Wohnung entgegen § 31 Abs 1 – 3 als Zweitwohnung nutzt oder wissentlich nutzen lässt;
LAUTET AB 1.1.2019:
eine Wohnung entgegen § 31 Abs 2 als Zweitwohnung verwendet oder wissentlich verwenden lässt;

4. eine Wohnung entgegen § 31b Abs 1 und 2 für touristische Beherbergungen verwenden oder wissentlich verwenden lässt

5. LAUTET BIS 31.12.2018:
den Verpflichtungen gemäß § 31 Abs 6 oder 7 nicht entspricht;
LAUTET AB 1.1.2018:
den Verpflichtungen gemäß § 31 Abs 5 nicht entspricht

5a. den Verpflichtungen gemäß § 31b Abs 4 nicht entspricht

6. Veränderungen an einer von einem Vorbehalt erfassten Fläche ohne die gemäß § 41 Abs 3 oder § 42 Abs 3 erforderliche Bewilligung vornimmt;

7. Pflanzbindungen, Pflanzgeboten oder Festlegungen zur Geländegestaltung gemäß § 53 Abs 2 Z 14 zuwiderhandelt; oder

8. die erforderlichen Unterlagen nicht gemäß § 84 Abs 4 dritter Satz vorlegt.

(2) Verwaltungsübertretungen gemäß Abs 1 sind unbeschadet sonstiger Folgen (baupolizeilicher Auftrag, Vollstreckung udgl) zu bestrafen:

1. in den Fällen des Abs 1 Z 1, 5,5a, 6, 7 und 8 mit Geldstrafe bis 5.000 € und für den Fall der Uneinbringlichkeit mit Ersatzfreiheitsstrafe bis zu einer Woche;

2. in den Fällen des Abs 1 Z 2, 3 und 4 mit Geldstrafe bis 25.000 € und für den Fall der Uneinbringlichkeit mit Ersatzfreiheitsstrafe bis zu fünf Wochen.

(3) In Verfahren gemäß Abs 1 Z 3 und 4 gilt außerdem Folgendes:

1. Für den Fall, dass jemand eine Wohnung unzulässig als Zweitwohnung oder zum Zweck touristischer Beherbergung wissentlich verwenden lässt, gilt die Verwaltungsübertretung als an jenem Ort begangen, an dem sich die betreffende Wohnung befindet.

2. Die Gemeinde, die Anzeige wegen einer solchen Übertretung erstattet hat, ist Partei im Verwaltungsstrafverfahren und berechtigt, Beschwerde an das Landesverwaltungsgericht zu erheben. Sie ist Partei des Verfahrens vor dem Landesverwaltungsgericht und weiters berechtigt, Revision an den Verwaltungsgerichtshof zu erheben. Die Parteistellung der Gemeinde erstreckt sich nicht auf die Strafbemessung.

(4) Die Bezirksverwaltungsbehörde und das Landesverwaltungsgericht haben jede rechtskräftige Bestrafung gemäß Abs 1 Z 3 der Landesregierung bekannt zu geben. Das Landesverwaltungsgericht ist weiters verpflichtet, der Landesregierung auf deren Verlangen die mit einer rechtskräftigen Bestrafung gemäß §78 Abs 1 Z 3 ROG 2009 im Zusammenhang stehenden Akten oder Aktenteile zu übermitteln.

RV

Die Straftatbestände sind ergänzt um die unzulässige touristische Verwendung von Wohnungen gemäß §31 Abs 5 und um die Verletzung der besonderen Mitwirkungspflichten gemäß §31 Abs 6 und 7. Bei den Strafdrohungen wird die Obergrenze erhöht, gleichzeitig aber der Höhe nach stärker differenziert als bisher. Die Mitteilungspflicht gemäß Abs 3 steht mit der geplanten Verschärfung der Bestimmungen gegen unzulässige Zweitwohnnutzungen im Grundverkehrsrecht im Zusammenhang. (Ein entsprechender Novellierungsentwurf wird demnächst zur Begutachtung ausgesendet werden.) Es sollen der Landesregierung Instrumente zur Verfügung gestellt werden, um einer weiteren unzulässigen Zweitwohnnutzung wirksam begegnen zu können. Zweckmäßigerweise ist sie dafür von rechtskräftigen Bestrafungen wegen unzulässiger Zweitwohnnutzung zu informieren.

RV 2017

Im Abs 1 werden lediglich die Verweisungen angepasst. Abs 3 ist entsprechenden Regelungen im Tiroler Raumordnungsgesetz nachgebildet (Großteils kann daher auch auf die dortigen Erwägungen zurückgegriffen werden).
Zur Tatortfiktion gemäß Abs 3 Z 1 ist auszuführen, dass es – um die verbotswidrige Überlassung von Zweitwohnungen bzw. von Wohnungen zum Zweck touristischer Beherbergung effektiv verfolgen zu können – in Ermangelung eines anderen verlässlich fassbaren Anknüpfungspunktes erforderlich ist, jenen Ort als Tatort festzulegen, an dem sich die Wohnung befindet. Die Überlassung findet real nämlich an jenem Ort statt, an dem die entsprechende rechtsgeschäftliche Disposition erfolgt und jene weiteren faktischen Schritte gesetzt werden, mit denen die Verfügungsmacht über die betreffende Wohnung eingeräumt wird (wie etwa die Schlüsselübergabe). Abgesehen davon, dass diese Fakten für die Verwaltungsstrafbehörde vielfach nicht feststellbar sein werden, ist auch an Fälle zu denken, in denen die Überlassung von einem anderen Land

oder Staat aus erfolgt, was zu weiteren Erschwernissen bei der Strafverfolgung führen könnte. Bei diesem Straftatbestand handelt es sich nämlich um ein sog. Ungehorsamkeitsdelikt; in diesem Sinn erschöpft sich das strafbare Verhalten darin, dass eine Wohnung einem Dritten in unzulässiger Weise zur Verwendung als Zweitwohnung bzw. zur touristischen Beherbergung überlassen wird, ohne dass es zur Begründung der Strafbarkeit eines weiteren zum Tatbestand gehörenden Erfolges bedarf. Nach § 2 Abs 1 VStG sind, sofern die Verwaltungsvorschriften nichts anderes bestimmen, nur die im Inland begangenen Verwaltungsübertretungen strafbar. Nach § 2 Abs 2 VStG ist dieser Inlandsbezug bei Ungehorsamkeitsdelikten wiederum nur gegeben, wenn der Täter im Inland gehandelt hat (oder bei Unterlassungsdelikten – die hier aber nicht einschlägig sind – im Inland hätte handeln sollen). Eine Bestrafung ist derzeit daher dann nicht möglich, wenn das tatbildliche Verhalten – in der Regel jene rechtsgeschäftliche Disposition, die es einem Dritten ermöglicht, eine Wohnung in Salzburg unerlaubt als Zweitwohnung bzw. zum Zweck touristischer Beherbergung zu verwenden – vom Ausland oder auch (weil es sich hier um eine landesgesetzliche Strafbestimmung handelt, deren Geltungsbereich auf das Landesgebiet beschränkt ist) von einem anderen Bundesland aus erfolgt, da die Regelung des § 2 VStG analog auch im Landesrecht Anwendung findet (*Lewisch*, § 2 VStG, in: Lewisch/Fister/Weilguni, VStG Kommentar [2013] Rz 15).
Zu Abs 3 Z 2, wonach jener Gemeinde, die eine Übertretung auf Grund der Regelungen über die Verwendung einer Wohnung als Zweitwohnung bzw. für touristische Beherbergungen auf ihrem Gebiet bei der Verwaltungsstrafbehörde anzeigt, im Verwaltungsstrafverfahren Parteistellung und weiters Amtsbeschwerde- und Amtsrevisionslegitimation zukommen soll, ist auszuführen, dass die Einräumung der Parteistellung sowie der Beschwerde- bzw. Revisionslegitimation der Gemeinde (als Gebietskörperschaft, vgl. jüngst VwGH Ro 2015/16/0001 vom 22. April 2015 und Ro 2014/17/0144 vom 24. April 2015) aus verfassungsrechtlicher Sicht sachgerecht und überdies rechtspolitisch zweckmäßig erscheint; insbesondere verstößt eine solche Regelung auch nicht gegen die Judikatur des VfGH, wonach es verfassungswidrig ist, wenn „ein Organ [, das] zunächst als Behörde eines Verwaltungsverfahrens über öffentliche Rechte entscheidet, ... danach in seiner Eigenschaft als Amtspartei, als die es ebenso die öffentlichen Interessen wahrzunehmen hat, die eigene Entscheidung durch Ergreifung eines ordentlichen Rechtsmittels zu beseitigen" imstande ist (jüngst VfSlg 19.876/2014): Es besteht ein Interesse der Gemeinde an der Einhaltung der betreffenden Vorschriften, die sie im eigenen Wirkungsbereich zu vollziehen hat, und – sofern von der Gemeinde Anzeige erstattet wurde – jedenfalls auch am daran anschließenden Verwaltungsstrafverfahren. Hingegen ist ein Interesse der Gemeinde an der Strafbemessung nicht anzunehmen (so ist die Handhabung des Verwaltungsstrafrechts auch nicht Teil des eigenen Wirkungsbereiches der Gemeinde, s zB VfSlg 10.614/1985), weshalb sich die Parteistellung der Gemeinde und korrespondierend hierzu wiederum die Beschwerde- und Revisionslegitimation auf diesen verwaltungsstrafrechtlichen Aspekt nicht beziehen soll.

§ 79 Verweisungen

Die in diesem Gesetz enthaltenen Verweisungen auf bundesrechtliche Vorschriften gelten, soweit nicht ausdrücklich anderes bestimmt wird, als Verweisungen auf die letztzitierte Fassung:

1. **Abfallwirtschaftsgesetz 2002 – AWG 2002, BGBl I Nr. 102, zuletzt geändert durch das Gesetz BGBl I Nr. 163/2015;**
2. **Gewerbeordnung 1994 – GewO 1994, BGBl Nr. 194, zuletzt geändert durch das Gesetz BGBl I Nr. 107/2017,**

3. Meldegesetz 1991 – MeldeG, BGBl Nr. 9/1992, zuletzt geändert durch das Gesetz BGBl I Nr. 120/2016;
4. Umweltverträglichkeitsprüfungsgesetz 2000 – UVP-G 2000, BGBl Nr. 697/1993, zuletzt geändert durch das Gesetz BGBl I Nr. 58/2017;
5. Vermessungsgesetz – VermG, BGBl Nr. 306/1968, zuletzt geändert durch das Gesetz BGBl I Nr. 51/2016.

RV

Während Verweisungen auf andere landesrechtliche Vorschriften dynamisch zu verstehen sind (vgl. Art 7 Abs 3 L-VG), ist dies bei Verweisungen auf Bundesrecht bundesverfassungsrechtlich unzulässig. Diese Verweisungen sind daher statisch zu fassen, es gilt die Fassung, die das Bundesgesetz bis durch die letztzitierte Novelle erhalten hat.

§ 80 Umsetzungshinweis

Dieses Gesetz dient der Umsetzung folgender Richtlinien:
1. Richtlinie 79/409/EWG des Rates vom 2. April 1979 über die Erhaltung der wildlebenden Vogelarten (Vogelschutz-Richtlinie), ABl Nr. L 103 vom 25. April 1979, zuletzt geändert durch die Richtlinie 2006/105/EG des Rates vom 20. November 2006, ABl Nr. L 363 vom 20. Dezember 2006;
2. Richtlinie 92/43/EWG des Rates vom 21. Mai 1992 zur Erhaltung der natürlichen Lebensräume sowie der wildlebenden Tiere und Pflanzen (Flora-Fauna-Habitat-Richtlinie), ABl Nr. L 206 vom 22. Juli 1992, zuletzt geändert durch die Richtlinie 2006/105/EG des Rates vom 20. November 2006, ABl Nr. L 363 vom 20. Dezember 2006;
3. Richtlinie 2012/18/EU des Europäischen Parlaments und des Rates vom 4. Juli 2012 zur Beherrschung der Gefahren schwerer Unfälle mit gefährlichen Stoffen, zur Änderung und anschließenden Aufhebung der Richtlinie 96/82/EG des Rates (Seveso-Richtlinie), ABl Nr. L 197 vom 24. Juli 2012;
4. Richtlinie 2001/42/EG des Europäischen Parlaments und des Rates vom 27. Juni 2001 über die Prüfung der Umweltauswirkungen bestimmter Pläne und Programme (SUP-Richtlinie), ABl Nr. L 197 vom 21. Juli 2001;
5. Richtlinie 2003/35/EG des Europäischen Parlaments und des Rates vom 26. Mai 2003 über die Beteiligung der Öffentlichkeit bei der Ausarbeitung bestimmter umweltbezogener Pläne und Programme und zur Änderung der Richtlinien 85/337/EWG und 96/61/EG des Rates in Bezug auf die Öffentlichkeitsbeteiligung und den Zugang zu Gerichten, ABl Nr. L 156 vom 25. Juni 2003;
6. Richtlinie 2006/32/EG des Europäischen Parlaments und des Rates vom 5. April 2006 über Endenergieeffizienz und Energiedienstleistungen und zur Aufhebung der Richtlinie 93/76/EWG des Rates, ABl Nr. L 114 vom 27. April 2006.

RV

Die Öffentlichkeitsbeteiligungs-Richtlinie ist ergänzt.

Anmerkungen

Diese Bestimmung dient dem Nachweis der Umsetzung europarechtlicher Vorhaben.

§ 81 In- und Außerkrafttreten

(1) Dieses Gesetz tritt mit 1. April 2009 in Kraft.

(2) Mit dem Inkrafttreten dieses Gesetzes treten außer Kraft:

1. das Salzburger Raumordnungsgesetz 1998 – ROG 1998, LGBl Nr. 44, in der Fassung der Gesetze LGBl Nr. 3, 10, 45 und 77/1999, 25 und 68/2000, 46 und 82/2001, 75/2002, 55 und 107/2003, 13, 36 und 65/2004 sowie der Kundmachungen LGBl Nr. 66/1998, 108/1999, 96/2004 und 108/2007;

2. die Verordnung der Salzburger Landesregierung vom 26. Jänner 1970, LGBl Nr. 25, mit der der Entwicklungsplan „Die Stadt Salzburg und ihr Umland" verbindlich erklärt wird, in der Fassung der Verordnungen LGBl Nr. 93/1987, 125/1995 und 60/2002 sowie der Kundmachungen LGBl Nr. 74/1970 und 29/1996;

3. die Verordnung der Salzburger Landesregierung vom 19. November 1973, LGBl Nr. 137, mit der der Entwicklungsplan „Pinzgau" verbindlich erklärt wird;

4. die Verordnung der Salzburger Landesregierung vom 28. April 1986, LGBl Nr. 48, mit der das Entwicklungsprogramm Pongau verbindlich erklärt wird, in der Fassung der Verordnungen LGBl Nr. 68/1991, 41/2001, 58/2004 und 62/2008.

RV

Die Übergangsbestimmungen folgen dem System der Abs 2 bis 13 und 17 des § 45 Abs 2 ROG 1998. Zur besseren Übersicht erfolgt eine Teilung in zwei Paragraphen, in einem weiteren (§ 84) werden Bestimmungen aus den Novellen LGBl Nr. 3/1999 (§ 50 Abs 5 und 6) und LGBl Nr. 13/2004 (§ 54 Abs 6 und 8) zusammengefasst.

§ 82 Übergangsbestimmungen – Rechtsüberleitung

(1) Die gemäß § 6 Abs. 1 des Salzburger Raumordnungsgesetzes 1992 – ROG 1992, LGBl Nr. 98, oder des Salzburger Raumordnungsgesetzes 1998 verbindlich erklärten Entwicklungsprogramme gelten als Entwicklungsprogramme im Sinn dieses Gesetzes. Abs. 3 gilt sinngemäß.

(2) Die gemäß § 9 Abs. 2 und 3 des Salzburger Raumordnungsgesetzes 1977 – ROG 1977, LGBl Nr. 26, oder gemäß § 13 ROG 1992 oder ROG 1998 erstellten Räumlichen Entwicklungskonzepte gelten als Räumliche Entwicklungskonzepte im Sinn dieses Gesetzes. Änderungen von solchen Räumlichen Entwicklungskonzepten nach den bisher geltenden Bestimmungen sind bis zum 31. Dezember 2015 und danach nur unter folgenden (weiteren) Voraussetzungen zulässig:

– bei Vorliegen eines besonders wichtigen öffentlichen Interesses;

– wenn die Gemeinde bereits ein Verfahren zur Anpassung des geltenden Räumlichen Entwicklungskonzeptes an die Bestimmungen des ROG 2009 eingeleitet und den Verfahrensschritt der Vorbegutachtung durch die Landesregierung für die betreffenden Änderungsflächen positiv abgeschlossen hat; oder

– wenn die Gemeinde bereits eine ausreichende Öffentlichkeitsarbeit im Sinn des § 65 Abs 1 zur Anpassung des geltenden Räumlichen Entwicklungskonzeptes an die Bestimmungen des ROG 2009 durchgeführt und die Änderung des geltenden Räumlichen Entwicklungskonzeptes nach den bisher geltenden Bestimmungen bis zum 31. Dezember 2019 der Landesregierung zur zusammenfassenden Begutachtung vorgelegt hat.

Für Revisionen des Räumlichen Entwicklungskonzepts hat die Gemeinde bis zum 31. Dezember 2015 die Möglichkeit, diese nach den Bestimmungen dieses Gesetzes oder nach den bisher geltenden Bestimmungen durchzuführen. Bei nicht nach den Bestimmungen dieses Gesetzes neu aufgestellten Räumlichen Entwicklungskonzepten gilt für die auf deren Grundlage erfolgende Änderung von Flächenwidmungsplänen:

1. An Stelle der aufsichtsbehördlichen Kenntnisnahme ist eine aufsichtsbehördliche Genehmigung erforderlich.
2. § 74 Abs. 4 kann sinngemäß angewendet werden.

(3) Die gemäß § 21 Abs. 4 ROG 1992 oder § 21 Abs. 5 ROG 1998 kundgemachten Flächenwidmungspläne gelten mit der Maßgabe als Flächenwidmungspläne im Sinn dieses Gesetzes, dass zu gelten haben:

1. hinsichtlich des Baulandes
   (a) Gebiete gemäß § 17 Abs. 1 Z 1, 2, 7, 8 oder 9 ROG 1992 oder ROG 1998
   als Gebiete gemäß § 30 Abs. 1 Z 1, 2, 8, 9 bzw. 10 dieses Gesetzes;
   (b) Gebiete gemäß § 17 Abs. 1 Z 3, 5 oder 6 ROG 1992 oder ROG 1998
   als Gebiete gemäß § 30 Abs. 1 Z 3, 5 bzw. 7 dieses Gesetzes; und
   (c) Gebiete gemäß § 17 Abs. 1 Z 4, 10 oder 11 ROG 1992 oder gemäß § 17 Abs. 1 Z 4, 5a, 10 oder 11 ROG 1998
   als Gebiete gemäß § 30 Abs. 1 Z 4, 6, 11 bzw. 12 dieses Gesetzes;
2. Verkehrsflächen gemäß § 18 ROG 1992 oder ROG 1998 als Verkehrsflächen gemäß § 35 dieses Gesetzes;
3. hinsichtlich des Grünlandes
   (a) Gebiete gemäß § 19 Z 1, 2, 3, 4, 5, 6, 7, 8, 9, 10, 11 oder 12 ROG 1992 bzw. Gebiete gemäß § 19 Z 1, 2, 3, 4, 5, 6, 7, 8, 9, 10, 11 oder 15 ROG 1998
   als Gebiete gemäß § 36 Z 1, 2, 3, 4, 5, 6, 7, 8, 9, 10, 11 bzw. 15 dieses Gesetzes;
   (b) Gebiete gemäß § 19 Z 12, 13 oder 14 ROG 1998
   als Gebiete gemäß § 36 Z 12, 13 bzw. 14 dieses Gesetzes;
4. hinsichtlich der Vorbehaltsflächen
   Gebiete gemäß den §§ 16 Abs. 3 erster oder zweiter Satz ROG 1992 oder ROG 1998
   als Gebiete gemäß § 41 bzw. § 42 dieses Gesetzes;
5. Kenntlichmachungen auf Grund des ROG 1992 oder ROG 1998 als Kenntlichmachungen im Sinn dieses Gesetzes.

Die Widmungen gemäß § 19 Z 11 ROG 1992 oder § 19 Z 11 und 12 ROG 1998 sind bis längstens 31. Dezember 2013 in Widmungen gemäß § 36 Abs. 1 Z 11 oder 12 zu ändern.

(4) Die Überprüfung des Räumlichen Entwicklungskonzepts und des Flächenwidmungsplans gemäß § 20 Abs. 1 ist in Gemeinden, deren Flächenwidmungsplan nicht innerhalb von zehn Jahren vor dem Inkrafttreten dieses Gesetzes neu aufgestellt oder durch Änderung an das ROG 1998 angepasst worden ist, bis längstens 31. Dezember 2010 vorzunehmen. Die Frist zur periodischen Überprüfung beginnt in diesen Fällen mit Vorliegen der Mitteilung gemäß § 20 Abs. 3.

(5) Die Fristenläufe für die periodische Überprüfung, die Dauer der Ausweisung als Bauland in Bezug auf die Zulässigkeit der Umwidmung in Grünland oder Verkehrsfläche und die Entschädigungspflicht bei Umwidmungen in Grünland oder Verkehrsfläche sowie als Vorbehaltsfläche in Bezug auf die Geltendmachung des Einlösungsrechts und die Löschung werden durch dieses Gesetz nicht berührt.

(6) § 31 Abs. 4 Z 2 ist für die Wiederausweisung von solchen Grundflächen als Zweitwohnungsgebiete, die bereits am 1. März 1993 als Zweitwohnungsgebiete ausgewiesen waren, nicht anzuwenden. Solche Flächen sind, auch wenn sie nicht bebaut sind, nicht in den Baulandbedarf der Gemeinde einzubeziehen.

(7) Ausnahmen gemäß § 19 Abs. 3 ROG 1977 und Einzelbewilligungen gemäß § 24 Abs. 3 ROG 1992 oder ROG 1998 gelten als Einzelbewilligung gemäß § 46 dieses Gesetzes. Die Dauer ihrer Wirksamkeit wird durch dieses Gesetz nicht berührt. Bewilligungen gemäß § 24 Abs. 7 ROG 1992 oder ROG 1998 werden durch dieses Gesetz in ihrem Bestand nicht berührt.

(8) Bausperren gemäß § 26 bzw. § 42 ROG 1998 gelten als Bausperren gemäß § 21 dieses Gesetzes, Bausperren gemäß § 26a ROG 1998 als Bausperren gemäß § 22 dieses Gesetzes. Ihre Geltungsdauer wird durch dieses Gesetz nicht berührt.

(9) Auf Grund der §§ 1 ff des Bebauungsgrundlagengesetzes – BGG, LGBl Nr. 69/1968, erlassene oder auf Grund des § 27 Abs. 2 BGG weitergeltende Bebauungspläne, die im Zeitpunkt des Inkrafttretens dieses Gesetzes bestehen, behalten ihre Wirksamkeit nach den bisher geltenden Rechtsvorschriften. Auf die Änderung solcher Bebauungspläne und die Wirkung der so geänderten Bebauungspläne sind die Bestimmungen dieses Gesetzes anzuwenden. Für den Geltungsbereich solcher Bebauungspläne, in der Stadt Salzburg für das gesamte im Flächenwidmungsplan ausgewiesene Bauland, können Nutzungsfestlegungen gemäß § 60 erstmals auch in eigenen Plänen getroffen werden, die als Bebauungspläne der Grundstufe gelten. Auf die Aufstellung und Wirkung solcher Nutzungspläne finden die für Bebauungspläne geltenden Bestimmungen sinngemäß Anwendung. Gleichzeitig mit der Kundmachung gemäß § 71 Abs. 2 kann für unbebaute Bauplätze eine Bausperre gemäß § 21 verfügt werden. Eine gemäß § 45 Abs. 13 zweiter bis fünfter Satz ROG 1998 gänzliche oder teilweise festgestellte und kenntlich gemachte Unwirksamkeit von solchen Bebauungsplänen bleibt unberührt.

(10) Die gemäß § 38 Abs. 4 ROG 1998 kundgemachten Bebauungspläne gelten als Bebauungspläne im Sinn dieses Gesetzes.

(11) Das vereinfachte Verfahren zur Änderung des Flächenwidmungsplans (§ 69 Abs. 2) kann auch angewendet werden:

1. für die Anpassung gemäß Abs. 3 letzter Satz;

2. für die Änderung der Kennzeichnung eines Aufschließungsgebiets (§ 37 Abs. 1) in eine Kennzeichnung gemäß § 37 Abs. 2;

3. für die Kenntlichmachung von Planfreistellungen gemäß § 50 Abs. 2 Z 1.

RV

Zu § 82: Grundsätzlich werden die bisherigen bestehenden Planungsakte in den Geltungsbereich des neuen Raumordnungsgesetzes übergeleitet. Ausgenommen davon sind die noch auf die Raumordnungsgesetze 1968 und 1977 zurückgehenden Entwicklungspläne „Die Stadt Salzburg und ihr Umland“ und „Pinzgau“ sowie das Entwicklungsprogramm Pongau, die gänzlich überaltert sind und mit den neuen Bestimmungen nicht mehr in Einklang zu bringen sind. Sie werden aufgehoben (§ 82 Abs 2).
Auf die Änderung der bestehenden Räumlichen Entwicklungskonzepte sollen in den nächsten fünf Jahren noch die bisherigen Bestimmungen gelten (Abs 2). Das bedeutet, dass in dieser Zeit auch keine aufsichtsbehördliche Genehmigung erforderlich ist.
Nach Auslaufen dieser Übergangsfrist gelten die Bestimmungen des neuen ROG. Für die einzelnen alten Widmungskategorien wird die Fortgeltung als jeweilige Widmungskategorie nach dem neuen Gesetz detailliert geregelt (Abs 3). Dabei genügt es, auf die Kategorien der Raumordnungsgesetze 1992 und 1998 Bezug zu nehmen, da die Flächenwidmungspläne aller Gemeinden an diese Gesetze angepasst sind. Die bisherigen Widmungen gemäß § 19 Z 11 ROG 1992 oder § 19 Z 11 und 12 ROG 1998 sind in den nächsten fünf Jahren in die neuen Widmungen gemäß § 36 Z 11 oder 12 ROG 2008 zu ändern. Eine generelle Anpassungspflicht für bestehende Flächenwidmungspläne ist aber nicht erforderlich. Für die periodische Überprüfungspflicht gemäß § 20 wird im Abs 4 angeordnet, dass diese innerhalb von zwei Jahren ab Inkrafttreten dieses Gesetzes zu erfüllen ist, wenn der Flächenwidmungsplan nicht ohnehin auf Grund des ROG 1998 neu aufgestellt oder als älterer Plan nicht in den letzten zehn Jahren an das ROG 1998 durch Änderung angepasst worden ist.
Für die alten Bebauungspläne aus der Zeit vor dem ROG 1998 verbleibt es dabei, dass für diese materiell noch das alte Recht anzuwenden ist (Abs 8). Dagegen können die auf Grund des ROG 1998 erlassenen Bebauungspläne übergeleitet werden (Abs 9).

Die Anpassung der Widmungen gemäß § 19 Z 11 ROG 1992 oder ROG 1998 an das ROG 2008 und die Kenntlichmachung von Freistellungen vom Erfordernis der Aufstellung eines Bebauungsplans können auch im vereinfachten Verfahren zur Änderung des Flächenwidmungsplans vorgenommen werden, ebenso die Änderung der Kennzeichnung eines Aufschließungsgebietes in eine bloße Aufschließungs-Kennzeichnung.

RV 2017

Die Änderbarkeit der Räumlichen Entwicklungskonzepte „alt" wird in drei Fällen ermöglicht, wobei die Fälle zwei und drei die Zulässigkeit der Änderung nach bisherigem Recht zusätzlich mit verfahrensrechtlichen Schritten in Bezug auf die Anpassung des REK an die Bestimmungen des ROG 2009 verknüpfen.
Der erste Fall enthält eine inhaltliche Anforderung – die Abänderbarkeit wird auf das Vorliegen „besonders wichtiger öffentlicher Interessen" beschränkt. Das Vorliegen solcher Interessen ist anzunehmen, wenn durch die Änderung die Raumordnungsziele Schutz der Bevölkerung vor Natur- und Umweltgefahren, Schutz der natürlichen Lebensgrundlagen, Schutz des Bodens sowie die Sicherstellung einer eigenständigen und nachhaltigen Energieversorgung besonders unterstützt werden.

Anmerkungen

Für nach dem ROG 1992/1998 erstellte REK ermöglichten die Übergangsbestimmungen des ROG 2009 in § 82 Abs 2 bis zum 31.12 2015 REK-Änderungen oder Revisionen (Gesamtüberarbeitungen) des REK ohne aufsichtsbehördliche Genehmigungen durch die Landesregierung. Nach der Novelle 2017 können derartige, nach dem ROG 1992/1998 erstellte REK nun wiederum „aufsichtsbehördlich genehmigungsfrei" geändert werden, allerdings sind nur Änderungen möglich, wenn – neben den im ROG 1998 in § 13 Abs 6 genannten Voraussetzungen für eine Änderung – die Voraussetzungen von § 82 Abs 2 der Novelle 2017 gegeben sind.

§ 13 Abs 6 ROG 1998 lautet:

(6) Das räumliche Entwicklungskonzept kann bei Änderungen in den Planungsgrundlagen geändert werden. Es ist zu ändern, soweit dies durch Erlassung oder Änderung von Entwicklungsprogrammen des Landes erforderlich ist. Für Änderungen des räumlichen Entwicklungskonzepts finden die Abs 2 bis 5 sinngemäß Anwendung.

Nach der RV 1992 kann die Änderung der Planungsvoraussetzungen zB in der Erlassung eines Entwicklungsprogrammes des Landes, in geänderten Planungen der Nachbargemeinde oder in geänderten Planungsvorstellungen der Gemeinde selbst seinen Grund haben.

§ 83 Übergangsbestimmungen – Anhängige Verfahren

(1) Im Zeitpunkt des Inkrafttretens dieses Gesetzes eingeleitete Verfahren zur Aufstellung oder Änderung von Entwicklungsprogrammen, zur Erlassung oder Änderung von Standortverordnungen, zur Aufstellung von Flächenwidmungsplänen, zur Erteilung einer Einzelbewilligung gemäß § 24 Abs. 3 ROG 1998 oder zur Aufstellung oder Änderung von Bebauungsplänen gelten als Verfahren im Sinn dieses Gesetzes; sie sind auf der Basis des jeweiligen Verfahrensstandes nach dessen Bestimmungen weiterzuführen. Im Zeitpunkt des Inkrafttretens dieses Gesetzes anhängige Verfahren zur aufsichtsbehördlichen Genehmigung sind nach den bisher geltenden Bestimmungen weiterzuführen.

(2) Im Zeitpunkt des Inkrafttretens dieses Gesetzes anhängige Verfahren zur Erstellung oder Änderung des Räumlichen Entwicklungskonzepts und zur Änderung von Flächwidmungsplänen sind nach den bisher geltenden Bestimmungen weiterzuführen. Dasselbe gilt für Verfahren über Entschädigungen gemäß § 49 sowie zur Erteilung von Bauplatzerklärungen oder Baubewilligungen, die im Zeitpunkt des Inkrafttretens dieses Gesetzes bereits anhängig sind.

(3) § 16 findet auf unter dessen Abs. 1 fallende Anlagen keine Anwendung, für die das Genehmigungs- oder Anzeigeverfahren nach dem Abfallwirtschaftsgesetz 2002 im Zeitpunkt des Inkrafttretens dieses Gesetzes bereits anhängig ist.

(4) Strafverfahren über Verwaltungsübertretungen, die bis zum Zeitpunkt des Inkrafttretens dieses Gesetzes begangen worden sind, sind nach den bisherigen Rechtsvorschriften durchzuführen, es sei denn, dass das zur Zeit der Erlassung des Bescheides in erster Instanz geltende Recht für den Täter günstiger wäre.

RV

Anhängige raumordnungsrechtliche Verfahren sind teils nach den neuen Bestimmungen weiterzuführen – der Wechsel zur Anwendung des neuen Rechts hat je nach Verfahrensstand schrittweise zu erfolgen (Abs 1) –, teils wird die Anwendung der bisherigen Bestimmungen angeordnet (Abs 2). Im Abs 1 werden die Standortverordnungs-Verfahren ergänzt. Die neuen Bestimmungen für das Räumliche Entwicklungskonzept sind mit den bisherigen nicht kompatibel. Daher finden bei anhängigen Verfahren die bisherigen Bestimmungen weiter Anwendung (Abs 2). Desgleichen soll bei bereits anhängigen Verfahren zur Änderung des Flächenwidmungsplans die Verpflichtung zur Parallelaufstellung von Bebauungsplänen zugleich mit der Bauland(neu)ausweisung durch Flächenwidmungsplanänderung nicht gelten. Für die baurechtlichen Verfahren zur Bauplatzerklärung und Baubewilligung wird die Weiteranwendung des bisherigen Rechts angeordnet. Ebenso für anhängige Entschädigungsverfahren und Verwaltungsstrafverfahren.

Die Neuregelung des § 16 soll aus Vertrauensschutzgründen für Anlagen, für die die notwendigen Verfahren nach dem AWG 2002 bereits anhängig sind, noch nicht gelten (Abs 3).

Anmerkungen

Diese Bestimmungen betreffen Verfahren, die mit Inkrafttreten des ROG 2009 am 1.4.2009 übergeleitet wurden.

§ 84 Übergangsbestimmungen – Sonderbestimmungen

(1) Für die Ausweisung von Gebieten für Handelsgroßbetriebe ist keine Standortverordnung (§ 14) erforderlich, wenn

1. auf den Flächen

(a) am 1. Juli 1999 Handelsgroßbetriebe oder

(b) im Zeitpunkt des Inkrafttretens dieses Gesetzes (§ 81 Abs. 1) bereits Handelsbetriebe mit größeren Gesamtverkaufsflächen, als in der Anlage 1 festgelegt, bereits bestehen,

2. keine Vergrößerung der Verkaufsfläche erfolgt und

3. die Festlegung der Kategorie gemäß § 32 Abs. 3 entsprechend der derzeitigen Nutzung erfolgt.

(2) Auf die Änderung von im Zeitpunkt des Inkrafttretens dieses Gesetzes bereits rechtmäßig bestehenden Abfallbehandlungsanlagen findet § 16 nur dann Anwendung, wenn

1. diese in der Neuerrichtung einer Abfall(mit)verbrennungsanlage besteht oder

2. das Betriebsgelände der Anlage um mehr als 1.000 m^2 erweitert werden soll, wobei längstens fünf Jahre zurückliegende Erweiterungen nach Inkrafttreten dieses Gesetzes einzuberechnen sind.

(3) Auf im Zeitpunkt des Inkrafttretens dieses Gesetzes bereits bestehende Handelsbetriebe findet § 17 Abs. 9 zweiter Satz ROG 1998 weiter Anwendung.

(4) Für am 1. Mai 2004 bereits bestehende Seveso-II-Betriebe, die der festgelegten Widmung nicht entsprechen, können Bewilligungen, Genehmigungen udgl auf Grund baurechtlicher Vorschriften des Landes unbeschadet der Erfüllung der sonstigen bau- und raumordnungsrechtlichen Voraussetzungen erteilt werden, wenn ihr Gefährdungspotential nicht wesentlich erhöht wird oder Maßnahmen ergriffen werden, sodass das Risiko und die Gefahren eines schweren Unfalls nicht vermehrt werden. Auf Grund des § 54 Abs 6 zweiter und dritter Satz ROG 1998 eingeleitete Verfahren zur Festlegung des Auswirkungsbereichs im Sinn des § 15 Abs 4 sind fortzusetzen. Der Betriebsinhaber hat alle zur Beurteilung des Gefahrenpotentials und des damit verbundenen Auswirkungsbereichs erforderlichen Unterlagen auf Verlangen der Landesregierung vorzulegen. Bei der Festlegung des Auswirkungsbereichs sind alle Maßnahmen zu berücksichtigen, die geeignet sind, das Risiko oder die Gefahren eines schweren Unfalls zu verringern, und mit ausreichender Wahrscheinlichkeit in absehbarer Zeit verwirklicht werden. Die Kosten eines von der Behörde allenfalls einzuholenden Gutachtens sind vom Betriebsinhaber zu tragen.

(5) Für am 1. Mai 2004 bereits ausgewiesene Gebiete für Beherbergungsgroßbetriebe ist § 17 Abs 11 ROG 1998 in der vor dem Gesetz LGBl Nr. 13/2004 geltenden Fassung weiter anzuwenden.

(6) Der Fristenlauf für die Nichtigerklärung von Bewilligungen, Genehmigungen odgl gemäß § 24 Abs 5 ROG 1998, für die Geltendmachung von Entschädigungsansprüchen gemäß § 25 ROG 1998 oder für die Erstattung solcher Entschädigungen wird durch dieses Gesetz nicht berührt.

RV

Abs 1 übernimmt zunächst den § 50 Abs 5 ROG 1998. Die Regelung wird aber auf jene bei Inkrafttreten des ROG 2008 bestehenden Handelsbetriebe, die größere Verkaufsflächen aufweisen als in der Anlage 1 festgelegt, erweitert. Auch für diese soll unter denselben Voraussetzungen wie bisher keine Handelsgroßbetriebsausweisung erforderlich sein. Abs 3 hält die geltende Verkaufsflächendefinition für bestehende Handelsbetriebe aufrecht.
Abs 4 entspricht dem bisherigen § 54 Abs 6, Abs 5 dem § 54 Abs 8 ROG 1998.
Angefügt ist schließlich der bisherige § 45 Abs 10 ROG 1998 als Abs 6.
Neu ist Abs 2, der im Zusammenhang mit der neuen Raumverträglichkeitsprüfung für bestimmte Abfallbehandlungsanlagen steht. Bei bereits rechtmäßig bestehenden Anlagen soll eine solche Prüfung nur für Änderungen erforderlich sein, die mit größeren Erweiterungen verbunden sind oder in der Neuerrichtung von Abfall(mit)verbrennungsanlagen besteht.

Anmerkungen

Die Sonderbestimmungen des ROG 2009 traten mit 1.4.2009 in Kraft.

§ 85 Inkrafttreten novellierter Bestimmungen und Übergangsbestimmungen dazu

(1) § 50 Abs 9 in der Fassung des Gesetzes LGBl Nr. 118/2009 tritt mit 1. Jänner 2010 in Kraft.

(2) § 31 Abs 3 in der Fassung des Gesetzes LGBl Nr. 53/2011 tritt mit Beginn des auf dessen Kundmachung folgenden Monats in Kraft.

(3) § 36 Abs 1, 7 und 8 in der Fassung des Gesetzes LGBl Nr. 32/2013 tritt mit 1. Mai 2013 in Kraft.

(4) § 78 Abs 3 in der Fassung des Gesetzes LGBl Nr. 106/2013 tritt mit 1. Jänner 2014 in Kraft.

(5) Wenn in diesem Gesetz ein rechtskräftiger Bescheid verlangt wird, gilt ab 1. Jänner 2014 Folgendes:

1. Eine daran anknüpfende Wirkung tritt erst dann ein, sobald

(a) ein in einem Beschwerdeverfahren vor dem Verwaltungsgericht nicht mehr abänder- oder aufhebbarer Bescheid vorliegt oder

(b) über die Beschwerde durch Erkenntnis des Verwaltungsgerichts in der Sache selbst entschieden worden ist.

2. An die Stelle eines solchen Bescheides tritt das Erkenntnis des Verwaltungsgerichts, mit dem in der Sache selbst entschieden worden ist.

(6) Die §§ 1 Abs 4, 2 Abs 1, (§) 15, 30 Abs 8, 34 Abs 1 und 3, 46 Abs 2, 47 Abs 2, 51 Abs 3, 69 Abs 1 und 80 in der Fassung des Gesetzes LGBl Nr. 9/2016 treten mit 1. Jänner 2016 in Kraft.

§ 86 Übergangsbestimmungen

(1) In der Fassung des Gesetzes LGBl Nr. 82/2017 treten in Kraft:

1. mit 1. Jänner 2018 die §§ 1 bis 4, 5 Z 1 bis 16, 5a, 5b, 6 bis 16, 18, 20 Abs 2, 24 Abs 1, 25 bis 27, 29, 30, 31b, 32, 33 Abs 3, 34 Abs 1 und 3, 36 Abs 1 und 9, 37 Abs 4, 38, 39, 40 Abs 2 und 4, 42, 43 Abs 1 und 2, 46 Abs 3 bis 5, 47 Abs 2, 48, 49 Abs 1 und 2, 50, 56 Abs 2, 57 Abs 2 und 3, 62 Abs 2, 65 bis 67, 74, 75 Abs 1, 76, 77a und 77b, 78 Abs 1 Z 4 und 5a sowie Abs 3 und 4, 79 sowie die Anlage 1; gleichzeitig treten die §§ 31 Abs 5 und 68 bis 72 sowie die Anlage 2 außer Kraft;

2. mit 1. Jänner 2019 die §§ 5 Z 17, 31, 31a und 78 Abs 1 Z 3 und 5.

(2) Auf im Abs 1 Z 1 bestimmten Zeitpunkt rechtswirksame Entwicklungsprogramme (Landesentwicklungsprogramm, Sachprogramme und Regionalprogramme) sind die §§ 9 bis 11 in der bis dahin geltenden Fassung weiter anzuwenden. Änderungen von solchen Entwicklungsprogrammen sind nach den Bestimmungen des 1. Teils des 2. Abschnittes dieses Gesetzes in der Fassung der Novelle LGBl Nr. 82/2017 durchzuführen. Die Fünfzehnjahresfrist für die Evaluierungsverpflichtung gemäß § 12 beginnt mit dem im Abs 1 Z 1 bestimmten Zeitpunkt. Regionalverbände, die zu dem im Abs 1 Z 1 bestimmten Zeitpunkt noch über kein Regionalprogramm verfügen, haben ein solches innerhalb von 15 Jahren zu erstellen.

(3) Auf im Abs 1 Z 1 bestimmten Zeitpunkt rechtswirksame Standortverordnungen ist § 14 in der bis dahin geltenden Fassung weiter anzuwenden. Änderungen von solchen Standortverordnungen sind nach den Bestimmungen des § 14 in der Fassung der Novelle LGBl Nr. 82/2017 durchzuführen.

(4) Auf vor im Abs 1 Z 1 bestimmten Zeitpunkt von der Gemeindevertretung beschlossene Räumliche Entwicklungskonzepte ist § 25 in der bis dahin geltenden Fassung weiter anzuwenden. Änderungen von solchen Räumlichen Entwicklungskonzepten sind vorbehaltlich des § 82 Abs 2 zweiter Satz nach den Bestimmungen des § 25 in der Fassung der Novelle LGBl 96/2017 durchzuführen.

(5) Auf im Abs 1 Z 1 bestimmten Zeitpunkt im rechtswirksamen Flächenwidmungsplan einer Gemeinde ausgewiesene Betriebsgebiete und Gewerbegebiete mit Kennzeichnung der Zulässigkeit von baulichen Anlagen für Betriebe mit Einzelhandelsnutzungen auf über 300 m^2 Verkaufsfläche, Gebiete für Handelsgroßbetriebe, Beherbergungsgroßbetriebe, Sportanlagen und Vorbehaltsflächen sind die §§ 30 Abs 5, 32 Abs 4, 33 Abs 3, 36 Abs 1 Z 5, 39 Abs 3 und 42 in der bis dahin geltenden Fassung weiter anzuwenden. Für Änderungen von solchen Gebieten gelten die diesbezüglichen Bestimmungen in der Fassung der Novelle LGBl 82/2017.

(6) Auf im Abs 1 Z 1 bestimmten Zeitpunkt rechtswirksame Bebauungspläne und darauf basierende Bauplatzerklärungen sind die §§ 56 Abs 2 und 57 Abs 2 und 3 in der bis dahin geltenden Fassung weiter anzuwenden. Betreffen Änderungen von solchen Plänen bzw. Bauplatzerklärungen die bauliche Ausnutzbarkeit der Grundflächen oder Bauhöhe, sind die §§ 56 Abs 2 und 57 Abs 2 und 3 in der Fassung der Novelle LGBl Nr. 82/2017anzuwenden.

(7) Auf vor im Abs 1 Z 1 bestimmten Zeitpunkt beantragte Einzelbewilligungen ist § 46 in der bis dahin geltenden Fassung weiter anzuwenden.

(8) Auf vor im Abs 1 Z 1 bestimmten Zeitpunkt eingeleitete Verfahren zur Aufstellung oder Änderung von Sachprogrammen, Regionalprogrammen, Räumlichen Entwicklungskonzepten, Flächenwidmungsplänen oder Bebauungsplänen sind die §§ 8 sowie 65 bis 73 in der bis dahin geltenden Fassung weiter anzuwenden. Darüber hinaus sind Verfahren zur Aufstellung und Änderung von Regionalprogrammen, Räumlichen Entwicklungskonzepten, Flächenwidmungsplänen und Bebauungsplänen, für welche die Auflage des Entwurfes zur allgemeinen Einsicht bereits vor dem im Abs 1 Z 1 bestimmten Zeitpunkt begonnen hat, nach den bisher geltenden Bestimmungen weiterzuführen.

(9) Auf im Abs 1 Z 1 bestimmten Zeitpunkt anhängige Verfahren zur aufsichtsbehördlichen Genehmigung oder Kenntnisnahme sind die §§ 74 bis 76 in der bis dahin geltenden Fassung weiter anzuwenden.

(10) Strafverfahren über Verwaltungsübertretungen, die bis zu den im Abs 1 Z 1 bzw. Z 2 bestimmten Zeitpunkten begangen worden sind, sind nach den bis dahin geltenden Rechtsvorschriften durchzuführen, es sei denn, dass das zur Zeit der Erlassung des Bescheides in erster Instanz geltende Recht für den Täter günstiger wäre.

(11) Auf im Abs 1 Z 1 bestimmten Zeitpunkt bewilligte Apartmenthäuser und auf Grund einer Kennzeichnung gemäß § 39 Abs 3 bewilligte bauliche Anlagen für Betriebe mit Einzelhandelsnutzungen sind die Beschränkungen des § 30 Abs 4 bzw. 5 in der Fassung der Novelle LGBl 82/2017 nicht anzuwenden. Auf im Abs 1 Z 1 bestimmten Zeitpunkt bewilligte Beherbergungsbetriebe außerhalb des Dauersiedlungsraums ist § 33 Abs 3 in der bis dahin geltenden Fassung weiter anzuwenden.

(12) Bis zur Erlassung einer Verordnung gemäß § 29 Abs 1 in der Fassung der Novelle LGBl 82/2017, jedenfalls aber bis 31. Dezember 2020 sind Baulücken nur zu einem Drittel in der Flächenbilanz zu berücksichtigen.

(13) Für die erstmalige Erlassung einer Verordnung gemäß § 31 Abs 1 Z 1 können zur Feststellung des Prozentanteils der Nicht-Hauptwohnsitze die Daten der letzten Registerzählung gemäß dem Registerzählungsgesetz (BGBl I Nr. 33/2006) herangezogen werden.

(14) Verordnungen gemäß Abs 15 und den §§ 5 Z 17 und 31 Abs 1 Z 1 können von dem der Kundmachung dieses Gesetzes folgenden Tag an erlassen werden. Sie dürfen jedoch frühestens mit dem im Abs 1 Z 2 bestimmten Zeitpunkt in Kraft gesetzt werden. Ebenso können Verfahren für Kennzeichnungen gemäß § 31 Abs 1 Z 2 vor dem im Abs 1 Z 2 bestimmten Zeitpunkt durchgeführt werden; sie dürfen jedoch frühestens zu dem im Abs 1 Z 2 bestimmten Zeitpunkt in Kraft treten.

(15) Wohnungen, die zu dem im Abs 1 Z 2 bestimmten Zeitpunkt bis zur Meldung (Z 1) nicht als Hauptwohnsitz, aber nach den bau- und raumordnungsrechtlichen Bestimmungen des Landes

rechtmäßig verwendet werden, sind von den Beschränkungen des § 31 Abs 2 erster Satz in der Fassung des Gesetzes LGBl 82/2017 ausgenommen, wenn
1. der Gemeinde von den Eigentümern der Wohnung innerhalb eines Jahres ab dem im Abs 1 Z 2 bestimmten Zeitpunkt die künftige Verwendung als Zweitwohnung schriftlich angezeigt wird und
2. der Erwerb der Wohnung zum Stichtag der Anzeige bereits länger als drei Jahre zurückliegt.
Im Streitfall ist darüber von der Gemeindevertretung mit Bescheid zu entscheiden. Für die Meldung ist ein Formular zu verwenden, dessen näherer Inhalt von der Landesregierung durch Verordnung festzulegen ist.

RV 2017

Die Bestimmungen enthalten die auf Grund der Neuerungen der Novelle 2017 notwendigen Übergangsbestimmungen:
Zu Abs 1 Z 2: Nachdem die Regelungen betreffend Zweitwohnungen für das Grundverkehrsrecht als Vorfragen relevant sind, soll es bis zum Inkrafttreten dieser Regelungen auch zu einer entsprechenden Anpassung des Grundverkehrsgesetzes 2001 kommen, insbesondere was die Bestimmungen über den Verkehr mit Baugrundstücken betrifft. Zusätzlich ist festzuhalten, dass die vorliegenden Neuregelungen im Bereich des Raumordnungsrechts keineswegs zu einer Lockerung der Bestimmungen des Grundverkehrsgesetzes führen soll, insbesondere was den ausländergrundverkehrsrechtlichen Genehmigungstatbestand gemäß § 12 Abs 1 Z 2 Grundverkehrsgesetz 2001 betrifft, der auch weiterhin in Zweitwohnungsgebieten nur den Rechtserwerb an jeweils einem Objekt durch natürliche Personen ermöglichen soll.
Zu Abs 15 ist begleitend anzuführen, dass diese Bestimmung – nachdem die melderechtlichen Daten nur eine Zuordnung zu Haupt- oder Nebenwohnsitzen ermöglichen – dem öffentlichen Interesse der Schaffung von Rechtsklarheit in Bezug auf die verschiedenen Nebenwohnsitzverwendungen dient, zumal die Rechtsfolgen zwischen Zweitwohnsitz- und sonstigen Nebenwohnsitzverwendungen höchst unterschiedlich sind. Mittelbar dient die Bestimmung auch den mit dem Aufbau eines Zweitwohnsitzverzeichnisses (iS des § 31 Abs 4 zweiter Satz) verbundenen Zielsetzungen. Den Eigentümern von Wohnungen, die nicht als Hauptwohnsitz verwendet werden, wird nämlich nach dieser Bestimmung (auch im Hinblick auf die schwerwiegenden Rechtsfolgen der neuen Zweitwohnungsregelungen) innerhalb eines Jahres nach Inkrafttreten der einschlägigen Bestimmungen einmalig die Möglichkeit eingeräumt, die Verwendung einer Wohnung als Zweitwohnung der Gemeinde (bei Vorliegen näher festgelegter Voraussetzungen) schriftlich anzuzeigen. Liegen diese Voraussetzungen vor, bewirkt die Anzeige eine (persönliche) Ausnahme von den Beschränkungen für Zweitwohnungen (§ 31 Abs 2). Unabdingbar ist dabei die bau- und raumordnungsrechtliche Rechtmäßigkeit der Verwendung der Wohnung ab Inkrafttreten der einschlägigen Bestimmungen bis zur Anzeige. Die Zeiträume vor Inkrafttreten dieser Bestimmungen – außer hinsichtlich des Erwerbs (Z 2) – bleiben außer Betracht; allfällige unrechtmäßige Verwendungen vor diesem Zeitpunkt sind sohin weiterhin sanktionier- bzw. strafbar. Ausgeschlossen sind – wie bereits ausgeführt – Hauptwohnsitzwohnungen, und zwar unabhängig davon, ob die Eigentümer oder Dritte hier ihren Hauptwohnsitz haben.
Für die Meldung soll ein Formular verwendet werden müssen, dessen näherer Inhalt von der Landesregierung durch Verordnung festzulegen ist. Dieses soll auch eine entsprechende Rechtsbelehrung über die Voraussetzungen und die Rechtsfolgen enthalten, um einen möglichst einheitlichen und einfachen Vollzug zu gewährleisten.

RV 2017/2

Zu den novellierten Bestimmungen in Abs.5, Abs.9 und der Anfügung nach Abs.15 (Abs.16 neu) stellen die Erläuterungen (RV) fest: Die Änderungen dienen der Sicherstellung eines möglichst einfachen und reibungslosen Übergangs von der bisherigen Rechtslage auf die neue Rechtslage im Fall bereits eingeleiteter Planungsverfahren.

Anlage 1 zu § 32 Abs 1
Schwellenwerte für Handelsgroßbetriebe

Die Anlage 1 wurde bereits nach den Erläuterungen zu § 32 dargestellt und kommentiert.

C) Durchführungsverordnungen

1. Umweltprüfungsverordnung für Raumordnungspläne und -programme LGBl 59/2007 idF LGBl 39/2010

Verordnung der Salzburger Landesregierung, mit der Kriterien für geringfügige Änderungen von Plänen, Schwellenwerte für die Nutzung kleiner Gebiete und einheitliche Prüfkriterien für die Umwelterheblichkeitsprüfung festgelegt werden (Umweltprüfungsverordnung für Raumordnungspläne und -programme).

Auf Grund des § 5 Abs 1 und 2 des Salzburger Raumordnungsgesetzes 2009 – ROG 2009, LGBI Nr. 30 in der geltenden Fassung wird verordnet:

§ 1 Geringfügige Änderungen von Plänen

(1) Als geringfügige Änderungen von Plänen (Entwicklungsprogrammen, Standortverordnungen und Flächenwidmungsplänen) gelten:
   1. Planungen, die ausschließlich eine Anpassung an die gegebenen Struktur- und Nutzungsverhältnisse vorsehen;
   2. kleinräumige Erweiterungen, Arrondierungen und Fortschreibungen von Plänen, durch die Art und Ausmaß der Umweltauswirkungen offensichtlich nur unwesentlichen beeinflusst werden;
   3. Planungen, mit denen offensichtlich keine nachteiligen Auswirkungen auf die Umwelt verbunden sind.

(2) Für geringfügige Änderungen von Plänen sind eine Umwelterheblichkeitsprüfung und eine Umweltprüfung nicht erforderlich.

(3) Zur Beurteilung und Begründung des Vorliegens der Voraussetzungen nach Abs 1 ist das in der Anlage 1 festgelegte Formular zu verwenden.

§ 2 Flächenwidmungspläne – Schwellenwerte für die Nutzung kleiner Gebiete

(1) Als Schwellenwerte für die Nutzung kleiner Gebiete werden für Flächenwidmungspläne je nach Nutzungsart und Widmung sowie Schutzwürdigkeit des Gebietes festgelegt:

Beurteilungskategorien nach Nutzungsart und Widmung	**Schwellenwerte Spalte 1**	**Spalte 2 (geschützte Gebiete)**
Grünland Sportfläche	5,00 ha	2,50 ha
Grünland Schipiste	20,00 ha	10,00 ha
Grünland Campingplätze	4,00 ha	2,00 ha
Verkehrsfläche Parkplatz	4,00 ha	2,00 ha
Bauland Gebiete für Beherbergungsgroßbetriebe	5,00 ha oder 250 Gästezimmer	2,50 ha oder 125 Gästezimmer
Bauland Gebiete für Handelsgroßbetriebe	4,00 ha oder 15.000 m2 Verkaufsfläche	2,00 ha oder 7.500 m2 Verkaufsfläche
Bauland Gewerbegebiete, Industriegebiete oder Sonderflächen	4,00 ha	2,00 ha

Beurteilungskategorien nach Nutzungsart und Widmung	**Schwellenwerte Spalte 1**	**Spalte 2 (geschützte Gebiete)**
Sonstiges Bauland	5,00 ha	2,50 ha

(2) Soweit keine geringfügige Änderung nach § 1 vorliegt, sind Flächenwidmungspläne zu unterziehen:

1. einer Umweltprüfung, wenn die darin vorgesehenen Nutzungsarten und Widmungen die im Abs 1 festgelegten Schwellenwerte überschreiten; ansonsten
2. einer Umwelterheblichkeitsprüfung, ausgenommen in den Fällen des § 5 Abs 3 Z 2 ROG 2009), wobei für die Beurteilung und Begründung des Vorliegens der Voraussetzungen dieser Ausnahme das in der Anlage 1 festgelegte Formular zu verwenden ist.

Für Ausweisungen außerhalb von geschützten Gebieten sind dabei die Schwellenwerte der Spalte 1 und für Ausweisungen zur Gänze oder teilweise innerhalb von geschützten Gebieten die Schwellenwerte der Spalte 2 maßgeblich. Nutzungsarten und Widmungen gleicher Beurteilungskategorie in geplanten und bereits rechtswirksamen Ausweisungen sind zusammenzurechnen, wenn sie in einem raumstrukturellen Zusammenhang stehen und nicht bereits überwiegend widmungsgemäß genutzt werden.

(3) Als geschützte Gebiete gelten: Europaschutzgebiete, Nationalparke, Naturschutzgebiete, Landschaftsschutzgebiete, geschützte Landschaftsteile, Naturdenkmale und geschützte Naturgebilde gemäß dem Naturschutzgesetz 1999, Objektschutzwälder gemäß § 27 des Forstgesetzes 1975, Alpinregionen (ds Gebiete ab Beginn der Kampfzone des Waldes gemäß § 2 des Forstgesetzes 1975), Wasserschutz- und Wasserschongebiete gemäß den §§ 34, 35 und 37 des Wasserrechtsgesetzes 1959 und belastete Gebiete gemäß § 3 Abs 8 des Umweltverträglichkeitsprüfungsgesetzes 2000.

§ 3 Umwelterheblichkeitsprüfung

(1) Form und Inhalt der Umwelterheblichkeitsprüfung ergeben sich aus der Anlage 2: Die Beurteilung der voraussichtlichen Umwelterheblichkeit hat auf Grundlage einer Strukturuntersuchung für den jeweiligen Untersuchungsraum und unter Berücksichtigung der gemäß § 5 Abs 2 ROG 2009 festgelegten Kriterien zu erfolgen. Sie ist zu begründen.

(2) Für die Gesamtbewertung der voraussichtlichen Umwelterheblichkeit von Planungen sind die gemäß Abs 1 beurteilten Umweltauswirkungen je Sachgebiet nach Erheblichkeitspunkten zu gewichten und für alle Sachgebiete zu addieren:

Umweltauswirkungen je Sachgebiet	**Gewichtung in Punkten**
nicht gegeben	0
gering gegeben	1
gegeben	8
erheblich gegeben	32

(3) Planungen mit in Summe mindestens 32 Erheblichkeitspunkten haben voraussichtlich erhebliche Umweltauswirkungen; sie sind einer Umweltprüfung zu unterziehen.

§ 4 Umsetzungshinweis

Die Verordnung dient der Umsetzung der Richtlinie 2001/42/EG des Europäischen Parlaments und des Rates vom 27. Juni 2001 über die Prüfung der Umweltauswirkungen bestimmter Pläne und Programme (SUP-Richtlinie).

§ 5 Inkrafttreten

(1) Diese Verordnung tritt mit 1. September 2007 in Kraft.
(2) Die §§ 2 Abs 2 und 3 Abs 1 in der Fassung der Verordnung LGBl Nr. 39/2010 treten mit 27. Mai 2010 in Kraft.

Anlage 1

1. Prüfung der Geringfügigkeit einer Planänderung für das Vorhaben:

____

____

	Trifft zu	Trifft nicht zu
Die Planung stellt ausschließlich eine Anpassung an die gegebenen Struktur- und Nutzungsverhältnisse dar.	☐	☐
Die Planung stellt eine kleinräumige Erweiterung, Arrondierung oder Fortschreibung eines Plans dar, durch die Art und Ausmaß der Umweltauswirkungen offensichtlich nur unwesentlich beeinflusst werden.	☐	☐
Durch die Planung sind offensichtlich keine nachteiligen Umweltauswirkungen verbunden.	☐	☐

2. Prüfung des Vorliegens einer Umweltprüfung für einen Plan höherer Stufe für das zu Pkt. 1 bezeichnete Vorhaben:

	Trifft zu	Trifft nicht zu
Für das Planungsgebiet wurde bereits auf höherer Stufe eine Umweltprüfung durchgeführt und sind aus einer weiteren Prüfung keine zusätzlichen Erkenntnisse in Bezug auf die Umweltauswirkungen zu erwarten.	☐	☐

3. Begründung für die Ergebnisse von Prüfungen nach Z 1 und 2:[1)]

[1)] *Bei entsprechendem Platzbedarf sind weitere Blätter anzuschließen*

1. LGBl 59/2007 idF LGBl 39/2010

Anlage 2

Umwelterheblichkeitsprüfung für das Planungsvorhaben:

	Sachgebiet	Bestandserhebung und Strukturanalyse (Kurzbeschreibung)	Beurteilung der voraussichtlichen Umweltauswirkungen				Begründung[1)]
			nicht gegeben	gering gegeben	gegeben	erheblich gegeben	
1	Landschaftsstruktur und -bild		○	○	○	○	
2	Vegetation und Tierwelt		○	○	○	○	
3	Erholungsnutzung und Grünflächen		○	○	○	○	
4	Lebensräume und Biotope		○	○	○	○	
5	Kulturgüter und Ortsbild		○	○	○	○	
6	Geologie und Baugrundeignung		○	○	○	○	
7	Boden		○	○	○	○	
8	Land- und Forstwirtschaft		○	○	○	○	
9	Wasser und Wasser- wirtschaft		○	○	○	○	
10	Naturräumliche Gefährdungen		○	○	○	○	
11	Lärm		○	○	○	○	
12	Luft		○	○	○	○	

[1)] Bei entsprechendem Platzbedarf sind weitere Blätter anzuschließen

Erläuterungen:

Zu § 1

Die Ausnahme von der obligatorischen Umweltprüfung stützt sich auf die Bagatellklausel des Art 3 Abs 3 der SUP-RL, umgesetzt durch § 4 Abs 1 vorletzter Satz und Abs 3 ROG 1998 (bzw. § 5 Abs 1 und Abs 3 ROG 2009). Nach dieser sind geringfügige Änderungen nur dann umweltprüfungspflichtig, wenn die Mitgliedstaaten bestimmen, dass sie voraussichtlich erhebliche Umweltauswirkungen haben. Den Mitgliedstaaten kommt dabei jedoch kein freies Ermessen zu. Vielmehr haben sie diese Entscheidung unter Berücksichtigung der Kriterien des Anhangs II der SUP-RL zu treffen, um sicherzustellen, dass Änderungen, die voraussichtlich erhebliche Umweltauswirkungen haben, jedenfalls einer Umweltprüfung unterzogen werden (s Art 3 Abs 5 SUP-RL).

Dementsprechend soll der Entfall der Umweltprüfung nur für bestimmte geringfügige Änderungen vorgesehen werden. Und zwar nur für jene, die weder die Grundzüge des Plans oder Programms berühren noch Art und Ausmaß der Umweltauswirkungen des Gebiets ändern. Damit wird sichergestellt, dass nur jene Planänderungen unter die Bagatellklausel fallen, die jedenfalls keine erheblichen Umweltauswirkungen haben.

Beispiele zu den Z 1-3:

Zu Z 1: Bestandswidmungen von rechtskonformen Nutzungen, Wiederausweisungen, Widmungen von bestehenden und rechtlich festgelegten Verkehrsflächen überörtlicher Verkehrsträger (Autobahnen, Landesstraßen B und L, Bahntrassen) udgl.

Zu Z 2:

Kleinräumige Baulandwidmungen (Arrondierungen, Auffüllungen) bestehender Siedlungsansätze, kleinräumige Siedlungserweiterungen, Widmungen für Grünland/Friedhöfe, kleinräumige Widmungen für Grünland/Schipisten udgl, wenn dadurch Art und Größenordnung der Umweltauswirkungen im Sinn einer integrierten. gesamthaften Betrachtung nur unwesentlich beeinflusst werden; als kleinräumig gelten dabei solche Änderungen, die, soweit es sich um Flächenwidmungsplanänderungen handelt, im vereinfachten Verfahren (§ 23 Abs 4 ROG 1998) durchgeführt werden können. (Anmerkung: Fläche kleiner 3000 m^2)

Zu Z 3:

Widmungsänderungen innerhalb von gewidmeten Baulandflachen, wenn damit im Sinn einer integrierten, gesamthaften Betrachtung keine Schutzgüter nachhaltig negativ berührt werden; Widmungsänderungen in die Grünlandkategorien ländliche Gebiete, Erholungsgebiete, Parkanlagen, Ödland, Freiflächen zur Gliederung des Baulandes und sonstiger Gebiete.

Zu § 2

Abs 1 und 3: Schwellenwerte werden nur für Nutzungsarten und Widmungen festgelegt, die überhaupt geeignet sind, die Grundlage für ein UVP-pflichtiges Projekt zu bilden. Der Schwellenwert liegt unterhalb einer Größenordnung mit überörtlicher Bedeutung. Darunter wird in der Regel unter Einbeziehung der Kumulationsregel (Abs 2 letzter Satz) kein UVP-pflichtiges Projekt realisierbar sein. Weiters werden für besonders geschützte Gebiete niedrigere Schwellenwerte festgelegt. Die geschützten Gebiete entsprechen jenen des Anhangs 2 des UVP-G 2000 in der Fassung des Gesetzes BGBI I Nr89/2000.

Abs 2: Werden die Schwellenwerte überschritten, ist jedenfalls eine Umweltprüfung durchzuführen. In den sonstigen Fällen ist zur Beurteilung der Umweltauswirkungen eine Umwelterheblichkeitsprüfung vorzunehmen. Ausgenommen davon sind lediglich Änderungen, auf die die Voraussetzungen des § 4 Abs 3 ROG 1998 (bzw. § 5 Abs 3 ROG 2009 nunmehr § 5a) zutreffen (geringfügige Änderungen und Umweltprüfungen auf höherer Stufe). Ergibt die Umwelterheblichkeitsprüfung, dass die Planung voraussichtlich erhebliche Umweltauswirkungen hat, ist eine Umweltprüfung erforderlich.

Der Kumulationstatbestand soll eine Umgehung des Regelungsziels durch Aufteilung in mehrere Vorhaben verhindern. Nutzungsarten und Widmungen gleicher Beurteilungskategorie mehrerer geplanter Ausweisungen sind daher zusammenzurechnen, ebenso solche in bereits rechtswirksamen Flächenwidmungsplänen, wenn die Nutzungsarten und Widmungen gleicher Beurteilungskategorie in einem raumstrukturellen Zusammenhang stehen und nicht bereits überwiegend widmungsgemäß genutzt werden.

Zu § 3

Die Umwelterheblichkeitsprüfung dient der Feststellung der voraussichtlichen Erheblichkeit von Umweltauswirkungen. Ausgehend von der Strukturuntersuchung erfolgt eine Bewertung der bei einer Umsetzung der Planung verbundenen Auswirkungen auf den Raum und die Umwelt, wobei sich ab einer definierten Überschreitung von bestimmten umweltrelevanten Parametern die Verpflichtung zur Umweltprüfung ergibt.

Die Festlegung der Punkteanzahl fußt auf folgenden Überlegungen: Aufgrund der naturräumlichen Gegebenheiten im Land Salzburg (Lärmsituation, naturräumliche Gefährdungen, naturschutzrechtliche Beschränkungen udgl) ist davon auszugehen, dass Planungsmaßnahmen in der Regel immer einen Einfluss auf Umweltparameter haben. Die Bewertung mit „nicht gegeben" wird daher die Ausnahme sein. Weiters soll eine Bewertung aller zwölf Teilaspekte mit „gering gegeben" allein auch keine Pflicht zur Umweltprüfung auslösen, da eine solche ja nur bei voraussichtlich erheblichen Umweltauswirkungen erforderlich ist, Das Erfordernis einer Umweltprüfung soll aber bestehen, wenn ein Sachgebiet erheblich beeinträchtigt wird oder wenn kumulativ nicht nur geringfügige Auswirkungen vorliegen, wobei in mindestens drei Sachgebieten eine Bewertung mit „gegeben" vorliegen muss.

Zur Anlage 1

Die Beurteilung des Vorliegens von geringfügigen Änderungen bzw. des Vorliegens einer Umweltprüfung für Pläne höherer Stufe anhand eines Formulars hat ausschließlich abwicklungstechnische Gründe. Es ändert nichts an der sich aus der SUP-RL ergebenden Verpflichtung, das Vorliegen der Voraussetzungen auch inhaltlich begründen zu müssen.

Zur Anlage 2

Die Bewertung der Umweltauswirkungen hat auf Grundlage einer Strukturuntersuchung des jeweiligen Untersuchungsraumes zu erfolgen. Die dabei prognostizierten Umweltauswirkungen sind zu begründen. Mögliche Sekundärwirkungen auf andere Sachgebiete sind darzustellen und in die Beurteilung einzubeziehen.

- Im Sachgebiet „Landschaftsstruktur und Landschaftsbild" soll die Beurteilung unter Berücksichtigung des Landschaftscharakters und seiner Veränderung erfolgen.
- Im Sachgebiet „Lebensraume und Biotope" sollen ausschließlich ökologisch- funktionelle Aspekte des Naturschutzes einschließlich von Aspekten der Vernetzung behandelt werden; Fragen der Landschaftsästhetik sollen im Sachgebiet „Landschaftsstruktur und -bild" berücksichtigt werden.
- Im Sachgebiet „Geologie und Baugrundeignung" soll die Baugrundeignung und Standortsicherheit beurteilt werden.
- Im Sachgebiet „Boden" sollen Bodenkontamination und Speicherfähigkeit im Sinn der Bodenfunktionen nach dem Bodenschutzgesetz beurteilt werden.
- Im Sachgebiet „Land- und Forstwirtschaft" soll eine Beurteilung nur unter den Aspekten Produktionsfunktion und Nutzung erfolgen. Produktions- und Bewirtschaftungspotential ergeben sich aus den Parametern Bodenwert, Größe, Erschließung und Flächenzuschnitt.

- Im Sachgebiet „Wasser und Wasserwirtschaft“ sind die Auswirkungen auf Wasserhaushalt (zB Grundwasser) und auch die Sekundärwirkungen der Wasserver- und Abwasserentsorgung zu beurteilen (zB mögliches Austrocknen in naturschutzrechtlich geschützten Bereichen).
- Im Sachgebiet „naturräumliche Gefährdungen“ sind Gegebenheiten wie Überflutungsgefahr, Lawinen, Muren, Steinschlag udgl zu beurteilen; ebenso die Einflüsse auf den Hochwasserabfluss und -rückhalt.
- Für das Sachgebiet „Lärm“ richtet sich die Bewertung bei von vor Lärm zu schützenden Vorhaben nach der Richtlinie „Immissionsschutz in der Raumordnung“; bei der Planung von neuen oder geänderten Schallemittenten sind die Auswirkungen dieser Vorhaben auf schutzwürdige Gebiete und Nutzungen zu bewerten.
- Im Sachgebiet „Luft“ sind die Auswirkungen durch Staub, Geruch und Luftschadstoffe zu bewerten.

2. Regionalverbandsverordnung (Verordnung der Salzburger Landesregierung über die Bildung von Regionalverbänden) LGBl 81/1994 idF LGBl 39/2010

Auf Grund des § 11 Abs 1 des Salzburger Raumordnungsgesetzes 2009 – ROG 2009, LGBl Nr. 30, in Verbindung mit § 4 Abs 2 des Salzburger Gemeindeverbändegesetzes 1986, LGBl Nr. 105, jeweils in der geltenden Fassung wird verordnet:

§ 1

(1) Entsprechend den Festlegungen im Salzburger Landesentwicklungsprogramm, das durch die Verordnung der Salzburger Landesregierung vom 30. September 2003, LGBl Nr. 94, für verbindlich erklärt worden ist, werden die im folgenden bezeichneten Regionalverbände gebildet:

Regionalverband Flachgau-Nord

Verbandsangehörige Gemeinden: Bürmoos, Dorfbeuern, Göming, Lamprechtshausen, Nußdorf am Haunsberg, Oberndorf bei Salzburg, St. Georgen bei Salzburg.

Regionalverband Salzburger Seenland

Verbandsangehörige Gemeinden: Berndorf bei Salzburg, Henndorf am Wallersee, Köstendorf, Mattsee, Neumarkt am Wallersee, Obertrum am See, Schleedorf, Seeham, Seekirchen am Wallersee, Straßwalchen.

Regionalverband Salzburg-Stadt und Umgebungsgemeinden

Verbandsangehörige Gemeinden: Anif, Anthering, Bergheim, Eugendorf, Elixhausen, Elsbethen, Großgmain, Grödig, Hallwang, Salzburg, Wals-Siezenheim.

Regionalverband Osterhorngruppe

Verbandsangehörige Gemeinden: Ebenau, Faistenau, Fuschl am See, Hintersee, Hof bei Salzburg, Koppl, Plainfeld, St. Gilgen, Strobl, Thalgau.

Regionalverband Tennengau

Verbandsangehörende Gemeinden: Abtenau, Adnet, Annaberg-Lungötz, Golling an der Salzach, Hallein, Krispl, Kuchl, Oberalm, Puch bei Hallein, Rußbach am Pass Gschütt, St Kolomann, Scheffau am Tennengebirge, Vigaun.

Regionalverband Pongau

Verbandsangehörige Gemeinden

Altenmarkt im Pongau, Bad Gastein, Bad Hofgastein, Bischofshofen, Dorfgastein, Eben im Pongau, Filzmoos, Flachau, Forstau, Goldegg, Großarl, Hüttau, Hüttschlag, Kleinarl, Mühlbach am Hochkönig, Pfarrwerfen, Radstadt, Schwarzach im Pongau, St Johann im Pongau, St Martin am Tennengebirge, St Veit im Pongau, Untertauern, Wagrain, Werfen und Werfenweng.

Regionalverband Lungau

Verbandsangehörige Gemeinden: Göriach, Lessach, Mariapfarr, Mauterndorf, Muhr, Ramingstein, St. Andrä im Lungau, St. Margarethen im Lungau, St. Michael im Lungau, Tamsweg, Thomatal, Tweng, Unternberg, Weißpriach, Zederhaus.

Regionalverband Oberpinzgau

Verbandsangehörige Gemeinden: Bramberg am Wildkogel, Hollersbach, Krimml, Mittersill, Neukirchen am Großvenediger, Niedernsill, Stuhlfelden, Uttendorf, Wald im Pinzgau.

Regionalverband Pinzgau (ohne Oberpinzgau)

Verbandsangehörende Gemeinden: Bruck an der Großglocknerstraße, Dienten am Hochkönig, Fusch an der Großglocknerstraße, Kaprun, Lend, Leogang, Lofer, Maishofen, Maria Alm am Steinernen Meer, Piesendorf, Rauris, Saalbach-Hinterglemm, Saalfelden am Steinernen Meer, St Martin bei Lofer, Taxenbach, Unken, Viehhofen, Weißbach bei Lofer, Zell am See.

(2) Als Sitz des jeweiligen Gemeindeverbandes wird vorläufig jene verbandsangehörige Gemeinde bestimmt, die nach den Ergebnissen der letzten Volkszählung die größte Zahl an Einwohnern aufweist.

§ 2

(1) Den Regionalverbänden obliegt die Erstellung der Regionalprogramme gemäß § 11 Abs 2 ROG 2009.

(2) Durch Vereinbarung der verbandsangehörigen Gemeinden können dem Regionalverband auch Aufgaben des eigenen Wirkungsbereiches auf dem Gebiet der Raumordnung (zB Erstellung der räumlichen Entwicklungskonzepte, Flächenwidmungsplanung) übertragen werden.

§ 3

(1) § 1 Abs 1 in der Fassung der Verordnung LGBl Nr. 90/1995 tritt mit 1. August 1995 in Kraft.
(2) § 1 Abs 1 in der Fassung der Verordnung LGBl Nr. 20/1996 tritt mit 1. März 1996 in Kraft.
(3) § 1 Abs 1 in der Fassung der Verordnung LGBl Nr. 5/1999 tritt mit 1. Jänner 1999 in Kraft.
(4) § 1 Abs 1 in der Fassung der Verordnung LGBl Nr. 122/2000 tritt mit 21. November 2000 in Kraft.
(5) § 1 Abs 1 in der Fassung der Verordnung LGBl Nr. 20/2005 tritt mit 1. März 2005 in Kraft.
(6) § 1 Abs 1 in der Fassung der Verordnung LGBl Nr. 82/2007 tritt mit 1. Dezember 2007 in Kraft.
(7) § 2 Abs 1 in der Fassung der Verordnung LGBl Nr. 39/2010 tritt mit 27. Mai 2010 in Kraft.

3. Verordnung der Salzburger Landesregierung über die Unterlagen zur Feststellung von Handelsgroßbetrieben LGBl 128/1993 idF LGBl 39/2010

Auf Grund des § 45 Abs 2 des Salzburger Raumordnungsgesetzes 2009 – ROG 2009, LGBl Nr 30, in der geltenden Fassung wird verordnet:

§ 1

Ein Ansuchen um eine Bauplatzerklärung oder um die baubehördliche Bewilligung von Bauführungen, das sich nicht auf ein Gebiet für Handelsgroßbetriebe (§ 30 Abs 1 Z 10 ROG 2009) bezieht, ist – unbeschadet der nach den sonstigen Rechtsvorschriften geforderten Beilagen – zum Nachweis, dass das Vorhaben keinen Zwecken dient, für deren Zulässigkeit die Widmung als Gebiet für Handelsgroßbetriebe die Voraussetzung darstellt, mit nachstehenden Unterlagen auszustatten.

§ 2

(1) Dem Ansuchen um eine Bauplatzerklärung hat der Bauplatzwerber seine ausdrückliche Erklärung anzuschließen, dass auf dem geplanten Bauplatz kein Handelsgroßbetrieb errichtet wird.
(2) In der Bauplatzerklärung hat die Baubehörde auf die Unzulässigkeit der Errichtung eines Handelsgroßbetriebs hinzuweisen.

§ 3

(1) Soweit nicht § 4 Abs. 1 zum Tragen kommt, hat das Ansuchen um baubehördliche Bewilligung von Bauführungen, allenfalls in gesonderten Beilagen, insbesondere zu enthalten:
   a) die ausdrückliche Erklärung des Bewilligungswerbers, dass die geplante Bauführung nicht der Errichtung eines Handelsgroßbetriebs dient;

b) die Angabe der gegebenen und beabsichtigten künftigen Eigentums- oder Bestandverhältnisse;
c) einen Entwurfsplan, aus dem die künftigen Benutzungsverhältnisse, insbesondere die Verkaufsflächen (§ 32 Abs 2 ROG 2009), entnommen werden können, sowie die Berechnung des Ausmaßes der Verkaufsflächen;
d) die Angabe, ob Lebens- und Genussmittel ausschließlich oder gemeinsam mit anderen Waren angeboten werden sollen;
e) Angaben über künftige Erweiterungsbauten und andere mit dem Bau in Zusammenhang stehende Bauvorhaben, wenn zu vermuten ist, dass nur eine Bauetappe zur Ausführung kommt und dadurch die Anwendung der Bestimmungen über Handelsgroßbetriebe umgangen werden soll;
f) die Darstellung der Umgebung im räumlichen Naheverhältnis des Bauplatzes unter Angabe der Nutzung der dort bestehenden Bauten und unter Angabe der Eigentumsverhältnisse an Liegenschaften, soweit diese noch unbebaut sind oder sich auf diesen Handelsbetrieben befinden.

(2) Befinden sich in einem räumlichen Naheverhältnis zum Bauvorhaben, das der Errichtung von Handelsbetrieben dient, weitere Handelsbetriebe, hat das Bauansuchen weiter zu enthalten:
a) die Darstellung der beabsichtigten inneren Verkehrserschließung (zB Zufahrten und Parkplätze);
b) die Darstellung zentraler Einrichtungen (zB Verwaltung) und Dienste (zB zentrale Informations- und sonstige Hilfsdienste);
c) die Darstellung des beabsichtigten Erscheinungsbildes in der Öffentlichkeit unter Berücksichtigung der baulichen Gestaltung des Objektes und der Imagewerbung für das Gesamtobjekt.

Ist eine Zusammenarbeit im Sinne der lit. b und c nicht beabsichtigt, hat der Bewilligungswerber für sich und die künftigen Benützer des zur Errichtung kommenden Baues u.dgl. eine diesbezügliche ausdrückliche Erklärung abzugeben.

§ 4

(1) Von der Vorlage einzelner der vorstehend genannten Unterlagen kann Abstand genommen werden, wenn dies nach den Umständen des Falles zur Beurteilung, ob es sich um einen Handelsgroßbetrieb handelt, nicht erforderlich ist; dies ist insbesondere dann der Fall, wenn die Größe oder Art des Bauvorhabens die Errichtung eines Handelsgroßbetriebs ausschließt.

(2) Die Behörde kann bei Ansuchen um die baubehördliche Bewilligung von Bauführungen die Vorlage bestimmter weiterer Unterlagen verlangen, wenn dies nach den Umständen des Falles zur Beurteilung, ob es sich um einen Handelsgroßbetrieb handelt, erforderlich ist. Dies gilt insbesondere zur Beurteilung, ob Verkaufsflächen in mehreren Bauten gemäß § 32 Abs 2 letzter Satz ROG 2009 zusammenzuzählen sind, und in den Fällen, in denen der Bewilligungswerber nicht Eigentümer oder sonst Nutzungsberechtigter der Bauliegenschaft ist.

§ 5

(1) Diese Verordnung tritt mit 29. Oktober 1993 in Kraft.
(2) Die §§ 1 bis 4 in der Fassung der Verordnung LGBl Nr. 39/2010 treten mit 27. Mai 2010 in Kraft.

4. Verordnung der Salzburger Landesregierung über die Unterlagen zur Feststellung von Beherbergungsgroßbetrieben LGBl 129/1993, idF LGBl 151/1993 (DFB) und LGBl 39/2010

Auf Grund des § 45 Abs 2 des Salzburger Raumordnungsgesetzes 2009 – ROG 2009, LGBl Nr. 30, in der geltenden Fassung wird verordnet:

§ 1

Ein Ansuchen um eine Bauplatzerklärung oder um die baubehördliche Bewilligung von Bauführungen, das sich nicht auf ein Gebiet für Beherbergungsgroßbetriebe (§ 30 Abs 1 Z. 11 ROG 2009) bezieht, ist – unbeschadet der nach den sonstigen Rechtsvorschriften geforderten Beilagen – zum Nachweis, dass das Vorhaben keinen Zwecken dient, für deren Zulässigkeit die Widmung als Gebiet für Beherbergungsgroßbetriebe die Voraussetzung darstellt, mit nachstehenden Unterlagen auszustatten.

§ 2

(1) Dem Ansuchen um eine Bauplatzerklärung hat der Bauplatzwerber seine ausdrückliche Erklärung anzuschließen, dass auf dem geplanten Bauplatz kein Beherbergungsgroßbetrieb errichtet wird.
(2) In der Bauplatzerklärung hat die Baubehörde auf die Unzulässigkeit der Errichtung eines Beherbergungsgroßbetriebes hinzuweisen.

§ 3

Soweit nicht § 4 Abs. 1 zum Tragen kommt, hat das Ansuchen um baubehördliche Bewilligung von Bauführungen, allenfalls in gesonderten Beilagen, insbesondere zu enthalten:
a) die ausdrückliche Erklärung des Bewilligungswerbers, dass es sich bei der geplanten Bauführung nicht um die Errichtung eines Beherbergungsgroßbetriebes handelt;
b) einen Entwurfsplan, aus dem die Anzahl, Anordnung und Nutzung der Räume, insbesondere der Gästezimmer, entnommen werden kann;
c) Angaben über künftige Erweiterungsbauten sowie andere mit dem Bau in Zusammenhang stehende Bauvorhaben, wenn zu vermuten ist, dass nur eine Bauetappe zur Ausführung kommt und dadurch die Anwendung der Bestimmungen über Beherbergungsgroßbetriebe umgangen werden soll;

d) die Darstellung der Umgebung im räumlichen Naheverhältnis des Bauplatzes unter Angabe der Nutzung der dort bestehenden Bauten und unter Angabe der Eigentumsverhältnisse an Liegenschaften, soweit diese noch unbebaut sind oder sich auf diesen Beherbergungsbetrieb befinden.

§ 4

(1) Von der Vorlage einzelner der vorstehend genannten Unterlagen kann Abstand genommen werden, wenn dies nach den Umständen des Falles zur Beurteilung, ob es sich um einen Beherbergungsgroßbetrieb handelt, nicht erforderlich ist; dies ist insbesondere dann der Fall, wenn die Größe oder Art des Bauvorhabens die Errichtung eines Beherbergungsgroßbetriebes ausschließt.
(2) Die Behörde kann bei Ansuchen um die baubehördliche Bewilligung von Bauführungen die Vorlage bestimmter weiterer Unterlagen verlangen, wenn dies nach den Umständen des Falles zur Beurteilung, ob es sich um einen Beherbergungsgroßbetrieb handelt, erforderlich ist. Dies gilt insbesondere zur Beurteilung, ob Gästezimmer in mehreren Bauten gemäß § 33 Abs 1 zweiter Satz ROG 2009 zusammenzuzählen sind, und in den Fällen, in denen der Bewilligungswerber nicht Eigentümer oder sonst Nutzungsberechtigter der Bauliegenschaft ist.

§ 5

(1) Diese Verordnung tritt mit 29. Oktober 1993 in Kraft.
(2) Die §§ 1 und 4 Abs 2 in der Fassung der Verordnung LGBl Nr. 39/2010 treten mit 27. Mai 2010 in Kraft.

5. Verordnung der Salzburger Landesregierung über Unterlagen zur Feststellung von Zweitwohnungsvorhaben LGBl 14/1994, idF LGBl 39/2010

Auf Grund des § 45 Abs 2 des Salzburger Raumordnungsgesetzes 2009 – ROG 2009, LGBl Nr. 30, in der geltenden Fassung wird verordnet:

§ 1

Ein Ansuchen um eine Bauplatzerklärung oder um die baubehördliche Bewilligung von Bauführungen, das sich nicht auf ein Zweitwohnungsgebiet (§ 30 Abs 1 Z 9 ROG 2009) bezieht, ist – unbeschadet der nach den sonstigen Rechtsvorschriften geforderten Beilagen – zum Nachweis, dass das Vorhaben keinen Zwecken dient, für deren Zulässigkeit die Widmung als Zweitwohnungsgebiet die Voraussetzung darstellt (Zweitwohnungsvorhaben), mit nachstehenden Unterlagen auszustatten.

§ 2

(1) Dem Ansuchen um eine Bauplatzerklärung hat der Bauplatzwerber seine ausdrückliche Erklärung anzuschließen, dass auf dem geplanten Bauplatz kein Zweitwohnungsvorhaben ausgeführt wird.
(2) In der Bauplatzerklärung hat die Baubehörde auf die Unzulässigkeit der Ausführung von Zweitwohnungs- vorhaben, insbesondere der Errichtung von Apartmenthäusern, hinzuweisen.

§ 3

Soweit nicht § 4 Abs. 1 zum Tragen kommt, hat das Ansuchen um baubehördliche Bewilligung von Bauführungen, allenfalls in gesonderten Beilagen, insbesondere zu enthalten:
a) die ausdrückliche Erklärung des Bewilligungswerbers, dass die geplante Bauführung nicht einem Zweitwohnungsvorhaben dient;
b) die Angabe der gegebenen und beabsichtigten künftigen Eigentumsverhältnisse;
c) die Darstellung der rechtlichen Gestaltung der künftigen Benützungsverhältnisse;
d) bei gastgewerblichen Betrieben den Nachweis der gewerberechtlichen Berechtigung sowie die Darstellung der beabsichtigten Betriebsführung und -verwaltung;
e) bei Alters-(Seniorenwohn-)Heimen u. dgl. den Nachweis des gesicherten Betriebes und der Verwaltung sowie jener Sicherheiten, die gewährleisten, dass das Objekt ausschließlich oder überwiegend dem ständigen Wohnbedürfnis des in Betracht kommenden Personenkreises dienen wird.

§ 4

(1) Von der Vorlage einzelner der vorstehend genannten Unterlagen kann Abstand genommen werden, wenn dies nach der Lage des Falles zur Beurteilung, ob es sich um ein Zweitwohnungsvorhaben handelt, nicht erforderlich ist; dies ist insbesondere der Fall, wenn die Größe oder Art des Bauvorhabens die Ausführung eines Zweitwohnungsvorhabens ausschließt.
(2) Die Behörde kann bei Ansuchen um die baubehördliche Bewilligung von Bauführungen die Vorlage bestimmter weiterer Unterlagen verlangen, wenn dies nach den Umständen des Falles zur Beurteilung, ob es sich um ein Zweitwohnungsvorhaben handelt, erforderlich ist. Als solche Unterlagen kommen z. B. die Darstellung der Finanzierung im Zusammenhalt mit der Gestaltung der künftigen Eigentums- und Benützungsverhältnisse, die Angabe, ob und welche öffentlichen Förderungsmittel für das Bauvorhaben in Anspruch genommen werden sollen und des Vorliegens der Voraussetzungen hiefür, sowie, wenn besondere Um- stände dies verlangen, auch die Vorlage von Belegen wie z. B. von Verträgen, die gewährleisten, dass die vorgesehene Benützung nicht nur zeitweiliger oder vorübergehender Natur sein wird, in Betracht.

§ 5

(1) Diese Verordnung tritt mit 9. März 1994 in Kraft.
(2) § 1 in der Fassung der Verordnung LGBl Nr. 39/2010 tritt mit 27. Mai 2010 in Kraft.

6. Verordnung der Salzburger Landesregierung über die Unterlagen zur Beurteilung von Vorhaben gemäß § 46 ROG 2009 LGBl 130/1993, idF LGBl 39/2010

Auf Grund des § 46 des Salzburger Raumordnungsgesetzes 2009 – ROG 2009, LGBl Nr. 30. idgF wir verordnet:

§ 1

(1) Dem Ansuchen um raumordnungsmäßige Bewilligung eines mit dem Flächenwidmungsplan nicht übereinstimmenden Vorhabens sind alle jene Unterlagen anzuschließen, die zur Beurteilung, ob das Vorhaben dem räumlichen Entwicklungskonzept bzw. der erkennbaren grundsätzlichen Planungsabsicht nicht entgegensteht und die im § 46 Abs 3 Z1 ROG 2009 festgelegte Beschränkung der Gesamtgeschoßfläche nicht überschreitet, erforderlich sind. Es sind dies insbesondere:

a) der Nachweis des Eigentums an dem vom Ansuchen betroffenen Grundstück bzw. eines für dessen grundbücherliche Einverleibung geeigneten Rechtstitels;
b) Angaben über das Vorhaben und die geplante Art des Verwendungszweckes;
c) ein Übersichtsplan im Maßstab 1:2.880 oder 1:5.000 mit Eintragung des Vorhabens sowie des umgebenden Baubestandes und der umgebenden Nutzungsverhältnisse;
d) ein Lageplan im Maßstab 1:500 mit Eintragung des Vorhabens und der geplanten Bauplatzgrenzen;
e) kotierte Darstellungen des Vorhabens, aus denen das beabsichtigte Ausmaß der Baumasse insbesondere der Gesamtgeschoßfläche des Vorhabens und bei Zu-, Auf- und Umbauten auch des bereits bestehenden Baues, entnommen werden kann, sowie die Berechnung der Gesamtgeschoßfläche;
f) Unterlagen darüber, dass die Aufschließung des betreffenden Grundstückes durch Wasserversorgung, Abwasserbeseitigung, Energieversorgung sowie durch einen funktionsgerechten Anschluss an die bestehenden Verkehrsflächen sichergestellt ist.

Die in lit. c, d und e genannten Unterlagen sind in dreifacher Ausfertigung vorzulegen.

(2) Die Behörde kann die Vorlage bestimmter weiterer Unterlagen verlangen, wenn dies nach den Umständen des Falles zur Beurteilung des Vorhabens erforderlich ist. Dies gilt insbesondere zur Beurteilung der zu erwartenden Emissionen oder des künftigen Fahrzeugverkehrs und bei Ansuchen um die Bewilligung von Bauführungen dafür, dass es sich um kein Zweitwohnungsvorhaben, keinen Handelsgroßbetrieb oder keinen Beherbergungsgroßbetrieb handelt, für deren Zulässigkeit die Widmung als Zweitwohnungsgebiet, als Gebiet für Handelsgroßbetriebe oder als Gebiet für Beherbergungsgroßbetriebe Voraussetzung ist.

§ 2

Bei Einholung der aufsichtsbehördlichen Kenntnisnahme gemäß § 74 Abs 1 ROG 2009 hat die Gemeinde dem maßgeblichen Beschluss der Gemeindevertretung (des Gemeinderates der Stadt Salzburg) den gesamten Verwaltungsakt mit den zur Beurteilung des Vorhabens erforderlichen Unterlagen anzuschließen

Dies sind insbesondere:

1. die im § 1 festgelegten Unterlagen;
2. ein Gutachten hinsichtlich der Übereinstimmung des Vorhabens mit dem räumlichen Entwicklungskonzept bzw. der erkennbaren grundsätzlichen Planungsabsicht;
3. Gutachten über die Eignung des Grundstückes zur Bebauung, wenn dieses im Gefährdungsbereich von Hochwasser, Lawinen, Murgängen, Steinschlag u. dgl. liegt oder sonstige ungünstige natürliche Gegebenheiten vorherrschen;
4. ein umwelttechnisches Gutachten, wenn dies zur Beurteilung der zu erwartenden Auswirkungen des Vorhabens auf die Umgebung durch Emissionen, Fahrzeugverkehr u. dgl. erforderlich ist;
5. Unterlagen über die Vereinbarkeit des Vorhabens mit öffentlichen Interessen, wenn das Grundstück in einem gemäß § 43 ROG 2009 kenntlich zu machenden Bereich liegt;
6. die Stellungnahme der Anrainer zum Ansuchen;
7. der Nachweis über die ortsübliche Kundmachung des Ansuchens und
8. die hiezu vorgebrachten Anregungen und sonstigen Vorbringen.

§ 3

(1) Diese Verordnung tritt mit 29. Oktober 1993 in Kraft.
(2) Die §§ 1 und 2 in der Fassung der Verordnung LGBl Nr. 39/2010 treten mit 27. Mai 2010 in Kraft.

7. Verordnung der Salzburger Landesregierung vom 30. Dezember 2010 über Bauten in Kleingartengebieten (Kleingartengebietsverordnung) LGBl 8/2011

Auf Grund des § 36 Abs. 3 des Salzburger Raumordnungsgesetzes 2009 – ROG 2009, LGBl Nr. 30, in der geltenden Fassung wird verordnet:

§ 1

Als Bauten, die für die Nutzung einer im Flächenwidmungsplan als Kleingartengebiet (§ 36 Abs. 1 Z 2 ROG 2009) ausgewiesenen Grundfläche notwendig sind, sind nur zulässig:
1. Bauten, die tagsüber dem Aufenthalt von Personen für die kleingärtnerische Nutzung und der gesicherten Aufbewahrung von Gartenwerkzeugen dienen;
2. Gewächshäuser.

§ 2

(1) Auch als gemäß § 1 zugelassene Bauten dürfen in Kleingartengebieten nicht errichtet werden:
   1. Bauten mit mehr als einem Geschoß;
   2. Bauten mit einer Heizung oder einer Feuerstätte, Rauch- oder Abgasfängen;
   3. Bauten gemäß § 1 Z 1:

a) in anderer als Holzbauweise;
b) mit einer Standfläche von über 14 m^2, worauf eine allfällige Veranda nicht anzurechnen ist;
c) mit einer Veranda von über 10 m^2;
4. Bauten gemäß § 1 Z 2 mit einer Standfläche von mehr als 10 m^2.
Diese Verbote gelten auch für die Änderung von Bauten.

(2) Zu Zwecken des Wetterschutzes kann die Veranda auch mit aushängbaren Fenstern versehen werden.

§ 3

(1) Diese Verordnung tritt mit 1. März 2011 in Kraft.
(2) Gleichzeitig tritt die Verordnung der Salzburger Landesregierung vom 9. Februar 2004 über die Bauten in Kleingartengebieten, LGBl Nr. 21/2004, außer Kraft.

8. Verordnung der Salzburger Landesregierung vom 12. Jänner 2011 über die Darstellung von Flächenwidmungsplänen und Bebauungsplänen LGBl 10/2011

Anmerkung

Die Darstellungsverordnung bedarf durch das ROG 2017 einer weitgehenden Überarbeitung, da unter anderem auch auf die nunmehr gegebene Befristung von Baulandwidmungen Bedacht genommen werden muss.

Die überarbeitete Verordnung lag bei Redaktionsschluss (01.01.2018) noch nicht vor.

9. Verordnung der Salzburger Landesregierung über nähere Bestimmungen für die Einrichtung und Geschäftsführung der Gestaltungsbeiräte LGBl 67/1993 idF LGBl 39/2010

Auf Grund des § 62 Abs 5 des Salzburger Raumordnungsgesetzes 2009, LGBl Nr. 30, in der geltenden Fassung wird verordnet:

§ 1 Einrichtung der Gestaltungsbeiräte

(1) Gestaltungsbeiräte können eingerichtet werden:
1. von der Stadt Salzburg;
2. von allen sonstigen Gemeinden des Landes Salzburg mit mehr als 5.000 Einwohnern;
3. von Gemeindeverbänden.

(2) Für jene Gemeinden der politischen Bezirke Hallein, Salzburg-Umgebung, St. Johann im Pongau, Tamsweg und Zell am See, für die kein Gestaltungsbeirat nach Abs 1 Z 2 oder 3 besteht, ist ein solcher bei der jeweiligen Bezirkshauptmannschaft mit dem Wirkungsbereich für diese Gemeinden einzurichten. Von der Stadt Salzburg ist ein Gestaltungsbeirat einzurichten, wenn kein solcher nach Abs 1 Z 3 mit dem Wirkungsbereich für diese besteht.

§ 2 Zusammensetzung

Die Gestaltungsbeiräte bestehen jeweils aus drei bis fünf Mitgliedern einschließlich dem Vorsitzenden und dessen Stellvertreter. Für den Fall der Verhinderung von Mitgliedern sind ein oder mehrere Ersatzmitglieder zu bestellen.

§ 3 Funktionsdauer und Bestellung

(1) Die Bestellung der Mitglieder der Gestaltungsbeiräte einschließlich des Vorsitzenden und seines Stellvertreters sowie der Ersatzmitglieder hat – unbeschadet der Möglichkeit einer früheren Abberufung – jeweils auf die Dauer von drei Jahren zu erfolgen. Werden im Lauf der Funktionsdauer nachträgliche Bestellungen erforderlich, sind diese für die restliche Zeit dieser drei Jahre vorzunehmen.

(2) Die Mitglieder und Ersatzmitglieder müssen Fachleute auf dem Gebiet der Architektur, der Orts-, Stadt- und Landschaftsbildpflege oder der Orts- und Stadtplanung sein. Bei Zutreffen einer dieser Voraussetzungen kommt auch die Bestellung von Personen, die zur Ausführung baulicher Maßnahmen befugt sind, in Betracht.

(3) Die Mitglieder und Ersatzmitglieder einschließlich des Vorsitzenden und dessen Stellvertreter sind je nach dem Rechtsträger, für den der Gestaltungsbeirat eingerichtet ist, zu bestellen:
   a) in der Stadt Salzburg vom Gemeinderat;
   b) bei den Bezirkshauptmannschaften vom Bezirkshauptmann;
   c) bei Gemeinden mit über 5.000 Einwohnern von der Gemeindevertretung;
   d) bei Gemeindeverbänden vom Verbandsvorstand.

(4) Zur Erstattung von Vorschlägen zur Zusammensetzung des bei einer Bezirkshauptmannschaft eingerichteten Beirates sowie zur Namhaftmachung von Fachleuten für die Bestellung als Mitglied oder Ersatzmitglied hat der Bezirkshauptmann die Bürgermeister der Gemeinden des Bezirkes einzuberufen, für die keine nach § 1 Abs. 2 eingerichteten Gestaltungsbeiräte bestehen. Die Versammlung der Bürgermeister ist beschlussfähig, wenn sämtliche Bürgermeister der betroffenen Gemeinden eingeladen worden sind und mindestens die Hälfte davon anwesend ist. Mit der Namhaftmachung von Personen sind deren berufliche Stellungen mitzuteilen und bekanntzugeben, welchen der im Abs. 2 genannten Bereiche sie auf Grund ihrer besonderen Fachkundigkeit zuzuordnen sind.

(5) Die nichtamtlichen Mitglieder und Ersatzmitglieder haben vor Übernahme ihrer Funktion je nach dem Rechtsträger, für den der Gestaltungsbeirat eingerichtet ist (Abs. 3 lit. a bis d), dem Bürgermeister, dem Bezirkshauptmann bzw. dem Verbandsvorsitzenden des Gemeindeverbandes zu geloben, dass sie ihre Funktion gewissenhaft und unparteiisch ausüben werden.

(6) Auf die Mitglieder und Ersatzmitglieder der Gestaltungsbeiräte finden die Bestimmungen des § 7 Abs. 1 Z. 1 bis 4 AVG sinngemäß Anwendung.

§ 4 Geschäftsführung

Die Geschäfte des Gestaltungsbeirates sind je nach dem Rechtsträger, für den sie eingerichtet sind (§ 3 Abs. 3 lit. a bis d) vom Magistrat der Stadt Salzburg, von der Bezirkshauptmannschaft, vom Gemeindeamt bzw. von der Geschäftsstelle des Gemeindeverbandes zu besorgen.

§ 5 Sitzungen

(1) Der Gestaltungsbeirat ist nach Bedarf vom Vorsitzenden einzuberufen. Die Mitglieder sind mindestens zwei Wochen vor der Sitzung unter Bekanntgabe der Tagesordnung schriftlich zu laden.
(2) Die Mitglieder des Gestaltungsbeirates haben im Fall ihrer Verhinderung zur Teilnahme an einer ordnungsgemäß anberaumten Sitzung rechtzeitig die Geschäftsstelle zwecks Einberufung eines Ersatzmitgliedes zu verständigen.
(3) Der Gestaltungsbeirat kann zu seinen Sitzungen auch andere Fachleute mit beratender Stimme beiziehen.
(4) Die Geschäftsstelle hat über den Verlauf der Sitzung eine Niederschrift zu verfassen. Sie hat jedenfalls die wesentlichen, in den Beratungen vertretenen Argumente und Gegenargumente sowie die gefassten Beschlüsse zu enthalten und ist von dem den Vorsitz in der Sitzung führenden und einem weiteren Mitglied zu unterfertigen.

§ 6 Beschlüsse

(1) Der Gestaltungsbeirat ist beschlussfähig, wenn nach ordnungsgemäßer Einberufung der Sitzung mindestens drei Mitglieder (Ersatzmitglieder) anwesend sind.
(2) Der Gestaltungsbeirat beschließt mit Stimmenmehrheit. Bei Stimmengleichheit gilt ein Antrag als abgelehnt.

§ 7 Geschäftsordnung

Ergänzende Geschäftsordnungen sind von den Gestaltungsbeiräten zu beschließen. Sie bedürfen je nach dem Rechtsträger, für den sie eingerichtet sind (§ 3 Abs. 3 lit. a bis d), der Genehmigung des jeweiligen Bürgermeisters, des Bezirkshauptmannes bzw. des Verbandsausschusses vom Standpunkt der Gesetzmäßigkeit.

§ 8 Inkrafttreten

(1) Diese Verordnung tritt mit 30. April 1993 in Kraft.
(2) § 1 in der Fassung der Verordnung LGBl Nr. 39/2010 tritt mit 27. Mai 2010 in Kraft.

10. Verordnung der Salzburger Landesregierung mit der geeignete Methoden und Betriebsweise für die Abwassersammlung und -beseitigung von Almgebäuden festgelegt werden (Almgebäude-Abwasser-Verordnung-AAV) LGBl 9/2011

Auf Grund des § 48 Abs. 3 Z 4 des Salzburger Raumordnungsgesetzes 2009, LGBl Nr. 30, in der geltenden Fassung wird verordnet:

§ 1 Geeignete Einrichtungen und Betriebsweisen zur Abwasserentsorgung

Eine technisch und hygienisch geeignete Abwassersammlung und -beseitigung für die zeitweise Verwendung eines Almgebäudes für touristische und Erholungszwecke im Rahmen eines bestehenden land- und forstwirtschaftlichen Betriebes liegt vor, wenn die Einbringung dieser Abwässer erfolgt:

1. in einen öffentlichen oder privaten Schmutz- oder Mischwasser-Kanal;
2. in eine wasserrechtlich bewilligte, konsensgemäß betriebene Abwasserreinigungsanlage, die dem Standort und der jeweiligen Nutzung entspricht;
3. in eine flüssigkeitsdichte Senkgrube, wenn
   a) diese eine Kapazität von zumindest 1 m^3 pro Schlafplatz aufweist,
   b) eine regelmäßige und ordnungsgemäße Entsorgung über eine Kläranlage sichergestellt ist und
   c) das Almgebäude mit einem Kraftfahrzeug zur Entsorgung der Abwässer gemäß lit. b erreichbar ist;

1. in eine flüssigkeitsdichte Gülle- oder Jauchengrube in untergeordnetem Ausmaß; ein untergeordnetes Ausmaß liegt vor, wenn je Schlafplatz zumindest eineinhalb Großvieheinheiten mit teilweiser Stallhaltung auf der Alm gehalten werden;
2. in einen Trockenabort (Toilettenanlagen ohne Wasserspülung), wenn
   a) kein Fließwasser in das Almgebäude eingeleitet ist und
   b) das Almgebäude über nicht mehr als 10 Schlafplätze verfügt.

§ 2 Inkrafttreten

Diese Verordnung tritt mit 1. März 2011 in Kraft.

D) Raumordnungsrelevante Rechtsmaterien

1. Anhang 1 und 2 des Bundesgesetzes über die Prüfung der Umweltverträglichkeit (Umweltverträglichkeitsprüfungsgesetz 2000/UVP-G 2000) (BGBl 697/1993 idF BGBl I 111/2017)

3 ANHANG 1: UVP-pflichtige Vorhaben:

Der Anhang 1 gliedert die gemäß § 3 UVP-pflichtigen Vorhaben in:

- Vorhaben der Abfallwirtschaft (Z 1 – 3)
- Vorhaben der Energiewirtschaft (Z 4 – 6)
- Umgang mit radioaktiven Stoffen (Z 7 – 8)
- Infrastrukturprojekte (Z 9-24)
- Bergbauvorhaben (Z 25 – 29)
- Vorhaben der Wasserwirtschaft (Z 30-42)
- Land- und Forstwirtschaft (Z 43-46)
- Sonstige Anlagen (Z 47 – 88)

Auf die Anführung der „Sonstigen Anlagen (Z 47–88) wird im Folgenden verzichtet, da sie sich auf sehr spezielle industrielle Herstellungs- und Bearbeitungsverfahren beziehen. (Vorhaben der chemischen Industrie, der Zellstoff- und Papierindustrie, der Metallgewinnung und -bearbeitung, der Fahrzeugproduktion, der Zement- und Asbestgewinnung und -verarbeitung und der Erdöl- und Kohlebearbeitung)

In Spalte 1 und 2 finden sich jene Vorhaben, die jedenfalls UVP-pflichtig sind und einem UVP-Verfahren (Spalte 1) oder einem vereinfachten Verfahren (Spalte 2) zu unterziehen sind. Bei in Anhang 1 angeführten Änderungstatbeständen ist ab dem angeführten Schwellenwert eine Einzelfallprüfung durchzuführen; sonst gilt § 3a Abs 2 und 3 des UVP-Gesetzes, der sich auf Änderungen einschließlich Kapazitätsausweitungen von Vorhaben bezieht. Keine Änderung liegt vor, wenn ausdrücklich nur die „Neuerrichtung", der „Neubau" oder die „Neuerschließung" vom Projektbetreiber angeführt wird.

In Spalte 3 sind jene Vorhaben angeführt, die nur bei Zutreffen besonderer Voraussetzungen der UVP-Pflicht unterliegen. Für diese Vorhaben hat ab den angegebenen Mindestschwellen eine Einzelfallprüfung zu erfolgen. Ergibt diese Einzelfallprüfung eine UVP-Pflicht, so ist nach dem vereinfachten Verfahren vorzugehen.

Die in der Spalte 3 genannten Kategorien schutzwürdiger Gebiete werden in Anhang 2 definiert. Gebiete der Kategorien A, C, D und E sind für die UVP-Pflicht eines Vorhabens jedoch nur dann zu berücksichtigen, wenn sie am Tag der Antragstellung ausgewiesen sind.

	UVP	UVP im vereinfachten Verfahren	
	Spalte 1	Spalte 2	Spalte 3
Abfallwirtschaft			
Z 1	a) Deponien für gefährliche Abfälle; Berechnungsgrundlage (§ 3a Abs. 3) für Änderungen ist das bescheidmäßig genehmigte Gesamtvolumen; b) Anlagen zur biologischen, physikalischen oder mechanisch-biologischen Behandlung von gefährlichen Abfällen mit einer Kapazität von mindestens 20 000 t/a; c) sonstige Anlagen zur Behandlung (thermisch, chemisch) von gefährlichen Abfällen; ausgenommen sind Anlagen zur ausschließlich stofflichen Verwertung.		
Z 2	a) Massenabfall- oder Reststoffdeponien mit einem Gesamtvolumen von mindestens 500 000 m^3; b) Untertagedeponien für nicht gefährliche Abfälle mit einem Gesamtvolumen von mindestens 500 000 m^3; c) sonstige Anlagen zur Behandlung (thermisch, chemisch, physikalisch, biologisch, mechanisch-biologisch) von nicht gefährlichen Abfällen mit einer Kapazität von mindestens 35 000 t/a oder 100 t/d, ausgenommen sind Anlagen zur ausschließlich stofflichen Verwertung oder mechanischen Sortierung;	d) Baurestmassen- oder Inertabfalldeponien mit einem Gesamtvolumen von mindestens 1 000 000 m^3; e) Anlagen zur Aufbereitung von Baurestmassen mit einer Kapazität von mindestens 200 000 t/a;	f) Massenabfall- oder Reststoffdeponien in schutzwürdigen Gebieten der Kategorie A mit einem Gesamtvolumen von mindestens 250 000 m^3, in schutzwürdigen Gebieten der Kategorie D mit einem Gesamtvolumen von mindestens 375 000 m^3; g) Untertagedeponien für nicht gefährliche Abfälle in schutzwürdigen Gebieten der Kategorie A mit einem Gesamtvolumen von mindestens 250 000 m^3, in schutzwürdigen Gebieten der Kategorie D mit einem Gesamtvolumen von mindestens 375 000 m^3; h) Baurestmassen- oder Inertabfalldeponien in schutzwürdigen Gebieten der Kategorie A mit einem Gesamtvolumen von mindestens 500 000 m^3, in schutzwürdigen Gebieten der Kategorie D mit einem Gesamtvolumen von mindestens 750 000 m^3.
Z 3		a) Anlagen zur Lagerung von Alt-Kraftfahrzeugen einschließlich Einrichtungen zum Zerteilen mit einer Gesamtlagerkapazität von mindestens 10 000 t; b) Anlagen zur Lagerung von Eisenschrott und Alteisen mit einer Gesamtlagerkapazität von mindestens 30 000 t;	c) Anlagen zur Lagerung von Alt-Kraftfahrzeugen einschließlich Einrichtungen zum Zerteilen in schutzwürdigen Gebieten der Kategorie C mit einer Gesamtlagerkapazität von mindestens 5 000 t.

Energiewirtschaft			
Z 4	a) Thermische Kraftwerke oder andere Feuerungsanlagen mit einer Brennstoffwärmeleistung von mindestens 200 MW; b) Anlagen für die Abscheidung von Kohlenstoffdioxidströmen zum Zweck der geologischen Speicherung aus Anlagen gemäß lit. a oder Anlagen mit einer jährlichen Kohlenstoffdioxidabscheidung von insgesamt mindestens 1,5 Millionen t;		c) thermische Kraftwerke oder andere Feuerungsanlagen in schutzwürdigen Gebieten der Kategorie D mit einer Brennstoffwärmeleistung von mindestens 100 MW.
Z 5	Kernkraftwerke oder andere Kernreaktoren, sofern sie nicht vom Atomsperrgesetz (*BGBl. Nr. 676/1978*) verboten sind, einschließlich der Demontage oder Stilllegung solcher Kraftwerke oder Reaktoren; ausgenommen sind Reaktoren in Forschungseinrichtungen für die Herstellung und Bearbeitung von spaltbaren und brutstoffhaltigen Stoffen, deren Höchstleistung 1 kW thermische Dauerleistung nicht übersteigt.		
Z 6		a) Anlagen zur Nutzung von Windenergie mit einer elektrischen Gesamtleistung von mindestens 20 MW oder mit mindestens 20 Konvertern mit einer Nennleistung von mindestens je 0,5 MW.	b) Anlagen zur Nutzung von Windenergie in schutzwürdigen Gebieten der Kategorie A mit einer elektrischen Gesamtleistung von mindestens 10 MW oder mit mindestens 10 Konvertern mit einer Nennleistung von mindestens je 0,5 MW.
Umgang mit radioaktiven Stoffen			
Z 7	a) Anlagen zur Herstellung oder Anreicherung von Kernbrennstoffen oder zur Wiederaufbereitung, Aufarbeitung oder Beseitigung von bestrahlten Kernbrennstoffen; b) Anlagen zur Aufarbeitung oder Endlagerung von hochradioaktiven Abfällen; c) Anlagen zur Endlagerung schwach- und mittelradioaktiver Abfälle;		

	d) Anlagen mit dem ausschließlichen Zweck der für mehr als zehn Jahre geplanten Lagerung bestrahlter Kernbrennstoffe oder radioaktiver Abfälle an einem anderen als dem Produktionsort (ausgenommen Lagerung von Abfällen von radioaktiven Stoffen natürlichen Ursprungs wie zB Granit). Berechnungsgrundlage (§ 3a Abs. 2) für Änderungen der lit. a bis d ist die bescheidmäßig genehmigte Produktions- bzw. Lagerkapazität.		
Z 8		Bau von Teilchenbeschleunigern ab 50 MeV.	
Infrastrukturprojekte			
Z 9	a) Neubau von Schnellstraßen oder ihrer Teilabschnitte, ausgenommen zusätzliche Anschlussstellen; als Neubau gilt auch die Zulegung von zwei auf vier oder mehr Fahrstreifen auf einer durchgehenden Länge von mindestens 10 km; b) Neubau sonstiger Straßen oder ihrer Teilabschnitte mit einer durchgehenden Länge von mindestens 10 km, wenn auf der neuen Straße eine durchschnittliche tägliche Verkehrsbelastung (DTV) von mindestens 2 000 Kraftfahrzeugen in einem Prognosezeitraum von fünf Jahren zu erwarten ist; als Neubau gilt auch die Zulegung von zwei auf vier oder mehr Fahrstreifen; c) Neuerrichtung einer zweiten Richtungsfahrbahn auf einer durchgehenden Länge von mindestens 10 km;	d) Neubau zusätzlicher Anschlussstellen an Schnellstraßen [1], wenn auf allen Rampen insgesamt eine durchschnittliche tägliche Verkehrsbelastung (DTV) von mindestens 8 000 Kraftfahrzeugen in einem Prognosezeitraum von fünf Jahren zu erwarten ist; e) Neubau sonstiger Straßen oder ihrer Teilabschnitte mit einer durchgehenden Länge von mindestens 5 km, wenn auf der neuen Straße eine durchschnittliche tägliche Verkehrsbelastung (DTV) von mindestens 15 000 Kraftfahrzeugen in einem Prognosezeitraum von fünf Jahren zu erwarten ist; f) Vorhaben der lit. a, b, c oder e, wenn das Längenkriterium der jeweiligen lit. nur gemeinsam mit daran unmittelbar angrenzenden, noch nicht oder in den letzten 10 Jahren dem Verkehr frei gegebenen Teilstücken erreicht wird;	g) Ausbaumaßnahmen sonstiger Art an Schnellstraßen [1] oder Neubau sonstiger Straßen oder ihrer Teilabschnitte, wenn ein schutzwürdiges Gebiet der Kategorien A oder C berührt wird und eine durchschnittliche tägliche Verkehrsbelastung (DTV) von mindestens 2 000 Kraftfahrzeugen in einem Prognosezeitraum von fünf Jahren zu erwarten ist; h) Ausbaumaßnahmen sonstiger Art an Schnellstraßen [1], Neubau sonstiger Straßen oder ihrer Teilabschnitte mit einer durchgehenden Länge von mindestens 500 m, jeweils wenn ein schutzwürdiges Gebiet der Kategorien B oder D berührt wird und eine durchschnittliche tägliche Verkehrsbelastung (DTV) von mindestens 2 000 Kraftfahrzeugen in einem Prognosezeitraum von fünf Jahren zu erwarten ist;

			i) Neubau sonstiger Straßen oder ihrer Teilabschnitte, wenn ein schutzwürdiges Gebiet der Kategorie E berührt wird und eine durchschnittliche tägliche Verkehrsbelastung (DTV) von mindestens 15 000 Kraftfahrzeugen in einem Prognosezeitraum von fünf Jahren zu erwarten ist; Als Neubau im Sinn der lit. g bis i gilt auch die Zulegung von zwei auf vier oder mehr Fahrstreifen, nicht jedoch die ausschließliche Spuraufweitung im Zuge von Kreuzungen; ausgenommen von lit. g bis i ist die Berührung von schutzwürdigen Gebieten ausschließlich durch Schutzbauten zur Beseitigung von Gefahrenbereichen oder durch auf Grund von Katastrophenfällen, durch die Niveaufreimachung von Eisenbahnkreuzungen oder durch Brückenneubauten bedingte Umlegungen von bestehenden Straßen. Bei lit. g und h ist § 3a Abs. 5 nicht anzuwenden. Von Z 9 sind Bundesstraßen (§ 23a) nicht erfasst.
Z 10	a) Neubau von Eisenbahn-Fernverkehrsstrecken oder ihrer Teilabschnitte; b) Neubau von sonstigen Eisenbahnstrecken oder ihrer Teilabschnitte auf einer durchgehenden Länge von mindestens 10 km; c) Änderung von Eisenbahnstrecken oder ihrer Teilabschnitte auf einer durchgehenden Länge von mindestens 10 km, sofern die Mitte des äußersten Gleises der geänderten Trasse von der Mitte des äußersten Gleises der bestehenden Trasse mehr als 100 m entfernt ist;	d) Vorhaben der lit. b und c, wenn das Längenkriterium nur gemeinsam mit daran unmittelbar angrenzenden, noch nicht oder in den letzten 10 Jahren dem Verkehr frei gegebenen Teilstücken erfüllt ist und die Behörde im Einzelfall feststellt, dass auf Grund einer Kumulierung der Auswirkungen der Teilstücke mit erheblichen schädlichen, belästigenden oder belastenden Auswirkungen auf die Umwelt zu rechnen und daher eine Umweltverträglichkeitsprüfung für das geplante Vorhaben durchzuführen ist;	e) Neubau von Eisenbahnstrecken oder ihrer Teilabschnitte wenn ein schutzwürdiges Gebiet der Kategorien A, B, C oder E berührt wird; f) Änderung von Eisenbahnstrecken oder ihrer Teilabschnitte wenn die Mitte des äußersten Gleises der geänderten Trasse von der Mitte des äußersten Gleises der bestehenden Trasse mehr als 100 m entfernt ist und ein schutzwürdiges Gebiet der Kategorien A, B, C oder E berührt wird; g) Änderung von Eisenbahnstrecken durch Zulegung eines Gleises auf einer durchgehenden Länge von mindestens 2,5 km, wenn ein schutzwürdiges Gebiet der Kategorien A, B oder C berührt wird;

			h) Änderung von Eisenbahnstrecken oder ihrer Teilabschnitte mit einem Verkehrsaufkommen (vor oder nach der Kapazitätserhöhung) von mindestens 60 000 Zügen/Jahr durch Erhöhung der Zugkapazität um mindestens 25%, wenn ein schutzwürdiges Gebiet der Kategorie E berührt wird. Ausgenommen von lit. e bis h sind Straßenbahnen, Stadtschnellbahnen in Hochlage, Untergrundbahnen, Hängebahnen und ähnliche Bahnen besonderer Bauart, die ausschließlich oder vorwiegend der Personenbeförderung dienen, innerhalb geschlossener Siedlungsgebiete, sowie Anschlussbahnen; ausgenommen ist auch die Berührung von schutzwürdigen Gebieten ausschließlich durch Schutzbauten zur Beseitigung von Gefahrenbereichen oder durch auf Grund von Katastrophenfällen bedingte Umlegungen. Bei lit. c, f, g und h ist § 3a Abs. 5 nicht anzuwenden. Von Z 10 sind Hochleistungsstrecken (§ 23b) nicht erfasst.
Z 11	a) Verschubbahnhöfe mit einer Flächeninanspruchnahme von mindestens 75 ha; b) Frachtenbahnhöfe, Güterterminals oder Güterverkehrszentren mit einer Flächeninanspruchnahme von mindestens 50 ha;		c) Verschubbahnhöfe in schutzwürdigen Gebieten der Kategorien A oder C mit einer Flächeninanspruchnahme von mindestens 30 ha; d) Frachtenbahnhöfe, Güterterminals oder Güterverkehrszentren in schutzwürdigen Gebieten der Kategorien A oder C mit einer Flächeninanspruchnahme von mindestens 25 ha.

Z 12	a) Neuerschließung oder Änderung (Erweiterung) von Gletscherschigebieten, wenn damit eine Flächeninanspruchnahme durch Pistenneubau oder durch Lifttrassen verbunden ist; b) Erschließung von Schigebieten [1a)] durch Errichtung von Seilförderanlagen zur Personenbeförderung oder Schleppliften oder Errichtung von Pisten, wenn damit eine Flächeninanspruchnahme mit Geländeveränderung durch Pistenneubau oder durch Lifttrassen von mindestens 20 ha verbunden ist;		c) Erschließung von Schigebieten[1a)] durch Errichtung von Seilförderanlagen zur Personenbeförderung oder Schleppliften oder Errichtung von Pisten in schutzwürdigen Gebieten der Kategorie A, wenn damit eine Flächeninanspruchnahme mit Geländeveränderung durch Pistenneubau oder durch Lifttrassen von mindestens 10 ha verbunden ist. Bei Z 12 sind § 3 Abs. 2 und § 3a Abs. 6 mit der Maßgabe anzuwenden, dass die Summe der Kapazitäten, die innerhalb der letzten 5 Jahre genehmigt wurden, einschließlich der beantragten Kapazitätsausweitung heranzuziehen ist.
Z 13	a) Rohrleitungen für den Transport von Öl, Erdölprodukten, Chemikalien oder Gas mit einem Innendurchmesser von mindestens 800 mm und einer Länge von mindestens 40 km; b) Rohrleitungen für den Transport von Kohlenstoffdioxidströmen für die Zwecke der geologischen Speicherung mit einem Innendurchmesser von mindestens 300 mm und einer Länge von mindestens 40 km;		c) Rohrleitungen für den Transport von Öl, Erdölprodukten, Chemikalien oder Gas in schutzwürdigen Gebieten der Kategorien A oder C mit einem Innendurchmesser von mindestens 500 mm und einer Länge von mindestens 25 km; d) Rohrleitungen in schutzwürdigen Gebieten der Kategorien A oder C für den Transport von Kohlenstoffdioxidströmen für die Zwecke der geologischen Speicherung mit einem Innendurchmesser von mindestens 150 mm und einer Länge von mindestens 25 km. Berechnungsgrundlage für Änderungen (§ 3a Abs. 2 und 3) der lit. a bis d ist die Leitungslänge; Z 13 erfasst auch Verdichterstationen.

Z 14	a) Neubau von Flugplätzen[1b], ausgenommen Segelflugfelder und Flugplätze[1b] für Hubschrauber, die überwiegend Rettungs- und Ambulanzflügen im Sinn des § 2 der ZARV 1985, Einsätzen der Sicherheitsverwaltung, der Erfüllung von Aufgaben der Landesverteidigung oder der Verkehrsüberwachung mit Hubschraubern dienen; b) Neuerrichtung von Pisten mit einer Grundlänge von mindestens 2 100 m; c) Erweiterungen von Flugplätzen[1b] durch Neuerrichtung oder Verlängerung von Pisten, wenn durch die Neuerrichtung oder Verlängerung die Gesamtpistenlänge um mindestens 25 % erweitert wird; d) Erweiterungen von Flugplätzen[1b], wenn dadurch die Summe der Flugsteige[1c] um mindestens 50 % oder um mindestens 10 Stück – auf Großflughäfen[1e] um mindestens 20 Stück – erhöht wird; e) Erweiterungen von Flugplätzen[1b], wenn dadurch die Summe der Abstellflächen[1d] um mindestens 32 000 m2 erhöht oder die Summe der Abstellflächen[1d] für die Allgemeine Luftfahrt um mindestens 50 % erweitert werden; im Fall von Großflughäfen[1e] Erweiterungen, wenn dadurch die Summe der Abstellflächen[1d] um mindestens 25 % erhöht wird;		f) Neuerrichtung von Pisten in schutzwürdigen Gebieten der Kategorien A, D oder E mit einer Grundlänge von mindestens 1 050 m; g) Erweiterungen von Flugplätzen[1b] durch Neuerrichtung oder Verlängerung von Pisten in schutzwürdigen Gebieten der Kategorien A, D oder E, wenn durch die Neuerrichtung oder Verlängerung die Gesamtpistenlänge um mindestens 12,5 % erweitert wird; h) Erweiterungen von Flugplätzen[1b] in schutzwürdigen Gebieten der Kategorien A oder E, wenn dadurch die Summe der Flugsteige[1c] um mindestens 5 Stück – auf Großflughäfen[1e] um mindestens 10 Stück – erhöht wird; i) Erweiterungen von Flugplätzen[1b] in schutzwürdigen Gebieten der Kategorien A oder E, wenn dadurch die Summe der Abstellflächen[1d] um mindestens 16 000 m2 erhöht oder die Summe der Abstellflächen[1d] für die Allgemeine Luftfahrt um mindestens 25 % erweitert werden; im Fall von Großflughäfen[1e] Erweiterungen, wenn dadurch die Summe der Abstellflächen[1d] um mindestens 12,5 % erhöht wird; Von lit. b, c, f und g ausgenommen ist die Errichtung von Pisten für Zwecke der Militärluftfahrt aus Anlass eines Einsatzes des Bundesheeres gemäß § 2 Abs. 1 des Wehrgesetzes 2001 (WG 2001), BGBl. I Nr. 146. Von lit. b, c, e, f, g und i ausgenommen ist die Errichtung und Verlängerung von Pisten sowie sonstige Änderungen von Flugplätzen[1b], die im überwiegenden Ausmaß für Zwecke der Militärluftfahrt genützt werden. Von lit. c und g ausgenommen sind weiters Vorhaben, die ausschließlich der Erhöhung der Flugsicherheit dienen.

Z 15	a) Neubau von Häfen, Kohle- oder Ölländen, die Schiffe mit einer Tragfähigkeit von mehr als 1 350 t zugänglich sind; b) Änderungen von Häfen durch Erweiterung der Wasserfläche oder Vertiefung jeweils um mindestens 25%; c) Neubau von Wasserstraßen, die Schiffen mit einer Tragfähigkeit von mehr als 1 350 t zugänglich sind.	d) Änderungen von Regulierungsbauten an Wasserstraßen mit einer Baulänge von mehr als 5 km;	e) Neubau von Häfen, Kohle- oder Ölländen in schutzwürdigen Gebieten der Kategorien A oder C; f) Änderungen von Häfen in schutzwürdigen Gebieten der Kategorien A oder C durch Erweiterung der Wasserfläche oder Vertiefung jeweils um mindestens 12,5%; g) Neubau von Wasserstraßen in schutzwürdigen Gebieten der Kategorien A oder C. h) Änderungen von Regulierungsbauten an Wasserstraßen in schutzwürdigen Gebieten der Kategorie A mit einer Baulänge von mehr als 2,5 km. Ausgenommen von lit. d und h sind Maßnahmen zur Verbesserung der ökologischen Funktionsfähigkeit der Gewässer (Renaturierungen) sowie Maßnahmen zur Instandhaltung.
Z 16	a) Starkstromfreileitungen mit einer Nennspannung von mindestens 220 kV und einer Länge von mindestens 15 km;	b) Änderungen von Starkstromfreileitungen mit einer Nennspannung von mindestens 110 kV auf Trassen einer bestehenden Starkstromfreileitung durch Erhöhung der Nennspannung, wenn diese über 25 %, aber nicht um mehr als 100 %, und die bestehende Leitungslänge um nicht mehr als 10 % erhöht werden;	c) Starkstromfreileitungen in schutzwürdigen Gebieten der Kategorien A oder B mit einer Nennspannung von mindestens 110 kV und einer Länge von mindestens 20 km. Berechnungsgrundlage für Änderungen (§ 3a Abs. 2 und 3) von lit. a und c ist die Leitungslänge.

Z 17		a) Freizeit- oder Vergnügungsparks [2], Sportstadien oder Golfplätze mit einer Flächeninanspruchnahme von mindestens 10 ha oder mindestens 1 500 Stellplätzen für Kraftfahrzeuge;	b) Freizeit- oder Vergnügungsparks [2], Sportstadien oder Golfplätze in schutzwürdigen Gebieten der Kategorien A oder D mit einer Flächeninanspruchnahme von mindestens 5 ha oder mindestens 750 Stellplätzen für Kraftfahrzeuge. c) Vorhaben nach lit. a und b und damit in Zusammenhang stehende Anlagen, die auf Grund von Vereinbarungen mit internationalen Organisationen für Großveranstaltungen (zB Olympische Spiele, Welt- oder Europameisterschaften, Formel 1-Rennen) errichtet, verändert oder erweitert werden, nach Durchführung einer Einzelfallprüfung gemäß § 3 Abs. 4a; Lit. a und b sind nicht anzuwenden, wenn die besonderen Voraussetzungen der lit. c vorliegen. Bei lit. a und b ist § 3a Abs. 5 mit der Maßgabe anzuwenden, dass die beantragte Änderung eine Kapazitätsausweitung von 25% des Schwellenwertes nicht erreichen muss.
Z 18		a) Industrie- oder Gewerbeparks [3] mit einer Flächeninanspruchnahme von mindestens 50 ha; b) Städtebauvorhaben[3a] mit einer Flächeninanspruchnahme von mindestens 15 ha und einer Bruttogeschoßfläche von mehr als 150 000 m^2;	c) Industrie- oder Gewerbeparks [3] in schutzwürdigen Gebieten der Kategorien A oder D mit einer Flächeninanspruchnahme von mindestens 25 ha. Bei lit. b ist § 3 Abs. 2 mit der Maßgabe anzuwenden, dass die Summe der Kapazitäten, die innerhalb der letzten 5 Jahre genehmigt wurden, einschließlich der beantragten Kapazität bzw. Kapazitätsausweitung heranzuziehen ist.
Z 19		a) Einkaufszentren [4] mit einer Flächeninanspruchnahme von mindestens 10 ha oder mindestens 1 000 Stellplätzen für Kraftfahrzeuge;	b) Einkaufszentren [4] in schutzwürdigen Gebieten der Kategorien A oder D mit einer Flächeninanspruchnahme von mindestens 5 ha oder mindestens 500 Stellplätzen für Kraftfahrzeuge. Bei lit. a und b ist § 3a Abs. 5 mit der Maßgabe anzuwenden, dass die beantragte Änderung eine Kapazitätsausweitung von 25% des Schwellenwertes nicht erreichen muss.

Z 20		a) Beherbergungsbetriebe, wie Hotels oder Feriendörfer, samt Nebeneinrichtungen mit einer Bettenzahl von mindestens 500 Betten oder einer Flächeninanspruchnahme von mindestens 5 ha, außerhalb geschlossener Siedlungsgebiete;	b) Beherbergungsbetriebe, wie Hotels oder Feriendörfer, samt Nebeneinrichtungen in schutzwürdigen Gebieten der Kategorien A oder B mit einer Bettenzahl von mindestens 250 Betten oder einer Flächeninanspruchnahme von mindestens 2,5 ha, außerhalb geschlossener Siedlungsgebiete.
Z 21		a) Errichtung öffentlich zugänglicher Parkplätze oder Parkgaragen [4a] für Kraftfahrzeuge mit mindestens 1 500 Stellplätzen für Kraftfahrzeuge;	b) Errichtung öffentlich zugänglicher Parkplätze oder Parkgaragen [4a] für Kraftfahrzeuge in schutzwürdigen Gebieten der Kategorie A, B oder D mit mindestens 750 Stellplätzen für Kraftfahrzeuge.
Z 22		a) Jachthäfen (einschließlich Bojenfelder) mit mindestens 300 Liegeplätzen für Sportboote;	b) Jachthäfen (einschließlich Bojenfelder) in schutzwürdigen Gebieten der Kategorie A mit mindestens 150 Liegeplätzen für Sportboote.
Z 23		a) Campingplätze außerhalb geschlossener Siedlungsgebiete mit mindestens 500 Stellplätzen;	b) Campingplätze in schutzwürdigen Gebieten der Kategorie A mit mindestens 250 Stellplätzen, außerhalb geschlossener Siedlungsgebiete.
Z 24		a) Ständige Renn- oder Teststrecken für Kraftfahrzeuge ab 2 km Länge;	b) ständige Renn- oder Teststrecken für Kraftfahrzeuge in schutzwürdigen Gebieten der Kategorie A. c) die Wiedererrichtung, Erweiterung oder Adaption von Rennstrecken nach lit. a und b, die mindestens 20 Jahre bestehen oder Bestand gehabt haben, sowie Strecken nach lit. a und b zum Zweck der Fahr- und Sicherheitsqualitätschecks von Fahrzeugherstellern, bei denen gesetzlich zwingend vorgeschriebene Sicherheitsüberprüfungen (Funktionstüchtigkeit, etwa von Lenkung, Bremsen), die einen integrierten Bestandteil des Produktionszyklus darstellen, durchgeführt werden, nach Durchführung einer Einzelfallprüfung gemäß § 3 Abs. 4a; Lit. a und b sind nicht anzuwenden, wenn die besonderen Voraussetzungen der lit. c vorliegen.

Bergbau			
Z 25	a) Entnahme von mineralischen Rohstoffen im Tagbau (Lockergestein – Nass- oder Trockenbaggerung, Festgestein im Kulissenabbau mit Sturzschacht, Schlauchbandförderung oder einer in ihren Umweltauswirkungen gleichartigen Fördertechnik) oder Torfgewinnung mit einer Fläche [5)] von mindestens 20 ha; b) Erweiterungen einer Entnahme von mineralischen Rohstoffen im Tagbau (Lockergestein – Nass- oder Trockenbaggerung, Festgestein im Kulissenabbau mit Sturzschacht, Schlauchbandförderung oder einer in ihren Umweltauswirkungen gleichartigen Fördertechnik) oder einer Torfgewinnung, wenn die Fläche [5)] der in den letzten 10 Jahren bestehenden oder genehmigten Abbaue und der beantragten Erweiterung mindestens 20 ha und die zusätzliche Flächeninanspruchnahme [5)] mindestens 5 ha beträgt;		c) Entnahme von mineralischen Rohstoffen im Tagbau (Lockergestein – Nass- oder Trockenbaggerung, Festgestein im Kulissenabbau mit Sturzschacht, Schlauchbandförderung oder einer in ihren Umweltauswirkungen gleichartigen Fördertechnik) oder Torfgewinnung in schutzwürdigen Gebieten der Kategorien A oder E und für Nassbaggerung und Torfgewinnung auch Kategorie C, mit einer Fläche [5)] von mindestens 10 ha; d) Erweiterungen einer Entnahme von mineralischen Rohstoffen im Tagbau (Lockergestein – Nass- oder Trockenbaggerung, Festgestein im Kulissenabbau mit Sturzschacht, Schlauchbandförderung oder einer in ihren Umweltauswirkungen gleichartigen Fördertechnik) oder einer Torfgewinnung in schutzwürdigen Gebieten der Kategorien A oder E und für Nassbaggerung und Torfgewinnung auch Kategorie C, wenn die Fläche [5)] der in den letzten 10 Jahren bestehenden oder genehmigten Abbaue und der beantragten Erweiterung mindestens 10 ha und die zusätzliche Flächeninanspruchnahme [5)] mindestens 2,5 ha beträgt; Ausgenommen von Z 25 sind die unter Z 37 erfassten Tätigkeiten.
Z 26	a) Entnahme von mineralischen Rohstoffen im Tagbau (Festgestein) mit einer Fläche [5)] von mindestens 10 ha; b) Erweiterungen einer Entnahme von mineralischen Rohstoffen im Tagbau (Festgestein), wenn die Fläche [5)] der in den letzten zehn Jahren bestehenden oder genehmigten Abbaue und der beantragten Erweiterung mindestens 13 ha und die zusätzliche Flächeninanspruchnahme [5)] mindestens 3 ha beträgt;		c) Entnahme von mineralischen Rohstoffen im Tagbau (Festgestein) in schutzwürdigen Gebieten der Kategorie A oder E mit einer Fläche [5)] von mindestens 5 ha; d) Erweiterungen einer Entnahme von mineralischen Rohstoffen im Tagbau (Festgestein) in schutzwürdigen Gebieten der Kategorie A oder E, wenn die Fläche [5)] der in den letzten zehn Jahren bestehenden oder genehmigten Abbaue und der beantragten Erweiterung mindestens 7,5 ha und die zusätzliche Flächeninanspruchnahme [5)] mindestens 1,5 ha beträgt.

Z 27	a) Untertagebau mit einer Flächeninanspruchnahme für zusammenhängende obertägige Anlagen und Betriebseinrichtungen von mindestens 10 ha;		b.) Untertagebau in schutzwürdigen Gebieten der Kategorie A mit einer Flächeninanspruchnahme für zusammenhängende obertägige Anlagen und Betriebseinrichtungen von mindestens 5 ha.
Z 28	a) Hydromechanisches Aufbrechen („Frac-Behandlung") von Gesteinsschichten bei unkonventionellen Erdöl- oder Erdgasvorkommen;		b) Neuerrichtung von Anlagen für Tiefbohrungen ab 1 000 m Teufe in schutzwürdigen Gebieten der Kategorie A; ausgenommen sind Probe- und Erkundungsbohrungen, soweit nicht bereits durch lit. a erfasst, Bohrlochbergbau auf Salz sowie die unter Z 29 und 33 erfassten Tätigkeiten. Berechnungsgrundlage für Änderungen der lit. a (§ 3a Abs. 3) ist die Förderkapazität an Erdöl oder Erdgas in Tonnen bzw. Kubikmeter.
Z 29	a) Förderung von Erdöl oder Erdgas mit einer Kapazität von mindestens 500 t/d pro Sonde bei Erdöl und von mindestens 500 000 m^3/d pro Sonde bei Erdgas; b) Gewinnungsstationen des Kohlenwasserstoffbergbaus mit einer Verarbeitungskapazität von mindestens 2 000 t/d bei Erdöl und von mindestens 2 000 000 m^3/d bei Erdgas; oder		c) Förderung von Erdöl Erdgas in schutzwürdigen Gebieten der Kategorie A mit einer Kapazität von mindestens 250 t/d pro Sonde bei Erdöl und von mindestens 250 000 m^3/d pro Sonde bei Erdgas; d) Gewinnungsstationen des Kohlenwasserstoffbergbaus in schutzwürdigen Gebieten der Kategorie A mit einer Verarbeitungskapazität von mindestens 750 t/d bei Erdöl und von mindestens 1 000 000 m^3/d bei Erdgas. (Mengen bzw. Volumenangaben bei atmosphärischem Druck)
Z 29a	Speicherstätten zur geologischen Speicherung von Kohlenstoffdioxid, sofern sie nicht vom Bundesgesetz über das Verbot der geologischen Speicherung von Kohlenstoffdioxid, *BGBl. I Nr. 144/2011*, verboten sind. Ausgenommen sind Speicherstätten mit einem geplanten Gesamtspeichervolumen von weniger als 100 000 t zu Forschungszwecken oder zur Entwicklung oder Erprobung neuer Produkte und Verfahren.		

Wasserwirtschaft			
Z 30	a) Wasserkraftanlagen (Talsperren, Flussstaue, Ausleitungen) mit einer Engpassleistung von mindestens 15 MW; b) Wasserkraftanlagen (Talsperren, Flussstaue, Ausleitungen) mit einer Engpassleistung von mindestens 10 MW, wenn die Rückstaulänge, berechnet auf Basis des mittleren Durchflusses (MQ), das 20-fache der Gewässerbreite, gemessen in der Achse der Wehranlage, erreicht; c) Wasserkraftanlagen (Talsperren, Flussstaue, Ausleitungen) in Kraftwerksketten. Kraftwerkskette ist eine Aneinanderreihung von zwei oder mehreren Wasserkraftanlagen mit einer Engpassleistung von je mindestens 2 MW ohne ausreichenden Mindestabstand[7)] zwischen den Wehranlagen im Fischlebensraum. Ausgenommen von Z 30 sind technische Maßnahmen zur Erhöhung der Engpassleistung oder zur sonstigen Effizienzsteigerung an bestehenden Anlagen, die keine Auswirkungen auf die Restwasserstrecke, die Unterliegerstrecke oder die Stauraumlänge in Folge einer Erhöhung des Stauzieles haben, sowie alle Maßnahmen, die zur Herstellung der Durchgängigkeit vorgenommen werden. Bei lit. b) und c) sind § 3 Abs. 2 und § 3a Abs. 6 nicht anzuwenden.		
Z 31		a) Stauwerke und sonstige Anlagen zur Zurückhaltung oder dauerhaften Speicherung von Wasser, in denen über 10 000 000 m^3 Wasser neu oder zusätzlich zurückgehalten oder gespeichert werden;	b) Stauwerke und sonstige Anlagen zur Zurückhaltung oder dauerhaften Speicherung von Wasser in schutzwürdigen Gebieten der Kategorie A mit einer Speicherkapazität von mindestens 2 000 000 m^3.

Z 32		a) Grundwasserentnahme- oder künstliche Grundwasseranreicherungs-projekte mit einem jährlichen Entnahme- oder Anreicherungsvolumen von mindestens 10 000 000 m^3; (lit. c aufgehoben durch *BGBl. I Nr. 87/2009*)	b) Grundwasserentnahme- oder künstliche Grundwasseranreicherungs-projekte in gemäß § 55f i.V.m. § 55g WRG 1959 zur Erreichung des guten mengenmäßigen Zustandes im Grundwasser ausgewiesenen Gebieten, mit einem jährlichen Entnahme- oder Anreicherungsvolumen von mindestens 5 000 000 m^3.
Z 33			Neuerrichtung von Anlagen für Tiefbohrungen im Zusammenhang mit der Wasserversorgung ab 1 000 m Teufe in schutzwürdigen Gebieten der Kategorien A oder C; ausgenommen sind Probe- und Erkundungsbohrungen.
Z 34			Wasserfernleitungen mit einer Länge von mindestens 100 km in schutzwürdigen Gebieten der Kategorie C.
Z 35		a) Anlagen zur Bodenentwässerung mit einer Fläche von mindestens 300 ha;	b) Anlagen zur Bodenentwässerung in gemäß § 55f i.V.m. § 55g WRG 1959 zur Erreichung des guten mengenmäßigen Zustandes im Grundwasser ausgewiesenen Gebieten, mit einer Fläche von mindestens 100 ha.
Z 36		a) Anlagen zur Bodenbewässerung mit einer jährlichen Bewässerungsfläche von mindestens 2 500 ha.	b) Anlagen zur Bodenbewässerung in gemäß § 55f i.V.m. § 55g WRG 1959 zur Erreichung des guten mengenmäßigen Zustandes im Grundwasser ausgewiesenen Gebieten sowie in Gebieten, für die gemäß § 55g Abs. 1 Z 4 WRG 1959 zur Erreichung eines guten chemischen Zustandes Programme gemäß § 33f Abs. 4 und 6 WRG 1959 erlassen worden sind, mit einer Fläche von mindestens 1 000 ha.
Z 37			Gewinnung von mineralischen Rohstoffen durch Baggerung in einem Fluss in schutzwürdigen Gebieten der Kategorie A mit einer Entnahmemenge von mehr als insgesamt 400 000 m^3 oder mehr als 100 000 m^3/a, ausgenommen flussbauliche Erhaltungsmaßnahmen an diesem Fluss.
(Anm.: Z 38 aufgehoben durch *BGBl. I Nr. 153/2004*)			

Z 39	a) Bauvorhaben zur Umleitung von Wasserressourcen von einem Flusseinzugsgebiet in ein anderes, wenn durch die Umleitung Wassermangel verhindert werden soll und mehr als 100 000 000 m^3/a an Wasser umgeleitet werden; b) andere Bauvorhaben zur Umleitung von Wasserressourcen von einem Flusseinzugsgebiet in ein anderes, wenn der langjährige durchschnittliche Wasserdurchfluss des Flusseinzugsgebiets, dem Wasser entnommen wird, 2 000 000 000 m^3/a übersteigt und mehr als 5% dieses Durchflusses umgeleitet werden;		c) Bauvorhaben zur Umleitung von Wasserressourcen von einem Flusseinzugsgebiet in ein anderes in schutzwürdigen Gebieten der Kategorie A, wenn durch die Umleitung Wassermangel verhindert werden soll und mehr als 25 000 000 m^3/a an Wasser umgeleitet werden; von Z 39 ausgenommen sind Bauvorhaben zur Umleitung von Wasserressourcen zur Trinkwasserversorgung.
Z 40		a) Abwasserreinigungsanlagen mit einem Bemessungswert von mindestens 150 000 Einwohnerwerten [10)];	b) Abwasserreinigungsanlagen in schutzwürdigen Gebieten der Kategorien A oder C mit einem Bemessungswert von mehr als 100 000 Einwohnerwerten [10)], wenn die Bemessungswassermenge der Abwasserreinigungsanlage größer ist als Q_{95}% des Vorfluters an der Einleitungsstelle.
Z 41		a) Anlegung oder Verlegung von Fließgewässern mit einem mittleren Durchfluss (MQ) von mehr als 1 m^3/s auf einer Baulänge von mindestens 3 km;	b) Anlegung oder Verlegung von Fließgewässern in schutzwürdigen Gebieten der Kategorie A mit einem mittleren Durchfluss (MQ) von mehr als 0,5 m^3/s auf einer Baulänge von mindestens 1,5 km. Ausgenommen von Z 41 sind Maßnahmen zur Verbesserung der ökologischen Funktionsfähigkeit der Gewässer (Renaturierungen).

Z 42		a) Neubau von Schutz- und Regulierungsbauten mit einer Baulänge von mehr als 5 km an Fließgewässern mit einem mittleren Durchfluss (MQ) von mehr als 5 m^3/s; b) Änderungen von Schutz- und Regulierungsbauten mit einer Baulänge von mehr als 5 km an Fließgewässern mit einem mittleren Durchfluss (MQ) von mehr als 5 m^3/s, bei denen das Bemessungshochwasser (HQ_n) erhöht wird;	c) Neubau von Schutz- und Regulierungsbauten in schutzwürdigen Gebieten der Kategorie A mit einer Baulänge von mehr als 2,5 km an Fließgewässern mit einem mittleren Durchfluss (MQ) von mehr als 2,5 m^3/s; d) Änderungen von Schutz- und Regulierungsbauten in schutzwürdigen Gebieten der Kategorie A mit einer Baulänge von mehr als 2,5 km an Fließgewässern mit einem mittleren Durchfluss (MQ) von mehr als 2,5 m^3/s, bei denen das Bemessungshochwasser (HQ_n) erhöht wird. Ausgenommen von Z 42 sind Maßnahmen zur Verbesserung der ökologischen Funktionsfähigkeit der Gewässer (Renaturierungen) sowie Maßnahmen zur Instandhaltung. § 3a Abs. 1 Z 1 ist nicht anzuwenden.
Land- und Forstwirtschaft			
Z 43		a) Anlagen zum Halten oder zur Aufzucht von Tieren ab folgender Größe: 48 000 Legehennen-, Junghennen-, Mastelterntier- oder Truthühnerplätze 65 000 Mastgeflügelplätze 2 500 Mastschweineplätze 700 Sauenplätze	b) Anlagen zum Halten oder zur Aufzucht von Tieren in schutzwürdigen Gebieten der Kategorie C oder E ab folgender Größe: 40 000 Legehennen-, Junghennen-, Mastelterntier- oder Truthühnerplätze 42 500 Mastgeflügelplätze 1 400 Mastschweineplätze 450 Sauenplätze Betreffend lit. a und b gilt: Bei gemischten Beständen werden die Prozentsätze der jeweils erreichten Platzzahlen addiert, ab einer Summe von 100% ist eine UVP bzw. eine Einzelfallprüfung durchzuführen; Bestände bis 5% der Platzzahlen bleiben unberücksichtigt.
Z 44		a) Intensive Fischzucht [12] mit einer Produktionskapazität von mindestens 300 t/a;	b) intensive Fischzucht [12] in schutzwürdigen Gebieten der Kategorie A mit einer Produktionskapazität von mindestens 150 t/a.

Z 45		a) Umwandlung von Ödland [13] oder naturnahen Flächen für Zwecke der intensiven Landwirtschaftsnutzung [14] mit einer Fläche von mindestens 70 ha;	b) Umwandlung von Ödland [13] der naturnahen Flächen für Zwecke der intensiven Landwirtschaftsnutzung [14] in schutzwürdigen Gebieten der Kategorie A mit einer Fläche von mindestens 35 ha; sofern für Vorhaben dieser Ziffer nicht das Flurverfassungs-Grundsatzgesetz 1951 gilt.
Z 46		a) Rodungen [14a] auf einer Fläche von mindestens 20 ha; b) Erweiterungen von Rodungen [14a], wenn das Gesamtausmaß der in den letzten zehn Jahren genehmigten Flächen [15] und der beantragten Erweiterung mindestens 20 ha und die zusätzliche Flächeninanspruchnahme mindestens 5 ha beträgt;	c) Erstaufforstungen mit nicht standortgerechten Holzarten in schutzwürdigen Gebieten der Kategorie A auf einer Fläche von mindestens 15 ha; d) Erweiterungen von Erstaufforstungen mit nicht standortgerechten Holzarten in schutzwürdigen Gebieten der Kategorie A, wenn das Gesamtausmaß der in den letzten zehn Jahren genehmigten Flächen und der beantragten Erweiterung mindestens 15 ha und die zusätzliche Flächeninanspruchnahme mindestens 3,5 ha beträgt; e) Rodungen [14a] in schutzwürdigen Gebieten der Kategorie A auf einer Fläche von mindestens 10 ha; f) Erweiterungen von Rodungen [14a] in schutzwürdigen Gebieten der Kategorie A, wenn das Gesamtausmaß der in den letzten zehn Jahren genehmigten Flächen [15] und der beantragten Erweiterung mindestens 10 ha und die zusätzliche Flächeninanspruchnahme mindestens 2,5 ha beträgt; sofern für Vorhaben dieser Ziffer nicht das Flurverfassungs-Grundsatzgesetz 1951 oder das Grundsatzgesetz 1951 über die Behandlung der Wald- und Weidenutzungsrechte gilt.

[1] Schnellstraßen gemäß den Begriffsbestimmungen des Europäischen Übereinkommens über die Hauptstraßen des internationalen Verkehrs vom 15. November 1975.

[1a] Ein Schigebiet umfasst einen Bereich aus einzelnen oder zusammenhängenden technischen Aufstiegshilfen und dazugehörigen präparierten oder gekennzeichneten Schipisten, in dem ein im Wesentlichen durchgehendes Befahren mit Wintersportgeräten möglich ist und das eine Grundausstattung mit notwendiger Infrastruktur (wie zB Verkehrserschließung, Versorgungsbetriebe, Übernachtungsmöglichkeiten, Wasserversorgung und Kanalisation usw.) aufweist. Begrenzt wird das Schigebiet morphologisch nach Talräumen. Bei Talräumen handelt es sich um geschlossene, durch markante natürliche Geländelinien und Geländeformen (zB Grate, Kämme usw.) abgrenzbare Landschaftsräume, die in sich eine topographische Einheit darstellen. Ist keine eindeutige Abgrenzung durch markante natürliche Geländelinien und Geländeformen möglich, so ist die Abgrenzung vorzunehmen nach Einzugs-

bzw. Teileinzugsgebieten der Fließgewässer. Dieses Wassereinzugsgebiet ist bis zum vorhandenen Talsammler zu berücksichtigen.

1b) Ein Flugplatz ist ein festgelegtes Gebiet zu Land oder zu Wasser (einschließlich der Gebäude, Anlagen und Ausrüstungen), das entweder ganz oder teilweise für die Ankunft, den Abflug oder die Bewegungen von Luftfahrzeugen am Boden bestimmt ist.

1c) Der Flugsteig (Passenger Gate) auf Flughäfen bezeichnet den für die Passagiere im Abfertigungsgebäude zum Besteigen des Luftfahrzeuges bestimmten Abrufraum. Für die Summe der Flugsteige ist die größte Summe der genehmigten Flugsteige der letzten 5 Jahre maßgeblich.

1d) Abstellflächen gemäß § 1 Zivilflugplatz-Verordnung 1972, BGBl. Nr. 313/1972. Für die Summe der Abstellflächen ist die größte Summe der genehmigten Abstellflächen der letzten 5 Jahre maßgeblich.

1e) Großflughafen bezeichnet einen Flughafen, auf welchem es zu einem Verkehrsaufkommen von mehr als 150.000 Bewegungen (Start oder Landung) pro Kalenderjahr kommt. Hiervon sind ausschließlich der Ausbildung dienende Bewegungen mit Leichtflugzeugen ausgenommen.

2) Freizeit- oder Vergnügungsparks sind dauernde Einrichtungen zur Unterhaltung einer großen Anzahl von Besuchern, gleichgültig, ob sie in einer Zusammenfassung verschiedener Stände, Buden und Spiele bestehen (klassische Vergnügungsparks mit Ringelspielen, Hochschaubahnen, Schießbuden u. dgl.) oder unter ein bestimmtes Thema gestellt sind. Erfasst sind insbesondere auch multifunktionale, einem umfassenden Bedürfnis nach Freizeitbeschäftigung dienende Einrichtungskomplexe, die Sport-, Gastronomie- und sonstige Dienstleistungseinrichtungen umfassen und die eine funktionelle Einheit bilden. Zur Berechnung der Flächeninanspruchnahme ist die gesamte Fläche heranzuziehen, die mit dem Vorhaben in einem funktionellen Zusammenhang steht, insbesondere die überdachte Grundfläche und die Flächen für Kfz-Parkplätze oder Parkgaragen.

3) Industrie- oder Gewerbeparks sind Flächen, die von einem Errichter oder Betreiber zum Zweck der gemeinsamen industriellen oder gewerblichen Nutzung durch mehrere Betriebe aufgeschlossen und mit der dafür notwendigen Infrastruktur ausgestattet werden, die in einem räumlichen Naheverhältnis stehen und eine betriebsorganisatorische oder funktionelle Einheit bilden.

3a) Städtebauvorhaben sind Erschließungsvorhaben zur gesamthaften multifunktionalen Bebauung, jedenfalls mit Wohn- und Geschäftsbauten einschließlich der hierfür vorgesehenen Erschließungsstraßen und Versorgungseinrichtungen mit einem über das Gebiet des Vorhabens hinausreichenden Einzugsbereich. Städtebauvorhaben bzw. deren Teile gelten nach deren Ausführung nicht mehr als Städtebauvorhaben im Sinne dieser Fußnote.

4) Einkaufszentren sind Gebäude und Gebäudekomplexe mit Verkaufs- und Ausstellungsräumen von Handels- und Gewerbebetrieben samt den damit in Zusammenhang stehenden Dienstleistungs- und Freizeiteinrichtungen, die in einem räumlichen Naheverhältnis stehen und eine betriebsorganisatorische oder funktionelle Einheit bilden. Zur Berechnung der Flächeninanspruchnahme ist die gesamte Fläche heranzuziehen, die mit dem Vorhaben in einem funktionellen Zusammenhang steht, insbesondere die überdachte Grundfläche und die Flächen für Kfz-Parkplätze oder Parkgaragen.

4a) Öffentlich zugängliche Parkplätze sind solche, die ausschließlich für Parkzwecke (wie Parkhaus, Park- and Ride-anlage) oder im Zusammenhang mit einem anderen Vorhaben errichtet werden (wie Kundenparkplätze zu einem Einkaufszentrum, Besucherparkplätze eines Freizeitparks etc.), und ohne weitere Zugangsbeschränkung der Allgemeinheit zugänglich sind (auch beispielsweise, wenn eine Parkgebühr zu entrichten ist oder Parkplätze auf Dauer an jedermann vermietet werden). Parkplätze, die hingegen nur einem von vornherein eingeschränkten Nutzerkreis zugänglich sind (etwa für Lieferanten/Lieferantinnen oder Beschäftigte des Betriebes – dh es muss eine Zugangsbeschränkung vorgesehen sein, die die Allgemeinheit von der Benutzung dieses Parkplatzes ausschließt), sind demnach nicht öffentlich zugängliche Parkplätze.

5) Bei Entnahmen von mineralischen Rohstoffen im Tagbau sind zur Berechnung der Fläche die in den Lageplänen gemäß § 80 Abs. 2 Z 8 bzw. 113 Abs. 2 Z 1 MinroG (BGBl. I Nr. 38/1999) bekanntzugebenden Aufschluss- und Abbauabschnitte heranzuziehen.

(Anm.: 6) aufgehoben durch BGBl. I Nr. 153/2004)

7) Als ausreichender Mindestabstand gilt unter Zugrundelegung des vorhabensseitigen Gewässereinzugsgebietes (EZG) folgende Gewässerlänge: 1 km bei EZG kleiner 10 km^2, 2 km bei EZG von 10 – 50 km^2, 3 km bei EZG von 51 – 100 km^2, 4 km bei EZG von 101 – 500 km^2, 5 km bei EZG von 501 – 1 000 km^2, 10 km bei EZG ab 1 001 km^2.

(Anm.: 8) und 9) aufgehoben durch BGBl. I Nr. 87/2009)

10) Definition Einwohnerwert (EW) gemäß Art. 2 Pkt. 6 der Richtlinie des Rates 91/271/EWG: 1 EW entspricht der organisch-biologisch abbaubaren Belastung mit einem biochemischen Sauerstoffbedarf in fünf Tagen [BSB5] von 60 g Sauerstoff pro Tag.

(Anm.: 11) aufgehoben durch BGBl. I Nr. 153/2004)

12) Unter intensiver Fischzucht sind Fischhaltungen zu verstehen, bei denen durch Maßnahmen wie kohlenhydratreiche Beifütterung, Belüftung oder Begasung oder durch Wasseraufbereitung die Fischproduktion erhöht wird.

13) Unter Ödland ist ein offenes, nicht unter Kultur genommenes Land zu verstehen, dass wegen seiner ungünstigen ökologischen Verhältnisse land- und forstwirtschaftlich nicht genutzt wird, das aber durch Kultivierung und Melioration einer ökonomischen Nutzung zugeführt werden könnte.

14) Unter intensiver Landwirtschaftsnutzung ist eine Form der Landwirtschaft mit hohem Einsatz von Produktionsmitteln je Flächeneinheit (dh. meist hohem Düngemitteleinsatz, relativ großem Aufwand an synthetisch hergestellten Pflanzenschutz-, Pflanzenbehandlungs- und Unkrautbekämpfungsmitteln und intensiven künstlichen Bewässerungsmethoden) zu verstehen.

14a) Rodung ist die Verwendung von Waldboden zu anderen Zwecken als für solche der Waldkultur gemäß § 17 Abs. 1 Forstgesetz 1975.

15) Flächen, auf denen eine Rodungsbewilligung zum Antragszeitpunkt erloschen ist (§ 18 Abs. 1 Z 1 ForstG) sowie Flächen, für die Ersatzaufforstungen gemäß § 18 Abs. 2 ForstG vorgeschrieben wurden, sind nicht einzurechnen.

Anhang 2: Einteilung der schutzwürdigen Gebiete

Die schutzwürdigen Gebiete werden in die folgenden Kategorien A – E gegliedert:

Kategorie	**schutzwürdiges Gebiet**	**Anwendungsbereich**
A	besonderes Schutzgebiet	nach der RL 79/409/EWG des Rates über die Erhaltung der wildlebenden Vogelarten (*Vogelschutzrichtlinie*), ABl. Nr. L 103/1, zuletzt geändert durch die Richtlinie 94/24/EG des Rates vom 8. Juni 1994, ABl. Nr. L 164/9, sowie nach der Richtlinie 92/43/EWG des Rates zur Erhaltung der natürlichen Lebensräume sowie der wildlebenden Tiere und Pflanzen (*Flora-Fauna-Habitat-Richtlinie*), ABl. Nr. L 206/7, in der Liste der Gebiete von gemeinschaftlicher Bedeutung nach Artikel 4 Abs. 2 dieser Richtlinie genannte Schutzgebiete; Bannwälder gemäß § 27 ForstG; bestimmte nach landesrechtlichen Vorschriften als Nationalpark [1]) oder durch Verwaltungsakt ausgewiesene, genau abgegrenzte Gebiete im Bereich des Naturschutzes oder durch Verordnung ausgewiesene, gleichartige kleinräumige Schutzgebiete oder ausgewiesene einzigartige Naturgebilde; in der Liste gemäß Artikel 11 Abs. 2 des Übereinkommens zum Schutz des Kultur- und Naturerbes der Welt (BGBl. Nr. 60/1993) eingetragene *UNESCO-Welterbestätten*
B	Alpinregion	Untergrenze der Alpinregion ist die Grenze des geschlossenen Baumbewuchses, dh. der Beginn der Kampfzone des Waldes (siehe § 2 ForstG 1975)
C	Wasserschutz- und Schongebiet	Wasserschutz- und Schongebiete gemäß §§ 34, 35 und 37 WRG 1959
D	belastetes Gebiet (Luft)	gemäß § 3 Abs. 8 festgelegte Gebiete
E	Siedlungsgebiet	in oder nahe Siedlungsgebieten. Als Nahebereich eines Siedlungsgebietes gilt ein Umkreis von 300 m um das Vorhaben, in dem Grundstücke wie folgt festgelegt oder ausgewiesen sind: 1. Bauland, in dem Wohnbauten errichtet werden dürfen (ausgenommen reine Gewerbe-, Betriebs- oder Industriegebiete, Einzelgehöfte oder Einzelbauten), 2. Gebiete für Kinderbetreuungseinrichtungen, Kinderspielplätze, Schulen oder ähnliche Einrichtungen, Krankenhäuser, Kuranstalten, Seniorenheime, Friedhöfe, Kirchen und gleichwertige Einrichtungen anerkannter Religionsgemeinschaften, Parkanlagen, Campingplätze und Freibeckenbäder, Garten- und Kleingartensiedlungen.

[1]) Gebiete, die wegen ihrer charakteristischen Geländeformen oder ihrer Tier- und Pflanzenwelt überregionale Bedeutung haben.

2. Auszüge aus der Alpenkonvention – Übereinkommen zum Schutz der Alpen (BGBl 477/1995 idF BGBl III 183/2013) und ihren Protokollen (Auszug aus dem Raumplanungsprotokoll, dem Naturschutz und Landschaftspflegeprotokoll, dem Verkehrsprotokoll, dem Tourismusprotokoll und dem Bodenschutzprotokoll)

Die Alpenkonvention ist ein im Alpenraum geltender völkerrechtlicher Vertrag, der für die Alpenregionen weitgehend im Jahr 2002 rechtswirksam geworden ist (in Österreich am 18.12.2002). Die Alpenkonvention besteht aus der bereits im Jahr 1995 in Kraft getretenen Rahmenkonvention und aus den Durchführungsprotokollen, die (mit Ausnahme des Streitbeilegungsprotokolls) ebenfalls im Dezember 2002 in Österreich rechtswirksam geworden sind.

Im Einzelnen wurden zu den Themen Raumplanung und nachhaltige Entwicklung, Naturschutz und Landschaftspflege, Berglandwirtschaft, Bergwald, Tourismus, Energie, Bodenschutz, Verkehr und Streitbeilegung Protokolle verabschiedet und von der Republik Österreich im Rang von Bundesgesetzen übernommen.

Der Vertrag stellt unmittelbar anwendbares Recht dar, das die österreichischen Raumordnungsbehörden in Land und Gemeinden bei der Ausarbeitung rechtswirksamer Instrumente (zB beim Landesentwicklungsprogramm oder bei der Ziel -und Maßnahmenformulierung im Räumlichen Entwicklungskonzept oder bei der Abänderung von Flächenwidmungsplänen) zu berücksichtigen haben. Dies wurde durch den Beschluss des Verfassungsgerichtshofes im Fall „Knorrenabfahrt"(Tirol) vom 22.9.2003 klargestellt.

Die Normen der Alpenkonvention gelten daher seit 18.12.2002 neben dem Salzburger Raumordnungsgesetz als überörtliche Vorgaben, die somit auch in der Örtlichen Raumplanung zu berücksichtigen sind.

RAHMENKONVENTION ZUM ÜBEREINKOMMEN ZUM SCHUTZ DER ALPEN

Präambel/Promulgationsklausel

Die Bundesrepublik Deutschland, die Französische Republik, die Italienische Republik, das Fürstentum Liechtenstein, das Fürstentum Monaco die Republik Österreich, die Schweizerische Eidgenossenschaft, die Republik Slowenien sowie die Europäische Wirtschaftsgemeinschaft – im Bewusstsein, dass die Alpen einer der größten zusammenhängenden Naturräume Europas und ein durch seine spezifische und vielfältige Natur, Kultur und Geschichte ausgezeichneter Lebens-, Wirtschafts-, Kultur- und Erholungsraum im Herzen Europas sind, an dem zahlreiche Völker und Länder teilhaben, in der Erkenntnis, dass die Alpen Lebens- und Wirtschaftsraum für die einheimische Bevölkerung sind und auch größte Bedeutung für außeralpine Gebiete haben, unter anderem als Träger bedeutender Verkehrswege, in Anerkennung der Tatsache, dass die Alpen unverzichtbarer Rückzugs- und Lebensraum vieler gefährdeter Pflanzen- und Tierarten sind, im Bewusstsein der großen Unterschiede in den einzelnen Rechtsordnungen, den naturräumlichen Gegebenheiten, der Besiedlung, der Land- und Forstwirtschaft, dem Stand und der Entwicklung der Wirtschaft, der Verkehrsbelastung sowie der Art und Intensität der touristischen Nutzung, in Kenntnis der Tatsache, dass die ständig wachsende Beanspruchung durch den Menschen den Alpenraum und seine ökologischen Funktionen in zunehmendem Maße gefährdet und dass Schäden nicht oder nur mit hohem Aufwand, beträchtlichen Kosten und in der Regel nur in großen Zeiträumen behoben werden können, in der Überzeugung, dass wirtschaftliche Interessen mit den ökologischen Erfordernissen in Einklang gebracht werden müssen – sind im Gefolge der Ergebnisse der ersten Alpenkonferenz der Umweltminister vom 9. bis 11. Oktober 1989 in Berchtesgaden wie folgt übereingekommen:

Artikel 1
Anwendungsbereich

(1) Gegenstand dieses Übereinkommens ist das Gebiet der Alpen, wie es in der Anlage beschrieben und dargestellt ist.

(2) Jede Vertragspartei kann bei der Hinterlegung ihrer Ratifikations-, Annahme- oder Genehmigungsurkunde oder jederzeit danach durch eine an die Republik Österreich als Verwahrer gerichtete Erklärung die Anwendung dieses Übereinkommens auf weitere Teile ihres Hoheitsgebiets erstrecken sofern dies für die Vollziehung der Bestimmungen dieses Übereinkommens als erforderlich angesehen wird.

(3) Jede nach Absatz 2 abgegebene Erklärung kann in Bezug auf jedes darin genannte Hoheitsgebiet durch eine an den Verwahrer gerichtete Notifikation zurückgenommen werden. Die Zurücknahme wird am ersten Tag des Monats wirksam, der auf einen Zeitabschnitt von sechs Monaten nach Eingang der Notifikation beim Verwahrer folgt.

Artikel 2
Allgemeine Verpflichtungen

(1) Die Vertragsparteien stellen unter Beachtung des Vorsorge-, des Verursacher- und des Kooperationsprinzips eine ganzheitliche Politik zur Erhaltung und zum Schutz der Alpen unter ausgewogener Berücksichtigung der Interessen aller Alpenstaaten, ihrer alpinen Regionen sowie der Europäischer Wirtschaftsgemeinschaft unter umsichtiger und nachhaltiger Nutzung der Ressourcen sicher. Die grenzüberschreitende Zusammenarbeit für den Alpenraum wird verstärkt sowie räumlich und fachlich erweitert.

(2) Zur Erreichung des in Absatz 1 genannten Zieles werden die Vertragsparteien geeignete Maßnahmen insbesondere auf folgenden Gebieten ergreifen:

a) Bevölkerung und Kultur – mit dem Ziel der Achtung, Erhaltung und Förderung der kulturellen und gesellschaftlichen Eigenständigkeit der ansässigen Bevölkerung und der Sicherstellung ihrer Lebensgrundlagen, namentlich der umweltverträglichen Besiedlung und wirtschaftlichen Entwicklung sowie der Förderung des gegenseitigen Verständnisses und partnerschaftlichen Verhaltens zwischen alpiner und außeralpiner Bevölkerung,

b) Raumplanung – mit dem Ziel der Sicherung einer sparsamen und rationellen Nutzung und einer gesunden, harmonischen Entwicklung des Gesamtraumes unter besonderer Beachtung der Naturgefahren, der Vermeidung von Über- und Unternutzungen sowie der Erhaltung oder Wiederherstellung von natürlichen Lebensräumen durch umfassende Klärung und Abwägung der Nutzungsansprüche, vorausschauende integrale Planung und Abstimmung der daraus resultierenden Maßnahmen,

c) Luftreinhaltung – mit dem Ziel der drastischen Verminderung von Schadstoffemissionen und -belastungen im Alpenraum und der Schadstoffverfrachtung von außen, auf ein Maß, das für Menschen, Tiere und Pflanzen nicht schädlich ist,

d) Bodenschutz – mit dem Ziel der Verminderung der quantitativen und qualitativen Bodenbeeinträchtigungen, insbesondere durch Anwendung bodenschonender land- und forstwirtschaftlicher Produktionsverfahren, sparsamen Umgang mit Grund und Boden, Eindämmung von Erosion sowie durch Beschränkung der Versiegelung von Böden,

e) Wasserhaushalt – mit dem Ziel, gesunde Wassersysteme zu erhalten oder wiederherzustellen, insbesondere durch die Reinhaltung der Gewässer, durch naturnahen Wasserbau und durch eine Nutzung der Wasserkraft, die die Interessen der ansässigen Bevölkerung und das Interesse an der Erhaltung der Umwelt gleichermaßen berücksichtigt,

f) Naturschutz und Landschaftspflege – mit dem Ziel, Natur und Landschaft so zu schützen, zu pflegen und, soweit erforderlich, wiederherzustellen, dass die Funktionsfähigkeit der Ökosysteme, die Erhaltung der Tier- und Pflanzenwelt einschließlich ihrer Lebensräume, die Regenerationsfähigkeit und nachhaltige Leistungsfähigkeit der Naturgüter sowie die Vielfalt, Eigenart und Schönheit der Natur und Landschaft in ihrer Gesamtheit dauerhaft gesichert werden,

g) Berglandwirtschaft – mit dem Ziel, im Interesse der Allgemeinheit die Bewirtschaftung der traditionellen Kulturlandschaften und eine standortgerechte, umweltverträgliche Landwirtschaft zu erhalten und unter Berücksichtigung der erschwerten Wirtschaftsbedingungen zu fördern,

h) Bergwald – mit dem Ziel Erhaltung, Stärkung und Wiederherstellung der Waldfunktionen, insbesondere der Schutzfunktion durch Verbesserung der Widerstandskraft der Waldökosysteme, namentlich mittels einer naturnahen Waldbewirtschaftung und durch die Verhinderung waldschädigender Nutzungen unter Berücksichtigung der erschwerten Wirtschaftsbedingungen im Alpenraum,

i) Tourismus und Freizeit – mit dem Ziel, unter der Einschränkung umweltschädigender Aktivitäten, die touristischen und Freizeitaktivitäten mit den ökologischen und sozialen Erfordernissen in Einklang zu bringen, insbesondere durch Festlegung von Ruhezonen,

j) Verkehr – mit dem Ziel, Belastungen und Risiken im Bereich des inneralpinen und alpenquerenden Verkehrs auf ein Maß zu senken, das für Menschen, Tiere und Pflanzen sowie deren Lebensräume erträglich ist, unter anderem durch eine verstärkte Verlagerung des Verkehrs, insbesondere des Güterverkehrs, auf die Schiene, vor allem durch Schaffung geeigneter Infrastrukturen und marktkonformer Anreize, ohne Diskriminierung aus Gründen der Nationalität,

k) Energie – mit dem Ziel, eine natur- und landschaftsschonende sowie umweltverträgliche Erzeugung, Verteilung und Nutzung der Energie durchzusetzen und energiesparende Maßnahmen zu fördern,

l) Abfallwirtschaft – mit dem Ziel, unter besonderer Berücksichtigung der Abfallvermeidung eine den besonderen topographischen, geologischen und klimatischen Bedürfnissen des Alpenraumes angepasste Abfallerfassung, -verwertung und -entsorgung sicherzustellen.

(3) Die Vertragsparteien vereinbaren Protokolle, in denen Einzelheiten zur Durchführung dieses Übereinkommens festgelegt werden.

Die Alpenkonvention enthält weitere 12 Artikel, die hier nicht angeführt sind und sich auf Forschung und systematische Beobachtung, Zusammenarbeit im rechtlichen wissenschaftlichen und technischem Bereich, Konferenz der Vertragsparteien (Alpenkonferenz) und ihre Aufgaben und Beschlüsse, den Ständigen Ausschuss und das Sekretariat, die Änderungen des Übereinkommens, die Protokolle und ihre Änderungen, die Unterzeichnung und Ratifizierung, die Kündigung und die Notifikationen beziehen.

2.1 Auszug aus dem Protokoll „Raumplanung und nachhaltige Entwicklung" BGBl III 232/2002 idF BGBl III 114/2005 (Art. 1-12)

Artikel 1

Die Ziele der Raumplanung und nachhaltigen Entwicklung des Alpenraums sind:

a) Anerkennung der besonderen Erfordernisse des Alpenraums im Rahmen nationaler und europäischer Politiken,
b) Harmonisierung der Raumnutzung mit den ökologischen Zielen und Erfordernissen,
c) sparsame und umweltverträgliche Nutzung der Ressourcen und des Raums,
d) Anerkennung der besonderen Interessen der Bevölkerung im Alpenraum durch Anstrengungen zur dauerhaften Sicherstellung ihrer Entwicklungsgrundlagen,
e) Förderung der Wirtschaftsentwicklung bei gleichzeitiger ausgewogener Bevölkerungsentwicklung innerhalb des Alpenraums,
f) Wahrung der regionalen Identitäten und kulturellen Besonderheiten,
g) Förderung der Chancengleichheit der ansässigen Bevölkerung im Bereich der gesellschaftlichen, kulturellen und wirtschaftlichen Entwicklung unter Achtung der Kompetenzen der Gebietskörperschaften,
h) Berücksichtigung von natürlichen Erschwernissen, Leistungen im allgemeinen Interesse, Einschränkungen der Ressourcennutzung und Preisen für die Nutzung der Ressourcen, die ihrem wirklichen Wert entsprechen.

Artikel 2
Grundverpflichtungen

Entsprechend den in Artikel 1 genannten Zielen der Raumplanung und nachhaltigen Entwicklung des Alpenraums kommen die Vertragsparteien überein, die nötigen Rahmenbedingungen zu schaffen, die es ermöglichen,

a) die Handlungsfähigkeit der Gebietskörperschaften entsprechend dem Subsidiaritätsprinzip zu stärken,
b) spezifische regionale Strategien und dazugehörige Strukturen zu verwirklichen,
c) die Solidarität unter den Gebietskörperschaften auf der Ebene der einzelnen Vertragsparteien durch wirkungsvolle Maßnahmen zu gewährleisten,
d) bei Einschränkungen der Nutzungsmöglichkeiten natürlicher Ressourcen und bei anerkannten Erschwernissen der wirtschaftlichen Tätigkeit im Alpenraum Unterstützungsmaßnahmen zu ergreifen, wenn diese zur Erhaltung der Wirtschaftstätigkeiten erforderlich und umweltverträglich sind,
e) die Harmonisierung von Raumplanungs-, Entwicklungs- und Schutzpolitiken durch internationale Zusammenarbeit zu fördern.

Die Vertragsparteien verpflichten sich, die erforderlichen Maßnahmen zur Erreichung der Ziele gemäß Artikel 1 unter Wahrung des Subsidiaritätsprinzips vorzusehen.

Artikel 3
Berücksichtigung der Umweltschutzkriterien in den Politiken der Raumplanung und nachhaltigen Entwicklung

Die Politiken der Raumplanung und nachhaltigen Entwicklung zielen auf eine rechtzeitige Harmonisierung der wirtschaftlichen Interessen mit den Erfordernissen des Umweltschutzes ab, insbesondere hinsichtlich

a) der Erhaltung und Wiederherstellung des ökologischen Gleichgewichts und der biologischen Vielfalt der alpinen Regionen,
b) der Erhaltung und Pflege der Vielfalt an wertvollen Natur- und Kulturlandschaften sowie Ortsbildern,
c) der sparsamen und umweltverträglichen Nutzung der natürlichen Ressourcen, namentlich von Boden, Luft, Wasser, Flora und Fauna sowie der Energie,
d) des Schutzes seltener Ökosysteme, Arten und Landschaftselemente,
e) der Wiederinstandsetzung geschädigter Lebensräume und Wohngebiete,
f) des Schutzes vor Naturgefahren,
g) der umwelt- und landschaftsgerechten Erstellung der für die Entwicklung notwendigen Bauten und Anlagen,
h) der Wahrung der kulturellen Besonderheiten der alpinen Regionen.

Artikel 4
Internationale Zusammenarbeit

(1) Die Vertragsparteien verpflichten sich, Hindernisse für die internationale Zusammenarbeit zwischen Gebietskörperschaften des Alpenraums zu beseitigen und die Lösung gemeinsamer Probleme auf der am besten geeigneten territorialen Ebene zu fördern.
(2) Die Vertragsparteien unterstützen eine verstärkte internationale Zusammenarbeit zwischen den jeweils zuständigen Institutionen, insbesondere bei der Ausarbeitung von Plänen und/oder Programmen für die Raumplanung und nachhaltige Entwicklung im Sinne des Artikels 8 für die staatliche und regionale Ebene sowie bei der Festlegung raumbedeutsamer sektoraler Planungen. In den Grenzräumen wirkt diese Zusammenarbeit vor allem auf eine Abstimmung der Raumplanung, der wirtschaftlichen Entwicklung und der Umwelterfordernisse hin.
(3) Wenn die Gebietskörperschaften Maßnahmen nicht durchführen können, weil sie in gesamtstaatlicher oder internationaler Zuständigkeit liegen, sind ihnen Möglichkeiten einzuräumen, die Interessen der Bevölkerung wirksam zu vertreten.

Artikel 5
Berücksichtigung der Ziele in den anderen Politiken

Zur Erreichung der angestrebten Raumentwicklung verpflichten sich die Vertragsparteien, die Ziele dieses Protokolls auch in ihren anderen Politiken zu berücksichtigen, insbesondere in den Bereichen der Regionalentwicklung, des Siedlungswesens, des Tourismus, des Verkehrs, der Land- und Forstwirtschaft, des Umweltschutzes sowie der technischen Infrastruktureinrichtungen, insbesondere für Wasser und Energie, auch mit dem Ziel, etwaige negative oder widersprüchliche Auswirkungen zu vermeiden.

Artikel 6
Abstimmung der sektoralen Politiken

Um die nachhaltige Entwicklung des Alpenraums und seiner Regionen zu fördern, führen die Vertragsparteien – dort, wo sie nicht bestehen – Instrumente zur Abstimmung der sektoralen Politiken ein. Sie bemühen sich dabei um Lösungen, die mit der Erhaltung der Umwelt und der nachhaltigen Nutzung der natürlichen Ressourcen vereinbar sind, sowie um die Vermeidung der aus einer einseitigen Raumnutzung entstehenden Gefahren, indem sie eine Vielfalt von Initiativen unterstützen und die Partner zur Verfolgung gemeinsamer Ziele anhalten.

Artikel 7
Beteiligung der Gebietskörperschaften

(1) Jede Vertragspartei bestimmt im Rahmen der geltenden staatlichen Ordnung die für die Abstimmung und Zusammenarbeit zwischen den unmittelbar betroffenen Institutionen und Gebietskörperschaften am besten geeignete Ebene, um eine gemeinsame Verantwortung zu fördern, namentlich um sich gegenseitig verstärkende Kräfte beim Vollzug der Politiken der Raumplanung und nachhaltigen Entwicklung sowie der sich daraus ergebenden Maßnahmen zu nutzen und zu entwickeln.

(2) Die unmittelbar betroffenen Gebietskörperschaften werden in den verschiedenen Stadien der Vorbereitung und Umsetzung dieser Politiken und Maßnahmen unter Wahrung ihrer Zuständigkeit im Rahmen der geltenden staatlichen Ordnung beteiligt.

Artikel 8
Pläne und/oder Programme für die Raumplanung und nachhaltige Entwicklung

(1) Die Verwirklichung der Ziele der Raumplanung und nachhaltigen Entwicklung erfolgt durch das Ausarbeiten von Plänen und/oder Programmen der Raumplanung und nachhaltigen Entwicklung im Rahmen der jeweiligen Gesetze und sonstigen Vorschriften der Vertragsparteien.

(2) Diese Pläne und/oder Programme werden für den gesamten Alpenraum auf der Ebene der hiefür zuständigen Gebietskörperschaften erstellt.

(3) Sie werden von oder mit den zuständigen Gebietskörperschaften unter Beteiligung der angrenzenden Gebietskörperschaften, gegebenenfalls im grenzüberschreitenden Rahmen, erstellt und zwischen den verschiedenen territorialen Ebenen abgestimmt.

(4) Sie legen die Vorgaben der nachhaltigen Entwicklung und Raumplanung für zusammenhängende Gebiete fest. Diese werden regelmäßig überprüft und gegebenenfalls geändert. Ihre Erstellung und Durchführung stützen sich auf Bestandsaufnahmen und vorangehende Studien, mit deren Hilfe die besonderen Merkmale des jeweiligen Gebiets ermittelt werden.

Artikel 9
Inhalt der Pläne und/oder Programme für Raumplanung und nachhaltige Entwicklung

Die Pläne und/oder Programme für die Raumplanung und nachhaltige Entwicklung beinhalten auf der am besten geeigneten territorialen Ebene und nach Maßgabe der jeweiligen räumlichen Gegebenheiten insbesondere Folgendes:

(1) Regionale Wirtschaftsentwicklung

a) Maßnahmen, welche die ansässige Bevölkerung mit zufriedenstellenden Erwerbsmöglichkeiten und mit den für die gesellschaftliche, kulturelle und wirtschaftliche Entwicklung erforderlichen Gütern und Dienstleistungen versorgen sowie ihre Chancengleichheit gewährleisten,

b) Maßnahmen, welche die wirtschaftliche Vielfalt zur Beseitigung von Strukturschwächen und der Gefahren einseitiger Raumnutzung fördern,

c) Maßnahmen, welche die Zusammenarbeit zwischen Tourismus, Land- und Forstwirtschaft sowie Handwerk insbesondere über arbeitsplatzschaffende Erwerbskombinationen verstärken.

(2) Ländlicher Raum

a) Sicherung der für die Land-, Weide- und Forstwirtschaft geeigneten Flächen,

b) Festlegung von Maßnahmen zur Erhaltung und Weiterentwicklung der Land- und Forstwirtschaft im Berggebiet,

c) Erhaltung und Wiederherstellung der ökologisch und kulturell besonders wertvollen Gebiete,

d) Festlegung der für Freizeitaktivitäten, die mit anderen Bodennutzungen vereinbar sind, benötigten Flächen und Anlagen,

e) Festlegung von Gebieten, in denen auf Grund von Naturgefahren die Errichtung von Bauten und Anlagen soweit wie möglich auszuschließen ist.

(3) Siedlungsraum

a) Angemessene und haushälterische Abgrenzung von Siedlungsgebieten einschließlich der Maßnahmen zur Gewährleistung deren tatsächlicher Bebauung,

b) Sicherung der erforderlichen Standorte für wirtschaftliche und kulturelle Tätigkeiten, für Versorgung sowie für Freizeitaktivitäten,

c) Festlegung von Gebieten, in denen auf Grund von Naturgefahren die Errichtung von Bauten und Anlagen soweit wie möglich auszuschließen ist,

d) Erhaltung und Gestaltung von innerörtlichen Grünflächen und von Naherholungsräumen am Rand der Siedlungsgebiete,

e) Begrenzung des Zweitwohnungsbaus,

f) Ausrichtung und Konzentration der Siedlungen an den Achsen der Infrastrukturen des Verkehrs und/oder angrenzend an bestehender Bebauung,

g) Erhaltung der charakteristischen Siedlungsformen,

h) Erhaltung und Wiederherstellung der charakteristischen Bausubstanz.

(4) Natur- und Landschaftsschutz

a) Ausweisung von Gebieten für Natur- und Landschaftsschutz sowie von Sektoren für den Schutz der Gewässer und anderer natürlicher Lebensgrundlagen,

b) Ausweisung von Ruhezonen und sonstigen Gebieten, in denen Bauten und Anlagen sowie andere störende Tätigkeiten eingeschränkt oder untersagt sind.

(5) Verkehr

a) Maßnahmen zur Verbesserung der regionalen und überregionalen Erschließung,

b) Maßnahmen zur Förderung der Benutzung umweltverträglicher Verkehrsmittel,

c) Maßnahmen zur Verstärkung der Koordinierung und der Zusammenarbeit der Verkehrsmittel,

d) Maßnahmen zur Verkehrsberuhigung und gegebenenfalls zur Einschränkung des motorisierten Verkehrs,
e) Maßnahmen zur Verbesserung des Angebots öffentlicher Verkehrsmittel für die ansässige Bevölkerung und Gäste.

Artikel 10
Verträglichkeit der Projekte

(1) Die Vertragsparteien schaffen die notwendigen Voraussetzungen für die Prüfung der direkten und indirekten Auswirkungen öffentlicher und privater Projekte, welche die Natur, die Landschaft, die bauliche Substanz und den Raum wesentlich und nachhaltig beeinflussen können. Bei dieser Prüfung wird den Lebensverhältnissen der ansässigen Bevölkerung, insbesondere ihren Belangen im Bereich der wirtschaftlichen, sozialen und kulturellen Entwicklung, Rechnung getragen. Das Ergebnis dieser Prüfung ist bei der Entscheidung über die Genehmigung oder Durchführung der Vorhaben zu berücksichtigen.
(2) Soweit sich ein Vorhaben auf die Raumplanung und nachhaltige Entwicklung sowie auf die Umweltbedingungen einer benachbarten Vertragspartei auswirkt, sind die zuständigen Stellen dieser Vertragspartei rechtzeitig darüber zu unterrichten. Die Information muss so frühzeitig erfolgen, dass eine Prüfung und Stellungnahme möglich ist und in den Entscheidungsprozess einbezogen werden kann.

Artikel 11
Ressourcennutzung, Leistungen im öffentlichen Interesse, natürliche Produktionserschwernisse und Nutzungseinschränkungen der Ressourcen

Die Vertragsparteien prüfen, inwieweit im Rahmen des nationalen Rechts
a) Nutzer alpiner Ressourcen veranlasst werden können, marktgerechte Preise zu zahlen, die die Kosten der Bereitstellung der genannten Ressourcen in ihren wirtschaftlichen Wert einbeziehen,
b) die im öffentlichen Interesse erbrachten Leistungen abgegolten werden können,
c) die als Folge natürlicher Produktionserschwernisse benachteiligten Wirtschaftstätigkeiten, insbesondere der Land- und Forstwirtschaft, eine angemessene Abgeltung erhalten können,
d) zusätzlich erhebliche Einschränkungen der umweltverträglichen Wirtschaftsnutzung des Naturraumpotentials auf der Grundlage von Rechtsvorschriften oder Verträgen angemessen vergütet werden können.

Artikel 12
Finanz- und wirtschaftspolitische Maßnahmen

(1) Die Vertragsparteien prüfen die Möglichkeiten, die mit diesem Protokoll angestrebte nachhaltige Entwicklung des Alpenraums durch wirtschafts- und finanzpolitische Maßnahmen zu unterstützen.
(2) Neben den in Artikel 11 genannten Maßnahmen müssen in Betracht gezogen werden:
  a) Ausgleichsmaßnahmen auf geeigneter Ebene zwischen Gebietskörperschaften,
  b) Neuausrichtung der Politiken für traditionelle Sektoren und zweckmäßiger Einsatz der bestehenden Fördermittel,

c) Unterstützung grenzüberschreitender Projekte.

(3) Die Vertragsparteien prüfen die Auswirkungen bestehender und zukünftiger finanz- und wirtschaftspolitischer Maßnahmen auf die Umwelt und den Raum und räumen denjenigen Maßnahmen Vorrang ein, die mit dem Schutz der Umwelt und mit den Zielen der nachhaltigen Entwicklung vereinbar sind.

2.2 Auszug aus dem Protokoll „Naturschutz und Landschaftspflege" BGBl III 236/2002 idF BGBl III 113/2005 (Art. 1 – 14)

Artikel 1

Ziel dieses Protokolls ist es, in Erfüllung der Alpenkonvention und unter Mitberücksichtigung der Interessen der ansässigen Bevölkerung, internationale Regelungen zu treffen, um Natur und Landschaft so zu schützen, zu pflegen und, soweit erforderlich, wiederherzustellen, dass die Funktionsfähigkeit der Ökosysteme, die Erhaltung der Landschaftselemente und der wild lebenden Tier- und Pflanzenarten einschließlich ihrer natürlichen Lebensräume, die Regenerationsfähigkeit und nachhaltige Leistungsfähigkeit der Naturgüter und die Vielfalt, Eigenart und Schönheit der Natur- und Kulturlandschaft in ihrer Gesamtheit dauerhaft gesichert werden, sowie die hierfür erforderliche Zusammenarbeit der Vertragsparteien zu fördern.

Artikel 2
Grundverpflichtungen

Im Einklang mit diesem Protokoll verpflichtet sich jede Vertragspartei, die erforderlichen Maßnahmen zu ergreifen, um den Schutz, die Pflege und, soweit erforderlich, die Wiederherstellung von Natur und Landschaft im Alpenraum, einschließlich der wild lebenden Tier- und Pflanzenarten, ihrer Vielfalt und ihrer Lebensräume unter gleichzeitiger Berücksichtigung ihrer ökologisch tragbaren Nutzung sicherzustellen.

Artikel 3
Internationale Zusammenarbeit

(1) Die Vertragsparteien verpflichten sich zur Zusammenarbeit insbesondere bei der Kartierung, der Ausweisung, Pflege und Überwachung von Schutzgebieten und sonstigen schützenswerten Elementen von Natur- und Kulturlandschaft, der Biotopvernetzung, der Aufstellung von Konzepten, Programmen und/oder Plänen der Landschaftsplanung, der Vermeidung und dem Ausgleich von Beeinträchtigungen von Natur und Landschaft, der systematischen Beobachtung von Natur und Landschaft, der Forschung sowie bei allen sonstigen Maßnahmen zum Schutz von wild lebenden Tier- und Pflanzenarten, ihrer Vielfalt und ihrer Lebensräume einschließlich der Festlegung vergleichbarer Kriterien, soweit dies erforderlich und zweckmäßig ist.

(2) Die Vertragsparteien verpflichten sich, die grenzüberschreitende Zusammenarbeit im Naturschutz und in der Landschaftspflege auf regionaler und lokaler Ebene zu fördern, soweit dies zur Erreichung der Ziele dieses Protokolls erforderlich ist.

(3) Die Vertragsparteien bemühen sich bei nutzungsbeschränkenden Auflagen im Sinne der Ziele dieses Protokolls um eine Abstimmung der Rahmenbedingungen.

Artikel 4
Berücksichtigung der Ziele in den anderen Politiken

Die Vertragsparteien verpflichten sich, die Ziele dieses Protokolls auch in ihren anderen Politiken zu berücksichtigen, insbesondere in den Bereichen Raumplanung und Siedlungswesen, Luftreinhaltung, Bodenschutz, Sicherung des Wasserhaushalts und der Wasserqualität, Tourismus, Landwirtschaft, Forstwirtschaft, Verkehr, Energiewirtschaft, Gewerbe und Industrie, Abfallwirtschaft sowie in den Bereichen Bildung, Erziehung, Forschung und Information, einschließlich der grenzüberschreitenden Abstimmung der Maßnahmen.

Artikel 5
Beteiligung der Gebietskörperschaften

(1) Jede Vertragspartei bestimmt im Rahmen der geltenden staatlichen Ordnung die für die Abstimmung und Zusammenarbeit zwischen den unmittelbar betroffenen Institutionen und Gebietskörperschaften am besten geeignete Ebene, um eine gemeinsame Verantwortung zu fördern, namentlich um sich gegenseitig verstärkende Kräfte beim Vollzug der Politiken des Naturschutzes und der Landschaftspflege sowie der sich daraus ergebenden Maßnahmen zu nutzen und zu entwickeln.
(2) Die unmittelbar betroffenen Gebietskörperschaften werden in den verschiedenen Stadien der Vorbereitung und Umsetzung dieser Politiken und Maßnahmen unter Wahrung ihrer Zuständigkeit im Rahmen der geltenden staatlichen Ordnung beteiligt.

Artikel 6
Bestandsaufnahmen

Die Vertragsparteien verpflichten sich, drei Jahre nach In-Kraft-Treten dieses Protokolls zu den in Anhang I aufgezählten Sachverhalten die Situation des Naturschutzes und der Landschaftspflege darzulegen. Diese Darlegungen sind regelmäßig, mindestens alle zehn Jahre, fortzuschreiben.

Artikel 7
Landschaftsplanung

(1) Die Vertragsparteien stellen binnen fünf Jahren nach In-Kraft-Treten dieses Protokolls Konzepte, Programme und/oder Pläne auf, in denen die Erfordernisse und Maßnahmen zur Verwirklichung der Ziele des Naturschutzes und der Landschaftspflege für den Alpenraum festgelegt werden.
(2) Die Konzepte, Programme und/oder Pläne gemäß Absatz 1 sollen Darstellungen enthalten
  a) des vorhandenen Zustands von Natur und Landschaft und seiner Bewertung;
  b) des angestrebten Zustands von Natur und Landschaft und der dazu erforderlichen Maßnahmen, insbesondere
    - der allgemeinen Schutz-, Pflege- und Entwicklungsmaßnahmen,

- der Maßnahmen zum Schutz, zur Pflege und zur Entwicklung bestimmter Teile von Natur und Landschaft
- und der Maßnahmen zum Schutz und zur Pflege wild lebender Tier- und Pflanzenarten.

Artikel 8
Planung

Die Vertragsparteien treffen die erforderlichen Maßnahmen, um auf der Grundlage der Landschaftsplanung in Abstimmung mit der Raumplanung darauf hinzuwirken, dass die natürlichen und naturnahen Lebensräume der wild lebenden Tier- und Pflanzenarten sowie die übrigen Strukturelemente der Natur- und Kulturlandschaft erhalten bleiben und entwickelt werden.

Artikel 9
Eingriffe in Natur und Landschaft

(1) Die Vertragsparteien schaffen die Voraussetzungen dafür, dass für private und öffentliche Maßnahmen und Vorhaben, die Natur und Landschaft erheblich oder nachhaltig beeinträchtigen können, die direkten und indirekten Auswirkungen auf den Naturhaushalt und das Landschaftsbild überprüft werden. Das Ergebnis der Prüfung ist bei der Zulassung beziehungsweise Verwirklichung zu berücksichtigen. Dabei ist insbesondere sicherzustellen, dass vermeidbare Beeinträchtigungen unterbleiben.

(2) Nach Maßgabe des nationalen Rechts sind unvermeidbare Beeinträchtigungen durch Maßnahmen des Naturschutzes und der Landschaftspflege auszugleichen und nicht ausgleichbare Beeinträchtigungen nur zuzulassen, wenn unter Abwägung aller Interessen die Belange des Naturschutzes und der Landschaftspflege nicht überwiegen; auch für solche Beeinträchtigungen sind Maßnahmen des Naturschutzes und der Landschaftspflege vorzunehmen.

Artikel 10
Grundschutz

(1) Die Vertragsparteien bemühen sich im gesamten Alpenraum unter Mitberücksichtigung der Interessen der ansässigen Bevölkerung um die Verringerung von Belastungen und Beeinträchtigungen von Natur und Landschaft. Sie wirken darauf hin, dass alle raumbedeutsamen Nutzungen natur- und landschaftsschonend erfolgen. Sie ergreifen ferner alle geeigneten Maßnahmen zur Erhaltung und, soweit erforderlich, Wiederherstellung besonderer natürlicher und naturnaher Landschaftsstrukturelemente, Biotope, Ökosysteme und traditioneller Kulturlandschaften.

(2) Weil der Land- und Forstwirtschaft beim Vollzug von Maßnahmen des Naturschutzes und der Landschaftspflege eine entscheidende Rolle zukommt, sollen Schutz, Erhaltung und Pflege von naturnahen und schützenswerten Biotopen, wo immer angebracht, auf Grund von Vereinbarungen mit den Grundeigentümern oder Bewirtschaftern durch angepasste land- und forstwirtschaftliche Nutzung erreicht werden. Dazu eignen sich insbesondere auch marktwirtschaftliche Lenkungsinstrumente wie wirtschaftliche Anreize oder Abgeltungen.

(3) In Ergänzung der dem Naturschutz zur Verfügung stehenden Mittel sind die Förder- und Unterstützungsmaßnahmen für die Land- und Forstwirtschaft und andere Flächennutzer verstärkt zur Erreichung dieser Ziele einzusetzen.

Artikel 11
Schutzgebiete

(1) Die Vertragsparteien verpflichten sich, bestehende Schutzgebiete im Sinne ihres Schutzzwecks zu erhalten, zu pflegen und, wo erforderlich, zu erweitern sowie nach Möglichkeit neue Schutzgebiete auszuweisen. Sie treffen alle geeigneten Maßnahmen, um Beeinträchtigungen oder Zerstörungen dieser Schutzgebiete zu vermeiden.
(2) Sie fördern im weiteren die Einrichtung und die Unterhaltung von Nationalparks.
(3) Sie fördern die Einrichtung von Schon- und Ruhezonen, die wild lebenden Tier- und Pflanzenarten Vorrang vor anderen Interessen garantieren. Sie wirken darauf hin, in diesen Zonen die für den ungestörten Ablauf von arttypischen ökologischen Vorgängen notwendige Ruhe sicherzustellen, und reduzieren oder verbieten alle Nutzungsformen, die mit den ökologischen Abläufen in diesen Zonen nicht verträglich sind.
(4) Die Vertragsparteien prüfen, inwieweit besondere Leistungen der ansässigen Bevölkerung nach nationalem Recht zu entschädigen sind.

Artikel 12
Ökologischer Verbund

Die Vertragsparteien treffen die geeigneten Maßnahmen, um einen nationalen und grenzüberschreitenden Verbund ausgewiesener Schutzgebiete, Biotope und anderer geschützter oder schützenswerter Objekte zu schaffen. Sie verpflichten sich, die Ziele und Maßnahmen für grenzüberschreitende Schutzgebiete aufeinander abzustimmen.

Artikel 13
Schutz von Biotoptypen

(1) Die Vertragsparteien verpflichten sich, für natürliche und naturnahe Biotoptypen die notwendigen Maßnahmen zu ergreifen, um deren dauerhafte Erhaltung in ausreichendem Umfang und funktionsgerechter räumlicher Verteilung zu gewährleisten. Darüber hinaus können sie die Renaturierung beeinträchtigter Lebensräume fördern.
(2) Die Vertragsparteien verpflichten sich, für die Erstellung von alpenweiten Listen innerhalb von zwei Jahren nach In-Kraft-Treten dieses Protokolls diejenigen Biotoptypen zu benennen, für die Maßnahmen gemäß Absatz 1 zu treffen sind.

Artikel 14
Artenschutz

(1) Die Vertragsparteien verpflichten sich, geeignete Maßnahmen zu ergreifen, um einheimische Tier- und Pflanzenarten in ihrer spezifischen Vielfalt mit ausreichenden Populationen, namentlich durch die Sicherstellung genügend großer Lebensräume, zu erhalten.

(2) Die Vertragsparteien benennen innerhalb von zwei Jahren nach In-Kraft-Treten dieses Protokolls für die Erstellung von alpenweiten Listen diejenigen Arten, für die auf Grund ihrer spezifischen Gefährdung besondere Schutzmaßnahmen notwendig sind.

2.3 Auszug aus dem Protokoll „Verkehr" BGBl III 234/2002 idF BGBl III 108/2005 (Art. 1–6)

Artikel 1

(1) Die Vertragsparteien verpflichten sich zu einer nachhaltigen Verkehrspolitik,
  a) Belastungen und Risiken im Bereich des inneralpinen und alpenquerenden Verkehrs auf ein Maß senkt, das für Menschen, Tiere und Pflanzen sowie deren Lebensräume erträglich ist, unter anderem durch eine verstärkte Verlagerung des Verkehrs, insbesondere des Güterverkehrs, auf die Schiene, vor allem durch Schaffung geeigneter Infrastrukturen und marktkonformer Anreize;
  b) zur nachhaltigen Entwicklung des Lebens- und Wirtschaftsraumes als Lebensgrundlage der im Alpenraum wohnenden Bevölkerung durch eine alle Verkehrsträger umfassende, aufeinander abgestimmte Verkehrspolitik der Vertragsparteien beiträgt;
  c) dazu beiträgt, Einwirkungen, die die Rolle und die Ressourcen des Alpenraums – dessen Bedeutung über seine Grenzen hinausreicht – sowie den Schutz seiner Kulturgüter und naturnahen Landschaften gefährden, zu mindern und soweit wie möglich zu vermeiden;
  d) den inneralpinen und alpenquerenden Verkehr durch Steigerung der Effektivität und Effizienz der Verkehrssysteme und durch Förderung umwelt- und ressourcenschonenderer Verkehrsträger unter wirtschaftlich tragbaren Kosten gewährleistet;
  e) faire Wettbewerbsbedingungen unter den einzelnen Verkehrsträgern gewährleistet.

(2) Die Vertragsparteien verpflichten sich, den Verkehrsbereich unter Wahrung des Vorsorge-, Vermeidungs- und Verursacherprinzips zu entwickeln.

Artikel 2
Begriffsbestimmungen

Im Sinne dieses Protokolls bedeuten:

„alpenquerender Verkehr": Verkehr mit Ziel und Quelle außerhalb des Alpenraumes;

„inneralpiner Verkehr": Verkehr mit Ziel und Quelle im Alpenraum (Binnenverkehr) inklusive Verkehr mit Ziel oder Quelle im Alpenraum;

„erträgliche Belastungen und Risiken": Belastungen und Risiken, die im Rahmen von Umweltverträglichkeitsprüfungen und Risikoanalysen zu definieren sind mit dem Ziel, einem weiteren Anstieg der Belastungen und Risiken Einhalt zu gebieten und diese sowohl bei Neubauten wie bei bestehenden Infrastrukturen mit erheblichen räumlichen Auswirkungen durch entsprechende Maßnahmen soweit erforderlich zu verringern;

„externe Kosten": Kosten, die nicht vom Nutzer von Gütern oder Diensten getragen werden. Sie umfassen die Kosten für die Infrastruktur, wo diese nicht angelastet werden, die Kosten für Umweltverschmutzung, Lärm, verkehrsbedingte Personen- und Sachschäden;

„große Neubauten oder wesentliche Änderungen oder Ausbauten vorhandener Verkehrsinfrastrukturen“: Infrastrukturvorhaben mit Auswirkungen, welche nach UVP-Recht oder Bestimmungen internationaler Vereinbarungen Umweltverträglichkeitsprüfungen unterliegen;

„hochrangige Straßen“: alle Autobahnen und mehrbahnige, kreuzungsfreie oder in der Verkehrswirkung ähnliche Straßen;

„Umweltqualitätsziele“: Ziele, welche den angestrebten Umweltzustand unter Berücksichtigung ökosystemarer Zusammenhänge beschreiben; sie geben bei Bedarf aktualisierbare, sachlich, räumlich und zeitlich definierte Qualitäten von Schutzgütern an;

„Umweltqualitätsstandards“: konkrete Bewertungsmaßstäbe für die Erreichung von Umweltqualitätszielen; sie definieren für bestimmte Parameter die angestrebten Resultate, das Messverfahren oder die Rahmenbedingungen;

„Umweltindikatoren“: Umweltindikatoren messen oder bewerten den Zustand der Umweltbelastung und begründen Prognosen über ihre Entwicklung;

„Vorsorgeprinzip“: jenes Prinzip, demzufolge Maßnahmen zur Vermeidung, Bewältigung oder Verringerung schwerer oder irreversibler Auswirkungen auf die Gesundheit und die Umwelt nicht mit der Begründung aufgeschoben werden dürfen, dass die wissenschaftliche Forschung noch keinen eindeutigen Kausalzusammenhang zwischen den fraglichen Einwirkungen einerseits und ihrer potentiellen Schädlichkeit für die Gesundheit und die Umwelt andererseits nachgewiesen hat;

„Verursacherprinzip“: inklusive der Anlastung der Folgewirkungen ist jenes Prinzip, demzufolge die Kosten für die Vermeidung, Bewältigung und Verringerung der Umweltbelastung und für die Sanierung der Umwelt zu Lasten des Verursachers gehen. Die Verursacher müssen soweit wie möglich die gesamten Kosten der Verkehrsauswirkungen auf Gesundheit und Umwelt tragen;

„Zweckmäßigkeitsprüfung“: Prüfverfahren gemäß der nationalen Gesetzgebung anlässlich der Planung großer Neubauten oder wesentlicher Änderungen oder Ausbauten vorhandener Verkehrsinfrastrukturen, welches Abklärungen betreffend die verkehrspolitische Notwendigkeit sowie die verkehrlichen, ökologischen, ökonomischen und soziokulturellen Auswirkungen umfasst.

Artikel 3
Nachhaltiger Verkehr und Mobilität

(1) Um den Verkehr unter den Rahmenbedingungen der Nachhaltigkeit zu entwickeln, verpflichten sich die Vertragsparteien, mit einer aufeinander abgestimmten Umwelt- und Verkehrspolitik zur Begrenzung verkehrsbedingter Belastungen und Risiken

a) den Belangen der Umwelt derart Rechnung zu tragen, dass der Verbrauch von Ressourcen auf ein Maß gesenkt wird, welches sich soweit möglich innerhalb der natürlichen Reproduktionsfähigkeit bewegt;

b) die Freisetzung von Stoffen auf ein Maß reduziert wird, welches die Tragfähigkeit der betroffenen Umweltmedien nicht überfordert; die Stoffeinträge in die Umwelt auf ein Maß begrenzt werden, dass Beeinträchtigungen ökologischer Strukturen und natürlicher Stoffkreisläufe vermeidet;

c) den Belangen der Gesellschaft derart Rechnung zu tragen, dass die Erreichbarkeit von Menschen, Arbeitsplätzen, Gütern und Dienstleistungen auf umweltschonende, energie- und raumsparende sowie effiziente Weise ermöglicht und eine ausreichende Grundversorgung garantiert wird;

d) die Gesundheit der Menschen nicht gefährdet und das Risiko von Umweltkatastrophen sowie Zahl und Schwere von Unfällen reduziert werden;
e) den Belangen der Wirtschaft derart Rechnung zu tragen, dass die Eigenwirtschaftlichkeit des Verkehrs erhöht und die externen Kosten internalisiert werden;
f) die optimale Auslastung der vorhandenen Infrastruktur gefördert wird;
g) die Arbeitsplätze der wettbewerbsfähigen Betriebe und Unternehmen in den einzelnen Wirtschaftssektoren gesichert werden;
h) auf Grund der besonderen Topografie der Alpen verstärkte Maßnahmen zur Lärmbekämpfung zu ergreifen.

(2) In Übereinstimmung mit den geltenden nationalen und internationalen Rechtsvorschriften im Verkehrsbereich verpflichten sich die Vertragsparteien zur Entwicklung von nationalen, regionalen und lokalen Zielvorgaben, Strategien und Maßnahmen, die
a) den unterschiedlichen naturräumlichen, wirtschaftlichen und soziokulturellen Gegebenheiten sowie den unterschiedlichen Bedürfnissen Rechnung tragen;
b) die Entwicklung der verkehrsbedingten Umweltbelastungen durch eine Kombination von ökonomischen Instrumenten, Raumordnungs- und Verkehrsplanungsmaßnahmen beschränken.

Artikel 4
Berücksichtigung der Ziele in den anderen Politiken

(1) Die Vertragsparteien verpflichten sich, die Ziele dieses Protokolls auch in ihren anderen Politiken zu berücksichtigen.
(2) Die Vertragsparteien verpflichten sich, die Auswirkungen anderer Politiken, Strategien und Konzepte auf den Verkehrsbereich vorausschauend und zurückblickend zu überprüfen.

Artikel 5
Beteiligung der Gebietskörperschaften

(1) Die Vertragsparteien fördern die internationale Zusammenarbeit zwischen den zuständigen Institutionen, um grenzüberschreitend bestmögliche und aufeinander abgestimmte Lösungen zu erreichen.
(2) Jede Vertragspartei bestimmt im Rahmen ihrer geltenden staatlichen Ordnung die für die Abstimmung und Zusammenarbeit zwischen den unmittelbar betroffenen Institutionen und Gebietskörperschaften am besten geeignete Ebene, um eine gemeinsame Verantwortung zu fördern, namentlich um sich gegenseitig verstärkende Kräfte beim Vollzug der Verkehrspolitiken sowie der sich daraus ergebenden Maßnahmen zu nutzen und zu entwickeln.
(3) Die unmittelbar betroffenen Gebietskörperschaften werden in den verschiedenen Stadien der Vorbereitung und Umsetzung dieser Politiken und Maßnahmen unter Wahrung ihrer Zuständigkeit im Rahmen der geltenden staatlichen Ordnung beteiligt.

Artikel 6
Weitergehende nationale Regelungen

Die Vertragsparteien können zum Schutz des ökologisch sensiblen Alpenraumes vorbehaltlich der Bestimmungen geltender internationaler Vereinbarungen auf Grund bestimmter, insbesondere naturräumlicher Gegebenheiten oder aus Gründen der Gesundheit, der Sicherheit und des Umweltschutzes Maßnahmen treffen, welche über die in diesem Protokoll vorgesehenen Maßnahmen hinausgehen.

2.4 Auszug aus dem Protokoll „Tourismus" BGBl III 230/2002 idF BGBl III 109/2005 (Art. 1 – 20)

Artikel 1

Ziel dieses Protokolls ist es, mit spezifischen Maßnahmen und Empfehlungen, welche die Interessen der ansässigen Bevölkerung und der Touristen berücksichtigen, im Rahmen der geltenden staatlichen Ordnung durch einen umweltverträglichen Tourismus zu einer nachhaltigen Entwicklung des Alpenraums beizutragen.

Internationale Zusammenarbeit

(1) Die Vertragsparteien verpflichten sich, Hindernisse für die internationale Zusammenarbeit zwischen den Gebietskörperschaften des Alpenraums zu beseitigen und die Lösung gemeinsamer Probleme durch Zusammenarbeit auf der geeigneten territorialen Ebene zu fördern.
(2) Die Vertragsparteien unterstützen eine verstärkte internationale Zusammenarbeit zwischen den jeweils zuständigen Institutionen. Insbesondere achten sie auf eine Aufwertung von grenzübergreifenden Räumen durch die Koordination umweltverträglicher Tourismus- und Freizeittätigkeiten.
(3) Wenn die Gebietskörperschaften Maßnahmen nicht durchführen können, weil sie in nationaler oder internationaler Zuständigkeit liegen, ist ihnen die Möglichkeit einzuräumen, die Interessen der Bevölkerung wirksam zu vertreten.

Artikel 2
Berücksichtigung der Ziele in den anderen Politiken

Die Vertragsparteien verpflichten sich, die Ziele dieses Protokolls auch in ihren anderen Politiken zu berücksichtigen, insbesondere in den Bereichen der Raumplanung, des Verkehrs, der Land- und der Forstwirtschaft, des Umwelt- und Naturschutzes sowie bei der Wasser- und Energieversorgung, um etwaige negative oder diesen Zielen widersprechende Auswirkungen zu mindern.

Artikel 3
Beteiligung der Gebietskörperschaften

(1) Jede Vertragspartei bestimmt im Rahmen der geltenden staatlichen Ordnung die für die Abstimmung und Zusammenarbeit zwischen den unmittelbar betroffenen Institutionen und Gebietskörperschaften am besten geeignete Ebene, um eine gemeinsame Verantwortung zu fördern, namentlich um sich gegenseitig verstärkende Kräfte beim Vollzug der Tourismuspolitiken sowie der sich daraus ergebenden Maßnahmen zu nutzen und zu entwickeln.
(2) Die unmittelbar betroffenen Gebietskörperschaften werden in den verschiedenen Stadien der Vorbereitung und Umsetzung dieser Politiken und Maßnahmen unter Wahrung ihrer Zuständigkeit im Rahmen der geltenden staatlichen Ordnung beteiligt.

Artikel 4
Geordnete Entwicklung des Angebots

(1) Die Vertragsparteien verpflichten sich, auf eine nachhaltige touristische Entwicklung mit einem umweltverträglichen Tourismus zu achten. Zu diesem Zweck unterstützen sie die Ausarbeitung und Umsetzung von Leitbildern, Entwicklungsprogrammen sowie von sektoralen Plänen, die von den zuständigen Stellen auf der am besten geeigneten Ebene eingeleitet werden und die den Zielen dieses Protokolls Rechnung tragen.

(2) Diese Maßnahmen werden es ermöglichen, die Vor- und Nachteile der geplanten Entwicklungen insbesondere unter folgenden Aspekten zu bewerten und zu vergleichen:

a) sozioökonomische Auswirkungen auf die ansässige Bevölkerung,

b) Auswirkungen auf Boden, Wasser, Luft, Naturhaushalt und Landschaftsbild unter Berücksichtigung der spezifischen ökologischen Gegebenheiten, der natürlichen Ressourcen und der Grenzen der Anpassungsfähigkeit der Ökosysteme,

c) Auswirkungen auf die öffentlichen Finanzen.

Artikel 5
Ausrichtung der touristischen Entwicklung

(1) Die Vertragsparteien beziehen die Anliegen des Naturschutzes und der Landschaftspflege in die Tourismusförderung ein. Sie verpflichten sich, möglichst nur landschafts- und umweltschonende Projekte zu fördern.

(2) Sie leiten eine nachhaltige Politik ein, welche die Wettbewerbsfähigkeit des naturnahen Tourismus im Alpenraum stärkt und damit einen wichtigen Beitrag zur sozioökonomischen Entwicklung des Alpenraums leistet. Dabei sind Maßnahmen zu bevorzugen, welche die Innovation und die Diversifizierung des Angebots fördern.

(3) Die Vertragsparteien achten darauf, dass in den Gebieten mit starker touristischer Nutzung ein ausgewogenes Verhältnis zwischen intensiven und extensiven Tourismusformen angestrebt wird.

(4) Bei fördernden Maßnahmen sollen folgende Aspekte berücksichtigt werden:

a) für den intensiven Tourismus die Anpassung der bestehenden touristischen Strukturen und Einrichtungen an die ökologischen Erfordernisse sowie die Entwicklung neuer Strukturen in Übereinstimmung mit den Zielen dieses Protokolls;

b) für den extensiven Tourismus die Erhaltung oder die Entwicklung eines naturnahen und umweltschonenden Tourismusangebots sowie die Aufwertung des natürlichen und kulturellen Erbes der Feriengebiete.

Artikel 6
Qualitätsförderung

(1) Die Vertragsparteien leiten eine Politik ein, die ständig und konsequent auf ein qualitativ hochwertiges Tourismusangebot im gesamten Alpenraum abzielt, wobei insbesondere den ökologischen Erfordernissen Rechnung zu tragen ist.

(2) Sie fördern den Erfahrungsaustausch und die Durchführung gemeinsamer Aktionsprogramme mit dem Ziel der Qualitätsverbesserung, insbesondere in folgenden Bereichen:

a) Anpassung von Anlagen und Einrichtungen an Landschaft und Natur,

b) Städteplanung, Architektur (Neubauten und Dorferneuerung),
c) Beherbergungseinrichtungen und touristische Dienstleistungsangebote,
d) Diversifizierung des touristischen Angebots innerhalb des Alpenraums durch die Aufwertung der kulturellen Aktivitäten in den jeweiligen Gebieten.

Artikel 7
Lenkung der Besucherströme

Die Vertragsparteien fördern insbesondere in Schutzgebieten die Lenkung der Besucherströme, indem sie die Verteilung und Aufnahme der Besucher in einer Weise organisieren, die den Fortbestand dieser Gebiete sichert.

Artikel 8
Naturräumliche Entwicklungsgrenzen

Die Vertragsparteien achten darauf, dass die touristische Entwicklung auf die umweltspezifischen Besonderheiten sowie die verfügbaren Ressourcen des jeweiligen Ortes oder der jeweiligen Region abgestimmt wird. Im Fall von Vorhaben mit möglichen erheblichen Auswirkungen auf die Umwelt sind diese im Rahmen der geltenden staatlichen Ordnung einer vorherigen Bewertung zu unterziehen und die Ergebnisse dieser Bewertung bei der Entscheidung zu berücksichtigen.

Artikel 9
Ruhezonen

Die Vertragsparteien verpflichten sich, gemäß ihren Vorschriften und nach ökologischen Gesichtspunkten Ruhezonen auszuweisen, in denen auf touristische Erschließungen verzichtet wird.

Artikel 10
Politik im Beherbergungsbereich

Die Vertragsparteien entwickeln Politiken im Beherbergungsbereich, die der Begrenztheit des verfügbaren Raumes durch Bevorzugung der kommerziellen Beherbergung und der Erneuerung und Nutzung der bestehenden Bausubstanz sowie durch Modernisierung und Qualitätsverbesserung der bestehenden Beherbergungseinrichtungen Rechnung tragen.

Artikel 11
Aufstiegshilfen

(1) Die Vertragsparteien einigen sich darauf, im Rahmen der nationalen Genehmigungsverfahren für Aufstiegshilfen eine Politik zu verfolgen, die außer den Belangen der Sicherheit und Wirtschaftlichkeit auch den ökologischen und landschaftlichen Erfordernissen Rechnung trägt.
(2) Neue Betriebsbewilligungen und Konzessionen für Aufstiegshilfen haben den Abbau und die Entfernung nicht mehr gebrauchter Anlagen und die Renaturierung nicht mehr benutzter Flächen vorrangig mit heimischen Pflanzenarten vorzusehen.

Artikel 12
Verkehr und Beförderung von Touristen

(1) Die Vertragsparteien fördern Maßnahmen, die auf eine Einschränkung des motorisierten Verkehrs in den touristischen Zentren abzielen.
(2) Sie unterstützen zudem private oder öffentliche Initiativen, welche die Erreichbarkeit touristischer Orte und Zentren mit öffentlichen Verkehrsmitteln verbessern und die Benutzung solcher Verkehrsmittel durch die Touristen fördern sollen.

Artikel 13
Besondere Erschließungstechniken

1. Skipisten

(1) Die Vertragsparteien achten darauf, dass Bau, Unterhalt und Betrieb der Skipisten möglichst landschaftsschonend und unter Berücksichtigung der natürlichen Kreisläufe sowie der Empfindlichkeit der Biotope erfolgen.
(2) Geländekorrekturen sind soweit wie möglich zu begrenzen, und sofern es die naturräumlichen Gegebenheiten zulassen, sind die umgestalteten Flächen vorrangig mit heimischen Pflanzenarten zu begrünen.

2. Beschneiungsanlagen

Die innerstaatlichen Rechtsvorschriften können die Erzeugung von Schnee während der jeweiligen örtlichen Kälteperioden zulassen, insbesondere um exponierte Zonen zu sichern, wenn die jeweiligen örtlichen hydrologischen, klimatischen und ökologischen Bedingungen es erlauben.

Artikel 14
Sportausübung

(1) Die Vertragsparteien verpflichten sich, insbesondere in Schutzgebieten eine Politik zur Lenkung der Sportausübung im Freien festzulegen, damit der Umwelt daraus keine Nachteile entstehen. Erforderlichenfalls sind auch Verbote auszusprechen.
(2) Die Vertragsparteien verpflichten sich, die Ausübung motorisierter Sportarten so weitgehend wie möglich zu begrenzen oder erforderlichenfalls zu verbieten, es sei denn, von den zuständigen Behörden werden hierfür bestimmte Zonen ausgewiesen.

Artikel 15
Absetzen aus Luftfahrzeugen

Die Vertragsparteien verpflichten sich, außerhalb von Flugplätzen das Absetzen aus Luftfahrzeugen für sportliche Zwecke so weitgehend wie möglich zu begrenzen oder erforderlichenfalls zu verbieten.

Artikel 16
Entwicklung von wirtschaftsschwachen Gebieten

Den Vertragsparteien wird empfohlen, auf der geeigneten territorialen Ebene angemessene Lösungen zu untersuchen, um eine ausgewogene Entwicklung von wirtschaftsschwachen Gebieten zu gewährleisten.

Artikel 17
Ferienstaffelung

(1) Die Vertragsparteien bemühen sich um eine bessere räumliche und zeitliche Staffelung der touristischen Nachfrage in den Feriengebieten.
(2) Zu diesem Zweck sind die zwischenstaatliche Zusammenarbeit im Bereich der Ferienstaffelung und der Erfahrungsaustausch über Möglichkeiten der Saisonverlängerung zu unterstützen.

Artikel 18
Innovationsanreize

Den Vertragsparteien wird empfohlen, geeignete Anreize für die Umsetzung der Anliegen dieses Protokolls zu entwickeln; zu diesem Zweck prüfen sie insbesondere die Einrichtung eines Wettbewerbs der Alpenländer, der innovative touristische Initiativen und Produkte, die den Zielsetzungen dieses Protokolls entsprechen, auszeichnen soll.

Artikel 19
Zusammenarbeit zwischen Tourismuswirtschaft, Landwirtschaft, Forstwirtschaft und Handwerk

Die Vertragsparteien unterstützen die Zusammenarbeit zwischen Tourismuswirtschaft, Landwirtschaft, Forstwirtschaft und Handwerk. Sie fördern dabei insbesondere arbeitsplatzschaffende Erwerbskombinationen im Hinblick auf eine nachhaltige Entwicklung.

2.5 Auszug aus dem Protokoll „Bodenschutz“ BGBl III 235/2002 idF BGBl III 111/2005 (Art. 1 – 17)

Artikel 1
Ziele

(1) Dieses Protokoll dient der Umsetzung der zwischen den Vertragsparteien in der Alpenkonvention vereinbarten Verpflichtungen zum Bodenschutz.
(2) Der Boden ist
  1. in seinen natürlichen Funktionen als
    a) Lebensgrundlage und Lebensraum für Menschen, Tiere, Pflanzen und Mikroorganismen,
    b) prägendes Element von Natur und Landschaft,
    c) Teil des Naturhaushalts, insbesondere mit seinen Wasser- und Nährstoffkreisläufen,

d) Umwandlungs- und Ausgleichsmedium für stoffliche Einwirkungen, insbesondere auf Grund der Filter-, Puffer- und Speichereigenschaften, besonders zum Schutz des Grundwassers,

e) genetisches Reservoir,

2. in seiner Funktion als Archiv der Natur- und Kulturgeschichte sowie
3. zur Sicherung seiner Nutzungen als

a) Standort für die Landwirtschaft einschließlich der Weidewirtschaft und der Forstwirtschaft,

b) Fläche für Siedlung und touristische Aktivitäten,

c) Standort für sonstige wirtschaftliche Nutzungen, Verkehr, Ver- und Entsorgung,

d) Rohstofflagerstätte

nachhaltig in seiner Leistungsfähigkeit zu erhalten. Insbesondere die ökologischen Bodenfunktionen sind als wesentlicher Bestandteil des Naturhaushalts langfristig qualitativ und quantitativ zu sichern und zu erhalten. Die Wiederherstellung beeinträchtigter Böden ist zu fördern.

(3) Die zu ergreifenden Maßnahmen zielen insbesondere auf eine standortgerechte Bodennutzung, einen sparsamen Umgang mit den Flächen, die Vermeidung von Erosion und nachteiligen Veränderungen der Bodenstruktur sowie auf eine Minimierung der Einträge von bodenbelastenden Stoffen.

(4) Insbesondere sind auch die im Alpenraum typische Vielfalt der Böden und charakteristische Standorte zu bewahren und zu fördern.

(5) Hierbei kommt dem Vorsorgeprinzip, welches die Sicherung der Funktionsfähigkeit und Nutzungsmöglichkeit der Böden für verschiedene Zwecke sowie ihre Verfügbarkeit für künftige Generationen im Hinblick auf nachhaltige Entwicklung einschließt, besondere Bedeutung zu.

Artikel 2
Grundverpflichtungen

(1) Die Vertragsparteien verpflichten sich, die erforderlichen rechtlichen und administrativen Maßnahmen zu ergreifen, um den Schutz der Böden im Alpenraum sicherzustellen. Die Überwachung dieser Maßnahmen erfolgt unter der Verantwortung der nationalen Behörden.

(2) Besteht die Gefahr schwerwiegender und nachhaltiger Beeinträchtigungen der Funktionsfähigkeit der Böden, ist grundsätzlich den Schutzaspekten der Vorrang vor Nutzungsaspekten einzuräumen.

(3) Die Vertragsparteien prüfen die Möglichkeiten, die mit diesem Protokoll angestrebten Maßnahmen zum Bodenschutz im Alpenraum mit fiskalischen und/oder finanziellen Maßnahmen zu unterstützen. Maßnahmen, die mit dem Schutz des Bodens und mit den Zielen einer sparsamen und umweltschonenden Bodennutzung im Einklang stehen, sollen besonders unterstützt werden.

Artikel 3
Berücksichtigung der Ziele in den anderen Politiken

Die Vertragsparteien verpflichten sich, die Ziele dieses Protokolls auch in ihren anderen Politiken zu berücksichtigen. Im Alpenraum gilt dies insbesondere für Raumordnung, Siedlungs- und Verkehrswesen, Energiewirtschaft, Land- und Forstwirtschaft, Rohstoffgewinnung, Industrie, Gewerbe, Tourismus, Naturschutz und Landschaftspflege, Wasser- und Abfallwirtschaft und Luftreinhaltung.

Artikel 4
Beteiligung der Gebietskörperschaften

(1) Jede Vertragspartei bestimmt im Rahmen der geltenden staatlichen Ordnung die für die Abstimmung und Zusammenarbeit zwischen den unmittelbar betroffenen Institutionen und Gebietskörperschaften am besten geeignete Ebene, um eine gemeinsame Verantwortung zu fördern, namentlich um sich gegenseitig verstärkende Kräfte beim Vollzug der Politiken des Bodenschutzes sowie der sich daraus ergebenden Maßnahmen im Alpenraum zu nutzen und zu entwickeln.

(2) Die unmittelbar betroffenen Gebietskörperschaften werden in den verschiedenen Stadien der Vorbereitung und Umsetzung dieser Politiken und Maßnahmen unter Wahrung ihrer Zuständigkeit im Rahmen der geltenden staatlichen Ordnung beteiligt.

Artikel 5
Internationale Zusammenarbeit

(1) Die Vertragsparteien unterstützen eine verstärkte internationale Zusammenarbeit zwischen den jeweils zuständigen Institutionen, insbesondere bei der Erstellung von Bodenkatastern, bei der Bodenbeobachtung, bei der Ausweisung und Überwachung von Bodenschutz- und Bodenbelastungsgebieten sowie Gefahrenzonen, der Bereitstellung und Harmonisierung von Datengrundlagen, der Koordinierung der alpenbezogenen Bodenschutzforschung sowie bei der gegenseitigen Berichterstattung.

(2) Die Vertragsparteien verpflichten sich, Hindernisse der internationalen Zusammenarbeit zwischen Gebietskörperschaften des Alpenraums zu beseitigen und die Lösung gemeinsamer Probleme auf der am besten geeigneten Ebene zu fördern.

(3) Wenn die Festlegung von bodenschutzbezogenen Maßnahmen in der nationalen oder internationalen Zuständigkeit liegt, sind den Gebietskörperschaften Möglichkeiten einzuräumen, die Interessen der Bevölkerung wirksam darzulegen.

Kapitel II – Spezifische Maßnahmen

Artikel 6
Gebietsausweisungen

Die Vertragsparteien achten darauf, dass bei der Ausweisung von Schutzgebieten auch schützenswerte Böden einbezogen werden. Insbesondere sind Boden- und Felsbildungen von besonders charakteristischer Eigenart oder von besonderer Bedeutung für die Dokumentation der Erdgeschichte zu erhalten.

Artikel 7
Sparsamer und schonender Umgang mit Böden

(1) Bei der Erstellung und Umsetzung der Pläne und/oder Programme nach Artikel 9 Absatz 3 des Protokolls „Raumplanung und nachhaltige Entwicklung" sind die Belange des Bodenschutzes, insbesondere der sparsame Umgang mit Grund und Boden zu berücksichtigen.
(2) Zur Begrenzung der Bodenversiegelung und des Bodenverbrauchs sorgen die Vertragsparteien für ein flächensparendes und bodenschonendes Bauen. Sie richten die Siedlungsentwicklung bevorzugt auf den Innenbereich und begrenzen das Siedlungswachstum nach außen.
(3) Bei der Prüfung der Raum- und Umweltverträglichkeit von Großvorhaben im Industrie-, Bau- und Infrastrukturbereich insbesondere des Verkehrs, der Energie und des Tourismus, ist im Rahmen der nationalen Verfahren dem Bodenschutz und dem begrenzten Flächenangebot im alpinen Raum Rechnung zu tragen.
(4) Wenn die natürlichen Gegebenheiten dies zulassen, sind nicht mehr genutzte oder beeinträchtigte Böden, insbesondere Abfalldeponien, Bergwerkshalden, Infrastrukturen, Skipisten, zu renaturieren oder zu rekultivieren.

Artikel 8
Sparsame Verwendung und bodenschonender Abbau von Bodenschätzen

(1) Die Vertragsparteien sorgen für einen sparsamen Umgang mit Bodenschätzen. Sie wirken darauf hin, dass vorzugsweise Ersatzstoffe verwendet und Möglichkeiten der Wiederverwertung ausgeschöpft werden oder deren Entwicklung gefördert wird.
(2) Bei Abbau, Aufbereitung und Nutzung von Bodenschätzen sind Belastungen der anderen Bodenfunktionen möglichst gering zu halten. In zum Schutz der Bodenfunktionen besonders bedeutsamen Gebieten und in ausgewiesenen Gebieten zur Trinkwassergewinnung soll auf den Abbau von Bodenschätzen verzichtet werden.

Artikel 9
Erhaltung der Böden in Feuchtgebieten und Mooren

(1) Die Vertragsparteien verpflichten sich, Hoch- und Flachmoore zu erhalten. Dazu ist mittelfristig anzustreben, die Verwendung von Torf vollständig zu ersetzen.
(2) In Feuchtgebieten und Mooren sollen Entwässerungsmaßnahmen außer in begründeten Ausnahmefällen auf die Pflege bestehender Netze begrenzt werden. Rückbaumaßnahmen bei bestehenden Entwässerungen sollen gefördert werden.
(3) Moorböden sollen grundsätzlich nicht genutzt oder unter landwirtschaftlicher Nutzung derart bewirtschaftet werden, dass ihre Eigenart erhalten bleibt.

Artikel 10
Ausweisung und Behandlung gefährdeter Gebiete

(1) Die Vertragsparteien vereinbaren, Alpengebiete, die durch geologische, hydrogeologische und hydrologische Risiken, insbesondere Massenbewegungen (Hangbewegungen, Murenbildungen, Erdfälle), Lawinen und Überschwemmungen, gefährdet sind, zu kartieren und in Kataster aufzunehmen und, soweit erforderlich, Gefahrenzonen auszuweisen. Gegebenenfalls sind auch seismische Risiken zu berücksichtigen.

(2) Die Vertragsparteien sorgen dafür, dass in gefährdeten Gebieten möglichst naturnahe Ingenieurtechniken angewendet sowie örtliche und traditionelle, an die landschaftlichen Gegebenheiten angepasste Baumaterialien eingesetzt werden. Diese Maßnahmen sind durch geeignete Waldbaumaßnahmen zu unterstützen.

Artikel 11
Ausweisung und Behandlung erosionsgefährdeter Alpengebiete

(1) Die Vertragsparteien vereinbaren, nach vergleichbaren Kriterien zur Quantifizierung der Erosion von Böden die durch flächenhafte Erosion betroffenen Alpengebiete zu kartieren und in Bodenkataster aufzunehmen, soweit dies für den Schutz von Sachgütern erforderlich ist.

(2) Die Bodenerosion ist auf das unvermeidbare Maß einzuschränken. Erosions- und rutschungsgeschädigte Flächen sollen saniert werden, soweit dies der Schutz des Menschen und von Sachgütern erfordert.

(3) Zum Schutz des Menschen und von Sachgütern sind bei Maßnahmen zur Eindämmung der Erosion durch Gewässer und zur Minderung des Oberflächenabflusses vorzugsweise naturnahe wasserwirtschaftliche, ingenieurbauliche und forstwirtschaftliche Techniken einzusetzen.

Artikel 12
Land-, Weide- und Forstwirtschaft

(1) Zum Schutz vor Erosion und schädigenden Bodenverdichtungen verpflichten sich die Vertragsparteien zur Anwendung einer guten, an die örtlichen Verhältnisse angepassten ackerbaulichen, weidewirtschaftlichen und forstwirtschaftlichen Praxis.

(2) Im Hinblick auf Stoffeinträge durch Düngemittel- und Pflanzenschutzmittelanwendung streben die Vertragsparteien an, gemeinsame Maßstäbe für eine gute fachliche Praxis zu erarbeiten und umzusetzen. Die Düngung ist nach Art, Menge und Zeit auf den Bedarf der Pflanzen unter Berücksichtigung der im Boden verfügbaren Nährstoffe und der organischen Substanz sowie der Standort- und Anbaubedingungen auszurichten. Dazu dienen die Anwendung von ökologischen/biologischen und integrierten Anbaumethoden sowie die Abstimmung des Viehbesatzes auf die natürlichen Standort- und Aufwuchsbedingungen.

(3) Auf Alpflächen ist insbesondere der Einsatz mineralischer Düngemittel und synthetischer Pflanzenschutzmittel zu minimieren. Auf den Einsatz von Klärschlämmen soll verzichtet werden.

Artikel 13
Waldbauliche und sonstige Maßnahmen

(1) Für Bergwälder, die in hohem Maß den eigenen Standort oder vor allem Siedlungen, Verkehrsinfrastrukturen, landwirtschaftliche Kulturflächen und ähnliches schützen, verpflichten sich die Vertragsparteien, dieser Schutzwirkung eine Vorrangstellung einzuräumen und deren forstliche Behandlung am Schutzziel zu orientieren. Diese Bergwälder sind an Ort und Stelle zu erhalten.

(2) Insbesondere ist der Wald so zu nutzen und zu pflegen, dass Bodenerosion und schädliche Bodenverdichtungen vermieden werden. Zu diesem Zweck sind auch standortgerechter Waldbau und natürliche Waldverjüngung zu fördern.

Artikel 14
Auswirkungen touristischer Infrastrukturen

(1) Die Vertragsparteien wirken in der geeignetsten Weise darauf hin, dass
- nachteilige Auswirkungen von touristischen Aktivitäten auf die alpinen Böden vermieden werden,
- die durch eine intensive touristische Nutzung beeinträchtigten Böden stabilisiert werden, insbesondere und soweit möglich durch die Wiederherstellung der Vegetationsdecke und die Anwendung naturnaher Ingenieurtechniken. Die weitere Nutzung soll so gelenkt werden, dass derartige Schäden nicht mehr auftreten,
- Genehmigungen für den Bau und die Planierung von Skipisten in Wäldern mit Schutzfunktionen nur in Ausnahmefällen und bei Durchführung von Ausgleichsmaßnahmen erteilt und in labilen Gebieten nicht erteilt werden.

(2) Chemische und biologische Zusätze für die Pistenpräparierung werden nur dann zugelassen, wenn sie nachgewiesenermaßen umweltverträglich sind.
(3) Wenn bedeutende Schäden an Böden und Vegetation festgestellt werden, ergreifen die Vertragsparteien zum frühestmöglichen Zeitpunkt die erforderlichen Maßnahmen zur Wiederherstellung.

Artikel 15
Begrenzung von Schadstoffeinträgen

(1) Die Vertragsparteien unternehmen alle Anstrengungen, um den Schadstoffeintrag in die Böden über Luft, Wasser, Abfälle und umweltbelastende Stoffe soweit wie möglich und vorsorglich zu verringern. Bevorzugt werden Maßnahmen, die Emissionen an ihrer Quelle begrenzen.
(2) Zur Vermeidung der Kontamination von Böden beim Umgang mit gefährlichen Stoffen treffen die Vertragsparteien technische Regelungen, sehen Kontrollen vor und führen Forschungsprogramme und Aufklarungsmaßnahmen durch.

Artikel 16
Umweltverträglicher Einsatz von Streumitteln

Die Vertragsparteien verpflichten sich, den Einsatz von Streusalz zu minimieren und, soweit möglich, abstumpfende und weniger kontaminierende Mittel wie Kies und Sand einzusetzen.

Artikel 17
Kontaminierte Böden, Altlasten, Abfallkonzepte

(1) Die Vertragsparteien verpflichten sich zur Erhebung und Dokumentation ihrer Altlasten und Altlastenverdachtsflächen (Altlastenkataster), zur Untersuchung des Zustands dieser Flächen sowie zur Abschätzung des Gefährdungspotentials nach vergleichbaren Methoden.

(2) Zur Vermeidung der Kontamination von Böden sowie zur umweltverträglichen Vorbehandlung, Behandlung und Ablagerung von Abfällen und Reststoffen sind Abfallkonzepte zu erstellen und umzusetzen.

3. Informationen zu Gefahrenschutzplänen

3.1 Auszug aus der Wasserrechtsgesetz – Gefahrenzonenplanungsverordnung BGBl II 145/2014

Aufgrund des § 42a Abs. 2 und 3 des Wasserrechtsgesetzes 1959 (WRG 1959), BGBl 215, zuletzt geändert durch das Bundesgesetz BGBl I 98/2013, wird verordnet:

§ 2 Definition und Zweck der Gefahrenzonenplanungen

(1) Gefahrenzonenplanungen sind Fachgutachten, in denen insbesondere Überflutungsflächen hinsichtlich
  1. der Gefährdung und der voraussichtlichen Schadenswirkung durch Hochwasser sowie
  2. ihrer Funktionen für den
     a) Hochwasserabfluss,
     b) den Hochwasserrückhalt und
     c) für Zwecke späterer schutzwasserwirtschaftlicher Maßnahmen
  beurteilt werden.

(2) Gefahrenzonenplanungen dienen
  1. der Information der Öffentlichkeit über die Gefährdung durch Hochwasser sowie
  2. als Grundlage für
     a) die Projektierung und Durchführung von schutzwasserwirtschaftlichen Maßnahmen,
     b) die Erstellung von Regionalprogrammen (§ 42a Abs. 2 Z 2 in Verbindung mit § 55g Abs. 1 Z 1 Wasserrechtsgesetz 1959 (WRG 1959), BGBl. Nr. 215, zuletzt geändert durch das Bundesgesetz BGBl. I Nr. 98/2013
     c) die Erstellung, Überprüfung und allfällige Aktualisierung von
        aa) Hochwassergefahrenkarten und Hochwasserrisikokarten (§ 55k WRG 1959) sowie
        bb) Hochwasserrisikomanagementplänen (§ 55l WRG 1959).

(3) Darüber hinaus sind die Gefahrenzonenplanungen so zu erstellen, dass sie als Grundlage für Planungen, welche zur Erreichung der in § 42a Abs. 3 Z 1 und 2 WRG 1959 festgelegten wasserwirtschaftlichen Zwecke einen wesentlichen Beitrag leisten, geeignet sind. Dies betrifft insbesondere Planungen auf den Gebieten der Raumplanung, des Bauwesens sowie des Katastrophenschutzes im Zusammenhang mit Evakuierungen, Verkehrsbeschränkungen oder sonstigen der Sicherung vor Hochwassergefahren dienenden Maßnahmen.

§ 8 Ausweisung der Gefahrenzonen

(1) Als rote Gefahrenzonen sind jene Flächen auszuweisen, die durch gemäß § 5 Abs. 2 bestimmte Bemessungsereignisse mittlerer Wahrscheinlichkeit derart gefährdet sind, dass ihre

ständige Benützung für Siedlungs- und Verkehrszwecke wegen der voraussichtlichen Schadenswirkungen nicht oder nur mit unverhältnismäßig hohem Aufwand möglich ist. Als rote Gefahrenzonen sind jedenfalls das Gewässerbett und folgende Flächen auszuweisen:

1. Bereiche möglicher Uferanbrüche unter Berücksichtigung der zu erwartenden Nachböschungen, Verwerfungen und Umlagerungen einschließlich dadurch ausgelöster Rutschungen,
2. Überflutungsbereiche, in welchen sich durch die Wassertiefe und die Strömungsverhältnisse einschließlich der Feststoffführung Gefährdungspotenziale ergeben,
3. Bereiche mit Flächenerosion, Erosionsrinnenbildung und Feststoffablagerungen, in denen die menschliche Gesundheit erheblich gefährdet ist oder mit schweren Beschädigungen oder Zerstörungen von Gebäuden und Anlagen zu rechnen ist. Rote Gefahrenzonen nach Z 1 können auch außerhalb der Überflutungsflächen ausgewiesen werden, sofern sich dies auf Grund einer Bewertung nach § 6 ergibt.

(2) Als gelbe Gefahrenzonen sind alle übrigen durch gemäß § 5 Abs. 2 bestimmte Bemessungsereignisse mittlerer Wahrscheinlichkeit gefährdeten Überflutungsflächen auszuweisen, in denen unterschiedliche Gefährdungen geringeren Ausmaßes oder Beeinträchtigungen der Nutzung für Siedlungs- und Verkehrszwecke auftreten können oder Beschädigungen von Bauobjekten und Verkehrsanlagen möglich sind.

§ 9 Ausweisung der Zonen mit einer Gefährdung niedriger Wahrscheinlichkeit

Flächen, die durch gemäß § 5 Abs. 2 bestimmte Bemessungsereignisse niedriger Wahrscheinlichkeit gefährdet sind, sind grundsätzlich gelb schraffiert darzustellen. Befinden sich solche Flächen im Restrisikogebiet im Wirkungsbereich von Hochwasserschutzanlagen, wo hochwasserbedingt mit höheren Schadenswirkungen zu rechnen ist, sind sie rot schraffiert darzustellen.

3.2 Auszug aus der Verordnung des Bundesministers für Land- und Forstwirtschaft vom 30. Juli 1976 über die Gefahrenzonenpläne BGBl 436/1976

Auf Grund der §§ 8 und 11 des Forstgesetzes 1975, BGBl 440 (im Folgenden kurz als Gesetz gezeichnet) wird verordnet:

§ 1

(1) Die Gefahrenzonenpläne sind insbesondere eine Grundlage für die
   a) Projektierung und Durchführung von Maßnahmen durch den Forsttechnischen Dienst für Wildbach- und Lawinenverbauung (kurz Dienststellen) sowie für die Reihung dieser Maßnahmen entsprechend ihrer Dringlichkeit und
   b) Tätigkeit der Angehörigen der Dienststellen als Sachverständige.

(2) Unbeschadet der Bestimmungen des Abs. 1 sind die Gefahrenzonenpläne nach Maßgabe der den Dienststellen gebotenen Möglichkeiten so zu erstellen, dass sie als Grundlage für Planungen auf den Gebieten der Raumplanung, des Bauwesens und des Sicherheitswesens – bei Planungen auf letzterem Gebiet, soweit es sich um solche im Zusammenhang mit Evakuierungen, Verkehrsbeschränkungen oder um sonstige, der Sicherung vor Wildbach- und Lawinengefahren dienende Maßnahmen handelt – geeignet sind.

§ 2

(1) Gegenstand der Darstellung im Gefahrenzonenplan sind die Einzugsgebiete von Wildbächen und Lawinen, die durch Wildbäche oder Lawinen gefährdeten Bereiche (Gefahrenzonen) sowie jene Bereiche, deren Freihaltung für spätere Schutzmaßnahmen von den Dienststellen für erforderlich erachtet wird oder die wegen ihrer Schutzfunktion hinsichtlich Wildbach- und Lawinengefahren besonders zu bewirtschaften sind (Vorbehaltsbereiche).

(2) Ein Hinweis auf Ergebnisse der Erhebungen, die nicht im unmittelbaren Zusammenhang mit Darstellungen gemäß Abs. 1 stehen, sowie auf die Beschaffenheit von Gelände und Boden, soweit durch diese Beschaffenheit eine Schutzfunktion beeinflusst wird, ist zulässig (Hinweisbereich).

§ 3

Ein Gefahrenzonenplan erstreckt sich in der Regel auf das Gebiet einer Gemeinde (Plangebiet) und auf die das Plangebiet beeinflussenden Einzugsgebiete gemäß § 99 Abs. 3 und 4 des Gesetzes. Erfordert es die im § 1 umschriebene Aufgabenstellung, darf das Plangebiet auch auf Teile eines Gemeindegebietes beschränkt werden. Der Gefahrenzonenplan hat sich im Bedarfsfalle auch auf Grundstücke, die nicht Wald im Sinne des 1 Abs. 3 des Gesetzes sind, zu erstrecken.

§ 4

(1) Die Dienststellen haben in den Einzugsgebieten die Plangrundlagen zu erheben. Diese Erhebung hat insbesondere zu umfassen:
   a) Die Erkundung der Gefahrenursachen unter Berücksichtigung der geologischen, hydrogeologischen, hydrologischen, meteorologischen, klimatischen und biologischen Verhältnisse sowie der landeskulturellen und der übrigen anthropogenen Einflüsse,
   b) Die Sammlung der mit angemessenem Aufwand erreichbaren Informationen über Häufigkeit und Ausmaß bisheriger auf Wildbäche oder Lawinen zurückzuführender Schadensereignisse.

(2) Die Dienststellen haben die erhobenen Plangrundlagen zu bewerten; dies ist im textlichen Teil des Gefahrenzonenplanes (§ 5 Abs. 3) zu begründen.

§ 5

(1) Der Gefahrenzonenplan hat aus einem kartographischen und einem textlichen Teil zu bestehen.

(2) Der kartographische Teil hat zu umfassen:
   a) eine Gefahrenkarte, die das Plangebiet, die Einzugsgebiete gemäß § 3 sowie besondere Gefahrenursachen aufzeigt, und
   b) Gefahrenzonenkarten, die die für das Bemessungsereignis (§ 6 Abs. 1) ermittelten Wirkungen im raumrelevanten Bereich der Einzugsgebiete innerhalb des Plangebietes sowie die Vorbehaltsbereiche und die Hinweisbereiche aufzeigen.

(3) Der textliche Teil hat zu enthalten:
   a) die Beschreibung der Plangrundlagen,
   b) die Beschreibung und Begründung der Bewertung,

c) die Beschreibung und Begründung er sich daraus ergebenden Darstellung der Gefahrenzonen und der Vorbehaltsbereiche sowie
d) Hinweise für Planungen im Sinne des § 1 Abs. 2

(4) Die Gefahrenkarte ist auf einer geeigneten kartographischen Unterlage, wie auf einer Landkarte im Maßstab 1: 50 000, 1: 25 000 oder 1: 20 000, auf einem Luftbild oder einer Luftbildauswertung, zu erstellen. Besondere Gefahrenursachen sind durch geeignete Signaturen auszuweisen.

(5) Der Gefahrenzonenkarte ist eine kartographische Unterlage mit der Darstellung des Grundsteuer- oder des Grenzkatasters zugrunde zu legen. Der Maßstab darf nicht kleiner als 1: 5 000 sein.

§ 6

Auf der Gefahrenzonenkarte sind die nachstehend näher bezeichneten Gefahrenzonen unter Zugrundelegung eines Ereignisses mit einer Wiederkehrwahrscheinlichkeit von zirka 150 Jahren (Bemessungsereignis) sowie die Vorbehaltsbereiche nach folgenden Kriterien abzugrenzen:

a) die Rote Gefahrenzone umfasst jene Flächen, die durch Wildbäche oder Lawinen derart gefährdet sind, dass ihre ständige Benützung für Siedlungs- und Verkehrszwecke wegen der voraussichtlichen Schadenswirkungen des Bemessungsereignisses oder der Häufigkeit der Gefährdung nicht oder nur mit unverhältnismäßig hohem Aufwand möglich ist;
b) die Gelbe Gefahrenzone umfasst alle übrigen durch Wildbäche oder Lawinen gefährdeten Flächen, deren ständige Benützung für Siedlungs- oder Verkehrszwecke infolge dieser Gefährdung beeinträchtigt ist;
c) die Blauen Vorbehaltsbereiche sind Bereiche, die
   1. für die Durchführung von technischen oder forstlich-biologischen Maßnahmen der Dienststellen sowie für die Aufrechterhaltung der Funktionen dieser Maßnahmen benötigt werden oder
   2. zur Sicherung einer Schutzfunktion oder eines Verbauungserfolges einer besonderen Art der Bewirtschaftung bedürfen.

§ 7

Unbeschadet der Bestimmungen des § 6 dürfen im Gefahrenzonenplan die nachstehend näher bezeichneten Hinweisbereiche nach folgenden Kriterien ausgewiesen werden:

a) die Braunen Hinweisbereiche sind jene Bereiche, hinsichtlich derer anlässlich von Erhebungen festgestellt wurde, dass sie vermutlich anderen als von Wildbächen und Lawinen hervorgerufenen Naturgefahren, wie Steinschlag oder nicht im Zusammenhang mit Wildbächen oder Lawinen stehende Rutschungen, ausgesetzt sind;
b) die Violetten Hinweisbereiche sind Bereiche, deren Schutzfunktion von der Erhaltung der Beschaffenheit des Bodens oder Geländes abhängt.

§ 8

(1) Bei der kartographischen und textlichen Darstellung der Gefahrenzonenpläne und bei der Quantifizierung der Kriterien für die Darstellung der Gefahrenzonen ist auf den jeweiligen Stand der wissenschaftlichen Erkenntnisse und auf die Erfahrung entsprechend Bedacht zu nehmen.

(2) Treten Änderungen in den Grundlagen oder in deren Bewertung ein, so haben die Dienststellen den Gefahrenzonenplan diesen geänderten Verhältnissen anzupassen.

3.3 Information zur Erstellung von Wildbach- und Lawinenverbau – Gefahrenzonenplänen (§ 11 Forstgesetz BGBl 440/1975 idF BGBl I 59/2002)

§ 11

(1) Zur Erstellung der Gefahrenzonenpläne und deren Anpassung an den jeweiligen Stand der Entwicklung ist der Bundesminister für Land- und Forstwirtschaft, Umwelt und Wasserwirtschaft unter Heranziehung von Dienststellen gemäß § 102 Abs. 1 zuständig.

(2) Im Gefahrenzonenplan sind die wildbach- und lawinengefährdeten Bereiche und deren Gefährdungsgrad sowie jene Bereiche darzustellen, für die eine besondere Art der Bewirtschaftung oder deren Freihaltung für spätere Schutzmaßnahmen erforderlich ist.

(3) Der Entwurf des Gefahrenzonenplanes ist dem Bürgermeister zu übermitteln und von diesem durch vier Wochen in der Gemeinde zur allgemeinen Einsicht aufzulegen. Die Auflegung ist öffentlich kundzumachen.

(4) Jedermann, der ein berechtigtes Interesse glaubhaft machen kann, ist berechtigt, innerhalb der Auflegungsfrist zum Entwurf des Gefahrenzonenplanes schriftlich Stellung zu nehmen. Auf diese Bestimmung ist in der Kundmachung (Abs. 3) ausdrücklich hinzuweisen.

(5) Der Entwurf des Gefahrenzonenplanes ist durch eine Kommission (Abs. 6) auf seine fachliche Richtigkeit zu überprüfen und erforderlichenfalls abzuändern; rechtzeitig abgegebene Stellungnahmen (Abs. 4) sind hiebei in Erwägung zu ziehen.

(6) Die Kommission besteht aus einem Vertreter des Bundesministers für Land- und Forstwirtschaft, Umwelt und Wasserwirtschaft als Vorsitzenden, sowie je einem Vertreter der gemäß § 102 Abs. 1 lit. a zuständigen Dienststelle, des Landes und der Gemeinde. Die Kommission fasst ihre Beschlüsse durch einfache Stimmenmehrheit; bei Stimmengleichheit entscheidet die Stimme des Vorsitzenden.

(7) Der Bundesminister hat den von der Kommission geprüften Entwurf des Gefahrenzonenplanes zu genehmigen, wenn die Bestimmungen dieses Abschnittes dem nicht entgegenstehen.

(8) Die im § 102 Abs. 1 lit. b genannten Dienststellen haben die genehmigten Gefahrenzonenpläne zur Einsicht- und Abschriftnahme aufzulegen. Je ein Gleichstück ist den betroffenen Gebietskörperschaften und Bezirksverwaltungsbehörden zur Verfügung zu stellen.

(9) Im Falle der Änderung der Grundlagen oder ihrer Bewertung ist der Gefahrenzonenplan an die geänderten Verhältnisse anzupassen. Auf das Verfahren finden die Abs. 3 bis 8 sinngemäß Anwendung.

4. Das „öffentliche Interesse" und seine Durchsetzung

4.1 Das „öffentliche Interesse" in der Raumordnung und relevanten Rechtsbereichen

Gemeinhin geht man von der Feststellung aus, dass Raumordnung eine politische Aufgabe ist und dass die Politik dem öffentlichen Interesse zu dienen hat Dies gilt auch für die Raumordnungs- und Raumplanungsgesetze der österreichischen Bundesländer wobei das öffentliche Interesse auch als Interesse des „Gemeinwohls" (Salzburg, Oberösterreich, Steiermark, Kärnten) oder das „allgemeinen Beste" (Vorarlberg) bezeichnet wird.

Wer in den Raumordnungsgesetzen, auch im Salzburger Gesetz, nach einer klaren Definition für das öffentliche Interesse sucht, wird enttäuscht sein. Die Planungsgesetze nehmen zwar ständig darauf Bezug, lassen die Entscheidung über Inhalt und Wertigkeit des öffentlichen Interesses aber für den Einzelfall offen. Klar ist nur – wie dies der Raumordnungsgrundsatz in § 2 Abs 2 Z 2 für Salzburg normiert – der Vorrang des öffentlichen Interesses vor Einzelinteressen.

Das „öffentliche Interesse“ ist auch in anderen, für die Raumordnung und Raumplanung relevanten Rechtsmaterien maßgeblich und wird jeweils im Zusammenhang mit den dann vorgesehenen Interessensabwägungen genannt. Dabei geht es darum, festzustellen, ob für ein Vorhaben nur das private Interesse eines oder mehrerer Betreiber vorliegt, oder ob ein darüber hinausgehendes „breiteres“, ein lokales, regionales oder landesweites Interesse an der Verwirklichung einer Maßnahme gegeben ist.

In der Praxis liegt zwischen öffentlichem und privatem Interesse ein Spannungsfeld, dem sich keine Raumordnungsbehörde entziehen kann, denn das öffentliche Interesse ist ein gesichtsloser abstrakter Begriff während das private Interesse viele Gesichter und Personen hat, die vehement Lobbying in eigener Sache betreiben.

So ist es eigentlich nicht verwunderlich, dass ein erheblicher Teil der Änderungen, die Gemeinden in ihren REKs, Flächenwidmungs- und Bebauungsplänen vornehmen, auf private Initiativen zurückgehen. Private Interessen mit Verweis auf den Vorrang des öffentlichen Interesses in jedem Fall zurückzuweisen, wäre zwar einfach, ist aber nicht sachgerecht.

Aber wie und mit welchen Mitteln sollen denn die öffentlichen Interessen verfolgt werden, wenn das Grundeigentum – wir sprechen ja von Raum(Flächen)ordnung, wo sich diese „öffentlichen“ Interessen materialisieren – überwiegend in der Hand von privaten Grundstückseigentümern liegt. Wir leben nicht in einem System wo Grund und andere Produktionsmittel in der Hand des Staates liegen!

Maßgeblich ist deshalb, dass die Verwirklichung einzelner privater Interessen durchaus auch im öffentlichen Interesse liegen kann, wie zum Beispiel eine Betriebsneugründung zeigt, die zahlreiche neue Arbeitsplätze schafft oder auch die an planerisch geeigneter Stelle erfolgte Umwidmung von Grünland in Wohnbauland, die so die Grundlage schafft in der Gemeinde zu leistbaren Kosten die Errichtung von dringend benötigten Wohnungen zu ermöglichen. Der prinzipi elle Unterschied zwischen privaten und öffentlichen Interessen ist also doch nicht zwingend ein Gegensatz. Um ein Vorhaben im Sinne des Gemeinwohls zu prüfen, ist demnach zu untersuchen, welche Auswirkungen ein einzelnes Vorhaben hat und ob beziehungsweise in welcher Weise und Wertigkeit öffentliche Interessen berührt sein könnten.

Nach der Judikatur genügt dazu nicht eine diesbezügliche „politische“ Aussage eines Bürgermeisters, einer Gemeindevertretung, eines Landtages, Nationalrates oder einer Landes- oder Bundesregierung. Warum ein öffentliches Interesse an einer Maßnahme gegeben ist, muss – ausgehend von einer genauen Darstellung und Beurteilung der jeweiligen Sachlage – schlüssig und nachvollziehbar argumentiert werden. Die Argumentation zur Ermittlung des öffentlichen Interesses hat sich dabei auf das jeweils anzuwendende Gesetz (Raumordnungsgesetz, Naturschutzgesetz, Forstgesetz, Luftfahrtgesetz ua) zu beziehen. Richtungsweisend ist dazu das Urteil des VfGH vom 29.6.2017, E 875/2017 zur geplanten dritten Piste des Flughafens Wien-Schwechat, mit dem eine Versagung des Pistenbaus durch das BVwG aufgehoben wurde. Im Urteil bezeichnet es der VfGH als „Willkür“ wenn bei der Ermittlung des öffentlichen Interesses ua nicht unmittelbar anwendbare völkerrechtliche Übereinkommen und nicht im (einschlägigen) Luftfahrtgesetz (LFG) genannte Interessen („Klimaschutz“ und „Bodeninanspruchnahme“) in die Abwägungsentscheidungen miteinbezogen werden. Im Einzelnen hat der VfGH dazu festgestellt: *„Das BV-*

wG hat bei der Auslegung des § 71 LFG Willkür geübt, indem es bei der Abwägungsgewichtung nicht-normative Akten und Wünschen des Nationalrates .... eine entscheidungsrelevante Bedeutung beimißt.“

Der VwGH führt zur Interessensabwägung beispielsweise aus, dass *„in der Fremdenverkehrswirtschaft begründete öffentliche Interessen an einem Vorhaben (gegeben sind) bei dessen Nichtverwirklichung wesentliche Nachteile für den Fremdenverkehr zu befürchten wären bzw. bei Projektverwirklichung eine wesentliche Verbesserung für die Belange des Fremdenverkehrs erzielt werden könnte. Entscheidend ist, ob durch das Vorhaben ein entscheidender Beitrag zur wirtschaftlichen Existenzsicherung geleistet wird, ohne den der Betrieb einer zeitgemäßen Tourismuswirtschaft ernstlich in Frage gestellt wäre.“* (VwGH GZ 2010/10/0147-13/ Erkenntnis zum Tauernmoosliftprojekt der Gletscherwelt Weißsee-Uttendorf)

Im Regelfall ist deshalb ein derartiges öffentliches Interesse bei jedem einzelnen Verfahren in der Raumordnung, im Naturschutz, im Forst- und Wasserrecht, im Luftfahrtrecht, im Energieleitungsrecht, im Mineralrohstoffgesetz oder anderen Rechtsmaterien eingehend – nach den jeweiligen gesetzlichen Vorgaben unterschiedlich – zu ermitteln und darzustellen.

Die Vorgaben für die Beschreibung der öffentlichen Interessen und für den Abwägungsprozess sind dabei in den einzelnen Rechtsmaterien unterschiedlich. Beispielhaft sei angeführt:

Bewilligungen nach dem *Salzburger Naturschutzgesetz* 1999 idF LGBl 93/2017 können nach § 3a (Interessensabwägungen) nur unter weitgehender Wahrung des Naturschutzes erteilt werden, wenn es sich bei den geplanten Maßnahmen um solche handelt, die nachweislich unmittelbar besonders wichtigen öffentliche Interessen dienen und wenn diesen öffentlichen Interessen im Einzelfall der Vorrang gegenüber den Interessen des Naturschutzes zukommt und zur Maßnahme auch nachweislich keine geeignete, die Naturschutzinteressen weniger beeinträchtigende Alternativlösung besteht.

Die im *Forstgesetz* 1975 idF BGBl I 56/2016 § 17 vorgegebene Interessenabwägung sieht in Abs.2 vor, dass die Verwendung von Waldboden für andere Zwecke (Rodung) dann möglich ist, wenn dem nicht ein besonderes öffentliches Interesse an der Erhaltung einer Fläche als Wald entgegensteht. Eine Bewilligung nach Abs. 2 kann nicht erteilt werden, wenn ein öffentliches Interesse an einer anderen Verwendung der zur Rodung beantragten Fläche das öffentliche Interesse an der Erhaltung dieser Fläche als Wald überwiegt. (Abs 3 / Interessensabwägung) Öffentliche Interessen an einer anderen Verwendung im Sinne des Abs. 3 sind insbesondere begründet in der umfassenden Landesverteidigung, im Eisenbahn-, Luft- oder öffentlichen Straßenverkehr, im Post- oder öffentlichen Fernmeldewesen, im Bergbau, im Wasserbau, in der Energiewirtschaft, in der Agrarstrukturverbesserung, im Siedlungswesen oder im Naturschutz. Bei der Beurteilung des öffentlichen Interesses im Sinne des Abs. 2 oder bei der Abwägung der öffentlichen Interessen im Sinne des Abs. 3 hat die Behörde insbesondere auf eine die erforderlichen Wirkungen des Waldes gewährleistende Waldausstattung Bedacht zu nehmen. Unter dieser Voraussetzung sind die Zielsetzungen der Raumordnung zu berücksichtigen.

Gemäß § 7 Abs 1 *Starkstromwegegesetz* 1968 BGBl 70/1968 idF BGBl I 112/2003 hat die Behörde die Bau- und Betriebsbewilligung zu erteilen, wenn die elektrische Leitungsanlage dem öffentlichen Interesse an der Versorgung der Bevölkerung oder eines Teiles derselben mit elektrischer Energie nicht widerspricht (präzise: entspricht, siehe VfGH 6.6.2995 B509/05) wobei die Behörde die zur Erreichung dieser Voraussetzung allenfalls erforderlichen Auflagen zu erteilen hat. Dabei hat eine Abstimmung mit den bereits vorhandenen oder bewilligten anderen Energieversorgungseinrichtungen und mit den Erfordernissen der Landeskultur, des Forstwesens, der Wildbach- und Lawinenverbauung, der Raumplanung, des Natur- und Denkmalschutzes, der

Wasserwirtschaft und des Wasserrechtes, des öffentlichen Verkehrs, der sonstigen öffentlichen Versorgung, der Landesverteidigung, der Sicherheit des Luftraumes und des Dienstnehmerschutzes zu erfolgen. Die zur Wahrung dieser Interessen berufenen Behörden und öffentlich-rechtlichen Körperschaften sind im Ermittlungsverfahren zu hören.

Eine besondere Bedeutung hat die Feststellung des öffentlichen Interesses im *Raumordnungsverfahren,* hier ist seine Feststellung gesetzlich im § 3 (Abwägungsgebot) vorgesehen. Abzuwägen ist hinsichtlich der in § 2 Abs 1 genannten zehn Raumordnungszielen, zum Teil mit verschiedenen Subzielen etwa hinsichtlich des angestrebten Siedlungssystems, aber auch den jeweils formulierten Zielen der räumlich zutreffenden Raumordnungspläne. Hinzu kommen die umfassenden ebenfalls zu beachtenden Ziele der Alpenkonvention. Auf die diesbezüglichen Anmerkungen zum Abwägungsgebot in § 3 sei auch hier nochmals ausdrücklich hingewiesen. Deshalb sind eine umfassende Interessensabwägung und eine schlüssig und nachvollziehbare Begründung notwendig, welche Ziele in welcher Intensität bei der Abwägung zur Feststellung des öffentlichen Interesses berücksichtigt wurden.

Die fachlichen Bewertungsgrundlagen jedes einzelnen geltend gemachten öffentlichen Interesses müssen, nach den verschiedenen Faktoren bzw. Aspekten gegliedert dargestellt und hinsichtlich ihrer Bedeutung und Tauglichkeit als Entscheidungsgrundlagen überprüft bzw. beurteilt werden. Öffentliche Interessen können – neben den in den jeweiligen Gesetzes- und Verordnungstexten und Raumordnungsplänen angeführten – auch andere öffentlichen Interessen sein, so das jeweilige Gesetz darauf Bezug nimmt. Besitzen sie eine besondere „Wichtigkeit“ bzw. Intensität, so können sie – etwa bei der Änderung des REK nach § 26 ROG – ein Grund für eine Anpassung sein.

Der in den jeweiligen flächenbezogenen Festlegungen der Raumordnungspläne (REK und Flächenwidmungsplan) enthaltene, im Zuge einer Interessensabwägung nach § 3 ermittelte Raumordnungswille ist bei der Entscheidung der zuständigen Behörde wie etwa der Forstbehörde bei Waldflächen oder der Naturschutzbehörde bei Schutzgebieten zu berücksichtigen.

Beispielhaft ist dazu anzuführen, dass es nicht Aufgaben der Raumordnungsbehörde ist, die Entscheidung der Forstbehörde vorwegzunehmen, nur diese darf und kann entscheiden, ob das Interesse an der Walderhaltung das Interesse an der Siedlungsentwicklung übersteigt. Aufgabe der Raumordnungsbehörde ist aber die Eigenschaft als Wald (als gegebene Struktur) zu berücksichtigen und diesen Raumanspruch in ihrer Abwägungsentscheidung einzustellen.

Gerade das Beispiel Wald im Sinne des ForstG zeigt dies in der praktischen Anwendung auf: So ist etwa die Aufnahme von Waldflächen in ein REK durchwegs notwendig – naturlich mit entsprechender Begründung – um das Interesse an der Siedlungsentwicklung in diesem Bereich darzulegen. Die Begründung des Interesses an der Siedlungsentwicklung ist hier die maßgebliche Determinante und diese hängt von den gegebenen Strukturverhältnissen ab. Je geringer die Waldausstattung einer Gemeinde ist oder je höher der Wald im Waldentwicklungsplan mit Funktionen belegt ist, desto gewichtiger müssen die Argumente bzw. der Bedarf des Planungsträgers nach der Waldfläche sein. Im Bereich der Abwägung dieser Faktoren liegt – unter Einhaltung der Raumordnungsgrundsätze – die Entscheidung des Planungsträgers, welche vom Planungsermessen getragen ist, sodass zB auch eine negative Stellungnahme der zuständigen Forstdirektion nicht von Haus aus zur Unzulässigkeit der Planungsmaßnahme führt. Dies bedeutet, dass bis an die Grenzen des Abwägungsexzesses (siehe dazu die Anmerkungen zu § 3) diese Entscheidungen zu akzeptieren ist, oder, wie der VfGH festgehalten hat, dass auch Fehlplanungen zu genehmigen sind, wenn sie begründet sind.

Siehe dazu die Rechtsprechung des VfGH zu Planungsmaßnahmen:

Rechtssatz zu Planungsmaßnahmen VfSlg 12.937/1990

„Ob mit der Planungsmaßnahme die beste Lösung getroffen wurde, ist vom Verfassungsgerichtshof, wie er in ständiger Judikatur ausgesagt hat (vgl. VfSlg. 10711/1985), nicht zu untersuchen. Aus dem gesamten Geschehen ist auch offenkundig erkennbar, dass die Gemeindebehörde bei der Verordnungserlassung nicht von irrigen Vorstellungen über die tatsächlichen Verhältnisse ausgegangen ist, so dass auch aus dieser Sicht nicht der Vorwurf der Unsachlichkeit erhoben werden kann."

Die Ausweisung einer Waldfläche im Flächenwidmungsplan als Bauland ist – im Gegensatz zur Ausweisung im REK – gemäß der Salzburger Rechtslage aber erst dann möglich, wenn seitens der Forstbehörde die Rodungsbewilligung erteilt wurde. Diese hat zu entscheiden ob das Interesse der Siedlungsentwicklung das Interesse an der Walderhaltung übersteigt. In Sachbereichen, wo eine derartige Bindung wie beim Wald nicht gegeben ist, etwa im Bereich des Naturschutzes, erweist sich die Umsetzbarkeit der Planungsmaßnahme erst im Rahmen der Projektbewilligung.

In den folgenden acht als Beispiele angeführten Rechtssätzen der Judikatur des VwGH zeigt sich, wie bereits getroffene Raumplanungsentscheidungen ihren Niederschlag bei der Feststellung des öffentlichen Interesses in anderen Rechtsmaterien finden, die ihrerseits Planungsentscheidungen der Raumordnung zu berücksichtigen haben:

1.) Forstrecht (VwGH vom 18.4.1994, GZ 94/10/0007) *„Ein öffentliches Interesse des Siedlungswesens besteht jedenfalls dann, wenn eine Grundfläche der Verwirklichung eines nach einem Flächenwidmungsplan zulässigen Bauvorhabens dienen soll. Dieser Umstand vermag zwar nicht das Überwiegen dieses öffentlichen Interesses gegenüber jenem an der Waldhaltung zu begründen, er zeigt aber auf, dass in einem solchen Fall eine dem Gesetz entsprechende Interessenabwägung durch die Forstbehörde unerlässlich ist."*

2.) Forstrecht (VwGH vom 31.3.2011, GZ 2007/10/0033) *„Ein öffentliches Interesse des Fremdenverkehrs an der Rodung liegt nur dann vor, wenn bei Nichterteilung der Rodungsbewilligung wesentliche Nachteile für den Fremdenverkehr zu besorgen wären oder wenn durch die Rodung eine wesentliche Verbesserung für Belange des Fremdenverkehrs erzielt werden könnte (hier: die Begründung, dass es aus der Sicht des Tourismus wesentlich sei, die Vielfalt der Landschaft zu erhalten, indem Waldflächen durch Almenlandschaften unterbrochen seien, ist für die Begründung einer Rodungsbewilligung im Interesse des ASt an Vergrößerung der Futterbasis ungeeignet.)"*

3.) Naturschutz Salzburg (VwGH vom 8.10.2014, GZ 2011/10/0058) *„Eine Verbesserung der Agrarstruktur kann ein öffentliches Interesse iSd § 3a Abs 2 Slbg NatSchG 1999 darstellen. Es liegt jedoch nicht jede der Ertragsverbesserung, Rationalisierung oder Arbeitserleichterung dienende Maßnahme bereits in diesem öffentlichen Interesse, vielmehr kommen nur solche Maßnahmen in Betracht, die einen entscheidenden Beitrag zur dauerhaften Existenzsicherung des Betriebes leisten oder in gleicher Weise notwendig sind, um einen zeitgemäßen Wirtschaftsbetrieb zu gewährleisten."*

4.) Naturschutz Salzburg (VwGH vom 13.12.2010, GZ 2009/10/0020) *„In einem Verfahren betreffend naturschutzbehördliche Bewilligung für Windkraftanlagen kann mit einem Gutachten, in dem eine Abwägung der im Rahmen des räumlichen Entwicklungskonzeptes zu berücksichtigenden Interessen mit jenen des „großräumigen" Landschaftsschutzes vorgenommen wird, nicht aber die Beurteilung der optischen Auswirkungen des beantragten Vorhabens auf das sich von jedem möglichen Blickpunkt aus bietende Bild der Landschaft, eine Unrichtigkeit oder Unschlüssigkeit der naturfachkundlichen Begutachtung nicht aufgezeigt werden. Gleiches gilt für den Hinweis auf die, notwendigerweise auf Grund einer anderen Sach- und Rechtslage ergangene*

Entscheidung eines Verwaltungsgerichtes in Deutschland betreffend Windkraftanlagen in einem Landschaftsschutzgebiet."

5.) Mineralrohstoffgesetz (VwGH vom 21.10.2014 GZ 2012/03/0112) *„Gemäß § 83 Abs. 1 Z 1 MinroG 1999 ist die Behörde verpflichtet, die öffentlichen Interessen an der Genehmigung eines Gewinnungsbetriebsplanes für grundeigene mineralische Rohstoffe mit gegenläufigen öffentlichen Interessen abzuwägen (Hinweis E vom 2. Februar 2012, 2009/04/0235 und 0236, mwN). Dabei hat die Behörde auf jene öffentlichen Interessen Bedacht zu nehmen, welche im § 83 Abs. 2 MinroG 1999 genannt sind. Unter anderem definiert § 83 Abs. 2 MinroG 1999 die „Raumordnung und örtliche Raumplanung" insgesamt als beachtenswertes öffentliches Interesse und stellt somit – anders als § 82 Abs. 1 MinroG 1999 – nicht auf ein einzelnes Planungsinstrument der Raumordnung (den Flächenwidmungsplan) ab und unterscheidet sich von § 82 Abs. 1 MinroG 1999 auch dadurch, dass ein Widerspruch zur „Raumordnung und örtlichen Raumplanung" keinen unbedingten Versagungsgrund darstellt, sondern als eines von mehreren Kriterien bei der Interessenabwägung nach § 83 Abs. 1 Z 1 MinroG 1999 zu berücksichtigen ist."*

6.) Naturschutz Oberösterreich (VwGH vom 9.3.1998, GZ 95/10/0170) *„Die Flächenwidmung ist im Rahmen der Interessenabwägung ein Anhaltspunkt für ein öffentliches Interesse an einer der Widmung entsprechenden Nutzung der Liegenschaft (Hinweis E 28.4.1997, 94/10/0105). Eine den Anforderungen an die gesetzmäßige Begründung eines Bescheides entsprechende Auseinandersetzung mit der Frage der für und gegen das Vorhaben sprechenden Interessen iSd § 5 Abs 1 OÖ NatSchG 1982 setzt somit unter anderem die auf einem mängelfreien Verfahren beruhende Feststellung des Ausweises der betreffenden Fläche im Flächenwidmungsplan voraus. Erst davon ausgehend kann beurteilt werden, ob die den Gegenstand des Antrages bildende Bebauung eine der Widmung entsprechende Nutzung der Liegenschaft ausmacht."*

7.) Naturschutz Salzburg (VwGH vom 20.9.1999, GZ 96/10/0160) *„Die Eignung einer Maßnahme zur Ertragsverbesserung, ohne dass diese für den bäuerlichen Betrieb von existentieller Bedeutung wäre (hier: Erweiterung einer Badesteganlage für den bäuerlichen Betrieb, von der nicht der wirtschaftliche Erfolg des Fremdenverkehrs in der Region abhängt), reicht nicht aus, ein öffentliches Interesse iSd § 3 Abs 3 Slbg NatSchG 1993 anzunehmen, welchem gegenüber den Interessen des Naturschutzes der Vorrang gebührt."*

8.) Naturschutz Salzburg (VwGH vom 21.10.2014, GZ 2012/03/0112) *„Bei Bestehen einer entsprechenden Flächenwidmung beziehungsweise eines rechtswirksamen Raumordnungsplanes oder örtlichen Entwicklungskonzeptes ist eine dieser Widmung entsprechende Bebauung und Nutzung als im öffentlichen und nicht bloß privatem Interesse gelegen zu beurteilen (Hinweis E vom 9. August 2006, 2004/10/0235). Allerdings hat der Verwaltungsgerichtshof auch schon klargestellt, dass unter besonders wichtigen öffentlichen Interessen im Sinne des § 3a Abs 2 Slbg NatSchG 1999 die Interessen an der Durchführung des konkreten Vorhabens – im vorliegenden Fall die Schigebietserweiterung – gemeint sind (Hinweis E vom 19. März 2002, 99/10/0203 (VwSlg 15.793 A/2002)). Als besonders wichtige Interessen im Sinne des § 3a Slbg NatSchG 1999 kommen nur die Interessen an der Durchführung des konkreten Vorhabens Schigebietserweiterung und die Entsprechung dieses Vorhabens mit etwaigen raumordnungsrechtlichen Planungsakten in Betracht."*

Die oben angeführten Entscheidungen des VwGH zeigen, dass es eine wichtige Aufgabe der Projektbetreiber ist, bei Vorhaben, für die ein öffentliches Interesse geltend gemacht wird, vorerst getrennt nach Faktoren, das jeweils geltend zu machenden öffentliche Interesse einer zusammenfassenden Darstellung und Bewertung zu unterziehen. Wichtig ist dabei die Intensität des jeweiligen öffentlichen Interesses darzustellen (sehr hohes Interesse, hohes Interesse, mittleres Interesse, geringes Interesse) und diese in einem schlüssigen Befund zu erläutern. Der Prozess der Interessensabwägung selbst ist der Behörde vorbehalten und kann nur durch diese durchgeführt werden.

4.2 Vorgangsweise bei der Interessensabwägung (Gastbeitrag von Hofrat i.R. Dr. Kurt Trenka)

Die Feststellung des jeweiligen öffentlichen Interesses – unterschiedlich nach den jeweiligen Faktoren – bedeutet noch keine Interessensabwägung, sondern nur, dass die Intensität des jeweiligen öffentlichen Interesses überprüft wird. Die Schwierigkeiten einer nachvollziehbaren *Abwägung* von öffentlichen Interessen im Lichte der einschlägigen Judikatur der Gerichtshöfe öffentlichen Rechtes und des Landesverwaltungsgerichtes Salzburg wird im Folgendem in einem Gastbeitrag von Hofrat i.R. Dr. Kurt Trenka, von 1996 bis 2014 Leiter der Naturschutzabteilung des Amtes der Salzburger Landesregierung, samt Lösungsansätzen dargestellt.

Wie grundsätzlich schon oben dargelegt bedarf es für eine Interessensabwägung einer ordentlichen Grundlagenerhebung, damit überhaupt eine darauf aufbauende, nachvollziehbare Gewichtung allenfalls unterschiedlicher Planungsziele vorgenommen werden kann. Klar sei festgestellt:

Die in § 2 aufgelisteten Raumordnungsziele und -grundsätze stehen oft in diametralen Gegensatz zueinander. Eine Abwägung im Sinne des § 3, die *allen* Grundsätzen gerecht wird, bildet die Quadratur des Kreises. Nehmen wir nur als Beispiel § 2 Abs 1 Z 6, die Entwicklung des Tourismus:

Eine Gemeinde will die Errichtung eines 4 bis 5 Sterne Hotels ermöglichen, hätte auch den Grund hierfür zur Verfügung, doch liegt dieser zum überwiegenden Teil in einem Landschaftsschutzgebiet (wie auch sonst ein großer Teil des Ortes). Was hat mehr Gewicht? Der Schutz des unversehrten, harmonischen Landschaftsbildes oder die Arbeitsplätze, die durch einen solchen Betrieb erhalten und gefördert werden, zumal sie in einer strukturschwachen Region gesichert werden? Hier bedarf es einer Entscheidung zugunsten der Ökonomie oder zu Lasten der Ökologie bzw. umgekehrt. Beides zu vereinbaren ist – wenn man ehrlich ist – praktisch unmöglich. Es bleibt also nichts anderes übrig, als sich für ein Ziel zu entscheiden. Um diese Entscheidung nachvollziehbar und vor allem nachprüfbar zu machen, gilt es, als

1. Schritt, die Fakten aufzubereiten, die für und gegen die jeweiligen Ziele sprechen, als
2. Schritt, diese zu gewichten und als
3. Schritt die eigentliche Wertentscheidung zu fällen.

Eine solche Vorgangsweise hat sich bei Interessenabwägungen – wo immer sie gesetzlich analog zum Raumordnungsrecht vorgesehen sind, ob im Naturschutz, im Forst- oder Wasserrecht usw. (speziell in Umweltverträglichkeitsprüfungsverfahren) – bewährt, entspricht sie doch einer langjährigen Praxis und der sie bestätigenden Judikatur des Verwaltungsgerichtshofes.

Den Schritten 1 und 2 kommt im Verfahren, wie nun im Folgenden zu zeigen sein wird, ausschlaggebende Bedeutung zu:

Der Prozess, wie vorzugehen ist – Formalerfordernisse

Vor das geistige Auge sei vorerst zum besseren Verständnis das Bild einer Waage gestellt, die vom „Entscheidenden" in der Hand gehalten wird und wo sich je nach Schwere der Gewichte in der einen oder anderen Waagschale die eine nach unten und die andere nach oben bewegt. Es kommt also darauf an nachvollziehbar dem Abwägungsgebot (§ 3) mit den folgenden Schritten Rechnung zu tragen:

1. den Inhalt der einen und der anderen Waagschale zu bestimmen (= Grundlagenerhebung, die durch das ROG vorgeben ist) und
2. unter Beachtung der Grundsätze gem. § 2 Abs. 2 eine Gewichtung vorzunehmen.

Was so einfach klingt, führt in der Praxis zu mannigfaltigen Schwierigkeiten, denn was früher mit dem „normalen Hausverstand“ begründbar nachvollzogen werden konnte (und durfte), bedarf jetzt infolge der strengen Judikatur des Verwaltungsgerichtshofes (VwGH) praktisch immer einer aufwändigen gutachterlichen Begründung. Denn:

Die Endentscheidung darf sich nicht auf Behauptungen allgemeiner Natur stützen, sondern müssen diese *konkret und sachbezogen* sein. Nun ist dies für Beweisthemen sprich Grundsätze, die von den Behörden selbst unschwer beurteilt werden können, weil ihnen einen (Amts-)sachverständigen Apparat direkt oder indirekt (für Gemeinden zB beim Amt der Landesregierung) zur Verfügung steht, noch einfach, weil es mit geringem Aufwand und Kosten verbunden ist. Als Beispiel sei hier wiederum der Naturschutz genannt.

Schwieriger wird es für den Projektbetreiber, da zum Teil beachtliche Kosten entstehen können, wenn man sich externer Gutachter bedienen muss. Es bedarf vorab auch der Klärung, ob die Expertise des Gutachters geeignet ist, eine dem Stand der Wissenschaft entsprechende, schlüssige Antwort für die Behördenentscheidung zu liefern Weiters bedarf es seitens der Behörde unbedingt *einer präzisen Formulierung der Beweisthemen*, die im jeweiligen Gutachten beantwortet werden sollen. Im Bereich der Raumordnung sei vornehmlich auf das in der Umweltprüfungsverordnung (siehe Abschnitt C Z 1) verordnete Frageschema zur Umwelterheblichkeitsprüfung verwiesen.

Diese Gutachten sind die Grundlage der Gewichtung der jeweils gegenüberzustellenden Interessen. In der Praxis bewährt (und vom VwGH methodisch akzeptiert) hat sich jeweils ein Bild in Form einer Skala von 0 bis 100 (0 = kein Gewicht, 100 = extrem hohes Gewicht) oder einfacher das Gewicht mit gering, mittel, hoch und sehr hoch zu qualifizieren und dann diese Gewichtung beim jeweiligen Vergleich verbal argumentativ zu begründen. Wie wichtig auch eine diesbezügliche Sprachkompetenz ist, wird deutlich, weil man als Jurist bzw. Behörde eben einen Gutachter braucht, der die Thematik allgemein verständlich darstellt und aufbereitet, damit man sich als Jurist „draufsetzen“ kann, wie es Univ. Prof. Dr. Bernd Raschauer bei der Umweltrechtstagung 2017 zum Thema „Interessensabwägung im Umweltrecht“ am 22.5.2017 treffend formulierte.

Man sieht, wie wichtig hier die Qualität von Fragestellung und Antwort für das jeweilige Gutachten ist. Denn: Werden hier Fehler gemacht, werden sie erbarmungslos durch die Höchstgerichte geahndet und führen zwangsläufig zur Aufhebung der Entscheidung.

Diese „Erbarmungslosigkeit“ hat ihren guten Grund. Der VwGH misst praktisch alle seine Entscheidungen (für viele 24. 2. 2006, 2005/04/0044) (nur) daran, ob ein mängelfreies Ermittlungsverfahren vorliegt, und stellt die hierauf beruhende Wertentscheidung an sich, dh das Werturteil, in die Freiheit der entscheidenden Behörde, letztendlich der weisungsbefugten Politik als 1. Instanz. Er nimmt damit – wenn man es so sehen will – eine gewisse Willkür – solange sie ordnungsgemäß begründet ist – in Kauf. Auf die einschlägige, langjährige Judikatur im Naturschutz- und Umweltrecht sei verwiesen. (z. B. VwGH 13.10.2004, 2001/10/0252; 19.12.2005, 2003/10/0209 u.a.)

Eine besondere, nicht gänzlich abgeschlossene Diskussion ist nunmehr aber durch die Neuerung eingetreten, dass seit der am 1.1.2014 in Kraft getretenen Verwaltungsgerichts-Novelle

2012 in letzter Instanz nicht mehr Behörden (wie die Landesregierung in Bau- und Raumordnungsangelegenheiten) entscheiden, sondern dafür Verwaltungsgerichte (Bundes- oder Landesverwaltungsgerichte) zuständig sind. Diese können nun auch grundsätzlich eine inhaltliche Entscheidung treffen und nicht nur wie der Verwaltungsgerichtshof vorgehen, der früher praktisch immer nur in nachfolgender Kontrolle dh kassatorisch (= aufhebend) entschied, so er eine Rechtswidrigkeit oder eine mangelhaftes Verfahren bei der behördlichen Entscheidung sah.

Vor 2014 gab es unzählige, weisungsgebundene Behörden als Verwaltungsbehörden in 1. und (auch) zugleich letzter Instanz wie auch in 2. Instanz, deren Entscheidungen, wie gesagt, nur kassatorisch vom VwGH überprüft wurden. Ab 2014 wurde die *endgültige* Sachentscheidungsbefugnis aber – wie dargelegt – unabhängigen, weisungsungebundenen Richtern der neu geschaffenen Verwaltungsgerichte übertragen. Was damit auch für Verfahren der Raumordnung gilt: Entscheidungen der Landesregierung als Raumordnungsaufsichtsbehörde unterliegen nun gem. Art.130 Abs.1 Zif.1 B-VG – sofern hiergegen eine Beschwerde eingebracht wird – der auch inhaltlichen Überprüfungskompetenz des Landesverwaltungsgerichtshofes.

Dies führte erstmals im Falle des Umweltprüfungsverfahrens der 3. Piste des Flughafens Wien-Schwechat zu heftigen politischen Reaktionen und in Folge rechtstheoretischen Diskussionen, als das Bundesverwaltungsgericht (BVwG 2.2.2017, W109 2000179-1/291E) von seiner Möglichkeit im Rahmen der Interessensabwägung anders als die Behörde zu entscheiden, Gebrauch machte (er wies den UVP-Antrag der Flughafenbetreiber im Gegensatz zur Umweltbehörde ab) und die Konsequenzen obiger Reform für jeden erkennbar zutage traten, indem nämlich „Richter (nicht politisch gebundene Behörden) das letzte Wort haben." Allerdings musste sich aber das Bundesverwaltungsgericht prompt eine deftige Rüge (womit auch die Diskussionen erlahmten) durch den Verfassungsgerichtshof (VfGH 29.6.2017 E875/2017) gefallen lassen, primär deshalb schon, weil es in „rechtspolitischer Weise" völkerrechtliche, unionsrechtliche und einfachgesetzliche Maßnahmen beurteilt und daraus (negative) Schlussfolgerungen für die Bewilligungsfähigkeit gezogen hatte, ohne dass der zuständige Gesetzgeber diesbezügliche Anordnungen getroffen hatte. Es gilt also nun das, was im jeweiligen Gesetz explicit an öffentlichen Interessen angeführt wird und sind „Gewichtungen der Interessen durch Wertbekundungen demokratisch legitimierter Organe oder aus dem Stufenbau der Rechtsordnung in Verkennung der Rechtslage unzulässig". Dies bedeutet mit anderen Worten: Politische „Empfehlungen" (hier ein Nationalratsbeschluss), die nicht ausdrücklich im Gesetz gegründet sind bzw. aus dem Gesetz mehr machen wollen, als dieses hergibt, sind unbeachtlich. Auch ein Verwaltungsgericht hat sich demnach ausschließlich an den Gesetzeswortlaut zu halten.

Nun umfasst die Aufzählung öffentlicher Interessen im ROG praktisch alles, was EU- Richtlinien, Bundes- und Landesgesetze diesbezüglich hergeben, vom Naturschutz angefangen über das Wasser- und Forstrecht fortschreitend bis zum Tourismus um nur einige zu nennen, deren Gegenüberstellung und Gewichtung oft Probleme bereiten.

Bemerkenswert in diesem Zusammenhang ist übrigens auch die Entscheidung des VwGH vom 27.07.2017, Ro 2017/07/0016 zu § 105 WRG 1959, worin ausgeführt wird, dass (infolge des Wortes „insbesondere") es dem Gesetzgeber erlaubt ist, keine erschöpfende Aufzählung öffentlicher Interessen vorzunehmen, ja auch solche als berücksichtigenswert anzusehen, die „der landesrechtlichen Kompetenz vorbehalten sind", wie die Gefährdung der ästhetischen Wirkung eines Ortsbildes. Also ist auch der Landesgesetzgeber in seiner Aufzählung öffentlicher Interessen, die er in einem Raumordnungsgesetz für berücksichtigenswert findet, keinen kompetenzrechtlichen Schranken bundesrechtlicher Natur unterworfen. Trotzdem: die Interessen müssen im jeweiligen Materiengesetz aufgelistet sein, eine generelle Verweisung auf Staatsgrundziele ohne deren konkrete Ausgestaltung genügt nicht.

Es ist damit die Situation gegeben, dass ein Gericht eine auch politische Wertentscheidung inhaltlich überprüfen und gegebenenfalls auch abändern darf. Die Frage, die die Gemüter erhitzt, ist die, ob solche Wertentscheidungen wirklich auch einer gerichtlichen Überprüfung zugänglich sein sollen. Bisher (bis 2014) konnte man sich aufgrund der ständigen Judikatur darauf verlassen, dass eine Interessensabwägung rechtskonform ist, sofern die Begründung eines Bescheides, der auf einer Interessensabwägung beruht, transparent nachvollziehbar ist, indem sie die für und gegen ein Vorhaben sprechenden Argumente möglichst umfassend und präzise erfasst und gegenüberstellt. Es liege eben im Wesen einer Interessensabwägung, dass sich die Behörde für die Zurückstellung der einen oder anderen Interessen zu entscheiden hat. Die Wertentscheidung an sich – so das Ermittlungsverfahren unbeanstandet blieb (woran es oft mangelte) – wurde akzeptiert.

Der VwGH vertritt nämlich die Auffassung, dass letztendlich das endgültige Werturteil nicht objektivierbar ist, weil divergierende Interessen keinem einheitlichen Bewertungsmaßstab unterliegen und die Möglichkeit einer einheitlichen monetären Bewertung fehlt. Allerdings soll nicht verhehlt werden, dass diese Judikatur in Lehre und vielfältigen Kommentaren heftig umstritten ist.(Auf die einschlägigen Artikel von Bußjäger, Köhler, Weber und speziell Niederhuber sei verwiesen; für Näheres können hiezu die diesbezüglichen Zitate in Pkt. 2.9.4.7. des öffentlichen UVP Bescheides vom 14.12.2015 der Salzburger Landesregierung zur 380-kV-Salzburgleitung eingesehen werden.

Werden demnach die Landesverwaltungsgerichte ähnlich wie der VwGH vorgehen?

Zumindest im Naturschutz kann man in Salzburg aufgrund der bisherigen jüngsten *Judikatur des Landesverwaltungsgerichtes*, wie zwei Beispiele gezeigt haben, davon ausgehen. (Erkenntnisse des LVwG vom 14.7.2016 Zl. 405-1/21/1/11-2016 zur Beschwerde gegen den Betrieb einer Winterfahrtrainingsstrecke im Gemeindegebiet von Tweng im Lungau und vom 23.12.2016 Zl. 405-1/84/1/21-2016 zur Errichtung und dem Betrieb einer Winterfahrstrecke in Weißbach im Pinzgau).

Beiden Verfahren lag in etwa der gleiche Sachverhalt zugrunde, nämlich ein Ansuchen um naturschutzbehördliche Bewilligung für eine Winterfahrstrecke in einem Landschaftsschutzgebiet im Pinzgau einerseits bzw. den Betrieb einer Winterfahrtrainingsstrecke in einem Landschaftsschutzgebiet im Lungau andererseits. In beiden Verfahren wurden öffentliche Interessen gem. § 3a des Salzburger Naturschutzgesetzes geltend gemacht. Primär entscheidungswesentlich war in beiden Fällen, die Beurteilung des Vorbringens des jeweiligen Antragsstellers, durch die Winterfahrstrecke überwiege das öffentliche Interesse des Tourismus gegenüber dem hohen Interesse des Naturschutzes, was allerdings durch das LVwG eine unterschiedliche Bewertung erfuhr. Im Fall des Lungaus wurde ein umfangreiches schlüssiges Gutachten eines gerichtlich beeideten Sachverständigen für Fragen der Raumplanung sowie für Fragen zur Beurteilung volks- wie regionalwirtschaftlicher Interessen von der Standortgemeinde vorgelegt, welches zur Überzeugung der Behörde 1. Instanz wie auch des LVwG führte, dass diese Interessen das Interesse des Naturschutzes überwiegt. Der VwGH (Erk. vom 27.2.2017, Ra 2016/10/0124) schloss sich dieser Auffassung an und verwarf die von der Landesumweltanwaltschaft eingebrachte Revision.

Auch im anderen Fall im Pinzgau wurde das öffentliche Interesse des Tourismus geltend gemacht, allerdings nicht unterlegt mit einem Gutachten eines Sachverständigen, sondern (nur) mit einer Stellungnahme einer Interessensvertretung. Diese Stellungnahme allein reichte jedoch nicht aus zu beweisen, dass durch das Vorhaben ein entscheidender Beitrag zur wirtschaftlichen Existenzsicherung geleistet wird, ohne den der Betrieb einer zeitgemäßen Tourismuswirtschaft ernstlich in Frage gestellt wäre, was nach der Judikatur des VwGH für ein Überwiegen der touristischen Interessen Bedingung ist. Richtungsweisend ist dazu das Erkenntnis zum Tauernmooslifprojekt der Gletscherwelt Weißsee-Uttendorf -VwGH 21.5.2012, 2010/10/0147: Letzteres Erkenntnis fußte, nebenbei bemerkt, auch auf einem Gutachten des nämlichen Sachverständigen wie im Lungauer Fall, in dem die Notwendigkeit der wirtschaftlichen Existenzsicherung schlüssig nachgewiesen worden war.

In Zusammenfassung dieser beiden Fälle kann also festgestellt werden, dass Behörden wie auch Gerichte nach wie vor primär darauf abstellen, dass einer Wertentscheidung eine Gewichtung der öffentlichen Interessen vorausgeht, die mit ordentlichen, nachvollziehbaren und schlüssigen Sachverständigengutachten belegt sind. Nochmals sei festgestellt, dass aber ein Gutachten nur so viel wert ist wie das zu beantwortende Beweisthema, welches durch die Behörde oder das Gericht klar und eindeutig formuliert sein soll.

Nun ergehen die meisten Entscheidungen im Hinblick auf Planungsakte in Form von Gemeinde-Verordnungen und bedarf es zusätzlich einer aufsichtsrechtlichen Genehmigung, die durch Bescheid auszusprechen ist. In der Praxis kommt es meistens schon vorab zu einer Abgleichung der Planungsvorhaben mit der Aufsichtsbehörde und dann ist die Genehmigung eher eine Formalangelegenheit. Aber nicht immer ist dieser Konsens vorab erreichbar und dann ist wirklich entscheidend, ob

(Schritt 1) ein Erfassen der für die Raumordnung relevanten Ziele und

(Schritt 2) die jeweilige Gewichtung umfassend, methodisch korrekt, plausibel und schlüssig erfolgten. Dieser zweite Schritt bedingt in der Regel auch eine Begründung durch entsprechende Gutachten.

(Schritt 3) Die Wertentscheidung an sich (obwohl in der Außenwirkung am wichtigsten) ist wieder unproblematisch, so Schritt 1 und 2 diese Entscheidung ordentlich aufbereitet haben.

Ist daher alles beim Alten geblieben, auch wenn jetzt in 2. Instanz Gerichte entscheiden und nicht mehr die Politik? Formal gesehen: Theoretisch nein, denn in 2. Instanz ist nun einmal jetzt statt einem politisch legitimierten Organ (Landesregierung) ein Richter oder Richtersenat zur Überprüfung eines Werturteils auch meritorisch legitimiert, kann also eine politische (Wert-) Entscheidung wirklich inhaltlich korrigieren (dh „umdrehen") und braucht sich nicht wie der VwGH – so wie er bisher judizierte – auf eine reine Überprüfung des Verfahrens beschränken.

Doch praktisch gesehen kommt es auf das Gleiche früherer Verfahren heraus:

Wird nämlich ein Verfahren schon auf Behördenebene ordentlich durchgeführt, kann man in Berücksichtigung des Erkenntnisses des VfGH zur 3. Flughafenpiste in Niederösterreich davon ausgehen, dass, wie schon im „Lungauerfall" praktiziert, das Landesverwaltungsgericht auch nicht mehr als die Korrektheit des (Ermittlungs-)Verfahrens überprüft und sich bei der Beurteilung der behördlichen Ermessungsausübung auf *diese* Überprüfung beschränkt.

Dennoch wird immer die Voraussetzung bestehen, dass – wer und wie immer den 3. und letzten Schritt setzt, nämlich die Fällung des endgültigen Werturteils, egal ob Politik oder Gericht – ein ordentliches Ermittlungsverfahren die Grundlage sein muss. An diesem führt kein Weg vorbei und bietet letztlich dieses die Gewähr für eine einem Rechtsstaat adäquate Entscheidung. Umso mehr ist auf die Korrektheit derselben zu achten.

Information zu den Autoren

Der Autor, ***Dkfm. DDr. Richard Schmidjell***, arbeitete nach Abschluss seines Studiums der Wirtschaftswissenschaften als Assistent an der Wirtschaftsuniversität Wien, danach als Referent, später Abteilungsleiter in der Wirtschaftskammer Salzburg. Als Assistent war er Mitglied jenes Expertenkomitees unter der Leitung von Univ.-Prof. Dr. Rudolf Wurzer ein „Aktionsprogramm der Bundesregierung zur Raumordnung" erstellte. Von 1970 bis 1999 war er Mitglied des nach den jeweiligen Salzburger Raumordnungsgesetzen eingerichteten Planungsfachbeirates bzw. Raumordnungs-Fachbeirat des Landes Salzburg. Im Rahmen der Schriftenreihe der Salzburger Wirtschaft verfasste DDr. Schmidjell in den Jahren 1977, 1982 und 1988 sowie im Jahr 2009 – erschienen im LIT Verlag – Kommentare zum Salzburger Raumordnungsgesetz. Der Autor arbeitete auch an mehreren regionalen Planungsprojekten wie zB Katschberg, Nationalparkregion, Pongau, Pinzgau, Lungau, Oberpinzgau, Stadtregion Salzburg und der EuRegio und EURES mit. Im Rahmen der Österreichischen Raumordnungskonferenz ÖROK vertrat er in mehreren, jeweils themenbezogenen Facharbeitsgruppen die Wirtschaftskammer Österreich. Neben seiner Tätigkeit in der Wirtschaftskammer war der Autor an der Universität Salzburg (Institut für Wirtschaftswissenschaften) über ein Jahrzehnt als Lektor zu den Themen „Makroökonomische Modelle in der Wirtschaftspolitik" und „Regionalmanagement und regionale Governance" tätig. Seit 2010 ist er als allgemein beeideter und gerichtlich zertifizierter Sachverständiger im Fachgebiet Raumplanung und zwar für Aspekte der Beurteilung des öffentlichen Interesses bei Standort- und Trassenfestlegungen aus Sicht der Volks- und Regionalwirtschaft, des Tourismus und des Arbeitsmarktes unter anderem für den Verwaltungsgerichtshof, das Bundesverwaltungsgericht, die Landesverwaltungsgerichte Salzburg und Oberösterreich, das Land Salzburg und die Regionalverbände Oberpinzgau und Pinzgau tätig.

Der Autor, ***Ing. Mag. Dr. Winfried Ginzinger***, war nach Abschluss des des Studiums der Rechtswissenschaften als Universitätsassistent und Universitätslektor für Verfassungs- und Verwaltungsrecht an den Universitäten Linz und Salzburg tätig. In dieser Zeit hat sich der Autor bereits intensiv mit dem Planungsrecht – allerdings im Zusammenhang mit dem Studienrecht – befasst. Nach seinem Ausscheiden aus dem Universitätsdienst trat der Autor in den Landesdienst ein. Seit dem Jahr 1996 ist der Autor unmittelbar mit den Angelegenheiten der örtlichen und überörtlichen Raumordnung in Gesetzgebung und Vollziehung befasst und seit dem Jahr 2007 mit der Funktion einer Stabstelle Raumordnungsrecht betraut und somit für die Weiterentwicklung des Salzburger Raumordnungsrechts mitverantwortlich.

Wissenschaftliche Schriftenreihe der Wirtschaftskammer Salzburg

Kurt Oberholzer

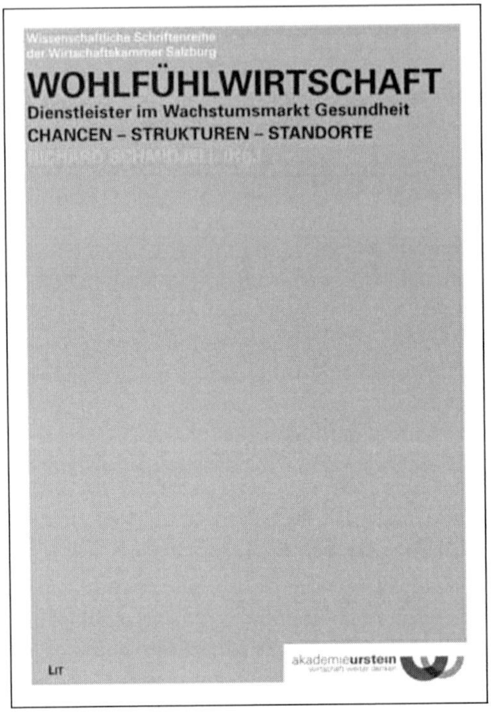

Richard Schmidjell (Hg.)

Wohlfühlwirtschaft

Dienstleister im Wachstumsmarkt Gesundheit. Chancen – Strukturen – Standorte

Während sich Politik und Wissenschaft bisher eingehend mit dem traditionellen Gesundheitswesen, welches nicht markt-, sondern überwiegend krankenversicherungsfinanziert ist, befasst haben, fehlen Studien über jene Unternehmen, bei denen nicht das Heilen im Sinne klassischer Medizin und deren Hilfsdienste im Mittelpunkt stehen, sondern die Hilfeleistungen zum möglichst umfassenden ganzheitlichen Wohlfühlen. Diese Leistungen werden von Energethikern, Lebens- und Sozialberatern sowie Masseuren, Kosmetikern, Farb-, Stil- und Typberatern, Ernährungsberatern, Unternehmen aus dem Medizinproduktehandel und Drogerien, Fitnessbetrieben sowie Wellnesshotels angeboten, die unter dem Begriff „Wohlfühlwirtschaft" zusammengefasst sind.

In der Arbeit erläutert einleitend Univ.-Prof. Dr. Klaus Zapotoczky, welche Herausforderungen Gesundheit und Wohlbefinden für die Wirtschaft darstellen.

Im zweiten Beitrag untersucht Dkfm. DDr. Richard Schmidjell die Bedeutung der Wohlfühlwirtschaft für die regionale Entwicklung und den Tourismus und zeigt am Beispiel des Bundeslandes Salzburg auf, wie überdurchschnittlich stark die Zahl dieser Betriebe in den letzten Jahren zunahmen und wie ihre Standortanforderungen sind.

In einem dritten Beitrag beschäftigt sich DDr. Hedda Sützl-Klein mit der Frage, welche wissenschaftliche Unterstützung für die Betriebe der Wohlfühlwirtschaft möglich ist; dies auch dahingehend, um dem Konsumenten zu helfen, sich in dem wachsenden Markt zwischen Wohlfühlangeboten und Esoterik bzw. zwischen Heilung und Kurpfuscherei besser orientieren zu können.

Im vierten Abschnitt stellen Experten in 11 Beiträgen die Szene der Wohlfühlwirtschaft im Bundesland Salzburg dar. Anhang I enthält eine vom Österreichischen Institut für Raumplanung durchgeführte Auswertung einer schriftlichen Befragung zu Standortfaktoren, der Anhang II eine Beschreibung der 42 wichtigsten Leistungsbereiche mit ganzheitlich komplementär- und alternativmedizinischen Verfahren.

Bd. 1, 2008, 200 S., 19,90 €, br., ISBN 978-3-8258-1586-8

LIT Verlag Berlin – Münster – Wien – Zürich – London

Auslieferung Deutschland / Österreich / Schweiz: siehe Impressumsseite